U0043031

臺灣史論集一

山、海、平原的歷史

周婉窈 著

序

一九九四年我從加拿大返回臺灣，開始研究和教學的生涯，明年（二〇二四）十一月剛好滿三十年。我因為取得博士學位比較晚，其後有兩年在加拿大英屬哥倫比亞大學教書，比起許多「早慧」的學者，從事研究的時間不是很長，加上我在二〇〇六年離開中央研究院到臺灣大學全職教書，雖然從來沒放棄研究工作，但既然選擇到大學教書，教學就是第一要務，優先於其他，於是乎變成「暑假學者」——只有暑假才能做研究。此外，我花很多心力撰寫臺灣史的普及書和文章，而我也不是象牙塔中的學者，我關心時局，以民間身分參與當代公共事務，因此，無法像我的許多同仁可以全力「經營學術」。有時看到學長、學弟妹們的著作目錄動輒以百篇、二百篇計，說羨慕嗎，也不是，自己的路是自己的選擇，只不過當然也會覺得自己的研究成果，就量而言，實在很不突出。

這次因緣際會，有機會由聯經出版公司出版我的論文集，深感榮幸。在規劃上，這是一套二本的論文集，分為兩大主題，也是標題，第一本是「山、海、平原的歷史」，第二本是「海行兮的年代」。後者是允晨文化二〇〇三年出版我的第一本論文集的書名，聯經出版公司在二〇一二年出版我的第二本論文集《海洋與殖民地臺灣論集》，由於允晨文化的《海行兮的年代：日本殖民統治末期臺灣史論集》已經絕版，因此起了整合過去的研究重新出版的念頭。這套書收入上述兩本論文集的文章，加上五篇新寫的論文，以及一篇今年四月剛刊在日本集英社大套書「亞洲人物史」（アジア人物史）第十一卷的文章，經改寫增補為中文版。

原本聯經編輯部門預定這套二本的論文集同時出版，但由於我個人事情實在太多（今年是我記憶以來最忙的），在校對上跟不上時程，最後決定先出第一本，也就是《臺灣史論集一：山、海、平原的歷史》，第二本之後再出版。在此先說明，《臺灣史論集二：海行兮的年代》不是允晨文化論文集的重刊，而是迻錄了聯經論文集中四篇相關的論文，就主題而言，比較齊全。理想上，應該兩本一起出，只能向編輯和讀者道歉了。

最後想談一下我對歷史的看法，以及我和臺灣歷史的關係。我剛回臺灣時，確實認為也想望可以做個「純學者」，但我關心的議題，如臺籍日本兵，就讓我無法把自己關在象牙塔中，外於臺灣社會。我的很多看法是在過去約三十年間逐漸成形，逐漸清晰起來。「山、海、平原」作為臺灣史三大元素，是掌握臺灣歷史大圖景不可或缺的元素，這樣的概念也是摸索出來的，提出後很高興看到它的擴散和影響。

我以民間身分參與公共事務，雖然影響了作為學院學者的「產能」，但這樣的參與，對我了解何謂歷史，以及臺灣歷史本身，起了重大的作用。我曾和一位研究臺灣史卓然有成的日本學者說（大意如此）：我們最艱難的工作（task）是，要證明作為一個臺灣國民國家主義者，也能是一位好學者。這是早在明治維新就完成建國工程的日本人的後代學者，所無從想像的處境吧？

我觀察到「歷史」對一些臺大歷史系的新生而言，不是閱讀大量的論文，他們期待的是「故事」。這我可以了解，我少年時代也是因為喜歡歷史故事而選擇讀歷史。我雖然可以講很多故事，但我更關心人和結構的關係。研究歷史很難直接講結構（不然就成為社會學者或政治學者了），但如何呈現人所面對的結構很重要。我從十八歲參與臺大校園的黨外運動，深深體認到結構的巨大和牢不可破，但也見證到「人」的努力和能量（通常很小就是）。最近看了提摩希・史奈德（Timothy Snyder）教授二〇二二年九月一日在耶魯大學上烏克蘭歷史的第一堂課錄影，深有同感。他用「structure(s) vs. human agency」的概念，提醒同學要能看到歷史過程中客觀的結構與主觀的人的能動性的交互作用。史奈德教授是歷史研究者，涉入了他所研究的歷史。這讓我們看到學術研究者和公共知識人（public intellectuals）的身分並非互斥。

研究歷史是我自己選擇的路，我無法想像不是研究歷史的我；在每天每天都在認識臺灣的過程中，臺灣歷史形成了今天的我。最後的最後，很感謝聯經出版公司讓這樣一個歷史人能夠出版一套兩本的論文集，也期待這套書能增進讀者對臺灣歷史的掌握與了解。

周婉窈謹記
二〇二三年八月

目次

總論

山、海、平原：臺灣島史的成立與展望

戰後臺灣史的研究受到非常大的限制，有些議題是禁忌。不只研究，即使在大學開課，臺灣史也是禁忌。王世慶先生指出：臺灣大學是全臺灣最早設立臺灣史課程的大學，一九四七年秋起由楊雲萍教授（一九〇六—二〇〇〇）講授，後來成功大學同樣開設臺灣史的課，卻不敢以「臺灣史」為課名，而稱為「臺灣省志」。[1]根據成功大學歷史學系資料，「臺灣省志」（上下）課程由黃典權先生於一九七三年秋之上學期開始開設，一九七九年改「志」為「誌」，至一九八九年秋（七八上）為止，其後由其他老師接手，至一九九三年春之下學期為止，一九九三年秋之上學期改稱「臺灣史」（上下）。[2]這種小心翼翼，戒慎恐懼的心理，現在的年輕人應該很難想像了。楊雲萍教授之所以能在臺大開設臺灣史的課程，不是臺大學風特別「自由」，可能楊雲萍教授個人的因素高於其他。

那麼，楊雲萍教授的臺灣史教學如何？我在一九七六年九月至一九七七年六月修過楊雲萍教授大學部一學年的「臺灣史」，研究所也修過他講授的「臺灣史專題研究」的討論課（一九七八年九月—一九七九年六月；當時的課幾乎都是一學年）。楊雲萍教授雖然後來受到臺灣史學界位居高位的學者極力讚揚，究實而言，他的課程內容稀薄，授課方式文人風格相當顯著。他的研究取徑和日本時代引進臺灣（以臺北帝國大學為中心）的近代學術無關。研究戰後初期臺大校史的李東華指出：楊雲萍有傳統中國舊學根基，又具濃厚詩人氣息，與日本史學之傳承關係並不密切，主要以其傳統史學之造詣研究歷史，於歷史系長期擔任臺灣史與南明史之教學。[3]誠是的論。

回頭看臺大的臺灣史教學，實有可惜之處。鄭欽仁畢業於東海大學，一九六〇年就讀臺大歷史學系碩士班，因研究生不能修大學部的課，特別申請獲准選修楊雲萍教授的臺灣史，他回憶：「上課的時候，楊先生說主要是講書目，卻往往講他自己的詩和故事，上到後來，楊老師講的故事，我們都可以倒背如流了。基本上，楊先生的臺灣史，講完書目，講了一部分考古，就算結束了。」[4]這樣的上課情況，和我自己修課的印象差不多。楊雲萍教授在那樣的時代，在那樣的位置上，對臺灣史的推廣並沒發揮大作用，反而因個性不大方，讓原本想研究臺灣史的鄭欽仁卻步，改而研究中國歷史。[5]與鄭欽仁同班的張國興也有類似的批評，他說：「上一年課，抄黑板

1　周婉窈撰述，《臺灣史開拓者王世慶先生的人生之路》（新北：新北市政府文化局，二〇一一），頁一二〇—一二一。

2　見國立成功大學歷史學系編，《不惑之眼：成大歷史學系四十年》（臺南：國立成功大學歷史學系，二〇〇九），頁五四七—五四八。臺大與成大的臺灣史課程開設年份，承蒙臺大歷史系林佳宜助教，以及成大歷史系陳文松教授協助，謹此致謝。

3　李東華，《光復初期臺大校史研究1945~1950》（臺北：臺大出版中心，二〇一三），頁一七六—一七七。

4　薛化元、潘光哲、劉季倫訪問，梁雅惠、王文隆、楊秀菁紀錄整理，《鄭欽仁先生訪談錄》（臺北：國史館，二〇〇四），頁二七。

5　鄭欽仁是私立東海大學第一屆畢業生，一九六〇年九月就讀臺大歷史系碩士班，想研究臺灣史，他在楊雲萍研究室看到伊能嘉矩三大冊的《臺灣文化志》，想借來看，楊教授答應，但限定只能在他來研究室時才能來看，而他一週只來兩次；鄭欽仁認為這樣可能到了畢業都看不完，只好放棄研究臺灣歷史。上引《鄭欽仁先生訪談錄》，頁二六—二七。

只抄到鄭成功登陸鹿耳門，太令人失望了。」又說：「楊雲萍教授有台灣意識，但沒有認真教台灣史。」[6]一九六一年臺大歷史系畢業的毛清芬回憶說，楊雲萍的課從開始到結束都沒講到臺灣歷史，都在講志書中哪裡有出現「臺灣」這個名稱。[7]民間學者洪敏麟則曾在霧社事件關於花岡一郎是否抗日的爭議上，受到楊雲萍打壓；楊雲萍站在官方的立場主張花岡一郎抗日說。[8]

在臺灣史嚴重被KMT/ROC黨國壓抑時，民間的臺灣史知識幾乎是靠黨外運動的口傳，以及一九七五年開始出現的黨外雜誌在傳布。若以研究而言，民間刊物《臺灣風物》貢獻很大，該刊於一九五一年十二月創刊，到現在仍持續發行，今年（二〇二三）十二月就滿七十二年。在戒嚴時期臺灣社會和學校教育以中國史為主、沒有臺灣史，一九八七年臺灣解除戒嚴，一九九二年走向自由民主化，社會的一部分人（臺灣是個高度分裂的社會）對近半世紀被壓抑的臺灣史具有強烈的渴求。以此為背景，一九九三年六月中央研究院成立臺灣史研究所籌備處，標示臺灣史正式成為臺灣學術界的一個研究領域。若以此為起點，到今年（二〇二三）六月滿三十年，在這段期間內臺灣史研究本身有很大的變化，我個人於一九九四年從加拿大回到臺灣工作，見證到它的變化，看到進步，也看到欠缺，但這不是這篇導論要處理的問題。

有研究指出，從一九九〇年以後「主體」、「主體性」的字詞大量出現在臺灣社會。[9]在我們繼續討論之前，我們必須問：何謂「主體」？何謂「主體性」？這兩個中文詞彙，都來自西文，若以英文來說，主體是「subject」，主體性是「subjectivity」。這原本是哲學用詞，在這裡我無意進入哲學的討論，那也非我所長。歷史研究者很難像學哲學的人一樣，從康德、黑格爾談起，不過，就如同維根斯坦所主張的，一個詞的意義就是它在語言裡的用法。[10]本著這樣的原則，我試著提出「主體」和「主體性」的定義。

「主體」主要是指個人或群體具有「自我」（self），這個自我是獨立自主的，相對於他人或其他群體；他／他們能為自己立法並遵守之，且以自身的意識為出發點，對外在事物／世界做出認識、理解，以及判斷，而同時能對自我予以內省。「主體性」指的就是具有這樣的性質或狀態。

就歷史而言，主體就是個人及其所屬之群體的自我。「以作為主體的臺灣」來看臺灣的歷史，就是從臺灣這個自我（土地、人群及其過去）出發，也就是站在臺灣的立場來看臺灣的過去。對臺灣來說，「主體」、「主體性」在過去是不曾擁有的，直到一九九〇年代初期臺灣自由

6　見張炎憲訪問、陳美蓉整理，〈張國興先生訪談〉，《台灣史料研究》第四七號（二〇一六年六月），頁一一〇。

7　毛清芬女士曾向筆者提過她對該門課的印象，二〇二三年七月十二日再度確認以上內容。

8　以今天我們對霧社事件的了解，楊雲萍的主張偏離史實，洪敏麟當時的研究發現遠遠走在時代之前，他花力氣在臺中師範的地下室找到花岡一郎的成績簿，解答一些問題，可惜他的詮釋觀點被壓抑。見謝嘉梁、林金田訪問、劉澤民紀錄，《文獻人生：洪敏麟先生訪問紀錄》（南投：國史館臺灣文獻館，二〇一〇），頁一一六、一一九、一二〇—一二四。

9　吳豐維，〈何謂主體性？一個實踐哲學的考察〉，《思想》第四期（二〇〇七年三月），頁六四。

10　吳豐維，〈何謂主體性？一個實踐哲學的考察〉，頁六五。

民主化之後，才逐漸一點一滴地建立起這樣的觀念，所以「主體」、「主體性」才會成為過去三十年來密集被使用的名詞，直到今天仍然如此。若真的建立了主體，大家就會視為理所當然，不用特地強調，像呼吸空氣一樣自然。

三十餘年來，臺灣社會已經建立起以臺灣為主體的國家構造嗎？這當然是個大疑問。臺灣歷史的研究，就某個層次來說，也可以說是社會（仍然是「部分社會」）試圖建立主體、強調主體性的一個反映。當然，任何學術領域都有它自我生成與不斷複製的「純研究」，與社會鮮少干係，也不必有關係，這是我們必須蓄於心的。

在這裡，我想從「主體性」的觀點，將時間拉到戰後初期，然後拉出一個主軸，這樣，我們是不是可以看到一個方向，可以看到我們能夠做什麼？能夠將臺灣史研究提升到怎樣的一個層次？

一、戰後「華夏同胄」論述

關於臺灣史研究的演變，我想這是將來治臺灣史學術史的學者要做的，容我不在這裡細述，而是先讓我們來看一段文字。這是王世慶先生纂修的《臺灣省通志稿》〈土地志・地理篇〉第三章地名沿革的概述，該文寫道（旁線為筆者所加）：

就地理言，就文化言，臺灣本為我國大陸（以下簡稱大陸）之一部，不可分割。再就民族言，如高山，如平埔，與我華夏，完全同冑，亦不可分離。所不同者，在短暫歷史其間中，治權頻易，他省無其前例，所以地名沿革本省比大陸迴加複雜。……更就先住民族而言，如泰雅族、賽夏族、布農族、曹族、魯凱族、排灣族、卑南族、阿眉族、雅眉族、平埔族等，窮其源委與我華夏本同屬乎軒轅之冑，其可以越棠甌脫而輕忽諸？

這種臺灣自古以來就是中國不可分割的一部分的說法，以及連臺灣原住民都是「華夏民族」（與華夏同冑）的論述，現在大概很難在學術論著中大言不慚地主張了。由此可見，臺灣史研究起了很大的變化，這種變化，究實而言，和整個政治環境的大變化有極其密切的關連。在這兩冊《臺灣省通志稿》出版的一九五三年，如果您要出書，只有這種寫法。這個魔箍咒一直圈鎖住臺灣人民的頭殼，要到一九八〇年代後期才開始鬆動。

今天我們翻閱老一輩臺灣人的論著，會發現很多地方和上述王先生的論述一模一樣。他們真正相信這種論述嗎？還是半信半疑？或者只是不得不這樣寫？對此，我感到很好奇，於是我曾就這個具體問題，詢問王世慶先生，在我們臺灣史前輩學者王先生還在世時。王先生回答說，其實上述的「概述」並不是他自己寫的，是當時省文獻委員會主任委員黃純青先生寫好，讓他掛名的；不是王先生要掛名，而是黃純青先生說，既然是你做的，就掛你的名字好了。（這麼深奧的中文，相信不是王先生寫得出來的。）我再追問：那麼，您們當時到底相不相信這種講法？王先生答稱：「不一定有相信。」（原音：bô-it-tēng ū siong-sìn）但他也說，當時像陳第〈東番記〉這類的文獻還沒出現，只有《三國志》和《隋書》的記載，大家沒有具體的證據可以確知臺灣自古不屬於中國。

一九五五年，陳第〈東番記〉在方豪先生多年的追尋下終於「出土」，在這篇文章中，陳第明白指出臺灣不是中國的領土。〈東番記〉的姊妹作〈舟師客問〉也明白說大員「誠非版圖」（實在不是版圖）。即便如此，〈東番記〉出土功臣方豪先生，在承認陳第說「臺灣不是我國疆土」之後，也還要指出陳第「不明白」臺灣從明初到明末都屬於中國。也就是說，陳第弄錯了。

我的世代就在這前後出生，我們受的教育，用概念來說，在目標上，就是要將中華民族主義內化置入到學生的思惟深處。所以到了一九七七年，我已經大學快畢業了，一本以「霧社事件」為主題的書的序，這樣寫著：[11]

> 如今，事隔已經半世紀，花岡一郎屍骨已寒，然而我還深深地為這位愛國、愛同胞的民族抗日英雄、慷慨就義、殺身成仁而哀嘆。……總之，花岡一郎確實表現出我民族的凜然大義。

先不去談這裡的史實錯誤，它呈現的是典型的中華民族主義抗日史觀。我們就是在這樣的主流論述中成長、吸取養分。這個影響其實還是很巨大，導致我所屬於的世代，很大比例的人還是無法擺脫這種思惟方式。世界的改變很難，因為已經形成的生態環境是一種軟性結構，被複製成功的人會再去複製別人，如到學校教書、在家庭中教導子女、掌控媒體傳布自己深信的觀念叢……等等。我們這一輩人要能擺脫這個魔箍咒，往往必須經過一番「捨身割肉」的自我揚棄的過程；個人或許容易改變，要扭轉結構性的機制則不是那麼容易。

結構與生態最難改變。到了一九九〇年，一本南投縣仁愛鄉公所出版的霧社事件六十週年紀念的書，這樣寫道：[12]

我政府為殄念莫那魯道烈士，轟轟烈烈抗日之精神以及堅貞不屈民族之志節，……。亦足以彰我中華民族之精神，……。

雖然現在應該很少人會直接這樣寫，但它已經透過教育，以及各種連成一氣的體制力量，內化到三個世代受教育者的思想中，繼續影響著臺灣社會。

11　李丁，〈序〉，陳渠川，《霧社事件》（臺北：地球出版社，一九七七），頁二。

12　鄧相揚主編，張玲、林淑媛、王志忠編輯，《碧血英風：霧社抗日事件六十週年紀念》（南投：南投縣仁愛鄉公所，一九九〇），頁四。

二、「臺灣島史」的提出

將臺灣歷史放到中國歷史中去呈現，臺灣人（原漢一同）都是華夏民族，是戒嚴時期的通則，要突破很不容易，尤其要直接標舉臺灣歷史的「主體」和「主體性」，更加困難。現在不少人看到「臺灣島史」一詞，就會想到曹永和教授；這是他在一九九〇年提出的，就其主張而言，「臺灣島史」是以臺灣為主體的歷史觀點。不過，關於研究臺灣歷史必須以臺灣為主體，標舉臺灣的主體性，在臺灣史的研究社群中其實相當晚見，這是因為戰後臺灣在黨國統治下，學界也是黨國的重要建制之一，因而高度馴化，具有相當的保守性。

在戒嚴時期，臺灣社會許多「衝決網羅」的倡議和行動，來自反抗 KMT/ROC 黨國統治的異議社群，也就是民間一般稱的「黨外運動」。一九八三年還是戒嚴時期，幾乎沒有人預料四年後會解除戒嚴。主張臺灣的主體和主體性，來自民間。特別值得注意的是，這群異議人士集中在吳濁流創刊的《臺灣文藝》。那年一月由活躍於黨外運動的陳永興醫師接手，七月號以文學為主，該期「論述」由李喬領銜撰寫〈台灣文學正解〉，標舉「所謂台灣文學，就是站在台灣人的立場，寫台灣經驗的文學」，明白界定何謂臺灣文學。[13]緊接著在九月號，該期「論述」由鄭欽仁撰寫〈台灣史研究與歷史意識之檢討〉一文，「本期話題」訂為「我看台灣史」，共十篇文章。鄭欽仁「希望台灣史家對歷史的主體性與斷代分期問題能重新加以思考」，這不是泛泛之談，他主張臺灣史研究應該擺脫從中國史立論，將臺灣放到世界史的脈絡中予以研究——這不也還是當前某些學院中人的主張？關於「斷代分期」，鄭欽仁提出「我們・人民」為歷史的主角——這在當時是很大的突破，對中國史尤其如此，我們或可稱之為「人民史觀」。在臺灣史的特色方面，他提出海洋型文化 vs. 大陸型文化的對比；臺灣具有海洋性，因此是開放、自由、進取的。相對於大陸性的內向，它是開放與接納的。[14]這應該是最早清楚標舉出臺灣歷史研究的立足點（主體）與「主體性」的文章，標誌著臺灣本土歷史觀的興起。鄭欽仁也肯定民間與海外人士對臺灣史研究的貢獻——這仍然是目前臺灣學院派學者所各於肯定的，甚至毫不注意。一九八三年有這樣的主張，非常具有突破性，但是，由於學界主流和黨外運動的隔閡，中國史研究者鄭欽仁關於臺灣史研究這麼重要的論述，並沒引起注意，更不要說起作用了。[15]這件事提醒我們：在 KMT/ROC 黨國統治時期，民間往往走在學界（人文社會學科）前面，這是治學術史的學者所不能忽略的——不能將戰後的臺灣和一般「正常」國家等同看待。

上述的海洋型文化以及「我們・人民」，會讓您想起曹永和的主張吧？不過，相較之下，曹

13　李喬，〈台灣文學正解〉，《臺灣文藝》第八三期（一九八三年七月），頁七。

14　鄭欽仁，〈臺灣史研究與歷史意識之檢討〉，《臺灣文藝》第八四期（一九八三年九月），頁七—一七。

15　臺灣史學界幾乎沒有人重視一九八三年鄭欽仁的這篇文章，倒是出身中國、美國博士班訓練的王晴佳特別留意，見王晴佳，《臺灣史學50年（1950-2000）：傳承、方法、趨向》（臺北：城邦文化，二〇〇二），頁一二三、一八五。

永和提出「臺灣島史」的概念，已經是解嚴後的一九九〇年。這篇文章篇名是〈台灣史研究的另一個途徑——「台灣島史」概念〉，發表在一本性質上屬於同仁刊物的《臺灣史田野研究通訊》第十五期（一九九〇年六月），只有短短兩頁多一點，其實是訪問整理稿，當然內容貨真價實是曹永和的想法和主張。這篇文章後來被視為臺灣史研究的重要里程碑。那麼，「臺灣島史」的重點是什麼？讓我們來看以下的引文：

> 如果我們像過去一樣，太注重政治的變遷、漢人的觀點，而不知該考慮到：台灣是一個獨立的歷史舞臺，從史前時代起，便有許多不同種族、語言、文化的人群在其中活動，他們所創造的歷史，都是這個島的歷史；那麼，台灣歷史的研究便難以超越政治化的限制。若是我們能夠換個觀點，以台灣島上「人民的歷史」作觀點去探究，或許能夠另闢蹊徑。

這個講法是負面陳述，他接下來建議要「在台灣島的基本空間單位上，以島上人群作為研究主體」研究臺灣的歷史，這就是正面表列了。我們綜合曹先生的主張，「臺灣島史」概念，基本上具有兩個重要構成，其一，在地理空間上，以臺灣作為歷史研究的一個獨立的單位；其二，在人群方面，以臺灣島上的人民作為研究對象。由於曹先生幾度說要從「人民的立場」出發，上述引文提到「不同種族、語言、文化的人群」，也就有了跨階層、跨族群的意涵在內。

在這裡必須補充說明的是，曹先生的文章很短，他對「臺灣島」沒加以定義。我認為不是只是指臺灣本島，而是指臺灣本島及其周邊諸島嶼，也就是大臺灣。曹先生寫過澎湖，他有一篇經典之作是〈小琉球原住民的消失——重拾失落臺灣歷史之一頁〉[16]，這篇文章曾引發我對臺灣史主體性的思考。換句話說，這裡的臺灣島史，指大臺灣的歷史。

曹先生的文章在當時有多少人看到，我不清楚。我在一九九四年從海外返臺，當時並沒讀到這篇文章，對於所謂「臺灣島史」的概念也毫無所知。該年十一月，我進到中央研究院臺灣史研究所籌備處工作，不久奉主管之命撰寫一本臺灣史的書，當時贊助的基金會要求這本書得「老少咸宜、圖文並茂」。三年後，這本書終於問世，也就是《臺灣歷史圖說——史前至一九四五年》。當時這本小書曾引起一些注意，有位記者先生問我是否受到曹永和先生「臺灣島史」概念的影響，我說沒有。這是實情，當時我對這樣一個提法只有模模糊糊的一點印象。要到幾年前，為了準備一場演講，我才將曹先生的文章印出來，看後，大為驚訝，才了解到為何當時那位記者先生會這樣認為。簡單來說，雖然我不知道曹先生「臺灣島史」這個概念的內涵，但當我著手撰寫一本給一般人看的臺灣史時，我經過一番思索、自我摸索而寫出來的臺灣史竟然和曹先生的主張「若合符節」。至今，我仍為這樣的巧合感到驚奇。不過，與其說是巧合，毋寧說是立足於臺灣，以臺灣為主體，思考臺灣歷史的必然結果吧。所以前有鄭欽仁，繼之有曹永和，以及其後的

16 曹永和，〈小琉球原住民的消失——重拾失落臺灣歷史之一頁〉，《臺灣早期歷史研究續集》（新北：聯經出版公司，二〇〇〇），頁一八五—二三七。

濟濟後輩。

數十年來，臺灣史研究籠罩在中華民族主義解釋框架下，曹永和因為身在臺灣史研究界，所以當他提出「臺灣島史」的概念時，代表學院內的大突破。當然，在自由社會，學術研究有很高的個人自主性，不是像計畫經濟那樣能夠規劃學術社群如何從事研究，因此，我們不能誇大曹先生這個主張的影響。雖然如此，曹先生提出「臺灣島史」的概念，是戰後以來，臺灣史研究者對臺灣史研究可能開闢的新路徑，講得最明白具體的，具有界碑性的意義。也就是說，作為臺灣史研究的前輩學者，他立下了一個清楚的界碑（landmark），標示了臺灣史研究的一個新方向、新天地。

三、臺灣歷史過程中的山、海、平原元素

過去這三十年來，臺灣史研究有長足的進步，質量都很可觀，也不斷有新史料出土，讓人有目不暇接之感。現在各式各樣的題目都有人做，這是在戒嚴時代從事臺灣史研究的前輩學者所無法想像的。我記得每次我帶學生去拜訪王世慶先生，他一定會問每位初次見面的同學的研究題目。我還記得他聽後臉上浮現的笑容，彷彿替我們高興，高興有這麼多的題目可做。也許有人會批評說，題目越做越細瑣，我想那是一個值得領域內大家共同來檢討的問題。基本上，我不是很

擔心，只要有助於我們了解這個島嶼的過去，再細瑣的題目都值得做。反倒是在這裡，我不能太細瑣，我必須針對大現象，提出看法。

那麼，過去這三十多年的臺灣史研究有何特別值得注意的大趨勢？我想，海洋史是一個非常重要的面向。從海洋史的角度研究臺灣歷史，不止大大拓展臺灣史研究的視野，也將臺灣放到一個廣大的世界脈絡中予以理解。這方面的成果非常豐碩。海洋史大家曹永和先生的三本論文集當然是必讀的，[17]那是開路先鋒，寫作時間橫跨數十年，再年輕一輩的學者，以中央研究院海洋史研究社群的同仁為主力，如陳國棟、朱德蘭、劉序楓等人，都有非常精彩可讀的論文。比他們又年輕一輩的學者，如陳宗仁、邱馨慧、李毓中等人，更新進的學者則有鄭維中，也都有很不錯的表現。

臺灣歷史過程中有三個元素：山、海、平原。海洋史的研究處理的是臺灣這個島嶼透過「海」和外界連結的這個面向。在此之前，多數的研究處理居住於「平原」的漢人及其與平地原住民的關係。我們可以看到一個趨勢，也就是由「平原」往「海」移動，那麼，接下來是否也應該往「山」移動，研究居住於臺灣山地的原住民？原住民的研究，人類學做得很多，但從歷史入手的研究卻不是很多。

17　曹永和的三本論文集是《臺灣早期歷史研究》、《臺灣早期歷史研究續集》、《中國海洋史論集》，皆為聯經出版公司所出版，第一本於一九七九年出版，第二與第三本同時於二〇〇〇年十月出版。

山、海、平原，是我長期研究臺灣史之後，逐漸浮現出來的意象。我越來越覺得，無論我們研究臺灣史的哪個議題，如果能將這三個意象蓄於心，會有在茫茫大海中航行找到定位的安穩感，也能隨時維持一個鳥瞰的視野。若能這樣，再細瑣的題目，也都能因為連結到整體的大問題而彰顯其意義，不再顯得細瑣。

山、海、平原，無庸說是臺灣地理的三個重要的構成要素。臺灣的地貌當然還包括平原和高山之間的丘陵地帶，為了避免太複雜，我們基本上以人為的「番界」為山和平原的分界。我在這裡標舉山、海、平原，主要是著眼於人群的活動，而不是地理環境本身及其對人群的影響。當然地理環境也是我們要注意的，這在下面會提到。以人群活動為主的山、海、平原這三個元素，在臺灣歷史的發展過程中，不斷起作用，有時是交錯起作用，有時是分別起作用，或彼消此長，或毫無干係，端看議題而定。舉例來說，當十七世紀大航海時代荷蘭東印度公司的力量猛烈衝擊臺灣西南平原的原住民社群時，「山之臺灣」大抵維持其屹立不動的狀態，核心地帶甚至到十九世紀後半葉仍與平原及海處於近乎隔絕狀態。當然隔絕不會是絕對的，那種邊緣地帶的人群接觸，非常有趣，從一八七四年牡丹社事件的相關文獻和檔案，我們就可以看到這種山、海、平原的人群及其文化正在互相滲透的動態過程。歷史引人入勝的地方正是在這裡。

山、海、平原這三個元素，在臺灣歷史的進程中，若著眼於重大事件，那麼，它們所扮演的角色分量往往不是很一致，有時山的因素好像不怎麼重要，有時海的因素也會減弱到近乎不存在。如果我們翻閱蔡石山的《海洋臺灣：歷史上與東西洋的交接》一書，[18]我們會發現，怎麼長達二百一十二年的清代臺灣好像有將近兩百年被跳過去了，怎麼一八五八年開港前寫這麼少。這不是作者有意忽略，而是一六八四年當臺灣西南局部的土地被清朝納入版圖之後，一直到一八六〇年代臺灣開港通商，島上的漢人成了背海的人，海港只是用來進出「內地」，雖然臺灣仍是海上島嶼，其實內陸化了——被鎖入中國大陸了（內向的大陸型文化）。在這個階段，海洋史的研究取徑就顯得使不上力。也就是說，海洋史研究有它的局限，需要進一步整合；關於整合的問題，本文最後會談到。在此順便一提，戰後出生的我們，由於山禁和海禁，在最重要的成長和受教的過程中，不只是「背海的人」，也是「背山的人」，擁有的是，夾在山海之間的狹隘視野。

平原的部分可能是戰後以來做得最多的。我們前面說過，這三個元素是以人群為主，平原有漢人和臺灣原住民，戰後數十年來的研究傾向於將原、漢隔離研究。我個人撰寫博士論文時，已經是一九八〇年代末期了，我的題目是日本殖民統治末期的皇民化運動，我選擇只處理漢人的部分。在那個時點，就這個議題來說，要原漢一起處理，簡直不可能；光是漢人部分，就已經是一切幾乎都要從零開始。令人興奮的是，一九九〇年代，我們開始看到大量探討原漢土地或族群關係的論文和書籍，見證了臺灣史研究又向前邁進一大步。當然，這些研究還應該是屬於山、海、平原中的平原。

18 蔡石山著、黃中憲譯，《海洋臺灣：歷史上與東西洋的交接》（臺北：聯經出版公司，二〇一一）。

海洋史研究，我個人也多少有所參與，寫了幾篇論文，也嘗試以敘事史學的手法寫過〈海洋之子鄭成功〉的長篇文章。海洋史深深吸引我，我覺得海洋史視野和研究取徑帶來非常豐碩的成果，它證示了臺灣歷史發展的多元性、多樣性，以及複雜性。如果特定地理空間的人群歷史也可以作為當代在這塊土地上繼續生活的人群的文化資源的話，那麼，「海洋臺灣」給人活潑、活絡、充滿活力和變化的印象，很能激發想像，可以作為當代一個豐沛的創作泉源。我想不少從事海洋臺灣史研究的前輩學者和同仁，應該都能感受到這個氣息，被它吸引住。不過，在這裡，我還是要回到山、海、平原的主題。

當我們以整個大臺灣為歷史研究單位時，海洋史也有它的局限或陷阱，除了前面提到的「背海時期」的問題之外，當我們將眼光無限地拉遠，一直往海平線眺望時，臺灣是否有可能消失在海平線的那一端？這是我閱讀一些海洋史論文，不得不感到的擔憂。在無限拉大拉遠的視野中，臺灣在哪裡？我們研究臺灣歷史，不就是最終是為了了解臺灣嗎？這不是我個人的感覺而已，有一次一位青年學者在發表一篇荷蘭時期的論文之後，跟我表示他的困惑，他說：「我不知道我這篇文章還算臺灣史嗎？好像都在寫別的。」我安慰他說沒關係，把它當成過程吧。以上的講法，不是批評，用意是提醒。

說到提醒，就非得提醒臺灣史研究者未來能多將眼光投向「山之臺灣」。臺灣原住民，無論調查報告或研究，從日治時期到戰後、到此刻，累積了非常豐碩的成果。不過，在臺灣史研究日漸興盛時，原住民研究還是比較局限於考古學、人類學、語言學方面的研究，歷史學者除了平埔族研究外，比較少參與其間。這毋寧是很可惜的，關於歷史上的原住民，很需要我們歷史學者來關心。二〇一〇年代我和幾位人類學者比較有接觸，他們會說，我們無法處理歷史文獻，甚至也不知如何找起，是不是大家可以合作？我個人過去一直認為臺灣史研究者一定要參考人類學的研究，而我同個世代的人類學者懂日文的相對地少，因此，這樣的合作更見其迫切性。舉例來說，二〇一〇年是霧社事件八十周年，但是臺灣學術界關於霧社事件的研究還是非常匱乏，似乎提不出有分量的論著。這是很可惜的，處理歷史上的原住民，我想歷史研究者有訓練上的優勢，如果歷史學者放棄，不知道誰能承擔下來？當然，我們從事原住民歷史的研究，一定得大量借重人類學和其他學科的研究成果，也必須從事田野調查的工作。

「山之臺灣」當然不限於大事件，原住民史前的歷史，包括神話、祖源傳說、遷徙情況、物質文化等，雖然不是我們可以研究的，卻都是我們必須放到視野中的；至於從十六世紀末有文字記載以來的歷史，就應該放到我們的研究範圍內了。個人可以不研究，但要期待同行和學生能做。長期的歷史演變應該是我們關注的重點，不過，歷史事件往往是很好的切入點，霧社事件之外，我個人認為牡丹社事件也是一個可以彙整歷史學和人類學雙方長處的研究課題。我們今天其實是站在一個很好的時點，可以好好研究霧社事件。理由至少有三，其一，我們已經可以擺脫過去中華民族主義抗日史觀的詮釋觀點。其次，部落的聲音在過去三十年來逐漸出現，到目前為止，質量上都稱得上可觀。最後，相關的人類學研究和我們對賽德克族的了解也都有很大的進步。牡丹社事件雖然更久遠，二〇二四年，就滿一百五十年了，但檔案陸續出土，如果能配合我們對排灣與斯卡羅族群及其文化的了解，加上部落流傳的觀點，應該也會有不錯的作品出現。任何歷史研究都不是結論，都無法打上句點，我們不期待「終結者的研究」，只要有作品開始出現，就是很大的進步。

在這裡，不是說大家都要去研究原住民歷史，而是我們必須將臺灣歷史的這個面向放在心上，放入我們的視野中。您不用去研究，但若心中、視野中常存有「山之臺灣」，您的思惟相信會很不一樣。當然這牽涉到「臺灣島史」的概念，如果我們不以大臺灣作為我們的歷史單位，那麼，也可以不要管原住民。漢人的祖先搭帆船登陸臺灣，他可以終其一生都和原住民沒關係，也可能沒碰到過一位原住民，山中或山後，關他何事？如果我們採取漢人開發史觀，雖然要處理原漢土地問題和可能延伸的族群問題，其實也和漢人開發未到之地的原住民沒有關係。就某個角度來說，這可能更符合歷史上的人群經驗——同處於同一個地理空間的人群，可能各自活在自己的歷史脈絡和歷史時間中，度過各不相干的生活。同時同地，未必就有交錯，就要講在一起。但如果選擇立足於臺灣，以臺灣為歷史單元，並以這個單元內的人群為研究對象的話，那麼我們就必須將這個地理空間中不同人群的歷史整合在一起思考。不是強加整合，而是整合在一起思考、一起看，我們是那個思考與看的主體。

也就是在這個基礎上，我們要來思考書寫臺灣全史的必要與挑戰。

四、書寫臺灣全史的必要與挑戰

說到臺灣全史，我想本書讀者可能會覺得聽起來有點落伍，怎麼在後現代的此刻還在談「全史」——total history？另外，可能有人會聯想到 Annals school／年鑑學派，就算是年鑑學派，現在也已經到了第四代傳人了，早就不時興寫全史了呢。我坦承我有受到早期年鑑學派的影響，但更多時候其實是因為長期思考臺灣歷史研究的整合問題而獲致的看法。

我的臺灣「全史」提議主要是要回應兩個問題。首先，臺灣歷史的發展本身非常複雜多元，剛也提到，光是人群，就往往生活在互相隔絕的地理空間和歷史時間之間，這還不只是原、漢問題，原住民之間也如此。因此，我們的研究成果很大程度反映了這個現象，很多元，歧異性很高。其次，臺灣現在是多元社會，每個人可以自由做自己的研究，也可以不管別人的研究，沒有人能規定你要怎麼思考。這是我們社會絕大的進步，我個人非常肯定多元價值觀，認為這應該是我們社會的核心價值之一。但多元不代表不能有主軸或主旋律。

臺灣史研究，這三十多來年成果非常豐碩，很多很精彩深入的研究。但是，我們現在身處在知識爆炸的時代，每天要吸收的知識非常多，我想 Google 使得每個人每天不知道多忙多少個鐘頭。臺灣學術社群這二、三十年來，非常活躍，很多年輕學者加入，臺灣史的研究越來越細緻深入，但越細緻深入往往也表示距離大圖景越來越遠。舉例來說，除了研究生和領域內的研究者，很少有人能將陳秋坤的《清代臺灣土著地權》、John Shepherd（邵式柏）的 *Statecraft and Political Economy on the Taiwan Frontier, 1600-1800* 的英文書（或中譯本）、柯志明的《番頭家》以及更厚重的《熟番與奸民》，[19]全部看過一遍，就算看過一遍，可能感覺更加茫然。我們如何將臺灣史的研究成果整合起來，提供閱聽大眾一個比較完整的圖象呢？再如鮑曉鷗的書《西班牙人的台灣體驗（1626-1642）》[20]，如果能和同時期的荷蘭VOC的研究整合起來呢？若能整合，對於我們掌握那個時期的臺灣歷史，應該更有幫助。

歷史研究有點像在拼圖，我們現在有很多很精彩的圖片，但如何拼在一起，整合在一起，是我關心的所在。這種難以拼在一起的感覺，相信連作為臺灣史學者的我們可能也都感覺得到。例如，我們有這麼多藝術史和文學史方面的研究成果，但好像和我們一般所熟知的臺灣歷史拼不在一起。這真的是很可惜的。

另外，一個要注意的問題是，多元社會的區隔性邊緣化現象。曾經有原住民在凱道有露宿的抗議活動，我到場去關心，不敢說是參加。第二天瀏覽新聞，幾個主要媒體都沒報導。後來我和一位朋友談起此事，他說：「原民臺會報啦！」有時候也會聽到類似的說法，「讓原民臺去報就好啦！」事實上，原住民也不是都在看原民臺的節目。又有一次，我瀏覽電子報，發現新聞圖片浮現的人物都是我們過去戒嚴時期領風騷的人物，及其第二代（或擬血緣後裔），令我非常吃驚。這是多元社會要警覺的問題，主流仍為過去的文化霸權所掌控，好不容易擠上多元社會舞臺的人群實際上可能相對邊緣化。這個經驗讓我深切體認到我們一定要設法整合臺灣的歷史研究，拼出一個包含多元敘述觀點、卻不失其主軸的臺灣史大圖景，才能避免某元獨大，諸小元遭到區隔性邊緣化的結果。

這是大工程，不是一個人可以做到的，但我們可以分階段來做。例如，如果您研究十七世紀的臺灣，若能整合既有研究，寫成小書，我想那就是我們書寫臺灣全史的一小步。即使沒打算寫書，如果能在論文的前言部分，將自己的研究課題放到臺灣的山、海、平原的大圖景中，討論這個研究的意義，那麼，我認為也能幫助我們的讀者掌握大脈絡。

由於我們目前已經累積很多的研究成果，我認為，書寫臺灣全史是可能的，也是必要的，雖然難度很高。我理想中的臺灣全史，還包括將地理生態環境放進來，探討人和山、海、平原如何互相影響，互相起作用。但是，並不是所有問題，目前都已經有研究可參考，這是書寫臺灣全史預期會遇到的難題；這時候就要自己花力氣去研究。另外，如何寫，才能讓一般受教層讀者

19 以上四本書的書訊如下：陳秋坤，《清代臺灣土著地權：官僚、漢佃與岸裏社人的土地變遷1700-1895》（臺北：中央研究院近代史研究所，一九九四）。John Robert Shepherd, *Statecraft and Political Economy on the Taiwan Frontier, 1600-1800* (Stanford, Calif.: Stanford University Press, 1993)；中譯本：邵式柏著，林偉盛等譯，《臺灣邊疆的治理與政治經濟（1600-1800）》（臺北：國立臺灣大學出版中心，二〇一六）。柯志明的兩本書：《番頭家：清代臺灣族群政治與熟番地權》（臺北：中央研究院社會學研究所，二〇〇一）、《熟番與奸民：清代臺灣的治理部署與抗爭政治》（臺北：國立臺灣大學出版中心，二〇二一）。

20 鮑曉鷗（José Eugenio Borao Mateo）著，Nakao Eki譯，《西班牙人的台灣體驗（1626-1642）：一項文藝復興時代的志業及其巴洛克的結局》（臺北：南天書局，二〇〇八）。

（educated readers）感覺親近，且容易吸收，也是很大的挑戰。總之，這應該是一個團隊的大工程，可能要費時多年。不過，如剛剛提到的，我們每個人都可從自己關心的領域做起，試著寫比較小規模的整合性歷史。

關於書寫臺灣全史可能遇到的挑戰，可能要真正動手時才會比較清楚，比較具體。對此，我就不多講，倒是想回頭討論「臺灣歷史敘述的主體性問題」。這應該是「臺灣島史」這個概念的核心問題。

五、臺灣歷史敘述的主體性問題

臺灣在歷史上幾度「突然」被外來強權統治，導致歷史發展的斷裂，以及敘述上的困難。我們有多元觀點，但也往往在多元觀點中迷失，找不到主體性，甚至以外人的觀點為觀點。曹永和先生的「臺灣島史」概念，主要講的是地理空間，以及從人民的立場出發研究歷史。他雖然也提及「主體性」，但並未加深論。如果臺灣島史的要素只限於地理空間，以及人民的歷史，那麼，如果哪一天臺灣再度淪為殖民地，我相信（短期間）我們仍然可以繼續以臺灣為歷史單位從事研究，也可以研究庶民歷史。但是，我們將失去歷史敘述的主體性，我們將再度受制於外於臺灣歷史經驗的史觀的箝制，於是乎曾塞到王世慶先生口中的「華夏同胄」論述又將還魂，臺灣歷史開宗明義將是：臺灣自古是中國不可分割的神聖領土，臺灣原住民都是炎黃子孫。

我相信多數人無法接受這種倒退，因此我們必須好好思考歷史敘述的主體性的問題。過去我們為了擺脫中華民族主義的史觀，有時難免又掉入另外的泥淖中。比如說，為了反中國國民黨的抗日史觀，不太去講各個殖民時期的反抗面相。為了說明這個問題，容我舉個實例。比如說，就有人將辜顯榮和林獻堂等量齊觀，為前者開脫。一八九五年六月辜顯榮引領日軍進入臺北城，從此由一位無業遊民轉而成為家財萬貫、胸配勳章的著名紳士，這是人盡皆知的事。我們當然無法以這件事來論斷辜顯榮，當時臺灣民主國瓦解，軍隊成為亂源，辜顯榮應紳商之託，迎引日軍入城。如果他只做這件事，那麼，人們可能不會責怪他，就像沒有人責怪受臺南紳商之託，請日軍入臺南城的巴克禮牧師。問題在於，辜顯榮接著引導日軍一路往南攻打我們的義勇軍，這些慘遭殺害、為數甚夥的人難道不是我們臺灣的人民嗎？而辜顯榮因而大富大貴。為人溫和敦厚的王世慶先生，是最早，也可能還是唯一的，根據《臺灣總督府公文類纂》的檔案，指出：「日後辜氏帶領日軍南下攻城之舉，臺人死傷甚多，這是世人不能諒解辜氏之處。」[21]在一九二〇年代臺灣人的反殖民運動中，辜顯榮又站在殖民當局這邊，主動充當總督府的打手，打擊臺灣反殖民運

21 見許雪姬、劉素芬、莊樹華訪問，丘慧君記錄，《王世慶先生訪問紀錄》（臺北：中央研究院近代史研究所，二〇〇三），頁二二一。

動，這些在《臺灣總督田健治郎日記》[22]中都可清楚看到。反之，林獻堂則是田健治郎總督討厭的人物，是「trouble maker」。田總督原本待林獻堂很好，但從林獻堂開始帶領臺灣議會設置請願運動之後，態度一百八十度大轉變。

由於我們社會普遍肯定日治時期日本帶來的近代化，加上對中國國民黨反日、仇日教育的反彈，在面對殖民統治的正、負遺產時，我們會有不知所從之感。日本人習慣將遺產（heritage）分為正遺產和負遺產，好的跟不好的。就讓我們借用這個詞語。討論正面遺產，基本上沒什麼問題，但要談負面遺產，就有點麻煩，因為很容易和過去KMT/ROC黨國教育下的反日史觀混淆在一起。但是，我們不能因此而不談，否則，我們如何看待那些在乙未保鄉衛土戰役中喪生的無數臺灣人？當上層士紳不是內渡到中國大陸，就是採取觀望態度時，我們的庶民，卻用他們的生命來捍衛鄉土。如果我們肯定𡙇顯榮，那麼，他們未免太可憐了。如果我們忽略殖民地在定義上就是欠缺主體性，殖民母國是主體，殖民地是其從屬，我們就無法了解反殖民運動在反些什麼，在追求什麼。臺灣議會設置請願運動再怎麼保守，再怎麼體制內，它要爭取的是殖民地自治，也就是在殖民體制的局限下爭取殖民地最高的主體性。如果我們肯定𡙇顯榮，那麼，哪一天臺灣再度淪為某種「主從關係」中的「從」，我們就要當𡙇顯榮啦，因為只要誠心接受「從屬」的地位，你還是可以大富大貴啊。

我不是特別喜歡做歷史評價，或品評人物，但臺灣的歷史很特別，很多問題我們不能不思考。例如，荷蘭統治時期，VOC對原住民的征討，以及郭懷一事件利用原住民殺害漢人，我們該怎麼看？又如日治時期的霧社事件，起事的六社族人，所作所為當然是抗日，只是我們無法用中華民族主義抗日史觀來框架它。莫那魯道哪裡知道什麼是中國，什麼是中華民族？再說「中華民族」這個觀念起源很晚，最早也只能追到一九〇二年。對賽德克族，以及其他隘勇線內的原住民而言，日本是他們第一個接觸到的近代國家，中華民國是第二個國家，但那已經到了戰後的一九四五年了。

雖然討論殖民統治的負面遺產，有和中華民族主義抗日史觀淆混的可能，但只要花點時間釐清，講清楚，就沒問題。最重要的是，我們得掌握歷史敘述的主體性——我們立足於臺灣，以臺灣為主體，面對這塊土地的過去，清點歷史的正負遺產。中華民族主義史觀則立足於他處，是外於臺灣的歷史經驗的一種特定觀點。我們以主體之姿清點歷史的正負遺產，也以主體之姿決定我們今天要和前殖民母國維持怎樣的關係。這才是主體性的充分顯現。世界上幾乎所有殖民地在獨立之後，都和前殖民母國關係最密切，何況日本是民主自由國家，對臺灣沒有威脅，沒有領土野心，我們和她親近友好，本是很正常的。至於漢人和原住民，甚至原住民之間，在歷史上的恩怨過節，我們應該將之看成內部矛盾，嘗試呈現其間的多元觀點，但又不失為以臺灣為主體的歷史敘述。這雖然不容易，但我相信可以做到；至少我們必須嘗試去做。

---

22 吳文星、廣瀨順浩、黃紹恆、鍾淑敏主編，《臺灣總督田健治郎日記》上、中、下（臺北：中央研究院臺灣史研究所，二〇〇一、二〇〇六、二〇〇九）。

上面舉的例子，其實還是比較單純的。有不少情境，我們就得做轉化的工作。芝山巖六氏先生紀念碑是一個很好的例子，那是需要加以轉化的歷史性場域。這個紀念碑正式名稱是「學務官僚遭難之碑」，碑文云：

> 臺灣全島歸我版圖，革故鼎新，聲教為先。正五位楫取道明等六人帶學務，派八芝蘭士林街專從其事。會土匪蜂起，道明等死之。時明治二十九年一月一日也。
>
> 內閣總理大臣大勳位侯爵伊藤博文書

碑文寫說「會土匪蜂起」，六氏先生因而被殺殉職。這裡的「土匪」其實是「臺灣抗日游擊隊」。日本文獻將當時的游擊隊都當成「匪」，和社會性的不良分子沒有區分。這是我們必須蓄於心的，但是我們要因為這樣就像過去一樣將這類紀念碑推倒、毀損嗎？當然不是，芝山巖六氏先生後來變成「為教育奉獻、死而後已」的象徵，對受日本教育的臺灣老一輩人有特別的精神上的意義。[23]我們要推倒這種精神嗎？我們要否認老一輩臺灣人教育中的好東西嗎？不是的，我們面對殖民地的過去，對於某些具體事件，我們做必要的轉化功課，直面殖民統治的惡，不迴避、不美化，但肯定它的抽象意義，而臺灣的主體性也就在這裡得到進一步的確認！

日本殖民統治確實帶來具有近代意義的事物，包括近代藝術，以及社會的公共性與公德心。但究實而言，它就是殖民統治。殖民統治通常具有兩面性：鎮壓與馴化。日本時代如此，戰後

KMT/ROC黨國統治更是有過之無不及。可能由於多重殖民的關係，人們「習慣」不提抵抗。臺灣歷史基本上不研究抵抗，也不教抵抗。這個反面，就會有美化殖民統治之嫌。後藤新平確實擘建了很多臺灣近代化工程——實體的與抽象意義的。但是，不要忘記，兒玉．後藤體制的八年（一八九八—一九〇六），臺灣有多少「匪徒／土匪」被殺死？從一八九八到一九〇二年，後藤新平自己給的數字是：一一、九五〇人！[24]當時臺灣的人口不到三百萬，若以二〇二二年臺灣人口二千三百餘萬來計算，就是約九萬人至十萬人，[25]非常難以想像。更難想像的是，這樣大規模的殺戮卻「水過無痕」，好像不是臺灣歷史的一部分。後藤新平是日本明治維新以來的一等人物，這我們不懷疑，但他若在日本，哪來「機會」進行這種規模的殺戮？就是因為臺灣是殖民地，得以一面武力鎮壓，一面舊慣溫存，這是我們在看後藤新平的治績時不能或忘的。

本書收的霧峰一新會論文也顯示了殖民地的問題：如果臺灣真的就是臺灣人的臺灣，由臺灣

23 這是我的日本近代文語與候文老師劉元孝先生（一九一七—二〇一六）以其身教給我的啟示。

24 這一一、九五〇人不是籠統的數目，它是以下的加總：一、在逮捕或護送過程因抵抗而遭殺害者五、六七三人；二、判決死刑者二、九九八人；三、死於討伐隊之手者三、二七九人。後藤新平，《日本植民政策一斑》（東京：拓殖新報社，一九二一），頁二七—二八。

25 一八九六年臺灣人口二、六六四、五二一人，一九〇二年二、九五三、〇三四人，見《臺灣總督府第六統計書》（臺北：臺灣總督府總督官房文書課，一九〇四），頁一〇六。二〇二二年臺灣人口總數：二三、二六四、六四〇人。

人自己治理自己，那麼有活力，就是要永續經營的一新會，哪會「無疾而終」？這是我們看待日本統治時期，必須面對、直視的問題。不用害怕會和戰後 KMT/ROC 黨國統治的反日意識形態相淆混，只要我們站在臺灣的立場，以臺灣為主體，KMT/ROC 黨國統治的殖民性同樣逃不過我們的檢視。它的軍警鎮壓、壓制在地語言、人事與國考政策、去除臺灣歷史與鄉土的教育、外來者的萬年國會……等等，完全是臺灣主體性的對反——這若不是殖民，又是什麼呢？這種從主體出發、彰顯主體性的歷史視野，還是當前學院派研究相當欠缺的。

六、結語

以上是個人長期研究臺灣歷史的一點心得，提出來供大家參考。私意以為，山、海、平原是我們掌握臺灣歷史大圖景的三個構成要素，缺少任何一者，就不完整。我們個人的研究可以不用包山包海、包平原，實際上也很難做到，但從山、海、平原構成的大圖景去思考自己的研究課題，相信更能抉發新義，也能隨時維持一個宏觀的視野。

其次，研究自己生活所在的歷史，可能和研究其他地區或其他國家的歷史不一樣，我們研究臺灣史，好像轉個身就會撞見歷史。也就是因為這樣，它逼我們去思考多重殖民經驗下歷史敘述的主體性問題，包括抵抗的問題。臺灣島史的概念，除了以我們生活的大臺灣為地理範圍外，最重要的就是以生活在這個範圍內的人群為主體，去思考分歧的過去和共同的未來。這才是臺灣島史最重要的課題，——也就是建立臺灣歷史敘述的主體性。我們的主體性不是建立在對過去的歪曲上，因為山、海、平原這三個元素本身就要求多元觀點，這也是我們臺灣文化多元性、多樣性的根源。我們不是要齊一過去，我相信：確立臺灣歷史敘述的主體的同時，也確保了我們社會的多元價值觀。臺灣島史是人民的歷史，只要是人民的歷史，就不可能是一元的，它要求多元觀點，但又必須有予以統攝的核心價值叢。

書寫臺灣全史是大工程，我個人到現在也只是花力氣寫了兩本歷史普及的書，離全史還很遠；這本《臺灣史論集》收入的也還是論文，不是「出生」就是一本書。這些作品，是我個人在研究、思考臺灣歷史的過程中陸續寫成的，它們欠缺真正的書的系統性，但山、海、平原的意象逐漸浮現出來。

臺灣是個高度分裂的社會。這樣的社會如果要形成一個「國民國家」，非常需要一部整合型的全史，它多元，卻又有貫串整個「我們．人民」的歷史主軸。這是很不容易的使命，相信應該是團隊而非個人的工作，讓我們一起為山、海、平原的臺灣全史的誕生而努力吧！

本導論改寫自筆者的一篇基調演講稿，發表於「臺灣海洋文化的吸取、轉承與發展國際研討會」，國立交通大學人文與社會科學研究中心舉辦，二〇一一年五月二十七—二十八日。

二〇二三年八月修訂。

第一章

山在瑤波碧浪中：總論明人的臺灣認識

引子

稱海上的島為山，是沿襲甚久的習慣。讀過中國詩詞的人，大都記得白居易〈長恨歌〉的詩句：「忽聞海上有仙山，山在虛無縹緲間。」這裡的仙山指海上神仙居住的島嶼。然而，不是神仙居住的島嶼才叫做山，舉凡海上諸島都可以稱山。我們或可推測，當人們搭船浮沉於茫茫大海中，遠遠望見島嶼時，不管大小，它的樣子總像是一座浮在水面上的山。

我們不知道稱海島為山，起源於何時，可以確定的是，明代海上行船人約定俗成稱島為山。例如，明嘉靖十一年（一五三二）吏科左給事中陳侃，奉命出使琉球（沖繩，今屬日本），經過兩年的準備，他和隨員在嘉靖十三年五月五日（陰曆）從福建福州長樂縣廣石出海。由於逆風，船隻航行速度很慢，三天後（五月八日）出海口，「方一望汪洋矣」；他從船艙出來觀望，「四顧廓然，茫無山際，惟天光與水光相接耳。雲物變幻無窮，日月出沒可駭，誠一奇觀也。雖若可樂，終不能釋然於懷。九日，隱隱見一小山，乃小琉球也」。第二天（五月十日），「南風甚速，舟行如飛」，他們「過平嘉山、過釣魚嶼、過黃毛嶼、過赤嶼，目不暇接」。[1]從以上的敘述，我們得知明嘉靖年間，海上通稱島嶼為山，有時也稱為嶼。[2]當船駛近島嶼，人們說「山將近矣」、「山近矣」。[3]

陳侃出海後不久，看到的「小山」小琉球，如果按照第二天他們即經過平嘉山（彭佳嶼）、釣魚嶼等島嶼來看，他所望見的「小山」是臺灣島的一部分，從方位來看是北臺灣。這個時候的臺灣，還是「鮮為人知」，人們似乎還不清楚它是一個大島嶼，還是分成幾個小山。

在這裡，我們有必要了解臺灣的「身影」如何慢慢浮現在明人的視野中，由遠而近，由不熟悉而逐漸熟悉，由幾個島逐漸「合成」一個大島。然而，明朝之前，文獻上一直有讓後人爭論不休的疑似臺灣的記載。三國時代的夷洲、隋代的流求、宋朝的流求、元代的瑠求、琉球，都是難解之謎。讓我們先回顧這些說法吧。

一、夷洲與流求之謎

要談中國對臺灣的認識，一般總是從《三國志．吳書》〈吳主傳第二〉（孫權傳）和《隋

1　〔明〕陳侃，《使琉球錄．夷語夷字附》，收入《四部叢刊．三編．史部》（臺北：臺灣商務印書館，一九六六景印明嘉靖刻本），頁七b－八a。

2　如夏子陽云：「遠而望之而稍有巍然、蒼然者，曰是某嶼、某山也。」夏子陽、王士禎，《使琉球錄》，收於屈萬里主編，《明代史籍彙刊》第7種（臺北：臺灣學生書局，一九六九），頁三七。

3　陳侃，《使琉球錄．夷語夷字附》〔國立北平圖書館善本叢書 第一集〕（四部叢刊續編；據明嘉靖刻本影印；臺北：臺灣商務印書館，一九六六景印），頁二一b、三九b。

書．東夷列傳》〈流求國〉談起，這是中文文獻中疑似臺灣的記載。已故的人類學家凌純聲先生甚至主張應該從《史記》〈東越列傳〉談起，認為臺灣可能是東越人所移殖的地方。[4]這可能又太遙遠了。

關於《三國志》中的夷洲和《隋書》中的流求是否為臺灣，學者之間看法不同，說法時斷時續，算是個百年以上的爭論。[5]我們先不去談爭論的內容，讓我們看看文獻本身的記載。《三國志．吳書》〈吳主傳第二〉云：[6]

〔黃龍〕二年春正月，……。遣將軍衛溫、諸葛直將甲士萬人浮海求夷洲及亶洲。亶洲在海中，長老傳言秦始皇帝遣方士徐福將童男童女數千人入海，求蓬萊神山及仙藥，止此洲不還。世相承有數萬家，其上人民，時有至會稽貨布，會稽東縣人海行，亦有遭風流移至亶洲者。所在絕遠，卒不可得至，但得夷洲數千人還。

孫權「求」夷洲、亶洲的動機不清楚，或許仿秦始皇故事也未可知。其結果是，大軍無法抵達亶洲，卻到達夷洲，虜了數千人回來。亶洲傳言是秦始皇派徐福浮海求神山、仙藥最後所抵達的地方，這地方的人民常到會稽買布；會稽人出海也有遭風漂流到此地，這在在令人想起日本。我們知道後來日本遣隋使、遣唐使到中國是從長江口附近登陸，以此，日本人到會稽買布，也算合理。根據這份文獻，夷洲、亶洲一開始並舉，可見在人們的認知上，相距不遠。但是，實際浮海訪尋，亶洲又顯得遙不可及，大軍以抵達夷洲作結。

從以上如此簡短的文獻，要判斷夷洲是否為臺灣，其實並不具有太大的意義。倒是《三國志》其他兩個地方也提及「夷州」（此處「州」字無三點水，然根據文脈應即為上引之「夷洲」），這兩條都在列傳，與孫權想「遣偏師取夷州及朱崖（珠崖）」而遭到大臣勸阻有關，勸阻遣分軍遠征夷州分別為陸遜和全琮。[7]據此，夷州和珠崖應有地理上的親近性（〈全琮傳〉云：「權將圍珠崖及夷州。」）。三國時的珠崖郡即海南島，孫權的夷州之役「士眾疾疫死者十有八九」，「得不補失」，「權深悔之」。除了地理可能鄰近海南島之外，文獻遠不足以讓我們具體指夷州即臺灣。

---

4 《史記》載東越人「不勝即亡入海」，凌純聲認為由於東越海外最近的島嶼為澎湖臺灣，因此，「所謂亡入海，不能不疑及澎臺諸島，早為越人所移殖之地」。凌純聲，〈古代閩越人與臺灣土著族〉，《學術季刊》一卷二期（一九五二年十二月），頁四二。

5 最初指出中國文獻之「琉球」為臺灣，是法國漢學者聖第尼艾耳維侯爵（Le Marquis Léon d'Hervey de Saint-Denys, 1822-1892），事在一八七四年，從此引發國際漢學界夷洲、流求是臺灣還是琉球的爭論。梁嘉彬，〈隋書流求國傳逐句考證（初稿）〉，收於杜維運等編，《中國史學論文選集》（臺北：幼獅文化，一九七六），頁二二〇—二二七。梁氏此文原刊於《大陸雜誌》四五卷六期（一九七二年十二月），頁一—三八。曹永和亦指出這個爭論「已超過一百年」，見曹永和，〈明洪武朝的中琉關係〉，收於氏著，《中國海洋史論集》（新北：聯經出版公司，二〇〇〇），頁一九七。

6 陳壽，《三國志》（北京：中華書局，一九九四），卷四七，頁一一三六。

7 陳壽，《三國志・吳書》，卷五八，〈陸遜傳〉頁一三五〇；卷六〇，〈全琮傳〉，頁一三八三。

如果《三國志》關於夷洲的記載過於簡略，《隋書．東夷列傳》〈流求國〉所記該國情況則相當詳盡。〈流求國〉起頭云：「流求國，居海島之中，當建安郡東，水行五日而至。土多山洞。其王姓歡斯氏，名渴剌兜，不知其由來，有國代數也。彼土人呼之為可老羊，妻曰多拔荼。」[8]以下是很長的一大段文字，描寫流求國的風土人情，包羅甚廣，不遜同書對日本的描寫，若全文迻錄，恐過於冗贅，在此僅引最後一段。文末云：[9]

> 大業元年，海師何蠻等，每春秋二時，天清風靜，東望依希，似有煙霧之氣，亦不知幾千里。三年，煬帝令羽騎尉朱寬入海求訪異俗，何蠻言之，遂與蠻俱往，因到流求國。言不通，掠一人而返。明年，帝復令寬慰撫之，流求不從，寬取其布甲而還。時倭國使來朝，見之曰：「此夷邪久國人所用也。」帝遣武賁郎將陳稜、朝請大夫張鎮州率兵自義安浮海擊之。至高華嶼，又東行二日至鼅鼊嶼，又一日便至流求。初，稜將南方諸國人從軍，有崑崙人頗解其語，遣人慰諭之，流求不從，拒逆官軍。稜擊走之，進至其都，頻戰皆敗，焚其宮室，虜其男女數千人，載軍實而還。自爾遂絕。

這是個「屢勸不聽」的故事。流求至少兩度拒絕隋的招撫，最後隋煬帝派大軍遠征，予以痛擊，帶回男女數千人。

孫權遣將浮海求夷洲、亶洲在黃龍二年（二三〇），隋煬帝遣將浮海痛擊流求國，事在大業四年（六〇八），前後相隔三百七十八年。三國時代的「夷洲」是不是隋代的「流求國」，本身就是個問題。在這裡我們不能不討論沈瑩《臨海水土志》中的「夷洲」。《臨海水土志》已佚，我們知道該書關於夷洲的記載，是因為《後漢書．東夷列傳》唐章懷太子注中引用該書：[10]

> 沈瑩《臨海水土志》曰「夷洲在臨海東南，去郡二千里。土地無霜雪，草木不死。四面是山谿。人皆髡髮穿耳，女人不穿耳。土地饒沃，既生五穀，又多魚肉。有犬，尾短如麕尾狀。此夷舅姑子婦臥息共一大牀，略不相避。地有銅鐵，唯用鹿格為矛以戰鬬，摩礪青石以作（弓）矢（鏃）。取生魚肉雜貯大瓦器中，以鹽鹵之，歷月所日，乃啖食之，以為上肴」也。

沈瑩是三國時代吳國人，孫亮於太平二年（二五七）以會稽東部為臨海郡。今天的會稽市約當北緯三十度，從地圖上來看，琉球群島在其東南方，臺灣在其南方。雖然沈瑩是三國時代的人，這段關於「夷洲」的記載，並未被採入《三國志》。《三國志》作者陳壽（二三三—二九七）以近

8　魏徵等，《隋書》（北京：中華書局，一九八七），卷八一，〈流求國〉，頁一八二二—一八二三。
9　魏徵等，《隋書》，卷八一，〈流求國〉，頁一八二四—一八二五。
10　范曄，《後漢書》（北京：中華書局，一九六五），卷八五，〈東夷列傳〉，二八二二。

乎當代人的身分撰寫三國歷史，可以說「去古未遠」。陳壽在《三國志》中提到夷洲時，未採用沈瑩《臨海水土志》，原因不明，可能有以下兩種情況：一、陳壽編撰《三國志》時，未得見《臨海水土志》；二、陳壽得見此書，但不認為沈瑩的「夷洲」就是孫權派遣將軍衛溫、諸葛直遠征的「夷洲」，因而未予採用。總之，我們是否可以拿沈瑩筆下的「夷洲」來「實化」孫權派兵攻打的「夷洲」，還是個問題。

沈瑩的《臨海水土志》也收入北宋李昉等編纂的《太平御覽》，見於卷七八〇「敘東夷」條，內容遠較《後漢書》章懷太子注詳盡。由於《太平御覽》全文較長，茲迻錄註中，以供參考（惟請注意此一版本中「夷洲」作「夷州」）。[11] 如果我們比對沈瑩《臨海水土志》的夷洲以及《隋書》〈流求國〉，可以獲致這樣一個結論：夷洲和流求國鮮少共通之處，雖然兩處居民都分別具有東南亞古文化的某些特徵。換句話說，我們很難說沈瑩的夷洲和《隋書》流求國必然是關於同一地理空間的紀錄，兩者在文化上未必具有相承的關係；至於《三國志》的夷洲，則因為記載過於簡略，無法和《隋書》作有意義的比對。

《隋書》關於流求國的記載，相對於當時關於其他「東夷」的記載，不能不說頗為詳盡，連該地動植物都有所描述。然而，如上所述，問題出在〈流求國〉似乎是個孤立的民族誌文獻，缺乏可資比對、輔證的其他材料，孤伶伶地懸在史書裡，無法進一步攷查，不像高麗、新羅、百濟，以及倭國（日本）有其他的史料可資參照。這份孤懸的文獻本身是個謎，流求國到底是臺灣、沖繩，實難獲得確論。以下幾個面向，是我們可以加以思考的。

首先，就地理位置來看，流求國「當建安郡東，水行五日而至」，建安郡在隋代約等於今天的福建一地，建安郡治所在地即今天的福州。福州在北緯二十六度稍北，如果沿著北緯二十六度，往正東前進，可以抵達今天沖繩首府那霸；這條直線掠過臺灣北端，臺灣本島最北端的富貴角位於北緯二十六度十八分二十秒。換句話說，如果所謂「當建安郡東」是以郡治為準，那麼沖繩是最佳候選者。然而，我們是否一定非得把文獻的「當……東」看成正東呢？

其次，讓我們看看距離。流求國是「水行五日而至」的地方；一般說水行幾日可到，是指順

11　「叙東夷」條云：「《臨海水土志》曰：夷州在臨海東南，去郡二千里，土地無雪霜，草木不死，四面是山，眾山夷所居。山頂有越王射的正白，乃是石也。此夷各號為王，分畫土地人民，各自別異。人皆髠頭穿耳，女人不穿耳。作室居，種荊為蕃鄣。土地饒沃，既生五穀，又多魚肉。舅姑子婦男女臥息共一大牀，交會之時，各不相避。能作細布，亦作班文布，刻畫其內，有文章，以為飾好也。其地亦出銅鐵，唯用鹿觡矛以戰鬪耳。磨礪青石以作矢鏃、刃斧、鐶貫、珠璫。飲食不潔，取生魚肉，雜貯大器中以滷之，歷日月乃啖食之，以為上餚。呼民人為彌麟。如有所召，取大空材，材十餘文（丈？），以着中庭，又以大杵旁舂之，聞四五里如鼓。民人聞之，皆往馳赴會。飲食皆踞相對，鑿牀作器如稀槽狀，以魚肉腥臊安中，十十五五共食之。以粟為酒，木槽貯之，用大竹筒長七寸許飲之。歌似犬嘷，以相娛樂。得人頭，斫去腦，駮其面肉，留置骨，取犬毛染之，以作鬚眉髮，編具齒以作口，自臨戰鬪時用之，如假面狀，此是夷王所服。戰得頭，著首還，於中庭建一大材高十餘丈，以所得頭，差次挂之，歷年不下，彰示其功。又卑（甲？）家有女，乙家有男，仍委父母往就之居，與作夫妻，同牢而食。女以嫁皆缺去前上一齒。」見李昉等纂，《太平御覽》（北京：中華書局，一九六〇據上海涵芬樓影印宋本復製重印），卷七八〇，〈四夷部一．東夷一〉，「叙東夷」條，頁三四五五—三四五六。

風情況。隋煬帝遣將出海征伐流求國，大軍從義安出海，隋代的義安在今天廣東潮州。從潮州出海，至少經過兩個島嶼（高華嶼、黽鼊嶼；兩島距離二日水程），五日可到的地方，到底在哪裡？海上航行的速度，與船隻之大小、形制關係重大，不能一概視之。隋代一般遠洋船隻速度如何，實在缺乏資料，很難判斷水行五日可抵何處。根據史料，明代從福州出海到琉球，順風約四至五天，可進入琉球國界，不久即可抵達那霸港；[12]清初廈門出海到鹿耳門，約一天多。[13]如果明代的航速可供參考的話，「水行五日而至」的地方，恐怕琉球比臺灣的可能性高。另外，〈流求國〉云：「至高華嶼，又東行二日至黽鼊嶼，又一日便至流求。」換句話說，高華嶼和黽鼊嶼相距有兩天的航程。以流求為臺灣者，如藤田豐八，把這兩個島嶼比定為澎湖群島的兩個島嶼[14]，這又太不符實際了。我們實在很難想像澎湖群島的兩個島嶼之間需水行二日。

其三，根據〈流求國〉所述，這個地方已經有初步的政治社會組織，有類似「國」的規模，國王類似共主，有宮室，有軍隊，有因視需要的非常態稅徵，有簡單的司法系統。更引人注目的是，流求國具有一些「印度尼西安古文化」（東南亞古文化）的特質[15]，例如，男子拔毛，女子黥手，以骷髏為珍。以此，臺灣似乎比較符合。文獻又說，將軍陳稜曾以「崑崙人」當「通譯」，前往招撫流求。「崑崙人」是東南亞或廣東一帶的土著，其語言有屬於「南島語系」者，既然「崑崙人」的語言與流求國可通（或被認為可通），流求國應也屬於南島語族，而今天的琉球，語言屬於日本語系，此點不相符合。

其四，就目前我們對臺灣土著民族的了解，似乎尚未見出現具有〈流求國〉所描述之文化程度的土著社群，臺灣考古發掘亦尚無可資證明的發現。然而，我們也不能排除臺灣土著民族曾有某一社群發展到如此程度的可能性，最後這個社群消失了。臺灣是孤島，如果某些土著社群發展出比較高度的社會政治組織，後來無法維持而消失，也不是不可能。我們不能假定特定地理空間

12 根據蕭崇業，《使琉球錄．琉球過海圖》，從福州梅花所放洋，順風到馬齒山，共需四十二更，也就是四天多一點（一日夜為十更）。蕭崇業、謝杰，《使琉球錄．附皇華唱和詩》（臺北：臺灣學生書局，一九六九），頁一一一一七。又根據夏子陽，「琉球過海圖」，順風四十三更可抵達馬齒山，圖版見夏子陽、王士禎撰，《使琉球錄》，收於黃潤華、薛英編，《國家圖書館藏琉球資料匯編》（北京：北京圖書館出版社，二〇〇〇），上冊，卷上，「琉球過海圖」，頁三二五—三四三。實際上「一路順風」的情況很少見，通常遠遠超過四、五天；以實例而言，大約需九天至二旬。又，海上航行若抵達古米山（今沖繩久米島）即是抵達琉球國界；古米山之後，抵達馬齒山，即今慶良間諸島（群島）。

13 郁永河云：「向謂廈門至臺灣，水程十一更半；自大旦門七更至澎湖，自澎湖四更半至鹿耳門。」郁永河，《裨海紀遊》〔臺灣文獻叢刊第四四種〕（臺北：臺灣銀行經濟研究室，一九五九），卷上，頁八。黃叔璥云：「廈門至澎湖水程七更，澎湖至鹿耳門水程五更。」黃叔璥，《臺海使槎錄》〔臺灣文獻叢刊第四種〕（臺北：臺灣銀行經濟研究室，一九五七），頁一五。陳盛韶云：「廈門至鹿兒門水程十二更。」陳盛韶著、劉卓英標點，《問俗錄》（北京：書目文獻出版社，一九八三），〈鹿港廳．海道〉，頁一一八。然陳第〈東番記〉云：「從烈嶼諸澳，乘北風航海，一晝夜至彭湖，又一晝夜至加老灣，近矣。」方豪，〈陳第東番記考證〉，收於氏著，《方豪六十自定稿》（臺北：方豪自印，一九六九），上冊，頁八四二。由於陳第大員之航遇風，不準，似以十二更左右為合理。

14 轉引自梁嘉彬，〈隋書流求國傳逐句考證（初稿）〉，頁二二六。

15 凌純聲指出，臺灣土著保持很多印度尼西安古文化（即東南亞古文化）的特質，如文身、缺齒、拔毛、口琴、織貝、卉服、貫頭衣、腰機紡織、父子連名、親族外婚、老人政治、年齡分級、獵首、鳥占、靈魂崇拜、室內葬等。凌純聲，〈古代閩越人與臺灣土著族〉，頁三二六。

的文化一定是直線地向上發展，南美洲的印加文明就是一例。就近取譬，明初鄭和可以率領二百餘艘船組成的船隊七次下西洋，遠至非洲東岸，其造船和航海技術在當時舉世無雙，然而不到一百年，到了嘉靖年間出使琉球，人人視為畏途，造船技術十分低落，「種種皆不如法，不久即壞」[16]。其後似乎每下愈況，萬曆七年（一五七九）蕭崇業出使琉球時，花鉅款造船，卻有致命的缺點，幸而臨時改造，否則早就瓦解了。[17]

其五，流求國和日本有密切的關係，日本的使者一看到流求國的「布甲」，就說這是「夷邪久國」的東西，可見對其文物相當熟悉。根據〈流求國〉本文，流求國人「編苧為甲」，也就是用麻繩編結成甲冑，這裡的「布甲」應即指此。日本人之所以熟悉，可能來自於地緣，也就是說，流求國可能靠近日本，有交通或貿易往來。這個時點是隋朝大業年間，西元七世紀初，就此而言，琉球比臺灣似乎更有可能是流求國。

總之，《隋書》〈流求國〉是一篇孤立的文獻，很難從中推斷出到底是今天的琉球或臺灣。從方位、水程，以及和日本有密切關係等來看，比較像琉球，但是若從氣候風土與文化來看，又比較像臺灣。或許這原本是兩份文獻，但在傳抄收入史館的過程中，兩份文獻混成一份，也不是沒有可能。但是這都是猜測而已，無從證明其為真或為假。

關於宋朝文獻中的「流求」，學者間也是聚訟紛紜，或主張是琉球，或主張是臺灣。然而，文獻實不足徵。根據零星的資料，宋文獻中，多於《隋書》〈流求國〉的訊息是，「流求」在北宋與福州有貿易關係，南宋時和海南島也有貿易關係。[18]值得注意的是，在「流求」之外，南宋時增加了有關「毗舍耶」的訊息。從宋人有關「毗舍耶」的記載，我們可以看出當時人對「毗舍耶」的認識不及「流求」；對宋人而言，「毗舍耶」言語不通，商旅不行，經常侵犯閩粵沿海（平湖、泉州、潮、惠），對鐵器有特殊的喜好，他們以竹筏為主要的海上工具。[19] 關於「毗舍耶」是臺灣，還是菲律賓，學者之間也是莫衷一是。

我們在此無意涉入宋朝的「流求」到底是臺灣，還是琉球（沖繩）的爭論；也無意討論「毗舍耶」是臺灣，還是菲律賓。究實而言，文獻過於單薄，實不足作出確論。

纂修於元朝的《宋史》，在〈外國傳七〉首列〈流求國〉，云：[20]

> 流求國在泉州之東，有海島曰彭湖，烟火相望。其國塹柵三重，環以流水，植棘為藩，以刀稍弓矢劍鈹為兵器，眎月盈虧以紀時。無他奇貨，商賈不通，厥土沃壤，無賦斂，有事則均稅。旁有毗舍邪國……。

---

16 陳侃，《使琉球錄．夷語夷字附》，頁二二b。

17 蕭崇業、謝杰，《使琉球錄．附皇華唱和詩》，頁一一一—一一四。

18 黃寬重，〈南宋「流求」與「毗舍耶」的新文獻〉，《中央研究院歷史語言研究所集刊》五七本三分（一九八六年九月），頁五〇五。

19 黃寬重，〈南宋「流求」與「毗舍耶」的新文獻〉，頁五〇六、五〇八。

20 脫脫，《宋史》（北京：中華書局，一九八五），卷四九一，頁一四一二七。

《宋史》關於流求國的記載，相當簡略，不超過《隋書》〈流求國〉。值得注意的是，流求國的地理位置，比起《隋書》所言「居海島之中，當建安郡東，水行五日而至」，更為具體，指出流求國「在泉州之東，有海島曰彭湖，烟火相望」。換句話說，流求國是彭湖（澎湖）可以望見的地方。不過，我們不能太拘泥於所謂的「烟火相望」。這可能是一種世代因襲的傳說或想像。舉例來說，到了明代琉球指今天的琉球（沖繩）已經再確定不過的了；崇禎年間，茅瑞徵（萬曆二十九年〔一六〇一〕進士）仍稱琉球「與彭湖諸島相對，天氣清明，望之隱約若烟霧。其遠不知幾千里……」[21]。

元朝汪大淵（一三一一—？）《島夷誌略》所記「琉球」，以地理位置來說，很可能是臺灣。「琉球」條云：「地勢盤穹，林木合抱，山曰翠麓，曰重曼，曰斧頭，曰大峙，其峙山極高峻，自彭湖望之甚近。余登此山則觀海潮之消長，夜半則望暘谷之出，紅光燭天，山頂為之俱明。」[22]顯然他親履「琉球」之山。（此處的「山」應否當「島」解？若作島解，或將別有所見）從彭湖「望之甚近」的地方，似乎非臺灣莫屬。然而，汪大淵所記「琉球」之風土民情，如「以花布為衫」、「煮海水為鹽」、「釀蔗漿為酒」等，和日後我們得知的臺灣西南沿岸土著文化不相符合。[23]以此，要確指汪大淵筆下的「琉球」就是臺灣，還是有問題。此外，我們也很難確知他登陸的地方在哪裡。

綜而言之，宋朝的「流求」和元朝的「琉球」，從地理位置來看，越來越「逼近」臺灣，不過，有趣的是，到了明朝，「琉球」一詞有了具體而實際的內容，專指今天的琉球（沖繩），不再是臺灣了。

在明代，由於琉球前來朝貢，且明朝朝廷十二次派遣使者出使琉球，中國關於琉球的知識大增。讓我們來看看，隨著中國和琉球往來密切，臺灣這個島嶼如何逐漸浮現在明人的視野中。

二、作為航標的小琉球和雞籠嶼

臺灣在明代文獻中，最初以「小琉球」的稱呼出現。曹永和先生認為《明實錄》洪武二十五

21 茅瑞徵，《皇明象胥錄》，收於《四部叢刊．三編．史部》（臺北：臺灣商務印書館，一九六六景印明崇禎刻本），卷一，「琉球」條，頁一七b。

22 汪大淵，《島夷誌略》，《欽定四庫全書》〔史部十一地理類十〕，收於王雲五主編，《四庫全書珍本十集》，頁一b—二a。此一刻本之「夜半則望暘谷之出」疑有缺字，或當為「夜半則望暘谷之日出」，見汪大淵著，蘇繼廎校釋，《島夷誌略校釋》（北京：中華書局，二〇〇〇），頁一六—一七。

23 臺灣西南沿海土著民，直至十七世紀初，尚未穿衣，釀米為酒。陳第，〈東番記〉，參見方豪，〈陳第東番記考證〉，頁八三六。他們不懂得製鹽，須向華人購買。Leonard Blussé and Marius P. H. Roessingh, "A Visit to the Past: Soulang, a Formosan Village Anno 1623," *Archipel 27* (1984), p. 72；干治士（Georgius Candidius）著，葉春榮譯註，〈荷據初期的西拉雅平埔族〉，《臺灣風物》四四卷三期（一九九四年九月），頁二二一。

年（一三九二）五月己丑條所記載，是最早有關小琉球的文獻。[24]小琉球是相對於大琉球而言，大琉球即今天的琉球群島。到了十五世紀，又有兩條小琉球資料，不過，這都是內容含糊、朦朧不清的記載。[25]小琉球之「具體形象」進入明人的視野，最重要的還是因為出使琉球的明朝官員的記載。

明太祖於洪武五年（一三七二）正月「遣楊載持詔諭琉球國」，同年十二月，琉球中山王察度（一三二一—一三九五）遣弟泰期等奉表貢方物，開啟了中國和琉球的正式邦交，琉球也因此加入以中國為宗主國的東亞國際秩序。[26]自宣德三年（一四二八）起，明朝皇帝屢次遣使浮海敕封琉球國王，前後共十二次。[27]使者中留下出使紀錄的，以陳侃為第一人，其後成為慣例，現存至少有四本《使琉球錄》。由於明朝使者親履其地，明代的琉球就是今天的琉球（沖繩）群島，毫無疑義。

不管我們認為文獻中的流求國是琉球還是臺灣，在明人的認知中，《隋書》中的「流求國」就是「琉球」，不是臺灣。如前所述，陳侃於嘉靖十三年（一五三四）出使琉球。他根據個人親履其地的經驗，認定史書中的流求國就是琉球。陳侃具實事求是的精神，在滯留琉球的一百十五天（五月二十五日至九月二十日）中，他一一比對考查文獻所載，發現「是誌所載者，皆訛也」。此處的「是誌」指《大明一統誌》，實則本自《隋書》。他曾認真「按圖索驥」，想印證文獻的記載，例如文獻云「王所居壁下多聚髑髏，以為佳」，他仔細留意，然未能有所發現。[28]至於其他文獻，陳侃評論道：「凡載琉球事者，詢之百無一實。」[29]換句話說，從方位和水程而言，琉球（沖繩）符合流求國的地理位置。但是，拿〈流求國〉所記的文化內涵來看，卻又一一不符。這又回到我們在第一節所討論的不可解之謎。

明人認為《隋書》所載之「流求國」是今天的琉球，還有一條重要的證據。鄭若曾（一五〇三—一五七〇）《琉球圖說》所附「琉球國圖」中，繪有三個島嶼，分別寫著：「黿鼊嶼東離琉球水程一日」、「高華嶼東離琉球水程三日」、「彭湖島東離琉球五日」。[30]這分明是把《隋書》所云「流求國，居海島之中，當建安郡東，水行五日而至。……至高華嶼，又東行二日至黿鼊嶼，又一日便至流求」化為圖畫。換句話說，鄭若曾認為彼「流求」即此「琉球」。

不管明朝以前的「流求」或「琉球」是臺灣還是琉球，最晚從明洪武五年起，琉球就是指今

---

24 曹永和，〈歐洲古地圖上之臺灣〉，收於氏著，《臺灣早期歷史研究》（新北：聯經出版公司，一九九七），頁三一八。

25 明代早期文獻中有關「小琉球」的記載，見陳宗仁，《雞籠山與淡水洋：東亞海域與台灣早期史研究，1400-1700》（新北：聯經出版公司，二〇〇五），頁五七—五九。

26 曹永和，〈明洪武朝的中琉關係〉，頁一九五—一九六。

27 夏子陽、王士禎，《使琉球錄》，〈歷朝使琉球姓氏考〉，頁一五—一九。

28 陳侃指出：「又云王所居壁下多聚髑髏，以為佳，……至王宮時，遍觀壁下，亦皆累石，……又何嘗以髑髏為佳哉？是誌之所載者，皆訛也。」陳侃，《使琉球錄．夷語夷字附》，頁一三b。

29 陳侃，《使琉球錄．夷語夷字附》，頁一三b。

30 圖版見鄭若曾，《琉球圖說》，收於黃潤華、薛英編，《國家圖書館藏琉球資料匯編》，上冊，頁一一〇八。

天的琉球。至於我們現在居住的臺灣本島，在明人的認知中，尚不是如我們今天所知道的連成一氣的島嶼，他們對臺灣的認識是從「點」開始。此話從何說起？

生活在「後帆船」時代的我們，可能很難了解帆船時代的一些基本海上知識。在橫渡大洋的西洋大帆船崛起之前，海上航行，大抵是靠近海岸航行，但又不能真正沿著海岸，因為「大舟畏淺」[31]，最怕觸礁。根據郁永河（康熙年間人士）《裨海紀遊》，十七世紀末，從今天的臺南要到淡水，走陸路遠比沿海岸航行安全多了。郁永河走陸路，但和他同時出發、沿海岸線行走的兩艘船，一艘安全抵達目的地，一艘則遭風全毀。另外，如所周知，鄭和下西洋的航線，基本上還是近海航行居多。十六世紀海上強權葡萄牙也是經過近乎一世紀的嘗試和努力，才得以克服大洋航行的種種困難。在這裡讓我們先簡單討論中國人相信的「落漈」傳說，以及西方類似的觀念。

中國海上航行者相信，海水到了澎湖逐漸降低，靠近流求的地方稱為「落漈」，《元史》載云：「漈者水趨下而不回也。凡西岸漁舟到彭湖已下，遇颶風發作，漂流落漈，回者百一。」[32]關於落漈，到了十七世紀末，或許因為橫渡臺灣海峽雖然驚險，證明並無「落漈」，因此，落漈的地點移至「雞籠山下」，且增加「萬水朝東」的意象。郁永河《裨海紀遊》云：「而雞籠山下，實近弱水，秋毫不載，舟至即沉；或云：名為『萬水朝東』，水勢傾瀉，捲入地底，滔滔東逝，流而不返。」[33]換言之，人們認為大洋中有像斷崖的所在，船若不幸誤入此處，則萬劫不復。

十五世紀，當葡萄牙進行非洲西海岸的航路探險時，西方人也相信：如果離海岸太遠，會掉落地球的邊界——fall off the edge of a flat earth。當時人們普遍相信地球是平的。如所周知，希臘羅馬時代豐富卓越的知識，包括地球圓說以及托勒密（Ptolemy，約85-165）的學說，淹沒於基督教世界約八百年，一直要到中世紀快結束時，才又逐漸普及。由於人們相信地球有邊界，因此，航海者通常不敢離開陸地太遠，以一天之內仍能看到陸地為安全之航。

明代實行海禁，禁止民間百姓以私人方式從事海上活動；朝廷方面，成祖至宣宗宣德八年雖有鄭和七次下西洋（一四〇五—一四三三）之盛舉，但此後停止「通番」，以中央為主導的海上發展至此全然停滯，民間只剩下走私活動。無法公然航海、造船，其後果之一是，航海與造船技術大為衰退。根據文獻，明時期從福建出洋往返琉球，風險極大，海上航標十分緊要。臺灣的一個「側面」——小琉球、雞籠嶼，也因「過海」琉球的關係，出現在官方的航海文獻中。

讓我們來看看一個具體的例子。萬曆七年（一五七八），蕭崇業出使琉球，他在福州募集了航海者，然而，臨行前才發現沒有一個懂得航海之道，都是一些想賺招募費用（募值）的「河口無賴」。在地方賢達（諸公）的建議之下，他趕緊派人到漳州「抓公差」。讀者須知，明代實施海禁，「片板不許入海」，但在隆慶元年（一五六七）局部開放海禁，准販東西二洋，取得官方

31 陳侃，《使琉球錄·夷語夷字附》，頁六 a。
32 宋濂等，《元史·外夷列傳》（北京：中華書局，一九九五），卷二一〇，〈瑠求〉，頁四六六七。
33 郁永河，《裨海紀遊》，卷下，頁二九。

「文引」即能合法出洋，然引數有限，因此絕大多數販洋者都是違法走私。當時南風已吹起了，「通番者」都已出海，只有一艘船正等著第二天出海。被官兵抓到的三個航海者，驚惶無措，以為事敗要受嚴懲。經說明之後，才知道是出使琉球的天使（天子之使者）要招募他們來駕船。這三個人分別叫作謝敦齊、張保、李全曾。一問之下，他們都沒到過琉球，是專跑東南亞的走私集團。雖然如此，謝敦齊跟蕭崇業說：「僕雖未至其地，然海外之國所到者，不下數十，操舟之法亦頗諳之。海船在吾掌中，針路在吾目中，較之河口全不知者，逕庭矣。」[34]也就是說，他雖然沒到過琉球，但自信具有必要的知識和技能。

我們前面提到，此次所造之船有致命的缺點，這是謝敦齊指出的，改造之法也是根據他的建議。此次封舟前往琉球，一路順風，但是回程卻遇到暴風，船身幾乎破毀，驚險萬分，全船四、五百人咸以為無生還之日。[35]事後連航海老手謝敦齊都深感「不死者，天幸也」，論道：「詎知琉球之行，若是其險哉！蓋西南諸國，行不二三日，即有小港以避風。豈若琉球，去閩萬里，殊無止宿之地，惡能保其行不遇風，風不為害也哉！一舟之人，不死者，真天幸也！」[36]

由此可知，航行東南亞諸國比起航行琉球容易多了，因為東南亞是近海航行，而且二、三天就有個小港口，可以避風。至於琉球，在全然順風的情況下，需要四天以上的水程。然而，這四天多水程是一路航行，沒有港口可以停泊，沿途須以山（即島嶼）為指標。從地圖上看，從福州直接向正東航行即可抵達琉球，何以必須先往東南航行，往北，再往東航行呢？清康熙五十八年（一七一九）出使琉球的徐葆光（一六七一—一七四〇），說得最清楚：「琉球在海中，本與浙閩地勢東西相值，但其中平衍無山。船行海中，全以山為準。福州往琉球，出五虎門，必取雞籠、彭家等山。諸山皆偏在南，故夏至乘西南風，參用辰、巽等針，衺繞南行，以漸折而正東。……雖彼此地勢東西相值，不能純用卯、酉針徑直相往來者，皆以山為準；且行船必貴占上風故也。」（旁線為筆者所加）[37]所謂「東西相值」，是東西相等的意思，用現代的話來說，就是緯度一樣高的意思（當然，當時沒有緯度觀念）。除了以海上島嶼為指標之外，風向也是一個主要因素。

實際上，從福州到琉球一般如何「靠山」航行呢？在這裡，我們有必要介紹幾本《使琉球錄》所記航路。茲根據陳侃《使琉球錄》與郭汝霖《重編使琉球錄》[38]正文所記，以及蕭崇業、夏子陽「琉球過海圖」，將從福建廣石出海到琉球沿途望見或「應該」望見的島嶼表列如下：

34 蕭崇業、謝杰，《使琉球錄．附皇華唱和詩》，頁一一〇—一一一。

35 蕭崇業、謝杰，《使琉球錄．附皇華唱和詩》，頁一〇九—一一五。

36 蕭崇業、謝杰，《使琉球錄．附皇華唱和詩》，頁一一五—一一六。

37 徐葆光，《中山傳信錄》，收於黃潤華、薛英編，《國家圖書館藏琉球資料匯編》，中冊，頁三五。

38 郭汝霖，《重編使琉球錄》，收於《四庫全書存目叢書》（臺南：莊嚴文化，一九九六影印中央民族大學圖書館藏明鈔本），史部．雜史類，第四九冊，頁史四九：六六七。

表一　四種《使琉球錄》所記福州至那霸港沿途島嶼

出使年代	作者 書名	正文所記 或「琉球過海圖」所繪島嶼
一五三四 嘉靖十三年	陳侃 《使琉球錄》	廣石—小琉球—平嘉山—釣魚嶼—黃毛嶼—赤嶼—古米山……（遭風漂泊）……那霸港
一五六一 嘉靖四十年	郭汝霖 《重編使琉球錄》	廣石—梅花—東湧—小琉球—黃茅—釣嶼—赤嶼—土納己山—小姑米山—那霸港
一五七九 萬曆七年	蕭崇業 《使琉球錄》	廣石—東墻山—平佳山—小琉球—雞籠嶼—花瓶嶼—彭佳山—釣魚嶼—黃尾嶼—赤嶼—粘米山—馬齒山—□□末—那霸港
一六〇六 萬曆三十四年	夏子陽 《使琉球錄》	……梅花所—白犬嶼—東沙山—小琉球—雞籠嶼—彭佳山—花瓶嶼—釣魚嶼—黃尾嶼—粘米山—翁居山—馬齒山（直到琉球那霸港大吉）

此外，嘉靖末鄭若曾《琉球圖說》一書亦記錄從福州出海到琉球的航路：39

表二　《琉球圖說》所記福州至那霸港沿途島嶼

一五六二之後？ 不詳 （嘉靖四十一年以後）	鄭若曾／ 《琉球圖說》	梅花—小琉球—雞籠嶼、花瓶嶼—彭嘉山—釣魚嶼—黃麻嶼—赤嶼—赤坎嶼—古米山—馬岊山—大琉球那霸港

從上二表中，我們可以看出「小琉球」、「雞籠嶼」、「彭佳山」（平嘉山）、「釣魚

嶼」、「黃尾嶼」、「赤嶼」等島嶼是從廣石出發到琉球沿路望見的島嶼，它們是琉球航線上的指標。

我們知道，臺灣本島以小琉球的名稱出現在明代四本《使琉球錄》中。由於封舟從位於閩江河口的廣石啟航，並未經過臺灣海峽，因此，從船上所望見的臺灣不是全島，應只是臺灣島的西北端。蕭崇業《使琉球錄》「琉球過海圖」中所繪的小琉球，固然比雞籠嶼大，但在夏子陽《使琉球錄》「琉球過海圖」中則比雞籠嶼小，可見當時所謂小琉球，只是臺灣島的一端，不是全島。（見圖一）

我們在前面提過，海上航行最怕「落漈」，由於當時人們認為靠近琉球的地方有落漈，因此很害怕「漂流落漈」。陳侃率領使舟，已經望見古米山，抵達琉球國境了，卻又因為逆風，進退不得，無法停泊。該船幾經周折，大桅幾乎分崩離析，船破入水，有人提議乾脆順風飄盪，以求一時之平順，但是有經驗的舵手警告說：「海以山為路，一失此山，將無所歸，漂於他國未可知

39　鄭若曾，《琉球圖說》，收於氏著，《鄭開陽雜著》（臺北：成文出版社，一九七一影印清康熙三十一年版本），卷七，「福建使往大琉球鍼路」條，頁五六三—五六五；另參鄭若曾，《琉球圖說》，收於氏著，《鄭開陽雜著》，《景印文淵閣四庫全書》（臺北：臺灣商務印書館，一九八三景印國立故宮博物院藏本），第五八四冊，史部地理類，卷七，頁五八四：六一五—六一六。鄭若曾編纂《籌海圖編》，有胡宗憲嘉靖四十年（一五六一）序，刊刻時間可能在嘉靖四十一年。《琉球圖說》原似收於《四隩圖論》中，其刊刻似在《籌海圖編》之後。四庫全書著錄作者為胡宗憲，實際上係鄭若曾所編纂。

圖一

記有方向和水程更數，並繪有海船望山的「琉球過海圖」（局部）。輯自夏子陽，《使琉球錄》（1606）。

也，漂於落漈未可知也。守此尚可以生，失此恐無以救。」[40]換句話說，海上航行，緊跟住島嶼是最安全的作法，否則失掉指標，大海茫茫，不知要被吹到何處，萬一掉入落漈，將是萬劫不復。這是琉球之航困難所在。其實舵手的憂慮是有道理的，帆船一旦駛過琉球群島，往東就是了無涯涘的太平洋了。以中國典型的雙桅尖底遠洋帆船而言，太平洋之為落漈，可以說再恰當不過了。

綜上可知，在明代，臺灣主要是作為中國——琉球航道的海船望山（海上航行指標），以小琉球、雞籠嶼的名字出現在文獻中。臺灣不只是中琉航線的指標，也是海禁時期民間各種航線的指標。這些航線包括：福建往琉球、日本航線、松浦（日本）往呂宋等。[41]

作為海上航行的小琉球，還有一個名稱。根據鄭舜功《日本一鑑．窮河話海》，小琉球也稱為「小東島」，日本人稱之為「大惠島」。[42]

小琉球、雞籠嶼是中琉航線的指標，臺灣西南部的「虎仔山」（或作虎尾山、虎頭山，即打狗仔，今高雄），以及最南端的「沙馬岐頭」（或作沙馬頭、沙馬岐頭門，今鵝鑾鼻），也是民間船舶航往東南亞地區的海船望山。根據民間航海用書《順風相送》與《指南正法》，這些航路

40　陳侃，《使琉球錄．夷語夷字附》，頁九b。
41　向達校注，《兩種海道針經》（北京：中華書局，二〇〇六），頁九一、九五—九六。
42　鄭舜功，《日本一鑑．窮河話海》（臺北：臺灣大學，一九三九影印舊鈔本），卷一，頁五a—b。

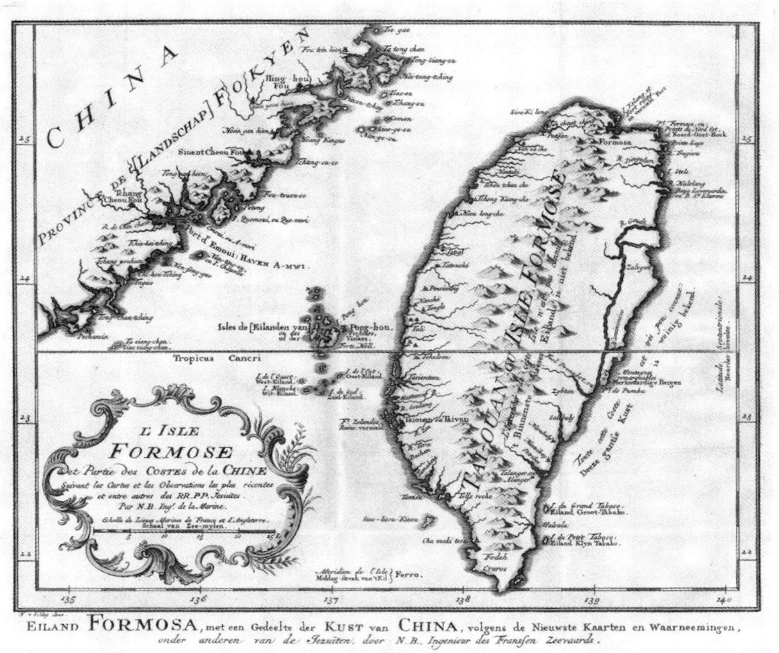

圖二

1730年法國人將當時「所知甚少」的臺灣東岸畫成毗鄰的三個島（局部）。輯自呂理政、魏德文主編，《經緯福爾摩沙：16-19世紀西方人繪製臺灣相關地圖》，頁88-89。（南天書局提供）

包括「太武往呂宋」、「泉州往彭家施闌」、「雙口針路」、「浯嶼往雙口針」、「〔圭嶼〕回浯嶼針」。太武指金門太武山；彭家施闌在菲律賓北部；雙口即呂宋港（今馬尼拉）；圭嶼在呂宋港口。[43]此外，臺灣最北端的雞籠嶼（圭籠頭）也是廣東和福建航往日本的海船望山。如「廣東往長崎針」、「廈門往長崎」所示。[44]

由於是海上望山，一般並不登陸。無論是雞籠嶼、小琉球、虎仔山或沙馬岐頭，在明季，它們都是孤立地存在，人們似乎尚未把這些海船望山看成連成一氣的一座大島。當時並無從沙馬岐頭沿著臺灣海峽往北航經雞籠嶼的航線，人們在認知上，沒有理由想像臺灣為一個大島。究實而言，對絕大多數只從海上眺望臺灣的航海人，把臺灣當成幾個島嶼毋寧比想成一個大島更自然。

43 「太武往呂宋」航路是：「太武開船，辰巽七更取彭湖山。巳丙五更見虎仔山。單丙及巳丙六更取沙馬岐頭。……」；「泉州往彭家施闌」航路是：「長枝開船，丙巳七更取彭湖。丙午七更取虎尾山。沿山五更取沙馬頭，……。」長枝是福建泉州，亦名長枝頭；「雙口針路」云：「大担開船，用辰巽七更取彭湖。丙巳針七更取虎頭山。單丙六更取沙馬岐頭門。」；「浯嶼往雙口針」云：「浯嶼開舡，用辰巽七更取彭湖。用丙巳五更取虎仔山。用單丙及丙巳六更取沙馬岐頭。」；「回浯嶼針」云：「圭嶼放洋，……若表上放洋，用壬子十七更取浯嶼洋。癸丑八更取沙馬岐頭。用單癸十一更取彭湖。」向達校注，《兩種海道針經》，頁八八、九四、一四〇、一六〇、一六五、一六六、二二五、二三七、二七〇。

44 「廣東往長崎針」云：「尖筆羅開駕，……艮寅十五更取南澳，單寅十五更取圭籠頭大山。」；「廈門往長崎」云：「大担開舡，用甲卯離山。用艮寅七更取烏坵，內是湄州媽祖，往祭獻。用艮寅及單寅七更取雞籠頭。」向達校注，《兩種海道針經》，頁一七九－一八〇。

帆船時代的人們，把未曾登陸的島嶼的河口看成海灣似乎很正常，更何況臺灣西海岸的河口大都很寬闊；就算東海岸河口較窄，也不見得不生出這類的淆混。明季日本朱印船有經過臺灣東海岸往呂宋的航線，但不登岸、不停泊。即使到了十八世紀上半葉，歐洲人對臺灣已經有很具體的了解，一幅法國人繪製的刊印於一七三〇年的臺灣地圖，西海岸相當詳實，但東海岸約當今天花蓮的地方卻畫成南北毗鄰的三個島，顯然把四個河口想成環繞三個島的海灣。[45]（見圖二）以此，明人無法認識臺灣為一大島，可說一點都不奇怪。當然我們無法排除有個別的個人因緣際會，認識到臺灣是個大島，只是在文獻上，我們看不到明末以前，明人認為臺灣是個大島。

臺灣的幾個點（或側影）除了作為海上航線的指標之外，在波濤洶湧的東亞海上情勢中，還扮演怎樣的角色呢？想了解這一點，還須從倭寇談起。

三、海寇的巢穴：東番

我們在上一節提到，臺灣的小琉球和雞籠是作為海船望山而浮現於明人的視野中。海船望山是海上航行的指標，船隻不必然靠泊上岸，但在嘉靖年間，由於倭寇猖獗，臺灣（小琉球）也成為倭寇入侵中國沿海地區的中途站。鄭若曾在《籌海圖編》說，倭寇入寇，「隨風所之，東北風猛，則由薩摩或由五島至大小琉球」，之後再看風向變化，北風多則侵犯廣東，東風多則侵犯福建。倭寇侵犯福建，是在澎湖島分船隊，或往泉州等處，或往梅花所、長樂等處。正東風猛，則侵犯溫州、定海等地。[46]此處的「薩摩」約指今天的鹿兒島縣和宮崎縣的一部分，五島則指五島群島，曾經是著名倭寇王直（？—一五五九）的根據地。《籌海圖編》刊刻於嘉靖四十一年（一五六二），附有「日本島夷入寇之圖」，共有三條主要路線，即「倭寇至閩廣總路」、「倭寇至直浙山東總路」以及「倭寇至朝鮮遼東總路」。總路之下各有分途，可侵擾特定地區。[47]「倭寇至閩廣總路」由薩摩州出發，經過大琉球和小琉球，再分途進攻。這張圖所畫的小琉球離中國海岸甚遠。然或可不用把它當成是實際距離的反映。

倭寇可以上溯至十三世紀初，一般分為前期與後期，前期從十三世紀初到十五世紀，也就是到明朝初期，侵擾地域以朝鮮為主，次及中國；後期主要指十六世紀，侵擾地域從中國、東中國

45 圖版見呂理政、魏德文主編，《經緯福爾摩沙：16—19世紀西方人繪製臺灣相關地圖》（臺北：南天書局；臺南：國立臺灣歷史博物館籌備處，二〇〇六），頁八八—八九。值得一提的是，此圖係根據荷蘭人繪製的臺灣地圖，在荷蘭統治臺灣期間把花蓮一帶畫成三島（或二島），相當常見，可參考格斯．冉福立（Kees Zandvliet）著，江樹生譯，《十七世紀荷蘭人繪製的臺灣老地圖．圖版篇．解讀篇》上冊（臺北：漢聲雜誌社，一九九七），圖版二七（頁五八—五九）、圖版二九（頁六二—六三）、圖版三四（頁七二—七三）。

46 鄭若曾，《籌海圖編》，《景印文淵閣四庫全書》，第五八四冊，頁六〇。

47 鄭若曾，《籌海圖編》，頁四一。

海，一直到南洋一帶。[48]在此讓我們以明朝為探討的範圍。[49]一三六八年朱元璋建立明朝之後，派遣使者至日本要求壓制倭寇，並冊封南朝懷良親王為「日本國王」，建立了中國和日本的朝貢關係。一四〇一年，日本室町幕府第三代將軍足利義滿接受明朝的冊封，並以朝貢的形式開始對明貿易；由於貿易時需要核對「勘合符」，因此又稱為勘合貿易。中日之間的朝貢貿易，雖然一度中斷，前後進行了約一百五十年（一四〇一－一五四九）。[50]由於日本內部的問題，終於在十六世紀中葉結束（一五五一，嘉靖三十年）。在朝貢貿易進行期間，倭寇的活動沉寂下來，朝貢貿易中斷之後，由於走私貿易興盛，倭寇再度活躍起來。

明代的倭寇問題和海禁關係密切。明代實施海禁始於太祖，起初禁止人民不得「私出海」，如領有「文引」或「公憑」仍可出海，但成祖、宣宗之後，「片板不許入海」成為定制。[51]嘉靖年間，沿海倭患慘重，官員中頗有主張開放海禁的[52]，嘉靖末年倭患大致平息，隆慶元年（一五六七）朝廷終於決定開放海禁。所謂開放海禁，究實而言，只是局部開放——僅開放漳州月港（海澄）一個港口，而且只「准販東西洋」，仍禁止與日本貿易。此時的「東西洋」約等於今天的東南亞。明代的東洋主要指今天菲律賓、婆羅洲一帶；西洋則包括今天爪哇、蘇門達臘、馬來西亞、泰國、越南等地。[53]然而，由於中日之間的貿易乃是東亞海域上至為緊要的一環，走私貿易仍然持續進行，海寇的禍患也無法斷絕。

如所周知，所謂「倭寇」的成員，其實當地人往往比日本人多。騷擾朝鮮半島的倭寇以本地人居多，史載「真倭」（真正的日本人）不過一、二成[54]；騷擾中國沿岸的非法集團，「動以倭寇為名，其實真倭無幾」[55]；或曰「大抵真倭十之三，從倭者十之七」[56]，也就是說，中國人占絕大多數，約七成。隆慶以後，日本色彩濃厚的「倭寇」勢力大衰，繼之而起的是以中國人為主

---

48 石原道博，《倭寇》（東京：吉川弘文館，一九九六），頁六七。

49 明朝倭寇年表，可參考石原道博，《倭寇》，〈略年表〉，頁三四二—三五六。

50 關於明朝和日本的勘合貿易，可參考田中健夫，《倭寇と勘合貿易》（東京：至文堂，一九六六），頁五一—六七、八九—一三四。

51 張增信，《明季東南中國的海上活動》（臺北：私立東吳大學中國學術著作獎助委員會，一九八八），頁七—一一；曹永和，〈試論明太祖的海洋交通政策〉，收於氏著，《中國海洋史論集》，頁一四九、一五一。「片板不許入海」或作「寸板不許下海」。

52 張增信認為：代表沿海通商利益的鄉紳巨室在中央朝廷形成新生力量（以閩人為主），與代表內地反對沿海通商的傳統官僚、地主勢力互爭，結果前者獲勝。張增信，《明季東南中國的海上活動》，頁二二。

53 對此，陳國棟簡明地指出：「……『西洋』與『東洋』，合起來其實就是整個東南亞地區，即日後所謂的『南洋』。針路中的『東洋』包括菲律賓群島、蘇祿群島與汶萊。此外的東南亞地區皆屬西洋針路。」陳國棟，〈鄭和船隊下西洋的動機：蘇木、胡椒與長頸鹿〉，收於氏著，《東亞海域一千年》（臺北：遠流，二〇〇五），頁一一一。

54 朝鮮《世宗實錄（三）》「二十八年（一四四六）丙寅十月壬戌」條曰：「前朝之季，倭寇興行，民不聊生，然其間倭人不過一二，而本國之民假著倭服成黨作亂……。」國史編纂委員會，《朝鮮王朝實錄四》（漢城：東國文化社，一九五五），卷一一四，頁七一一。

55 《明實錄》（臺北：中央研究院歷史語言研究所〔黃彰健校勘〕，一九六六），《明世宗實錄》，卷三五〇，頁六三二七。

56 張廷玉等撰，《明史》（北京：中華書局，二〇〇三），卷三二二，頁八三五三。

的「海寇」。

　　根據張增信的研究，隆慶元年局部開放海禁之後的東南沿海海寇可分為「隆慶、萬曆的海寇」以及「天啟、崇禎的海寇」。就年代而言，前者指隆慶元年至萬曆四十五年（一五六七－一六二〇），後者指光宗泰昌元年至崇禎末年（一六二〇－一六四四）。這兩個時期的海寇主要的不同如下：一、活動區域：隆慶、萬曆海寇活動大多徘徊於廣海，由漳、潮至雷、瓊，至多至閩南、臺海；而天啟、崇禎海寇，北起南直，南迄雷廉[57]，倏忽來去於粵、閩、浙以及江南，範圍更大。二、海寇成員：前者以廣東潮、惠、瓊州人為主；後者多半為福建漳、泉州人，以及江南各沙礁之人。三、海寇根據地：前者多巢於家鄉本土，後者則多竄於海外各島。[58]也就是由於海寇的「巢外洋」風氣[59]，使得臺灣島以另外一種姿勢，進入到明人的海外活動範圍。

　　如前所述，明人對臺灣的認知始於作為海船望山的雞籠山和小琉球；隆慶元年局部開放海禁之後，我們開始在文獻上看到：小琉球以南一些特定的地點，逐漸成為東南沿海海寇的避難地，甚至為其巢穴。關於活躍於隆慶、萬曆年間的海寇首領林道乾和林鳳，明人文集和《明實錄》有如下的記載：（以下引文〔〕內文字為筆者所加。）

（一）「彭湖一島，在漳泉遠洋之外，鄰界東番。……嘉隆之季、萬曆初年，海寇曾一本、林鳳輩，嘗嘯聚往來，分䑸入寇，至煩大舉擣之始平。」（顧炎武，《天下郡國利病書》）[60]

（二）萬曆元年潮賊林道乾勾倭突犯漳泉海洋，竄據彭湖，尋投東番。（曹學佺，〈倭患始末〉）[61]

（三）萬曆二年六月，「福建巡撫劉堯誨揭報廣賊諸〔朱〕良寶，總兵張元勳督兵誅剿，其逋賊林鳳鳴〔或即林鳳〕，擁其黨萬人東走。福建總兵胡守仁追逐之，因招漁民劉以道諭東番合剿，遠遯。」（《明神宗實錄》）[62]

（四）萬曆二年十月，「福建海賊林鳳自彭湖逃往東番魍港，總兵胡宗〔守〕仁、叅將呼良

57 南直隸，約當今江蘇省；高雷道、欽廉道，約當今廣東省海康縣、合浦縣。

58 張增信，《明季東南中國的海上活動》，頁一一九。關於隆萬海寇和天崇海寇的出身，張增信顯然有矛盾之處，在頁四三，張云：「從嘉靖末到萬曆初的二十年間，東南海寇主要集中於福建漳州與廣東潮州之間。……因此稱之為漳潮海寇。」

59 關於海寇巢外洋的情況，可參考張增信，〈明季東南海寇與巢外風氣（1567-1644）〉，收於張炎憲主編，《中國海洋發展史論文集》（臺北：中央研究院中山人文社會科學研究所，一九八八），第三輯，頁三一三—三四四。

60 顧炎武，《天下郡國利病書》，收於《四庫全書存目叢書》（影印涵芬樓《四部叢刊》三編手稿本），「福建·彭湖遊兵」，史部地理類，一七二冊，頁史一七二：四七四。

61 曹學佺，〈倭患始末〉，《湘西紀行》，下卷，收於氏著，《曹能始先生石倉全集》（二一）（內閣文庫藏本），頁四三a。曹學佺（一五七四—一六四六），福建侯官人，與葉向高、董應舉等人相善。

62 《明神宗實錄》，卷二六，頁六四六。

朋追擊之，傳諭番人夾攻，賊船煨燼，鳳等逃散。」（《明神宗實錄》）[63]

（五）萬曆三年十一月，「辛酉海寇林鳳復犯閩，不利，更入廣，而留船于魍港，為窟宅。」（《明神宗實錄》）[64]

第一條至第五條都涉及東番。可能因為東番距離彭湖不遠，林道乾和林鳳都曾逃至彭湖，其後轉至東番。除了暫時歇腳外，東番也可作為巢穴，以之為入侵他地的根據地。值得注意的是，海寇在東番停泊或占據的地方，可以指實的是「魍港」，如第（四）、（五）條所示。日後荷蘭文獻所記載的 Wanckan（拼法不一），一般比定為中文文獻的魍港（後來清代文獻中的蚊港），約在今天嘉義八掌溪溪口好美（虎尾寮）一帶。[65]由於地名會移動，我們很難說萬曆初年的魍港一定是荷蘭時期的魍港，雖然如此，這還是給我們一個大致的地理位置。第（三）、（四）條關於林鳳的文獻透露出一則訊息——福建總兵胡守仁曾「傳諭」東番土著合剿夾攻海寇。第三條史料告訴我們，總兵胡守仁透過漁民劉以道傳諭東番一起攻剿海盜，可見有像劉以道這樣的漁民和東番早有接觸。雖然我們無從得知東番土著是否真的加入作戰。總之，中國軍方和東番有某種程度的接觸大抵是事實。這或許也為日後沈有容（一五五七—一六二八）追剿海寇到東番作張本。

海寇盤據東番，嚴重危害沿海一帶人民的生活，導致水師出海追剿，最有名的要數萬曆三十年十二月十日（一六〇三年一月二十一日）浯嶼把總沈有容率師渡海至東番剿滅海寇，並且停泊大員一事。[66]根據陳第（一五四一—一六一七）〈舟師客問〉，海寇擁有七艘船，以東番為根據地，橫行三省，即「從粵入閩，又從閩入浙，又從浙歸閩」，毫無忌憚。[67]海寇向漁民強索「報水」，漁民深受其害。根據陳第的說法，「漁人納賄于賊名曰報水」，納報水的，「苦於羈留」，不納的「束手無策」；看來有點類似今天黑社會的保護費，或更為嚴重，行動還受到控制。[68]事實上，受害的共有三種人：東番夷人、商人，以及漁民。[69]文獻也告訴我們，海寇的構

63 《明神宗實錄》，卷三〇，頁七三一—七三二。

64 《明神宗實錄》，卷四四，頁九九九。

65 盧嘉興、冉福立皆作此主張。盧嘉興，〈蚊港與青峯闕考〉，《臺南文化》七卷二期（一九六一年九月），頁一一三；格斯．冉福立（Kees Zandvliet）著，江樹生譯，《十七世紀荷蘭人繪製的臺灣老地圖．論述篇》下冊（臺北：漢聲雜誌社，一九九七），頁六七。

66 關於此事始末，可參考本書第三章。

67 陳第，〈舟師客問〉，收於沈有容輯，《閩海贈言》（臺北：杭縣方氏慎思堂，一九五六景印明刊本），頁一三a。

68 陳第，〈舟師客問〉，收於沈有容輯，《閩海贈言》，頁一六a—b。承蒙匿名審查者指出，「報水」或許還有其他意指，如《大明會典》有「凡把守海防武備官員有犯受通番土俗哪嗟報水」。筆者再度檢閱史料，「報水」如和海盜有關，大致上可理解成強索保護費，如《明穆宗實錄》隆慶二年九月：「……今又陰行曾賊重賄，縱令報水激變，居民侵突省會」之記載（卷二四，頁六四四；底線為筆者所加，下同）。曾賊即海寇曾一本。再回頭檢閱隆慶元年十一月，關於此事，則記載接受招撫的「曾一本……仍令其黨一千五百人竄籍軍伍中，入則廩食于官，出則肆掠海上人，令塩艘商貨報收納稅，居民苦之」，以至於激發民變（卷一四，頁三七九—三八〇）。可見「報水」是對出海貿易者所做的一種強索費用的行為。或許此一用語原先來自海防官員強索規費，轉而指海盜強索費用，是耶非耶？待攷。

69 「夷及商漁交病」。陳第，〈東番記〉，收於沈有容輯，《閩海贈言》，頁二一a。

成分子頗有些日本人（倭）。[70]馬祖東莒大埔石刻更證明到了萬曆四十五年（一六一七），日本海盜還活躍於「東沙之山」一帶，沈有容曾「獲生倭六十九名」。[71]此事可以說是長崎代官村山等安遠征臺灣一事的後續發展，詳見下節。附帶一提，此處的東沙之山即東沙島，又稱東犬島，今馬祖東莒島，屬白犬列島，非指高雄市旗津區管轄下位於南海的東沙群島（The Pratas Islands）。

萬曆三十年歲末，沈有容打算突襲進駐東番的海寇時，好友陳第隨同他一起往剿。戰勝後，沈有容等人在東番待了約二十天，因此，陳第有機會考察風土人情，為我們留下了中文文獻中第一篇有關臺灣土著民的紀錄。具體的內容，限於題旨，茲不詳加討論。[72]在這裡，必要一提的是，陳第的〈東番記〉提供我們關於東番地理範圍的珍貴訊息。陳第說：東番「起魍港、加老灣，歷大員、堯港、打狗嶼、小淡水；雙溪口、加哩林、沙巴里、大幫坑，皆其居也，斷續凡千餘里」，也就是從今天八掌溪河口到高屏溪一帶。[73]

沈有容剿滅東番海寇後，據稱海寇沉寂了一陣子，約有十年之久。[74]但天啟初，東番又淪為海寇的巢穴。天啟元年，有一群和日本有關係的大海盜集團，因同夥人私吞日本首領的資本，「不敢復歸，竟據東番北港，擄掠商船，招亡納叛，爭為雄長」。[75]（旁線為筆者所加）另外，根據《明實錄》，海盜首領林辛老、楊六等人也於此活動。茲將相關史料分別迻錄於下：

林辛老：

天啟二年三月，「海寇林辛老等嘯聚萬計，屯據東番之地，占候風汛，揚帆入犯，沿海數千里無不受害……。」[76]

楊六：

天啟六年十一月，「……蔡三走本日（日本），鍾六為楊六併殺，亦屏息東番。楊六遂率其黨三千餘人，大小戰船七十二隻，詣總兵俞咨皐乞降。」[77]

天啟二年（一六二二）三月正是荷蘭聯合東印度公司（荷文縮寫為VOC）派艦隊從巴達維亞出發，擬攻占澳門之時；由於攻打澳門失敗，遂改而占領澎湖。天啟六年（一六二六），荷蘭聯合

---

70 「是以鏖戰惟倭，兵之所斬亦惟倭。」陳第，〈舟師客問〉，收於沈有容輯，《閩海贈言》，頁一六b—一七a。

71 東莒大埔石刻云：「萬曆彊梧大荒落，地臘後挾日，宣州沈君有容獲生倭六十九名於東沙之山，不傷一卒。閩人董應舉題此。」彊梧大荒落即丁巳年，萬曆四十五年（一六一七）；地臘後挾日，五月十五日。

72 關於陳第〈東番記〉的來龍去脈及內容分析，詳見本書第三章。

73 關於地理範圍的推定，見本書第三章，頁一八一—一八七。

74 《明神宗實錄》，卷四九三，頁九二七九。萬曆四十年（一六一二）三月：「沈有容在閩能越海數日，殲倭眾於東番，東番自是斂戢，倭亦戒不敢掠至閩，且十年，皆有容之力也。」

75 曹學佺，〈倭患始末〉，《湘西紀行》，下卷，頁四六b。

76 《明熹宗實錄》，卷二〇，頁一〇〇七。

77 《明熹宗實錄》，卷七八，頁三七九五。

東印度公司則已經占據大員一帶。不過，荷蘭人占領臺灣之初，其勢力尚限於今天臺南縣以南，所謂「屏息於東番」很可能在魍港一帶，或魍港以北的地區。

另外，我們必須了解，以上都是隆慶元年以後的事，也就是局部開放海禁之後。這個時候，只要取得文引，人民可以出海從事合法的貿易，因此，我們看到一些海商的崛起，林錦吾是其中佼佼者。如前所述，開海禁只是允許「往販東西二洋」[78]，到日本貿易仍然是違法的。但是「頃者越販奸民，往往托引東番，輸貨日本」[79]，也就是拿到准許至東番的文引，卻把貨品輸往日本。我們看到東番的「北港」逐漸成為海商的貿易據點，其實也就是私下和日本貿易的地方。萬曆末年[80]，沈演說「挾倭貲販北港者，寔煩有徒」[81]，指出以日本人的資本來北港作貿易的很多。他認為「日本發銀買貨，于法無礙」，如果海商和他們在呂宋交易，可以相安無事，但是「停泊北港，引誘接濟奸民」，就必須嚴加禁止。[82]換句話說，他認為海商到第三地和日本貿易，並沒問題，但不能在靠近中國的北港，也就是說日華貿易最好局限在呂宋。沈演到底擔心甚麼呢？基本上兩方面，其一，造成劫殺等禍害；其二，引來日本的覬覦。[83]他指出：「海上賊勢雖劇，倏聚倏散，勢難持久，猶易撲滅；而大患乃在林錦吾北港之互市，引倭人近地，奸民日如鶩，安能無生得失？」[84]也就是說，北港離中國太近，容易出問題。

林錦吾是海禁局部開放之後的大海商，北港為商貿據點。北港是合法可以停留的地方，卻成為中日非法貿易的地點，日本人來此，和只能「往販東西洋」的中國海商交換商品，換言之，這是一種變相的走私貿易。林錦吾從事這類的貿易，非法或合法，有其曖昧之處。在官方看來，林錦吾的商貿性格似乎在半商半盜之間，至少沈演主張以對付海寇的方式來對待林錦吾，認為可「因而用之」，「不可勦，亦不可招撫」[85]，且認為其手下是海盜之類的。[86]

綜上，我們可以說，大約從萬曆元年開始，除了原先作為海船望山的雞籠嶼和小琉球之外，

78 「……聽洋商明給文引，往販東西二洋。」沈鈇，〈上南撫臺暨巡海公祖請建彭湖城堡置將屯兵永為重鎮書〉，收於顧炎武著，《天下郡國利病書》，頁史一七二：四三三。

79 黃承玄，〈條議海防事宜疏〉，《黃中丞奏疏》，收於陳子龍等輯，《皇明經世文編》（上海：上海古籍出版社，二〇〇二），卷四七九，頁五二七一。

80 沈演於萬曆三十六年（一六〇八）昇福建參政，萬曆三十八年（一六一〇）乞致仕，獲准，當時的職銜是「福建布政使司右參政兼按察司僉事」。由於收入《止止齋集》的書信都未繫年月，不知下引〈論閩事〉一信寫於何時，推測若非在福建任官時（一六〇八—一六一〇），即致仕之後。

81 按：「寔煩有徒」之「煩」字應作「繁」，多也，語出《尚書．仲虺之誥》。沈演，〈論閩事〉，《止止齋集》，卷五五，頁二〇a。沈演之《止止齋集》，國家圖書館漢學中心藏有影印裝訂本，明崇禎六年（一六三三）刊本，據日本尊經閣文庫影印。沈演之看法，乃係張增信於《明季東南中國的海上活動》一書中徵引，方引起筆者注意，不敢掠美，特記於此。見張增信，《明季東南中國的海上活動》，頁一二九。

82 「若就呂宋與洋船交易，即巨奸領銀牟利，自可相安無事，惟停泊北港，……不得不禁耳。……使其市場在呂宋，不在北港。」沈演，〈答海道論海務〉，《止止齋集》，卷五五，頁一九a。

83 「釀今日劫殺之　，起將來窺伺之端。」沈演，〈答海道論海務〉，《止止齋集》，卷五五，頁一九a。

84 沈演，〈答海澄〉，《止止齋集》，卷五六，頁三二a。

85 沈演，〈與海澄〉，《止止齋集》，卷五五，頁八a。

86 「不意連日得報，有林心橫劫殺洋船事，今又有徐振裏壓冬事，亦既蠢蠢動矣。此輩恐皆林錦吾下小頭領耳。」沈演，〈答海道論海務〉，《止止齋集》，卷五五，頁一八b。

臺灣島的一些的區域，大範圍如東番，特定地方如北港、魍港，成為海盜逃亡或藏身之地，同時也是與日本進行非法貿易的據點。

四、明季東南國防的最前線

從萬曆四十年代開始，對關心海防的士大夫而言，不論是東番或是雞籠，都「逼近東鄙」，靠近中國東方的邊境而威脅到中國的門庭，為確保彭湖，非嚴加防範不行。換言之，十六世紀末至十七世紀初，在關心國是的明朝士大夫心目中，今天的「臺灣」，成為大明國防的第一道防線。在此，必須提醒讀者，對明人而言，此時還沒有一個連成一氣的「臺灣」的觀念，他們心中的圖景應是不相連屬的雞籠、小琉球、東番。

明代士大夫的海防危機意識是有具體事件作為背景的。那就是萬曆四十四年（一六一六，日本元和二年）三月二十九日，日本長崎代官村山等安派子秋安率領兵船十三艘擬占領雞籠一事。秋安的船隊在海上遭遇颱風[87]，船隻四散。此一計畫雖然失敗，但在關心國是的士大夫社群中，卻造成很大的震撼，咸認為這是日本繼朝鮮事件、琉球事件之後的海外野心行動，既覬覦雞籠、東番，勢必危及彭湖，議論一時甚囂塵上。在我們進一步討論日本海外行動之前，讓我們先了解長崎代官村山等安其人其事。

村山等安（?—一六一九）是第一任長崎代官。長崎代官設於文祿元年（一五九二），是「地役人」之長[88]，掌理管轄地之貢物與調租，管理中國與荷蘭輸入貨物之檢查以及南北兩瀨崎之米藏（米倉）[89]、武具藏（武器庫）、御船藏（官船收藏庫），也兼管長崎的寺社；惟無法干涉市政與貿易。村山等安本名伊藤小七郎，經營「南蠻菓子屋」（荷蘭糕餅店），辦事伶俐，諂媚當道，買得代官一職。村山等安是基督教徒（キリシタン、切利支丹），據說「等安」來自教名「アントワン」（安東）的日本語音譯名字「安等」，因為豐臣秀吉唸顛倒，說成「等安」，因此沿用之。後來伊藤也把姓改為「村山」。[90]在中文文獻，等安又稱「桃員」，大約是取其音。[91]元和五年（一六一九），村山等安因被舉發不法之事（含基督教關係），在江戶遭斬首，一族十名，包括長子德安（教名アンドレ，Andre）及其妻（教名 Maria），皆遭處斬；三名女性家人遭逮捕投獄，下落不明，應該也是遭罹不測。[92]村山等安本人及其家人的下場，也被視為日

87　滿井錄郎、土井進一郎，《新長崎年表（上）》（長崎：長崎文獻社，一九七四），頁二一六。
88　「地役人」，幕府時代官名。在幕府直屬的堤防、關防、礦山、山地等地，由幕府任命的在地官員，通常由地方有權勢之人士擔任。
89　「瀨崎」指有岬角的海邊。當時長崎人稱呼「梅ヶ崎」附近為南瀨崎，西坂附近為北瀨崎；南北兩瀨崎都有米倉，北瀨崎米藏（倉）稱為「北の御藏」，南瀨崎米藏（倉）稱為「南の御藏」。
90　滿井錄郎、土井進一郎，《新長崎年表（上）》，頁四二三。
91　黃承玄疏奏：「……而長岐之酋曰等安，即桃員者。」《明神宗實錄》，卷五六〇，頁一〇五六二。
92　關於村山等安一族之遭遇，詳見岩生成一，〈「長崎代官」村山等安の臺灣遠征と遣明使〉，《臺北帝國大學

本基督教迫害史的一環。[93]

為了解明季士大夫的海防危機意識，我們有必要簡述一五九〇年起，日本在關白豐臣秀吉主導下，進行一連串宣揚國威、對外擴張的行動。茲依年代順序，排列於下：

一五九〇（天正十八年，萬曆十八年）諭令琉球臣服入貢

一五九二（文祿元年，萬曆二十年）出兵朝鮮

一五九二（文祿元年，萬曆二十年）派使節到呂宋，諭令西班牙人臣服

一五九三（文祿二年十一月五日，萬曆二十一年）致書高山國（たかさくん），諭令歸順

豐臣秀吉派軍遠征朝鮮，朝鮮一敗塗地，向宗主國明朝求援，明朝於是派兵援助，引發中日之間的戰爭；日本朝鮮之役延續七年之久，最後因豐臣秀吉去世（一五九八）而告結束。這個戰爭在日本稱為「文祿．慶長之役」，在中國稱為「朝鮮之役」，在韓國則稱為「壬辰衛國戰爭」。

一五九三年致書高山國一事，指豐臣秀吉令手下原田喜右衛門攜帶親筆信函，招諭高山國。此處所謂高山國，一般認為即今天的臺灣；筆者認為，很可能指北部雞籠一帶（詳後）。豐臣秀吉的書信即是著名的「高山國招諭文書」。此事僅止於計畫階段，書似未發，幾年後豐臣秀吉和原田喜右衛門相繼過世，此事不了了之。[94]然而，這件事在中國和菲律賓都引起很大的恐慌，中國沿海加強防備，西班牙人認真討論是否攻占艾爾摩莎（Hermosa）[95]，為三十三年後，即一六二六年，西班牙攻占臺灣島北端作張本。

德川幕府時期，日本再度覬覦高山國，亦即一六〇九年有馬晴信派遣視察船一事。有馬晴信

是肥前島原日野江的城主，慶長十四年（一六〇九）二月奉幕府之命，派遣部下率兵士到高山國視察，調查其地理、港灣、物產等。最主要的目的在促進日明貿易船能在此地從事轉運貿易。然而由於「土人曚昧」，視察的目的無法達成，只是俘虜數名當地人，並掠奪數艘中國船而歸。根據日文史料，德川家康接見臺灣原住民，餽贈禮物，並予以遣歸。[96]

七年後，元和二年（萬曆四十四年，一六一六）三月二十九日，長崎代官村山等安派遣十三艘兵船遠征雞籠。當年四月琉球就來向中國通風報信（不愧為朝貢國），說「日本造船三百隻，將來犯順，上下戒嚴」[97]。結果如我們所知，村山等安派遣的船隊遭遇颶風，幾乎全毀，率領船隊的次子秋安不知去向。在村山，此役全然徒勞無功。不過，接著卻引來一場錯綜複雜的後續發展。

文政學部史學科研究年報》第一輯（一九三四年五月），頁三五六—三五九。

93 村山等安的兒子德安及德安之妻是「日本二〇五福者殉教者」中的二人。關於村山等安的基督教信仰，見小島幸枝，《長崎代官村山等安—その愛と受難》（長崎：聖母の騎士社，一九八九）。

94 關於此一事件，岩生成一在一九四〇年代初期作過精彩的研究。岩生成一，〈豐臣秀吉の臺灣島招諭計畫〉，《臺北帝國大學文政學部史學科研究年報》第七輯〔昭和十六年度〕（一九四二年六月），頁七五—一一八。

95 岩生成一，〈豐臣秀吉の臺灣島招諭計畫〉，頁九五—一一二。

96 岩生成一，〈有馬晴信の臺灣島視察船派遣〉，收於臺灣總督府博物館編，《創立三十年記念論文集》（臺北：臺灣總督府博物館協會，一九三九），頁二八七—二九五。

97 曹學佺，〈倭患始末〉，《湘西紀行》，下卷，頁四四b。

以下係根據中文文獻整理出來的情況。琉球報信後，該年四月末，明方果然發現海上有日本船，寨游告急，福建巡撫黃承玄（萬曆十四年（一五八六）丙戌科進士）懸賞招人去偵探。福建閩縣人董伯起來應募，奉文出海，在東湧遇到日本人頭目明石道友，才知道原來是村山等安派十餘艘船到雞籠一帶尋找失蹤的船隻。船隊遇風飄散，明石道友兩艘船停泊在東湧。為了對村山有所交代，明石道友綁架董伯起，把他帶回日本。但他答應八月送回董伯起。第二年（一六一七）四月，明石道友果然送董伯起回福建。沈有容奉命處理此事。就在這個時候，東沙有警報，說有一群倭寇集結在東沙島。此時，明石道友的船還在「籠嶼」——應為雞籠嶼之略稱。於是沈有容請明石道友用日文替他寫信給東沙的倭寇，終得「不傷一卒、不折半矢」[98]，「計擒六十九名」生倭[99]。

當時中國士大夫對此一事件的了解，大抵透過「通事」（翻譯者），有被誤導的可能。例如，明石道友說他是為了尋找村山等安失蹤的兒子而來到雞籠一帶，實際上，明石道友的船應該就是遠征高砂國船隊十三艘船中的二艘。岩生成一整理比對中、日、西文文獻，做出如下的推論：村山等安次子秋安統帥十三隻兵船構成的高砂國遠征艦隊，於元和二年（一六一六）年三月二十九日從長崎出航，經過琉球海域時遭遇暴風雨，船隻四散。一艘抵達目的地，卻被高砂國的土著襲擊，領導者切腹自殺；二艘於五月十七日左右抵達東湧，停泊二日，俘虜董伯起，於十九日正午啟航，六月四日抵達長崎。七艘經過浙江沿岸，於同年內返國。秋安直屬的三艘船船隊，抵達交趾支那（越南），翌年六月才歸國。[100]

村山等安的雞籠遠征雖然失敗，但是此役給明朝士大夫帶來很大的衝擊，認為日本覬覦雞籠和東番。茲迻錄士大夫於「歷史現場」的反應，首先是董應舉的〈籌倭管見〉。董應舉，字崇相，福建閩縣人，萬曆二十六（一五九八）年進士，官至太僕卿[101]，著有《崇相集》（列入清四庫禁燬書目），是當時關心海防的人士之一，和陳第、沈有容等人皆熟識，可說屬於同一知識社群[102]。〈籌倭管見〉寫於丙辰年（萬曆四十四年，一六一六），云：[103]

---

98 語出董應舉，〈與韓璧哉〉，《崇相集》，收於四庫禁燬書叢刊編纂委員會編，《四庫禁燬書叢刊》（北京：北京出版社，二〇〇〇），集部，一〇二冊，頁集一〇二：五二八。

99 此事經緯見於多種文獻，如曹學佺，〈倭患始末〉，《湘西紀行》，下卷，頁四四b—四五b。前引董應舉《崇相集》中亦有多文提及此事，如〈中丞黃公倭功始末〉（頁二〇四—二〇六）、〈答黃撫臺〉（頁五二四）、〈答韓璧老海道〉（頁五二五—五二八）、〈與韓璧哉〉（頁五二八—五二九）、〈與黃玉田方伯〉（頁五二九—五三一）等。另見黃承玄，〈擒倭報捷疏〉，收於《明經世文編選錄》（臺灣文獻叢刊第二八九種）（臺北：臺灣銀行經濟研究室，一九七一），第二冊，頁二六〇—二七〇。惟此一文獻顯示沈有容生擒日本人六十七人，與馬祖東莒大埔石刻、曹學佺〈倭患始末〉所記之六十九人稍有出入。

100 岩生成一，〈長崎代官村山等安の臺灣遠征と遣明使〉，頁三一七—三一八。

101 董應舉，《明史》有傳。張廷玉等，《明史》，卷二四二，〈董應舉傳〉，頁六二八九—六二九〇。

102 明萬曆中葉以降，關心東南海防的士大夫儼然構成一知識社群，有在中央當官的，如葉向高（福清人）和董應舉（閩縣人），有來福建當官的許孚遠（浙江德清人），也有退隱地方的人士，如沈鈇（詔安人），核心分子似多出身福建，此一現象饒富趣味，值得進一步研究。

103 董應舉，《崇相集》，頁一九〇、一九二。

倭垂涎雞籠久矣。數年前曾掠漁船，往攻一月，不能下，則髡漁人為質，于雞籠請盟，雞籠人出即挾以歸。今又再舉者，不特倭利雞籠，亦通倭人之志也。雞籠去閩僅三日，倭得雞籠，則閩患不可測，不為明州，必為平壤。故今日倭犯我則變急而禍小；倭取雞籠，則變遲而禍大。此灼然也。……與其以雞籠市也，孰若以琉球市；與其闌出而釀勾引也，孰若開一路于琉球。

很明顯地，董應舉認為日本對雞籠早就垂涎很久，他提及數年前日本人曾捕掠漁船，攻雞籠一事[104]，從時間和情況來看，很可能即為有馬晴信派遣船隻調查高山國一事。然而，日本人此次再度攻取雞籠，不只因為日本覬覦雞籠，也是那些「通倭」之徒的想法。他認為雞籠距離福建太近，如果日本人取得雞籠，將對福建造成不可預料的禍害，不是如明州（寧波）那樣屢遭倭患，就會像朝鮮一樣，為日本所侵略（指豐臣秀吉的朝鮮之役，一五九二－一五九三及一五九七－一五九八）。如果日本人直接攻打中國，看起來很可怕，但比起日本人占有雞籠還不那麼嚴重。對於解決此一問題，他主張與其讓日本人到雞籠作貿易，倒不如讓他們到琉球貿易。換句話說，董應舉主張以開琉球貿易來阻止日本向中國東南發展。

該年六月，福建巡撫黃承玄上奏疏曰：[105]

今雞籠實逼我東鄙，距汛地僅數更水程，倭若得此，而益旁收東番諸山，以固其巢穴，然後蹈瑕伺間，惟〔按：原刻作惟〕所欲為。指臺、礵以犯福寧，則閩之上游危；越東湧以趨五虎，則閩之門戶危；薄彭湖以瞯〔按或係瞯之誤〕泉漳，則閩之右臂危。……彼進可以攻，退可以守，而我無處非受敵之地，無日非防汛之時。此豈惟八閩患之，兩浙之間，恐未得安枕而臥也。

臺、礵指臺山和四礵島。黃承玄的這一番話完全從地理位置的鄰近性來談，日本若取得雞籠，又加上東番諸島的話，則不止福建全省（八閩），連浙江省都很危險。

在這裡，值得特別注意的是，在福建巡撫黃承玄的認知上，「雞籠」和「東番諸山」是不同區域，但既可「旁收」，可見相互毗鄰。「東番諸山」就字面上可有兩種解釋：其一，東番等島；其二、東番本身由許多島合成，東番是總稱。《皇明經世文編》版本，在雞籠「距汛地僅數更水程」句，有小字旁注，云：「雞籠在琉球之南，東番諸山在雞籠之南」。可見明季有識之士認為雞籠在北，東番在南；顯然不認為同在一個大島嶼。同樣的看法，可再舉茅瑞徵（生卒年不

104　此處所言「髡漁人為質」，很可能指強使漁人剃髮，如日本人狀，將之當作人質。我們從其他文獻得知，海上區分華人和「真倭」最簡單的方法就是髮式，後者剃髮。

105　黃承玄，〈題琉球咨報倭情疏〉，收於陳子龍等輯，《皇明經世文編》，頁五二六八；又此疏亦收於《明神宗實錄》，卷五四六，萬曆四十四年六月乙卯條（頁一〇三五二一—一〇三五三）。以此，我們得知此疏上於六月。（按，收入神宗實錄的文字和經世文編略有不同。）

詳，一六〇一成進士）《皇明象胥錄》為證。該書「琉球」條云：「從長樂廣石出海，隱隱一小山浮空，即所謂小琉球者也，去閩省東鄙臺、礵、東湧水程特數更。南為東番諸山，在彭湖東北，……。」[106]換句話說，從福州出海看到的是小琉球，從月港出海，經彭湖看到的是東番。臺灣在清朝統治下，班兵過海，以臺灣三正口與福建三口對渡，即五虎山對八里坌、蚶江對鹿港、廈門對鹿耳門。雖然年代不同，但海上航路如何走，有自然條件的限制，仍具有參考價值。

董應舉另有一封〈答韓璧老海道〉的信，寫於萬曆四十四年（一六一六）五月至四十五年（一六一七）二月之間，對於日本人計畫占領雞籠一事，語更見激切：[107]

> 王直、徐海等之殘東南，皆在弛禁之後。戚將軍收閩血肉以來，海禁不弛，故亦無患。頃自禁弛，而奸人挾倭嚇我矣。今始萌芽垂涎雞籠，志不在小，或收雞籠以迫我，或借雞籠以襲我。……且彼志雞籠以便于通商為聲，然孰與得福建之尤便乎？前殘朝鮮，又收琉球，又志雞籠，……。

「前殘朝鮮，又收琉球，又志雞籠」，可以說一語道破日本的野心，以及董應舉等人的焦慮。日本人若取得雞籠，就等於直逼福建了。門庭既失，還能保住那些通倭者和日本人不登堂入室嗎？

徐光啓（一五六二—一六三三）對於日本垂涎雞籠，也是憂心忡忡，他在〈海防迂說．制倭〉一文中，說：[108]

秀忠……度其勢必且踵故父之智，以南圖諸雞籠淡水，而北朝鮮也。……雞籠淡水彼圖之久矣。……而漸圖東番以迫彭湖，我門庭之外，遍海皆倭矣。……故北求之朝鮮，我或可無許；而南圖諸雞籠淡水，則無待我許之矣。或曰：「彼既虞內難，何能舉雞籠淡水乎？」曰：「此無難也。羸然孤島，我復置之度外，彼委諸薩摩足辦矣。」

這篇文章從內容判斷，大約寫於一六一六至一六一七年之間，也就是德川家康過世（一六一六年六月一日，陰曆四月十七日），德川秀忠甫繼任幕府將軍不久之時。徐光啓認為如果日本占領雞籠淡水，那麼，中國的大門口就都是日本人了。既然，日本已經到了門口了，那麼這個門口的界線在哪裡呢？從以上的資料，我們不斷看到兩個指稱：雞籠和東番。更值得注意的是「淡水」的出現。淡水一出現，似乎總是與雞籠連稱。

根據許孚遠（一五三五—一六〇四）《敬和堂集》所載〈海禁條約行分守漳南道〉，萬曆十

106 茅瑞徵，《皇明象胥錄》，收於《四部叢刊．三編．史部》（臺北：臺灣商務印書館，一九六六；據上海涵芬樓影印吳興劉氏嘉業堂藏手稿本影印），頁九四。

107 董應舉，〈與韓璧哉〉，《崇相集》，頁五二五—五二六。

108 徐光啓，〈海防迂說．制倭〉，收於陳子龍等輯，《皇明經世文編》，卷四九一，頁五四四二。

七年（一五八九）發給文引時，「雞籠淡水」也是發給的對象，但不計算在東西洋的船隻數量中。彼時雞籠淡水並稱，視同一體，該文分行小注云：「該府查得市舶開通之始，……萬曆十七年撫院周　題限隻數……東西二洋共計八十八隻，又有小番，名雞籠淡水，地鄰北港捕魚之處，產無奇貨，水程最近，與廣東、福寧州、浙江、北港船引一例，原無限數，歲有四、五隻，或七、八隻不等往販，今蒙復舊通商船隻，應寬其數……其雞籠淡水歲量以十隻為準。」[109]福建巡撫許孚遠在萬曆二十一年（一五九三）批准販東西洋船隻由八十八艘增為一百艘，雞籠淡水則由原先沒有限制，改為給引十張[110]，以利於嚴格管理。以此，我們無法得知，隆慶元年開海禁准販東西洋時，雞籠是否即與淡水連稱，但至遲到萬曆十七年（一五八九）已經作此連稱，雞籠與淡水顯然構成一個小小的外國是為「小番」。

另外，黃承玄〈條議海防事宜疏〉寫於萬曆四十四年（一六一六）六月，凡提及雞籠和淡水，必連稱，如曰：「往年平酋作難，有謀犯雞籠淡水之耗。」[111]又，徐光啓寫於萬曆四十五年（一六一七）之後的〈海防迂說．制倭〉，提了七次「雞籠淡水」，都是連稱。[112]文獻顯示，淡水的出現比雞籠晚，至於最早出現在何時，並不明確，就《明實錄》而言，萬曆三年十二月出現「淡水洋」之用語，但未必一定指臺灣之淡水；二十五年（一五九七）十一月「雞籠淡水」連稱。[113]假定《明實錄》的淡水洋指臺灣的淡水，那麼我們可以說淡水出現在萬曆初年；或更確切來說，淡水的出現不會晚於萬曆十七年（一五八九），也就是十六世紀末。[114]雞籠淡水連稱，一方面表示中國官員士大夫對臺灣北部有了進一步的了解，另一方面也顯示這一帶商貿繁昌，以至於地名出現分化的現象。

日本對高山國、高砂國的野心，導致臺灣這個島嶼受到各方人馬的注目，人們對它的認識也從籠統到逐漸有個輪廓。我們知道明朝實施海禁，為了國防，其實「偵探」工作做得還不錯[115]，官員士大夫的海國知識多少來自民間。根據岩生成一的研究，由於一五九二、一五九三年豐臣秀吉對呂宋和高砂國的野心，導致西班牙殖民當局十分警戒。艾爾南度・第・洛斯・里奧斯

109 許孚遠，〈海禁條約行分守漳南道〉，《許敬庵先生敬和堂集》，卷七，頁九八一。本文所用版本係中央研究院中國文哲研究所藏《許敬庵先生敬和堂集》影印裝訂本（輾轉印自日本靜嘉堂藏明萬曆刊本）。引文見《許敬庵先生敬和堂集》，下冊，頁九八一—九八二。《敬和堂集》有葉向高序文，寫於萬曆甲午孟春（萬曆二十二年，一五九四），可見該書刊刻於此之後。

110 許孚遠於萬曆二十一年十二月至二十二年時一月任福建巡撫。岩生成一將此一公文繫於萬曆二十一年。岩生成一，〈豐臣秀吉の臺灣島招諭計畫〉，頁八〇。

111 黃承玄，〈條議海防事宜疏〉，收於陳子龍等輯，《皇明經世文編》，卷四七九，頁五二七一。

112 徐光啓，〈海防迂說・制倭〉，收於陳子龍等輯，《皇明經世文編》，卷四九一，頁五四四二—五四四三。

113 以上係利用中央研究院漢籍電子文獻檢索所得。

114 陳宗仁，《雞籠山與淡水洋》，對於淡水一詞的來源有詳細的解說（頁七三—七六），惟該書對臺灣作為地名指稱之「淡水」何時見於文獻，似未特別著意，且有將雞籠和淡水視為同時出現之傾向，如頁一三一寫道：「等到十五世紀明朝與琉球間朝貢往返，隨之興起的貿易活動日益熱絡，使雞籠、淡水捲入了東亞海域的長程貿易體系中，中國文獻對雞籠、淡水的記載才逐漸明確。十六世紀下半葉，……。」然攷諸史料，淡水的出現遠晚於雞籠。

115 岩生成一，〈豐臣秀吉の臺灣島招諭計畫〉，頁九六。

（Hernand de los Rios）大佐（上校）也是主張西班牙要占領雞籠，他在一五九七年六月二十七日呈給國王的軍事意見書中，附了一幅地圖，這幅地圖把臺灣畫成一個島，而且在島的北部註明雞籠、淡水二港。[116]西方地圖中的臺灣，最初被畫成一個島，後來有二島、三島的畫法，而以三島最普遍。[117]西方人最初把臺灣畫成一個島，在一五五四年[118]，當時其實對東方的知識還非常貧乏，可以說歪打正著；但一五九七年，當西班牙人再度把臺灣畫成一個島時，顯示西班牙人對臺灣具有比較確實的認知。不過，顯然這個知識（或機密）並不普及，一五九八至一六〇〇年之間，還是有不少地圖把臺灣畫作三個島。[119]荷蘭把臺灣畫成一個「像樣」的大島，恐怕要到一六二五年[120]，荷蘭聯合東印度公司占領大員之後。

在這個時點，明朝的官員士大夫在認知上似乎還是把臺灣當成幾個島嶼的組合。北邊是雞籠、淡水；靠近彭湖的是東番，東番有魍港和北港。不管是多島，還是一個大島，這條北起雞籠、淡水，南至東番的界線，成為明朝東南海防的最前線。明朝沒有占領雞籠、淡水以及東番的想法，但也不能讓日本人占領。如果日本人占領了雞籠，再加上東番，那麼從雞籠可以「指臺、礵以犯福寧，則閩之上游危；越東湧以趨五虎，則閩之門戶危」，也就是以雞籠為根據地，從臺山、四礵島入侵福建北部沿岸，或從東湧入侵福州；從東番可以「薄彭湖以瞯漳泉，則閩之右臂危」，也就是以東番為根據地，從彭湖入侵漳泉。更糟糕的是，日本人一旦以這裡為根據地，他們「進可以攻，退可以守，而我無處非受敵之地，無日非防汛之時。此豈惟八閩患之，兩浙之間，恐未得安枕而臥也」[121]。大明東南國防線的確保，必須靠雞籠和東番的「淨空」——福建巡撫黃承玄講得多麼清楚！

這些憂心忡忡的官員士大夫並非杞人憂天。一六一六年村山等安籌劃的遠征高砂之役雖然失敗了，從一六一七年到一六二五年，我們看到德川幕府發給李旦出海貿易的許可證，即「朱印狀」，而且李旦也以約一年一度的頻率停泊高砂。[122]換句話說，日本的確把高砂當成貿易的轉運

116 岩生成一，〈豐臣秀吉の臺灣島招諭計畫〉，頁一〇九—一一一；曹永和，〈歐洲古地圖上之臺灣〉，頁三二六。

117 曹永和，〈歐洲古地圖上之臺灣〉，頁三〇一—三〇三、三一二—三一八。

118 曹永和，〈歐洲古地圖上之臺灣〉，頁三〇〇—三〇一，圖版三A（未編頁碼）。

119 曹永和，《臺灣早期歷史研究》，圖版二一、二二、二三、二四。

120 曹永和，《臺灣早期歷史研究》，圖版二七。

121 黃承玄，〈題琉球咨報倭情疏〉，收於陳子龍等輯，《皇明經世文編》，頁五二六八。

122 岩生成一著，許賢瑤譯，〈明末僑寓日本支那人甲必丹李旦考〉，收於村上直次郎、岩生成一、中村孝志、永積洋子著，許賢瑤譯，《荷蘭時代臺灣史論文集》（宜蘭：佛光人文社會學院，二〇〇一），頁七六。茲將李旦停泊高砂之紀錄整理如下：

一六一七甲必丹船——自高砂返航
華宇船——前往高砂（按：華宇為李旦之弟）
一六一八甲必丹船——前往高砂／自高砂返航
一六二一甲必丹船——前往高砂
一六二二甲必丹船——自高砂返航
一六二三甲必丹船——抵高砂／自高砂出發
一六二四甲必丹船——前往高砂

點。也就是在這個時期，東番終將為「紅毛夷」所據。

五、瑤波碧浪中的東番

如前所述，臺灣在明人的認知中，從最早的海船望山，逐漸擴大，也逐漸出現輪廓，並具有實質的內涵。讓我們再做些整理，並且釐清一些問題。

首先，是雞籠嶼（山）與雞籠的問題。作為海船望山的「雞籠嶼」，不必然等同於日本人覬覦的雞籠。海船望山最重要的是具有指標作用，因此島嶼是否有港口、是否夠大，都不重要。例如，一定出現在「琉球過海圖」的釣魚嶼（釣嶼），如所周知，非常小，面積四．五平方公里，是無人島。同樣也是海船望山的黃尾嶼、赤尾嶼更小，一樣是無人島。花瓶嶼更小，只有三．〇八公頃。以此，如果「琉球過海圖」的「雞籠嶼」若指今天基隆市外海的基隆嶼，也是有可能的。

如所周知，地名是會移動的，十六世紀後半葉，當雞籠、淡水成為取得船引，合法出海的地點時，這個時候的雞籠，很可能指今天的和平島或基隆市一帶了，是商販的地點，更可能是華人和日本人交換貨品的地方。許孚遠《敬和堂集》載：「東西二洋計共八十八隻。又有小番，名雞籠淡水，地鄰北港捕魚之處，產無奇貨，水程最近，與廣東、福寧州、浙江、北港船引一例，原無限數，歲有四、五隻，或七、八隻不等往販。」換句話說，到雞籠淡水，比照中國沿海船引，並沒限制船隻數量，每年來此貿易的船隻數量不等，從四隻到八隻都有。到了萬曆二十一年，則限定到雞籠淡水的船隻以十隻為限。[123]可以商販，而且還可以停泊船隻的地方，當然不會是今天基隆市外海的基隆嶼了。

至於「小琉球」何所指？這不是很容易回答的問題。小琉球顯然是相對於大琉球而言，大琉球指琉球。小琉球之所以「小」，大概是因為人們對它的了解不深，以為比人們實際到過的琉球小；當然，我們不能拿今天的「臺灣島」套用在「小琉球」的這個指稱，根據中文文獻，「小琉球」似乎從來沒指整個臺灣島。西方人來到東方，把臺灣畫成三個島，指其中一或二島為「小琉球」，應該是受到中國漁夫和航海者的海洋知識的影響。舉個有趣的例子來說，繪製著名的各大洲地圖的威廉．布勞（Willem Blaeu, 1571-1638），在亞洲地圖中，把臺灣畫成三個島，由北而南依序標注：I. Formosa、Lequeo pequeno、Lequio mínor，赤道通過中間的島；無論是「Lequeo pequeno」或「Lequio mínor」，「pequeno」和「mínor」都是「小」的意思，也就是有兩個「小琉球」。該圖在臺灣北邊，今天琉球（沖繩）群島的位置上繪有一島，標明為「Lequeo

一六二五甲必丹船——自高砂返航／抵呂宋、高砂

123 許孚遠，〈海禁條約行分守漳南道〉，《許敬庵先生敬和堂集》，下冊，頁九八一—九八二；岩生成一，〈豐臣秀吉の臺灣島招諭計畫〉，頁八〇。

grande」，即大琉球之意。124

我們在前面說明過，在中琉航線上，小琉球是從福州廣石出海後，往東南航行會看到的定位島嶼。其後，尤其是隆慶元年局部開放海禁以後，雞籠和東番逐漸為外人所知，「小琉球」的指稱逐漸消失。推想其原因，可能有二：其一、雞籠（及其後連稱的淡水）取代了小琉球；換句話說，原先和小琉球並舉的雞籠嶼（山），地名「登岸」，取代了小琉球這個說法，也就是說雞籠大致上就是指原來的小琉球。其次、「小琉球」還在，指今天淡水河以下的北部地區，但因為它既非商貿之地（如雞籠淡水），也非漁捕之地（如北港），或倭寇的巢穴（如東番），在商貿熱絡、海盜盛行的十六世紀下半葉至十七世紀初，遂逐漸「淡出」明人的意識中。不過，可能還是第一種情況可能性比較高，也就是陸上的雞籠取代小琉球。茲不嫌繁瑣，再舉前面引用過的文獻，以為比對。

黃承玄，〈題琉球咨報倭情疏〉云：「今雞籠實逼我東鄙，距汛地僅數更水程，倭若得此，而益旁收東番諸山，以固其巢穴，然後蹈瑕伺間，惟所欲為。指臺、礵以犯福寧，則閩之上游危；越東湧以趨五虎，則閩之門戶危；薄彭湖以瞷漳泉，則閩之右臂危。」正文在「雞籠」句旁有小字注云：「雞籠在琉球之南，東番諸山在雞籠之南。」此處的琉球應指大琉球（沖繩）。《皇明象胥錄》「琉球」條云：「從長樂廣石出海，隱隱一小山浮空，即所謂小琉球者也，去閩省東鄙臺、礵、東湧水程特數更。南為東番諸山，在彭湖東北，……。」從地理位置來看，雞籠和小琉球重疊。由此可見，當時的雞籠範圍可能很大（或更正確來說，彈性很大），不限於今天的基隆市和淡水鎮。

明末周嬰《遠遊篇》〈東番記〉也可作為旁證。周嬰說：東番「北邊之界，接于淡水之夷」。[125]周嬰〈東番記〉大約寫於天啟、崇禎之際[126]，文中關於東番的記載大抵沿用陳第〈東番記〉。周嬰雖然沒有實際出海的經驗，他的看法應該是根據當時的認知，還是具有一定的參考價值。久而久之，在「雞籠淡水」的擠壓下，「小琉球」遂不再指臺灣本島，轉而指今天屏東外海的小島。

如說明朝士大夫對日本占據臺灣北部的可能性充滿焦慮的話，其實海上另一股勢力正慢慢逼近中國，覬覦中國沿海地區，比起日本人，簡直就已經闖到中國的門庭，那就是荷蘭聯合東印度公司。聯合東印度公司成立於一六〇二年，成立之後旋即派 Wybrant van Waerwyk 前往亞洲，目的在開拓東南亞貿易市場，並加以獨占。一六〇二年六月十七日，這位日後被中文文獻稱為「韋麻郎」的 Wybrant van Waerwyk，率十五艘船（三艘先發）之艦隊，從故鄉德瑟兒（Texel）出航

124 地圖見 Christine Vertente、許雪姬、吳密察合著，《先民的足跡：古地圖話臺灣滄桑史》（Knokke: Mappamundi Publishers；臺北：南天書局，一九九一），頁一一四—一一五。

125 張崇根，〈周嬰《東番記》考證〉，收於氏著，《臺灣歷史與高山族文化》（西寧：青海人民出版社，一九九一），頁一六八。

126 張崇根，〈周嬰《東番記》考證〉，頁一五八。

來到亞洲。[127]翌年（一六〇三），聯合東印度公司在西爪哇萬丹（Banten）建立貿易據點。這一年的年初（萬曆三十年歲暮），陳第陪同浯嶼把總沈有容追剿海寇到了大員，停留二十天。第二年，也就是萬曆三十二年（一六〇四），這位膽識過人的沈將軍又將有膾炙人口的壯舉[128]，且和遠自紅毛國來的這位韋麻郎有關。

韋麻郎曾派船到中國，試圖開拓貿易市場，但徒勞無功。一六〇四年韋麻郎親自出航。五月三十日先到馬來半島的大泥，覓僱中國通譯，六月二十七日出發，七月十五日抵達距廣東不遠的中國沿岸。由於領航員不熟悉地勢和暴風的關係，艦隊改變航路，八月七日出現在彭湖島。總而言之，到中國沿岸是目的，船艦抵達彭湖則是意外。由於當時已經是陰曆七月，彭湖汛兵已撤，荷蘭船艦如入無人之境，於是「伐木築舍為久居計」[129]。彭湖游兵的巡邏分春秋兩汛，春汛約在三、四、五月，秋汛大致在九、十兩個月。[130]

荷蘭人原意是要來尋求開展貿易的可能性，於是以彭湖為據點，透過通事到對岸展開一連串活動，包括致書、饋贈禮品等事。活動的對象是Capado，葡萄牙文是宦官的意思，應該就是稅監高寀。高寀獅子開大口，需索無厭，就在來回折衝之時，十一月八日，五十艘載滿兵士的中國船突然出現在彭湖海上，其指揮者就是沈有容。根據中文材料，沈有容和韋麻郎等人「大聲論說」，即使對方手下「露刃」威脅，有容「無所懾，盛氣與辨」，於是韋麻郎「悔悟」，揚帆離去。[131]關於沈有容的「諭退」荷蘭人的本事，陳學伊的〈諭西夷記〉以及張燮的《東西洋考》有更詳細，且具戲劇張力的描寫。[132]

沈有容固然膽識過人，荷方之所以揚帆而去，主要是因為了解到無法從中國方面取得通商的確切答覆，加上身為都司的官吏（按：應即指沈有容）率領五十艘中國船前來威嚇。[133]雖然如此，沈有容的確用說理的方式，把荷蘭人勸走。他的膽識再度為他贏來同儕的稱譽。四百一十五年後，澎湖馬公媽祖宮在整修廟宇時，挖出一塊石碑，刻有「沈有容諭退紅毛番韋麻郎等」字，

127 中村孝志著，許賢瑤譯，〈關於沈有容諭退紅毛番碑〉，《臺灣文獻》四七卷三期（一九九六年九月），頁一八八。

128 沈有容在陳第隨他追剿海寇至「東番」時（一六〇三），只是欽依把總。翌年沈有容「諭退紅毛番韋麻郎」時（一六〇四），似乎還是把總。明代遊擊（含）以上方能稱將軍，遊擊之下有守備、千總、把總等。把總無法稱將軍，但是當時人顯然都稱沈有容為將軍，如「把總宛陵沈將軍」（葉向高，〈改建浯嶼水寨碑〉，收於沈有容輯，《閩海贈言》，頁四），原因不很明確。沈有容來福建任把總是「再起」，他曾一度因故離職，是否在此之前曾當過遊擊將軍或獲有某種足以美稱將軍的勳號，因而時人用舊銜尊稱他為將軍？待攷。附帶一提，沈有容於萬曆三十四年（一六〇六）擢為浙江都司僉書，最後當到登萊防海總兵官（一六二一）。

129 中村孝志著，許賢瑤譯，〈關於沈有容諭退紅毛番碑〉，頁一八八—一八九。

130 顧炎武，〈信地〉，收於氏著，《天下郡國利病書》，頁史一七二：四五七；鄭若曾，〈日本紀略〉，《鄭開陽雜著》，《景印文淵閣四庫全書》，第五八四冊，卷四，頁五八四：五三二。

131 中村孝志著，許賢瑤譯，〈關於沈有容諭退紅毛番碑〉，頁一八九—一九三。

132 陳學伊，〈諭西夷記〉，收於沈有容輯，《閩海贈言》〔臺灣文獻叢刊第五六種〕（臺北：臺灣銀行經濟研究室，一九五九），頁三三—三五；張燮著，謝方點校，〈紅毛番〉，收於氏著，《東西洋考》（北京：中華書局，二〇〇〇），卷六，頁一二八—一二九。

133 中村孝志著，許賢瑤譯，〈關於沈有容諭退紅毛番碑〉，頁一九六。

碑文不完整，可能從「等」字下斷裂。我們不清楚這塊碑為何人所立、立於何時，不過，根據我們對《閩海贈言》一書之性質的了解[134]，并參照東莒大埔石刻的內容，或可推測：事件發生過後不久，在一群關心海防的人士（如為大埔石刻題字的董應舉）的倡議之下，眾人合力立碑表彰沈有容的功績。

關於此事，韋麻郎則稱他們從中國方面得知，「只要在中國的領域外選定適當之島嶼，在該處大概就能取得想要之商品」。於是荷蘭人向都司借得「二、三艘戎克船及舵手，往東南、東南東，到高地探尋適當之拋錨地，但無所發現」[135]。十八年後，他們也將重複近乎一樣的事情。

一六二二至一六二四年（明天啟二至四年）之間，荷蘭人再度占據彭湖。這次和上一次占領彭湖，頗有異曲同工之處。關於明荷之間長達兩年的和戰始末，不只荷文資料很豐富，中文史料也頗為詳盡，尤其是內閣大庫留下不少珍貴的奏疏[136]，對我們深入了解荷蘭人在彭湖戰敗拆城遠遁的經過，很有幫助。這次事件是荷蘭學者包樂史（Leonard Blussé）所稱荷蘭人的「中國夢魘」中的一樁。包樂史所謂荷蘭人的「中國夢魘」，包括一次撤退、兩次戰敗；一次撤退，指一六二四年荷蘭人從彭湖撤退，兩次戰敗分別為一六三三年料羅灣之役敗於鄭芝龍，以及一六六二年敗於鄭成功，放棄熱蘭遮城，撤離臺灣。[137]究實而言，包樂史所謂的「一次撤退」也是戰敗——因為戰敗而決定撤退。以此，荷蘭人的「中國夢魘」是三次戰敗。

荷蘭人由占領彭湖到敗於明朝軍隊，而撤離彭湖轉據大員，過程相當複雜，歷經前後兩任福建巡撫商周祚（萬曆二十九年〔一六〇一〕進士）和南居益（？—一六四四），限於題旨和篇幅，無法詳細敘述。在此僅就涉及臺灣的幾件事來談。首先是，根據荷文資料，一六二二年七月二十七日，荷蘭艦隊司令官萊爾森（Cornelis Reijerszoon）曾親自前往位於福爾摩莎南角的大員灣及其附近查看，評估是否適合做為對中國貿易的轉口港，但未能發現適合大海船停泊的海灣。[138]這次的探查，是明朝一位大官所建議，這位大官還為萊爾森提供導航員和船工一起到福爾摩莎及其附近。[139]

十月，中國使者（按：應為浯嶼守備王夢熊）前往彭湖，極力說服荷蘭人撤離彭湖，宣稱若不如此，荷方將無法獲得中國的貿易許可。由於雙方各持己見，不肯作出退讓，明方「便建議我們的人前往淡水（Tamsuy）（此地位於北緯二十七度，據他們所言不屬於中國疆土）」[140]。這個

134 見本書第三章，頁一七一。

135 中村孝志著，許賢瑤譯，〈關於沈有容諭退紅毛番碑〉，頁一九一—一九二。

136 內閣大庫相關史料大都出自《明季荷蘭人侵據彭湖殘檔》〔臺灣文獻叢刊第一五四種〕（臺北：臺灣銀行經濟研究室，一九六二）。

137 包樂史（Leonard Blussé），〈中國夢魘——一次撤退，兩次戰敗〉，收於劉序楓主編，《中國海洋發展史論文集》（臺北：中央研究院人文社會科學研究中心海洋史研究專題中心，二〇〇五），第九輯，頁一三九—一六七。

138 村上直次郎譯注，中村孝志校注，《バタヴィア城日誌》（東京：平凡社，一九八七），冊一，〈序說〉，頁13；程紹剛譯註，《荷蘭人在福爾摩莎》（新北：聯經出版公司，二〇〇〇），頁一五。

139 程紹剛譯註，《荷蘭人在福爾摩莎》，頁二四。

140 程紹剛譯註，《荷蘭人在福爾摩莎》，頁一六。

情況讓我們想起一六〇四年韋麻郎從中國方面所獲得的訊息——不妨在中國領域之外尋找適當的拋錨地。換句話說，明朝這邊的主事者「好意」要荷蘭人轉移陣地到「淡水」，該地距離彭湖不遠，但不是中國的領土。

一六二三年十月七日，萊爾森再度拜訪福爾摩莎，並且築了一個角面堡。這個時候，整個情勢對荷蘭人很不利。該年三月，南居益取代商周祚為福建巡撫，他是強硬派，認為「羈縻之術已窮，天討之誅必加」[141]。九月，兵部正式授權南居益以武力驅逐荷蘭人。[142]就在這種新局勢之下，十月七日，萊爾森帶著少數的兵士和來自萬丹的奴隸來到福爾摩莎。他們在大員蓋了一個角面堡。當地的土著表示友善，稍北的土著還邀請萊爾森訪問他們的聚落。萊爾森派遣上級商務員 Jacob Constant 和下級商務員 Barent Pessaert 為使者，前往訪問該聚落，即 Soulang（蕭壠）。此一「探險」留下兩份有關蕭壠社的記載。[143]這是荷蘭文獻中最早關於臺灣土著的珍貴記載，和後來荷蘭聯合東印度公司宣教士干治士（Georgius Candidius）一六二八年著名的西拉雅族報告[144]，前後輝映。一五八二年三位耶穌會士的書信[145]、一六〇三年陳第的〈東番記〉，以及兩位無名氏的〈蕭壠社記〉[146]，是截至目前為止，我們所知道荷蘭人占領臺灣之前，有關臺灣土著民的早期紀錄。這些資料的可貴在於，它描述了臺灣土著和外界接觸尚不深時的情況。

一六二三年十一月二十八日，萊爾森返回彭湖，在大員留下一個小要塞（garrison）。[147]根據荷蘭文獻，一六二四年年初，中國方面還繼續勸導荷蘭人從彭湖移往中國管轄範圍之外的地方，甚至表示願意提供導航員，幫助荷蘭人尋找合適的港口。[148]總之，大員——這個陳第伴隨沈有容追剿海盜而抵達、駐留的地方——在明方試圖把占據彭湖的荷蘭人趕走的過程中，一再浮上檯面，若用今天的話來說，就是「替代方案」了。

南居益打敗荷蘭人，將之驅逐出彭湖，著著實實打了一場勝仗，是明史上一大事情。他的軍事部署和個人膽識，備受稱譽，閩人為他立碑，碑名是「中丞二太南公平紅夷碑」，碑文并銘由退隱山林的三朝「宰相」葉向高執筆。[149] 對於南居益的荷蘭之役，我們無法細數其經過。容我們

141 《明熹宗實錄》，卷三七，頁一九三〇。
142 《明熹宗實錄》，卷三八，頁一九四二—一九四三。
143 Leonard Blussé and Marius P.H. Roessingh, "A Visit to the Past," p. 66.
144 此一文獻英譯收於 Leonard Blussé, Natalie Everts and Evelien Frech eds., *The Formosan Encounter: Notes on Formosa's Aboriginal Society: a Selection of Documents from Dutch Archival Sources* (Taipei: Shung Ye Museum of Formosan Aborigines, 1999), p. 49. Discourse by the Reverend Georgius Candidius, Sincan, 27 December 1628. Rijksarchief Utrecht, *Family Archive Huydecoper*, R. 67, no. 621, pp. 112-137.；中譯見干治士著，葉春榮譯註，〈荷據初期的西拉雅平埔族〉，頁一九三—二二八。
145 耶穌會士關於臺灣土著的描述，見本書第二章，頁八一—八五、八八—八九。
146 這兩份文獻的英譯，見 Leonard Blusséand Marius P.H. Roessingh, "A Visit to the Past," Text A and Text B, pp. 69-77. Text A 較短，Text B 有中文翻譯，見江樹生譯，〈蕭壠城記〉，《臺灣風物》三五卷四期（一九八五年十二月），頁八〇—八七。我認為題目作〈蕭壠社記〉可能比較符合實況，該聚落應沒有類似「城」的設置。
147 Leonard Blussé and Marius P. H. Roessingh, "A Visit to the Past," p. 66.
148 程紹剛譯註，《荷蘭人在福爾摩莎》，頁二七。
149 葉向高（一五六二—一六二七）位同宰相。碑文見葉向高，〈中丞二太南公平紅夷碑〉，收於氏著，《蒼霞草

在此，僅擇要說明兩邊的情況。

荷蘭占據彭湖之初，即開始建築城堡和軍事防衛工事。這些勞力都是從海上擄掠來的，以華人居絕大多數。西方國家雖然在二十世紀以楬櫫人道主義著稱，在很多地方也顯然比東方人具有人道精神和普遍關懷，但十七世紀出現在環中國海海域的西方人，其海上的行為，不要說欠缺人道精神，實際上極端殘酷。荷蘭聯合東印度公司為了壟斷亞洲貿易，必須爭奪西班牙海上霸權的地位，以之為仇敵，連帶地對前往馬尼拉與西班牙貿易的中國船，採取攔截的策略。所謂攔截，不只奪取其貨品，也擄掠船上的中國人，將之發配各個ＶＯＣ據點，以供役使，或「補償所耗費用」。這些事情，並非來自明朝的誣衊，實際上荷蘭文獻記載更為詳盡，毫不諱言。巴達維亞總督和議會寫給阿姆斯特丹總部董事會的報告（《東印度事務報告》）中，屢見不鮮，「捉獲」的數目從數十人到百千人不等。他們通常被運往巴達維亞、安汶和班達等地。[150]最慘的一次是：「我們在澎湖的人共獲一千一百五十名中國人，其中有一半因水土不服和勞累過度而死亡，有五百七十一人由Zirickzee「號」（按此為船名，中譯本無「號」字，係筆者所加）運往巴城，結果四百七十三人未免厄運，到達這裡（按：指巴達維亞）時只剩九十八人，另有六十五人又飲水中毒而喪生，這一批人最終只有三十三人免於死亡。」[151]存活率百分之三都不到！中文文獻記載荷蘭人「驅掠洋商，運土石益築城」[152]，寥寥數語，無法傳達海上華人遭難的慘況。

荷蘭船「高大如山，板厚三尺，不畏風濤。巨銃長丈餘，一發可二十里，當者糜碎。海上舟師逢之，皆辟易，莫敢與鬬」[153]。但是西洋大帆船最怕火攻，這是當時人發現的道理：「夷舟堅大，剿滅之法，非短兵可接，小舟可及，計惟火攻一策。」[154]又，「若火藥尤紅夷所懼者」[155]。南居益的彭湖之役，先採火攻，繼之以陸兵。陸兵繞道登陸風櫃仔，「用竹囤實土為城」，也就是把土填到竹子做的簍筐（中文作「籧篨」），江樹生譯為「籃堡」）中，疊起來當防衛工事，可依戰況前後移動；這個戰略，三十八年後鄭成功從七鯤身攻打熱蘭遮城時，再度出現。[156]明軍上陸，直逼荷蘭人據點，荷蘭人於是歸還「所虜商人三百餘，遣譯者請緩師」[157]。

一六二四年八月，新任司令官宋克（Martinus Sonck）抵達彭湖。他於該年五月接任辭職的

全集》（八）（揚州：江蘇廣陵古籍刻印社，一九九四景印福建師範大學圖書館藏明天啟刊本），頁一一一—二〇。

150 程紹剛譯註，《荷蘭人在福爾摩莎》，頁一八—二〇、二九、三四、四一、四四、四八。

151 程紹剛譯註，《荷蘭人在福爾摩莎》，頁二九—三〇。

152 葉向高，〈中丞二太南公平紅夷碑〉，《蒼霞草全集》（八），頁一二。

153 葉向高，〈中丞二太南公平紅夷碑〉，《蒼霞草全集》（八），頁一一。

154 〈兵部題行「條陳彭湖善後事宜」殘稿〉（二），《明季荷蘭人侵據彭湖殘檔》，頁二四—二五。

155 沈鈇，〈上南撫臺暨巡海公祖請建彭湖城堡置將屯兵永為重鎮書〉，收於顧炎武，《天下郡國利病書》，頁史一七二：四三三。荷蘭史料也顯示荷蘭船怕火攻，見程紹剛譯註，《荷蘭人在福爾摩莎》，頁一九、四〇、四五。

156 江樹生譯註，《梅氏日記：蘭土地測量師看鄭成功》（臺北：漢聲雜誌社，二〇〇三），頁七三—七四。

157 〈福建巡撫南居益奏捷疏節錄〉，《明季荷蘭人侵據彭湖殘檔》，頁一〇；葉向高，〈中丞二太南公平紅夷碑〉，《蒼霞草全集》（八），頁一五。

萊爾森，六月十二日率二艘荷蘭船和二艘中國使節船前往彭湖。宋克抵達彭湖發現情況非常嚴重，徹底了解明朝要荷蘭人撤離彭湖的決心，於是展開和明朝的談判。荷蘭人決定投降之後，根據明方要求拆除城堡，但拆得不徹底，似乎還想保留東門三層高的城樓，最後由明方的將領直接前去拆除。[158] 宋克於是率領十三艘船艦，撤離彭湖。

打勝仗的南居益在一份奏捷疏中，以適合這類文書的華麗文辭描述這段經過，疏曰：[159]

白旗願降，則七月十一日（按：八月二十四日）事也。先從西北起拆銃城，則十三日（八月二十六日）事也。直抵高文律所居，盡毀門樓，則二十八日（九月十日）事也。而夷舟十三隻所為望之如山阜、觸之如鐵石者，即於是日遠遁，寄泊東番瑤波碧浪之中，暫假遊魂出沒，不足問也。

長達兩年的明荷交涉與戰爭，終於以荷蘭船隊「寄泊東番瑤波碧浪之中」作結。

瑤波碧浪中的東番，於是成為荷蘭人出沒之地。這個明人從萬曆年間因為海盜的關係，逐漸認識的東番，遂成為紅夷之地。直到這個歷史時點，絕大多數的明朝官員和士大夫都可能還來不及知道臺灣是一個大島，北從雞籠淡水，中經東番，南至沙馬岐頭，連成一氣。如果萬曆年間的士大夫認為雞籠和東番逼近大明門庭，是國防的最前線，這個想法在荷蘭人占據大員之後，還是存在的。

荷蘭人占領東番不久，退隱在鄉的福建詔安進士沈鈇（一五五〇—一六三四）[160]，即建議聯合暹羅一起把荷蘭人驅逐出大灣——沈鈇稱大員為大灣。他在〈上南撫臺暨巡海公祖請建彭湖城堡置將屯兵永為重鎮書〉中寫道：「紅夷潛退大灣，蓄意叵測。徵兵調兵殊費公帑，昨僭陳移檄暹邏，委官宣諭，約為共逐一節，未知允行否？」此一建議大約沒被採納。他接著指出彭湖位置的重要性：「若彭湖一島，雖僻居海外，寔泉、漳門戶也。莫道紅夷灣泊，即日本、東西洋、呂宋諸夷所必經焉。地最險要……。」[161]總之，由於東番和彭湖密邇，威脅特大，內閣大庫殘留的一份〈兵部題「彭湖捷功」殘稿〉云：「夷從東番，雖非中國之地，而一葦可渡，尚伏門庭之憂。」[162]可見憂心者大有人在。

如前所述，VOC統治臺灣之初，臺灣仍是海商、海盜活躍的地方，是他們的商貿地點，也

158 荷蘭人「且墮城遠徙而意尚猶豫，我為備嚴，攻益急，夷遂如約，墮其城，惟舊酋所居城樓甚雄峻，不肯毀，副將軍、游擊將軍，督諸裨將直前撤焉，夷盡登舟遠遁」。葉向高，〈中丞二太南公平紅夷碑〉，《蒼霞草全集》（八），頁一五。

159 〈福建巡撫南居益奏捷疏節錄〉，《明季荷蘭人侵據彭湖殘檔》，頁八。

160 沈鈇當時已經年過七十五。沈鈇生平，見秦炯纂修，《康熙詔安縣志》〔中國地方志集成．福建府縣志輯三二〕（上海：上海書局出版社，二〇〇〇），頁五七三；詔安縣地方志編纂委員會，《詔安縣誌》（北京：方志出版社，一九九九），頁一一〇二—一一〇三。

161 沈鈇，〈上南撫臺暨巡海公祖請建彭湖城堡置將屯兵永為重鎮書〉，收於顧炎武，《天下郡國利病書》，頁史一七二二：四三二。

162 〈兵部題「彭湖捷功」殘稿〉，《明季荷蘭人侵據彭湖殘檔》，頁三九。

是貿易的轉運站。比如，我們知道一六二五年李旦的船仍到此停泊。李旦以日本為據點，領德川幕府的朱印狀。另外，我們知道來臺灣貿易的，也有領明朝文引的合法華商，例如屢見於荷蘭文獻的海商 Hambuan（?-1640）。[163] Hambuan 活躍於一六三〇年代，他曾替荷蘭人交涉中荷貿易，奔走海峽兩岸。楊國楨認為 Hambuan 是合法商人，因為他領有文引，不過，他的船也從臺灣轉往日本貿易，就此而言，他也是以合法掩護非法。Hambuan 熟悉VOC統治下的臺灣，到大員商館接洽事務，對他而言，是家常便飯，在海盜劉香作亂時，荷蘭人還允許他若局勢持續混亂可以住到熱蘭遮城堡中；他擁有運載鹿皮的帆船，往來於魍港和大員間，也到二林載運鹿皮；他也曾與另一位海商在赤崁及其附近投資農業。[164] 總而言之，Hambuan 的「臺灣經驗」具體而豐富。實則出現在荷蘭文獻的大海商，就有二、三十人，每艘船上搭乘數十至數百名船員、水手和散商，[165] 他們帶回關於臺灣的知識。換言之，隨著荷蘭人對臺灣原住民的控制與征伐，以及其統治範圍的擴展，明人對臺灣的認識也越來越清楚、越深入。

臺灣這個島嶼，雖然為荷蘭人所占據，但歷史的命運似乎讓它和明朝有那麼一份難以切割的瓜葛。三十八年後，一位在日本平戶出生的海盜之子鄭成功，將以「大明招討大將軍國姓」的名義，把荷蘭人驅逐出這個島嶼。這個時候，人們對它的認識比起數十年前，可清楚得多了，它已經是個大島，明人開始稱呼它為「臺灣」。只是我們須注意，鄭成功攻臺之時，「臺灣」有廣狹兩義，廣義指臺灣島，狹義指大員，也就是今臺南安平一帶。[166] 荷蘭人撤離熱蘭遮城（臺灣城）之後，鄭成功改臺灣為安平鎮，狹義的「臺灣」用法遂逐漸消失。

結語

地質學家告訴我們：臺灣島是歐亞板塊和菲律賓板塊衝撞擠壓而成。這是「遠古」時代的事，可以上溯到上新世早期。臺灣島的存在，並不因為人們是否知道它的存在而減損一絲其存在的事實，更何況它的存在早在「現代人」（Homo sapiens sapiens，智人種中的智人亞種）出現之前。以此，區區明朝之人是否認識它，一點都不影響它存在的事實。不過，話說回來，「歷史」是人類的陷阱，它一方面是人類集體行為的累積及記憶，另一方面又回過頭來影響或牽制人類的行為。

臺灣這個島嶼，不論亞洲大陸的統治者如何認識它——夷洲也好，流求也好，或竟皆不是，它的土著民兀自過著近乎與世隔絕的生活。然而，它的四周來自不同歷史脈絡的發展不容許它

163 有專家把 Hambuan 比定為同安縣廈門出身的進士林宗載（林亨萬），其舛誤，楊國楨已提出堅強之反論，茲不贅述。楊國楨，〈十七世紀海峽兩岸貿易的大商人——商人 Hambuan 文書試探〉，《中國史研究》二〇〇三年第二期，頁一四五—一七二。

164 楊國楨，〈十七世紀海峽兩岸貿易的大商人〉，頁一五一、一六九—一七〇。

165 楊國楨，〈十七世紀海峽兩岸貿易的大商人〉，頁一七一。

166 關於「臺灣」廣狹兩義，最明顯見楊英，《延平王戶官楊英從征實錄》（北平：中央研究院歷史語言研究所，一九三一據舊鈔本影印；臺北：同單位，一九九六景印一版），廣義見頁一三四b、一四八b、一四九a-b、一五〇a；狹義見頁一五二a—b。

「自外」於這一切。明朝出使琉球的封舟把它當成海上航行的定位指標；海盜把它當作海外的巢穴；在明朝禁止人民和日本貿易的時代，它成為中日貿易的轉運點；日本人覬覦它，幾度想加以招撫，甚至予以占領；面對日本的野心，明朝士大夫認為它是大明東南海防的最前線；到東方尋找貿易據點的荷蘭人原本對它不感興趣，但在占領彭湖不遂之後，最後還是決定占領它，以之為荷蘭聯合東印度公司在中國沿海地帶的貿易轉運站和殖民地。

外人對這個島嶼的認識，從海上航行中的某個角度看到它的側影，逐漸因為各種具體的接觸而認為它是二個島嶼或三個島嶼，最後大約在荷蘭人占領後，臺灣在外人的視野中才變成南北連成一氣的島嶼。

荷蘭人占領臺灣，把臺灣帶入了一個嶄新的發展路向。這個瑤波碧浪中的東番（將擴大為臺灣）注定不再被忽視，而且將捲入複雜多樣的歷史進程中。如果臺灣島嶼及其山脈是兩塊板塊衝撞擠壓的結果，那麼，就人文歷史而言，十七世紀的臺灣，不也是幾種不同的歷史脈絡衝撞和擠壓的結果嗎？荷蘭人占領臺灣，只是這個現象的開始；原本「遺世獨立」的島民正被動地捲入了對他們而言全然陌生的歷史進程，其原因正在於這個島嶼同時被納入若干不同脈絡的歷史社群的視野中。

本文原刊於《臺大歷史學報》第四〇期（二〇〇七年十二月），頁九三—一四八。

這是距今（二〇二三）四百四十一年前的故事。一個和颱風有關的船難事件。

颱風是大自然每年從初夏開始，對臺灣島嶼的季節性造訪。居住在臺灣島上的人群，大都有著以颱風為中心的集體或私人性記憶。就以當代臺灣人來說，稍遠者如八七水災，近者如象神颱風、賀伯颱風、納莉颱風、莫拉克颱風（八八水災）等，在在連繫著這個島嶼上的人群對於這個島嶼的記憶。但是，颱風也連繫著「外人」對這個島嶼及其人群的最初記憶。此話怎麼說呢？讓我們來聽一個外人因船難而登陸臺灣的故事。

四百多年前，海上交通是帆船時代；各式各樣的帆船，或沿著海岸，或橫越大海，把人們從此地渡到彼岸。此時，遠洋航行靠大帆船；大帆船把人們從海的一端載到遙遠的彼岸。在人類的歷史進程中，從歐洲渡海來到東方，真是漫漫長路。葡萄牙從十五世紀第一個十年開始，致力於海上發展，探尋往印度的航路。一開始葡萄牙沒有競爭對手，花了數十年繞航好望角（一四八八），又十年經由印度洋抵達印度（一四九七―一四九九）。就在十五世紀即將結束時，西班牙奮起直追，往大西洋探險，終於經由哥倫布發現新大陸（一四九二），數十年後，麥哲倫率領的艦隊也繞過地球一圈（一五一九―一五二二），確認地球是圓的。換句話說，葡萄牙加上後起的西班牙，花了約一個世紀，才一東一西確立到亞洲的航路。理論上，這個時候，人們可以經由印度洋，或經由兩大洋，來到亞洲。但實際上，海上可不自由，走哪條航線還要看您是搭哪個海上強權的船。

一四九四年，當葡萄牙尚未橫渡印度洋，西班牙也還未繞地球一圈，這兩個國家就瓜分了他們還不知「伊於胡底」的世界。哥倫布發現新大陸之後，葡萄牙和西班牙之間相當緊張，在教宗亞歷山大六世的斡旋之下，簽訂托爾德西亞條約，以非洲維德角群島以西三七〇里格為界，瓜分任何新發現的土地——以東屬於葡萄牙，以西屬於西班牙。[1]活在二十一世紀的我們，或許要問：這是憑誰之名瓜分世界「未知之地」？其實，歐洲未來的海上後起之秀，如英、法、荷蘭，也是不服氣的，這是後話了。總之，當時教宗促成瓜分的目的，在於使這兩個天主教國家能善用各自的資源，將基督教傳布到全世界，而不是互相爭鬥。然而，在一四九四年這個時點，人們在實證上還無法確定地球是圓的，也還不知道地球到底多大（當時顯然小看地球了）。隨著地理知識的遽增，一五二九年兩國簽訂札拉哥札條約，進一步確定把地球切成兩半的另一半應落在何處。[2]因此，在未來的一個世紀，由歐洲通往亞洲的航線，分別為葡萄牙和西班牙兩大海上強權所獨占。西班牙商船走大西洋航線，先抵達墨西哥，再從墨西哥橫越太平洋，來到殖民地馬尼拉，再以馬尼拉為據點，前往中國、日本、東南亞等地。葡萄牙商船則從里斯本啟程，沿著非洲

1　托爾德西亞條約（The Treaty of Tordesillas）規定以維德角群島（Cape Verde Islands）以西三七〇里格為界，約當格林威治以西四八度至四九度之間（當時無法訂出正確的經度）。此一條南北縱線通過拉丁美洲的東端，其東屬於葡萄牙，這是日後巴西成為葡萄牙殖民地的原因和「理據」。

2　札拉哥札條約（The Treaty of Zaragoza）基本上進一步把托爾德西亞條約的界線從南北極延伸到地球的另一面，將地球分為兩個半球。該條約詳定這條靠近亞洲的界線應該通過摩鹿加群島以東二九七．五里格，或十七度的地方；約當今天東經一四五度。

西海岸，繞過好望角，航經印度洋，來到位於印度西海岸的果阿（Goa，葡萄牙東方貿易航線的總樞紐），再從果阿經過南部的柯欽（Cochin），來到麻六甲，沿著中南半島海岸航行，抵達澳門。

如所周知，中國的澳門在一五五七年為葡萄牙人所占據（租居），在明朝朝貢貿易體系之下，獨享明朝政府給予的諸多特權和優惠；一五七八年，明朝政府決定外國貢船要先到廣州外港澳門，葡萄牙人因此包攬了中國經由澳門與這些外國船舶的轉手貿易和海運大權。[3]澳門三面環海，往東北航行可至日本長崎，南行可到馬尼拉、噶喇吧（在今雅加達）等東南亞港口，過太平洋，直達美洲諸地。在這同時，澳門不只是西方和中國、日本貿易的輻輳之地，也是靠西方貿易夾帶而來的傳教活動的中心與據點。

一五八二年，萬曆十年，澳門是熱鬧的。這一年，利瑪竇來到澳門，他在遠東耶穌會監會司鐸范禮安神父（Alexandre Valignano, 1539-1606）的召喚下來到這裡學習漢語。這個時候，羅明堅（Michele Ruggieri, 1543-1607）神父也從中國內地回到澳門。翌年他們兩人一起前往中國肇慶傳教；兩年後（一五八四），羅明堅在廣州印行第一本用中文撰寫的天主教教理書《天主聖教實錄》。另外，一五八二這一年，在日本是天正十年，也是日本天主教發展史的重要年份。日本耶穌會著名的「天正遣歐少年使節團」於三月間抵達澳門，正在此候風，準備出發到羅馬覲見教宗。這個使節團由四位年輕人組成，他們是日本九州基督教大名大友宗麟、大村純忠，以及有馬晴信的代表；使節團於一五九〇年（天正十八年）回到日本。[4]范禮安神父從日本陪伴使節團來到此地，擬一路陪同他們到羅馬。[5]和范禮安神父一起來自日本的還有多位耶穌會神父與修士。從天主教東傳歷史來看，此時此地真可說集一時之俊彥，濟濟多士。

該年七月六日，有一艘商船從澳門出發，目的地是日本。這艘商船是中式帆船——西方人稱為junk（後來中文又音譯為戎克船），定期航行於澳門和日本之間，船主是葡萄牙人巴托羅米·巴也斯（Bartolomé Baez），船長是安德烈·費優（André Feiyo），這艘船很大，載著相當多的貨物。船上的乘客和工作人員來自各地，有中國人、日本人、菲律賓人、「黑人」等「有色人種」，以及歐洲人和他們的傳教士，共三百餘人。這艘船啟航沒多久，遇上颱風，幾經周折，在一個島嶼的外海觸礁，上岸的倖存者自力救濟，撿沈船剩餘的材料，重新打造一艘船，兩個半月後，竟得重返澳門。他們上岸求生的地方，就是今天我們生息與共的島嶼——臺灣。

我們可以想像，那些遭遇船難幸而未死的人回到他們所熟悉的世界，見到親友，肯定大談劫後餘生的經驗。他們的經驗很特別，或許一時為人所周知，但是，有關這件事的記憶隨著當事人

3　鄧開頌，〈明清時期澳門海上貿易〉，收於劉序楓主編，《中國海洋發展史論文集》第九輯（臺北：中央研究院人文社會科學研究中心，二〇〇五），頁一〇〇—一〇三。

4　這四位年輕人是：伊東マンショ（正使）、千々石ミゲル（正使）、中浦ジュリアン（副使）、原マルティノ（副使）。

5　范禮安神父原擬伴隨使節團至羅馬，但抵達印度果阿後，因受命兼任印度耶穌會省長，遂改由ヌーノ・ロドリゲス（Nuno Rodriguez）神父伴隨使節團至羅馬。

以及知道這件事的人們的逝去而終於消失；群體記憶的消失通常是一代，頂多兩、三代之間的事情——除非以文字的方式記錄下來。這是歷史的局限，也是歷史引人入勝的地方。了解歷史的局限，我們才有可能在局限中探索那可能存在的理解上的無限可能。

船難發生在一五八二年七月十六日，即萬曆十年七月八日。在這裡，我們至少必須用兩個紀年，因為這艘船的工作人員和乘客，很大比例可能是中國人和海外華人，對他們而言，明朝皇帝的年號和陰曆的月日，才有意義，西洋曆或非所聞，更何況航海陰曆比陽曆更為重要。

這艘船載著四位神父，和一位修士，他們是：阿隆索．桑切茲（Alonso Sánchez）神父、阿爾沃洛．多．鐸羅（Alvoro do Touro）神父、克里斯多巴．莫雷拉（Christóvão Moreira）神父、倍德羅．戈梅茲（Pedro Gómez）神父，以及耶穌會修士法蘭西斯可．皮列斯（Francisco Pírez）。其中桑切茲神父、戈梅茲神父，以及耶穌會修士皮列斯將是我們的「報導人」（informants），因此，我們非得先認識他們不可。

桑切茲神父是西班牙人，於一五七八年來到菲律賓，他是最早來到菲律賓的耶穌會士之一。一五八〇年西班牙腓利普二世併吞葡萄牙，成為葡萄牙國王腓利普一世，即身兼兩國國王，這段史事一般稱為西葡併合（the union of Spain and Portugal, 1580-1640）。一五八一年，菲律賓總督與馬尼拉主教派遣桑切茲神父前往澳門，任務是向葡萄牙人宣告併合之消息，並爭取葡萄牙人對腓利普二世的擁戴。桑切茲神父於一五八二年一月離開菲律賓，但被強風吹到福建南部，為中國海防發現，送往廣州，同年三月抵達澳門。桑切茲神父完成任務之後，由於沒有船可直接回菲律賓，因此於七月六日搭上這艘航往日本的商船，擬從日本搭船返回馬尼拉——天知道，他要到第二年（一五八三）二月才得回到馬尼拉！戈梅茲神父是西班牙人，活躍於葡萄牙，獲得耶穌會總長麥古里（Everardo Mercurian）神父的看重，選派他赴日本負責教務。他於一五七九年四月四日離開葡萄牙，一五八一年七月二十四日抵達澳門。修士皮列斯一路上陪伴戈梅茲神父。他們在一五八二年七月六日搭上這艘商船，終於要前往目的地日本了。

久駐菲律賓的桑切茲神父，新來乍到東方的戈梅茲神父，以及陪伴他的皮列斯修士，不會預知四百餘年後，我們將仔細閱讀他們留下來的書信[6]，試圖拼湊一個有關臺灣的故事。

一五八二年十二月十三日，劫後餘生的戈梅茲神父從澳門用葡萄牙文寫信給另一位耶穌會教士，報告船難經過。這封信很長，讓我們先看看他搭乘的船如何遇到颱風，以及如何在一個陌生的島嶼外海觸礁：[7]

6 這三位耶穌會士的書信收於 José Eugenio Borao Mateo ed., *Spaniards in Taiwan (Documents)*, Volume I, 1582-1641（Taipei: SMC Publishing INC., 2001）, pp. 2-15；係原文與英文對照。這三份書信，第一、三封是葡萄牙文，第二封信是西班牙文，其後皆收入李毓中主編、譯註，《臺灣與西班牙關係史料彙編Ⅰ》（南投：國史館臺灣文獻館，二〇〇八），頁二一三—二五八。本文基本上採李書之中譯，惟若干地方按照英譯與筆者的理解，加以更動（含標點符號）。此外，為了和上述史料彙編的中文翻譯求得一致，以利讀者檢索，本文之人名亦大抵改採李書之譯法。本文最後修訂時，承蒙張淑英教授代為核對部分原文，謹此誌謝。

7 José Eugenio Borao Mateo ed., *Spaniards in Taiwan (Documents)*, Volume I, 'Pedro Gómez letter', pp. 2-3；李毓中主編、譯註，《臺灣與西班牙關係史料彙編Ⅰ》，「戈梅茲書信」，頁二二七—二二九。為求注釋標注簡明，以

我從未想過能於這座澳門島上再次提筆寫信給我敬愛的神父，但我們的天主履行了祂神聖的意念。即使羸弱的身軀，仍不允許我依我靈魂所願來寫信給教團中每一位我敬愛有加的神父及兄弟，藉以告知我們抵達此島一事。因此我謹在此寫信給閣下您，讓眾神父與弟兄們亦能參與瀏覽此信，就彷彿我致函予他們每個人一般。

一五八二年七月六日，奉當時在此地（澳門）停留的巡察使（Visitador）[8]神父的命令，我們四位神父及一位弟兄離開了中國的教團，其中不可不知的是阿隆索・桑切茲（Alonso Sánchez）神父，他是一位年邁且非常博學的卡斯提亞人（castelhano），帶著要求〔澳門〕歸順的命令從呂宋來到此地，但當時自中國〔澳門〕並沒有船隻可供他返回〔呂宋〕；其他同行者包括阿爾沃洛・多・鐸羅（Alvoro do Touro）神父及克里斯多巴・莫雷拉（Christóvão Moreira）神父，他們兩位陪同巡察使神父從日本來此接受任命，現已返回〔日本〕述職；而另外還有一位與我偕行的教團弟兄，以及我本人。儘管風向對我們而言不是非常有利，卻仍使我們得以航行至距離此（澳門）島三十或四十里格（léguas）的地方。但船首處突然刮起一陣強烈的東風，迫使我們走回先前已走過的航路，直到距離此島（澳門）六里格，一處島嶼遍佈的地方，使得我們總算能稍微抵擋住狂風的襲擊。當時是七月十一日，月亮的交會（conjução de lua）為我們帶來一個颱風，使得當晚我們身處於極大的危難中，險些失去此船所載的一切東西（vinha，按，疑為 tinha 之誤）！但部分是由於我們迴避至此地而得以獲得屏護；而另一部分（我認為這才是原因）則是因為我們隨身帶著一萬一千處女的頭骸

（cabeça das onze mil Virgens）[9]，我整晚都將祂緊握在手中。如同在類似的緊迫情況下我們向她請求，祈求我們的主能赦免我們，並將祂充滿慈悲的眼神望向我們每一個人，祂察覺到了我們的良願以及懺悔的決心，聽到了我們對祂的祈求。在歷經不到二十四小時的時間後暴風雨停止，吹來非常清爽的順風，而我們也得以在同月的十二日繼續航程前往日本。我們對著一萬一千處女聖髑望彌撒並向我們的主致謝，感念祂解救我們脫離險境，賜予我們順風，引領著我們繼續向前行。……

＊按，引文中，（）表原文或說明，〔〕表補字；下同。

戈梅茲神父高興得太早，厄運並沒放過他們。不過，我們必須在這裡稍微停頓一下，作些解釋，否則無法掌握這封信所透露的關鍵訊息。

首先，我們必須知道，當時澳門到日本的航線是從澳門啟程，沿著中國海岸，經由臺灣海峽，抵達日本長崎。這也是日本朱印船的航路之一。澳門到日本的航線約三百里格。[10]戈梅茲神

下只列出信件書寫者姓氏與頁碼，如本條注釋作：‘Gómez’, pp. 2-3；「戈梅茲書信」，頁二二七—二二九。

8 筆者按，即范禮安神父（Alexandro Valignano），日譯「巡察師」。‘Gómez’, p. 2；「戈梅茲書信」，頁二二九。

9 李毓中譯為「一萬一千名處女頭像」，根據筆者的理解，改為「一萬一千處女的頭骸」，引文第二次出現時，則作「聖髑」，以求貼近天主教用語。

10 ‘Sánchez’, p. 10；「桑切茲書信」，頁二四一。

父告訴我們，帆船啟程之後，不利於風，勉強航行了三、四十里格之後，被一陣強風吹離航道，退回到距離澳門六里格的地方。接著颱風來了，二十四小時之內平息（七月十一—十二日），他們繼續往日本的航道航行。

在這裡，我們先得知道里格是什麼，否則以上的數字是沒有意義的。里格（league）是距離單位，使用於葡萄牙、西班牙和法國的里格，伸縮很大[11]；一般以一里格等於三海里（海浬），一海里等於一．八五二公里[12]，因此一里格也就是五．五五六公里。如前所述，澳門至日本航程約三百里格，即一、六六六．八公里；換句話說，這艘船離開澳門之後，走了約十分之一強的水程（三十或四十里格），但被強風吹離航道，並且退回距離澳門六里格的地方（約三三．三三六公里）。這個地方有很多島嶼，因此當颱風來襲時，他們有可以避風的地方。光就距離來看，這艘帆船避風處，很可能就是澳門外海的萬山群島一帶。

戈梅茲神父接著寫道：[13]

> 這一陣令我們喜出望外的風持續吹了四天，我們因此航行了一百二十里格。但這世上的快樂總是不長久，因為之後所遭遇到的痛苦，與我們的主所賜予的一連串的徒勞無功，讓我不敢說這是祂神聖旨意的安排。在同一個月，即七月十六日的早上，時處該月份的弦月（quatro da lua）期，我們來到一座島嶼及一片蠻荒的海岸，這裡被稱為小琉球（Liqueo pequeno）。不知葡萄牙人是否曾造訪過此地。如果我們能再向前約兩枚炮彈〔射距〕的

話，船首便不會擱淺，而我們也就能免除所有的危險了。

也就是說，他們躲過了颱風，接下來，趁著好風航行了四天，走了一百二十里格（六六六・七二公里），卻在七月十六日，月相是弦月時，船頭在一個稱為「小琉球」的島嶼擱淺，發生船難。

從距離澳門六里格的地方，經由臺灣海峽，往長崎方向航行一百二十里格（六六六・七二公里），到底在哪裡？由於缺乏詳細的航路圖，我們無法精確比算，但經粗略估量，澳門・日本航路，距離澳門一百二十六里格（七〇〇・七五六公里）的地方，還在臺灣海峽，緯度約等於臺灣

---

11 里格該換算成多少公里，非常複雜，不同國家的里格長度不同，同一國家不同時代或地區也有差異，陸上和海上又可能不同。一里格在不同情況下，介於三・九至七・四公里（二・四—四・六英里）之間；在英語世界，一般以一里格等於三英里，即四・八公里。大致上，葡萄牙里格（legoa）是一里格＝六・一七四公里，西班牙里格（legua）用於海上航行時一里格＝五・五五六公里，法國里格（lieue）則一里格＝四・四四五公里。在這篇文章，我們採用西班牙水手慣用的一里格等於三海里的算法。

12 海里是使用於航海和航空的距離單位，一般定義為：地球大圈（the great circle）上一分的弧形距離。淺顯來說，赤道（或子午線）是大圈，分為三六〇度，一度又分為六〇分，將大圈之全長除以三六〇，再除以六〇，所得出之長度即為一海里。一九二九年摩納哥國際臨時水路會議（International Extraordinary Hydrographic Conference）訂定一海里＝一八五二公尺，是為「國際海里」（the international nautical mile）。本文採用此一計算標準。事實上英國長年使用的海浬是一海里＝一八五三・一八公尺；美國直至一九五四年所使用的海里，則為一海里＝一八五三・二四公尺。

13 'Gómez', p. 3；「戈梅茲書信」，頁二三九。

島西海岸的中心位置，約當彰化海岸一帶。

戈梅茲神父說，颳颱風那天（七月十一日），是「月亮的交會」（conjunção de lua; the moon was "in conjunction"）。什麼是「月亮的交會」呢？正確來說，是「月亮和太陽的交會」。我們知道月球繞地球運行，地球又繞太陽運行；當月球繞地球一圈時，有兩次機會這三個星球會對齊成一直線。其一是，太陽、月球、地球依上述位置成一直線，其二是，太陽、地球、月球依上述位置成一直線。前者英文稱為「in conjunction」，中文稱為「日月合朔」；後者英文稱為「in opposition」，中文即「日月相望」。從地面上看，前者的月相是新月（無月相；農曆初一），後者則是滿月。所謂月相，指我們從地球上看到的月亮的盈虧變化，周而復始依序為：朔（新月；初一）、蛾眉月、上弦月（七日月，月球東邊的半圓，the first quarter）、望（滿月），下弦月（月球西邊的半圓，the last quarter）、殘月。每月初一是朔，望則可能在十五、十六、十七的任何一天，以十五、十六居多。

我們現在使用西洋曆，只有在特定的需要之下才翻查陰曆（農曆）。[14]然而，行船人不可不知陰曆，這是因為陰曆主要根據月相，比較能迅速掌握海潮的消息。關於潮汐，我們知道，一天之內海水有兩度漲落；其次，每當陰曆朔望（初一、十五）是海水大漲潮之時。一天之內的潮汐漲落，基本上是月球之引力對地球之固體和液體產生不同的作用，再加上引力因距離而遞減的結果。其實，除了月球之外，其它星球的引力也對潮水造成影響，但大都微不足道，只有太陽的影響比較明顯。當三個星球對齊一直線時，太陽的引力對潮水起加倍作用（無論此時月球是在地球的哪一邊），因此，潮水大漲，稱為滿潮或大潮（spring tides）。反之，當三個星球成直角關係時，也就是月相成上弦月或下弦月時，潮水最為低落，是為小潮（neap tides）。因此，朔望是滿潮日，這對當代雖「居島中，不能舟」[15]的我們而言，好像毫無關係，但是，這類的「小知識」牽涉到我們對帆船時代的臺灣歷史的理解。在這裡，朔望的漲潮和戈梅茲神父等三百人能否在船難之後順利脫困，關係密切。再舉個有名的例子，萬曆十五（一六六一）年四月一日，鄭成功的戰船大軍能夠順利通過鹿耳門，航入臺江，也和海水漲潮有關。真可謂不能不有所認識。

有趣的是，在臺灣發生船難的一五八二年，正是西方基督教世界開始從儒略曆（Julian Calendar）改用格里曆（Gregorian Calendar，即現行的陽曆）的關鍵年份。西班牙、葡萄牙、波蘭，以及義大利的大部分地區在一五八二年十月十五日採用格里曆；新舊曆相差十天。[16]我們的船難發生在該年七月，這個時候葡萄牙和西班牙仍採用儒略曆。儒略曆七月十一日（星期三），月相是新月後第三日（陰曆七月初三），七月十六日（星期一）則為上弦月後第一天（陰曆七月

14 中國曆法雖然習慣上稱為陰曆，其實是陰陽曆，同時考慮太陽和月球的運行，兼具陰曆和陽曆二者的特點。

15 語出陳第，〈東番記〉，收於沈有容輯，《閩海贈言》〔臺灣文獻叢刊第五六種〕（臺北：臺灣銀行經濟研究室，一九五九），頁二六。

16 換句話說，這些地區從儒略曆十月四日直接跳到格里曆的十月十五日，於是這一年有十天消失了，即十月五日至十月十四日。

八日）。[17]根據戈梅茲神父在「歷史現場」的記載，起颱風那天（七月十一日）月亮和太陽相合，應是新月之初，是大潮之時；船難那天（七月十六日）是弦月，是小潮之時。這個記載和我們換算的陰曆有一日至二日之差。各種曆之間的換算很複雜，儒略曆到了十六世紀，陰曆和實際的月相之間有四天之差，此外，我們也必須考慮歐洲和亞洲之間的時差問題。在這件事上，我們有理由相信戈梅茲神父所謂的「日月合朔」和「弦月」是在歷史現場實際觀察到的月相。

此外，我們不能忘記戈梅茲神父是神職人員，從這封信中，我們可以看出他具有非常堅定的信仰，尤其信奉「一萬一千處女」（onze mil Virgens; the 11,000 Virgins）。這是聖烏爾蘇拉（St. Ursula）的故事：烏爾蘇拉是四世紀信仰基督教的不列顛國王的女兒，她和一位異教徒國王的兒子有婚約。烏爾蘇拉渴望維持處女身分，爭取到延緩三年舉行婚禮。在她的要求之下，十位貴族女子陪伴她，她和這十位貴族女子各有一千位處女作陪。她們搭乘十一艘船，漂泊三年。當時限已到，新郎要來迎娶時，一陣暴風把她們吹得遠離英格蘭海岸，她們從水路抵達科隆（位於德國西部，萊茵河畔），其後抵達巴塞爾（瑞士北部），從巴塞爾經由陸路抵達羅馬。她們最後回到科隆，在那裡，她們因為信仰的關係，為匈人（the Huns）所屠殺。關於這個傳說的真實性，學者之間爭議很多，有人認為殉道的處女人數不是「一萬一千」，這是來自於對古文獻的誤讀。然而，九世紀以來，此一信仰相當普及，對信徒而言，「一萬一千」是真實的人數。在此，我們還得了解基督教對聖髑（relics）的尊崇，這是起源甚早且極為普遍的傳統。聖髑包括釘死耶穌基督的十字架、諸聖徒的遺骨，以及與之有所關連的各種遺物，如衣物、鎖鍊等。這些聖髑往往經過分割，分發給世界各地教會。十二世紀，在科隆出土不少遺骨，教界認為這是「一萬一千處女」的聖髑；這些新聖髑，除了在西方基督教世界廣為分發之外，也遠送至印度和中國。[18]戈梅茲在這裡提到的「cabeça das onze mil Virgens」（the Head of the 11,000 Virgins），應該就是「一萬一千處女」的一個頭骸聖髑。

讓我們來看看這艘帆船在「小琉球」島觸礁之後的情況（為求敘事完整，和上一引文有所重疊）：[19]

> ……在同一個月，即七日十六日的早上，時處該月份弦月（quatro da lua）期，我們來到一座島嶼及一片蠻荒的海岸，這裡被稱為小琉球（Liqueo pequeno）。不知葡萄牙人是否曾造訪過此地。如果我們能再向前約兩枚炮彈〔射距〕的話，船首便不會擱淺，而我們也就能免除所有的危險了。船隻一擱淺後，便有人雙手捧著一萬一千聖女頭骸〔聖髑〕來到寢艙中來

---

17 為了將儒略曆七月十一日和七月十六日換算成陰曆，一般的作法是，先將之換算成格里曆——也就是七月二十一日和七月二十六日，再以這兩個日期換算成陰曆。但是我們須知，一五八二年十月十五日以前，格里曆尚不存在。

18 Catholic Encyclopedia: St. Ursula and the Eleven Thousand Virgins. 參考自網頁：http://www.newadvent.org/cathen/15225d.htm。（二〇〇九年八月一日再度檢索）

19 'Gómez', pp. 3-4；「戈梅茲書信」，頁二二九—二三二。

叫我，我開始安慰大家，並要他們懺悔自己的過錯。這是顯而易見的，因為星期日下午船上將近三百個生靈，都因認為順風航行再不出五、六天就可見到富裕且繁榮的日本，而感到雀躍不已。但第二天早上所有人都悲痛地流起淚來，一邊哀求慈悲的天主拯救他們的性命，雖然財物都已付諸流水。我們四位同行的神父為人們行告解禮，當一些人在告解時，其他的人則在減輕自己的家當，另外的人則將主桅鋸斷，連同船帆及帆桁拋入海中。有人準備好我們船上載有的舢舨（champana）和單桅小舟（manchua），其他的人則是忙著用木板和蔓繩建造木筏。在大家都完成告解後，我們下令派遣非常小的小舟前往岸邊，有四個人搶著登上小舟，但是因為距離岸邊附近約有四里格，而小舟上既無帆也無槳，但是風卻非常的大，因此翻覆在海裡，之後就沉沒了，只有一個葡萄牙人逃出小舟。之後我們將舢舨放入海中，它的體積稍大於先前的小舟，我們冒險登船出航，因為別無其他更好的選擇。

七或八個人以及我們之中的四個人登上舢舨，僅剩一人連同其他人與處女聖髑留在船上，而我被迫成為四位〔登上舢舨的神職人員〕中的一人。但因這艘舢舨既無舵無桅，也無槳可用；只能靠海、風與浪前進，我們好幾次都差點就沉沒。若不是我們的主展現了祂的慈悲，我們絕不可能獲救，因為只有祂能使得此船不致沉沒，亦不被迫掉頭，且得以朝陸地前進，而非轉而航向汪洋。雖然沒有槳，但我們的心願勝過一切，使我們能夠繼續隨波逐流向前航行。……

我們知道，大船有一定的吃水量，航行時不能太靠近海岸，因此，擱淺時通常離海岸線還有一段距離，乘客想上陸，如非游泳可及，就得靠小船。這是為什麼眾人急著準備小艇，並趕造排筏。這艘船發生船難的地方離海岸有四里格，也就是二二・二二四公里，是一段距離（按：二十二公里頗遠，是否書信誤記，無從查攷）。由於波濤洶湧，艋舺無濟於事，翻覆了，死了三個人。戈梅茲神父和船長共十一、二位搭乘舢舨逃生。[20]讓我們來看看逃生的結果：[21]

> 最後終於到達岸邊，在此下錨後便登陸上岸。此時船體的裂縫愈來愈大，而水位已滿至唧筒口處，因此船上的人開始擔心整艘船將徹底分崩離析，到時候所有人除死路一條外，別無他法；有些人遂紛紛往海裡跳，有些人摟著長枕頭（travesseiros），其他的人抱住床榻，還有些人則緊抓著木板或木筏，隨波逐流。由於所有人奮力向天主慈悲的手以及我們的聖母呼喊求救，於是主保天使們（Anjos da Guarda）的手便於此時照護著他們，並給予協助，因此這麼多人之中僅一人不幸喪命。而其他人即使落水，最後仍抵達陸地，如同其他許多人中的克里斯多巴・莫雷拉神父的遭遇一般，他反對我的善意（執意留在原船而未登上舢舨），守

---

20 戈梅茲神父信中只提及四位神父和其他七、八位搭乘舢舨，據同行的耶穌會修士皮列斯的信，船長安德烈・費優一起搭上舢舨，見'Pírez', p. 13；「皮列斯書信」，頁二五四。

21 'Gómez', pp. 4-5；「戈梅茲書信」，頁二三一。

著聖女聖髑。他搭乘由幾個擅泳的年輕人所圍起的一艘木筏，並將聖女聖髑綁在手臂上。許多次木筏被海浪掀翻，神父隨之落水。可憐的神父，心中祈求主垂憐（Miserere mei），他在水中載浮載沉。神父拉著聖女聖髑，而聖女聖髑亦悄悄地拉拽著神父，最後終於兩者都抵達岸上。〔我們〕遂不禁再次緊緊擁抱，我想他們應是所有人之中最後上岸的。現在我了解到，若當初我沒有被迫和其他幾位神父一起搭船，而是留在帆船上的話，最後鐵定必死無疑，因為我並不會游泳，無論搭乘任何一艘木筏，我終將難逃一死。但是我們的主，仍不認為我成熟到可以參列天國的宴席，祂不想將我從那裡帶走，要再讓我活上一陣子，以便能繼續服侍祂。

據此，船從擱淺到破成碎片之間，眾人或乘排筏、或泅水，以求能抵達海岸。在這過程中，四人不幸喪生，其餘都上岸了，不能不說頗為幸運。克里斯多巴・莫雷拉神父留後，一開始沒和其他四位神職人員搭舢舨，最後離開時，他手臂上綁著聖髑在風浪中載沉載浮。可能由於這個情景實在令人難忘，修士皮列斯也在信中寫道：「他們以仍堪用的木頭、繩索和船帆做了兩艘木筏。克里斯多巴・莫雷拉神父帶著一萬一千處女聖髑，乘坐了其中一艘木筏，因為喝進大量海水，當他登上陸地時已呈瀕死狀態。且由於浪濤翻覆了木筏，使神父數度跌落水下，這就是為何他總是病懨懨且羸弱不堪的緣故。」[22]

船遇難時必得有神父留後，這是信仰和忠於職責的表現。有位虔誠的教徒在跳船逃生的過程中遇難。修士皮列斯在信中提及：事後他們在沙灘發現一個死去的葡萄牙人，他的腰上綁著一個聖餐杯。修士皮列斯認為他這麼做，是出自虔誠之心。或許由於有這類虔誠的信徒，日後劫後餘生的戈梅茲神父才能在信中說：「我們的神父，這些是我記憶所及有關我們船難發生的經過，願我們的天主讓我們得救（salvação），我們救出了聖杯與一些貴重的祭服（ornamentos），……。」[23]

船在天剛破曉時擱淺，全部人上岸，大約是上午十時五十分。[24]他們上岸後，開始一段和「土著民」邂逅的本事：[25]

> 在所有的人都上岸後，我們聚集在海灘上，有的人衣衫襤褸，有的人赤裸著身體，還有些人則是全身濕淋淋的。我們所有人都因為不知身處何處以及該如何是好，又開始感到害怕起來。正當此時，約有二十名當地人來到我們身邊。他們狀似印度果阿（Canarins）的土著民，全身赤裸，僅以遮羞布掩蔽，披頭散髮，髮長及耳，其中有些人頭戴著形似王冠的白紙條。所有人都手執弓弩和一大捆又尖又長的鐵製箭矢，來到我們身邊後，對我們不發一語，

---

22 'Pírez', p. 13：「皮列斯書信」，頁二五四。

23 'Gómez', p. 9：「戈梅茲書信」，頁二三八。

24 'Pírez', p. 13：「皮列斯書信」，頁二五五。

25 'Gómez', p. 5：「戈梅茲書信」，頁二三一—二三二。中譯作「原住民」的地方，筆者改為「土著民」，下同。

便開始撿拾岸上所有白色的衣物，如披巾、毛巾、襯衣等等。在場的葡萄牙人不但不加以制止，甚至還善意地主動拿給他們，因為我們沒有武器，也不知那些人到底是誰，是否吃人肉，所以一概不敢有所違抗。事實上最主要是，由於這已經是上帝所施予我們最大的恩澤了，若他們用弓箭逼我們繳械，然後再殺害我們，必然無人能倖免。因此，沒有人對他們加以阻擋，他們運走物品後藏在原野裡，接著再回來，自在無虞地好似我們沒有一個人在海灘上一般。我們僅僅是把金條、銀器藏好，方得以逃過他們的撿集，但其實他們已經取走一些了。

讓我們看看同行的桑切茲神父如何描寫這個最初的邂逅：26

……然後沒多久，這艘大的中式帆船斷成碎片，所有的財物散落在那裡的海灘上任其腐壞。之後一些赤裸帶著弓和箭袋的土著民，精神振奮很篤定地過來，毫無顧忌，但也沒有傷害人的意思，直接進入我們之間搶奪我們僅餘的物品，直到我們弄乾淨身體開始武裝自己以便防衛我們自己。

這是目前我們知道的西方文獻中關於臺灣土著民的最早紀錄。桑切茲神父的這封信原文為西班牙文。

我們可以想像，船觸礁後，約三百名左右的乘客好不容易上岸了，緊接著又要面對一群予取予求的土著民，真可說「屋漏偏逢連夜雨」。根據戈梅茲神父的書信，他們在恐懼之中，採取的行動是要和這些異教徒親善。首先，他們分成兩路，分別由戈梅茲神父和桑切茲神父帶領，希望能透過「手語」和土著的王見面，請求協助，但兩路人馬半途折回。戈梅茲神父的理由是：這些「黑人」（negros，即土著民）可能沒有王，如果有王，雙方無法溝通；就算能夠溝通，船難人數這麼多，土著民看來很窮，大概也無法救濟他們。此外，他們大概也都對土著民存著恐懼之心。[27]雖然分路拜訪「王」的計畫半途而廢，桑切茲神父從馬尼拉帶來的一位呂宋土著男孩，設法和來搜刮物品的「野蠻人」溝通，並跟著他們到他們的社去。[28]在這裡，很有意思的是，當時，人們似乎認為菲律賓的土著可以和臺灣的土著溝通！

船難者上岸後，除了面對土著的威脅之外，最緊急的是如何維生。我們得記住，這是三百人的生存之計，一餐飯一開口就是三百張嘴。這麼多的人要在孤立無援的情況下自力救濟，非得有領導、有組織不行，且不能失序。從三位教士的書信中，我們可以看出船長的反應很迅速，上岸不久，在放棄向土著尋求援助的想法之後，船長和神父等人達成共識，認為求生只有靠擱淺的船

26　'Sánchez', p. 11；「桑切茲書信」，頁二四二。
27　'Gómez', pp. 5-6；「戈梅茲書信」，頁二三二—二三三。
28　'Pírez', pp. 13-14；「皮列斯書信」，頁二五五。

了。換句話說，維生、自衛，以及脫困，全繫乎一條沈船。

在船長的命令之下，一些人趁著退潮時，回到船上搶救補給品（如稻米、肉品、酒、罐頭食品），武器，以及木頭等。另一些人割取草桿，開始在海邊搭蓋茅屋。所有搶救到的東西都是公共財產，集中一處，再行分配；尤其是來自孟加拉的米，那是船長夫人為水手們準備的，煮熟的，雖然濕了，卻讓眾人得以維生。[29]從這一點，我們可以看出，這三百名左右的「烏合之眾」，在一開始即表現相當井然有序。他們最令人佩服的作為，還在後頭。

要從沉船搶救物品，並非易事。如前所述，帆船觸礁的地方離海灘頗有一段距離——約二十二公里。當時是小潮，海水較平常為低，船難地點距離海岸比起大潮時近多了。在這裡，我們忍不住想，如果不是遇上小潮，說不定這艘帆船不會觸礁——「大舟畏淺」，洵哉斯言；但話說回來，也就是因為是小潮，才使得他們上岸較為容易——既淺且距離縮短。皮列斯修士說：船難之時是上午約十時五十分，「由於已經退潮，我們費了好大的功夫才通過沙地與廣闊的海洋登上陸地」[30]，而當他們決定回去搶救補給品時，「他們走向退潮後已經逐漸乾涸的船隻」[31]，可見當時海水低落。不過，我們須知，海水每天有兩次漲退潮，戈梅茲神父說：由於海水漲潮時水位過高，無法靠近帆船，所以他們每天都要等一陣子，待退潮時，才到船上取一些東西。「經過了將近八天，船隻完全解體成碎片，因此再也無法利用船上剩下待取的補給品。」[32]換句話說，船難之後，他們即刻回去搶救食糧物品，大約搶救了八天，剛好也是月圓時候，海水高漲，或許因此，破船終於在大潮中解體了。

在這裡，讓我們回頭看看那位在第一天即跟著「野蠻人」到他們的部落去的呂宋男孩有何著落。第二天，男孩回來了，帶來七十位武裝的「野蠻人」，他們對船難者表示友誼的歡迎。這個時候，船難者已經從船上取得武器，他們向土著展示步槍，並往一根木棍開槍，之後把穿個洞的木棍拿給土著看，土著「大感震驚，用手指摀住了嘴巴」。[33]我們可以想像，開天闢地以來，第一次看到槍枝，見識到子彈之威力的土著，如何張大嘴巴，用手指摀住，一副錯愕不可置信的樣子。這可能是臺灣土著民第一次接觸到現代武器——槍枝將在往後的三百餘年，在他們的文化中，扮演非常特別的角色。[34]展示槍之威力之後，船難者比較能自由自在地活動。這應該也就是船難者「開槍示威」的用意所在。

他們和土著無法維持良好的關係。這是可以理解的，雙方一開始就是「利益衝突」的，土著在他們甫上岸，驚魂未定之時，就把他們身邊的東西搜刮殆盡；於是「葡萄牙人則開始修理他們

---

29 'Gómez', p. 6、'Pírez', p. 14；「戈梅茲書信」，頁二三三、「皮列斯書信」，頁二五五。

30 'Pírez', p. 13；「皮列斯書信」，頁二五四—二五五。

31 'Pírez', p. 14；「皮列斯書信」，頁二五五。

32 'Gómez', p. 6；「戈梅茲書信」，頁二三三。

33 'Pírez', p. 14；「皮列斯書信」，頁二五五—二五六。

34 關於臺灣土著民族和西洋槍的關係及其文化意涵，可參考陳宗仁，〈近代臺灣原住民圖像中的槍——兼論槍枝的傳入、流通與使用〉，《臺大歷史學報》第三六期（二〇〇五年十二月），頁五三—一〇六。

的火槍，以備防禦此地的黑人，他們像煩人的蒼蠅一樣不斷地前來騷擾我們，看看是否能撿拾被海浪沖至沙灘上的勘干（cangas）」。[35]戈梅茲神父稱土著為「negros」，意為黑人；堪干指單色或素色的粗棉布。船難者阻止他們來拾取，因為他們想用這些物品和土著交換幾袋的黍（milho）或稻米，但後來，由於一些詳情不明的失序狀況，雙方關係弄壞了，土著不惟不再提供幫助，還向他們放箭。在敵對中，雙方各有傷亡，土著至少殺了三位船難者（一名黑人、兩名中國人），另有三個人身上都中三、四箭，差點沒命；船難這方則殺了一名土著。[36]

船難者先是在上岸的那個海灘，在海水無法沖到的地方搭蓋茅草屋，但後來發現該地，不惟水非常不好（沒有水，只有一個小湖），而且地勢不適合自衛，也不適合造船。一些前往探查海岸的人發現半里格（二．七七八公里）之外，有個好地方，他們決定遷移到那裡，除了水質之外，最重要的是，這個地方提供了脫困的可能。修士皮列斯說：「那條河川在入海處形成了一座小灣，在漲潮及風平浪靜時駕小船能由此出海。此處看來是由中式帆船取得木材來建造新船的最好地點。」[37]戈梅茲神父描寫得更為詳細，他說：[38]

該處有一條水質非常好的清澈小溪，而且在那裡我們可以建造一艘船隻，因為船可經由小溪入海。我們開始動工將我們所有的生活物資搬遷過去，如將已殘破不堪的中式帆船上的木材運來造船。若非親眼所見，實在令人無法置信：我們度過好天氣和雨天，既感到寒冷又時而滿身大汗，還打著赤腳，全身都濕透了，如是工作了好幾天。最後我們搭蓋起一間大茅屋，內部中央置放我們所有的物資，一頭供神父們使用，另一頭給船長；其他人則在大茅屋四周搭建他們自己的茅屋。

如果我們只看戈梅茲神父自己寫的信，或許會以為他只是個旁觀者，但是修士皮列斯告訴我們，當大家決定要把海上的木頭也帶上岸時，「倍德羅・戈梅茲神父身著白色短褲，和最早一批下水的人一起拉著繩索」。[39]可見戈梅茲神父一馬當先，參與搶救工作。

眾人的營養來自從帆船取得的米和牡蠣；牡蠣是年輕人到海灘撈捕的，他們有武裝、攜帶彎刀以備土著民的攻擊。他們也在小溪捉魚，或用火槍獵鹿，並且大方地和其他人分享。[40]修士皮

---

35 ‘Gómez’, p. 6；「戈梅茲書信」，頁二三四。

36 ‘Gómez’, pp. 6-7；「戈梅茲書信」，頁二三三—二三四。關於死傷情況，桑切茲神父說：「他們每天都來，多數是在晚上的時候來造訪我們，並用弓箭殺了一些人和射傷許多人。」（‘Sánchez’, p. 11；「桑切茲書信」，頁二四二）修士皮列斯寫道：「野蠻人來此造訪我們，並在入夜後殘殺兩名我方人員，還使其他人負傷。我們也殺死了他們之中的一兩個人，此舉使他們終於能讓我們過著稍稍平靜一些的生活。」（‘Pírez’, p. 14；「皮列斯書信」，頁二五六）但修士皮列斯所寫的，發生在遷居之後。

37 ‘Pírez’, p. 14；「皮列斯書信」，頁二五六。

38 ‘Gómez’, p. 7；「戈梅茲書信」，頁二三四—二三五。

39 ‘Pírez’, p. 14；「皮列斯書信」，頁二五六。

40 ‘Gómez’, p. 7；「戈梅茲書信」，頁二三五。

列斯因發高熱而病倒，發燒長達一個半月，只靠少量的鹹豬肉或海鮮燉湯來維持營養，神父們顯然認為他無法康復，已想好了埋葬他的地方。[41]這些耶穌會神父非常虔誠，如前所述，當船觸礁之時，他們最關心的是眾人死前的「告解」。一移居到新地方，他們即刻著手建造十字架，並且蓋教堂。戈梅茲神父寫道：[42]

> 我們也下令搭蓋一間小禮拜堂（capela）以備每日彌撒與祝禱所需，這是在此工作中最能讓我們感到欣慰的一件事。我們每天要舉行四次彌撒，很多時候還有講經布道，許多的人要進行告解以及領聖禮，而我們神父彼此之間亦是互相進行這些儀式。每一天我們都在小禮拜堂中祈禱，隨後帶著處女聖髑進行宗教遊行。我們在山丘上立起一座很大的十字架，我們赤腳脫帽，伴隨著歌者的樂聲，列隊將它（按，十字架）扛到該處。處女聖髑伴隨著它，直到安置妥當。在那裡我們將自己託付給它。

修士皮列斯同樣提及蓋教堂的事：「……我們再次開始裝修茅屋，掛起一座美麗的十字架，並建立一座覆蓋著稻草的小屋，以做為設有聖壇的教堂。……為了我們心靈上的慰藉，每天都會舉行四次彌撒。就在這座十字架下的禮拜堂旁，神父們決定將我安葬於此。」[43]可憐的皮列斯修士，他以為他就要埋葬在這個島嶼，在十字架下的教堂旁邊。

這應該是臺灣島上第一個十字架，也是第一座教堂。神父們領導信徒，以赤腳遊行的方式把十字架安置在山頂上，環伺一旁的土著若看到這個景象，不知作何理解？神父每天在教堂望四次彌撒，講道多次，四百餘年後，仍讓人感受到傳教的熱忱。如果——容許我們作此想像吧：如果一六四二年是西班牙人打敗荷蘭人，並且長期占領臺灣，如菲律賓的例子，那麼，這件事要有多重大的意義呢！——這個事件就會成為天主教在臺灣的濫觴，聖烏爾蘇拉也很可能成為臺灣的主保聖徒。然而，歷史的發展使得這些事情成為一段被人遺忘的插曲，深鎖在記憶世界中積滿灰塵的一個小角落。當然，假如這些船難者葬身這個島嶼，我們則連這些事情都無法知曉。

在說明船難餘生者如何脫困之前，讓我們再度看看神父和修士筆下的土著——臺灣的土著民，在他們在信中稱為「野蠻人」或「黑人」的人群。

船難者新移居的地方，距離山腳將近一里格（五．五五六公里）。山腳下有片遍布大石頭的礫地，很荒瘠。若干人爬上有時候浮在雲上的山頂。該地區有很多森林，也有鹿群出沒的廣袤草原，某些鹿種數量非常龐大。一個叫做巴爾達薩爾．蒙德伊洛（Balthasar Monterio）的葡萄牙人曾多次登山，且殺了許多鹿。他曾目睹一群野蠻人在鹿群覓食的草原進行狩獵。他們從四面八方包圍鹿群，用帶有彎鉤的箭來補鹿。野蠻人跑起來非常敏捷。這個地方除了二個相距三里格（一

41　'Gómez', p. 7、'Pírez', p. 14；「戈梅茲書信」，頁二三五、「皮列斯書信」，頁二五六。
42　'Gómez', p. 7；「戈梅茲書信」，頁二三五。
43　'Pírez', p. 14；「皮列斯書信」，頁二五六。

六・六六八公里）左右的村落之外，杳無人煙；這兩個村落之間水火不容。[44]

土著這種圍獵方式、弓箭的形制、善跑的特徵，以及鄰社相讎的情況，我們在數十年後的文獻中還會看到（如陳第〈東番記〉，雖然不必然是同個地區的人群）。他們不只和住在山裡的土著接觸，也和乘排筏而來的土著有所接觸。修士皮列斯的信透露出相當特別的訊息：[45]

> 有一次，來了幾條用藤綁在一起，像蓆子般的船。他們帶來稻米、南瓜、無花果，以及醃肉，其中有個熊掌。由於缺乏溝通語言和不信任感，他們砍下一名異教徒的頭顱後便行離去，自此我們再也無法得知他們的消息。

這些乘排筏而來的土著，來自海上，還是溪流，並不清楚。但是這條史料，讓我們重新思考一個問題：臺灣土著固然「不能舟」（不具有航海技術），但有些部落懂得在溪流中靠排筏交通。修士皮列斯說，這些土著「砍下一名異教徒的頭顱便行離去」，如果我們能照字面的意思理解的話，那麼，這些乘小船而來的土著似乎有獵人頭的習俗。

誰是「異教徒」呢？從資料得知，這艘帆船的乘客有中國人、日本人、菲律賓人、葡萄牙人、西班牙人、「黑人」等。「異教徒」指不信奉基督教的人，在這些書信裡，似乎泛指亞洲人。「異教徒」在他們脫困的過程中扮演重要的角色。我們知道，在船難後不久，船長和神父們即想到利用沉船的木頭重造一艘船，以求離開這個島嶼。擔任造船重任的是一位「異教徒」，由於書信內容不夠詳盡，我們無從知道這位「異教徒」是中國人、日本人，還是來自其他地方的人。總之，應該不是歐洲人。他一開始即決定造一艘大一點的船，以便載所有的人。但是船造成之後，卻讓神父們大失所望，因為船太大，需要一定的吃水量，無法通過河流的彎曲處——只有當月亮和太陽相合，也就是大潮時，才能通過河流。這艘船要能出海，須有三個條件配合：風平浪靜、漲潮時期，以及不載貨品。[46]

發生船難是七月十六日，船造好時，已經是九月，冬天即將來臨，河口越來越窄，而他們的補給品幾乎用完了。戈梅茲神父感到很悲觀，認為很可能就要計畫留下來了，然後慢慢地餓死，或是任由落下的箭矢射死。[47]我們可以想像，這個時候，船難的三百人已經在這個地方自立更生兩個月了，歷暑徂秋，眼看河水一天一天低落，糧食一天一天減少，能不緊張？能不焦慮嗎？那望海的眼，可以說要望穿了。那望月的眼，也該如此——船造好後的第一個滿潮日，是九月十六日（陰曆八月一日），能碰巧有好天氣嗎？誰知就在這個時眼，發生了一樁大意外：[48]

---

44 'Pírez', pp. 14-15：「皮列斯書信」，頁二五七。

45 'Pírez', p. 15。李毓中主編、譯註，《臺灣與西班牙關係史料彙編I》將「幾條用藤綁在一起，像蓆子般的船」譯為「幾艘小船」（「皮列斯書信」，頁二五七），或失之過簡，有喪失珍貴訊息之虞。

46 'Gómez', pp. 7-8：「戈梅茲書信」，頁二三六。

47 'Gómez', p. 8：「戈梅茲書信」，頁二三六。

48 'Gómez', p. 8：「戈梅茲書信」，頁二三六。

我們的小中式帆船，原本用六條，或我想應是八條繩索繫泊（在小河的下游），在九月中旬時的強風豪雨使得溪水暴漲氾濫，所有繫船的繩索紛紛斷裂。此時我們只能眼睜睜看著它漂流而去，然後繼續被洪水沖往海中，再也無法用來解救我們。閣下可想見我們所有人的眼淚又再次潰堤，不斷地仰天長嘆，呼喚著聖母瑪利亞，因為沒有人力的方法可以使我們逃離此地。小中式帆船一旦漂走，我們就等於失去了它，因為它將漂到海上去，接著再被海上的巨浪沖回海灘上，最後變得支離破碎；亦或是擱淺在陸地上，然後被大浪沖擊變為碎片。不過我們的天主決定要拯救我們的性命，祂讓船卡在蜿蜒曲折的溪流中一處離海甚遠的彎道，海浪無法對它造成損壞。到了晚上中國人涉水到達船隻的所在地，發現它一切完好，幾乎毫無損傷。

真是虛驚一場。如果船被吹走了，或撞上海岸，他們就沒救了。幸而被暴風雨吹到海上的船竟然又被吹回河中，安然無恙！在這裡，我們看到冒險涉水去查看這艘船的是中國人；或許參與造船的人以中國人為主，也說不定。

唯一的希望失而復得，眾人的歡欣可想而知。他們把船繫緊，等暴風雨過後，把船拉曳回原先停泊的地方。我們可以想像，他們每天晚上看著月亮，等待滿月來臨，也就是大潮之時。在聖彌額爾總領天使瞻禮（九月二十九日，月相是滿月的前二天）[49]的下午，海水開始高漲。遠離帆船時代的我們，很難了解帆船啟航的種種程序。由於他們要通過的沙洲很淺，而且海岸很崎嶇，他們花了一個多月計畫如何把船帶出海。我們了解，關鍵在於要靠海水漲潮，連帶地把河水的水位提高，讓船上浮，避開河床的障礙物。第二天（九月三十日，月相是滿月的前一天）[50]清晨，一批人先上船，另一批人留在陸地上。然而，最重要的是如何把船推出河口——他們雙管齊下，一些人在河岸用繩子拉，一些人則在水中拉，一步深似一步，直至快「滅頂」為止。船到了海上，那些留後的人再搭乘接駁小船，追至海上，上船。讓我們直接看戈梅茲神父如何描寫吧。首先先得把帆船拉曳出海：[51]

……然後等待漲潮日以便啟程離開。船艙裡不能承載過重，因為如此一來才不會吃水太深，所以僅裝上一些稻米作為壓艙物，以供沿途食用。接著三位神父與幾名中國人上船，他們分別是水手和船長，留下我和另一位神父在陸地上，以便安撫留在陸地上的人們。蒙福的聖熱羅尼莫瞻禮（按，九月三十日，紀念St. Jerome）的早晨漲潮日適合冒險出航，他們在海上（譯者按，指船隻在水裡之意），而我們在陸上用繩索拉縴來協助，水深先是到達我們的腰部，然後再到我們的頸部。聖徒願借助眼淚和彌撒的力量幫助我們，讓小中式帆船順利

49　格里曆十月九日。聖彌額爾總領天使即St. Michael, the Archangel。
50　格里曆十月十日。
51　'Gómez', pp. 8-9；「戈梅茲書信」，頁二三七。

出海。當我們看著船入海時，陸上的人們不禁跪下來感謝我們天主上帝的慈悲，人們開始一一相擁而泣，畫十字，因為當時我們認為我們可以前往那座島（澳門），到達基督（cristãos）的土地。

帆船成功到了海上，但還有九十個人留在陸地上——包括兩位留後的神父，他們必須靠小船接駁，才能搭上已經在海上且離海岸頗有距離的小帆船：52

小中式帆船不能太靠近陸地，否則會有轉向回海岸邊的危險，所以它必須保持在一段遙遠的距離。風因為日月交會而變得涼爽，如果風勢開始增強，小中式帆船就一定會被風吹出海，而所有的人將會被迫留在陸地上。當可以登船時，我喚求大家在飲用水及所有的人尚未全數登上船前，不得裝載家當，如果風勢許可，我們再裝上家當，否則至少先將人救走。因此我們首要的工作是讓所有的人上船，我身在最後一批登船的人之中，相較於過去所遭逢的危險，我未曾如此茫然。由於這艘船很小，水不停灌進來，即使用兩個水桶一直舀水出去，仍是無濟於事。我們約有九十幾個人在船上。此時吹著涼爽的風，但是浪很大。不過我們的主，還是讓我們上了小中式帆船，人們一上船，船就迫不及待啟航了。風浪開始增強，更加危險，這對我們不利……。

這是很驚險的，如果停泊在海上的帆船，在他們的小船還沒抵達時，就被風吹走，或是他們的小船因漏水而沉沒，這九十人就沒救了。生死之間，真是千鈞一髮！在神父看來，是天主要他們追上帆船，最後所有人都搭上了。這艘帆船滿載著乘客，此外只載著有限的水和糧食，在九月三十日的晚上，亦即蒙福的聖熱羅尼莫瞻禮的晚上啟程——足足花了一整天把船和人弄出海。根據陰曆，這天是八月十四日，滿月前一天，天氣晴朗，當他們揚帆航向大海時，正是月出皦兮，銀色之光灑滿高漲的海波之際。滿月之日，月亮在太陽下山後上升，此時此景或許會令文人想起詩句：「海上明月共潮生，灩灩隨波千萬里。」八月十五日是中秋節，船上的中國人或許想起這個民間節日，心情既興奮又忐忑不安，真的可以活著回到家鄉嗎？這艘船航向澳門，八天後安然進入碼頭。[53]

船難者原先搭乘的商船載有三百多名乘客，倖存者在臺灣總共停留二個半月，從大商船觸礁到新造之小帆船啟航之間，至少有十三人因不同原因而喪生[54]，桑切茲神父說，共有二百九十人

52 'Gómez', p. 9；「戈梅茲書信」，頁二三七—二三八。

53 關於到底花多少時間抵達澳門，戈梅茲神父說：「我們花了八天的時間才抵達〔澳門〕」，桑切茲神父說：「……在七或八天內我們便回到澳門」。然而，修士皮列斯說，他們於聖方濟瞻禮（十月四日）抵達澳門，從九月三十至十月四日，也就是五天之後。在無進一步證據之下，筆者暫採八天之說。見'Gómez', p. 9、'Sánchez', p. 11、'Pírez', p. 15；「戈梅茲書信」，頁二三八、「桑切茲書信」，頁二四二、「皮列斯書信」，頁二五八。

54 三位在搭乘艋舺往岸上時，溺斃；一位搭排筏，喪生；四位「黑人」被土著射殺；二位中國人被土著殺死；二

以上搭乘小帆船離開，是符合實際的。以約三百人之眾，局促一地二個半月，而能重新打造一條船，近乎全數的人得以一起順利離開，不能不說非常特別，有如奇蹟一般。耶穌會的神父們自然把這一切歸功於天主，認為是主的恩惠、主的旨意；而實際上，其間的領導、組織、秩序的維持、物質的分配、人才的利用、出航的籌畫等等「人力」，應該起關鍵性的作用才是。

桑切茲神父說，這艘商船非常大，「運載著澳門所有的財富」。因此，雖然絕大多數的乘客安全地返回澳門，船難造成財富上的重大損失，很多人因此傷心不已。[55]滯留在澳門的范禮安神父也深感損失慘重[56]；讀者當記得，范禮安神父帶領日本遣歐少年使節團來到澳門，正等待季風以便出發到羅馬，我們推測：他把許多貴重的東西交付這艘船運送到日本，因而損失慘重。倒是商人擬帶到日本的二百條黃金保住了[57]——這可能要感謝美麗島的土著尚不解黃金為何物。

桑切茲神父終於在一五八三年二月返回馬尼拉，距他於一五八二年一月從馬尼拉出發前往澳門，已經一年一個月，真是比鄰若天涯。戈梅茲神父繼續待在澳門，學習日語，預備在一五八三年五月前往日本。他從一五九〇年至一六〇〇年擔任日本耶穌會的副省長（日文稱為「準管區長」）。至於陪伴他來亞洲的皮列斯修士，到底如何，尚待進一步查攷。

以上是四百四十一年前，一個因颱風而和臺灣結下因緣的故事。雖然事後大家各奔前程，但這應該是眾人刻骨銘心的經驗，或許午夜夢迴之際，他們會想起攜帶弓箭環伺他們的土著，乘排筏倏乎而來的獵人頭族，或是那浮在雲層上的山嶺，儦儦俟俟、食野之苹的鹿群，以及月光下潮水逐漸上漲的小海灣……。這些我們無從知道，但是，我們的讀者最想知道的或許是：他們在臺灣哪個地方登陸？

有學者認為海難發生在臺灣北部海岸。[58]不過，文獻內部的資料卻指向另一個地方。讓我們先將相關史料羅列於下。

第一條：（上略）但船頭突然颳起一陣強烈的東風，迫使我們走回先前已走過的航路，直到距離此島（澳門）六里格，……這令我們喜出望外的風持續吹了四天，我們因此航行了一百二十里格。……在同一個月，即七月十六日的早上，……我們來到一座島嶼及一片蠻荒的海岸，不知葡萄牙人是否曾造訪過此地，他們稱這裡為小琉球（Liqueo pequeno），……（戈梅茲神父）[59]

第二條：在此海灣航行或旅行的途中，有一個被稱為艾爾摩沙（Hermosa）的島嶼，由於

位過勞死；一位遭乘排筏來的土著砍頭。

55 ‘Sánchez’, p. 11；「桑切茲書信」，頁二四二。

56 ‘Pírez’, p. 15；「皮列斯書信」，頁二五八。

57 ‘Gómez’, p. 9；「戈梅茲書信」，頁二三八。

58 如鮑曉鷗認為：「大概在臺灣北海岸處遭遇船難」，見 José Eugenio Borao（鮑曉鷗）簡介、林娟卉翻譯，〈關於臺灣的首份西方文獻：1582年7月16日，西班牙教士 Pedro Gómez 於臺灣北海岸之船難敘事〉，這篇文章的標題即標出「臺灣北海岸」，見《北縣文化》第五八期（一九九八年十一月），頁四二。

59 ‘Gómez’, p. 3；「戈梅茲書信」，頁二二八—二二九。

此島擁有美麗的外觀而得名，從海這邊可看見它又高又綠的山脈。葡萄牙人經由此島與中國海岸之間航行到日本已超過四十年的時間，但從未勘查或停靠過此島。（桑切茲神父）60

第三條：他們說我們抵達的這個地方，距離中國海岸（da banda de China）約有十八里格。（皮列斯修士）61

第四條：在海岸更南方（da banda mais ao sul），在這個島的尾端，我們聽說有一處港口，停有二或三艘前去捕魚和採買獸皮的中國船隻。……我們試圖要購買一艘船，但沒成功。（皮列斯修士）62

首先，如前所述，從澳門外海六里格處，沿著澳門－日本航道航行一百二十里格，緯度大約等於臺灣西海岸的中心位置，不當超過於此。這個一百二十里格的里程具有相當的可靠性。這艘大帆船在「好風」相送之下航行四天，這是在相當穩定的情況下測得的里程（帆船航行時通常每半小時即測一次航速）。我們沒有理由懷疑其可靠性，即或有差距，應該不大。如果我們相信這個里程，船難地點最可能在臺灣島西海岸約中心的位置。

其次，這個島嶼叫做什麼？戈梅茲神父說：他們的船撞擊到葡萄牙人稱為「小琉球」（Liqueo Pequeno）的島嶼；桑切茲神父則說：途中，航經這個海灣時，是個稱為艾爾摩沙（Hermosa，即葡萄牙文的 Formosa）的島嶼。艾爾摩沙和小琉球都可以是臺灣島的通稱。不過，在這裡，我們可能必須處理「臺灣三島」的問題。

在十六世紀，臺灣雖從航路上可望見，是航標，而非停靠站，這是為什麼葡萄牙人四十年間「過門不入」。此時，歐洲人對臺灣缺乏實際的認識，一幅一五九二年的地圖，把臺灣畫成三個島。[63]遲至一六二一年荷蘭人繪製的「東亞海圖」仍然把臺灣畫成三個島。[64]根據威廉・布勞（Willem Blaeu, 1571-1638）繪製的亞洲地圖，這三個島的名稱，由北至南依序為：I. Formosa、Lequeo Pequeno、Lequeo mínor；[65]後二島的名稱都是「小琉球」。戈梅茲神父說：「我們來到一

60 'Sánchez', pp. 10-11；「桑切茲書信」，頁二四一。
61 'Pírez', p. 14；「皮列斯書信」，頁二五七。
62 'Pírez', p. 15；「皮列斯書信」，頁二五七。
63 彼得・布朗休斯設計、哥涅理斯・格拉斯松印刷出版，「東南亞地圖」，見《十七世紀荷蘭人繪製的臺灣老地圖・圖版篇・解讀篇》上冊（臺北：漢聲雜誌社，一九九七），頁七。
64 黑索・黑利得松繪製，「東亞海圖」，見《十七世紀荷蘭人繪製的臺灣老地圖・圖版篇・解讀篇》上冊，頁八三。
65 威廉・布勞創辦了十七世紀最成功的地圖出版公司，他是丹麥人，在荷蘭阿姆斯特丹設立公司，製造科學儀器，並出版海圖集和地圖集。他繪製了著名的各大洲地圖，在亞洲地圖中，他把臺灣畫成三個島，由北而南依序標注：I. Formosa、Lequeo pequeno、Lequio mínor。赤道通過中間的島；在臺灣北邊，今天琉球（沖繩）群島的位置上，有個島標明為「Lequeo grande」，即大琉球之意。地圖見 Christine Vertente、許雪姬、吳密察合著，《先民的足跡——古地圖話臺灣滄桑史》（Knokke: Mappamundi Publishers；臺北：南天書局，一九九一），頁一一四—一一五；前引彼得・布朗休斯設計、哥涅理斯・格拉斯松印刷出版，「東南亞地圖」，北島注明為「I. Formosa」，中間的島嶼，未標名稱，南島注明為「Lequeio minor」；黑索・黑利得松繪製的「東亞海圖」則把三個島標為「Lequeo Pequeno」，即小琉球之意。

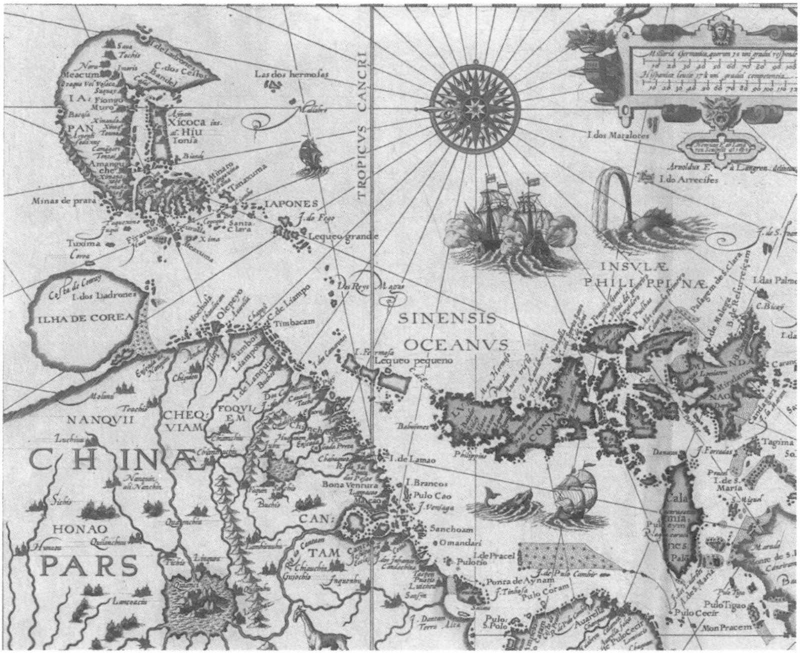

圖一

1596出版之《東印度水路誌》收錄之海圖（局部），將臺灣畫成三個島，北方是美麗島，中間為小琉球，南方是無名島。輯自國立臺灣博物館主編，《地圖臺灣：四百年來相關臺灣地圖》（臺北：南天書局，2007），頁73。（南天書局提供）

座島嶼，……〔葡萄牙人〕稱這裡為『小琉球』（Liqueo Pequeno）。」如果戈梅茲神父對臺灣的認知停留在「三島」的認知，船難發生在中間的那個島嶼。

然而，桑切茲神父則說：「在此海灣航行或旅行的途中，有一個被稱為艾爾摩沙（Hermosa）的島嶼。」這裡的 Hermosa 島是指臺灣全島呢？還是三島中的北島？如果是在北島，桑切茲神父所說的和戈梅茲神父不是正相矛盾嗎？鮑曉鷗認為這並不一定矛盾。他指出，三島的認知可能是葡萄牙的影響，戈梅茲神父寫這封信時，心中浮現的是這類的地圖。當時，西班牙的地圖製作比葡萄牙精確，桑切茲神父長期居住於馬尼拉，可能比較熟悉較為正確的西班牙地圖；一幅詳盡的臺灣地圖於一五九七年由西班牙繪製。[66]換句話說，桑切茲神父可能知道臺灣不是三個島，而是一個稱為「Hermosa」的島嶼；若然，他筆下的「Hermosa」不是三島最北的島，而是這整個島嶼的通稱。由於戈梅茲神父所說的「Liqueo Pequeno」更具體，我們可以推測，船難發生在臺灣中部海岸。第三、第四條史料進一步支持我們的推測。

皮列斯修士說：他們說我們抵達的這個地方離中國海岸有十八里格。這裡的「他們」，很可能指華人或日本人；這是「他們」對臺灣海峽寬度的認知。十八里格等於五十四海里，即一百公

66 José Eugenio Borao Mateo ed., *Spaniards in Taiwan (Documents)*, Volume I: 1582-1641, pp.10-11, note 3。鮑曉鷗雖然在此註釋中指出戈梅茲神父和桑切茲神父的認知未必衝突，不過他本人卻認為船難發生在臺灣北海岸。見註五八。

里。我們知道臺灣海峽最窄的距離是一百三十一公里，如果以北緯二十四度的寬度來算，大約一百五十公里。我們無法苛求船難者給予我們正確的距離，這是他們的估算，至少告訴我們，這樣的認知不算太離譜。

皮列斯修士又說：在海岸更南方，在這個島的尾端，我們聽說有一處港口，停有二或三艘前去捕魚和採買獸皮的中國船隻。十六世紀末，今天嘉南平原海岸線一帶，華人相當活躍，魍港、北港都是早就出現於中文文獻的港口，有華人來捕魚和購買獸皮的港口，很可能就是魍港、北港，或是再過十餘年堂堂登場的大員。由於有華人出沒，船難者試圖和他們接洽，想購買船隻，但沒有結果。我們不知道確實的原因，或許沒有足以載三百人的大船，或許已經過了航行的季節，不願冒險。總之，這個嘗試失敗了。

然而，船難是否可能如一般所認為的，發生在北部臺灣呢？除了第二條資料有可能（但不必然可）做此解釋之外，其他三條都指向中部海岸。但是，還是讓我們先假設是在臺灣北部海岸，再來評估其可能性。我們知道，此時的淡水和雞籠，已經為華人所熟知，是華人活躍的港口。我們可別忘記：這條船上華人可能占最多數，船難發生後，求生第一，這是大家共同的利益。根據修士皮列斯的信，他們顯然派人到過南方的港口試圖購買船隻，但沒有成功。如果船難發生在北海岸，華人應該往淡水和雞籠尋求救助才對；如此攸關生死的大事，就是步行都得走去。但是，三份文獻無一提及往北探查的事。這可能因為發生船難的地方，是個「前不著村，後不著店」的地方，而距離最近而有華人活躍的地方在更南的地方。以此，船難發生在北海岸的可能性並不高。

此外，文獻告訴我們船難者上岸的地方，具有如下幾個特點：

一、船難地點距離海岸（小潮時）二十二公里，海岸是個沙岸。

二、船難者上岸停留的地方是「一片空曠沙地」。

三、船難者後來移居到半里格之遠的地方，這個地方靠溪，河道彎曲，靠海地方有個小海灣。

四、新移居之處離山腳約五公里半，一路遍布大石頭的礫地。

五、這個地方草地廣袤，野鹿成群，土著用圍獵方式捕鹿。

六、海岸線很崎嶇，沙洲很淺。

七、這個地方往南有華人來捕魚和購買獸皮的港口。

這些地理景觀在在讓我們想起臺灣西海岸。臺灣北海岸很難找到符合這些條件的地方，首先，空曠的沙岸一條就是問題。以臺灣北海岸來說，從海邊到山腳距離很短，沒有臺灣中部寬廣。其次，臺灣北部腹地不大，並無曠野可供鹿群食野之苹。再者，臺灣北部海岸不是沙岸，沿海一帶鮮見到處有低淺的沙洲。

以此，我們可以排除船難發生在臺灣北海岸的可能性。但是，我們可以知道確切的地點嗎？文獻的里程資料告訴我們，這個地方約在臺灣西海岸的中心點。若純以距離來說，很可能在彰化一帶的海邊。或許那座山頂「有時候浮在雲上」的山，是八卦山，也說不一定。或許，大肚山更有可能？

關於一五八二年的船難事件，我們依靠的是三位耶穌會士的書信，他們所記載的事情經緯，角度稍有異同，詳略差別亦大，但大致不相矛盾。很可惜的是，中文文獻似乎未見相關的記載。由於耶穌會士特別專注於宗教事務，因此，我們知道很多細節，如一位葡萄牙人跳船逃生時把聖餐杯繫在腰間，聖餅是用小肥皂盒（shaving bowls）[67]製作的，教堂一天望四次彌撒等……。他們對「異教徒」的事情記載很簡略，對於救難的最大功臣之一，亦即帶領眾人重建一艘船的人物，除了說他是「異教徒」，並抱怨他把船造得太大之外，未提供任何細節。由於這些書信主要在報導耶穌會士念茲在茲的傳教事業，其於世俗之事不多加著墨是可以理解的。

如果歷史允許中國船難者也留下類似的文獻，或許，我們將看到同一事件很不同的「側面」。帆船觸礁時，當耶穌會神父忙著替信徒告解時，中國乘客可能正忙不迭地跪求媽祖保佑。或許，我們也會看到帆船遭到暴風雨襲擊，船無法靠岸時，華人一起「划水仙」的景象。一六九六年，康熙三十六年（一六九七）四月十九日（陰曆），一艘帆船在後壠附近的海面遭強風襲擊，讓我們看看船上的眾人如何因應：[68]

……少間，風益甚，舟欲沉，向馬祖卜筊，求船安，不許；求免死，得吉；自棄舟中物三之一。至二更，遙見小港，眾喜倖生，以沙淺不能入，姑就港口下椗。舟人困頓，各就寢。五鼓失椗，船無繫，復出大洋，浪擊舵折，鷁首又裂，知不可為，舟師告曰：「惟有划水

> 仙，求登岸免死耳！」划水仙者，眾口齊作鉦鼓聲，人各挾一匕箸，虛作棹船勢，如午日競渡狀；凡洋中危急，不得近岸，則為之。船果近岸，拍浪即碎；王君與舟人皆入水，幸善泅，得不溺；乘浪勢推擁登岸，顧視原舟，惟斷板折木，相擊白浪中耳。

這是距離一五八二年船難事件一百又十四年後的事情，情況不是很一樣。例如，這艘帆船比戈梅茲神父搭乘的澳門商船小很多，觸礁的地方離海灘也比較近，眾人得以靠泅水上岸。又如，澳門商船被颱風吹離航線，撞擊到臺灣海岸沙地而沉船，後者則原本就是沿著海岸航行，怕飄至大洋而不可救，因此主動撞海岸，導致沉船。雖然背景各異，船觸礁後，眾人奮力上岸後，「顧視原舟，惟斷板折木，相擊白浪中耳」，此情此景則又何等相似！

我們也可想像，當戈梅茲神父等人每日定時望彌撒時，華人說不定也在臨時安置的供桌上祭拜天妃娘娘——媽祖。媽祖信仰發源於福建興化莆田，原本是鄉土神，南宋間興盛起來，元以後媽祖成為全國的航海守護神。明朝時，媽祖信仰隨著鄭和海外宣諭活動、遣使冊封琉球，以及明

---

67 “bácicas fizemos huma maneira de hóstias”是一種裝男士刮臉用肥皂的小圓盒（‘Pírez’, p. 14；「皮列斯書信」，頁二四九）。

68 郁永河，《裨海紀遊》（臺灣文獻叢刊第四四種）（臺北：臺灣銀行經濟研究室，一九七九），頁二一—二二。

圖二

明朝官方派遣使者至琉球，航程起點（左圖）與終點（右圖）皆有天妃宮。輯自夏子陽，《使琉球錄》（1606）「琉球過海圖」。

季海上的秘密貿易而傳布至海外，遍及琉球、日本、南海（東南亞）等地。[69]由於媽祖是海上保護神，當華人——欽差使者也好，洋商、海盜也好——出海時，他們往往在船上祭祀媽祖，官民一同。例如，嘉靖年間奉命出使琉球的官舫，官員「爰順輿情」供奉天妃，舟中之人朝夕拜禮。[70]民間的船上往往奉祀「船仔媽」、「船仔婆祖」（即媽祖）[71]；個人或「載神香火以行」[72]，或隨身攜帶神明香火袋、小尊神像[73]。

在我們的故事裡，這艘船不是中國人的船，因此，船上或許未公然奉祀媽祖，但是，個別的華人攜帶香火或小尊神像，是可能的。當船遭暴風觸礁沉沒之際，眾人「若有神助」逃過一劫，此時想必不少華人深信是祝禱天妃的結果，因此，他們登岸之後，在茫無頭緒之際，諒必更要祈求媽祖再度保佑了。如果這些華人中也有「能文之士」，他可能也會以不輸戈梅茲神父的虔誠口吻，寫道：某日，「颶風陡作，舟蕩不息，大桅……折去，須臾舵葉亦壞……。當此時，舟人哭聲震天，……但大呼天妃求救。……果有紅光燭舟，舟人相報曰：天妃至矣，吾輩可以生

69 參看李獻璋，《媽祖信仰の研究》（東京：泰山文物社，一九七九），頁二〇五、二五八—二八八。
70 陳侃，《使琉球錄．夷語夷字附》〔國立北平圖書館善本叢書 第一集〕（四部叢刊續編；據明嘉靖刻本影印；臺北：臺灣商務印書館，一九六六景印），頁五b、三九a—b。
71 以上是早期臺灣移民的作法，見林美容，《媽祖信仰與臺灣社會》（臺北：博揚文化事業有限公司，二〇〇六），頁四三九、四四二。
72 李獻璋，《媽祖信仰の研究》，頁二八〇。
73 林美容，《媽祖信仰與臺灣社會》，頁四三九。

矣。……」74

這艘船有不少日本人，那麼，日本人要向何神祈求保佑呢？或許是金比羅神？我們可以進一步想像，但如果我們的目的不在「空想」，而是要作「有效的」歷史想像的話，我們需要更多的相關知識。讓我們就此打住。

一五八二年的船難，對四百餘年後居住在臺灣的人群而言，最重大的意義或許在於：拜此一事件之賜，西方文獻中有了關於臺灣島上土著居民的最初記載。雖然不是很詳細，但也非驚鴻一瞥。臺灣離澳門不遠，然而由於航路以及海潮等原因，乏人問津；葡萄牙人雖遠望而贊嘆其美，卻過門不入。直到十七世紀，這個島嶼才逐漸為人所知，並且成為不同歷史脈絡交錯、輻輳、衝撞在一起的地方。一個島嶼，正等待著歷史的黎明——不，這是浪漫的文學家的說法，我們或許應該說：一個島嶼，正等待拉起文字歷史的序幕。

本文原刊於《艾爾摩莎：大航海時代的臺灣與西班牙》展覽圖錄（臺北：國立臺灣博物館，二〇〇六），頁二五—三八。
二〇一〇年八月、二〇一一年七月修訂。

74 文字襲用陳侃，《使琉球錄・夷語夷字附》，頁二〇b—二一a。

第三章

陳第〈東番記〉：十七世紀初臺灣西南平原的實地調查報告

小引

長年以來，我在大學講授臺灣史，若是史料課，中文文獻一向從陳第的〈東番記〉教起。由於這是第一篇作者親履臺灣的作品，我認為以此為起頭是理所當然的。但是，最近和一位歷史學界學者談話時，我提到陳第和他寫的〈東番記〉，才驚覺陳第的名字對許多人來說，陌生得很。

陳第是晚明的重要人物，曾帶兵撫邊，也是影響深遠的學問家，在明清學術思想史上占有開先河的地位。他的聲名在今天如此隱晦不彰，讓我深深感到可惜。作為臺灣史研究者，我認為，如果陳第未曾在六十二歲時隨沈有容（一五五七—一六二七）將軍追勦海寇渡海到臺灣，並寫下一篇〈東番記〉，十七世紀初的臺灣，將永遠停留在歷史的黑夜中！

曾經存在過的人類活動，不會因為曾否被記載而失去其存在過的事實。但是，文字記錄是我們通往過去的一個重要途徑；是我們在「昨日之日不可留」的歷史長河中，勉強和過往得以有所聯繫的一點點微小的憑藉。在荷蘭人尚未踏上福爾摩沙島的一六〇三年，陳第來到了這個島嶼，親眼目睹當地的土著，並留下記錄，對我們了解尚未有文字的人群，相當珍貴。

一、陳第其人其事

陳第是位非常奇特的人，就是將他放到今天的華人社會中，我認為也還是相當奇特。一九四〇年代撰寫《陳第年譜》的金雲銘先生，開宗明義說，陳第「以名將而兼碩儒，且為明代之大旅行家」[1]，簡明勾畫出陳第一生的重要事蹟。以下，我將大致以此為提綱，介紹陳第。

陳第字季立，號一齋，又號子野子，明世宗嘉靖二十年（一五四一）生於福建連江西郊化龍橋北。他的父親陳應奎，字木山，是個秀才，後來當縣吏。陳家在陳第祖父那一代才從貧苦之家慢慢興起。陳第上有兄一人，名又山，字季實。[2]

陳第七歲開始讀書，據陳第七世孫陳斗初所編〈一齋公年譜〉（以下稱舊譜），陳第「一目十行，過目成誦，終身不忘」[3]，顯然是個資質不錯的小孩。八歲時受《尚書》於家，不讀傳註，父親責問他，他回答說：「兒不肖欲思而得之，不敢以先入之說錮靈府耳。」[4]可見他從小

1　金雲銘，〈陳一齋先生年譜序〉，《陳第年譜》，收於沈雲龍選輯，《明清史料彙編．七集》第一冊（臺北：文海出版社，一九七一年印，據一九四五年福建協和大學刊本），頁一。〈一齋公年譜〉為道光二十八年陳斗初重刊陳第集時，附繫於後，筆者未得見，本文所引係轉引自金雲銘《陳第年譜》。

2　金雲銘，〈陳一齋先生年譜序〉，頁一。

3　金雲銘，〈陳一齋先生年譜序〉，頁二。

4　陳第，〈尚書疏衍自序〉，《一齋集》，收於四庫禁燬叢刊編纂委員會，《四庫禁燬書叢刊》（北京：北京出

就喜歡自己思考，這個習慣一直延續到晚年。陳第能在學問上有所創發，應和此有關。

少年時期，陳第大抵和乃兄在家唸書。舊譜稱，陳第十五歲時，「在家肆業經史之暇，學擊劍，喜談兵，人咸以狂生目之」。日後寫有感昔詩，云：「憶我少年日，悲歌弄寶刀，飲酒動一斗，馳馬弗知勞。」[5]狂放的意態，躍然眼前。假使陳第後來沒有投筆從戎，帶兵守邊，這樣的記載不過是許多人曾有過的「狂放少年時」，但在陳第，這是持之有恆的志氣。

我們要了解陳第的悲歌慷慨，必須了解他所身處的時代。福建連江在中國東南沿海，在陳第幼年和少年時期，倭寇[6]十分猖獗，經常犯掠中國浙閩粵等沿海郡縣，連江也在被害之列。東南海寇之外，當時對明朝威脅最大的是所謂的「北虜」——蒙古；為牽制蒙古，明朝對女真採安撫政策。陳第十歲時，即嘉靖二十九年（歲次庚戌；一五五〇），有「潮河之變」，俺達入寇，焚掠三日而去。舊譜記載陳第的父親閱讀邸報，「每恨無丈夫子當關為朝廷灑一腔熱血，先生聞之，即能領其意」。[7]丈夫子就是好男子、大丈夫的意思，陳第想是心智早熟的孩童，聽到父親的感慨，深受衝擊，大約已暗下決心要當個「丈夫子」。他後來在上俞大猷（一五〇四－一五八〇）將軍的信中說：「迨及庚戌之變，則涕泣傷之矣。」[8]

倭寇是陳第生活周遭的真實禍害，北虜是遙遠的，但威脅著國家的命脈。我們知道，在心性最善感的少年時期，陳第關心著遠方的戰火，而後來提攜他的名將俞大猷和戚繼光（一五二八－一五八七），此時都已經開始了他們南北征戰的生涯。俞大猷比陳第年長三十七歲，戚繼光比陳第年長十三歲。陳第十九歲時補弟子員。嘉靖四十一年（一五六二），陳第二十二歲，該年六月倭寇大舉犯福建，戚繼光奉檄往勦，連破倭寇。八月戚繼光至連江，陳第上平倭策。這是兩人相知的開始。第二年（一五六三）戚繼光破倭於連江馬鼻，陳第與諸紳勒石紀其功。[9]一個關心時事且積極參與地方事務的年輕人，在我們眼前浮現出來。

從二十五歲到三十三歲，陳第過著出外讀書講學的生活。他師事福州潘碧梧先生，並跟著他講學，扮演類似今天助教的角色。[10]陳第此時是讀書人，在科舉的階梯上，屬於最底層的「諸生」，但從年譜和陳第的詩文，我們看不出有考鄉試的記載。陳第何以從一介書生變成帶兵的將領呢？三十三歲這一年是個關鍵。該年秋天俞大猷移鎮福建，九月俞大猷聘請在家讀書的陳第為其幕客，陳第從此開始一邊追隨作幕、一邊向俞將軍學習兵法的日子。根據陳第日後寫給俞大猷的信，俞將軍「日夜教誨，古今兵法之要，南北戰守之宜，靡不探其奧蘊……。」陳第「因盡得韜鈐方略，大猷喜曰：『子當為名將，非一書生也。』」[11]

版社，二〇〇〇年景印，據明萬曆會山樓刻本，天津圖書館藏；三十五卷存三十三卷），頁集五七：三九。

5 金雲銘，《陳第年譜》，頁六。

6 倭寇雖然有「倭」之名，實際上首領大多為出身浙閩粵的華人。

7 金雲銘，《陳第年譜》，頁四。

8 金雲銘，《陳第年譜》，頁四。

9 金雲銘，《陳第年譜》，頁一〇—一二。

10 金雲銘，《陳第年譜》，頁一三—一七。

11 金雲銘，《陳第年譜》，頁一七—一八。

陳第的軍旅生涯共十年，從三十三歲到四十三歲（一五七三—一五八三），先是作幕，後守古北口、喜峰口。茲撮述其大概於下。

陳第是南方人，原先的足跡不出福建一省，大抵限於福州、閩侯、漳州等城市。由於作幕，一個沒有功名的海陬書生遂得以入京，縱覽北方邊陲，考察形勢。我們今天交通的進步比起四百年前，何啻天壤之別，但中國土地遼闊，即使現在要從連江要到北京，都是一段路，更何況遠到山嶺中的喜峰口、古北口。如前所述，明末主要的邊患，北邊是蒙古，東南是倭寇，因此當時的將領轉戰南北似乎很平常。和陳第關係密切的俞大猷、戚繼光、沈有容，出身不同的地方，俞大猷福建晉江人，戚繼光山東濟寧人，沈有容安徽宣城人。他們時而在遼薊騎馬守關防虜，時而到閩粵泛海追擊海盜。舉俞大猷為例，他曾平交黎、破倭寇、勦粵賊、平獞亂，後北調防虜。

陳第追隨俞大猷將軍到京師，也遠到薊門拜訪戚繼光。萬曆三年（一五七五）陳第上書兵部尚書譚綸（一五二〇—一五七七），論獨輪車制，譚綸歎服，即補授教車官，以負責該事。以此看來，陳第具有發明製器的才能。次年，陳第三十六歲，車成論功，七月十五日協理戎政尚書劉應節，推補五軍四營中軍，八月領京營軍三千出薊鎮防秋，正式開始帶兵的生涯。[12]

陳第的特別不在於他勇於任事，更在於他專挑最難的事情做。他曾上書譚綸，請求「誠於九邊之中，而擇其地之最重，於重地之中，而擇其事之最難者，使第居之。」萬曆五年（一五七七）正月二十八日譚綸題補陳第為潮河川提調，三月二十二日到任。潮河靠近古北口。誠如陳第自陳，這是「以南人而當邊事，以書生而撫劇夷」，命下之日，將吏無不驚疑。[13]不過，陳第不止證明他能當邊事、撫劇夷，還做得很好。他幾度蒙受上級題報嘉獎，獲得奉旨加級賞銀等殊榮。[14]

萬曆八年（一五八〇），陳第四十歲，那年秋天戚繼光想推薦陳第為燕河路將，但陳第認為燕河情況不錯，他去沒多大用途，他說他「今年四十，過此則血氣漸衰」，如不趕快用在盤根錯節難以治理的地方，要等到哪天呢？他要求給他「疲敝之營，煩衝之路，眾所不願往者」。陳第的人格特質——避易就難，再度顯現出來。於是戚繼光向兵部推薦守喜峰口。十二月兵部尚書方逢時題補陳第為薊鎮三屯車兵前營遊擊將軍，以署參將駐漢兒莊（漢莊），用副總兵體統行事。漢兒莊在喜峰口，是薊鎮要塞之一。[15]

次年春正月陳第蒞任漢莊。漢莊兵民向來難治，陳第卻治理得很好，得到長官的品題和稱許。漢莊遊擊之任證明他是個能吏。在這期間，陳第曾以採木之名率兵出塞揚威，亦曾自請出關突擊。[16]但他終於在遊擊任上揮別了鞍馬生涯。事情起於萬曆十年（一五八二）七月，有制府吳兌的表弟周楷，以書信和禮帖託陳第替他將青布五千餘疋以兩倍的價錢配賣給軍士，陳第拒絕

12　金雲銘，《陳第年譜》，頁一九—二一。
13　金雲銘，《陳第年譜》，頁二二、二三。
14　金雲銘，《陳第年譜》，頁二八、二九、四二。
15　金雲銘，《陳第年譜》，頁三四。
16　金雲銘，《陳第年譜》，頁三七—三八。

了，為此而得罪上官。會有這樣的後果，在陳第是很清楚的，「然不敢避也，官職去留，所關甚小，操守得失，所關甚大，第雖至愚知所擇矣」[17]。也就是寧可丟官，也不能做官商勾結的事。

陳第以周楷事去官，第二年夏天解珮南歸，結束了十年的軍旅生活。如果說陳第投筆從戎很奇特，那麼，他回鄉後的出處又更奇特了。從四十三歲返鄉至五十七歲，前後十五年，陳第杜門讀書，過著隱居的生活，僅從一二知交遊。然而，像他這樣能做事的人，自然有人想請他出山，福建巡撫許孚遠，曾想聘他為幕府，陳第以病辭，次年又擬向朝廷推薦他，但陳第拒絕得很乾脆，不稍露逡巡之態。後來，巡撫金學曾也想聘他，陳第辭不就。[18]也就是在這段隱居的日子，學問家陳第慢慢現身了。

五十七歲這一年夏初，陳第決心遠遊。但直至七十七歲逝世（一六一七）以前，陳第未嘗廢讀廢學，他的重要著述大抵成於晚年。以下先介紹他的學問，其次略談他的遊歷。

在陳第的著作中，學術上最具深遠影響的是《毛詩古音考》；他也是清代考證學興起的一個重要源頭。容肇祖在《明代思想史》一書中特闢專章談陳第，章名為「考證學與反玄學」[19]，雖然篇幅不長，比起焦竑和顧炎武只占前後章的一節，不能不說容肇祖特別看重陳第開先河的地位。

在陳第的時代，還沒有上古音與後來的發音不同的明確觀念，因此關於詩經的押韻，一般接受「協音」說。所謂協音（或作「叶音」），指作詩時為了押韻的需要，臨時改讀某些字音；宋人把這種情況叫做協音。由於前人以為古音和今音相同，因此把詩經中不合韻的都看成協音。[20]

陳第的父親木山先生從來不相信協音的說法，當陳第在家讀書時，木山先生曾說，近世律詩絕句，協音的都很少見，哪有詩經三百篇都是協音的道理。陳第謹記在心，「故上綜往古篇籍，更相觸證。久之，豁然自信也」。[21]他得到一個結論：詩經是押韻的，更進一步用本證和旁證的方法，考訂出詩經用字的古音。關於古音，雖有前人在著述中提及，但未作成確論，遑言論證。陳第的主張，在當時只有焦竑所見相同。焦竑曾在文章中提及類似的看法，陳第引為知音，日後一見而成知交，陳第於是借用焦竑的藏書完成《毛詩古音考》。[22]書刻成時，陳第六十六歲。

陳第的創見其實是從「常識」入手，他認為：詩是用來當聲教的，讓人能歌詠、長言嗟嘆，以至於不知不覺手足舞蹈起來，達到教化的目的。如果只是意思深長而韻不諧，那麼只能算是文章罷了。士人的篇章都有音節，田野俚曲也都諧聲，哪有古人的詩獨獨無韻？他指出，由於時代和地區的不同，字和音發生變化，因此拿當代的音來讀古人的作品，當然有不順不合的地方。[23]

---

17 陳第給總理戚繼光的密啟，敘述此事的經過。金雲銘，《陳第年譜》，四二—四三。

18 金雲銘，《陳第年譜》，頁四五—五九。

19 容肇祖，《明代思想史》（臺北：臺灣開明書店，一九六二臺一版／一九七三臺三版），第八章，頁二七〇—二八三

20 參考王力，《漢語音韻》（香港：中華書局，一九七二），頁一四二—一四六。

21 陳第，〈屈宋古音義跋〉，《一齋集》，頁集五七：二五九

22 陳第，〈毛詩古音攷跋〉，《一齋集》，頁集五七：一九八。

23 陳第，〈毛詩古音攷自序〉，《一齋集》，頁集五七：九九。

在這裡，我們看到木山先生的影響，陳第從來也將這個發現歸之於父親的啟示，但如何證明就要靠學識和方法了。

容肇祖盛贊陳第的方法，說這是「科學的治學方法」，是「學術史上一大進步」，是「他在思想史上最大的貢獻」。[24]在此有必要簡單介紹陳第的方法。由於他認為詩經的詩篇是押韻的，因此以詩經本身的章句作為「本證」，提出某個字的讀法，再舉隋唐以前的古籍作為「旁證」，整理出四百九十八字的古音，如服音逼，采音泚，友音以。為了一個字，他舉證一、二十條，如服音逼，本證十四條；旁證十條[25]，極具說服力。

陳第的古音說，但當時除了焦竑之外，沒有共鳴者。陳第有〈毛詩古音攷咏〉，詩云：「茂樹數十丈，秋來葉自零，黃鶯鳴出谷，春去聲亦停。著書雖絕妙，違世空沈冥，所以揚（案刻本作楊）雄氏，皓首大玄經。毛詩本古韻，自少聞趨庭，晚逢焦太史，印可豁心靈。稽援慙寡陋，孤唱誰當聽。寂寞棄篋笥，寸衷曾不悔，匪為一時言，冀以俟千載。」[26]他自認此書是違世之作，不可能獲得當代賞識，只有等待千年之後了。

實則陳第太悲觀了，古音的研究入清後蔚為顯學。俞樾認為：「古音之學溯源於吳才老，而明陳第之毛詩古音考亦其先河也。」[27]顧炎武研究古音，用「本證」和「旁證」的方法就是源自陳第的《毛詩古音考》；如果說顧炎武是古韻學的奠基者，那麼陳第就是開路先鋒。就清代整個考證學而言，其起源可以追溯至明中葉，而陳第、焦竑都是箇中重要人物。[28]至於容肇祖認為陳第「反玄學」，恐有待商榷。[29]總之，這位曾騎馬長城上的遊擊將軍，也是中國近代學術史上一位開先河的人物。

陳第晚年從事遊歷，走遍四山五嶽，金雲銘認為他的行旅所經，明代除了晚他數十年的徐霞客（一五八七—一六四一）外，實不多見。徐霞客的遊記，當時人題詠甚多，錢牧齋曾稱之為千古奇書。相較之下，陳第之遊，後世學者反而無所知。金雲銘為之深感可惜。何以一彰一晦？金雲銘認為，因為徐霞客之遊有日記，所記事跡路線、山川風物較詳，而陳第之遊只有《兩粵遊草》及《五嶽遊草》，是詩歌，語焉不詳，且時序不清。[30]換句話說，陳第寫作很「簡約」，能寫下我們即將要討論的〈東番記〉，是很難得的。

陳第的遠遊可以分為兩個階段，前一階段始於五十七歲，以兩粵、各地名勝古蹟為主，三五年回家省墓一次；後一階段從七十歲到七十六歲為止，一出門就是六年，遊五嶽。返家後第二

24 容肇祖，《明代思想史》，頁二七九。
25 陳第，《毛詩古音攷》卷一，《一齋集》，頁集五七：一一〇。
26 陳第，《寄心集》卷三，《一齋集》，頁集五七：三五八。
27 轉引自金雲銘，〈陳一齋先生年譜序〉，頁一。
28 參考余英時，〈從宋明儒學的發展論清代思想史——宋明儒學中智識主義的傳統〉，收於氏著，《歷史與思想》（新北：聯經出版公司，一九七六），頁一〇六—一一五。
29 余英時認為考證方法和反理學並無必然關係，如焦竑在清代以考證聞名，而在明代卻是一位理學領袖。見余英時，〈從宋明儒學的發展論清代思想史——宋明儒學中智識主義的傳統〉，頁一〇八—一〇九。
30 金雲銘，〈陳一齋先生年譜序〉，頁一。

年，病逝於連江宅中，享年七十七，結束了奇特的一生。陳第到臺灣是在第一階段，至於其因緣，容於第二節再述。

陳第的遊草和詩序非常值得一讀，他提出能遊者「遊有五」——不懷安、不惜費、不思家、不怯死、不立我[31]，若用現代話來說，就是「遊者五不」了，真可作為天下旅遊者的箴言。陳第之遊饒富意趣，限於篇幅，無法多著墨。在此須一提的是，陳第在前一階段的旅遊中，時而和同好交遊，最後長達六年的五嶽之遊，身攜一僕，較少與人來往。讀者或許注意到，他開始五嶽之遊時，年紀已經七十了。當他表示要出遊時，親友知交爭相來勸阻，他的大兒子祖念拉住他的衣角哭泣。陳第曉諭他說：「吾自度精神尚可，不死爾，何牽俗情而傷汝父好遊之志？」祖念心想：「家大人每遊容貌若滋而豐，鬢髮若染而黑，是遊大有裨於養生也。」遂放手。[32]根據陳第的詩，他的身體也的確很好，七十五歲時「耳目稍如舊，齒牙幸頗堅」。以此，陳第六十二歲乘船來臺灣，海上的顛簸應算不得什麼吧？

陳第的著述並不算多，茲依刊刻先後列於下：《謬言》（一五九五，五十五歲）、《意言》（一五九七）、《書劄燼存》（一六〇一）、《薊門塞曲》與《兩粵遊草》合刻（一六〇一）、《薊門兵事》（一六〇三）、《毛詩古音考》（一六〇六）、《伏羲圖贊》（一六〇九）、《寄心集》（一六一一）、《尚書疏衍》（一六一二）、《屈宋古音義》（一六一四）、《五嶽遊草》（一六一六）。可見陳第著述皆刊刻於五十五歲以後。《薊門塞曲》成稿於萬曆十一年（一五八三），另外，陳第逝世前一年曾整理家中藏書，作成「世善堂藏書目」。陳第的文集有明萬曆會山樓刻本的《一齋集》，扉頁有「焦竑　侯鑑定」字樣（焦竑字弱侯，疑脫弱字），此集除上述著述外，收有《松軒講義》。筆者利用的《一齋集》，係據天津圖書館藏會山樓刻本景印，缺二卷，不知所缺為何，或即為《薊門兵事》和《薊門塞曲》。[33]《一齋集》列在清朝四庫全書禁燬書目，終有清一代和中華民國時期似不易得見。

《一齋集》未收錄〈東番記〉，道光二十八年陳斗初編〈一齋公年譜〉，認為這篇文章和若干作品「俱逸而不傳」[34]，金雲銘撰寫《陳第年譜》時，也認為已經遺失了。由於陳第的生平鮮為人知，著述流傳不廣，〈東番記〉又未收入文集中，因此其「佚失」，並不令人驚訝。然而，這篇臺灣史珍貴的文獻何以能「佚」而復得，最重要的功臣是已經去世的前輩學者方豪。限於篇幅，筆者無法在此詳述這段「上下求索」的曲折經過。簡單來說，在陳第〈東番記〉重現之前，臺灣方志著錄周嬰為〈東番記〉的作者——無獨有偶，周嬰也的確著有一篇〈東番記〉，是賦體，大部分內容根據陳第〈東番記〉和張燮《東西洋考》卷五附〈東番考〉，改編而成，但最後

---

31 〈龍臺嘉會有序〉，《五嶽遊草》卷五，《一齋集》，頁集五七：四三七。「不立我」意思為和他人渾然一體，不突出個人的看法和感受。

32 陳祖念，〈五嶽遊草跋〉，《一齋集》，頁集五七：三七四—三七五。

33 筆者推測《薊門兵事》和《薊門塞曲》或許就是《一齋集》被列為禁燬書目的主因。關於《薊門兵事》，見註五四。

34 見方豪，〈陳第東番記考證〉，收於氏著，《方豪六十自定稿》（臺北：方豪自印，一九六九），頁八五一。

兩段則有新訊息[35]；總之，周嬰此文不是一般傳抄的〈東番記〉。方豪懷疑〈東番記〉非周嬰所作，推斷可能為陳第所作。以此為線索，經過數年的追尋，一九五五年，終於在東京大學所藏沈有容輯《閩海贈言》一書中重獲陳第〈東番記〉原文，了結了此一公案。[36]一九五九年臺灣銀行經濟研究室刊行《閩海贈言》鉛印排字本，陳第〈東番記〉遂得「佚而復現」。

我們今天知道，陳第〈東番記〉只收入《閩海贈言》一書中，如果這本書不存在於人間，我們大約也看不到〈東番記〉的原貌了。[37]因此，我們應該慶幸，《閩海贈言》不曾散佚，更要慶幸沈有容間接替我們保存了這份文獻。

二、沈有容和〈東番記〉的寫作因緣

陳第遊二十年，其遊既廣且遠，但留下文字不多，以詩為主，《兩粵遊草》收有五篇遊記[38]，《五嶽遊草》則只有詩，詩若有序也相當簡短。從他的生平來看，他是個「文尚簡」的人，不輕易寫作，也不輕易留下文字。他的書信集命名《書箚燼存》，他自稱寫信不寫草稿，即使寫草稿，不久也付之於火，薊門十年，歸田出遊又十餘年，總共不過於「煨燼中檢得」二十餘篇。[39]陳第的〈東番記〉共一千四百三十八字，對著作等身的人而言，不算長，但在陳第，誠屬難得。何以陳第會留下這麼一篇文章？要回答這個問題，首先須說明《閩海贈言》是怎樣的一本書。

《閩海贈言》，如果用現在的話來說，就是一本將別人寫贈自己的詩文合刊在一起的紀念冊。此書贈者為「縉紳諸公」，受贈者是沈有容，內容以文類分為碑、記、序、詩，以及卷末附錄。贈言的重要主題是沈有容在福建外海的兩大偉蹟：其一為追勦海寇到東番，並大破之；其二，親往彭湖（今澎湖，明代一般寫作彭湖），諭退荷蘭酋（聯合東印度公司艦隊司令）韋麻郎。用當時的語言，就是「平東番却西夷」。關於「却西夷」，澎湖馬公媽祖宮出土的「沈有容諭退紅毛番韋麻郎等」碑，就是紀念此事。由於《閩海贈言》的性質如此，方豪認為此書應是隨收隨刻。東京大學藏本刻於沈有容死後，可能在崇禎二年或三年（一六二九、一六三〇），但在此之前應有較早的刻本流傳於外。[40]

35 見張崇根，〈周嬰《東番記》考証〉，收於氏著，《臺灣歷史與高山族文化》（西寧：青海人民出版社，一九九一），頁一五六—一六八。

36 關於方豪發現陳第〈東番記〉及其考證經過，見方豪，〈陳第東番記考證〉，頁八四五—八六四。

37 陳第〈東番記〉全文收入何喬遠的《閩書》卷一四六〈島夷志〉「東番夷人」條，但未明白註明作者，且有異文。見何喬遠編撰，《閩書》（福州：福建人民出版社，一九九五），第五冊，頁四三五九—四三六一。如非〈東番記〉原文出現，我們無法判斷何喬遠所抄錄者是否為全文。

38 〈入粵記〉、〈居羅浮記〉、〈遊西樵記〉、〈遊七星岩記〉，以及〈遊粵西記〉。

39 陳第，〈書笥燼存小序〉，《一齋集》，頁集五七：二八六。

40 方豪，〈陳第東番記考證〉，頁八五四—八五六。

沈有容雄才大略，不過似乎有點好大喜功，也喜歡朋友稱頌他。陳第不是個喜歡作應酬文字的人，歸田後「慶弔俱廢」，但他和沈有容相知甚深，且追勦海寇到東番，事非尋常，因而加入此一歌功頌德的行列。除了〈東番記〉之外，《閩海贈言》還收有陳第〈舟師客問〉一文，以及四首詩。

沈有容，安徽宣城洪林橋人，生於嘉靖三十五年十二月二十二日（一五五七年一月二十二日），卒於天啟七年五月（一六二七年六月十三日至七月十二日之間）。[41]有容字士弘，號寧海，家庭以習文相傳，但他「幼走馬擊劍好兵略」[42]，舉萬曆七年（一五七九）應天武鄉試第四名，第二年會試落第，投薊遼總督梁夢龍，蒙錄用為旗牌，不久即補昌平右騎營千總[43]，開始了戎馬生涯。沈有容先後在薊遼、海壇、中左（廈門）、石湖、浙江、福州、定海、登萊等地負責邊防或海防，屢立奇功，逐步升為參將、總兵、中軍都督府簽事。天啟四年（一六二四）六十七歲時，退役還鄉。[44]

沈有容膽識過人，戰鬥力很強，他在遼薊一帶防邊時，萬曆十一年秋，朵顏長昂以三千餘騎犯劉家口，沈有容夜半率健卒二十九人擊退之，由是知名。[45]根據他自撰的小傳〈仗劍錄〉（寫於擔任定海水軍參將時），他經常有功卻未獲得當得的獎賞和提拔，反倒常受人嫉妒和排擠，甚至陷害。沈有容曾幾度乞歸，終不得遂；賞識他的上司還是大有人在。[46]沈有容個性豪爽，常能夠將自己的功勞分給同事。他在自傳說自己曾因分功散金，而「謬得任俠聲」[47]，比對《閩海贈言》長官、友朋的記載，誠可信也。沈有容做事不循常軌，例如，他征剿占據東番的海盜，將從海盜那邊奪來的價值數百金的物資，分賞給兵士，而不繳給官府[48]，有「不惜黃金與士分」之譽[49]。陳第稱贊他是「伉爽、敏達、勇敢士也」。[50]

讓沈有容心滿意足，認為勝過平生辛苦戰功十倍的是，萬曆三十九年（一六一一）六月，有三艘船遭難漂流至溫州外海鳳凰洋，船上有安南商人裴光袍等一百二十九人。他們一開始被誤以為是倭寇（海寇），當時沈有容的部屬都想把這批人當成倭寇殺了，當作戰功，還跪求沈有容同意（反過來說，應該有水師殺商民以充倭寇報功的例子）。沈有容不止力排眾議，存活他們，在

41 姚永森，〈明季保台英雄沈有容及新發現的《洪林沈氏宗譜》〉，〔廈門大學〕《台灣學研究集刊》一九八六年第四期，頁八三、八六。沈有容傳，見張廷玉等撰，《明史》（北京：中華書局，二〇〇三），卷二七〇，頁六九三八—六九三九。

42 金雲銘，《陳第年譜》，頁六一。

43 沈有容，〈仗劍錄〉，收於姚永森，〈明季保台英雄沈有容及新發現的《洪林沈氏宗譜》〉，頁八七。

44 姚永森，〈明季保台英雄沈有容及新發現的《洪林沈氏宗譜》〉，頁八三。

45 沈有容，〈仗劍錄〉，頁八七；《明史》，卷二七〇，頁六九三八。

46 沈有容，〈仗劍錄〉，頁八八—九〇。

47 沈有容，〈仗劍錄〉，頁八八。

48 陳第，〈舟師客問〉，收於沈有容輯，《閩海贈言》〔臺灣文獻叢刊第五六種〕（臺北：臺灣銀行經濟研究室，一九五九），頁三一。

49 陳俊才，〈贈沈將軍閩海奇功（二首）〉，《閩海贈言》，頁九〇。

50 陳第，〈舟師客問〉，頁三一。

等待聖旨的九個多月，供給衣食，最後擔心陸路遲緩，還派三艘兵船護送他們到粵東，轉送到廣西總督，再發送回安南。[51]從今天的角度來看，沈有容的作法可說充分流露人道精神。《閩海贈言》收有陳第詩〈寄送沈士弘將軍使日本〉[52]，根據沈有容〈仗劍錄〉，福建巡撫金學曾擬派他前往日本，探查關白（日本天皇的輔佐大臣）的情況，方式是扮成商人，後來未能成行。[53]

沈有容出身文人之家，卻喜劍馬兵法，這和年輕時期的陳第，有點相像。陳第認識他不在福建，而是在薊門；沈有容為陳第《薊門兵事》寫序，云：「季立先生在薊，余甚習其行事」[54]，可見非泛泛之交。他們的友誼一直持續著。在此順便一提，陳第一生交遊不廣，但頗有一些知友，相契甚深，沈有容就是這類的朋友。

俞大猷在陳第三十九歲時（一五七九）逝世於福建；戚繼光也在陳第四十七歲那年十二月卒於山東蓬萊里第。陳第晚年最有來往的袍澤舊友就是沈有容將軍了。萬曆二十五年（一五九七）陳第五十七歲開始出遊後，和沈有容頗多聯繫，幾度同遊、互訪；陳第也和沈有容之兄沈刺史士莊相善，曾住在他的官邸和安徽宣城老家。茲就文集和年譜記載所及，將陳第與沈氏兄弟之過往情況整理如下：[55]

萬曆二十五年冬　　與好友林培之訪沈有容於鎮東。

萬曆二十六年春二月　　訪沈有容於海壇，一起泛海觀石碑洋。

萬曆二十七年二月　　訪沈士莊於康州（廣東德慶縣）。

九月　再訪沈士莊於康州，歲暮仍駐足於沈刺史家。

萬曆二十八年夏　仍在康州沈士莊刺史署中。

九月　由康州回廣州。

萬曆二十九年初秋　和沈有容、王鍔同遊福州南臺。

冬十月　訪沈將軍於嘉禾（廈門）。

萬曆三十年十二月初七　陳第和沈有容同往東番勦倭。

萬曆三十一年暮春　同遊廈門普照寺；陳第居豐山（泉州避暑勝地），沈有容來訪。

萬曆三十七年春三月　至安徽宣城，寓沈士莊家。

秋　病足養疴於沈士莊家，時沈士弘將軍亦致仕在里，故先生寓其家，至冬間始離去。

51　沈有容，〈仗劍錄〉，頁八九。何喬遠〈署水標參將勳德碑〉、熊明遇〈定海新署落成序〉、沈演〈贈晉登萊督府序〉、傅啟祚〈寧海將軍東沙獲捷暫還宛陵長歌一首贈別〉，皆提及此事，惟人數皆作一百三十九人，分見《閩海贈言》，頁一八、五五、五八、七四。

52　陳第，《兩粵遊草》，《一齋集》，頁集五七：四四九—四五〇。

53　當局「授容千金」，有任俠氣的沈有容把這筆錢都給了同行者劉思，後來不果行，當局追還原金，害得劉思「因是破家」。沈有容，〈仗劍錄〉，頁八八。此事推測可能在萬曆二十四年（一五九六）之後。

54　沈有容，〈刻薊門兵事序〉，收於陳第，《薊門兵事》（七世從孫陳斗初重刊刻本），頁一a。此一刻本收於《白沙遺言纂要》。承蒙蔡蕙光小姐於東京大學圖書館替我尋得此書，謹此誌謝。

55　金雲銘，《陳第年譜》，頁六一、六六、六九—七二、七四—七六、七八、九〇—九二。

據此，我們知道陳第在第一階段之遊，和沈氏兄弟來往密切。萬曆三十八年，陳第開始七十老人之遊，似乎再沒機會再和沈氏兄弟見面。

沈有容和陳第的交誼，還顯示在沈有容為陳第刻書和寫序。沈有容欣賞陳第的《薊門塞曲》和《兩粵遊草》，替他刊行合刻本，並寫序。[56]另外，如前所述，沈有容也為陳第的《薊門兵事》寫序。

沈將軍和陳第之相得，更在於「文」。沈有容訪陳第於豐山，陳第作詩相贈，詩云：「豐寺山幽麋鹿群，頻頻過我獨憐君，徵歌日落猶呼酒，剪燭更深併論文；北走度遼驅虜騎，南來橫海掃蠻氛，細看刀箭瘢痕滿，麟閣還誰第一勳。」[57]可見他們還是學問之交。陳第自從退隱之後，「當事者徵之弗就，叩之弗對，故時友生招之論學，弗赴也」，一副拒人千里之外的意態，但是只要和他接近，「人獲其益，蓋即之惟恐不即，留之惟恐不留也者」。[58]也就是恨不得接近的意思。看來沈有容對陳第也是「即之惟恐不即，留之惟恐不留」，所以往來頻繁。

沈有容的英雄本色，也讓陳第佩服不已。陳第曾在〈入粵記〉中記載他和沈有容一起泛海觀石碑洋的軼事：「一日乘巨艦破浪，偶閣（擱）沙礫，舟人驚惶，將軍獨自若，謂余曰：『吾與公豈海中腐骨乎？』潮長（漲）竟脫。」[59]（括弧及其內文字為筆者所加）生死關頭，鎮靜自若，實非常人所能。其實陳第也是如此，沈有容記載他們一起泛海到東番的經過：「……泛海遶出蓬壺之外，浪湧風顛，舟且覆矣，〔陳第〕則從容歌曰：『水亦陸乎，舟亦屋乎，與其死而棄之，何擇於山之足、海之腹乎？』」[60]（括弧及其內文字為筆者所加）亦即死在陸上和海上都一樣，何必驚慌而逃。英雄惺惺相惜，良有以也。

「泛海遶出蓬壺之外」的「蓬壺」就是彭湖。在帆船時代，從中國福建出海到大員（今臺南安平）的水程非常險惡。私意以為，吾人要了解「唐山過臺灣」的歷史，不能不知道渡海之難之險。沈有容以二十一艘船從金門料羅灣出海，由於風力的關係，一天一夜後，到彭湖附近，只集合得十艘船[61]，接著是驚險的渡海。陳第在〈泛海歌二首有序〉的序中寫道：「萬曆壬寅十二月初七，余同沈士弘將軍往東番勦倭。初八晚，舟過彭湖溝，颶風大作，播蕩一夜一日，勺水不得入口，舟幾危者數矣。」[62]屠隆描述道：「將士顛危銀山雪屋中，與潮俱沒，與潮俱出」[63]，意象生動。這應該是最早形諸文字的「橫渡臺灣海峽」吧。

何以沈有容有東番之役？東番是地名，在彭湖外海，不屬中國。萬曆三十年秋天，有七艘倭

56 沈有容，〈合刻塞曲粵草序〉，《一齋集》，頁集五七：二八五

57 陳第，〈沈士弘將軍過訪豐山賦贈〉，《五嶽遊草》，《一齋集》，頁集五七：四三四。

58 沈有容，〈刻薊門兵事序〉，頁一b。

59 陳第，〈入粵記〉，《兩粵遊草》，《一齋集》，頁集五七：四六三—四六四。

60 沈有容，〈刻薊門兵事序〉，頁一b—二a。此歌亦收入《五嶽遊草》，是〈泛海歌二首有序〉之一，惟「乎」字皆改為「兮」字，見《一齋集》，頁集五七：三九四。

61 陳第，〈舟師客問〉，頁三〇。

62 陳第，《一齋集》，頁集五七：三九四。

63 屠隆，〈平東番記〉，收於沈有容輯，《閩海贈言》，頁二一。

寇（海盜）船從廣東至福建，又從福建至浙江，再從浙江回到福建，他們占據東番，橫行三省[64]，「夷及商、漁交病」[65]，也就是說有三種人受害，他們是東番的土著（夷，東番夷人）、商人和漁夫。當時福建巡撫朱運昌給沈有容密劄，命他往勦盤據東番的倭寇。[66]沈有容於是秘密從事作戰的部署，但不稍露消息，所以沒有人知道他將攻打東番。在他的作戰準備中，包括私下招募漁人前往東番，晝下地理形勢，因此他得知彭湖以東，從魍港到加哩，往往有島嶼可以泊船。[67]

沈有容將前往東番勦寇時，陳第剛好有「觀海之興」，於是和他一起前往。十二月不是出海的好時機，諸將和舵師都面有難色，並且說：「此征討非奉中丞臺檄不可。」要求要有官方的文書才肯出海。沈有容仗劍說；「汝輩安知吾不奉命中丞臺者？有密札在，敢擅沮軍者，斬之。」眾人方才慴服。[68]

在這裡，筆者必須指出，陳第所記載的出海日期和沈有容所記有出入，陳第〈泛海歌二首有序〉出發日期明確作十二月七日，〈舟師客問〉一文作「臘月初旬」，兩相一致[69]，沈有容〈仗劍錄〉則寫道：「十二月十一日統舟師二十四艘往勦。」[70]不惟日期不同，統帥的船隻也不同。照理說，我們應該以沈有容的日記為準，但一則陳第的記載相當明確，再則，沈有容自己在數字方面的記載未必正確，如存活安南漂流民，他自己寫一百二十九人，但收於《閩海贈言》的三篇文章有二篇作一百三十九人，何喬遠撰寫的碑文則取其整數，曰「百四十」[71]，看來不像筆誤。另外，沈有容東番之役所率船隻數目，根據黃克纘的〈蕩平海寇序〉，和陳第一樣，也是二十一艘。[72]以上這些文章都收在沈有容生前刊刻的《閩海贈言》，應得沈有容寓目才是，以此，筆者在本文採取陳第所記載的日期。

如前所述，十二月七日沈有容率領二十一艘船艦出海，遇風眾艦漂散，第二天清晨集合得十餘艘，但他認為破敵立功這應該就夠了，因此繼續前進。該晚遇上颶風，將士萬死一生卻仍然銳氣十足，從彭湖又行一晝夜，才抵達東番。海盜望見沈軍，出舟迎敵，沈將軍率領諸將士作殊死戰，以一當百，賊大敗。[73]沈有容在東番留至除夕方才班師，返回料羅灣。沈有容擊潰占據東番

---

64 陳第，〈舟師客問〉，頁二八、三〇。

65 陳第，〈東番記〉，收於沈有容輯，《閩海贈言》，頁二七。

66 葉向高〈改建浯嶼水寨碑〉云：「中丞滇南朱公下其議於巡海四明徐公，如程公議，疏聞報可，以其事屬把總宛陵沈將軍」，見《閩海贈言》，頁五。文中所謂「中丞滇南朱公」即福建巡撫朱運昌，「把總宛陵沈將軍」即沈有容。

67 屠隆，〈平東番記〉，頁二一；陳第，〈東番記〉，頁二九。

68 屠隆，〈平東番記〉，頁二二。

69 陳第，《一齋集》，頁集五七：三九四；陳第，〈舟師客問〉，頁二八。

70 沈有容，〈仗劍錄〉，頁八八。

71 一百三十九人見沈演，〈贈晉登萊督府序〉以及傅啟祚，〈寧海將軍東沙獲捷暫還宛陵長歌一首贈別〉，皆提及此事，惟人數皆作一百三十九人，收於沈有容輯，《閩海贈言》，頁五八、七四；「百四十」見何喬遠，〈署水標參將動德碑〉，收於沈有容輯，《閩海贈言》，頁一八。

72 收於沈有容輯，《閩海贈言》，頁四三。

73 屠隆，〈平東番記〉，頁二二。

一隅的海寇，立下大功，不過當時也有人從多方面質疑他，例如認為海寇盤據東番，而東番不屬於中國，沒有理由闖到版圖之外的地方去攻打海寇。關於這些因循的說法，陳第在〈舟師客問〉一文中，一一替沈有容辯解。

倭寇（海寇）占據東番時，對當地土著造成很大的干擾，因此海寇被擊潰之後，東番的首領很感激沈有容將軍為他們除害，率族人來見，並且獻上鹿和酒。[74]沈有容擊敗海寇的日子應是十二月初十，到十二月三十日除夕班師，前後共二十一天，陳第陪同沈將軍滯留於東番。也就是在這段期間，陳第實地觀察東番土著的風俗習慣，返回福建後寫成〈東番記〉，以紀念並頌揚沈將軍的非凡功績。也就是以此為因緣，我們才有這篇描述十七世紀初臺灣土著的第一手中文文獻。

三、〈東番記〉內容解讀

陳第〈東番記〉雖然只有一千四百三十八字，但這是陳第真正腳踏臺灣土地，根據親眼觀察和採訪而留下的記錄，方豪稱之為「最古的臺灣實地考察報告」[75]。此外，陳第學問很扎實，下筆嚴約，因此他的〈東番記〉有著非常充實而豐厚的內涵，像個大鐘，小叩小響，大叩大響。以下讓我們試敲這個鐘，意在引來更大的敲叩和回響。

陳正祥說陳第〈東番記〉是「中國人記載臺灣最早最確實的地理文獻」[76]，那麼，讓我們看看〈東番記〉如何寫東番夷人所居地的範圍：

東番夷人不知所自始，居彭湖外洋海島中，起魍港、加老灣，歷大員、堯港、打狗嶼、小淡水；雙溪口、加哩林、沙巴里、大幫坑，皆其居也，斷續凡千餘里。

首句標出不明白東番夷人的來源。在這裡，須先說明標點的問題。我們知道，在白話運動起來以前，中文是不標點的，臺灣銀行經濟研究室鉛字排印本將這段文字斷成：「……起魍港、加老灣，歷大員、堯港、打狗嶼、小淡水、雙溪口、加哩林、沙巴里、大幫坑，皆其居也，……」也就是全部的地名一路排到底，意思即東番的地理範圍是從魍港、加老灣開始，經過大員、堯港、打狗嶼、小淡水、雙溪口、加哩林、沙巴里、大幫坑等地。但康熙二十三年（一六八四）杜臻撰寫《粵閩巡視紀略》，撮述陳第〈東番記〉，顯然理解成：「其地起魍港、加老灣，歷大員、堯

74 原文作：「東番大酋德其為己除害也，率其黨出謁，……。」曾有學者把「德其」當成東番大酋的名字，誠誤也。陳學伊，〈題東番記後〉，收於沈有容輯，《閩海贈言》，頁二八。

75 方豪，《臺灣早期史綱》（臺北：臺灣學生書局，一九九四），第八篇〈沈有容在臺澎及附近的功績〉，頁一三七。

76 陳正祥，〈三百年來臺灣地理之變遷——為紀念鄭成功復臺三百週年而作〉，《臺灣文獻》一二卷一期（一九六一年三月），頁七八。

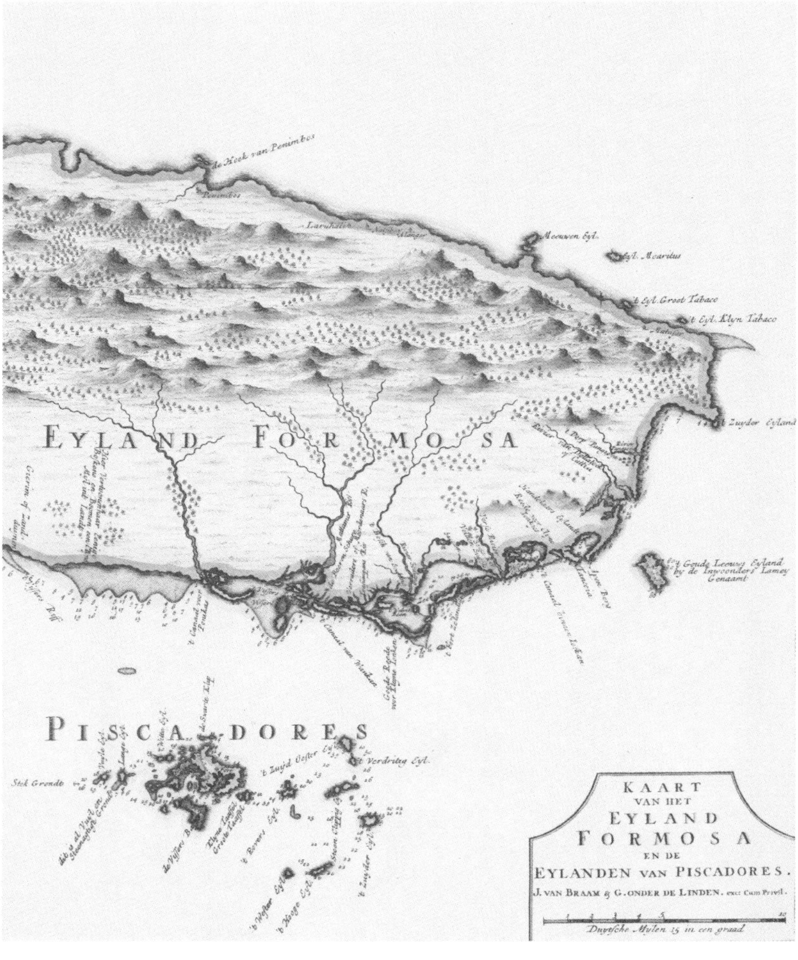

圖一

東番的範圍約在今八掌溪與高屏溪河口之間，此圖為1636年荷蘭人繪製的福爾摩沙與漁翁島圖（局部）。輯自《先民的足跡：古地圖話臺灣滄桑史》，南天書局，1991，頁128-129。（南天書局提供）

港、打狗嶼、小淡水，又有雙溪口、加哩林、沙巴里、大幫坑，皆其居也……。」[77]這是個重要的消息。

康熙二十二年（一六八三）清朝取得臺灣，工部尚書杜臻奉命巡視閩粵、畫定疆理，他在該年十一月啟程，次年五月完成任務，此書就是他的巡視報告。杜臻雖然未親自到臺灣，但他利用咨訪所得的資料寫成彭湖臺灣一卷。杜臻的時代距陳第〈東番記〉約八十年，當時人的說法值得我們參考。以此，我們有理由認為陳第講完東番的南北範圍之後，在回頭提一些重要的地名，而這些地方不必然在小淡水之南。

魍港一般認為就是後來清代文獻中的蚊港，約在今天嘉義八掌溪溪口好美（虎尾寮）一帶[78]，加老灣即加老灣島（又作咖咾員），是臺江外圍沙堤（沙洲）的一環，位於北線尾島之北，有港口，大員即今天臺南安平，堯港即蟯港（今高雄茄萣、崎漏一帶），打狗嶼即打鼓山（高雄），小淡水即下淡水（高屏溪）。以上地名的比定，雖然學者之間看法不全然一致，但南

77 杜臻，《粵閩巡視紀略》（四庫全書珍本四集）（臺北：臺灣商務印書館，一九七三），卷六「附紀彭湖臺灣」，頁七。

78 盧嘉興、冉福立皆作此主張，見盧嘉興，〈蚊港與青峯闕考〉，《臺南文化》七卷二期（一九六一年九月），頁13；格斯．冉福立（Kees Zandvliet）著、江樹生譯，《十七世紀荷蘭人繪製的臺灣老地圖．論述篇》下冊（臺北：漢聲雜誌社，一九九七），頁六六—六七。八掌溪在荷蘭古地圖上稱為麻豆溪，然該溪並不流經麻豆社；流經麻豆社的是曾文溪。

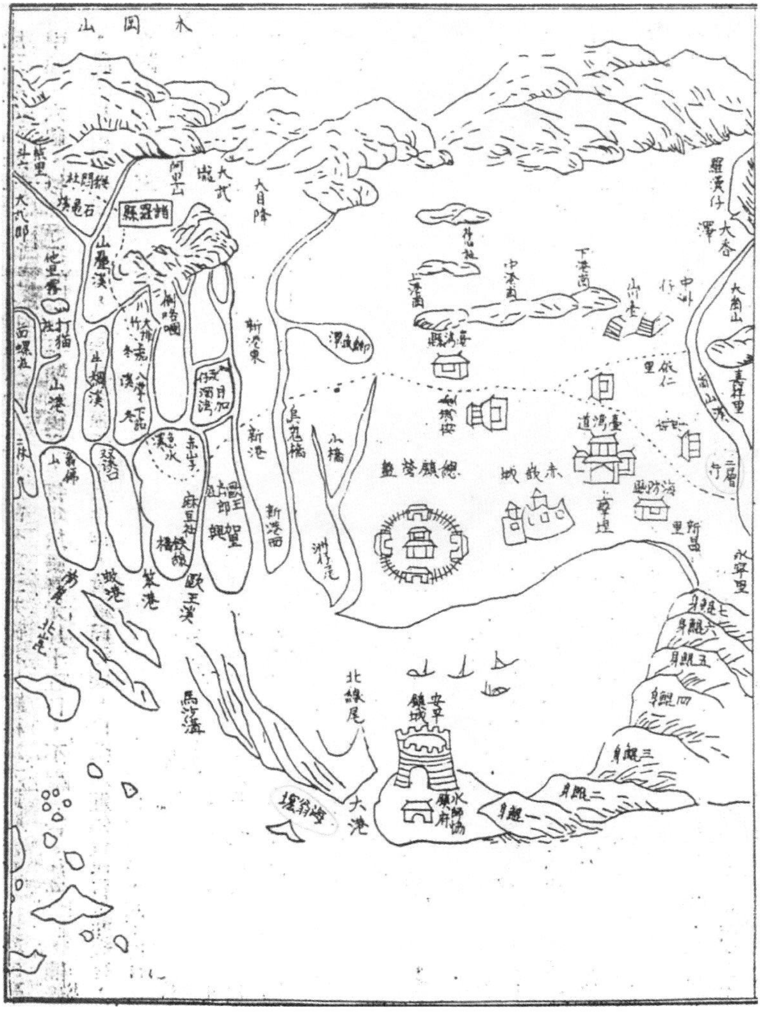

圖二

「臺灣府總圖」（局部：臺灣府附近）。輯自周拱乾纂修，《臺灣府志》（1695）

北順序和所在大抵如此——由於河川改道，海岸線變更，若干歷史地名實不易指實為今天某地。東番的南北範圍如此，那麼，雙溪口、加哩林、沙巴里，以及大幫坑又在哪裡呢？

陳第〈舟師客問〉是〈東番記〉的姊妹作，文中說沈有容將軍私募漁人畫東番的地里，因此「……乃知彭湖以東，上自魍港，下至加哩，往往有嶼可泊。」[79]可見加哩在魍港之南；加哩應為加哩林的省文。「下至」指最南邊的港口，由於沈有容找人暗中偵查繪圖，目的是要尋找可以停泊船艦的港口，以攻打盤據大員的海寇，因此加哩不當離大員太遠。筆者的推測是有旁證的。杜臻在《粵閩巡視紀略》，說：「……莽港，即陳第所謂魍港也，其旁有茄哩嶼、雙溪口，皆第記所有，自此以北，第不及知矣。」[80]亦即加哩林、雙溪口都在魍港附近，且魍港以北，陳第當時並不清楚（來不及知道）。周拱乾纂修之《臺灣府志》附「臺灣府總圖」，有雙溪口，在牛椆溪入海附近。（見圖二）盧嘉興認為加哩林（茄哩嶼）即是加里興，在今臺南佳里鎮佳里興[81]，也是可認真思考的說法。

根據文獻，臺江內海及其外環沙嶼，由於潮流沖濬和泥沙淤積相互作用，水道和港口變化很大，用「滄海桑田」來形容，一點也不誇張。例如，大員商館命脈所繫的大員港（中文文獻作

79　陳第，〈舟師客問〉，頁二九。
80　杜臻，《粵閩巡視紀略》，卷六「附紀彭湖臺灣」，頁二〇b。
81　盧嘉興，〈臺南縣古地名考〉，《南瀛文獻》六卷（一九五九年十二月），頁九。

「大港」），在荷蘭統治時期即開始淤淺，明鄭時期鹿耳門港取而代之，清朝統治初期，大員港已經「久淤，不通舟楫」[82]；鹿耳門也在清道光年間淤塞。以此，如果沙巴里、大幫坑也都在臺江內海一帶，日後無法一一指陳，應不足奇。

總之，雙溪口、加哩林如非在魍港附近，也必然和沙巴里、大幫坑一樣，都在魍港之南。有學者把大幫坑比定為荷蘭文獻中的 Tapiën 社，社址在今天臺北縣八里鄉，實有待商榷。根據陳第的文章，東番最北從魍港算起，是非常確定的，且〈東番記〉無一語提及臺灣中北部，再者，古人寫文章很重順序，況且陳第是實務派的學問家，不會將遠在北邊的地方寫到一串南方地名之後，就算是回頭提一些具體的地名，也不可能超出「起魍港」的這個起點。此外，一個強有力的旁證是，比陳第稍晚的周嬰，毫不含糊地把東番和淡水視為兩個截然不同的地區，他說：「東番……其國北邊之界，接於淡水之夷。」[83]杜臻也認為陳第不知道魍港以北的臺灣——「自此以北，第不及知矣」。以此，大幫坑在魍港之南，應是相當明顯的。

關於地理，最後須一提的是「斷續凡千餘里」的意思。「斷續」應是因為東番土著所居地往往為河流所截斷，而海邊的小島和沙洲看來不相連屬，因而作此形容。在明末，臺灣島往往被當成幾個島嶼，以西洋繪製的地圖而言，一五九六年《東印度水路誌》的附圖「東亞地圖」還把臺灣畫成三個島嶼；臺灣被繪成一個島最早可能在一五九七年。[84]因此，如果陳第把東番看成是從魍港到小淡水河口的一個島嶼，也是很有可能的。一里約等於〇．五七六公里，「凡千餘里」自然是誇張了。不過，在尚未有實地測量而得的地理知識之前，幅員的大小只能粗估。八十年後，杜臻還說：「彭湖有三十六島，縱橫三百餘里」[85]，那麼，臺灣西南平原是澎湖群島範圍的三倍大，大概也合乎當時人的印象。總之，陳第筆下的東番所居地大約是臺灣西南平原一帶，從今天的嘉義南邊到屏東以北。

〈東番記〉接著是關於土著的描寫：

> 種類甚蕃，別為社，社或千人、或五六百，無酋長，子女多者眾雄之，聽其號令。

用現代的話語來說，土著的種類很多，以「社」為單位，每社人數在五、六百到一千人左右，他們沒有酋長，大家認為子女多的人很了不得，聽從他的號令。關於「無酋長」的真正意涵，容後

---

82 郁永河，《裨海紀遊》（臺灣文獻叢刊第四四種）卷上（臺北：臺灣銀行經濟研究室，一九五九），頁一〇。

83 周嬰，〈東番記〉，收錄於張崇根，〈周嬰《東番記》考証〉，頁一六八。

84 見「一五九七年 Hernando de los Ríos Cornel 所繪臺灣島、菲律賓以及一部份中國海岸圖」，曹永和，《臺灣早期歷史研究》（新北：聯經出版公司，一九七九／一九九七），圖版二六（未標頁碼）。國立臺灣博物館藏有原圖之黑白翻攝照片（館藏編號：AH1584）。原圖為一五九七年任職於西班牙菲律賓政府的軍官 Hernando de los Ríos 上書給西班牙國王 Felipe II 信中所附之地圖。圖影和說明，見李子寧、吳佰祿，〈國立臺灣博物館 16・17世紀臺灣對外關係資料介紹〉，收於國立臺灣博物館主編，《地圖臺灣：四百年來相關臺灣地圖》（臺北：南天書局，二〇〇七），頁四五。

85 杜臻，《粵閩巡視紀略》，卷六「附紀彭湖臺灣」，頁一 a。

詮解。在此為便於分析，筆者將〈東番記〉割裂開來，分成十個主題，綜合介紹其內容。〈東番記〉全文則迻錄於文末，供讀者參考。

（一）族群特性和習俗

陳第筆下的東番夷人，善跑、好勇喜鬥。他們沒事就練跑，腳底皮很厚，不怕荊刺，速度奇快，也很耐跑。雖好戰，但有兩點特色，一是兵期而後戰，即約定後開打，不是偷襲或突襲，二是打仗時盡力相殺，但打完就算了，「往來如初，不相讎」。

他們有獵首習俗，將斬到的首級剔肉存骨，懸在門上，以懸骷髏多的為壯士。

盜賊之禁很嚴，若發生則戮於社，因此夜不閉戶，穀子堆積在場上，也沒人敢偷。

（二）文化程度

他們沒有文字和曆法，以一次月圓為一個月，十月為一年，但久了就忘掉，因此不紀年歲；少壯老人，問其年歲也都不知道。交易時用結繩的方式作記錄。他們沒有揖讓拜跪的禮俗。

（三）政治社會組織

以「社」為單位，每社人數在五、六百到一千人左右，沒有酋長，以子女眾多的人為雄偉，聽其號令。少壯還沒結婚的群居在比一般屋子大的「公廨」，議事必於公廨，以便調發。

（四）食衣住行

1.有用苦草和米釀的酒。他們時常舉行宴會，眾人圍著大罍坐，用竹筒盛酒，不擺菜肴，聽到音樂就起身跳舞，口中也烏烏作鳴，像是唱歌。

在飲食方面，他們非常喜歡吃鹿肉；剝開鹿腸中新咽下的草而尚未化為糞的東西，稱之為「百草膏」，百吃不饜。他們將吃剩的肉製成臘肉，鹿舌、鹿鞭、鹿筋也都作成臘製品。吃豬，不吃雞、雉。

2.他們冬夏都不穿衣服，婦女結草裙，稍稍遮蔽下體。男子剪髮，留數寸，披垂下來，女子則不剪髮。身體裝飾方面，男子穿耳，女子斷齒——年十五、六時斷去嘴內兩旁的二顆牙齒。

3. 居住方面，砍竹子造屋，上用茅草覆蓋，廣長數雉[86]，族人共屋。家具有床，但沒有几案，席地而坐。
4. 在行方面，他們很怕海，沒有駕船的技術。

（五）婚姻型態

男子有想匹配的女子，派人贈送瑪瑙珠雙。[87]女子不接受則作罷，如果接受，晚上造訪其家，不呼門，彈口琴打動對方。口琴由薄鐵製成，咬住吹氣，錚錚有聲，女子聽到了，讓他進來同宿，天未亮男子徑自離去，不見女方父母。從此以星為準，宵來晨去，數年如一日。直到生了子女，女子才到男方家，「迎娶」丈夫，此時男子才見女方父母，於是以女家為家，養女方父母終身，本生父母等於沒了兒子。生女比生男來得歡喜幾倍，因為女子可以繼嗣，男子不足以傳宗接代。

男子妻喪復娶，女子夫喪終身不再嫁，稱為「鬼殘」。

（六）維生方式

東番夷人種禾、獵鹿，以及捕魚。他們沒有水田，只是墾地種禾，山花開則耕，禾熟拔其穗，[88]米粒比中華稍長，而且甘香；農耕由女子擔重任，女勞男逸。冬天，男子用竹柄上帶鐵簇的鏢，一起追逐鹿，最後以圈堵的方式射鹿，鏢刃銳利，所獲甚多。捕魚在溪澗，不到海上捕魚。

（七）喪葬儀式

家中有死者，擊鼓哭，將屍體放在地上，用烈火從四周烘烤，乾後露置屋內，不用棺木。屋壞重建時，坎在屋基下，立而埋之，不起墳，屋子就蓋在上頭。如果屋不重建，屍體也就不掩埋；由於屋子的構造是竹樑茅頂，最多可耐個十餘年，因此最終死者還是歸於土。不祭死者。

86　一雉，高一丈長三丈，一丈約等於〇．三三一公丈。

87　原文作「遺人遺瑪瑙珠雙」，「瑪瑙珠雙」意思不清楚，杜臻釋為「瑪瑙珠一雙」。

88　萬曆十六年（一六六一）秋，楊英奉鄭成功之命到南社，發現土著收割稻米時，不知道用鈎鐮，而是「逐穗採拔」，可和陳第的記載相參照。南社約在今彰化縣埤頭鄉和竹塘鄉一帶。見楊英，《延平王戶官楊英從征實錄》（北平：中央研究院歷史語言研究所，一九三一初版／臺北：同單位，一九九六景印一版），頁一五五b。

（八）禁忌

逢耕作時期，不說話、不殺生，男女在山野一起工作，默不作聲。在路上相遇，只以眼睛互看，不講話；長者路過時，年少的人背對他們站立，不問答，就是遭到華人侮辱也不發怒，禾熟後才恢復原狀。他們認為不如此，則天不保祐、神不降福，將多年遭逢凶歉。

（九）動植物

穀類有大小豆、胡麻、薏仁（可治瘴癘）；無麥。蔬菜類，有蔥、薑、番薯、蹲鴟（按，芋的別名），無其他菜。水果有椰、毛柿、佛手柑、甘蔗。此外，此地盛產竹，一叢大可數拱（雙手環抱為一拱），長十丈（一丈約三・二—三・五五公尺）。

畜類動物有貓、狗、豕、雞；無馬、驢、牛、羊、鵝、鴨。獸類有虎、熊、豹、鹿。鳥類有雉、鴉、鳩、雀。

（十）對外關係

由於害怕海洋，他們和其他土著老死不相往來。

他們和華人頗多接觸，也有貿易關係。

在陳第筆下，東番夷人和外界的接觸可分為三個階段：

首先，「永樂初，鄭內監航海諭諸夷，東番獨遠竄不聽約，於是家貽一銅鈴使頸之，蓋狗之也，至今猶傳為寶。」

其次，「始皆聚居濱海，嘉靖末，遭倭焚掠，迺避居山。倭鳥銃長技，東番獨恃鏢，故弗格」。

最後是「居山後始通中國，今則日盛，漳、泉之惠民，充龍、烈嶼諸澳，往往譯其語，與貿易，以瑪瑙、瓷器、布、鹽、銅、簪環之類，易其鹿脯皮角。間遺之故衣，喜藏之，或見華人一著，旋復脫去，得布亦藏之」。不過，自通中國之後，有些「姦人」拿濫惡的物品欺騙他們。

鄭內監（鄭和）的故事，大抵屬於傳說性質，茲不多論。值得注意的是，嘉靖末年遭海寇騷擾之後，東番夷人原本皆聚居濱海，乃避居山。所謂「山」何所指？私意以為，「濱海」指大員及其東方對岸沿海一帶（由文獻可知海寇盤據的是大員），「山」則為離開海濱往東的平地或丘陵地，可能由於草木蓊鬱，望之如山，而遠處也確有山為背景，因而相對於海濱而有「山」之稱。

華人和土著的交易物品，前者為瑪瑙、瓷器、布、鹽、銅、簪環[89]等，後者為鹿脯、鹿皮和鹿角。

以上是陳第記載下「東番」一地的大致情況。接下來，我將利用年代較相近的史料和人類學的研究成果，對〈東番記〉作進一步的詮解。

就自然景觀而言，東番是個「鹿國」，土著和鹿的關係很密切。陳第寫道：「山最宜鹿，儦儦俟俟，千百為群。」可見當時鹿很多，「千百為群」，這個形容詞一點也不誇張，根據荷蘭時期的檔案，臺灣的鹿，有時二、三千成群（"sometimes two or three thousands in a flock together"）[90]。東番夷人捕鹿的方式顯示土著和自然生態維持著和諧的關係，他們「居常禁不許私捕鹿，冬，鹿群出，則約（按，約，集合之意）百十人即之，窮追既及，合圍衷之，鏢發命中，獲若丘陵，社社無不飽鹿者」。也就是說，他們捕鹿有時，除此之外禁止捕鹿，因此，「窮年捕鹿，鹿亦不竭」。但三十餘年後（一六三〇年代後半），在荷蘭聯合東印度公司統治下，漢人取代土著成為主要的獵鹿者，濫捕無時，造成臺灣西南平原鹿的數量銳減，生態失去平衡。[91]再六十年，郁永河來到臺灣，在他的《裨海紀遊》中未特別提到鹿，「千百為群」似乎已然是過去式。

值得附帶一提的是，土著捕鹿的方式。他們先一起追逐，而後把鹿團團圍住，再射殺，所獲甚多。如果說這個方法令陳第印象深刻，二十五年後，也令干治士（Georgius Candidius）印象深刻。干治士是荷蘭聯合東印度公司派來臺灣的首任牧師，他在一六二八年撰寫的報告中，描述道：「當他們用鏢槍打獵，全村的人一起出動，有時候甚至兩、三村的人在一起。每個人攜帶兩、三枝鏢槍，他們也帶狗以驚起獵物。到達目的地後，他們圍成一個一哩或半哩的圓形，然後每個人向中心前進。被包圍的獵物很少有機會逃逸。獵物一旦被鎗頭射中，必為獵者所捕獲。」[92]作為歷史研究者，我忍不住假想：如果十七世紀的臺灣只剩下〈東番記〉和干治士的記錄兩篇史料，我們很可能要懷疑干治士抄襲陳第，只是略加演義。

陳第說東番無酋長，但卻又有施號令的人存在（「聽其號令」），到底是怎麼一回事呢？根據〈東番記〉文末「野史氏曰」，沈有容擊潰海寇後，東番「夷目大彌勒」率數十人來謁見沈將軍，獻上鹿和酒。[93]據此，東番顯然有領導人，亦即「夷目」。我們知道居住在臺灣西南平原的

---

89 這裡的斷句，也可作「銅簪環」，惟必須配合考古資料才能進一步確認。

90 W. M. Campbell, *Formosa under the Dutch: Described from Contemporary Records* (London: Kegan Paul, Trench, Trubner & Co., Ltd. 1903; 臺北：南天書局景印，一九九二), p. 254.

91 根據《巴達維亞城日記》一六四〇年十二月六日，「三年來，大規模獵鹿，造成鹿隻迅速減少，即使〔經過〕雙倍時間，或仍無法復育鹿群數量；因此臺灣議會決議禁用陷阱、繩套獵鹿一年，以免貪得無厭的中國人危及原住民生計。」轉引自韓家寶（Pol Heyns）著、鄭維中譯，《荷蘭時代臺灣的經濟·土地與稅務》（臺北：播種者文化有限公司，二〇〇二），頁六四。

92 干治士著、葉春榮譯註，〈荷據初期的西拉雅平埔族〉，《臺灣風物》四四卷三期（一九九四年九月），頁二二一。本文中譯採用葉春榮譯文，不再另外注明英文譯本的頁碼。

93 陳第，〈東番記〉，頁二七。

土著民族後來被學者比定為西拉雅族，根據一般的了解，西拉雅族非階級性社會，沒有世襲的首領制。陳第的「無酋長」應是這個意思。至於領導人如何產生，陳第說是決定於子女數目。這是否可信，還須仰賴更多的旁證。

在臺灣土著社會中，非世襲的領導權形式，不算少見。例如，根據黃應貴的研究，東埔社布農族傳統上有兩個政治社會秩序的領導職位，其領導權的成立決定於能力而非天生的地位。如果在實際的實踐過程中，領導能力受到懷疑，便會造成領導權的更換或分裂；決定的關鍵在於成員是否繼續「跟隨」領導者；如果沒有其他人跟隨他，改而跟隨另一人時，他即喪失其地位。[94]我想陳第觀察到的政治組織，大抵就是這種變動不居、以能力為決定因素的領導方式。

在〈東番記〉中，我們也看到人類學研究所說的「年齡層級」（age grades），即文中所描述的，未婚的少壯成員在「公廨」過群體生活，一起「議事」，並且服公役。如果我們認為陳第所說的「議事必於公廨」有點籠統，那麼讓我們來看看干治士如何描寫。干治士在土著社群中工作前後達十年（第一次來臺，一六二七—三一；第二次來臺，一六三三—三七），他最初接觸到的土著很可能和陳第筆下的人群重疊或有文化的類似性。他說：[95]

這些村莊沒有共同的頭目來統治他們，每個村莊都是獨立的。任何村落裡都沒有頭目統治，他們可能有個名義上的「議會」，包括十二個聲名良好的長老（councillors），他們每兩年一任，屆滿選出他人代替。長老的年紀約四十歲，而且所有的長老都同年。

在這裡我們看到合議、輪替，以及年齡層級的交互作用。我不認為干治士的記載可以直接當成〈東番記〉的註腳，但可以進一步幫助我們了解陳第的敘述。

細心的讀者或許會問：陳第不是說他們不知道紀年，何來年齡分層？這一點干治士也觀察到，他說：「他們雖然不知道如何紀年，可是他們彼此知道誰長誰幼。他們以同個月或同半年所生者為同年紀，……」又說：「他們認為年齡是差異的主要標誌，而且把年齡的差異看得比社會地位、權力、富有都重。」[96]當一個社會以年齡為主要差異的識別標準時，其成員從小就不斷被告知自己屬於哪個年齡群，大家一起成長，一起行動，並且一起老去，不知道確定數目的年紀，無礙於彼此的「認同」。

〈東番記〉最引人興趣的記載之一應該是土著的婚姻了。在這裡，我們看到所謂的「從妻居婚姻」（uxorilocal marriage），也看到世系的傳承透過女兒，而非兒子。陳第從漢人的概念上來理解，就是「女可繼嗣」。在東番，男子要等到女子生產才住到女方家中，〈東番記〉云：「迨產子女，婦始往壻家迎壻，如親迎，壻始見女父母，遂家其家」。至於「親迎」之前的過程，干

---

94 黃應貴，《東埔社布農人的社會生活》（臺北：中央研究院民族學研究所，一九九二／一九九八），頁一二—一四、一三一—一三二；黃應貴纂修，《臺東縣史．布農族篇》（臺東：臺東縣政府，二〇〇一），頁二八—二九。

95 干治士著、葉春榮譯註，〈荷據初期的西拉雅平埔族〉，頁二一七。

96 干治士著、葉春榮譯註，〈荷據初期的西拉雅平埔族〉，頁二一四。

治士的記載和陳第很類似，但更為詳細：97

底下是他們婚姻與求愛的方式。當一個年輕男子愛上一個年輕女子時，他首先請他的母親、姊妹、表姊妹，或其他女性朋友，攜帶禮物到他所愛上的女子家裡求親。帶禮物來的人向女方父、母或朋友求婚，並且展示他所帶來要做為嫁妝的禮物。女方的父、母或親友若滿意男方，就把禮物留下來，親事就算決定了。不必其他的儀式，也沒有婚禮，那天晚上新郎就可以與他所選的女子過夜。……他們的習慣並不是妻子到丈夫家住。女人仍然留在她家，吃、喝、住在那兒；男人也留在他家。晚上丈夫到妻子家去，可是並不是公開的去，而是像小偷一樣偷偷摸摸的溜進去。他也不能靠近火或蠟燭，應該不出聲即刻躺在臥榻上。假若他想要煙草或其他的東西，他也不該開口。習俗是他輕聲咳嗽，太太過來給他他所要的東西，然後她又回到家人旁邊。當大家去睡覺後，她過來跟她丈夫躺在一起，只是第二天黎明前他就得起來，和昨夜進來時一樣，一言不發神秘的離開。事實上，他就是跟貓偷偷的離開雞棚一樣。白天裡丈夫不得進入太太的家。

這和陳第的描寫大致上一樣，不過，〈東番記〉多出吹口琴一事，且未提及男女交往須女方父母同意。

東番夷人的喪葬方式也是很值得深入了解的。根據陳第的記載，基本作法是：屍體烘乾，露置屋內，屋壞重建時坎屋基下；不棺、不封（不起墳）、不祭。若用人類學研究的概念來說，就是「室內葬」和「二次葬」了。干治士的描述大致一樣，但多出一些細節：[98]

土著不像我們一樣，依世界上一般的習俗埋葬死者，……通常在兩天之內為死者舉行一些儀式後，他們綁著死者的手腳，放在一個細竹片做的台子上，台子大約有荷蘭尺兩尺高，搭在他們的房子裡。然後他們在屍體旁邊點火，而不是從下面點火，使屍體乾燥。許多儀式也接著舉行，……。屍體要放九天讓它乾燥，不過每天都要擦洗。第九天屍體從竹台上移下來，用蓆子包起來，在屋子裡架起另一個竹台。這個竹台圍蓋著許多衣服，就像個幃幕（pavilion），然後把屍體放在上面，大家再飲〔酒〕宴慶以紀念死者。這樣子屍體放了三年，然後把骨骼葬在屋子裡，當時又飲宴多次。……

陳第〈東番記〉的記載，在配合其他文獻，並從人類學的知識來予以抉發時，整個文字才能「活

97 干治士著、葉春榮譯註，〈荷據初期的西拉雅平埔族〉，頁二一二—二一三。

98 干治士著、葉春榮譯註，〈荷據初期的西拉雅平埔族〉，頁二〇八—二〇九；關於「洗骨葬」，可參考凌純聲，〈東南亞之洗骨葬及其環太平洋的分佈〉，收於氏著，《中國邊疆民族與環太平洋文化》上冊（新北：聯經出版公司，一九七九），頁七五五—七九一。

過來」。例如，陳第在講到東番夷人耕作期的禁忌時，說他們「不言不殺，男婦雜作山野，默默如也。道路以目，少者背立，長者過，不問答，……」。干治士也提到耕作期的禁忌，但禁忌的內容不同，不過，他在別的地方提到土著尊重長者，「因此當兩個人在路上相遇時，年輕者一定讓到路邊，而且以背部向著年長者，讓年老者先行。當兩個年輕者在路邊談論事情時，他們也會留心的把背部朝向路過的年長者，一直到他完全通過」[99]。或許陳第在不能交談的禁忌期中看到「少者背立，長者過」，以為是禁忌的一個項目，但根據干治士，這更可能是東番土著一般性的社會禮儀。

另外，關於男女分工的情況，干治士看到的景象和陳第筆下的「女常勞、男常逸」頗為相同。干治士說：「女人做苦工，負責大部份的農事」、「當婦女工作時，男人卻閒著不作任何事。……年輕男人很少幫太太田裡的事，他們主要的工作是打獵和打仗。」[100]可見男人不是閒著沒事，只是不幫忙農事。

陳第筆下的東番夷人是臺灣的土著民，從語言上區分，他們屬於南島語族，在文化上顯示許多凌純聲強調的「東南亞古文化」（印度尼西安古文化）的特質。根據凌純聲的主張，東南亞古文化圈的分布很廣：北起長江流域，中經中南半島，南至南洋群島；此一廣大區域又可分為三個副區：大陸區、半島區、島嶼區。東南亞古文化起源於大陸，向南遷移，和當地文化混合，其後又有其他文化傳入，因此各區的文化層次不同。東南亞古文化的特質綜合來說高達五十項[101]，凌純聲認為，在文化上，臺灣的土著保有許多印度尼西安古文化的特質，如：[102]

文身、缺齒、拔毛、口琴、織貝、卉服、貫頭衣、腰機紡織、父子連名、親族外婚、老人政治、年齡分級、獵首、鳥占、靈魂崇拜、室內葬等。

雖然不是每一個臺灣土著社群都顯示全部的特質，但這個清單對我們了解臺灣土著很有幫助。

一六〇三年，當陳第隨沈有容將軍追剿海寇抵達大員時，他很驚訝在離開中國沿岸才兩晝夜舟程的地方，竟然有這樣的人群存在。[103]東番土著的風俗習慣讓他印象深刻，在短短的三星期的停留期間，他至少觀察或采訪到「缺齒」、「口琴」、「年齡分級」、「獵首」，以及「室內葬」等文化特質，並記錄下來。在文章的結尾，他一方面驚訝，一方面也嘆服，說這麼近的地方，「迺有不日不月，不官不長，裸體結繩之民，不亦異乎！且其在海而不漁，雜居而不嬲，男女易位，居瘞共處，窮年捕鹿，鹿亦不竭。」如果我們不具備一些關於臺灣土著文化的具體知

99　干治士著、葉春榮譯註，〈荷據初期的西拉雅平埔族〉，頁二一四。
100　干治士著、葉春榮譯註，〈荷據初期的西拉雅平埔族〉，頁二二二、二二四。
101　凌純聲，〈東南亞古代文化研究發凡〉，收於氏著《中國邊疆民族與環太平洋文化》，上冊，頁三三〇—三三二。
102　凌純聲，〈古代閩越人與臺灣土著族〉，收於氏著《中國邊疆民族與環太平洋文化》，上冊，頁三六三。
103　陳第〈東番記〉寫道：「異哉東番！從烈嶼諸澳，乘北風航海，一晝夜至彭湖，又一晝夜至加老灣，近矣。迺有……。」

識，就無法了解所謂「雜居而不嬲」、「男女易位」、「居瘞共處」的真實涵義，也不會了解陳第的驚歎了。「男女易位」主要指家系由女兒繼承，男子婚後隨妻居，也包括女子比男子操勞的情況。「居瘞共處」指起居和埋葬在同一處所，亦即生人和死人處於同一空間；以漢人對死亡和死者的忌諱來看，簡直匪夷所思。「雜居而不嬲」指男女老少日夜作息一處，但沒有淫亂的問題。在禮教嚴格的明代社會，男女授受不親；除非夫妻，成年男女幾無在同一場合交接的機會，一旦如此，就會被認為必有所「亂」。臺灣土著一家大小一起生活在同個空間，時而還包括晚上進來與家中女子同睡的男子，卻未造成問題，難怪陳第要特別記上一筆。

思辨力敏銳的讀者或許要質疑：何以只用晚出的史料來支持和闡明陳第的〈東番記〉，而不挑戰它呢？最主要的原因是陳第的記載頗為「寫實」，在大多數人不熟悉這份文獻之前，自然以抉發它的內涵為主，至於少數有問題的地方，須配合更多資料，反覆按核，才能提出有意義的分析。在此僅舉一個例子，陳第說：東番「盜賊之禁嚴，有則戮於社，故夜門不閉，禾積場，無敢竊」。是否可信，很值得進一步研究。據我們了解，臺灣土著社會犯罪很少采「刑罰」方式，大抵以「罰物」（贖財）為主，殺人、姦淫、傷害、竊盜都可以用物品賠償解決。然而，日本殖民統治時期卷帙浩繁的《番俗慣習調查報告書》有關泰雅族的紀錄，在「贖財」部分也提到「番社鮮少發生竊盜，主要是因為制裁嚴厲之故」[104]，亦可供參考。

〈東番記〉雖然記載了禁忌，但對土著的宗教無一語涉及，不能不說頗為可惜。不過，陳第在二旬之內，對一個從未接觸過的異文化能夠掌握到這麼豐富且確實的資訊，誠令人佩服。在方法上，我們可以推知，陳第大概和我們今天到異地作調查工作沒太大的不同；他不必然「事必親睹」，但必須仰賴報導人和翻譯者。我們知道，陳第抵達大員時，已經有來自漳泉沿海的居民懂得土著語言，和土著交易，因此，我們可以推想陳第透過他們和土著接觸，也從他們口中訪得許多消息。另外，由於東番土著的頭目非常感激沈將軍擊退倭寇（海盜），替他們除害，應很樂意提供消息，成為難得的報導人——杜臻認為，當東番酋長大彌勒等持鹿酒來獻時，陳第於是「備詢其土俗及山海形勢，述之成篇」[105]，於此可見一斑。陳第容或看得到東番夷人獵鹿（因為是冬天）的情況，或碰巧也目睹了喪葬儀式，但婚姻習俗則不像直接可以觀察到的，如「親迎」之前男子日日於晚間「潛入」女家，就算看到也無從理解。總之，所謂采訪（采集訪問），「問」的部分是很重要的。

〈東番記〉文末有陳第對未受文明污染的「無懷、葛天之民」的一些遐思，以及對某些奸詐的華人的批評，但這卻不在我們的討論範圍了。

104　臺灣總督府臨時臺灣舊慣調查會編纂，中央研究院民族學研究所編譯，《番族慣習調查報告書〔第一卷〕泰雅族》（臺北：中央研究院民族學研究所，一九九六；原出版年一九一五），頁二五五。

105　杜臻，《粵閩巡視紀略》，卷六「附紀彭湖臺灣」，頁六b。

結語

陳第隨沈將軍追勦海寇到大員，事在萬曆三十年十二月十日，除夕離去，撰寫〈東番記〉在翌年萬曆三十一年。萬曆三十年一般大略換算成西元一六〇二年，但遇上陰曆歲暮時，就有問題。陳第到臺灣實際上已經是西元一六〇三年了，他於陽曆一月二十一日抵臺，二月十日離臺。因此，陳第訪臺和寫作〈東番記〉其實都在一六〇三年；至二〇〇三年（即本文發表時）剛好滿四百年。現代社會很重視各種週年，例如每逢歲暮，百貨公司爭相慶祝「週年慶」，哪怕是「一週年慶」。但是，似乎沒有人想到臺灣此刻正逢一個歷史上非常重要的四百週年！

一六〇三年以前，中文文獻中不乏有關臺灣的記載，但親履其地並記載其土著居民，陳第是第一人，比荷蘭人要來得早；西文文獻則更早（見本書第二章）。臺灣土著在外人大量抵達之前尚未有文字，在歷史研究上，對尚未有文字的人群的活動，隻言片語都是極端重要的，哪怕是「他者」的記載，這不能不說是不得以的事情。君不見，日本人對中國文獻《三國志．魏書》關於「女王卑彌呼」的記載，費盡多少才思和氣力呢？人們更以此為羽翼，騁其「歷史想像」的極致。反觀臺灣，像陳第〈東番記〉這樣具體可考的文獻，卻好像只是聊備一格，和我們對臺灣早期歷史的認識，沒太大關連，誠屬可惜！當然這不能怪一般民眾，而是學者的責任了。

陳第不是泛泛之輩，〈東番記〉也非泛泛之作。從他的生平，我們得知〈東番記〉得來不易；其能「不佚」也是萬幸之事。〈東番記〉本身內涵豐富，令人百讀不厭，因此，筆者常想有機會一定要鄭重介紹陳第其人其文給國人。二〇〇三年年初國立故宮博物院舉辦「福爾摩沙：十七世紀的臺灣、荷蘭和東亞」，展品借自國內外三十八個收藏單位，是難得一見的臺灣「有史以來」的文物展，躬逢其盛，因此不揣淺陋，草就此篇，一則「tàu-lāu-jiat」（湊熱鬧），一則藉以紀念為我們留下珍貴文獻的陳第。我相信，〈東番記〉有待更精采的解讀，拙文只是個起頭。

附錄：陳第〈東番記〉

東番夷人不知所自始，居彭湖外洋海島中，起魍港、加老灣，歷大員、堯港、打狗嶼、小淡水；雙溪口、加哩林、沙巴里、大幫坑，皆其居也，斷續凡千餘里。種類甚蕃，別為社，社或千人，或五六百，無酋長，子女多者眾雄之，聽其號令。性好勇，喜鬥，無事晝夜習走，足蹋皮厚數分，履荊刺如平地，速不後犇馬，能終日不息，縱之，度可數百里。鄰社有隙則興兵，期而後戰，疾力相殺傷，次日即解怨，往來如初，不相讎。所斬首，剔肉存骨，懸之門，其門懸骷髏多者，稱壯士！壯士！

地暖，冬夏不衣，婦女結草裙，微蔽下體而已。無揖讓拜跪禮，無曆日文字，計月圓為一月，十月為一年，久則忘之，故率不紀歲，艾耆老髦，問之弗知也。交易結繩以識。無水田，治畬種禾，山花開則耕，禾熟拔其穗，粒米（標點者按，或為米粒？）比中華稍長，且甘香。採苦草，雜米釀，間有佳者，豪飲能一斗。時燕會，則置大罍，團坐，各酌以竹筒，不設肴，樂起跳舞，口亦烏烏若歌曲。男子剪髮，留數寸披垂，女子則否。男子穿耳、女子斷齒以為飾也女子年十五、六斷去唇兩旁二齒。地多竹，大數拱，長十丈，伐竹搆屋，茨以茅，廣長數雉。族又共屋，一區稍大，曰公廨，少壯未娶者，曹居之，議事必於公廨，調發易也。

娶則視女子可室者，遣人遺瑪瑙珠雙，女子不受則已，受，夜造其家，不呼門，彈口琴挑之。口琴薄鐵所製，齧而鼓之，錚錚有聲，女聞納宿，未明徑去，不見女父母。自是宵來晨去必以星，累歲月不改。迨產子女，婦始往壻家迎壻，如親迎，壻始見女父母，遂家其家，養女父母終身，其本父母不得子也。故生女喜倍男，為女可繼嗣，男不足著代故也。妻喪復娶，夫喪不復嫁，號為鬼殘，終莫之醮。

家有死者，擊鼓哭，置尸於地，環熇以烈火，乾，露置屋內，不棺；屋壞重建，坎屋基下，立而埋之，不封；屋又覆其上，屋不建，尸不埋，然竹楹茅茨，多可十餘稔，故終歸之土，不祭。

當其耕時，不言不殺，男婦雜作山野，默默如也。道路以目，少者背立，長者過，不問答，即華人侮之，不怒，禾熟復初。謂不如是，則天不祐、神不福，將凶歉不獲有年也。女子健作，女常勞，男常逸，盜賊之禁嚴，有則戮於社，故夜門不閉，禾積場，無敢竊。

器有牀，無几案，席地坐。穀有大小豆，有胡麻，又有薏仁，食之已瘴癘；無麥。蔬有蔥，有薑，有番薯，有蹲鴟；無他菜。菓有椰，有毛柿，有佛手柑，有甘蔗。畜有貓，有狗，有豕，有雞；無馬、驢、牛、羊、鵝、鴨。獸有虎，有熊，有豹，有鹿。鳥有雉，有鴉，有鳩，有雀。

山最宜鹿，儦儦俟俟，千百為群。人精用鏢，鏢竹棅鐵鏃，長五尺有咫，銛甚，出入攜自隨，試鹿鹿斃、試虎虎斃。居常禁不許私捕鹿，冬，鹿群出，則約百十人即之，窮追既及，合圍衷之，鏢發命中，獲若丘陵，社社無不飽鹿者。取其餘肉，離而腊之，鹿舌、鹿鞭鹿陽也、鹿筋亦腊，鹿皮角委積充棟。鹿子善擾，馴之，與人相狎習。篤嗜鹿，剖其腸中新咽草將糞未糞者，名百草膏，旨食之不饜；華人見，輒嘔。食豕不食雞，畜雞任自生長，惟拔其尾飾旗，射雉亦只拔其尾；見華人食雞雉輒嘔。夫孰知正味乎？又惡在口有同嗜也！

居島中，不能舟，酷畏海，捕魚則於溪澗，故老死不與他夷相往來。永樂初，鄭內監航海諭諸夷，東番獨遠竄不聽約，於是家貽一銅鈴使頸之，蓋狗之也，至今猶傳為寶。始皆聚居濱海，嘉靖末，遭倭焚掠，迺避居山。倭鳥銃長技，東番獨恃鏢，故弗格。居山後始通中國，今則日盛，漳、泉之惠民、充龍、烈嶼諸澳，往往譯其語，與貿易，以瑪瑙、磁器、布、鹽、銅、簪環之類，易其鹿脯皮角。間遺之故衣，喜藏之，或見華人一著，旋復脫去，得布亦藏之。不冠不履，裸以出入，自以為易簡云。

野史氏曰：異哉東番！從烈嶼諸澳，乘北風，航海一晝夜至彭湖，又一晝夜至加老灣，近矣。迺有不日不月，不官不長，裸體結繩之民，不亦異乎！且其在海而不漁，雜居而不嬲，男女易位，居瘞共處，窮年捕鹿，鹿亦不竭。合其諸島，庶幾中國一縣，相生相養，至今曆日書契無而不闕，抑何異也！南倭北虜，皆有文字，類鳥跡古篆，意其初有達人制之耶！而此獨無，何也？然飽食嬉遊，于于衎衎，又惡用達人為？其無懷、葛天之民乎！自通中國，頗有悅好，姦人又以濫惡之物欺之，彼亦漸悟，恐淳朴日散矣。萬曆壬寅冬，倭復據其島，夷及商、漁交病。浯嶼沈將軍往勦，余適有觀海之興，與俱。倭破，收泊大員，夷目大彌勒輩率數十人叩謁，獻鹿餽酒，喜為除害也。予親睹其人與事，歸語溫陵陳志齋先生，謂不可無記，故掇其大略。

（根據方豪《方豪六十自定稿》上冊，頁八三五－八四四所錄〈東番記〉照相影本，加新式標點，並予以分段；刻本少數異體字改為一般寫法。）

本文原刊於《故宮文物月刊》第二四一期（二〇〇三年四月），頁二二－四五。
囿於該刊體例，發表時刪去註釋，只留若干條。
二〇〇九年八月修訂，恢復詳註形式。

第四章

明清文獻中「臺灣非明版圖」例證

臺灣納入中國版圖在康熙二十三年（一六八四），明載史籍，毫無疑問。在此之前，臺灣不在中國版圖之內，官方文書亦無含糊之處。今天的臺灣島在明季以前名稱未定，臺灣西南沿海一帶，明代文獻大抵稱為「東番」。《明實錄》萬曆二年（一五七四）首次出現東番。根據該文獻，海賊林鳳鳴逃匿躲藏到東番，福建總兵於是招漁民「諭東番合剿」、「傳諭番人夾攻」[1]，由此可見當時福建、澎湖一帶漁民與居住於臺灣的人群已有接觸，然而明朝官方須透過漁民要求番人合剿海賊，正表示兩邊無正式之關係。《明實錄》萬曆四十四年（一六一六）有「雞籠逼我東鄙，距汛地僅更數水程」之言[2]，「雞籠」約指今天基隆一帶；雞籠既然逼近「我東鄙」（我朝東邊的邊境），當然不在版圖之內，雖然距離汛地不遠，只有幾更的水程。《清聖祖實錄》康熙二十二年十月十日條：「上曰：……臺灣屬海外地方，無甚關係，……」，明白說臺灣是海外地方。[3]清初纂修的《明史》將雞籠列於〈外國傳〉中，雞籠（雞籠山）泛指臺灣島。[4]上舉數條重要的官方文獻皆清清楚楚指出：臺灣在被清國收入版圖之前，不是中國的領土。

史籍昭然若揭，但或許由於民族主義的偏見，或許受到現實政治的影響，不少中國學者面對史料，卻視而不見，大唱「臺灣自古以來即是中國領土」的論調。這也是中國不放棄武力併吞臺灣的「理據」——正當化軍事行動。就此而言，釐清這個隸不隸屬的「歷史」問題，對臺灣而言，格外具有意義。面對虛構，真實是最佳武器。此一問題之產生，不能不說與臺灣自一六六二年以來的歷史緊密相關，尤其是清朝統治下的兩百二十二年。從地質上與史前人類活動來說，臺灣與中國關係十分密切。然而關係密切與「不可分之領土」是兩回事。就「版圖」觀念而言，臺灣與中國的關係到底如何？這是本文關心的重點。

本文首先檢討中國學者普遍的說法，其次試圖從明代文獻中列舉有關臺灣的記載，以證示當時人明確認為臺灣不是中國的領土，再其次討論中國學者之主張在證據上的問題，最後舉例說明清人對臺灣之隸屬的根本認識。「臺灣非明版圖」不是筆者的新發現，前輩學者楊雲萍早於一九八〇年揭明此一事實[5]，而於相關史料有所涉獵的學者，只要不昧於現實政治的觀點，也應了然於胸，筆者不過是將明清兩代人的看法略作整理而已。但願藉此能稍息一時之譌論，讓歷史的真實還諸歷史，政治的宣傳歸於政治。

---

1 《明實錄》（臺北：中央研究院歷史語言研究所〔黃彰健校勘〕，一九六六）冊九七《明神宗實錄》，卷二六，頁二b（六四六）；《明神宗實錄》卷三〇，頁六a-b（七三二—七三三）。

2 《明實錄》冊一二〇《明神宗實錄》，卷五四六，頁一〇三五二。「更數水程」或為「數更水程」之誤。

3 《〔大清〕聖祖仁（康熙）皇帝實錄》（臺北：臺灣華文書局），卷一一二，頁一四九六。

4 見張廷玉等撰，《明史》（北京：中華書局，一九八四），頁八三七六—八三七七。「雞籠」條云：「雞籠山在彭湖嶼東北，故名北港，又名東番，去泉州甚邇。……其地，北自雞籠，南至浪嶠，可一千餘里。東自多羅滿，西至王城，可九百餘里。」可知至遲在修《明史》時，「雞籠」有廣狹兩義，狹義約指今天基隆一帶，廣義則指臺灣島。附帶一提，此條中關於臺灣土著民之描述大抵鈔自陳第〈東番記〉。

5 楊雲萍，〈鄭成功的歷史地位〉，收於氏著，《南明研究與臺灣文化》（臺北：臺灣風物雜誌社，一九九三），頁三六七—三七四。原載於黃富三、曹永和主編，《臺灣史論叢》一輯（臺北：眾文圖書公司，一九八〇）。

一、「臺灣自古即為中國領土」說

一九九一年由中國福建人民出版社刊行的《清代臺灣高山族社會生活》開宗明義說：「臺灣與大陸有著極其密切的歷史關係，臺灣自古以來就是中國的領土，居住在臺灣的高山族是祖國民族大家庭的成員。……」[6]此一論調忠實地反映了當前中國政府對臺灣的基本政治主張。此書的作者劉如仲與苗學孟，頗有著述，但兩人皆非專治臺灣史的學者。[7]同一年，中國青海人民出版社印行《臺灣歷史與高山族文化》一書[8]，開卷第一篇即是〈怎樣說明臺灣自古就是我國領土〉。此書作者張崇根號稱治臺灣史三十餘年，但他的作品政治宣傳意味非常濃厚，在方法上遠離基本的歷史研究的原則，因此本文不擬多費筆墨，一一予以駁斥。[9]

值得我們注意的是，中國治臺灣史的著名學者幾乎同聲一氣，作此主張。例如廈門大學臺灣研究所的陳碧笙，在題為《臺灣地方史》一書的「前言」中，明白聲稱：「臺灣是我國的神聖領土，臺灣各族人民是我們的骨肉同胞。」[10]又說：「有史以來，臺灣始終是祖國大陸的一部分，這是一條早已為許多歷史事實所反復證明了的真理。」[11]陳碧笙之外，其他治臺灣史的著名學者又怎麼看呢？

陳孔立是廈門大學的教授，著名的臺灣史研究者，他在一九九〇年出版一本臺灣史專著，書名為《清代臺灣移民社會研究》。[12]在這本書中，陳孔立說：「臺灣是中國領土的一個組成部份」、「臺灣是中國的領土；臺灣人民都是中華民族的成員。」[13]比起劉如仲、苗學孟、張崇根與陳碧笙，陳孔立在用語上比較審慎，他並未明白地說臺灣「自古以來」是中國的領土。臺灣的確曾經是中國的領土，由於中文沒有「時式」（tense），因此我們很難說陳孔立的說法一定是錯誤的——如果他只是陳述過去某個時期的歷史事實，而非主張其「恆為真」，那麼他的說法勉強說得通。但是，上引第二句的後半句：「臺灣人民都是中華民族的成員」，給人他終究在作「恆為真」之主張的印象。[14]因此，我們不能不懷疑當陳孔立說「臺灣是中國的領土」，其實等於說

6 劉如仲、苗學孟，《清代臺灣高山族社會生活》（福州：福建人民出版社，一九九二），頁一。
7 劉如仲著有《清代民族圖志》、《準噶爾的歷史與文物》，以及一系列古董鑑賞的書籍（如古玉、古錢、文房四寶、銅鏡之鑑賞）。劉如仲與苗學孟另外合編有《臺灣林爽文起義資料選編》（福州：福建人民出版社，一九八四）。
8 張崇根，《臺灣歷史與高山族文化》（西寧：青海人民出版社，一九九一）。
9 舉例來說，張崇根把臺灣與澎湖視為同一個歷史地理的單元，凡文獻上講澎湖的，一概應用到臺灣，照這樣的推論，臺灣當然早就隸屬中國。在他的說法裡，南宋時臺灣即屬於中國，因為南宋時已「遣將分屯」澎湖。見張書，頁一一—一五。
10 陳碧笙，《臺灣地方史》（增訂本）（北京：中國社會科學出版社，一九九〇）。
11 陳碧笙，《臺灣地方史》，頁三〇二。
12 陳孔立，《清代臺灣移民社會研究》（廈門：廈門大學出版社，一九九〇）。
13 陳孔立，《清代臺灣移民社會研究》，頁六〇、六二。
14 實則臺灣原住民在他們長久的歷史中並不屬於中華民族；他們被視為「中華民族」的成員最早只能從一九四五年算起，現在也被列為中華人民共和國五十五個少數民族之一，稱為「高山族」。研究民族主義或族群歷史的

「臺灣自古以來就是中國的領土」。

我們的懷疑在別的地方得到證實。陳孔立在他主編的《臺灣歷史綱要》一書中指出，臺灣在荷蘭人占領之前即是中國的領土。該書列舉了有利於此一主張的說法，其一：荷蘭人跟日本人說「臺灣土地不屬於日本人，而是屬於中國皇帝，中國皇帝將土地賜予東印度公司，作為我們從澎湖撤退的條件。」[15]其二：「鄭成功認為，臺灣是他父親的產業，是暫時借給荷蘭人的。」[16]在這裡，明顯的設定是臺灣在荷據以前就是中國領土。然而，這個說法所根據的證據是後起的、旁支的，與更為原始而直接的史料相衝突。關於這個說法的證據問題留待第三節詳論。

曾研究過荷蘭時代臺灣歷史的楊彥杰也認為臺灣在荷蘭占據以前就屬於中國，他說：「……荷蘭人移占臺灣，仍然是對中國領土的侵占。」[17]然而楊彥杰自己徵引的文獻本身就明白告訴我們臺灣是「夷區」。為便於討論，茲不嫌冗長，迻錄楊書一段文字（含引文）於下：[18]

1624年冬，在荷蘭人剛移居大員後不久，詔安縣鄉官沈鈇即上書南居益，建議「移檄暹羅」，宜諭荷人從臺灣撤走。書云：

夫大灣去彭湖數十里，雖稱裔區，實泉漳咽喉也。沿海商民捕釣貿易，往來必經。即呂宋一島酋長，亦恨紅裔絕他利市，必怨其久駐大灣，為他國梗也。……為今之計，二三長老懇望祖臺給以公檄，選擇武士帶諭暹羅島主，嚴令紅裔速歸本土，不許久駐大灣，引誘日本奸侫互市。仍會巡海孫公祖、謝總戎、俞副將、劉游擊諸君，斟酌速行。……日下北風正起，

> 水勢甚便，祈殺然早發，非止一閩之幸，實國家之福也。
>
> 其後不久，沈鈇又呈遞著名的《上南撫臺暨巡海公祖請建彭湖城堡置將屯兵永為重鎮書》，……

在楊彥杰的引文中，沈鈇說：「夫大灣去彭湖數十里，雖稱裔區，實泉漳咽喉也。」在這裡，「大灣」即「大員」；「裔」通「夷」，「裔區」即「夷區」。（同一條文獻中的「紅裔」即為「紅夷」。）沈鈇的意思很清楚：雖然大員（今安平一帶，尚未指稱今天的臺灣全島）是夷區，但卻握住了泉州漳州的出入口——這正是問題的所在。換句話說，臺灣是外國，但對福建沿海來

學者大都認知到：「民族」的定義與界線往往是流動的，可分可合。不過，當我們回頭看歷史時，還是應該儘量了解歷史的實際情況。雖然受當代某些思潮影響的人會質疑沒有所謂的「歷史真實」可言，但是，如果我們說長濱文化的主人、十三行文化的主人（可能是凱達格蘭族），或明末陳第所見到的東番土著（應為西拉雅族）是中華民族的成員，那是以一個後起的「中華民族」觀念回頭硬套用在這個觀念還沒出現之前的情況，其遠離事實，自不待言，也是要先被顛覆的說法。

15 陳孔立編，《臺灣歷史綱要》（北京：九洲圖書出版社，一九九六），頁四六。

16 陳孔立編，《臺灣歷史綱要》，頁七八。

17 楊彥杰，《荷蘭時代臺灣史》（南昌：江西人民出版社，一九九二），頁三七。

18 楊彥杰，《荷蘭時代臺灣史》，頁三八。楊書此一引文有錯字，茲按刻本改。刻本原文，見秦炯纂修，《康熙詔安縣志》（中國地方志集成．福建府縣志輯三二）（上海：上海書局出版社，二〇〇〇；據清同治十三年（一八七四）刻本影印），卷一二「藝文」，頁九a—一〇b（五八七）。

說位置緊要。明末清初從官方的角度看臺灣，大多不離此一立場（可參考本書第一章第四節）。

大員除了是「泉漳咽喉」外，自明末以來與隸屬中國版圖的澎湖（明朝作彭湖）關係密切。然而，就漢人歷史的發展而言，澎湖列嶼與臺灣本島雖僅一水相隔，在鄭成功占領臺灣以前，澎湖與臺灣的歷史脈絡是不相統屬的，也就是說，各有各的發展歷程。最早關於澎湖隸屬中國的記載在宋趙汝适《諸蕃志》。該書成於寶慶元年（一二二五），「毗舍耶國」條云：「泉有海島曰彭湖，隸晉江縣。」[19]

根據曹永和的研究，在宋代，澎湖在國際貿易幹線之外，最初似為漁民所開拓，作為閩人的漁場。[20]到了元代，根據汪大淵《島夷誌略》，澎湖已有不少泉州人定居於該地。至元年間立巡檢司。明初曾一度放棄澎湖，徙民墟地。然由於沿海居民靠海為生，禁令很難被遵守，其後澎湖仍然繼續作為福建沿海漁民的移居地與漁場，且成為「東洋」海域逃民蝟集之所。嘉靖中葉，海盜猖獗於中國沿海，澎湖遂成為海盜與倭寇的巢穴，是走私貿易的會合點。萬曆中期以後，明廷加強沿海警備；萬曆末年走私貿易逐漸從澎湖轉到臺灣。[21]

捕魚與販洋（海上貿易）是促使漢人到臺灣西南沿海的主要原因。明末出現於文獻的臺灣地名主要為雞籠、淡水與北港。雞籠、淡水在北部，北港是大員（今安平）的別稱。由於大員一帶海域在澎湖漁民的漁場範圍內，所謂「北港捕魚」即指至臺灣西南海域捕魚。無論販雞籠、淡水（漢番交易），或到北港捕魚，都需要船引。由於「北港捕魚」的結果，臺灣海岸有季節性的中國漁民搭蓋魚寮作短暫居留，這是漢人定居臺灣的前奏——魚寮日後逐漸發展成為漁村。[22]以是，明末以來，就新航路（東洋針路）[23]、海盜倭寇圈、捕魚漁場而言，臺灣島從北港到雞籠沿岸逐漸被納入中國沿海漢人的活動範圍。臺澎關係日深，然而此時的臺灣仍然是不折不扣的「夷區」。我們容易犯的毛病是，把今天臺澎一體的情況未經檢討即套用到明鄭以前。

一六二二年到一六二四年之間，荷蘭人曾經占據澎湖，並且興築城堡。後經過與中國一番談判與戰爭後，撤離澎湖，轉據對岸的大員。關於這段過程，廈門大學臺灣研究所的學者陳小沖寫過一篇長文〈1622-1624年的澎湖危機——貿易、戰爭與談判〉。[24]陳小沖的基本設定也是臺灣本

19 見馮承鈞校注，《諸蕃志校注》（臺北：臺灣商務印書館，一九六七），頁八六—八七。於此附帶一提，「彭湖」一名見於文獻非始自《諸蕃志》，曹永和指出更早出現在真德秀〈申樞密院措置沿海事宜狀〉（一二一八）。見曹永和，〈早期臺灣的開發與經營〉，收於氏著，《臺灣早期歷史研究》（新北：聯經出版公司，一九七九），頁九九—一〇〇。

20 曹永和，〈早期臺灣的開發與經營〉，頁一〇五、一〇七、一三一、一三四、一四〇、一五三。

21 曹永和，〈早期臺灣的開發與經營〉，頁一一三。

22 曹永和，〈明代臺灣漁業誌略〉，收於氏著，《臺灣早期歷史研究》，頁一六四—一六五；曹永和，〈明代臺灣漁業誌略補說〉，收於氏著，《臺灣早期歷史研究》，頁二四九—二五一。

23 東洋針路的路線是自福建的港口放洋，向東南經過澎湖至大約現在之安平海面，再沿臺灣西南海岸南下至臺灣南端的貓鼻頭，望見紅頭嶼，到浮甲山，經筆架山至呂宋島卡迦揚的阿巴里（Aparri），再沿呂宋島南下至民答那峨島；或轉東抵摩鹿加諸島；或取西經蘇祿（Sulu）列島而抵婆羅洲；或自呂宋經巴拉望（Palawan）島抵婆羅洲的文萊。見曹永和，〈早期臺灣的開發與經營〉，頁一一七。

24 陳小沖，〈1622-1624年的澎湖危機——貿易、戰爭與談判〉，《思與言》三一卷四期（一九九三年十二月），頁一二三—二〇三。陳小沖一文刊登後，蔡采秀曾撰文反駁，見蔡采秀，〈史實乎？論述乎？——評陳小沖

來就屬於中國，他寫作該文的要旨在反駁臺灣是明廷「割讓」給荷蘭的說法。根據陳文，荷蘭人在一六二二年八月二日開始在澎湖建築城堡，八月七日荷方派人到中國海岸要求通商，自是展開中荷兩方的交涉。陳文列出中荷和戰的四個主要過程，為方便討論，筆者根據陳文重新整理製表如下：[25]

25 陳小沖，〈1622-1624年的澎湖危機〉，頁一四八—一五五。〈1622-1624年的澎湖危機〉〉，《思與言》三二卷三期（一九九四年九月），頁二一三—二二六。

表一　中荷和戰過程簡表

事件	時間	雙方代表人物	主要內容（標*號者為陳小沖之評論）
福州談判	1622/9/29－1623/4	福建巡撫商周祚 荷蘭雷約茲將軍	商周祚要求荷人撤出澎湖，並建議如果荷蘭人想進行貿易，可以到北緯二十七度附近的Tamshy（淡水）去，還表示願意提供引航人。荷方未接受。
廈門戰爭	1623/11	諸生陳則庚 荷蘭邦特庫	締結為期一年的協議； 隨後雙方起衝突，荷船默伊登號被中方焚毀。 *締結條約不過是廈門地方當局「詭詞撫議」。
巴達維亞交涉	1624/1－1624/6/12	千總陳士瑛、洋商黃合興 荷印總督德．卡彭蒂爾	陳士瑛等表示：如果荷蘭人放棄澎湖，在大員或附近居留，只要在中國領域之外，中國人就可以到該地貿易。 卡彭蒂爾要求先在大員開始與中國貿易，俟後視情況撤出澎湖。 第二次談判：荷蘭承諾撤出澎湖。
澎湖戰場談判	1624/2/8－8/26	福建巡撫南居益 荷蘭遠征隊長官宋克	明軍攻澎湖，水陸並進。 一六二四年八月二十六日荷蘭人撤出澎湖，退往大員。

由上表我們可以看出：中國方面為了勸說荷蘭人撤出澎湖，曾建議後者到大員，以之為根據地與中國貿易。陳小沖也坦然說道：「應當承認，明朝福建當局從危機一開始就有把荷蘭殖民者

引往臺灣的意向」[26]，但是他認為明代官員（商周祚、南居益、孫國禎）只是「鼓勵」、「同意」荷蘭殖民者離開澎湖到臺灣去，這「絕不意味著割讓」，因為「按照國際法的基本原理，實行割讓的唯一形式是由讓與國和取得國以條約成立協議，……雙方既沒有通過談判簽訂正式的書面和約，也沒有通過戰爭強迫某一方接受既成的領有事實，因此，根本無以談起任何形式的割讓。」[27]

然而，這裡出現一個問題：如果臺灣與澎湖同是明朝的領土，何以能以臺易澎？在陳文中，我們看到商周祚明白說：「……不許在我內地開互市之名，諭令速離澎湖，揚帆歸國，如彼必以候信為辭，亦須退出海外別港以候，但不係我汛守之地，聽其擇便拋泊，……。」[28]後半句說如果荷蘭人以候風為藉口，也須退到「海外別港」，只要不是中國汛守之地，就聽任他們停泊。陳小沖檢閱不少史料，然而由於他自始即設定臺灣是大明版圖，因此把許多明白表示「臺灣非明版圖」的話語都說成是官員「敷衍塞責」的結果。他指責當時的官員，「至於臺灣，則視為化外之地，可以聽任外人隨意進出，甚至謂其『非中國之地』。」[29]「非中國之地」係引自《明清檔案》〈兵部題『彭湖捷功』殘稿〉，該文獻云：「夷從東番，雖非中國之地，而一葦可渡，尚伏門庭之憂。」[30]這裡明白指出東番（應指臺灣西南一帶）不是中國的土地，但就在門口，構成隱憂。如筆者在前面指出的，這是明末清初官方對臺灣的地位所抱持的基本態度。

南居益將荷蘭人逐出澎湖，立下大功，兵部題奏，報捷論功，乃一時盛事。《明實錄．熹宗實錄》載南居益獻俘奏捷之辭曰：「恢復寸疆，亦山河之增壯。」[31]荷蘭人離開澎湖後，占據大員，是人盡皆知的事，公牘史籍亦毫不諱言。如「而夷舟……即於是日遠遁，寄泊東番瑤波碧浪之中」、「近據諜者言紅夷消息，尚泊數船於東番」。[32]設若南居益只是把荷蘭人從一塊「寸疆」趕到另一塊「寸疆」，何來「捷功」可報？何得有「平紅夷碑」之立？葉向高撰〈中丞二太南公平紅夷碑〉，中有兩處值得我們特別注意。其一，澎湖發生危機，雙方對峙時，有些人「甚且謂彭湖原非我地，予之無傷」。而南居益「毅然斷決」此議。[33]彭湖在有明一代雖曾徙民遷地，但其為明朝版圖則無疑義。作此主張或正是陳小沖指責的「敷衍塞責」。其二、碑末讚頌南居益之銘曰：「空其巢穴、還我版圖」。指南居益將荷蘭人逐出澎湖。如果大員也是大明版圖的

26 陳小沖，〈1622-1624年的澎湖危機〉，頁一五六。
27 陳小沖，〈1622-1624年的澎湖危機〉，頁一五七。
28 陳小沖，〈1622-1624年的澎湖危機〉，頁一五七。
29 陳小沖，〈1622-1624年的澎湖危機〉，頁一五九。
30 引自《明季荷蘭人侵據彭湖殘檔》（臺灣歷史文獻叢刊第一五四種）（臺北：臺灣銀行經濟研究室，一九六二），頁三九。
31 《明實錄》冊四八二《明熹宗實錄》（梁本），卷四七，頁二四五九。南居益原文載於沈國元，《兩朝從信錄》（中華文史叢書之十）（臺北：臺灣華文書局，據手抄本影印），卷二三，頁三八a—三九a（總頁二四四七—二四四九）。
32 〈福建巡撫南居益奏捷疏殘稿〉，《明季荷蘭人侵據彭湖殘檔》，頁八、二七。
33 葉向高，〈中丞二太南公平紅夷碑〉，《蒼霞餘草》卷一，收於中國福建省文史研究館編，《蒼霞草全集》（八）（揚州：江蘇廣陵古籍刻印社，一九九四；據福建師範大學圖書館藏明天啓刊本景印），頁一七。

話，荷蘭人遁入大員，南居益豈能受此頌讚？

最後再舉一位中國學者鄧孔昭為例。他也認為「臺灣自古是中國的領土」[34]，但他看了許多文獻，知道實際上從鄭經、康熙皇帝、姚啟聖到施琅都「同樣認為，鄭氏集團占領下的臺灣『屬外國之地』、『未入版圖』」[35]。他如何解決這個問題呢？他的解決辦法是，指責他們對臺灣地位的認識「存在著極其糊塗和錯誤的思想。他們對臺灣與祖國大陸悠久的歷史聯繫一無所知。拘泥於清朝入關之前中國政府在臺灣本島上未設立行政建制以及荷蘭曾經占領該地，就以為『臺灣屬外國之地』。」[36]

鄧孔昭、陳孔立與陳在正參與編輯的《康熙統一臺灣檔案史料選輯》一書，收錄不少康熙朝有關臺灣的官方檔案，該書「本書序例」中云：「本書所輯檔案，一般均全文發表，材料中有些明顯錯誤的觀點，如歷史上臺灣的地位等問題，均保留原貌，不予刪動……。」[37]（旁線為筆者所加）也就是說，清代檔案史料中關於臺灣地位的記載不符合當前的觀點，因此是錯誤的。

那麼，讓我們來看看明代人對臺灣的地位的認識，是不是和清朝皇帝及其官員一樣糊塗？一樣抱持著「明顯錯誤的觀點」？

二、明代文獻中臺灣的隸屬問題

在討論明代臺灣之隸屬問題之前，有必要說明早期中國文獻中的臺灣。中國史籍中比較具體而可能指臺灣的記載，主要有《三國志》的「夷洲」與《隋書》中的「流求」。

《三國志．吳書》「吳主傳第二」（即孫權傳）中，記載孫權遣將率甲士「浮海求夷洲及亶洲。亶洲在海中，長老傳言秦始皇帝遣方士徐福將童男童女數千人入海，求蓬萊神山及仙藥，止此洲不還。……所在絕遠，卒不可得至，但得夷洲數千人還。」[38]《三國志．吳書》中關於孫權征夷洲一事，還見於〈陸遜傳〉與〈全琮傳〉。[39]夷洲係指何地，學者間聚訟紛紜，未有定論，

---

34 鄧孔昭，〈論清政府與臺灣鄭氏集團的談判和「援朝鮮例」問題〉，《臺灣研究集刊》一九九七年第一期（一九九七年二月），頁七一。

35 鄧孔昭，〈論清政府與臺灣鄭氏集團的談判和「援朝鮮例」問題〉，頁七一。

36 鄧孔昭，〈論清政府與臺灣鄭氏集團的談判和「援朝鮮例」問題〉，頁七二。

37 廈門大學臺灣研究所、中國第一歷史檔案館編輯部編，《康熙統一臺灣檔案史料選輯》（福州：福建人民出版社，一九八三），頁二。

38 陳壽，《三國志》（北京：中華書局，一九九四），頁一一三六。參見方豪，《臺灣早期史綱》，頁一八－一九。

39 《三國志．吳書》，卷五八，頁一三五〇、卷六〇，頁一三八三。

有認為夷洲指臺灣，也有認為指琉球（現為日本沖繩縣）。[40]假設夷洲確實指臺灣，吳國遠征得數千人而還，只是表示三國時代中國軍隊曾經到過臺灣，這與臺灣之地位問題實無干係。張崇根據此而說：「這是我國的政治勢力第一次達到臺灣，是臺灣自古以來就是我國神聖領土的重要證據之一。」[41]前半句還有道理，後半句就離譜了。

文獻中記載的島嶼可能是指臺灣的，比《三國志》更為具體而詳細的是《隋書．流求國傳》。此傳內容甚為豐富，對流求一地之風土民俗與社會組織等皆有所描述，然與題旨無關，茲略去，只引相關部分。傳云：「流求國，居海島之中，當建安郡東，水行五日而至。土多山洞。其王姓歡斯氏，……三年，煬帝令羽騎尉朱寬入海求訪異俗。何蠻言之，遂與蠻俱往，因到流求國。言不相通，掠一人而返。明年，帝復令寬慰撫之，流求不從，……帝遣武賁郎將陳稜、朝請大夫張鎮州率兵自義安浮海擊之。……流求不從，拒逆官軍。稜擊走之，進至其都，頻戰皆敗，焚其宮室，虜其男女數千人，載軍實而還。自爾遂絕。」[42]關於流求到底指何地，也有臺灣與琉球的兩派說法，而以主張為臺灣者占優勢。[43]如果我們從考古證據與人類學研究中有關臺灣土著民族的知識來加以探討，這個問題恐怕還可以繼續爭論下去。不過，就臺灣的隸屬而言，問題簡單多了。《隋書．流求國傳》和《三國志．吳書》一樣，它告訴我們中國可能派兵來過臺灣，並且同樣地或得或虜數千男女而返。如果三國時的夷洲與隋代的流求確指臺灣，這些記載不惟證明了臺灣「自古」不屬於中國，而且還證明了臺灣土著民族曾兩度受到中國的「虜掠」。

《隋書》之後關於流求的記載有趙汝适《諸蕃志》、馬端臨《文獻通考》與《宋史》。此三書大都承襲《隋書》，惟在修改刪略之餘，增加了一些新訊息。[44]在這些新增材料裡，值得注意的是，這三本書中出現了「彭湖」（澎湖）的記載。臺灣在地理位置上與澎湖密邇，因而澎湖的出現連帶使得關於臺灣的記載更有可資判斷的依據。

宋以後，關於臺灣的記載，在內容上具有突破性的是元朝汪大淵的《島夷誌略》。該書第一條為「彭湖」，其次為「琉球」，一般認為此處所記載的「琉球」即臺灣。「琉球」條曰：[45]

40 參見方豪，《臺灣早期史綱》（臺北：臺灣學生書局，一九九四），頁一四－一七；曹永和，〈早期臺灣的開發與經營〉，頁七一－七三。在此一議題上，凌純聲與日本學者市村瓚次郎主張夷洲指臺灣，梁嘉彬則主張夷洲為琉球。凌純聲除了主張夷洲確指臺灣外，他還認為《史記》「東越傳」所說的東越人「不勝即亡入海」的「亡入海」，很可能就是到達臺灣。見凌純聲，〈古代閩越人與臺灣土著族〉，《學術季刊》一卷二期（一九五二年十二月），頁三六－五二；市村瓚次郎，〈唐以前の福建及び臺灣に就いて〉，《東洋學報》第八卷（一九一八年九月），頁一－二五；梁嘉彬，〈吳志孫權夷洲亶洲考證〉，收於宋晞編，《史學論集》（臺北：華岡出版公司，一九七七），頁一二七－一六七。

41 張崇根，《臺灣歷史與高山族文化》，頁一九。張崇根甚且把孫權的「遠征」夷洲，說成「經營臺灣」。

42 魏徵，《隋書》（北京：中華書局，一九七三），卷八一，頁一八二三－一八二五。

43 曹永和，〈早期臺灣的開發與經營〉，頁七一。梁嘉彬力主流求即琉球（今日本沖繩縣）。

44 此四書有關流求之記載的關係，詳見曹永和，〈早期臺灣的開發與經營〉一文。

45 汪大淵，《島夷誌略》，《欽定四庫全書》〔史部十一地理類十〕，收於王雲五主編，《四庫全書珍本十集》，頁一b－二a。

地勢盤穹，林木合抱，山曰「翠麓」、曰「重曼」、曰「斧頭」、曰「大峙」。其峙山極高峻，自彭湖望之甚近。余登此山，則觀海潮之消長，夜半則望暘谷之出，紅光燭天，山頂為之俱明。土潤田沃，宜稼穡。氣候漸暖，俗與彭湖差異。水無舟楫，以筏濟之。男子婦人拳髮，以花布為衫，煮海水為鹽，釀蔗漿為酒，知番主酋長之尊，有父子骨肉之義也。他國之人倘有所犯，則生割其肉以啖之，取其頭懸木竿。地產沙金、黃荳、麥子、硫黃、黃蠟、鹿豹麂皮。貿易之貨用土珠、瑪瑙、金珠、粗碗、處州瓷器之屬。海外諸國，蓋由此始。

從文中可以知道，汪大淵到過該地。彭湖（澎湖）可以望見的地方，很可能是今天臺灣的西南一帶。汪文所描寫的風習，與我們所知道的臺灣西南一帶土著民的生活，有相合之處，但也有不甚符合的地方。例如「以花布為衫」，與後來陳第〈東番記〉的記載：「冬夏不衣，婦女結草裙，微蔽下體而已」、「不冠不履，裸以出入」[46]，不相符合。雖然如此，我們很難證明「琉球」不是指臺灣或臺灣之一部分。此處值得特別注意的是，汪大淵說：「海外諸國，蓋由此始」。如果琉球指臺灣，那麼臺灣就是第一個外國了。即或此處的琉球非指臺灣，中國的國界也終於彭湖，彭湖以東就是海外了。

陳第〈東番記〉的「東番」指的是臺灣（更確切來說，臺灣西南一帶），比起《島夷誌略》中的「琉球」，更是確定無疑。如前言所引的文獻，明神宗（一五七三－一六一九）時已開始指稱臺灣島的一部分為「東番」。陳第的〈東番記〉寫於萬曆三十一年（一六〇三），地名明確、內容詳細，凡土著之社會組織、婚姻、喪葬、食衣住行等風習，以及動植物、物產都有所記載，且所記多能與日後人類學之研究與調查相印證。方豪稱之為「最古的臺灣實地考察報告」[47]。用今天的話來說，就是最早的田野調查報告了。在此，我們有必要交代陳第來臺灣的背景，從而進一步討論他的另外一篇與本文題旨關係密切的文章——〈舟師客問〉。

陳第（一五四一－一六一七），福建連江人，字季立，號一齋。萬曆元年（一五七三）從俞大猷學兵法。曾任薊鎮三屯車兵前營游擊將軍，後去官南歸。萬曆二十六年訪沈有容將軍於海壇，是二人訂交之始。二十九年冬，再訪沈將軍於廈門。萬曆三十年十二月，陳第年六十二，與沈將軍同往臺灣剿寇。三十一年撰〈東番記〉，記其在臺之聞見。[48]

〈東番記〉記載東番土著原先聚居海邊，「嘉靖末……居山後，始通中國」[49]。又說東番「自通中國，頗有悅好」[50]。此皆明白指出東番不屬於中國。然而，如果我們一意認定東番是中國的版圖，很容易導致對史料的曲解。方豪對陳第〈舟師客問〉一文的解釋，正好可用來呈現

46　陳第，〈東番記〉，收於沈有容輯，《閩海贈言》（臺灣文獻叢刊第五六種）（臺北：臺灣銀行經濟研究室，一九五九），頁二五、二七。
47　方豪，《臺灣早期史綱》，頁一三七。
48　方豪，《臺灣早期史綱》，頁一四二－一四三。
49　陳第，〈東番記〉，頁二六。
50　陳第，〈東番記〉，頁二七。

「先入為主」的陷阱。陳第〈舟師客問〉是以一問一答的方式揭示沈有容東番之役成功之因，並針對他人的質疑提出辯解。沈有容因為剿逐海寇，追逐到版圖以外的東番，引起批評，「客問：『沈子之自料羅而出也，有謂不奉明文，徑情專擅者；有謂賊住東番，非我版圖者；……。』」陳第辯說道（旁線為筆者所加）：[51]

> 武夫敵愾，惟機是乘；如必明文之奉，而以專擅自阻也，則賊終無殄滅之期矣。賊之所據，誠非版圖，其突而入犯，亦非我之版圖乎？如必局守信地，而以遠洋藉口也，則賊亦終無殄滅之期矣。

在這裡有必要先解釋「如必局守信地」的「信地」。信地是水寨的防禦範圍。彭湖屬於福建浯嶼水寨的巡弋防禦範圍，也是彭湖遊（遊兵）的汛地。[52]這段話的主要意思是：軍人作戰，必須掌握時機，如果定要拘泥於明文（之命令），且害怕受到專擅的批評而自我設限的話，那麼終將滅不了賊的。賊人所占據的，確實不是我們的版圖，但他們所突入侵犯的地方，難道不是我們的版圖嗎？如果一定要局守水師防禦範圍，而拿遠洋（不在管轄內）作為藉口的話，那麼終將滅不了賊的。在這裡，陳第清楚地說：「賊之所據（東番），誠非版圖」，但因為「其突而入犯」的是「我之版圖」（彭湖），所以有充分的理由深入賊之巢穴以剿滅賊人。意思並無含混難解之處。另外，從該文我們也得知臺灣不在中國海防的防禦範圍。

然而，方豪如何解讀呢？他說：「這裡，陳第認為作戰是要乘機而作，一定要奉到上級命令，將永遠沒有消滅敵人之日。下面這一段話，陳第承認臺灣不是我國疆土，這是他不明白從明初到明末，所有航海圖和針路，連臺灣附近的小島，都盡在我們領土或防倭區域之內，何況臺灣，即當時所稱大員、東番或雞籠淡水。可是陳第在下文說得很有理，他說倭寇所突來侵犯的地方，難道也不是我們的領土嗎？如果只守住我們的防區，我們將永遠不能消滅倭賊。」[53]方豪並沒誤讀陳第的話，但他認為陳第不明白真相。在方豪看來，臺灣以及臺灣附近的小島從明初到明末都在中國的領土或防倭區域內。到底是陳第一個人「不明白」呢？還是明人集體都不明白？

〈舟師客問〉清楚地說：「沈子（沈有容）嘗私募漁人，直至東番，圖其地里，乃知彭湖以東，上自魍港，下至加哩，往往有嶼可泊；……。」[54]如果東番是領土，何以沈有容須私下派人去繪其地里情況？實則僅《閩海贈言》一書中，關於東番非明版圖的文字，到處可見，如葉向高

51 陳第，〈舟師客問〉，收於沈有容輯，《閩海贈言》，頁二九。
52 關於福建水寨與遊兵制度，見黃中青，〈明代福建海防的水寨與遊兵〉，收於湯熙勇主編，《中國海洋發展史論文集》第七輯下冊（臺北：中央研究院人文社會科學研究中心，一九九九），頁三九一—四三八。「信地」似為元朝開始才出現的用語。
53 方豪，《臺灣早期史綱》，頁一二四。
54 《閩海贈言》，頁二九。

〈改建浯嶼水寨碑〉云：「東番者，海上夷也。」[55]「夷」用現代白話來說，就是「外國人」的意思。又，屠隆〈平東番記〉云：「東番者，彭湖外洋海島中夷也。」[56]看來不止陳第一個人不明白。明代文獻顯示，如果陳第搞錯了，南明抗清運動重要人物張煌言也同樣「不明白」。

永曆十三年（一六五九）七月鄭成功攻打南京，大敗，九月大軍退回廈門。永曆十五年（一六六一）正月鄭成功決定攻打臺灣，「以臺灣為根本之地，安頓將領家眷，然後東征西討，無內顧之憂」[57]。三月三十日晚率大軍從澎湖峙內嶼攻臺，四月一日（清曆四月二日，陽曆一六六一年四月三十日）[58]從鹿耳門進入臺江，四月四日赤崁城夷長貓難實叮（即 Provintia 城地方官 Valentijn）投降，五月改赤崁地方為東都明京，設一府二縣，即承天府、天興縣與萬年縣。[59]但是荷蘭聯合東印度公司最主要的根據地熱蘭遮城（中文文獻稱為臺灣城）卻久圍不下。從永曆十五年四月一日到十二月十三日（一六六一年四月三十日－一六六二年二月一日），足足圍攻了九個月，荷蘭東印度公司臺灣城長官揆一（Frederik Coyett, 1615?-1687）方才投降。[60]

鄭成功攻打臺灣，於反清復明之勢力衝擊甚大，引起復明志士的疑慮與激烈的批評。抗清運動名臣張煌言極力反對鄭軍攻取臺灣，他擔心鄭成功將不再積極抗清。他因此上書鄭成功，慷慨陳詞，希望能勸阻鄭成功，放棄攻打臺灣這個「外夷」之地，返回思明州（廈門），以思明州為根據地，致力於復明大業。張煌言〈上延平王書〉頗長，茲迻錄與臺灣有關的部分於下（旁線為筆者所加，標點亦略作調整）：[61]

……殿下東都之役，豈誠謂外島足以創業開基？不過欲安插文武將吏家室，使無內顧之憂，庶得專意恢剿。但自古未聞以輜重眷屬置之外夷，而後經營中原者，所以識者危之。……殿下誠能因將士之思歸，乘士民之思亂，迴旗北指，百萬雄師可得，百什名城可下，又何必與紅夷較雌雄于海外哉？況大明之倚重殿下者，以殿下之能雪恥復仇也。區區臺灣，何預于神州赤縣？而暴師半載，使壯士塗肝腦于火輪，宿將碎肢體于砂磧，生既非智，死亦非忠，亦大可惜矣！況普天之下，止思明州一塊乾淨土。……夫思明者、根柢也。臺灣者、枝葉也。無思明、是無根柢矣。安能有枝葉乎？此時進退失據，噬臍何及？古人云：寧進一寸死，毋退一尺生。使殿下奄有臺灣，亦不免為退步。孰若早返思明，別圖所以進步哉！……。

55 《閩海贈言》，頁五。
56 《閩海贈言》，頁二一。
57 《延平王戶官楊英從征實錄》（北平：中央研究院歷史語言研究所，一九三一初版／臺北：同單位，一九九六年景印一版），頁一四八b—一四九a。
58 《延平王戶官楊英從征實錄》作四月一日，永曆曆較清曆早一日。
59 《延平王戶官楊英從征實錄》，頁一四八b—一五一a。
60 關於鄭成功與臺灣荷蘭東印度公司之間的作戰與談判的詳細過程，可參考江樹生，《鄭成功和荷蘭人在臺灣的最後一戰及換文締和》（臺北：漢聲雜誌社，一九九二）。
61 張煌言，〈上延平王書〉，《張蒼水集》（上海：上海古籍出版社，一九八五），頁一八—二〇。

我們將此文與《延平王戶官楊英從征實錄》相比對，可以得知鄭成功攻打臺灣的理由是要儲藏軍備並安置文武官員將領的家眷，但張煌言指出：從來沒聽說有把軍隊的輜重與眷屬安置到外國，而後能經營中原的。他認為眾人對鄭成功的期望，就是恢復大明江山，而小小的臺灣與中國有何干係呢？已經攻打了半年，將士作了無謂的犧牲，還是請回到真正的根據地思明州（廈門），再想辦法前進吧！張煌言寫這封信，應是在永曆十五年秋冬之際，鄭成功軍隊圍攻臺灣城約半年而相持不下之時。

從張煌言〈上延平王書〉，我們清楚地看到臺灣在當時被視為「外夷」。明季（含明末）關於東番或臺灣的記載尚不止於此，以上幾條是比較常見的重要史料，相信具有一定程度的代表性。

三、「鄭芝龍借地說」與「臺灣割讓說」之不足信

臺灣不在明朝版圖之內，已證示如上，何以陳孔立說臺灣是鄭芝龍借給荷蘭人的呢？陳孔立之說並非毫無根據——雖然他未註明史料根據。此一說法來自鄭成功本身，然中文似無直接文獻。茲將《巴達維亞城日記》中鄭、荷和戰過程中有關此一說詞的記載，撮述如下：

一六六一年四月三十日鄭成功攻打赤崁城砦，隨即展開談判。五月一日鄭成功分別致函荷蘭

聯合東印度公司臺灣長官揆一與赤崁城地方官 Valentijn，函中表明：「澎湖島離漳州（Chincheuw）諸島不遠，故為其所屬，大員亦接近澎湖島，故此地自應屬中國之統治。吾父一官〔鄭芝龍〕將此地借與荷蘭人，吾今為改良此地而前來。汝等嗣後不得再領有吾地。」[62] 五月三日，鄭成功致代官的信函中又稱：余之前來本地，非為得不當之任何物，乃為占領原為余父所有亦即余所有之本地。該日荷方談判人員面見鄭成功時，鄭成功再度宣稱：余擬以協定或武力，要求公司歸還屬於漳州（Chinchieuw）而余應領之地 Formosa 及其城砦，汝等應立即移交城砦，否則將派精英前往 Provintia，加以占領云云。荷方人員「於是將對 Formosa 未曾有過任何主張之國姓爺之父一官在一六三〇年所締結契約提示於殿下（筆者按，指鄭成功），請其以其他條件進行協定，他則以關於其父以及其契約俱無所知，謂余唯要求得此地及其城砦……。」[63]

據此可知鄭成功宣稱臺灣原屬鄭芝龍，他有權利取回。然而，荷方指出根據鄭芝龍與荷蘭簽訂的契約，鄭芝龍未曾主張過臺灣屬於他本人。根據中村孝志的註釋，此一契約即一六三〇年二月十三日在停泊於廈門前面之快艇 Texcel（Texel）號上，臺灣長官 Hans Putmans 與中國沿岸提

62 村上直次郎日文譯註、中村孝志日文校注、程大學譯，《巴達維亞城日記》（臺北：眾文圖書公司，一九九一），頁二五六。

63 《巴達維亞城日記》，頁二六一。

督廈門大官人一官（鄭芝龍）之間所締結的自由貿易和平條約。[64]關於此一契約，鄭成功顯然毫無所知。

中文文獻中並無鄭成功主張臺灣屬於鄭芝龍的直接史料。《延平王戶官楊英從征實錄》是相當原始的史料，係追隨鄭成功東征北討的戶官楊英根據親眼聞見與檔案記錄而成。該書記載何廷斌獻圖勸取臺灣與鄭成功決定攻臺一事，並無一語涉及其父與臺灣之緣故，且鄭成功自言「我欲平克臺灣」，未用「恢復」之類的字眼。[65]鄭成功宣稱臺灣屬於鄭芝龍，大抵上是向荷蘭人索取臺灣的藉口或口號。誠如楊雲萍所云：「鄭成功的主張，有點『欲取其地，何患無辭』。」[66]鄭芝龍與臺灣曾有過密切的關係，這是無可否認的，也有史料顯示他曾向魍港一帶的漢人收稅。[67]然而，就算鄭芝龍曾控制臺灣某地區，與臺灣是否為明版圖，是截然不同的事。

鄭芝龍將臺灣租給荷蘭人的說法，實無直接的史料可資證明，不過，此一說法似乎流傳一時。施琅〈恭陳臺灣棄留疏〉云：「臺灣一地，原屬化外，土番雜處，未入版圖也。然其時中國之民潛至、生聚於其間者，已不下萬人。鄭芝龍為海寇時，以為巢穴。及崇禎元年，鄭芝龍就撫，將此地稅與紅毛為互市之所。」[68]施琅明白指出臺灣「未入版圖」，然在一六二八年鄭芝龍把它租給荷蘭人作為貿易的場所（按，稅，租也。稅作租解，是漢語古老的用法，今天臺語口語中還保存這個用法，讀作 sòe）。關於鄭芝龍與荷蘭人之間的協定與瓜葛，尚須詳考荷蘭文獻。然而，即或此事屬實，終究是兩方私相授受，與臺灣之隸屬無關。

關於鄭芝龍租借說，生於清順治年間的劉獻廷（一六四八—一六九五）早對此有所辨誤。

《廣陽雜記》卷三記載（旁線為筆者所加）：[69]

> 余問涵齋云：吾聞臺灣向為紅夷地，鄭芝龍得而復失，賜姓公復取之。有諸乎？涵齋曰：非也。臺灣向為番地。嘉靖中，紅毛國人取其一角，為諸國貿易之所。蓋紅毛國人領其主之船隻，於各國占地為市，而歲輸租賦，地多而大者加官焉。……賜姓公江南之敗，復回廈門。念廈門金門不可守，……遂思東取臺灣。……圍城兩月，食盡而降。賜姓縱其舟歸本國，臺灣遂為鄭氏有。

---

64 《巴達維亞城日記》，頁三〇四。

65 《延平王戶官楊英從征實錄》，頁一四八b。

66 楊雲萍，〈鄭成功的歷史地位〉，收於氏著《南明研究與臺灣文化》，頁三七一。

67 參見翁佳音，〈歷史記憶與歷史事實——原住民史研究的一個嘗試〉，《臺灣史研究》三卷一期（一九九六年六月），頁六，註（四）。翁佳音寫道：《臺灣日記》第三冊中，一六五一年四月的記事，載有荷蘭人捕獲在魍港附近向漁民收稅的鄭成功稅船，經偵訊及與鄭成功書信往還之後，得知鄭芝龍與成功父子，約在一六四三年左右便開始向魍港附近的漢人漁民徵稅。我曾就此請教康培德先生，他認為其中的情況頗為複雜，有待進一步研究。私意認為鄭芝龍（與鄭成功？待攷）對漢人漁民徵稅一事，如果屬實，只說明了鄭芝龍對福建沿岸漢人漁民具有強大的控制力，但不表示臺灣就隸屬中國。

68 施琅，《靖海紀事》〔臺灣文獻叢刊第一三種〕（臺北：臺灣銀行經濟研究室，一九五八），頁五九—六〇。

69 劉獻廷，《廣陽雜記》（北京：中華書局，一九五七），頁一六七—一六八。楊雲萍在〈鄭成功的歷史地位〉中曾引用此一史料，證示鄭成功不是「恢復」臺灣，而是開創。見頁三六九。

劉獻廷這段話甚有意思。從中我們得知清初是有「臺灣原屬鄭芝龍」的說法，但識者不以為然。楊涵齋回答劉獻廷說：臺灣不惟不是鄭芝龍之地，也非「向為紅夷地」，實際上「臺灣向為番地」。這是多麼符合歷史真實的說法！楊涵齋還說荷蘭人只「取其一角」，也甚符實際——荷蘭一開始只占領大員一角，其後才逐步擴大管轄範圍。至於其它關於荷蘭聯合東印度公司的描述，則令人驚訝清初人士的理解並不離譜。

綜上可知，臺灣——正確地說，臺灣西南地區的一部分——曾為鄭芝龍所擁有的說法，在清初是存在的，但是推其原始，實無史料可資證明；「稅給荷蘭」也乏直接史料。再說，屬於鄭芝龍並不等同隸屬明朝。鄭成功以臺灣為乃父之地作為攻取臺灣的正當理由，只能說是藉口，而此一說辭也不為臺灣的荷蘭當局所接受。

其次論「割讓說」的問題。陳孔立認為「當時荷蘭人承認臺灣是中國領土」，他的根據是「荷蘭人占領臺灣不久就同日本人發生衝突，因為日本人反對向他們繳納關稅。在爭執中，荷蘭人指出『臺灣土地不屬於日本人，而是屬於中國皇帝，中國皇帝將土地賜予東印度公司，作為我們從澎湖撤退的條件』，現在東印度公司已成為主人，日本人應當向他們納稅。」[70]陳孔立並未注明文獻之根據，然陳碧笙在《臺灣地方史》中也談到這個問題，注明引自 W. M. Campbell（甘為霖）, *Formosa under the Dutch: Described from Contemporary Records*，與《鄭成功收復臺灣史料選編》中所收甘書之部分中譯。[71]筆者推測陳孔立應也是根據同一材料。甘為霖原文如下（底線為筆者所加）：[72]

Not long after the period referred to, a serious dispute about payment of this duty and other such questions arose with the Japanese, who strongly objected on the plea that they were six years before the agents of the Company had arrived, and were therefore the first in possession. And the truth of this statement Governor-General Koen had acknowledged in his instructions to Mr. Reyerszoon in 1622, while free trade on the island had likewise been granted to the Japanese by Mr. Reyerszoon. This, however, did not free the Japanese, any more than the other inhabitants of Formosa, from the payment of taxes, tolls and other duties, seeing that the land did not belong to them but to the Emperor of China, who had granted it to our Company in place of Pehoe, which we had evacuated on that condition, and with it the Company had got, as landlords, the duties honestly coming to them from all the inhabitants, and still more from the Japanese, who were strangers. For, although they had been there ever so long before, that did not free them from the payment of taxes and duties to the landlords; and if any had a right to claim these payments, it was undoubtedly the Chinese.

70 陳孔立，《臺灣歷史綱要》，頁四二。
71 陳碧笙，《臺灣地方史》，頁六一，註一。
72 W. M. Campbell, *Formosa under the Dutch: Described from Contemporary Records* (London: Kegan Paul, Trench, Trubner & Co., Ltd., 1903; 臺北：南天書局，一九九二景印), p. 36.

這段文字反反復復強調的是，不管日本聲稱比荷蘭人較早來到臺灣，抑或曾獲准在臺灣貿易，既然現在荷蘭東印度公司是臺灣的地主（landlords），日本人跟土著民族一樣，必須向公司納稅。荷方說：此一土地不屬於他們（日本人），而是屬於中國皇帝，中國皇帝將土地賜予東印度公司，作為我們從彭湖撤退的條件。最後還說，如果有人能對稅金有所權力的話，那無疑就是中國人了。這段文字與實際情況有出入。所謂明朝皇帝把臺灣賜給荷蘭東印度公司作為荷方退出彭湖（Pehoe）的交換條件，實際情況如前所述是：明朝福建巡撫為了要使荷蘭人從彭湖撤退，開出的交換條件是如果荷蘭移至臺灣，可准許中國人到該地與之貿易。讀者須知，明朝實行海禁，雖准販東西洋，但禁止與日本貿易，至於西洋貿易則僅准在澳門進行，然為葡萄牙人所壟斷。以是，此一交換條件對荷蘭東印度公司而言，具有相當的吸引力。也就是在這件事上，出現了「臺灣割讓說」。

陳孔立與陳碧笙同樣在著作中都提到「臺灣屬於中國皇帝」的說法，然而兩人的重點卻稍有不同。陳孔立藉以強調臺灣在荷蘭人占領以前是中國的領土，陳碧笙也這樣認為，但是他進一步駁斥中國皇帝將土地賜予東印度公司的說法，他認為這「顯然是毫無根據之談」。[73]根據我們對此段歷史的了解，其為毫無根據之談，自不待言。關於割讓說，陳碧笙指出（旁線為筆者所加）：[74]

荷蘭所提出的唯一証件是天啟四年八月二十日廈門都督何寫給荷蘭駐臺長官宋克的一封

> 信，中有「現在巡撫大人已獲悉荷蘭人民遠道而來，要求在赤道以南的巴達維亞及我方的福摩薩（臺灣）之間與我方貿易……」之語，中國地方當局不過「獲悉」荷人有此要求，並未同意，而且信中還明確指出「福摩薩島」是屬於我方的土地。不過荷蘭人畢竟還是承認了：不論是荷蘭侵入以前或是以後，臺灣的土地主權始終是屬於中國的，只有中國人才有徵收稅款的權利。

在這裡，陳碧笙引文中所謂「我方的福摩薩」係翻譯上的錯誤，來自《鄭成功收復臺灣史料選編》一書對甘為霖原文的誤譯。[75] 甘書原文作："The vice-roy understands that the Dutch people, coming from distant lands, requests to trade with us, to the south of the line, in Batavia, and, on this side, in the island of Formosa."[76] 英文的"on this side"應作「在這邊」解，不是「我方的」。全句講的是荷蘭要求與中國貿易的範圍，以南在巴達維亞，在（到）這邊則在福摩薩島。（附帶一提：英文原文亦未言及「赤道」以南。）

---

73 陳碧笙，《臺灣地方史》，頁六一。

74 陳碧笙，《臺灣地方史》，頁六二。

75 廈門大學鄭成功歷史調查研究組編，《鄭成功收復臺灣史料選編（增訂本）》（福州：福建人民出版社，一九八二），頁九四。

76 W. M. Campbell, *Formosa under the Dutch*, p. 35.

關於「我方」這段中文誤譯的文字，有必要追溯其本原。我們知道甘為霖的 *Formosa under the Dutch* 基本上是文獻的翻譯。該書分成三大部分，第一部分基本上選譯自 François Valentijn 的著作 *Oud en nieuw Oost-Indiën*（《新舊東印度誌》）。François Valentijn（1666-1727），出身荷蘭多爾德萊赫特（Dordrecht），一六八五年被任命為東印度牧師，曾兩度派駐東印度，前後近二十年（一六八五—一六九五、一七〇五—一七一三）。他畢生致力於撰寫一部大規模的關於東印度公司屬地的巨著——即《新舊東印度誌》一書。該書最後一部分在他逝世前一年付梓出版。[77]甘為霖書中「臺灣屬於中國皇帝」的說法，出自《新舊東印度誌》。我們知道，François Valentijn 生在荷蘭東印度公司退出臺灣之後，他為了寫書，雖然收集了大量的材料，但對臺灣的事物不甚了解，記載也不夠準確。因此，《新舊東印度誌》有關臺灣的記載，史料價值不高。[78]由於 Valentijn 寫書時，距荷蘭占領臺灣已經一百年了，在認知上往往有誤，前面提到的「臺灣屬於中國皇帝，而賜給荷蘭人」的說法，即是一例。

陳碧笙引用的那段中文有「我方」字樣的文字，是甘為霖譯自《新舊東印度誌》的。Valentijn 在《新舊東印度誌》中記錄了上述廈門都督致宋克的信，原信現存荷蘭東印度公司檔案館中，編號為 VOC 1083, fol. 92。[79]程紹剛曾將 Valentijn 所記錄的這封信譯成中文，茲迻錄於下（旁線為筆者所加）：[80]

現在對您的請求作以答覆。中國甲必丹多次向我們說明，您已撤出澎湖城堡，並離開澎湖，我們認為您沒有失言（筆者按，或為「失信」之誤）；因此我們願與您繼續保持友誼，並已稟報皇帝，荷蘭人來自遠國，請求與我們貿易，荷人南部以咬留吧，這邊以福爾摩薩為基地。我們決定前往福州，與巡撫和官府說明我們已與您建立友好關係。司令官可自由航往巴城，向總督先生報告這一切，因為您的貿易已獲得保障。

天啓四年八月二十日
都督

程紹剛的翻譯根據荷蘭文，只說「荷人南部以咬留吧，這邊以福爾摩薩為基地」，沒有所謂「我方的福摩薩」。Valentijn 原文作："ann de Zuyd-zyde van de Linie, in Calappa, en aan deze Zyde, op Ilha Formosa"，Calappa（或作 Calapa，交留吧、噶喇巴）是雅加達的舊稱。比對之下，荷蘭原文與甘為霖的英譯相當接近，確無「我方的福摩薩」的意思。[81]《鄭成功收復臺灣史料選編》的譯

77 程紹剛譯註，《荷蘭人在福爾摩莎 De VOC en Formosa 1624-1662》（新北：聯經出版公司，二〇〇〇），〈導論：《東印度事務報告》中有關福爾摩莎史料〉，頁 xxxviii。

78 關於《新舊東印度誌》一書的評價，見程紹剛譯註，《荷蘭人在福爾摩莎》，頁 xxxix。

79 以上消息承蒙林偉盛先生賜知。林先生手邊有此信的原檔微捲影本。原件為手寫花體字，由於影印效果不佳，難以判讀，然內容應去 F. Valentijn 所記錄者不遠。

80 程紹剛譯註，《荷蘭人在福爾摩莎》，頁四七，註三三。

81 曹永和先生為筆者比對本文引用的甘為霖的翻譯與 Valentijn 的原文，指出其間的差異是荷蘭文寫得比較繁複，

者將甘為霖的英譯"on this side, in the island of Formosa"譯成「我方的福摩薩」，不知是先見過深而導致的誤譯？還是有意識的筆誤？

「割讓說」還見於 James W. Davidson 的 *The Island of Formosa: Past and Present*。這也是陳碧笙駁斥的對象。[82]有趣的是，如果我們細讀原文，其實大有玄機在。Davidson 說："At length a new commander, Sonck by name, arrived from Batavia with orders to acquiesce in the demands of the Chinese and to occupy Formosa. A formal cession of the island was now made, which, considering that the Chinese had no right to it and never claimed any, was probably not a heart-rending task for them."[83]這句話是說：最後，一位叫作宋克的指揮官從巴達維亞抵達〔彭湖〕，他帶來了默認中國的要求並占領福爾摩沙的命令。該島的正式割讓於焉成立；鑑於中國人對該島沒有權利，亦從未宣稱任何權利，此一割讓對於他們來說，殆非痛心之事。由此可見，Davidson 的「割讓」（cession），不是嚴格的用法，他同時指出中國對臺灣沒有主權。

綜而言之，不論甘為霖或是 Davidson 的書，都不是十七世紀的原始材料。甘為霖的書雖然譯自 Valentijn 的著作，但《新舊東印度誌》成書在十八世紀，若與更原始的材料牴觸時，是不能採用 Valentijn 的說法的。尤其是在論證臺灣是否為明朝版圖之問題上，甘書或 Davidson 的書都必須讓位給更為原始的資料。誠如陳碧笙指出的，Davidson 的說法其實不值得一駁。[84]然而，看輕 Davidson 之說法的陳碧笙，何以在主張臺灣隸屬中國上，卻又置眾多中西文原始材料於不顧，而專以二十世紀的英文書為根據呢？更何況在中譯的過程中還產生關鍵性的嚴重錯誤！在陳碧笙所使用的《鄭成功收復臺灣史料選編》一書中，就收有本文第二節徵引的張煌言〈上延平王書〉，張煌言明言臺灣為「外夷」，竟然無法說服陳碧笙，而必得以後起之英文書為根據！

要之，在目前看得到的原始文獻中，並無臺灣在荷據以前隸屬中國的證據。如果我們恪守歷史學的證據原則，那麼要主張荷據以前臺灣即隸屬中國，實在不容易。

四、清人對臺灣之隸屬的認識

關於臺灣在鄭成功占領之前的隸屬問題，清人與明人秉持一樣的認識。清代關於臺灣的文獻，為數甚夥，在此只能舉幾條重要的資料，以概其餘。其中最有意義的文獻之一應該是施琅的〈恭陳臺灣棄留疏〉。這份文件影響臺灣的歷史發展至為深遠。它是怎麼說臺灣的地位呢？在討論內容之前，讓我們先看看這份文件的產生背景。

但意思是一樣的。上引荷蘭文係抄自曹先生提供的《新舊東印度誌》打字謄鈔本。

82 陳碧笙，《臺灣地方史》，頁六二，註一。筆者撰寫此文時，承蒙曹永和老師惠予指點，謹此致上謝意。

83 James W. Davidson, *The Island of Formosa: Past and Present* (London and New York: Macmillan & Company/ Yokohama, Shanghai, Hong Kong and Singapore: Kelly & Walsh Ltd., 1903; 臺北：南天書局，一九九二景印), p. 12.

84 陳碧笙，《臺灣地方史》，頁六二，註一。

一六六二年二月一日荷蘭東印度公司臺灣長官揆一開城投降後，同年六月二十三日（陰曆五月八日）鄭成功遽逝於臺灣。鄭成功的兒子鄭經繼承之，偏安海上，也曾打回中國，占據沿海地帶。鄭經在位前後達二十年（一六六二—一六八一），這其間清廷曾經幾度招撫鄭經，但終因臺灣方面堅持比照朝鮮例「不登岸」、「不剃髮」，遂無結果。[85]

清廷對鄭氏海上王朝的策略，以招撫為主，主張征剿最積極的是施琅。施琅從康熙初年即主張征剿，還一度統諸鎮攻打臺灣，然為颶風所阻，未能成功。康熙七年「朝議循於招撫」[86]，撤施琅水軍提督銜，授內大臣，晉爵伯，也就是說，雖內調升施琅的官，但不支持他剿臺；一直要到康熙二十年（一六八一）三藩之亂將近平息之時，康熙皇帝才又命施琅提督全閩水軍，積極進行對臺灣的征剿[87]。

施琅於康熙二十年十月到任，開始練兵整船，準備進剿臺灣。然而，主撫派的督撫仍多加掣肘，繼續與鄭克塽的新政權進行和議。[88]二十二年五月，由於臺灣方面堅持「不薙髮、不登岸」，康熙皇帝於是催促施琅進兵臺灣。六月十四日施琅率軍由銅山出發，十六日攻澎湖，鏖戰七晝夜，二十二日遂占領澎湖。七月十五日鄭克塽派人齎降表到澎湖施琅軍前。八月十三日施琅率軍至臺灣，十八日鄭克塽文武官員皆已薙髮，鄭氏三世海上政權奉明正朔凡三十七年，於焉終告結束。在鄭克塽投降後，康熙皇帝命令議政王大臣討論臺灣的棄守問題，議政大臣等議：「臺灣應棄應守，俟鄭克塽等率眾登岸，令侍郎蘇拜與該督撫提督會同酌議具奏。」[89]也就是說臺灣的棄守問題要由侍郎蘇拜、福建總督姚啟聖、福建巡撫金鋐，與提督施琅一起討論，再向皇帝提出建議。十二月初一，施琅至福州，與工部侍郎蘇拜、巡撫金鋐等商議臺灣之去留。議不決，施琅主留。[90]同月二十二日（一六八四年二月七日）施琅上〈恭陳臺灣棄留疏〉，力陳臺灣不可棄的理由。這是這篇關係到臺灣未來發展的重要文件出現的背景。施琅上疏後，康熙皇帝並沒馬上作成決定。他一再命令臣下討論，經過一番折騰，終於在翌年（康熙二十三年）四月十四日（一六八四年五月二十七日）由蘇拜與施琅等遵諭議定臺灣管理與防守事宜，即設一府三縣，設巡道一員分轄等[91]，清廷於是正式將臺灣收入清版圖。

85 阮旻錫，《海上見聞錄》（臺灣文獻叢刊第二四種）（臺北：臺灣銀行經濟研究室，一九五八），頁四四、五二、五六。關於鄭經與清廷的和議，可參考鄧孔昭，〈論清政府與臺灣鄭氏集團的談判和「援朝鮮例」問題〉。

86 叔德馨，〈襄壯公傳〉，收於施琅，《靖海紀事》，頁二七。

87 參見〈襄壯公傳〉、〈欽定八旗通志名臣列傳〉，收於施琅，《靖海紀事》，頁二七—二八、八六—八七。

88 閩浙總督姚啓聖主撫，與施琅意見不合，關於兩人間的牴牾，可參見中國人民大學清史研究所編，《清史編年》（北京：中國人民大學出版社，一九八八），第二卷（康熙朝）上，頁四〇四至四六五間的相關記載，尤其是頁四二八、四四七、四六五。

89 《聖祖仁皇帝實錄》，卷一一一，頁二五a（總頁一四八一）；鄂爾泰等修，《八旗通志（初集）》（長春：東北師範大學出版社〔據雍正五年修，乾隆四年武英殿本校點〕，一九八五），卷一七四〈名臣列傳三十四〉，頁四二二三。

90 中國人民大學清史研究所編，《清史編年》第二卷，頁四七五。姚啓聖未與議。

91 《聖祖仁皇帝實錄》，卷一一五，頁四b—五a（總頁一五三四—一五三五）。

施琅在臺灣棄留的討論與決定過程中，扮演了關鍵性角色，我們可以說，如果沒有施琅的堅持，清廷很可能會放棄臺灣，如此一來，臺灣的歷史就會有截然不同的發展。施琅的基本主張就寫在〈恭陳臺灣棄留疏〉。那麼，他是怎麼說臺灣的「地位」呢？施琅說：「竊照臺灣地方，……查明季設水澎標於金門所，出汛至澎湖而止，水道亦有七更餘遙。臺灣一地，原屬化外，土番雜處，未入版圖也。然其時中國之民潛至、生聚於其間者，已不下萬人。」[92]施琅明白指出臺灣「原屬化外」、「未入版圖」，中國人到臺灣是「潛至」其地，不是光明正大的移居。他要說服清朝皇帝不要放棄臺灣，主要是從臺灣與澎湖在海防上的唇齒關係來說。他說：「……如僅守澎湖，而棄臺灣，則澎湖孤懸汪洋之中，土地單薄，界于臺灣，遠隔金廈，豈不受制于彼而能一朝居哉？是守臺灣則所以固澎湖。臺灣、澎湖，一守兼之。沿邊水師，汛防嚴密，各相犄角，聲氣關通，應援易及，可以寧息。況昔日鄭逆所以得負抗逋誅者，以臺灣為老巢，以澎湖為門戶，四通八達，游移肆虐，任其所之。我之舟師，往來有阻。……」[93]

臺灣收入版圖後，於該年九月二十九日施琅上〈壤地初闢疏〉，曰：「臣竊見此地自天地開闢以來，未入版圖；今其人民既歸天朝，均屬赤子。」[94]在此疏中更明白地說臺灣「自天地開闢以來，未入版圖」。清朝官方文書也明白指出臺灣不是中國的版圖，例如在臺灣收入版圖之後，臣下請上尊號，以紀念此一「威德之盛」，康熙皇帝因三藩底定才頒布過詔赦，未予俞允。值得注意的是，上諭：「臺灣乃海洋島嶼，今雖蕩平，與閩省版圖原無關涉，……。」[95]明白指出臺灣原不在福建的版圖內。又，《八旗通志・名臣列傳》「施琅、施世驃」合傳云：「十六年，鄭成功據臺灣地為寇。臺灣故紅毛番耕種之所，至是鄭逐去紅毛，設偽東都，恃其巢穴，益肆為患。」[96]施琅之前任水師提督萬正色也說：「臺灣乃外國荒遠之區。」[97]總而言之，從康熙帝到朝廷大臣，無不認為臺灣原先不屬於中國，但他們一點也不諱言。

清代文獻中涉及臺灣的記載非常多，不勝枚舉。關於臺灣之隸屬問題，上舉的施琅與清朝官方文書的證據如此清楚明白，如果學者對此皆能視而不見，舉例再多，恐怕也無補於事。茲再舉「民間人士」的認識，以為補充。

江日昇，出身金門珠浦，康熙時代人，生卒年未詳，撰有《臺灣外記》，記載從鄭芝龍起至鄭克塽的鄭氏興亡史。此書雖以章回小說的體裁撰寫，然向來被視同史書。江日昇在〈自序〉中曰：「……遂將臺灣荒服之地，為朝廷收入版圖，四海歸一焉。」[98]江日昇〈自序〉作於康熙四

92 施琅，《靖海紀事》，頁五九。
93 施琅，《靖海紀事》，頁六一。
94 施琅，《靖海紀事》，頁六七。
95 中央研究院歷史語言研究所編印，《清代官書記明臺灣鄭氏亡事》（北平：中央研究院歷史語言研究所，一九三〇；臺北：同單位，一九九六年景印），卷四，頁五a。此書原名《平定海寇方略》，共四卷，是未刻稿本，屬官修之書。該編印單位於內閣檔案中檢出此一稿本，鉛字排版印行之。
96 鄂爾泰等修，《八旗通志（初集）》，頁四二二〇。
97 《清代官書記明臺灣鄭氏亡事》，卷三，頁三a。
98 江日昇，《臺灣外記》（福州：福建人民出版社，一九八三），〈自序〉，頁一。此序作於康熙四十三年。

十三年（一七〇四）。為此書寫序的彭一楷，亦云：「……《臺灣外記》，紀我朝新闢臺灣，海外從來未有之土地也。」[99]此序作於康熙四十七年（或稍後）。彭一楷是名不見經傳的讀書人。換句話說，在康熙年間，一般士人認為臺灣在康熙二十三年收入版圖之前，不是中國的領土。

降至十九世紀上半葉，清廷官員與士大夫仍抱持同樣的認識。例如曾三度來臺當官與作幕的桐城名吏姚瑩（一七八五－一八五二），在〈平定許、楊二逆〉一文起頭即云：「臺灣入籍一百四十年，……。」[100]「平定許、楊二逆」事在道光四年（一八二四），許即許尚，楊指楊良斌，距臺灣收入版圖（一八六四）正好滿一百四十年。姚瑩對臺灣入籍的事不惟非常清楚，而且還算得十分準確。在〈埔里社紀略〉一文中，姚瑩寫道：「論曰：臺灣本海外島夷，不賓中國。自鄭氏驅除，狉獉始闢，入籍時止三縣，半線以北，康熙之末，猶番土也。」[101]「不賓中國」意為「不服從、歸順中國」，「入籍」即收入版籍（版圖）之意。

從以上數例，可知清代官員與一般讀書人都認為臺灣在康熙二十三年收入版圖之前不屬於中國。如果我們硬要說臺灣自古就屬於中國，那麼，該如何解讀上引的這些文獻呢？我想大約只有三途：一、曲解中文，二、視而不見，三、認定古人糊塗（如鄧孔昭的作法）。

結語

從以上的討論，我們知道在歷史時代，文獻記載中國官方與臺灣住民的接觸，最早的可能可追溯到三國時代，或在隋代。假設文獻記載的島嶼的確指臺灣，這類的接觸也是偶發的、不連續的，數百年難得發生一次，在本質上不是隸屬的關係。我們甚且可以說，正由於有這類記載，我們可以確定臺灣不是「自古即為中國領土」。

從隋唐到明中葉間，臺灣住民與對岸漢人之間有怎樣的交流與來往，尚有待配合考古發現與史料進一步探究。顯示於文獻的是，自明嘉靖年間，臺灣與澎湖的關係日趨密切——臺灣在新的貿易航線上，屬於澎湖的捕魚範圍，並與澎湖一樣都曾經是海盜倭寇的巢穴。換句話說，臺灣被納入了福建沿岸漢人的活動圈。但是，此時的臺灣仍然在中國的版圖之外。無論是官方文獻或私家著述，臺灣的地位是「外夷」，是「海外之地」，「未入版圖」。

由於臺灣不是中國固有的領土，所以當施琅打敗臺灣的鄭克塽政權時，清廷面臨棄留臺灣的

---

99 江日昇，《臺灣外記》，〈彭序〉，頁四。

100 姚瑩，〈平定許、楊二逆〉，《東槎紀略》（合肥：黃山書社，一九九〇），卷一，頁五三二。

101 姚瑩，〈埔里社紀略〉，《東槎紀略》，卷一，頁五六三。黃山書社點校本，作：「論曰：臺灣本海外島夷，不賓中國。自鄭氏驅除狉獉，始闢入籍，時止三縣……。」標點顯係有誤，茲改如正文之引文。

抉擇。如我們一再強調的，明末以來臺灣與中國福建沿海地區的關係日趨緊密，而且就海防與戰略而言，臺澎一體，唇齒相依，因此清廷最後採納施琅的建議，將臺灣納入版圖，設府置縣，派兵駐防。臺灣於是正式成為中國的領土。在這裡，我們不否認在歷史的發展過程中，臺灣與中國的關係日漸密切，更不否認自鄭成功開闢臺灣以來，漢人大量移居臺灣，在此落地生根，前仆後繼「華路襤褸，以啓山林」，終於將原屬「海外島夷」的臺灣改變成以漢人為主導的社會。臺灣之成為漢人開發的天地，是十七世紀許多因素輻輳在一起的結果——在背景上有地理大發現、國際新航路、荷英與西葡海上貿易競爭、滿人入關、反清復明運動等。這裡邊當然也有個人的因素，例如鄭成功發動戰爭驅逐荷蘭人，對臺灣日後的歷史走向，起了決定性的影響。倘使鄭成功聽從張煌言的勸告，放棄攻打臺灣，返回廈門，以廈門為復明大業的最後基地，十七世紀以降的臺灣歷史將大大改觀。清人在評價鄭成功時，除了肯定他致力於反清復明運動之外，往往也肯定他的另一項貢獻，亦即開闢臺灣，使之成為漢人之地，為清廷收入版圖鋪路。[102]臺南延平郡王祠舊存清代楹聯曰：「獨奉勝朝朔，來開盤古荒」，以及「忠節感穹蒼，大海忽將孤島現；經綸開運會，全山留與後人開」等[103]，都是這個意思。雖然我們今天不能完全站在漢人的立場看待這個歷史發展，不過，就是因為臺灣成為漢人社會，才有今天種種棘手的政治問題。

臺灣不是明朝的領土，已如本文所證示。明人、清人也都不諱言，何以今天反成為「一條早已為許多歷史事實所反復證明了的真理」呢？限於篇幅與題旨，在此無法追究「臺灣自古即為中國領土」的主張起於何時。不過，此一「論述」很可能在中國抗戰末期開始成形，是中國自清末以來日趨激越的民族主義的表現之一。民族主義是近代中國歷史發展的重要動力之一，它的影響有正面的，也有負面的，這是近代中國史上的大問題。究實而言，無論中外，民族主義都深深影響了近代史學的寫作，中國的情況也很明顯，對此一趨勢，筆者無意在此批判。然而，如果歪曲史實，曲解歷史，歷史工作者實有責任「撥亂反正」。

中國學者強調「臺灣自古即為中國領土」，上焉者或為民族主義之激情所蔽，下焉者則為現實之政治目的服務，皆不足取。由於對民族主義的深刻關懷而視史料於不見，大學者也有無法豁免的時候，如傅斯年撰寫《東北史綱》，即是最好的例子。[104]傅斯年在這本書中違反歷史事實，主張東北在古代屬於中國。繆鳳林不客氣地說，從來沒有一本書錯誤如此之多。[105]這是史學家傅斯年在學術上的一大瑕疵。由此一例，可知民族主義的力量有多大。筆者無意抹煞或貶低中國學者在臺灣歷史研究上的貢獻，只是如果眾人繼續高倡「臺灣自古隸屬中國」的論調，實大大違反

102 《臺灣外記》「凡例」曰：「……臺灣係海外荒服，地將靈矣，欲入為中國之邦，天必先假手一人為之倡率，如顏思齊者，是為其引子；紅毛者，是為其規模；鄭氏者，是為其開闢。俾朝廷收入版圖，設為郡縣，以垂萬世。」（頁一二）

103 轉引自楊雲萍，〈延平郡王的楹聯〉，收於氏著，《南明研究與臺灣文化》，頁四二六。

104 傅斯年，《東北史綱》第一卷《古代之東北》（北平：國立中央研究院歷史語言研究所發行，一九三二）。

105 繆鳳林評曰：「傅君所著，雖僅寥寥數十頁，其缺漏紕繆，殆突破任何出版史籍之紀錄也。」轉引自王汎森，〈讀傅斯年檔案札記〉，《當代》第一一六期（一九九五年十二月），頁三七。

證據原則與學術良知。任何一位治史者，面對史料，皆將無法接受明清兩朝人都糊塗，都認識不清的說法。政治上「今是昨非」的原則不能硬套到歷史上。套用傅斯年的語法，我們可以說：「史學家如不能名白以黑、指鹿為馬，則亦不能謂臺灣在歷史上屬於中國矣！」[106]

筆者於篇首即明白指出，「臺灣非明版圖」不是新發現。本文不過重新彙整一般習見的史料，理出個頭緒與脈絡罷了。拙文若能使得學界內外在談論臺灣的歷史地位時，重新回到歷史的真實，以此為基本認識，再去討論臺灣與中國的問題，則是筆者最大的期望了。

本文原刊於《鄭欽仁教授榮退紀念論文集》（臺北：稻鄉出版社，一九九九），頁二六七—二九三。二〇〇八年十一月、二〇一〇年八月、二〇二三八月修訂。

106 傅斯年說：「史學家如不能名白以黑、指鹿為馬、則亦不能謂東北在歷史上不是中國矣！」《東北史綱》卷首「引語」，頁三。

第五章

從琉球人船難受害到牡丹社事件：「新」材料與多元詮釋的可能

一、前言

牡丹社事件發生在一八七四年，二〇二四年就是一百五十周年。說到周年，人們一般會說周年紀念。但是，牡丹社事件一百五十周年紀念，要紀念什麼？日本「臺灣出兵」？牡丹社戰敗投降？排灣族部落和日軍接觸一百五十周年——若依日方用語，就是「歸順」一百五十周年？牡丹少女「小台」旅日一百五十周年？這一連串問句，可能讓讀者感到很混亂，並且對具體的用語如「臺灣出兵」、「歸順」、「小台」等，感到陌生和困惑。究實而言，臺灣歷史很多面相還不在一般人的認知裡，即使有所認知，也是充滿分歧。今天，我們對牡丹社事件的認知也是如此，一百數十年後的今天，我們要怎樣看待牡丹社事件？它的歷史意義在哪裡？

牡丹社事件牽涉到臺灣歷史的很多問題，近十餘年來，不少相關材料變得比較容易入手，大大增進我們對牡丹社事件的了解。這些材料並不是近年來才為人所知，但若以容易入手來說，也可以說是「新」材料出土。本文擬透過「新」材料來探討它們可能呈現的臺灣島最南端的社會圖景，並探討這些「新」材料對牡丹社事件所引發的問題，可能提出的新詮釋。

本論文主文分四部分，首先概述一八七一年琉球人船難登陸受害事件，以及一八七四年日本派兵征討處罰牡丹社的經過，由於一般人容易混淆這兩個具有連帶關係的事件，筆者認為有必要先予以概述。其次，綜合討論「新」材料和相關研究。繼而在新材料和相關研究的基礎上，交代兩個「故事」；其後再整理出臺灣南端之社會圖景的幾個面貌，並討論多元詮釋的可能。最後以個人的研究心得和感想作結。

二、本事：船難事件和牡丹社事件

帆船時代航行於海上的船隻發生事故的情況很頻繁，不只是中式帆船，西洋大帆船也如此，[1]這或許是我們今天很難想像的交通情況。海上事故，一般理解成船難，也就是船隻遇風浪或觸礁，導致帆、舵或船身損壞而無法繼續順利航行。須注意的是，發生船難時帆船受害情況不一，從整艘船沈沒到維修後可繼續航行都有，和航空時代的空難很不一樣。其中有一種情況被統稱為「漂流」，指船遭風或其他因素，漂流到非本國領土，船身可能壞掉，也可能還能航行。船難沒有統計可言，但「漂流」到他國比較可能被該國記錄下來，根據目前能掌握的文獻記載，清國從清初至光緒年間（約等同十七世紀中葉至十九世紀末），清國人漂到朝鮮，至少二四〇例，

1　十七至十八世紀之間帆船發生船難的比率似乎沒有確定的估計，但根據文獻可推測相當頻繁。海洋史研究者張增信先生根據廣泛涉獵所得，曾告訴筆者西洋大帆船的船難比率可能在四至五成以上，姑記於此，以俟進一步研究。

也就是一年平均約有一例；漂到琉球群島一〇〇餘例，漂到日本近三〇〇件，越南有七〇件以上，這只是獲救返國的事例，實際數量應該高出很多。[2]從琉球漂流到清領土的，一六五四－一八九八年，二百四十四年間就有四〇一例。[3]

由於海難頻繁，十八世紀中期以後，環東亞海域的「國際」社會發展出一套互相救助難民的機制，且有固定的送還路線和中繼港市。[4]這個救助機制和網絡，在這裡無法細講，僅舉出兩個和本文主題有關的研究發現。其一，清國對所有外國漂抵船隻和漂流民，採取一視同仁的作法，動用公費，賞給衣糧，修理舟楫（如果還可修的話），遣返本國；對外國難民的照顧稱得上周到。其二，遣返路線：東南亞或西洋難民，送廣東或澳門，再附船回國；琉球難民送往福州歸國；日本難民由嘉興府屬乍浦歸國；朝鮮難民由至北京的朝鮮使節經陸路附帶回國。[5]這個機制和網絡持續了一百年，到十九世紀中葉清廷開港通商之後，才產生大變化。由於清廷和琉球王國的宗主．朝貢國關係，到一八七〇年代初期還沒起變化，這個救助機制仍然十分有效。以此為背景，讓我們來看看一八七一年琉球人的船難事件。

在此須先說明：日本明治維新之後在明治五年（一八七二）宣布「廢太陰曆頒行太陽曆」，也就是改用西洋曆，以該年十二月三日為明治六年（一八七三）一月一日。琉球人船難事件發生在一八七一年，日本還用舊曆（農曆），琉球王國也是如此，因此，以下敘述，為保存歷史現場感，沿用文獻的月日，惟於適當地方括弧加附陽曆，其餘不一一注明。一八七四年牡丹社事件發生時，日本已改用陽曆，因此，除以下數段採用陰曆外，餘皆是陽曆。

辛未年（一八七一）十月十八日（西曆十一月三十日），屬於琉球王國的宮古島和八重山島各有兩艘船，計四艘船，從那霸港出航，要返回自己的島嶼。這四艘船是到琉球王國的首都首里去獻「年貢」的船，不是一般的漁船。十一月一日的午夜，人們從船上可以遙遙望見宮古島，但很不幸的，遇到暴風，無法入港，船任由風吹而漂流。八重山的兩艘船，一艘漂流到臺灣清政府統治的範圍內，難民被送到府城，另一艘下落不明；宮古島的兩艘船，一艘後來順利抵達日本的生島，[6]另一艘則是「琉球人船難事件」的主角。綜合日本鹿兒島縣參事大山綱良，以及宮古島士族仲本、島袋兩位「筑登之」[7]事後的報告，以下是漂至臺灣之兩艘船，船上乘客的遭遇。

先提比較幸運的八重山島的船。這艘船遭風漂流到臺灣島的海岸，可能相當靠近打狗口（今

2　見劉序楓，〈漂泊異域：清代中國船的海難紀錄〉，《故宮文物月刊》第三六五期（二〇一三年八月），頁一七。

3　參見「清代琉球民間船漂着一覽」，赤嶺守，〈明清時代における琉球民間船の中国漂着について〉，收於赤嶺守、朱德蘭、謝必震編，《中国と琉球人の移動を探る：明清時代を中心としたデータの構築と研究》（東京：彩流社，二〇一三），頁三三一—三七五。

4　見劉序楓，〈清代檔案與環東亞海域的海難事件研究：兼論海難民遣返網絡的形成〉，《故宮學術季刊》第二三卷第三期（二〇〇六），頁九一—一二六。

5　劉序楓，〈清代檔案與環東亞海域的海難事件研究：兼論海難民遣返網絡的形成〉，頁九七—九八。

6　日本瀨戶內海的無人島，屬兵庫縣赤穗市。

7　「筑登之」（チクドノ、チクドゥン）是琉球王國位階的一種，屬於一般士族有品級的最底層，其品級是正九品、從九品。

高雄旗後），但那是屬於原住民的地方。這艘船共有四十六名乘客，兩位乘客上岸去打探這是哪裡，這時候有一艘來自鳳山縣打狗口的船，由李成忠指揮，他告訴八重山的乘客那裡是「臺灣府內的青蕃地」，會有危險，不要上岸。於是八重山的乘客放棄自己的船，移到李成忠的船上。這艘船到了打狗口，改搭火輪船（蒸汽船）到臺灣府城，受到官府的撫卹，等待船隻到福州，以便返回那霸。至於上岸的兩個人，被五、六十個持武器的原住民圍住，幸好獲得住在當地的漢人郭灊協助；郭灊擬將兩人送到漢人尤魁家中，途中又遭原住民包圍，經過一番波折兩人躲到尤魁家中。後來官府派一位使者來尋找二人，尤魁父子和使者護送兩人要去搭小船時，再度受到武裝的原住民追逐圍打，最後由使者用番錢和布換取兩人的人身安全。這兩人被送到府城，和其他人會合。[8]

接下來，讓我們根據上述「仲本・島袋報告」來了解宮古島那艘船的遭遇。[9]十一月一日（一八七一年十二月二十二日）宮古島人遙遙望見自己的島嶼，但風向不對，無法入港，任風漂流。五日看見臺灣的外山，六日換小船上岸，當時全船有六十九名乘客，三名在這過程中溺斃。上岸後他們遇到兩名「支那人」（按，文獻用語，當時並無歧視意味），詢問哪裡有人家，兩人告訴他們（想是比手劃腳）：往西有大耳人，會砍人頭；要他們往南行。由於這兩人一面帶他們往南，一面搶奪他們身上的衣物，手拿不完的，丟到山中，並立木頭做記號。由於眾人認為那兩人有同夥，很害怕，不敢反抗。入暮時，兩個漢人要他們睡在路邊的石洞，他們看石洞太小，六十餘人根本無法過夜。但這兩個人強迫他們這樣做，他們認為這兩個盜賊般的人要他們往南行必有詐，於是和這兩人分開，往西邊走。該晚他們在路邊的小山過夜。這一天從早上在船上吃過早餐後，眾人就沒再吃任何東西了。

七日一群人往遠處看似有人家的地方走，果然到了有十五、六間人家的地方，住著男男女女，有耳大垂肩者，身材高大。聚落的人招待這六十六人用餐。但是，那些被支那人搶奪剩下的物品，又被這些人奪取。他們在這裡住宿，夜半有一人左手握著薪火，右手攜刀，推開門來，剝取了兩個人的內衣而去。

八日早上，五、六個男子各攜帶武器（銕砲），向宮古島人說：我們要去打獵，回來前你們決不能離開。眾人表示要離開到別的地方，但被其他的「土人」強制阻止。宮古島人於是更加生出疑惑，決定兩人一組分散逃出，再會合。他們一起走到一條小河，在此休息，但男三、四人，女四人追來，他們於是渡河逃走。路旁有五、六間人家，他們窺見其中有一家有個老翁。老翁出來迎客，說：「應是琉球吧，首里還是那霸？」（真是有國際觀的老人！）正當仲本、島袋等人要寫下姓名給老翁的兒子以便上報官府時，先前追來的人，持刀將站立在庭院的三十餘人的簪和

8　黃得峰、王學新譯，《處蕃提要：牡丹社事件史料專題翻譯（二）》（南投：國史館臺灣文獻館，二〇〇五，頁一三一一九。

9　以下關於宮古島船的遭遇（一八七一年十一月一日至一八七二年六月七日），係根據仲本筑登之、島袋筑登之的報告，見黃得峰、王學新譯，《處蕃提要：牡丹社事件史料專題翻譯（二）》，頁二七—四五。

衣物奪走，並陸續將一、二人拉出門外。等剩下二十二、三人時，有一人裸體從門外跑回來，說大家都會被殺。於是眾人四處逃散。仲本、島袋等九人躲在老翁住處。根據其他文獻，老翁姓名為鄧天保。

九日，老翁將九人送到女婿楊友旺的村庄。過了兩天，另有三人也來會合，說其餘的人都在山中被殺了。這十二個人在楊友旺家住了四十多天。

十二月十二日（一八七二年一月二十一日）在楊友旺的陪伴下，他們啟程北上，十二月二十六日進入鳳山縣境，二十八日抵達臺灣府城。第二年一月十日（一八七二年二月十八日）和八重山人一起搭乘火輪船往福州府，十六日抵達福建，進入琉球館。六月二日搭乘琉球唐歸船，七日船抵達那霸港。

他們是在前一年十月十八日離開那霸，到六月七日再度抵達，相隔將近九個月！在引述仲本和島袋的報告時，為省篇幅，筆者省略了一些細節，有些會在下一節再談到。在這裡補充說明：宮古島人原本六十九人，最後剩十二人，其中三人溺斃，五十四人遭高士佛社和牡丹社族人殺害（兩社屬於後來所稱的排灣族）。八重山人雖然很快就被救助，但在臺灣府城有一人因疱瘡過世，到了福州，又有十人因疱瘡過世。[10]幸而逃過船難之劫，卻不免病死異鄉。

從當事人的報告中，我們可以看出臺灣官府對於琉球人的救助可以說頗為完善，至少讓當事人印象相當深刻。根據報告，八重山方面，在打狗口停留時，獲得飯米、多葉粉、灯油、錢若干文，以及各種衣物；因疱瘡死亡者，獲得棺材和衣物等，並安排埋葬和燒香等。[11]宮古方面，抵達鳳山縣之日，招待粥，第二天開始，早上是粥，白日則是八碗菜，加上飯。十二人每人給一件棉襖（棉入），由於他們由南向西北走，稍微感覺寒冷。[12]在行的方面，我們看到官府兩度用火輪船來運載他們（打狗→臺灣府城；臺灣府城→福州府）[13]——當時正是帆船和蒸汽船重疊、消長時期。總之，臺灣官府對這些遭難的外國人好像很盡力，也很慷慨，至少事後當事人顯然毫無怨言。

仲本和島袋的報告書是附在鹿兒島縣參事大山綱良的上陳文中，文書日期是壬申七月二十八日（一八七二年八月三十一日），也就是宮古島人和八重山人於六月七日（一八七二年七月十二日）回到那霸約一個月又二旬之後，可以說距離事件本身相當近，算是歷史現場的記述。值得注意的是，雖然當事人對臺灣的官府沒有任何怨言，但大山綱良上陳文的題目是：「大山鹿兒島縣參事關於琉球島民於臺灣遭害問罪之師云云上陳　並琉球王子遭害之始末報告書　壬申七月廿八日」，就捻出「問罪之師」四字，正文寫道他派人入朝奏聞，最後說：「伏願　綱良仗皇威，興問罪之師，欲征彼，故擬謹借軍艦，直指彼之巢窟，殲其渠魁，上張皇威於海外，下慰島民之怨

10　黃得峰、王學新譯，《處蕃提要：牡丹社事件史料專題翻譯（二）》，頁二一—二三。
11　黃得峰、王學新譯，《處蕃提要：牡丹社事件史料專題翻譯（二）》，頁二一。
12　黃得峰、王學新譯，《處蕃提要：牡丹社事件史料專題翻譯（二）》，頁四三—四五。
13　黃得峰、王學新譯，《處蕃提要：牡丹社事件史料專題翻譯（二）》，頁一五、四五。

魂，伏願許其乞。」[14]

眾所周知，琉球自一六〇九年為日本薩摩藩藩主島津家久派兵征服，成為島津氏的附庸國，實際上受其控制，被納入日本的幕藩體制，成為日本的藩屬，但琉球王國仍繼續向明國朝貢，造成「兩屬」情況。清取代明之後，琉球繼續以清國和日本國為宗主國。不過，這一年（一八七二）七月明治維新後實施「廢藩置縣」，過去幕藩體制下的藩國成為直屬中央的第一層行政單位「縣」。九月，明治政府改琉球王國為「琉球藩」，由外務省管轄。這時琉球王國的國王是尚泰，這個安排「使尚泰為藩王，叙列華族」（尚泰を藩王となし、叙して華族に列す）。這是因為琉球方面強烈抗拒，而這同時還存在著中國宗主權的問題，日本無法直接將琉球納入版圖。但是，值得注意的是，大山綱良的呈文是在七月下旬寫成的，那時琉球王國至少在形式上還維持獨立王國的身分，即使如此，鹿兒島縣參事就建議派「問罪之師」，以張皇威，以慰島民，一副將琉球人當成「自國人」一樣。

在這裡，我們要跳脫一些外交上的宣稱或辯解，[15]直接看「歷史現場」的實際情況。清統治臺灣有非常確實的番界，番界以外的地區不是行政區劃所及，實際上也是完全沒有管轄到的地方。清乾隆二十五年（一七六〇）繪製的《臺灣民番界址圖》和新出土約繪製於一七八七年的類似地圖《十八世紀末御製臺灣原漢界址圖》（圖一），[16]很清楚可看到番界的南界是下苦溪，若以聚落而言，只到枋寮。下苦溪（內寮溪）出海口在今屏東縣枋寮鄉內寮村，率芒溪之北。如果認為乾隆時期的地圖不足憑，下面將提到的《風港營所雜記》是歷史現場的記載，很清楚顯示枋寮是清國臺灣府統治的最南邊界，清國駐兵也以此為最南界，以南沒駐兵，[17]人民出了枋寮就是越界開墾，不受「公權力」的保護；更值得注意的是，枋寮以南、風港以北的漢人聚落是向大龜文頭目納稅的，風港以南更不用說了。鄰近枋寮約一、二里（約〇・六一一・二公里）的北勢寮，則大抵向清官府納稅。[18]各種材料明確揭示這個情況，我們將在第五節詳加說明。

在鹿兒島縣參事大山綱良建議朝廷「興問罪之師」之時，正是明治初期政局很不穩定，「征韓論」高張之際。李仙得「適時」出現，鼓動日本出兵攻打臺灣南端的原住民地區。究實而言，關於這個船難事件，清地方政府在處理上並無可議之處，當事人也無抱怨。「問罪之師」並非問清國之罪，而是問臺灣番民之罪。這在在關係到李仙得這個人物，以及他實際考察臺灣南端的發現：臺灣番地不隸屬於清。

李仙得何許人也？李仙得是 Charles W. Le Gendre（一八三〇—一八九九）的中譯名字，另有

---

14 黃得峰、王學新譯，《處蕃提要：牡丹社事件史料專題翻譯（二）》，頁三、五。中文係筆者所譯。

15 關於「主權」的討論，可參考甘懷真，〈「臺灣出兵」與東亞近代國家的再編〉，《アジア文化交流研究》第五號（二〇一〇年二月），頁二九—四〇。

16 《臺灣民番界址圖》，中央研究院歷史語言研究所收藏，復刻版由南天書局和中央研究院歷史語言研究所共同出版（台北：南天書局，二〇〇三）。新出土地圖尚未正式公開。

17 見王學新譯，《風港營所雜記：牡丹社事件史料專題翻譯（一）》（南投：國史館臺灣文獻館，二〇〇三），頁五五—五六、一二五、一二九—一三一。

18 王學新譯，《風港營所雜記：牡丹社事件史料專題翻譯（一）》，頁八七—九〇、九三—九五、一二五。

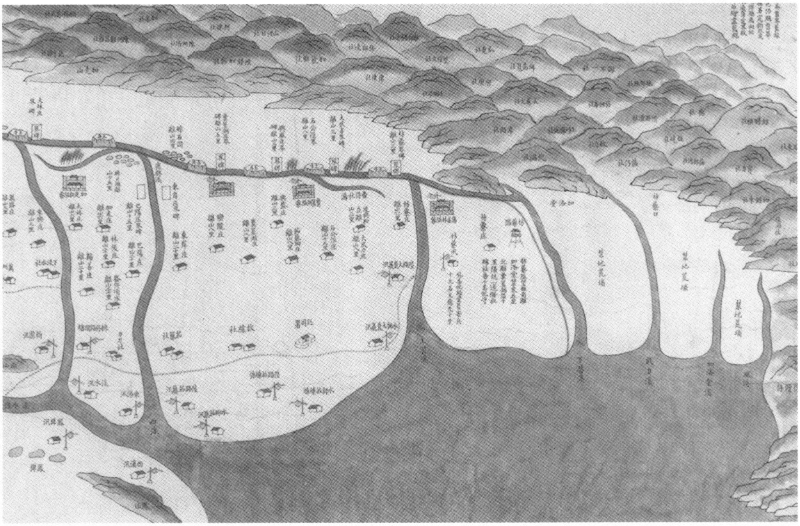

圖一

《十八世紀末御製臺灣原漢界址圖》（局部；侯氏家族收藏／提供）

李讓理、李善得等不同譯法。他是個傳奇性人物，法國人，因和美國女子結婚而歸化美國，加入南北戰爭中的北軍，作戰致傷一眼，榮退後轉任外交官。在我們處理的這個時段，他原先是美國駐廈門領事（一八六六－一八七二），一八七二年由廈門返回美國，船停靠日本，他透過美國駐日公使Charles E. DeLong的引介，向日本外務省倡議以武力解決臺灣問題。他的看法和外務卿副島種臣一致，獲得信任，李仙得遂辭掉美國領事一職，該年十二月受日本外務省聘為顧問。關於李仙得何以會向明治政府倡議攻打臺灣「番地」，留待下面說明。

第二年（一八七三）日本備中國淺口郡柏島村（今岡山縣倉敷市）的船漂流到臺灣東岸，發生四人遭原住民搶劫的事，導致日本民間和政府征討臺灣的聲浪高張。該年外務卿副島種臣以特命全權大臣身分赴清，他令隨員柳原前光以琉球人遭難事件詢問清總理衙門，獲得生番是「化外」的答復。一個「典型」的記載如下（引文中〔〕內文字為筆者所加）：[19]

> 先是，琉球船遇颶漂抵臺灣，死於生番者五十四人；日本商民四，亦漂至遇禍。〔外務卿副島〕種臣既成約於天津，入都呈國書；命〔柳原〕前光至總署，言生番事。總署大臣毛昶熙、董恂答之曰：「番民皆化外，猶貴國之蝦夷，不服王化，亦萬國所時有也。」前光曰：

19 羅惇，《中日兵事本末》，收於思痛子，《台海思慟錄》（臺北：臺灣銀行經濟研究室，一九五九）之「附錄」，頁二二。

「生番殺人，貴國舍而不治，敝國將問罪於生番；以盟好故，使某來告。」昶熙曰：「生番既我之化外，伐與不伐，惟貴國自裁之。」前光歸報，日本遂有征臺之役。

也就是說：生番既然是我國的「化外」，要征討或不征討，由貴國自己決定就行啦。這樣的答復，當然正中副島種臣之下懷。日本征臺之役又牽涉到征韓論，以及藉對外征戰來消解內部政治危機的問題，為避免旁支太多，茲略去不談。一八七四年四月明治政府以大隈重信為臺灣蕃地事務局長官，西鄉從道為臺灣蕃地事務局都督，積極籌畫討伐臺灣原住民。

就在日本中央政府因政爭而擬暫時中止出兵時，西鄉從道卻獨斷地出兵攻打臺灣。一八七四年五月六日，日軍抵達臺灣南端，於社寮（射寮）上陸。社寮約當今天屏東縣車城鄉射寮村。日軍上陸後和原住民有零星的交戰。五月二十二日，日軍抵達石門（屏東縣牡丹鄉石門村），和原住民發生激戰，牡丹社頭目阿碌父子戰死。六月一日，日軍分三路攻打牡丹社、女仍（爾乃）社和高士佛社，七月一日三社投降。

在日軍駐紮社寮和龜山期間，開始一系列招原住民來「歸順」的作法。八月清廷和日本政府展開談判，幾經折衝，最後在十月三十一日（清同治十三年九月二十二日）雙方簽訂專條三款，中文一般稱之為「中日北京專約」，第一條開宗明義說：「日本國此次所辦，原為保民義舉，清國不指以為不是。」這裡關鍵性的四個字是「保民義舉」，用白話來說，就是「保護我國人民的正確的作法」，等同清廷正式承認琉球人為日本國的人民，轉換成政治語言，就是正式放棄清對琉球的宗主權。關於賠償撫卹等內容，就不細表了。[20]十二月二十日，日軍撤走。這整個過程，在日本史上一般稱為「臺灣出兵」，在臺灣史上則稱為「牡丹社事件」。

三、「新」材料與相關研究

牡丹社事件相關之材料的出土，最值得一提的，是日文和英文原始材料的彙編和出版。在這裡得先說明，以下要講的史料，大都「躺」在特定的地方百年以上，但一般人，包括學者都難以入手，所以當它們變得容易入手時，就能大大增進我們對牡丹社事件及其相關問題的了解。

首先是，二〇〇三年《風港營所雜記》和二〇〇五年《處蕃提要》的出版，其次是二〇一二年李仙得的書稿 Charles W. Le Gendre, *Notes of Travel in Formosa* 以及第二年該書中譯本《李仙得臺灣紀行》的出版。[21]前二書都是國史館臺灣文獻館編印，是「牡丹社事件史料專題翻譯」之

---

20 日本獲得清廷賠償五十萬兩，其中十萬兩是撫卹銀，四十萬兩是概括給付日本軍隊駐守南臺灣的修道、建房等花費。

21 關於李仙得的書稿，有很不錯的書介，即林欣宜，〈書介：Charles Wm. Le Gendre, *Notes of Travel in Formosa*（Douglas L. Fix and John Shufelt eds., Tainan: National Museum of Taiwan History, 2012）〉，《臺灣學研究》第一四期（二〇一二年十二月），頁一七一－一七八。

（一）與之（二），前書譯者為王學新，後書為黃得峰、王學新。李仙得的書稿和中譯本，都是國立臺灣歷史博物館出版，前者由 Douglas L. Fix（費德廉）和 John Shufelt（蘇約翰）編輯，後者由費德廉和羅效德翻譯。

茲按照出版先後，將詳細的出版訊息羅列於下：

一、《風港營所雜記》〔牡丹社事件史料專題翻譯（一）〕，王學新譯。南投：國史館臺灣文獻館，二〇〇三。

二、《處蕃提要》〔牡丹社事件史料專題翻譯（二）〕，黃得峰、王學新譯。南投：國史館臺灣文獻館，二〇〇五。

三、Charles W. Le Gendre, *Notes of Travel in Formosa*, edited by Douglas L. Fix and John Shufelt。臺南：國立臺灣歷史博物館，二〇一二。

四、李仙得原著，《李仙得臺灣紀行》，費德廉（Douglas L. Fix）、蘇約翰（John Shufelt）主編；費德廉、羅效德中譯。臺南：國立臺灣歷史博物館，二〇一三。

不論是《風港營所雜記》、《處蕃提要》，或李仙得的書稿，都是研究牡丹社事件非常珍貴的第一手材料。《風港營所雜記》是手稿本，由國史館臺灣文獻館購自日本舊書店。它是一八七四年日軍駐紮風港（今楓港）的支營（正式名稱：風港支軍本營）所留下的紀錄，共五號，主要記載支營和當地漢人、原住民接觸的情況。有不少是直接用漢文記錄的訪談對答，彌足珍貴。內容非常豐富，很多細微的地方，揭示了漢人聚落的構成和運作、原漢關係及其互動情況、瑯嶠上十八社概況，以及日軍停留期間如何招降原住民和如何解決聚落之糾紛等等，很能幫助我們了解臺灣島嶼最南端的社會「動態」。有這一份資料和沒有這一份資料，可以說天差地別。國史館臺灣文獻館出版的這本《風港營所雜記》以頗為理想的方式出版。該書史料、釋文和中譯並陳，也就是左頁為原文，右頁上欄為釋文、下欄為中譯，讓讀者可以直接比對。附帶一提，這份材料有多份訪問對答，係用漢文（中文）記載，右頁不須附翻譯，但因原文係手寫，加新式標點的釋文，仍有助於解讀文獻。總而言之，這是很花工夫做成的史料集。

《處蕃提要》是國史館臺灣文獻館的第二本「牡丹社事件史料專題翻譯」，這份史料既稱「提要」，那是什麼的提要呢？原來是日本臺灣蕃地事務局於一八七六年編纂的史料集《處蕃始末》的「提要」。該事務局的編纂要旨稱：「將有關臺灣蕃地處分事件之文書，務使其鉅細靡遺的全部編纂，至於體裁如何，則委之於他日之大史家，唯禁止其散逸，以網羅為要。」[22]這套《處蕃始末》史料，卷帙浩繁，採編年方式，從琉球人船難事件到一八七五年五月三十一日為止，共一四三卷。其後該局為了搜索方便起見，挑選其中重要事蹟抄錄成冊，編成《處蕃提要》

22 轉引自黃得峰、王學新譯，《處蕃提要：牡丹社事件史料專題翻譯（二）》，頁四七。

十四冊，分前編六冊，後編七冊，以及附錄一冊。國史館臺灣文獻館的《處蕃提要》，只譯了前編的六冊。[23]「提要」之外，該局又採輯事件之重要者，分十六門，編成《處蕃類纂》一〇一冊。此外，又編有李仙得等人的意見和書信集，以及各類文書集，[24]對保存史料可說頗為盡心。

《處蕃提要》前編所收檔案不少，可能因為這個緣故，國史館臺灣文獻館就沒辦法像《風港營所雜記》一樣，採取原件和翻譯對照的方式呈現。除了我們上面引用的大山綱良上陳文及所附船難報告書之外，本書只有中文譯文。可幸的是，牡丹社事件相關之檔案——多達八四七冊，都可從「アジア歴史資料センター（JCAHR）」的網頁下載，可以說非常方便。[25]在網路時代，日本政府這種不分國內外的開放作法，讓研究者受益良多。

在「舊蕃地事務局永久保存編纂書目」中，我們可以看到收有李仙得臺灣紀行十一冊、同書譯本十二冊，以及李氏書翰一冊，也就是說李仙得最重要的資料都被列為永久保存。李仙得的臺灣紀行的日文翻譯，在一九九八年就有復刻本，即：我部政男、栗原純編，ル・ジャンドル著，《ル・ジャンドル台湾紀行》，共四冊。[26]其實作為原始史料的該譯本，原題是「李氏臺灣紀行」，充分顯示明治時期好用漢字的時代氛圍。

李仙得《李仙得臺灣紀行》的書稿*Notes of Travel in Formosa*，如上所述，列為永久保存的文件，它其實是「副本」，也就是更原始的李仙得書稿本的謄寫本。李仙得的這本 *Notes of Travel in Formosa* 是在牡丹社事件正在進行的過程中編輯完成的，日文翻譯《李氏臺灣紀行》也幾乎是同時進行，本來預定出版，但後來因為日本決定放棄占領臺灣蕃地，而與清廷達成協議，簽訂前述的專約，這本書的出版計畫在一八七五年夏秋之間已經停擺了。李仙得在一八七五年八月結束日本的職務時，將英文原稿和將近二百幀的照片、插畫、素描、圖表、地圖等資料一起帶走。不久後，李仙得受聘於韓國政府，擔任外交顧問，於一八九九年在首爾過世。李仙得在遺言中特別要求不要賣掉「八箱書本與文件」，這批書稿應該就在其中。這批書稿和文件，連同其他遺物，被寄到美國紐約他的兒子 William Charles Le Gendre 手中。一九三三年，李仙得的家人將厚達四大捆的手寫書稿和相關資料捐給美國國會圖書館，存放於善本室中。[27]

美國日本史研究者 Robert Eskildsen 教授雖然不治臺灣歷史，但有關牡丹社事件的英文材料吸引他的注意。他在中央研究院臺灣史研究所的協助下，整理了牡丹社前後相關英文文獻，在二〇〇五年出版了 *Foreign Adventures and the Aborigines of Southern Taiwan, 1867-1874: Western Sources Related to Japan's 1874 Expedition to Taiwan* 一書。[28]這本書分為三部分，第二部分（Part

---

23 黃得峰、王學新譯，《處蕃提要：牡丹社事件史料專題翻譯（二）》，頁四七。

24 黃得峰、王學新譯，《處蕃提要：牡丹社事件史料專題翻譯（二）》，頁四七—四九。

25 黃得峰、王學新譯，《處蕃提要：牡丹社事件史料專題翻譯（二）》，頁四九。

26 我部政男、栗原純編，ル・ジャンドル著，《ル・ジャンドル台湾紀行》（東京：緑蔭書房，一九九八）。

27 John Shufelt, "Textual Introduction," p. xiii；李仙得原著，費德廉、羅效德中譯，《李仙得臺灣紀行》，頁 xxxii。John Shufelt（蘇約翰）著、林欣宜譯，〈關於文本的介紹〉，xiii, xvii-xix, xxxiii。

28 Robert Eskildsen, ed., *Foreign Adventures and the Aborigines of Southern Taiwan, 1867-1874: Western Sources Related to Japan's 1874 Expedition to Taiwan*（臺北：中央研究院臺灣史研究所，二〇〇五）。中文書題：《外國冒險家

II）就是收錄 Charles W. Le Gendre 英文書稿原本的一部分。他的版本來自美國國會圖書館所收藏的李仙得書稿，也可以說是李仙得書稿在臺灣的最早曝光。在這裡簡單說明，日本國立公文書館收藏的是書稿副本，沒有照片、圖片、繪圖和地圖，美國國會圖書館的收藏的是最完整的書稿本，含一百多幀的照片、插圖、繪圖，以及地圖。[29]

李仙得的書稿，本文共二十七章，Robert Eskildsen 的這本書只收了其中的十章（原書稿第十五至二十五章）。當然，按照編者 Eskildsen 教授的看法，這十章和牡丹社事件最有關係，也是李仙得親自觀察南臺灣所得，特別有價值。[30]這本書的中文譯本由前衛出版社出版，就在該書正在校訂時，[31]李仙得書稿就以完整的全貌，並有諸多「加值」的情況，於二〇一二年三月出版了，這就是我們前面提到的費德廉（Douglas L. Fix）、蘇約翰（John Shufelt）編的李仙得書稿。這本書注釋之詳盡、附錄之多、圖版之精美、地圖之講究，可以說立下了臺灣史英文文獻編譯的高標準。前衛的中譯本在該年十一月出版。第二年和完整的書稿一樣詳盡的中譯本也問世了，這是牡丹社事件研究的大事情。

讓我們在這裡簡單介紹一下費德廉和蘇約翰主編的李仙得 *Notes of Travel in Formosa* 一書。這是根據美國國會圖書館李仙得手寫原稿整理出版的，大開本，共四七五頁。本書所錄原書稿共四章，前三章是正文和圖片，第四章是地圖、索引、圖版索引，共四〇九頁（pp. 1-409）。這本書在編輯上很講究，每頁都在欄邊附上原書稿頁碼，據此，原書稿共四九六頁。書稿本身之外，本書書末附有六種附錄，共六十五頁（pp. 411-475），若加上前六十頁的導讀：蘇約翰撰寫的

"Textual Introduction"和費德廉撰寫的"Kobayashi Eitaku's Paintings in *Notes of Travel in Formosa*"（xiii-lxxii），可謂洋洋大觀。實際上，關於書稿內文的考訂、地名、人名的考訂比對，以及地圖的轉譯，不只耗時，本身的工作已經是研究了。這個出版計畫是國立臺灣歷史博物館一九九九年開始的計畫，[32]到全書出版問世，已經是十三年後了。中文譯本在英文版的基礎上，提供國人更能入手的詳盡且高度可靠的譯文，對臺灣史研究和歷史知識的普及上，都有很大的貢獻。

相較之下，Robert Eskildsen 只將李仙得書稿的十章編入上述 *Foreign Adventures and the Aborigines of Southern Taiwan, 1867-1874* 一書，未收錄原書稿圖版，也欠缺詳盡的註解，以及人名、地名的考訂，自然無法和費德廉、蘇約翰這本完整版李仙得書稿相比。雖然如此，很值得注意的是，Robert Eskildsen 在序文中表示，這本和牡丹社事件相關的西文文獻集，「代表了一個努力，想對一八六〇和一八七〇年代南臺灣多給予注意。」[33]他最後說：「這本書要獻給南臺灣的

與南臺灣的土著，1867-1874：1874日本出征臺灣前後的西方文獻》。

29 John Shufelt, "Textual Introduction," p. xxxii；李仙得原著，費德廉、羅效德中譯，《李仙得臺灣紀行》。

30 Robert Eskildsen, ed., *Foreign Adventures and the Aborigines of Southern Taiwan, 1867-1874*, p. 66.

31 陳秋坤〈校註者序〉，〈土著的盟友、台灣的敵人：李仙得〉，收於 Charles W. LeGendre 原著，Robert Eskildsen 英編，黃怡漢譯，陳秋坤校註，《李仙得台灣紀行：南台灣踏查手記》（臺北：前衛出版社，二〇一二），頁八。

32 陳秋坤〈校註者序〉，〈土著的盟友、台灣的敵人：李仙得〉，頁八。

33 原文："This volume represents an effort to pay more attentions about southern Taiwan in the 1860s and 1870s." Robert

原住民，他們在這些事件中扮演主要的角色，而且付出了慘痛的代價；這些事件將這些故事帶給了世界。」[34] Eskildsen 教授不是臺灣史專家，但他在這些西文文獻中看到了重建那個時期南臺灣歷史圖景的可能性，這也是我們接下來要談的主題。

關於牡丹社事件的研究，過去比較集中在外交層面，例如討論清廷對臺灣的主權主張、日本出兵臺灣的內部原因（征韓論的問題）及其影響、英美的干涉等等。這都是很重要的題目，不過，這十年來，隨著臺灣史研究的發展，很多過去較少被人注意的議題，逐漸進入研究者的視野。這個改變，若用簡單的話語來說，就是從「外部」轉為「內部」。這個改變，不在於否定過去的研究的貢獻和重要性，但卻開展了新的視野，讓我們能更深入了解琉球人船難事件、牡丹社事件，以及臺灣南端的社會圖景，大大提升我們對臺灣歷史的了解。

牡丹社事件，在日本一般稱為「臺灣出兵」，最早開始研究此一事件以日本人為大宗，臺灣史作為歷史學界一個獨立的研究領域出現很晚，這之間有很大的時間上的落差。關於日本人的研究，吳密察曾在一九八一年撰寫〈綜合評介有關「台灣事件」（一八七一—一八七四）的日文研究成果〉一文，[35]以當時海外學術訊息收集不易來看，這篇評介文章算是收羅相當廣泛。吳密察另撰有〈「建白書」所見的「征台之役」（一八七四）〉，[36]是臺灣學者研究牡丹社事件相當早出現的文章。

吳密察選擇以比較中性的用詞「臺灣事件」來指稱牡丹社事件／臺灣出兵，他將一九八一年以前日本關於「臺灣事件」的研究分為戰前和戰後兩部分。戰前大約有三類：一、以「大人物」

為主軸，如西鄉從道、樺山資紀、木戶孝允等；二、轉手改寫的研究，帶入多方向的探討；三、從外交史切入，探索國際情勢。戰後的研究，因為增加《日本外交文書》可資利用，有很大的開展。吳密察將之區分為：一、做為日本近代外交史之一環的臺灣事件，如英美態度、日清交涉等，尤其值得注意的是，將「臺灣事件」看成「琉球處分」的起點；二、做為日本近代政治史一環的臺灣事件，主要以明治初期國內政治情勢（政爭）、征韓論的失敗、臺灣征討之轉折為主。三、其他。簡言之，日本人的研究主要是環繞在國際形勢和日本內部政治問題上。[37]誠如吳密察指出的，這些研究「一直將研究焦點置於臺灣之外」。[38]要到將焦點置於臺灣，不管外人的研究或國人的研究，都是一條漫漫長路。

Eskildsen, ed., *Foreign Adventures and the Aborigines of Southern Taiwan, 1867-1874*, p. ix.

34 原文："This book is dedicated to the aborigines of southern Taiwan, who played a pivotal role, and paid a terrible price, in the events that brought these stories to the world." Robert Eskildsen, ed., *Foreign Adventures and the Aborigines of Southern Taiwan, 1867-1874*, p. x.

35 原發表於《史學評論》第三期，後收入吳密察，《台灣近代史研究》（臺北：稻鄉出版社，一九九〇），頁二一九—二八二。

36 吳密察，〈「建白書」所見的「征台之役」（一八七四）〉，收入氏著，《台灣近代史研究》，頁二八三—三〇八。

37 吳密察，〈綜合評介有關「台灣事件」（一八七一—一八七四）的日文研究成果〉，頁二三二—二三四、二三九—二四〇、二五二。

38 吳密察，〈綜合評介有關「台灣事件」（一八七一—一八七四）的日文研究成果〉，頁二二四。

要將研究焦點置於臺灣，需要很多助因。首先，必須是研究者想看「內部」或「從內部看」，其次，要有足夠的史料可看內部或從內部看。想看「內部」或「從內部看」至少牽涉到兩個層面，其一，臺灣史研究作為一個領域的進程，其二、研究者是否將「內部」當成研究的對象或主體。前者意味一個研究領域必須進展到一定程度，很多屬於內部的問題才會浮現，成為議題。後者則不必然是在地學者才會採取的研究角度，在牡丹社事件這個議題上，我們看到日本學者和西方學者加入了這個行列。至於史料是否足夠，其實可能還是其次的問題。例如，水野遵的《臺灣征蕃記》[39]和樺山資紀的《臺灣紀事》[40]是兩人在牡丹社事件之前來臺灣的調查報告，有不少原住民資料；牡丹社事件跟隨日軍來臺的美國記者 Edward Howard House 也早在一八七五年就出版 *The Japanese Expedition to Formosa* 一書，[41]內中有很多關於臺灣原住民的觀察。上述這類的材料不管在戰前或戰後，都普遍被徵引，但研究者的焦點放在國際情勢和日本政治上，臺灣原住民沒引起注意，更不會有人想到去整理這些資料，以呈現一八七〇年代臺灣島最南端的社會圖景。

從臺灣內部看的研究，基本上相當晚近。除了研究者的關注焦點之外，很多相關材料不是很容易入手，也是原因。吳密察所評介的日文著作，不少利用了李仙得給明治政府的「覺書」（建白書），但未見採用李仙得的書稿或日文譯本。如上所述，日文譯本《李氏臺灣紀行》在一九九八年影印問世，讓這本厚達一八〇二頁的日文譯本原稿變得容易入手，研究者可以仔細翻閱、反復比對。想像當你只能在國立公文書館抄寫，不只無法顧及全面，在時間壓力下注意力將大受限縮，研究效率也將大幅減低，這是為何史料除了公開讓讀者使用外，入手之容易程度也很重要的原因。

由於在臺灣的臺灣史研究開始比較盛行是解嚴以後——尤其一九九〇年代——的現象，關於牡丹社事件，一九九三年有戴寶村的《帝國的入侵：牡丹社事件》。[42]這本書從外交的角度切入，同時處理了日本內部的政治問題，以及琉球被日本收入版圖的「後續」發展，可以說是一本相當簡明，掌握事件大要的通論書，不過，這本書並未從臺灣在地社會的角度來探討該事件對在地社群的衝擊和影響。以內部觀點來說，最值得注意的是排灣族後裔試圖從族人文化和口傳的角度來探討牡丹社事件（含琉球人船難事件）。其中一個的議題是：為何臺灣原住民要殺害琉球人？一九九八年高加馨在國立成功大學歷史學系的刊物《史學》發表〈從 Sinvaujan 看牡丹社事

39　收在大路會編，《大路水野遵先生》（臺北：大路會事務所，一九三〇）第七章遺稿及詞藻上遺稿「臺灣征蕃記」，共十三回。國立臺灣大學藏有微捲《臺灣征蕃記》四卷，編號：T0040，捲號1-1。原件封面題名：「征蕃私記」，其他題名：「高砂浪ノ跡：台灣征蕃記」。

40　樺山資紀，《臺灣記事》於一九七四年出版，在《臺灣事件取調書》。國立臺灣大學圖書館藏有日本國會圖書館一九九三年製作之微捲《樺山資紀文書》，內有《臺灣記事》，索書號：（NF）731.4 442-1 reel. 1。

41　出版地 Tokio，即東京。此書有原文復刻版：Memphis, Tennessee: General Books, 2010。這本書有中文翻譯：愛德華・豪士原著、陳政三譯著，《征臺紀事：牡丹社事件始末》（臺北：臺灣書店，二〇〇八）。

42　戴寶村，《帝國的入侵：牡丹社事件》（臺北：自立晚報，一九九三）。

件〉，[43]當時高加馨是該學系夜間部學生。高加馨訪問了十二位耆老，以及一位潘文杰的後人，耆老年齡從五十七到九十一歲。[44]

其後，二〇〇四年在屏東縣牡丹鄉舉辦的「牡丹社事件一三〇年歷史與回顧國際學術研討會」，華阿財發表了〈「牡丹社事件」之我見〉一文。[45]華阿財（一九三八生，族名 Valjeluk Mavaliu）是牡丹鄉高士村（原 Kuskus／高士佛社）的耆老，「傳統」頭目家族後代，精通排灣語，退休後致力於語言復振和排灣族文史工作。他參與中央研究院民族學研究所的翻譯計畫，擔任臺灣總督府《番族慣習調查報告書〔第五卷〕排灣族》四冊的排灣語復原工作。[46]華阿財也是上引高加馨訪問的十二位部落耆老之一，他接受高加馨訪問時，年紀五十九歲。

以上這兩篇文章在臺灣似乎沒有引起太大的注意，倒是受到日本研究者的注意，華阿財文章的日文版〈「牡丹社事件」についての私見〉（關於「牡丹社事件」之我見）[47]於二〇〇六年，高加馨的日文版〈Sinvaujianから見た牡丹社事件〉（從 Sinvaujian 看牡丹社事件）（上、下）[48]於二〇〇八年分別刊登於日文期刊，成為日後日本人研究牡丹社事件必要參考的文章。

高加馨在文章中提到，根據耆老的傳述，琉球人登陸後，沿溪走到 Kuskus（高士佛）的農作區，偷吃了 Kuskus 人在溪邊的作物，被來查看作物的 Kuskus 人發現，應該予以處置，但當時人少只能示意驅趕；後來琉球人竟然進到部落，向部落要食物吃，並且過夜，但雙方語言不通，產生誤會。琉球人逃到交易所，Kuskus 人會合其牡丹、女仍等部落的人，要求琉球人回答入山的意思，雙方無法溝通，琉球人感到威脅而有反抗的動作，「從族人的觀點來看，琉球人進入部落的領地，本來就逾越部落的法律，加上彼此溝通不良，因此馘首琉球人。」[49]以上的講法，並非歷史現場的證言，訪問的時候距離牡丹社事件已經一百二十年以上，只能說是「傳述」，雖然如此，它仍然具有相當高的參考價值，至少呈現了族人所承繼的前人說法，也代表排灣族人的後裔試圖從文化的角度詮釋琉球人遭難事件的努力。這篇文章，還有其他牡丹社事件相關細節，限於題旨和篇幅，就不多加引述。高加馨在文末寫道：「筆者希望藉由本文的撰寫，能夠使這件臺灣近代史上的重要事件，有原住民觀點的論述，也希望未來關於牡丹社事件的研究，能夠更加詳盡

43　高加馨，〈從 Sinvaujan 看牡丹社事件〉，《史學》第二四期（一九九八年五月），頁五〇—八六。
44　高加馨，〈從 Sinvaujan 看牡丹社事件〉，頁五五—五八。
45　《牡丹社事件130年歷史與回顧國際學術研討會大會手冊》（巴魯巴藝術工作坊，二〇〇四），頁四—一四。
46　中央研究院民族學研究所編譯，《番族慣習調查報告書〔第五卷〕排灣族》第一、五、三、四冊（臺北：中央研究院民族學研究所，二〇〇三、二〇〇三、二〇〇四、二〇〇四）。
47　華阿財著、宮崎聖子訳，〈「牡丹社事件」についての私見〉，《臺灣原住民研究》第一〇號（二〇〇六年三月），頁三八—五二。此一譯文之後，附有〔解說〕：笠原政治，〈華阿財先生と「牡丹社事件」の研究〉，頁五五—五九。
48　高加馨著、里井洋一訳，〈Sinvaujanから見た牡丹社事件 上〉，《琉球大学教育学部紀要》第七二號（二〇〇八年三月），頁四一—六二；〈Sinvaujanから見た牡丹社事件 下〉，《琉球大学教育学部紀要》第七三號（二〇〇八年八月），頁二七—五〇
49　高加馨，〈從 Sinvaujan 看牡丹社事件〉，頁六〇—六一。

真實。」[50]高加馨的其他作品，就不特別介紹了。[51]

華阿財在〈「牡丹社事件」之我見〉一文中，針對八個問題提出他根據文獻和口傳資料整理出來的看法。這幾個主題是：一、為何是「牡丹社事件」而不是「高士佛事件」？二、琉球遭難者從高士佛社逃出後最初接觸到誰？三、被日本軍帶走的牡丹社少女的身世。四、石門戰役陣亡之牡丹社頭目的身世。五、「忠魂碑」的消失。六、戰役的女英雄成為高士佛部落的佳話。七、潘文杰為何被山地部落視為漢奸？八、被殺害之五十四名琉球人最初的埋葬地。[52]關於琉球人為何被殺，根據高士村耆老黃瑞英（九十歲）的傳述，她的曾祖父親眼看到數十名琉球人偷吃Kuskus社的地瓜，另有老人引述祖父所說的內容：六十六名琉球人進到Kuskus部落時，頭目讓他們入內，命令眾人煮地瓜粒粥（vinljukui）給他們吃。但是，他們半夜逃走，所以派三十名壯丁去追。[53]此外，值得注意的是，二〇〇九年七月三日華阿財接受中央研究院數位典藏的口述採訪時，提到「飲水說」。他說：「在部落有一個習俗，你們不能隨便喝人家的水，你要喝可以，但是，你要順服於別人，人家說什麼，你要聽就對了……。」[54]琉球人喝了水，高士佛社的以為他們懂這個習俗，頭目等人要去打獵，叫他們不要離開，他們卻偷偷跑了，以致於引來殺身之禍。

關於為何臺灣原住民要殺害琉球人？任教於日本琉球大學的大浜郁子寫有下列論文：〈「加害の元凶は牡丹社蕃に非ず」—「牡丹社事件」からみる沖縄と台湾〉（加害的元兇不是牡丹社番：從「牡丹社事件」所見之沖繩和臺灣）、[55]〈「牡丹社事件」再考—なぜパイワン族は琉球

島民を殺害したのか〉（「牡丹社事件」再考：為何排灣族殺害琉球島民？）、[56]〈「琉球漂流民殺害事件」について〉（關於「琉球漂流民殺害事件」）。[57]大浜郁子在沖繩的報紙上也寫有多篇和牡丹社事件有關的文章，茲不列舉。大浜整理過往的研究，指出有三種解釋：一、對陌生者的不信感；二、琉球島民違反用餐禮儀（テーブルマナー侵犯）；三、因獵首族傳說的恐怖心。[58]對陌生人不信任，是從琉球人的角度來看，因為他們一上岸就被漢人搶劫，所以對招待他們的原住民也無法信任，才會逃走。違反用餐禮儀主要是紙村徹提出的，從排灣族的角度來看，

50　高加馨，〈從 Sinvaujan 看牡丹社事件〉，頁七二。

51　高加馨另有一篇論文被翻譯為日文，即〈牡丹社事件の真実——パイワン族の立場から」，《植民地文化研究》第四號（二〇〇五年七月），頁三七—四六；她的碩士論文〈牡丹社社群的歷史與文化軌跡：從排灣族人的觀點〉（臺南：國立臺南師範學院鄉土文化研究所碩士論文，二〇〇一），可以看出從排灣族人的觀點出發是高加馨一貫的研究取徑。

52　華阿財，〈「牡丹社事件」之我見〉，頁九—一三。

53　華阿財，〈「牡丹社事件」之我見〉，頁九。

54　影音檔見：http://catalog.digitalarchives.tw/item/00/42/32/3e.html（檢索日期：二〇一四年十月十日）。又透過 Google 可以下載「排灣族牡丹鄉高士村華阿財先生訪談逐字稿」。

55　《二十世紀研究》第七號（二〇〇六年十二月），頁七九—一〇二。

56　《台湾原住民研究》第一一號（二〇〇七年三月），頁二〇三—二二三。

57　《歴史と地理 日本史の研究（二四〇）》第六六二號（二〇一三年三月），頁二四—三〇。

58　大浜郁子，〈「加害の元凶は牡丹社蕃に非ず」—「牡丹社事件」からみる沖縄と台湾〉，頁八三—八七。

琉球人接受招待卻逃走，違反慣習，導致被殺。[59]大浜郁子本人則提出第三種可能，也就是琉球船難者受到琉球歷來的「大草鞋」和食人族傳說，以為遇上食人島的蠻族，因此對排灣族產生恐懼，才會逃走而遭殺害。[60]這裡的重點顯然是將琉球人遭受殺害放在「接受招待卻逃走」的這個舉動上。大浜郁子在〈「牡丹社事件」再考〉一文中，對違反用餐禮儀說提出駁斥，另外又提出「人物交易不成」說，也就是協助琉球人的漢人沒提出足夠交換人命的物品，導致琉球人遭殺害。[61]在這裡，筆者不擬梳理這些論辯，重要的是，我們在新近研究中看到了試圖從內部看問題的研究取向，從高加馨、華阿財到大浜郁子，都擬從內部探討當事人的「文化邏輯」；而出身琉球的大浜郁子，在分析上則進一步帶入了從琉球內部看問題的向度。

文化邏輯之外，很值得注意的是費德廉在臺灣發表的英文論文"The Changing Contours of Lived Communities on the Hengchun Peninsula, 1850-1874"（中文原題：1850至1874年間恆春半島聚落群的變化）。[62]費德廉長期收集有關臺灣的英文資料，在他執教的 Reed College 建置了一個網頁 Formosa: Nineteenth Century Images，[63]將長年收羅的文獻、圖片和地圖，以及經過整理的資料和訊息提供給讀者利用。這篇論文參考書目的英文部分就占四頁，可以說是收羅殆盡。費德廉試圖從中文和龐雜的英文材料中勾勒出恆春半島的社會．政治．經濟地景，然後去看三次外來勢力進到這個地區，對原生環境所帶來的衝擊。這三次的外力衝擊分別是清官兵的行經（一八六七）、李仙得訪問原住民部落（一八六七—一八七二年之間共八次）、日軍入侵與駐守（一八七四），他認為有些地方是改變了，有些則未必，是一種混合的反應。[64]費德廉詳讀李仙得的*Notes* *of Travel in Formosa*，以及 Edward Howard House 的 *The Japanese Expedition to Formosa*，再參考其他相關材料，對牡丹社事件前二十年恆春半島的社會圖景有相當具體的掌握。可惜的是，這篇論文重點在於楓港以南的琅璚下十八社及毗鄰的漢人聚落，並未連帶探討琅璚上十八社的情況。費德廉另撰有論文討論李仙得的地圖繪製，就不加介紹了。[65]

以上這些論文，除了高加馨以口述為主，其他論著都採用了上述「新」出土的李仙得書稿（日譯本或英文書稿），以及《風港營所雜記》和《處蕃提要》等材料。究實而言，這些材料也

59 紙村徹，〈なぜ牡丹社民は琉球漂着民を殺害したのか－牡丹社事件序曲の歴史人類学的素描〉，《台湾原住民族の現在》（東京：草風館，二〇〇四），頁一四九－一六一。紙村徹援引臺灣總督府《番族慣習調查報告書 第五卷》之一則斯卡羅的傳說作為例證（頁一五七－一五八）。

60 大浜郁子，〈「加害の元凶は牡丹社蕃に非ず」－「牡丹社事件」からみる沖縄と台湾〉，頁八四－八七。

61 大浜郁子，〈「牡丹社事件」再考－なぜパイワン族は琉球島民を殺害したのか〉，頁二一三－二二〇。

62 Douglas L. Fix, "The Changing Contours of Lived Communities on the Hengchun Peninsula, 1850-1874"，收於洪麗完主編，《國家與原住民：亞太地區族群歷史研究》（臺北：中央研究院臺灣史研究所，二〇〇九），頁二三三－二八二。

63 網址：http://academic.reed.edu/formosa。（檢索日期：二〇一四年十月十日）

64 Douglas L. Fix, "The Changing Contours of Lived Communities on the Hengchun Peninsula, 1850-1874," pp. 239, 270-272.

65 Douglas L. Fix, "'A highly cultivated country': Charles Le Gendre's Mapping of Western Taiwan, 1869-1870"，《臺灣史研究》第一八卷第三期（二〇一一年九月），頁一－四五。

都是可以在收藏單位（如日本國立公文書館和美國國會圖書館）中請閱讀的，但經影印（復刻）或編輯印刷成書之後，能廣為一般研究者和讀者所利用，很多議題因此而得以釐清、深入探討。在資訊爆炸時代，如何提供更方便的利用方式，這應該是許多圖書、檔案收藏單位必須認真面對的課題。

四、大頭目和小女孩的「故事」

讀到這裡，讀者可能會說，為什麼都沒提羅妹號事件，也沒提琅璚下十八社總頭目卓杞篤。討論牡丹社事件當然不能不提及卓杞篤，而且除了大頭目之外，我們還要來講一個小女孩的故事。

卓杞篤是這位大頭目的族名的中文音譯，[66]李仙得 *Notes of Travel in Formosa* 主要記成 Tauketok，另有 Tau-ke-tok、Tok-e-tok、Tok-e-Tok 等拼寫方式。[67]其實，「卓杞篤」應該用臺灣話來讀，讀如 Toh-ki-tok，想必是當時在地漢人就跟著排灣人叫他，若要轉寫成漢字，寫成「卓杞篤」，剛好卓又是漢姓。（請留意：這個時候沒有人使用戰後臺灣的「國語」，不會有人叫他「ㄓㄨㄛˊ　ㄑㄧˇ　ㄉㄨˇ」。若這樣叫他，他會聽無（bô）。）

（一）琅嶠下十八社總頭目卓杞篤

李仙得因為要處理羅妹號事件而來到臺灣，深入琅嶠下十八社部落，竟然得以拜會總頭目卓杞篤，並且和他簽訂救助船難者的協定，先是口頭協定，後來還有文字版——這是我們所知道臺灣原住民和外國人所簽訂的第一個協議（國際協議？）。這是李仙得傳奇性一生中無數傳奇中的一樁。如果沒有李仙得的紀錄，「卓杞篤」頂多只是個點綴於地方志書的漢譯番名，我們不會有機會知道卓杞篤這個「人」——有情緒、有思緒、有個性，擁有會增會減的動態式權力。

羅妹號（*Rover*）事件發生於一八六七年。它是艘美國商船，又譯為羅發、羅昧，該年三月從中國汕頭開往牛莊，經過臺灣海峽時，遭風漂流到臺灣島南端七星岩附近，觸礁發生船難，乘客登陸進入原住民地區，船長韓特（Joseph W. Hunt）夫婦等十三人慘遭殺害，只有一名粵籍水手逃出。美國駐廈門領事李仙得於是到福州見閩浙總督，希望能處理此事，獲准到臺灣。四月，有兩次失敗的軍事行動；九月，李仙得和清臺灣鎮總兵劉明燈的軍隊從臺灣府城（今臺南市）南下，出枋寮，途經楓港，抵達車城（琅嶠），軍隊停留在當地，李仙得則在 William A. Pickering

66　見於丁紹儀，《東瀛識略》等文獻。

67　John Shufelt, "Textual Introduction", pp. xxxiii, 474.

（必麒麟）和 James Horn（何恩）的協助下，[68]率領一小隊人員深入原住民聚落。李仙得在名為「火山」（屏東縣恆春鎮出火）的地點會見了瑯嶠下十八社總頭目卓杞篤。這次會面，李仙得和卓杞篤簽下了口頭協定，一般稱為「南岬之盟」，卓杞篤同意若有西方船艦遇難求救，會給予救助。兩年後（一八六九）的二月，李仙得再度前往射麻里部落（屏東縣滿州鄉永靖村），兩人第二次見面，確認上次的協議，並寫成文字（中、英文）。一八七二年三月第三次會面。李仙得記下了這三次的會面，這是我們得以「認識」卓杞篤的文獻根據。

在這裡，必須先交代為何李仙得要和卓杞篤會面。由於西方船隻頻頻在臺灣沿岸發生船難，船客上岸往往被原住民殺害。來臺灣尋找船難受害者，不始於李仙得和何恩。早在臺灣開港通商之前，英國領事館人員郇和（Robert Swinhoe，現在通常譯為史溫侯）就曾在一八五八年六月擔任英國軍艦「不屈號」（*Inflexible*）的翻譯官，前來臺灣尋找 Thomas Smith（英國人）和 Thomas Nye（美國人）的蹤跡——兩人搭乘的*Kelpie* 號疑在福爾摩沙南端遇難，傳說二人被土著留置當地。[69]在臺灣島嶼附近海域遭遇船難，上岸被原住民殺害、物品被奪，似乎成為既定模式。羅妹號的遭遇讓李仙得決心解決這個問題。在牡丹社事件之前，李仙得總共訪問臺灣八次，和卓杞篤會面是其中的三次。李仙得和史溫侯一樣，在他們遺留下來的著作中，都反映了十九世紀知識人多面向的博學強記，這點只要翻閱*Notes of Travel in Formosa*就可得知，不須多加著墨。

茲撮述李仙得和卓杞篤三次會面的大概。對於如何避免船難，李仙得積極勸說清政府在臺灣南端設立堡壘，但不得要領。如前所述，一八六七年九月，李仙得和清軍來到車城（瑯嶠），李仙得等人則往東邊的「內山」移動。原本卓杞篤等人已經來到保力（客家聚落），預備和清方會面，但清方一直延宕，沒回給李仙得消息，卓杞篤等人遂返回部落。李仙得再度透過中間人和卓杞篤協商，決定在「火山」會面。當時李仙得只和六個人一起出發（Joseph Bernard、必麒麟、三位通譯，一位嚮導），十月十日中午抵達目的地。見面時卓杞篤這邊有頭目和男女族人二百名環伺，李仙得等人沒配備武器，卓杞篤這邊的槍則放在膝間——[70]一般認為李仙得的膽識贏得卓杞篤的佩服。李仙得質問卓杞篤為何殺害他的國家的人民，卓杞篤回答說：很久以前，白人幾乎滅絕了整個龜仔律社人，只有三人倖存，交代後世子孫要報復。（龜仔律又作龜仔用，在今鵝鑾鼻。）在這裡，我們看到卓杞篤和李仙得之間的「理性」對話，至少卓杞篤給出殺害白人的理由。接著兩人進一步對話：[71]

68　必麒麟曾在海關總稅務司工作，也曾負責安平港的海關事務，當時任職怡記洋行；何恩是為了尋找羅發號船難的遺骸和器物而來到南臺灣。見李仙得原著，費德廉、羅效德中譯，《李仙得臺灣紀行》，頁二八八註一一、四〇六—四〇七（英：297, note 11, 413-415）。附記：為讓讀者容易檢索，中文版頁碼之後，加上李仙得英文書頁碼；反之亦然。如上，下同。

69　費德廉、羅效德編譯，《看見十九世紀台灣：十四位西方旅行者的福爾摩沙故事》（臺北：如果出版社，二〇〇六），頁一四、一八—一九。

70　李仙得原著，費德廉、羅效德中譯，《李仙得臺灣紀行》，頁二七一—二七三（英：279-181）。

71　李仙得原著，費德廉、羅效德中譯，《李仙得臺灣紀行》，頁二七三（英：281）。

由於他們並無船隻可用來追逐外國人，只能盡力報復。我（按，李仙得）批評說，如此做法，必定有許多無辜的受害者被殘殺。他（卓杞篤）說：「我明白，也很反對這種作為，因此設法跟你在保力會面，來表達我的遺憾。」我於是問他將來打算怎麼處理。他的答覆是：「你若來宣戰，我們自然要反抗，我無法保證後果將會如何。然若相反的，你願謀求和平，那麼我們將永保和平。」我告訴他，我很希望能避免流血。聽到我這麼說時，他即將槍擱置在一邊。

之後李仙得甚至大膽提到建立堡壘的事情，但遭卓杞篤拒絕，卓杞篤建議將堡壘建在「混血種」之間。（「混血種」指漢人和原住民婚生子女，詳後；堡壘後來建在大樹房〔恆春鎮大光〕附近，但不久就荒廢了。）兩人會面的時間大約四十五分鐘，根據李仙得的描述，卓杞篤五十歲，舉止很從容、言語極為諧和，相貌很討人喜歡，展現極強的意志力與不屈不撓的精神，個性樂觀，個子不高大，甚至可以說有點矮小。72

李仙得在這次的會面和卓杞篤達成了協議，內容主要有三點：一、遭船難者將受到卓杞篤統領下十八社之任何一社的友善對待，如可能，他們（遭船難者）在登岸前應展開一面紅旗。二、壓艙物與水：船隻想要補給，要派船員上岸，必須展開一面紅旗，且必須等到海岸上也展現同樣的旗幟，否則不得上岸。上岸地點局限於指定的地點。三、他們不得拜訪山丘與村莊，盡可能將拜訪範圍限於豬勝束港，以及大板埒溪。後者為東北風季節時較好的取水處。在這些條件之外登岸的人士，則是自冒風險。[73]協議中的豬勝束港，應指豬勝束溪（今港口溪）的港口；大板埒溪，恆春鎮石牛溪。這些內容在一八六九年二月二十八日李仙得和卓杞篤第二次會面時，寫成文字。

第二次會面，李仙得這邊共八人（滿三德、必麒麟、五名漢人僕役），在簽約諸正事結束後，李仙得等人接受午餐招待，大家一起喝酒，但李仙得非常注意不要引起原住民的疑慮，所以早早就離開，雖然他其實很想多留，以了解更多事情。[74]會面從上午到下午三時，比起第一次，時間多很多。李仙得記下一段卓杞篤的話，很傳神。卓杞篤在接受李仙得等人贈送的豐厚禮物時，顯然很感動，說：「你們帶來這一切若是為了收買我，那是無謂的擔心，因你已有了我的承諾。不過，你若送我這些禮物，以作為友誼的紀念物，那我很樂意接受。當然，話我們都會說，但誰能見到各自的心呢？」（If you have brought all this to buy me, you have taken a useless care, for you had my word; but if you hand me these presents as a token of friendship, I receive them with

72　李仙得原著，費德廉、羅效德中譯，《李仙得臺灣紀行》，頁二七四（英：282）。

73　根據第二次會面的紙本條約改寫。李仙得原著，費德廉、羅效德中譯，《李仙得臺灣紀行》，頁二八三（英：292）。

74　李仙得原著，費德廉、羅效德中譯，《李仙得臺灣紀行》，頁二七九－二八〇、二八二－二八四（英：287-288, 290-293）。

pleasure. Of course, words we can speak, but who of us can see in each other's heart?）[75]讓人感覺這是一位重然諾、洞悉世故且語帶哲思的領袖。

卓杞篤很注重尊嚴。他的兩個女兒也一樣，她兩人和清官員見面時，拒絕下跪。[76]他也很有脾氣，琉球人船難上岸遭殺害之後，一八七二年三月四日李仙得第三度拜會卓杞篤。這次他的陣仗就大多了，同行十人（有船長、醫生、攝影師等），加上二十七名漢人苦力替他們扛運行李和禮物。更特別的是，這次他們是到卓杞篤的部落豬勝束（今屏東縣滿州鄉里德村）拜會他，受招待豐盛的晚餐，並且過夜；前兩次會面都是在「外面」。不過，在這次會面過程中，李仙得發現射麻里社頭目Yeesuk和卓杞篤有不對頭的情況，他還設計要兩位一起唱「卓杞篤與Yeesuk團結有如兄弟」的歌，歌詞是李仙得自己用原住民語言拼湊出來。但卓杞篤直截了當拒絕，從「位子上站起來，說：『這種話是不能說的。』兄弟的行為有如出於同一條心，而他常發現他連自己的族民都無法控制，更別說是他統轄下的頭目了。」李仙得認為這有可能暗指琉球人遭殺害事件，卓杞篤又說：「這種詞真不能唱。我對我自己以及豬勝束人負責，但我對別人所做的努力可能經常失敗。」然後，李仙得說卓杞篤「難以控制自己的情緒，因已喝得毫無拘束，就離開了房間」。[77]這是李仙得最後一次見到卓杞篤，這位瑯嶠下十八社總頭目在一八七三年過世，不得見一八七四年五月日本的「臺灣出兵」。

李仙得筆下的卓杞篤，足以寫成有趣的歷史故事（若加上文學的想像，也可拍成電影）。但是除了是很有趣的「故事」之外，它能引領我們去掌握更大的歷史圖景嗎？答案是肯定的。以下只是幾個值得進一步探究的面相。

首先，卓杞篤和「洋人」接觸，簽下船難救助協定，自然是美事一樁，他個人也是這樣認為，非常看重這個協議，將文件放在他放置最重要物品的箱子裡，他很希望李仙得每年冬天都能來和他會面，以維持協議的有效性。[78]但是，他為此付出了很大的「外交」代價，也就是導致自己的權威衰退，即身為瑯嶠下十八社總頭目的權威。我們知道，李仙得很重視贈禮這回事，前面也提到卓杞篤很感動，但卓杞篤更重視的是這一份心意。李仙得與卓杞篤簽訂船難救助協議之後，至少有三次西方船遇難，乘客登陸臺灣南端原住民地區，都獲得救助（有些案例比較曲折）。然而，這些救助船難者的部落都沒獲得彼此「默契中」的禮物，而根據李仙得，這些船難者的國家是有贈送禮物的，但卓杞篤這邊「什麼都沒收到」。李仙得的嚮導 Mia 也證實卓杞篤並未收到獎金，而這些獎金原本是要發給原住民，做為他們向船難者提供協助與保護的回報。卓杞篤認為李仙得不時帶去給原住民的禮物，對勸服他們遵守約定極有幫助。[79]事實上，一八六九年

75　Charles W. Le Gendre, *Notes of Travel in Formosa*, p. 292；李仙得原著，費德廉、羅效德中譯，《李仙得臺灣紀行》，頁二八四（英：292）。

76　李仙得轉述必麒麟的見證。李仙得原著，費德廉、羅效德中譯，《李仙得臺灣紀行》，頁二七五（英：283）。

77　李仙得原著，費德廉、羅效德中譯，《李仙得臺灣紀行》，頁三〇三、三〇五—三〇七（英：311, 313-316）。

78　李仙得原著，費德廉、羅效德中譯，《李仙得臺灣紀行》，頁三〇六（英：314）。

79　李仙得原著，費德廉、羅效德中譯，《李仙得臺灣紀行》，頁三〇六—三〇七（英：314-316）。

在東海岸發生一件沈船事件，二十二人的費用全由卓杞篤負擔，一直沒獲得補償，卓杞篤很富有，不在乎酬金，他說只要知道船難者平安回家，他就很欣慰了，但中國當局連個口信也沒給他。[80]

李仙得從側面得知：由於照顧船難者，必須支付很多開銷，但又沒獲得任何報酬（救助已成為一種負擔），所以不只牡丹社族人顯得不怎麼願意協助卓杞篤落實他和李仙得的協議，即使龜仔律的人也經常責備卓杞篤讓李仙得等人進入他們的領域。[81]卓杞篤同意救助船難者，如果用我們現在的話來說，大抵是基於人道考量，他強調：遭船難者，無論有沒有展開紅旗，都會受到保護。反之，非船難者而上岸，是會被處死的，從船上放槍，也會被處死。[82]在這裡，我們看到這一帶原住民對侵入其領域者的嚴厲態度。在李仙得的第三次訪問的回程中，他也感覺到部落族人對他的反感。[83]比對上兩次訪問，我們可以看到卓杞篤的權威明顯下降，他堅持救助船難者，卻無法給予相關的頭目和社民報償，一般認為這個情況減損了他的權威。

對「無償救助」的不滿也因此成為高士佛社殺害琉球人船難者的一個解釋。[84]這不只是學者的理解，在歷史現場的 Mia 就這樣理解：漢人是此事件的肇始者。他們若對我（李仙得）守承諾，指派適當的官員代表，具備必要的權利與金錢，則可輕易與牡丹社達成協議，來贖回那些日本人。[85]李仙得原文用「Japanese」來指稱船難的琉球人。Mia 是漢人聚落射寮庄頭人的兒子，母親是原住民，在李仙得筆下是「a half-caste」（俗稱「混血兒」），他的父親和卓杞篤保持密切且經常的來往，李仙得三次會見卓杞篤，都由 Mia 當嚮導。[86]

關於琉球人為何被殺害，在歷史現場還有一個說法：因為琉球人被當成漢人而遭殺害。李仙得要去拜訪卓杞篤，在路途中遇到上次拜訪時見過的年長婦人（不得不佩服李仙得很會認人），這位婦人說：如果他們是白人，就會被饒命，但一八六七年的協定沒包括漢人。[87]這樣的救助協議原有可能擴大包括漢人，但是，由於清官員不積極，而原住民對清政府不信任，終於沒達成任何協議。[88]附帶一提，西方船隻上的漢人是受到保護的。[89]不過，高士佛社的人是否分不清楚琉球人和漢人，是有疑義的。高士佛社並非沒和漢人接觸，交易小屋的老先生鄧天保就是漢人，更

80 李仙得原著，費德廉、羅效德中譯，《李仙得臺灣紀行》，頁三〇七（英：316）。
81 李仙得原著，費德廉、羅效德中譯，《李仙得臺灣紀行》，頁三〇七、三一三（英：316, 321）。
82 李仙得原著，費德廉、羅效德中譯，《李仙得臺灣紀行》，頁三〇六（英：314）。
83 李仙得原著，費德廉、羅效德中譯，《李仙得臺灣紀行》，頁三〇六（英：315）。
84 例如，羽根次郎指出：「在內部分配從外部得來的物質，形成了統治正當性的一部分。……把以李仙得為首的外國人帶來的經濟利益分配給各個部落，以此為交換來維持『南岬之盟』的履行，這是卓杞篤和李仙得的想法。每年，西洋人帶來贈品——在原住民的主觀中也許被解釋為『貢納』——這是很有必要的。」見氏著，〈「南岬之盟」和琉球漂流民殺害事件〉，收於若林正丈、松永正義、薛化元編，《跨域青年學者臺灣史研究續集》（臺北：國立政治大學臺灣史研究所，二〇〇九），頁三一。
85 李仙得原著，費德廉、羅效德中譯，《李仙得臺灣紀行》，頁三〇七（英：315）。
86 李仙得原著，費德廉、羅效德中譯，《李仙得臺灣紀行》，頁三〇三、四〇五（英：311, 415）。
87 李仙得原著，費德廉、羅效德中譯，《李仙得臺灣紀行》，頁三〇三（英：311）。
88 李仙得原著，費德廉、羅效德中譯，《李仙得臺灣紀行》，頁二七五、二八五（英：283, 293）。
89 李仙得原著，費德廉、羅效德中譯，《李仙得臺灣紀行》，頁三〇六（英：314）。

何況琉球人的髮型、衣著也和漢人不同。無論如何，事件發生後不久，在原住民之間就有這樣的說法。

李仙得記述下的卓杞篤及其周邊景況，也讓我們看到「漢化」的進行式。先從身體裝飾來看，李仙得筆下的卓杞篤，髮型是清式——剃掉前額部分，留著一條小髮辮，不過，他的服裝則是道地的原住民服飾。他的弟弟漢語說得很流利，還建議將口頭協定寫成文字，即中、英文兩個版本。當李仙得有機會到卓杞篤的部落去拜訪時，我們發現卓杞篤家的客廳放著有中國式裝飾的大床，會面時，卓杞篤、李仙得，以及醫生就坐在上面。[90]關於剃頭結辮，史溫侯在一八六六年發表的文章中，也提到卓杞篤的部落，說他們都剃頭，留短髮辮。[91]更早先，他在蘇澳港的一個熟番部落，看到不少年輕男子依漢人的方式剃髮，也有一個人會講一點漢語。他指出，他們在建造房子或生活方式上，都比山區的「野蠻人」類似漢人。[92]卓杞篤的部落不是「熟番」部落，但已經可以看到「漢化」的形跡。

（二）牡丹少女小台渡日留學記

牡丹社少女小台的故事，相對於卓杞篤可以說簡單很多，但它的文化意涵（例如「文明 vs. 野蠻」），如果要進一步抉發，也可以很複雜。篇幅有限，我們在此只敘述故事本身。

一八七四年六月一日至五日間，日軍分三路攻打牡丹社。其中一隊於六月二日攻至爾乃社，

「生擒」了一老一少的原住民女性，老婦在途中逃走，小女孩被帶回龜山大本營。這名少女，才十二歲，六月間被送到日本，開始在東京接受日語教育和日本式的教養。公文稱她為：牡丹社少女、牡丹少女、臺灣少女、蕃地少女等；人們則暱稱她為「オタイ」（お臺），等同中文的「小台」，若在臺灣話，就是「阿台」，在此我們特地用簡體「台」，比較像暱稱。後來由於日本和清國已簽約解決牡丹社事件，沒理由繼續把她留在日本，十一月間她被送回臺灣，並安排由臺灣蕃地事務局都督西鄉從道在和部落長老的惜別會中，正式交還給部落。93

小台的故事，最初刊登在一八七四年六月二十六日《東京日々新聞》，配有一幅插畫，上書「臺灣牡丹少女」，畫日本兵士正在替小台穿都督賞賜的漂亮和服。（圖二）據報導，穿上和服的牡丹少女，彷彿變成日本少女，讓久離故鄉的兵丁人夫想起了故鄉。當時報紙還無法印照片，關於牡丹少女就只有文字和圖畫，欠缺具體的物證，久而久之，「牡丹少女」被認為只是個傳

90　李仙得原著，費德廉、羅效德中譯，《李仙得臺灣紀行》，頁二七三、二八三、三〇五（英：281, 291, 314）。

91　Robert Swinhoe, "Additional Notes on Formosa," http://academic.reed.edu/Formosa/texts/Swinhoe1866.html（檢索日期：二〇一四年十月十日）；費德廉、羅效德編譯，《看見十九世紀台灣》，頁五五—五六。

92　Robert Swinhoe, "Notes on the Ethnology of Formosa," Extracted from a Paper Read before the Ethnological Society, with Additional Remarks (London, 1863), p. 10；費德廉、羅效德編譯，《看見十九世紀台灣》，頁五五—五六。

93　陳其南，〈牡丹少女事件簿〉，《臺博物語：臺博館藏早期臺灣殖民現代性記憶》第五章（臺北：國立臺灣博物館，二〇一〇），頁一〇八、一一二—一一三。

圖二

《東京日々新聞》「臺灣牡丹少女」圖繪（南天書局提供）

說，一直要到她的照片「出土」，配合《處蕃始末》相關的檔案文書，人們才確定確有其人。一八七〇年代，照片技術才剛興起不久，照相很不容易，當時臺灣蕃地事務局擔心小台渡日萬一得病有個不幸，遂在她搭船前，特地請攝影師松崎晉二替她拍了六張照片，附在這裡的這張「灣島牡丹小女年十二歲」（圖三），應該就是其中的一張。[94]由於有照片，加上四十四件公文歷歷在目，牡丹少女遂從真假難辨的傳說變成活生生的故事。陳其南的〈牡丹少女事件簿〉是目前臺灣關於牡丹少女最完整的文章。[95]

為何要將少女送到日本？說法不一，如：為了告知日本政府「蠻族之凶性」。或因少女在兵營，不甚妥當，故先送到日本。[96]由於《處蕃始末》相關的公文書尚待一一解讀，只能等待將來會有比較確切的答案。不管目的為何，臺灣蕃地事務局對於「教化」小台可謂不惜成本；該事務局每月支給小台的照顧人上田發太郎二十圓，作為小台在東京的生活照護和教育費用，當時雇請一位看護的婦人，日夜陪伴她。一旦有疾病，上田氏一定要上報，立即延醫治療。諸多費用可向大藏省申請。小台的教育，包括語言、裁縫，以及教養三大類。根據上田的報告，小台在東京不

94　關於這張照片的「出土」經過，見森田峰子，《中橋和泉町松崎晋二写真場》（東京：朝日新聞社，二〇〇二），頁五四—六〇；亦可參見陳其南，〈牡丹少女事件簿〉，頁一〇八—一〇九。
95　陳其南，〈牡丹少女事件簿〉，頁一〇六—一二三。
96　陳其南，〈牡丹少女事件簿〉，頁一一二—一一三。

圖三

牡丹少女（小台）照片（南天書局提供）

資料出處：森田峰子，《中橋和泉町松崎晋二写真場》，頁 57。

滿一個月就已經略通語言和禮節。更令人驚奇的是，不久之後，上田竟然請當時的名儒學者和詩人佐佐木支陰來教小台日文！牡丹少女離開東京準備返台前夕，佐佐木支陰與上田發太郎都有將她的學習成果報告給蕃地事務局。名儒佐佐木顯然不滿意，上田則給予比較好的評價。小台回臺灣時，獲贈很多禮品，有小學書冊、東京錦繪、華麗首飾，以及好玩的戲具等，計有三箱。她的老師佐佐木先生也將自己的字書裝幅相贈。她離京上路時，「麗服盛裝」，行李兩輛，看護者隨行，可說陣仗很大。[97]

小台於六月七日離開臺灣，二十六日抵達東京；十一月十三日離開東京，二十四日抵達琅嶠，二十五日上陸。二十八日由水野遵將少女和贈送的禮品土產等交給十八社頭目，結束了小台約五個月的「被留學」日本的奇遇。[98]這是我們所知道的第一位排灣族到日本的案例，而且小台很可能見過大隈重信，當時大隈重信是臺灣蕃地事務局長官。[99]若以整個原住民來說，早在一六二七年就有十六名西拉雅族人被日本船長濱田彌兵衛帶到日本江戶，晉見幕府將軍秀忠和家光，獲賜很多禮物。第二年濱田船長帶他們回臺灣，間接導致濱田挾持VOC臺灣長官彼得・諾易茲

97 陳其南，〈牡丹少女事件簿〉，頁一一五—一一七。
98 陳其南，〈牡丹少女事件簿〉，頁一一四、一一八。
99 陳其南，〈牡丹少女事件簿〉，頁一一四。

（Pieter Nuyts）的「濱田彌兵衛事件」。[100]他們停留日本的時間比小台久，但是像小台這樣有計畫地被安排學習日語和教養，應是第一遭。

陳其南的〈牡丹少女事件簿〉只寫到小台回台，看來是個 happy ending。果真是這樣嗎？不是的。高加馨指出，根據牡丹社耆老的傳述，當小台再回到部落，因適應困難，導致精神恍惚，不久即死亡。[101]華阿財則寫道：少女對照日本人和原住民的生活狀況，感覺食衣住行有很大的落差，卻無法改變牡丹社耆老的觀念，一直非常苦惱，因此身心失去平安，不到二十歲，就在悲傷中過世。[102]可以說小台的故事以淒涼結尾。

大頭目卓杞篤沒留下任何照片或畫像，但李仙得讓我們看到他的心緒和想法；反之，小台留下了很珍貴的照片，我們可以看得到她的面貌，但其實我們看不到小台的心情。我們只知道她在「狂泣」中被「捕」，之後就像個娃娃一樣任人擺布，聽不到任何可以稱得上屬於她的聲音。但願那些還未經仔細檢讀的材料，能讓我們多知道她一點點——這個突然被抓，並且帶到一個陌生國度被迫學習新事物的排灣少女。

五、社會圖景，以及多元詮釋的可能

講完大頭目和小女孩的「故事」之後，這些新近變得容易入手的材料，其實還有個重要的作用，也就是能引領我們去了解（或重建）枋寮以南的社會圖景，而且這個社會圖景是「動態的」。何以是「動態的」，留待下面分析。納入清國管轄之前，南臺灣社會圖景的整體呈現，有待真正的研究，本小節僅選若干重要議題，提出初步整理的結果。

李仙得以遊說日本占領臺灣「無主番地」而有名於世，但是，如果我們仔細閱讀*Notes of Travel in Formosa*，可以看出李仙得花費很多力氣試圖說服清政府有效統治這個地方，他建議建堡壘和燈塔，開軍路（從枋寮到最南端）和駐軍，但都沒被接受，好不容易說服劉明燈在大樹房附近建堡壘，等他再度訪問該地，堡壘早經廢棄，更不要說駐兵了。[103]

清廷對臺灣的統治，南端以枋寮為界，出了枋寮就是界外，不是行政管轄所及；更準確來說，界外指枋寮南邊下苦溪以南。這個地區是廣義的恆春地區或恆春半島，但因為「恆春」是牡丹社事件之後才出現的行政名稱（恆春縣），為避免引起時代倒置的問題，我們在此用舊地名，

100　中村孝志著，許賢瑤譯，〈圍繞臺灣的日蘭關係：濱田彌兵衛的荷蘭人攻擊〉，收於村上直次郎、岩生成一、中村孝志、永積洋子著，許賢瑤譯，《荷蘭時代台灣史論文集》（宜蘭：佛光人文社會學院，二〇〇一），頁二二〇。

101　高加馨，〈從 Sinvaujan 看牡丹社事件〉，頁七〇。

102　華阿財，〈「牡丹社事件」之我見〉，頁一〇。

103　李仙得原著，費德廉、羅效德中譯，《李仙得臺灣紀行》，頁二七三—二七四、二八五、三一二—三一四。（英：281-283, 293-294, 321-324）。

稱它為「琅𤩝地區」，也就是李仙得筆下的「the district of Liangkiau」。惟請注意：琅𤩝當作聚落名稱，指車城。李仙得因為親身訪問枋寮以南的地區，深知這個地區「非清領土」，所以他才要透過清官員建議北京要將琅𤩝地區置於行政和軍事統治之下（"…, it was understood between the Chinese officials and myself that they would recommend to Peking the organization of the district of Liangkiau under civil and military rule,…"）。[104]其實這不是他的「大發現」，只是他實地考察，獲得具體的認知，並且繪製了一幅大地圖"Formosa Island and the Pescadores"，清楚標出清領地區和「土番地界」的分界。[105]上面提到的「新」材料《風港營所雜記》更進一步讓我們知道枋寮以南的漢人聚落的實況。

《風港營所雜記》是一八七四年日軍風港支軍本營駐紮風港（今楓港）時，為了解當地情況，做了多次的實地訪查，類似現在的「情蒐」，留下很多重要的訊息。它涵蓋的範圍主要是枋寮以南至風港之間的漢人聚落，由北到南有：北勢寮、加洛堂、崩山庄（枋山；崩、枋，臺語發音都是pang）、刺桐腳（莿桐腳）。根據松野篤義等三人的實際調查，加洛堂、刺桐腳、崩山皆「納稅於大龜文頭人也」。大龜文頭人是當時琅𤩝上十八社總頭目——也就是說，漢人聚落向排灣族原住民納稅，而不是向清地方政府納稅。[106]加洛堂在今屏東縣枋山鄉加祿村，崩山、刺桐腳二聚落同在該鄉枋山村；琅𤩝上十八社橫亙今屏東縣獅子鄉和臺東縣達仁鄉的一部分。很有趣的是，北勢寮則「少納稅大龜文，多納稅于官人也」，訪談者繼續追問：「官人誰？」，受訪者回答：「枋寮。」[107]也就是說，北勢寮比較上是向枋寮的官員納稅的。北勢寮（在今枋寮鄉中寮村）距離大聚落枋寮非常近（一・二公里以內），還沒過番界。換句話說，越界開墾的漢人，是向原住民納稅的。

以下是刺桐腳漢人聚落的概況：這一帶田地很狹小，種植粟（小米）和瓜，不夠庄人每日食用，每每要向枋寮購買來補足，因此要砍柴來賣，以換米來吃。人口方面，男女一百多人，五十多戶。至於大龜文的收稅，只是收個「大略」而已，合庄每年共納銀二十元。本庄有十輛水牛車，四十隻水牛。從本庄到大龜文沒有車路可到。該庄有做清醮的習俗，眾人持齋，豎起燈篙。[108]

這裡值得注意的是，以一百餘人的人口除以五十多戶的戶數，一戶約二點多人。在刺桐腳北

104 Charles W. Le Gendre, *Notes of Travel in Formosa*, p. 293；李仙得原著，費德廉、羅效德中譯，《李仙得台灣紀行》，頁二八五。

105 Charles W. Le Gendre, *Notes of Travel in Formosa* 和中譯本都附有這幅地圖。

106 王學新譯，《風港營所雜記：牡丹社事件史料專題翻譯（一）》，頁八七、八九。又，莿桐腳庄民呈給風港本營的「歎願書」明白寫道：「竊吾莿桐腳庄民居住歷久，受因土番管轄，年納公項，皆由居他肘下地界，……。」（《風港營所雜記》，頁四二七，四二九）；庄民和日軍筆話的紀錄也說：「我庄受土番管轄，並無受清國管轄也。」（《風港營所雜記》，頁四三七）。

107 王學新譯，《風港營所雜記：牡丹社事件史料專題翻譯（一）》，頁八九、九一。

108 王學新譯，《風港營所雜記：牡丹社事件史料專題翻譯（一）》，頁七三、七九、八七—九一。

圖四

二牛一車照片

輯自Charles W. Le Gendre; Douglas L. Fix & John Shufelt (eds.), *Notes of Travel in Formosa*. Tainan: National Museum of Taiwan History, 2012, p. 58.（費德廉教授、蘇約翰教授提供）

邊的崩山，男女老幼共一百餘人，戶數四十餘戶，[109]平均約二點五人。每戶平均二點多人，可以判斷很少「核心家庭」，可能就是父子、兄弟，或是夫婦兩人，有些戶再加一、二人，若這個庄有不少羅漢腳，應當不奇怪。這裡是否讓我們看到移墾社會的「粗胚」？是否有助於我們「擬想」早期漢人移墾臺灣的過程？這裡的牛車是四牛拉一車。李仙得一書中有二牛一車的照片，二牛一前一後（圖四），[110]但筆者沒看過四牛一車的照片，是否在拉力上有某種需求？待考。和刺桐腳一樣，崩山也做清醮，[111]而且同樣持之甚嚴。我們會知道這兩個聚落有做清醮，是因為日本軍人松野篤義等三人在六月十三日來到刺桐腳，和頭人阮有來會面，要求他去請大龜文頭目來和日軍會面，阮有來回答說庄人正在做清醮，不方便，想等清醮結束後再說。之後，日方到崩山，也提同樣的要求，尤其看在崩山頭人陳龜鰍和大龜文「交尤親」，但是陳龜鰍也說正在做清醮，希望五月十五日（陽曆六月二十八日）清醮結束後再說，然而在松野等人強求之下，答應和刺桐腳頭人阮有來一起在五月六日（陽曆六月十九日）前往遊說大龜文頭目來和日軍見面，地點或在風港，或在崩山。[112]兩位頭人最後不得不勉強答應在清醮期間做這件事，但從他們的應答中，透露出想嚴守清醮的禁忌，阮頭人說：「做清醮，敬答天地之際，庄眾之人亦不敢言誅之，亦不敢

109 王學新譯，《風港營所雜記：牡丹社事件史料專題翻譯（一）》，頁九三。
110 Charles W. Le Gendre, *Notes of Travel in Formosa*, p. 58.
111 王學新譯，《風港營所雜記：牡丹社事件史料專題翻譯（一）》，頁九七—一〇一。
112 王學新譯，《風港營所雜記：牡丹社事件史料專題翻譯（一）》，頁九一、九五—一〇三。

言來服誅討之事。」（意思是，清醮期間必須避免殺害生命，而去招來原住民或進行討伐，就會有殺生的可能，因此不能去做。）陳頭人說：「清醮之事，敬天也，日期不敢他移，恐惶天公責備也。」[113]這樣的文獻，讓我們看到漢人移墾聚落如何踐行民間信仰。

《風港營所雜記》記載了日軍在攻打牡丹等三社之後，如何「招降」瑯嶠上十八社，也讓我們得知當時的「上十八社」是哪些社。六月二十日風港人王媽守、刺桐腳頭人阮有來、林海，崩山頭人陳龜鰍帶來大龜文頭目之弟取類，以及好幾個社的頭目來風港支營，「番人們獻豬二隻，各申述歸順之意」，於是日軍這邊「諭曰」如何如何，如「不厭行路之遠，先各社速歸順，其志甚可稱」，又說「速歸順是不獨你們之供福，亦不全嶋之幸也？」云云，於是殺豬，給予酒食。[114]由於《風港營所雜記》只記風港這邊的情況，關於上、下十八社「歸順」的經過，《處蕃提要》有更詳細的資訊，其間有歸順後再反背的情況，這裡就不細講了。總之，到了九月二十日，上、下十八社都「歸順」了，甚至花蓮後山番社也意外地來歸順日軍。[115]

由於日軍親自和上、下十八來「歸順」的頭目接觸，留下不少紀錄。據之，上十八社分為內文社和外文社，分轄七小社和十一小社，共計十八社：

內文社轄：中文、根阿燃、阿郎一、內獅仔頭、罵乳藕、無里一、本務。

外文社轄：大加錐來、麻籬笆、中心崙、笆嘮仔嗱、阿遮未薛、竹坑、外獅仔頭、大宇類、房武爛、大甘嗎立、草山。

內外共十八社，一般稱之為大龜文十八社。而且崩山耆老和大龜文頭目有親戚關係。[116]這也可解釋為何一開始要崩山頭人去和大龜文頭目斡旋「歸順」之事。「來降」之後，日方賜予各社大日本號旗和都督府印章（有編號），各社頭目紅帛、赤布、白布等禮品，內外大頭目加賜大日本刀各一口。[117]文獻記有各社頭目的名字，以及一些人脈關係，茲省略。

牡丹社事件相關檔案應有下十八社的完整名單，但筆者尚未得見；須注意的是，所謂「十八社」是統稱，不一定要緊盯數字，而且原住民部落往往有大社小社的區分，也會合併或析出。茲列出一八八〇年《臺灣輿圖》記載的名稱，共二十社，供讀者參考，主要取其時間上比較接近：[118]

113 王學新譯，《風港營所雜記：牡丹社事件史料專題翻譯（一）》，頁九一、九七。
114 〈北番社來降始末〉，《風港營所雜記：牡丹社事件史料專題翻譯（一）》，頁一一一—一一五。
115 上、下十八社投降的大概，可參考王學新，〈《風港營所雜記》之史料價值與解說〉，《風港營所雜記》，頁四—五。
116 王學新譯，《風港營所雜記：牡丹社事件史料專題翻譯（一）》，頁四六五—四六九。
117 王學新譯，《風港營所雜記：牡丹社事件史料專題翻譯（一）》，頁五〇一—五〇七。
118 此一名單，係黃清琦先生為拙書繪製「牡丹社事件日軍行進路線圖和上下十八社分布圖」而整理的，謹此致謝。該圖收於周婉窈著、許書寧繪圖，《少年臺灣史：寫給島嶼的新世代和永懷少年心的國人》（臺北：玉山社，二〇一四），頁一一六。

下十八社：豬勝束社、蚊蟀社、龜仔甪社（內有三社）、牡丹社（內附爾乃、中心崙社）、高士佛社、加之來社、八姑甪阿眉社、射蔴裡社（射猫裡社）、四林格社、八磘社、竹社、上快社、下快社、射不力社（內有五社）、射蔴裡阿眉大社、萬里得阿眉社、羅佛阿眉社、八瑤阿眉社、蔴仔社、龍鑾社。

琅嶠地區是個族群組成非常複雜的地區，李仙得指出這裡有：原住民、漢人、客家、平埔，以及「混血種」。他們之間有非常多元的族群關係，以及互動模式。在李仙得的書中，他交叉用「aborigines」和「savages」來指稱原住民，後者中譯本作「野蠻人」；平埔則記為「Peppo」，或「Peppo-whan」、「Pe-po-hoan」等類似的拼音。[119]李仙得也注意到原住民當中有阿美族，他稱他們「Amia」或「Amias」，認為他們處於農奴或奴隸狀態。[120]李仙得說這些人是北部阿美族的後代，他認為他們已經來很久，因為雖然他們仍保存自己的語言，彼此之間講，但能很流利地說主人的語言。他還觀察到：阿美族膚色比較淺，較高大，更有活力。他還推測當地原住民和阿美族之間可能有通婚情況。[121]阿美族之外，李仙得記下十八社包括的番社：牡丹、加芝萊、高士佛、竹社、貓仔、豬勝束、蚊蟀、射麻里、平埔、猴洞、龍鑾、龜仔甪。[122]這些都是歷史現場的觀察和紀錄，彌足珍貴。究實而言，這一帶的原住民組成其實很複雜，而「Peppo」何所指，也是很值得注意。根據研究，在舊琅嶠地區（枋寮以南的臺灣南端）活躍的原住民有斯卡羅族、排灣族、馬卡道族，以及阿美族。根據日治時期的調查報告，斯卡羅（seqalu）是遠從 puyuma 之地而來，屬於 puyuma 族，目前在官方原住民族的分類上列為排灣族；豬勝束、射麻里、貓仔、龍鑾四社都是斯卡羅族的部落，分別統領其他番社，其中又以豬勝束社的大頭目家勢力最為強大。[123]「平埔族」指稱馬卡道族；地方上稱他們為「平埔仔」。[124]排灣族並非歷史現場的族群自稱，斯卡羅族所統領的其他原住民，日後被命名為排灣族；他們包括居住在「牡丹地區」的牡丹

119 「aborigines」和「savages」，例見 Charles W. Le Gendre, *Notes of Travel in Formosa*, pp. 265, 268, 269；關於「平埔」的拼法，見同書索引「Peppo（平埔番）」條，p. 472。

120 Charles W. Le Gendre, *Notes of Travel in Formosa*, pp. 225, 265, 290（中：二一八、二五九、二八二）.

121 Charles W. Le Gendre, *Notes of Travel in Formosa*, p. 290（中：二八二）.

122 李仙得原著，費德廉、羅效德中譯，《李仙得臺灣紀行》，頁二五九（英：265）。

123 臺灣總督府臨時臺灣舊慣調查會原著，中央研究院民族學研究所編譯，《番族慣習調查報告書〔第五卷〕排灣族．第一冊》（臺北：中央研究院民族學研究所，二〇〇三），頁九三。相關的新近研究可參考：林家君，〈模糊的邊界與差異的人群：滿州鄉「里德人」的人群分類與實踐〉（臺東：國立臺東大學南島文化研究所碩論，二〇〇八）。簡明捷，〈族群接觸與身份建構：以恆春阿美族人的歷史遷徙為例〉，《臺灣文獻》第六三卷第二期（二〇一二年六月），頁五三—九四。另外尚未正式刊登的論文有許世融，〈清末到日治初期恆春地方的族群分布（1870-1900）〉，發表於「語言文化分佈與族群遷徙工作坊」（臺師大場），二〇一二年六月三十日。該文所附多張圖表，如「一八七四年恆春番社分布」（頁四）、「一八七四年恆春番社人口分布」（頁四八），和本文特別有關，看圖一目了然，對我們了解牡丹社事件時的恆春地區聚落和人群情況，非常有幫助。

124 簡明捷，〈族群接觸與身份建構：以恆春阿美族人的歷史遷徙為例〉，頁五五、六一、七七。

圖五

李仙得與射麻里社民等合影，左起李仙得、一位頭目、船長Wallace、Mia。

輯自Charles W. Le Gendre; Douglas L. Fix & John Shufelt (eds.), *Notes of Travel in Formosa*, p. xlviii.（費德廉教授、蘇約翰教授提供）

社和高士佛社。[125]阿美族已如上述，茲不贅述。[126]

在李仙得筆下，「混血種」和「客家」，又何所指？在*Notes of Travel in Formosa*一書中，李仙得經常提到一種人——原住民和漢人之間所生的子女，他稱之為「half-castes」，費德廉和羅效德的中譯本譯為「混血種」，中文好像沒有比較「雅」的用詞；書稿日譯本《李氏臺灣紀行》則譯為「雜種人」，[127]更不足取了。英文其實用語也不一致，例如，史溫侯在"Narrative of a Visit to the Island of Formosa"一文中，用「half-breeds」一詞。[128]社寮庄頭目的兒子 Mia 就是漢人男性和原住民女性之間所生的「混血種」，他的漢名是 Yeu Tick t'chien。[129]（圖五）李仙得第三次會

125 根據李仙得的記載，在歷史現場，「the Boutan territory」（牡丹地區／領域）是大地名，指稱下十八社的北部地區，不只是牡丹三社的所在地，高士佛、加芝萊、竹社、蚊蟀等社都包括在內；「the Boutan」或「the Boutans」（牡丹人）泛指牡丹地區的人群，不只是指牡丹三社的人口。分見 Charles W. Le Gendre, *Notes of Travel in Formosa*, pp. 311, 324（中：三〇三、三一五）; pp. 247-248, 317（中：二四一、三〇七）。相關研究，可參考羽根次郎，〈關於牡丹社事件之前 Boutan（牡丹）的含意〉，收於若林正丈、松永正義、薛化元主編，《跨域青年學者台灣史研究論集》（臺北：國立政治大學臺灣史研究所，二〇〇八），頁二一一二六。

126 關於恆春半島阿美族的移入與移出，可參考前引簡明捷，〈族群接觸與身份建構：以恆春阿美族人的歷史遷徙為例〉一文。

127 我部政男、栗原純編，ル・ジャンドル著，《ル・ジャンドル台湾紀行》，第一卷，頁四四。

128 Robert Swinhoe, "Narrative of a Visit to the Island of Formosa," *Journal of the North-China Branch of the Royal Asiatic Society 11* (May 1859), p. 151.

129 Charles W. Le Gendre, *Notes of Travel in Formosa*, p. 321（中：三一一）.

見卓杞篤時，除了Mia，還有一位混血種，是社寮一位領導人（one of the leading men in Sialiao）的兒子。[130]這是否暗示漢庄的頭人和領導人有娶原住民女性的情況？是因為地位高而得以和原住民聯姻，還是因為聯姻而提高地位？或兩者皆是？根據日治初期一九〇二年的一份報告，下十八社北部和上十八社之原漢通婚，主要存在於番社之頭人（頭目）、社長與漢人街庄總理、通事、交易商之間。[131]地理空間一樣，時間再往前推二、三十年，情況可能相差不多。

在原漢毗鄰而居的地區，顯然有原住民關係、能講「番語」是個優勢，用分析的語言來說，就是社會資本。尤其是當外人亟想和原住民接觸的時候，《風港營所雜記》記載日軍在風港想「招降」原住民時，就有風港庄人鄭順孝的「老母」（應為臺語，母親之意）主動來說她曾經是「生番通事」，願到射不力社去勸說「番民來降」。[132]鄭順孝的母親因為是混血兒才懂得「番語」，還是自己學習的，我們無從知道。由於日軍剛到風港，借宿民家，鄭順孝家可安置二十名士兵，僅次於另一戶的二十一名，可見鄭家在風港頗擁有資產。[133]

瑯嶠地區族群組合原本已經很複雜，在一八六〇年代臺灣開港通商之後，有不少西方人來到此地，具有原漢血統，並且懂兩邊語言的混血兒，可以提供外人亟需的服務，因此，大大增加自己可運用的資本。費德廉注意到：「一八六〇年代和一八七〇年代，在南臺灣的政治位階上Mia的顯眼突出很大程度仰賴外來者如李仙得所提供給他的政治資本。」（Mia's prominence in the political hierarchy in southern Formosa in the 1860s and 1870s depended to a remarkable degree on the political capital that intruders like Le Gendre provided him.）[134]日本「臺灣出兵」，日軍入駐瑯嶠地區，將近七個月（五月二十二日—十二月二十日），對在地社群更是帶來很大的衝擊，尤其族群關係方面。在日軍入駐之前，漢庄是沒有政權管理的地方，雖然漢人向原住民納稅，取得土地使用權，但是原住民頭目沒管到漢人。當一個強有力的軍事力量進來之後——它輕易擊潰以勇猛有名的牡丹社，我們看到漢人想利用日本國家力量來壓制向他們收稅的原住民。在這種在地人群想藉外力撥動社群平衡槓的過程當中，他們的作為向我們揭示了「既有的」與「動態的」社會圖景，彌足珍貴。

不少關於臺灣開港通商之後的西方文獻，都會提到「Hakkas」。「Hakkas」，相當於「客家」或「客家人」，但在概念上，有時和我們現在的用法很不一樣。最大的差別在於認為「Hakkas」或「Hakkas」不是漢人。李仙得在*Notes of Travel in Formosa*開宗明義寫道：「全島則共計有一、六七九、九八六人，由漢人、混血種、客家、平埔番，與原住民等共同組合而成。」

130 Charles W. Le Gendre, *Notes of Travel in Formosa*, p. 311（中：三〇三）.

131 臺灣總督府警察本署，《理蕃誌稿》（臺北：臺灣總督府警察本署，一九一八）第一卷，頁三二八。中譯見臺灣總督府警察本署編，陳金田譯，《日據時期原住民行政志稿》（原名：理蕃誌稿）第一卷（南投：臺灣省文獻會，一九九七），頁二六五。

132 王學新譯，《風港營所雜記：牡丹社事件史料專題翻譯（一）》，頁七一。

133 王學新譯，《風港營所雜記：牡丹社事件史料專題翻譯（一）》，頁五一—五三。

134 Douglas L. Fix, "The Changing Contours of Lived Communities on the Hengchun Peninsula, 1850-1874," p. 251. 又見，李仙得原著，費德廉、羅效德中譯，《李仙得臺灣紀行》，頁三一二—三一四（英：321-323）。

（...and a grand total for the whole island of 1,679,986 souls, composed of Chinese, Half-castes, Hakkas, Peppos, and Aborigines.）[135]這裡「Hakkas」和「Chinese」對舉，後者指「漢人」。編譯者也注意到這一點，特地在譯註中說：「李仙得所提的『Chinese』（漢人）則是從福建遷移到臺灣的閩南人（或福佬人）。他認為客家人是屬於一種非漢人的族群。」[136]這並不是李仙得的一私之見，在十九世紀西方人之中，是一種看法。例如，必麒麟也認為「Hak-kas」是和漢人完全不同的種族（totally distinct race）。[137]

在瑯嶠地區，客家不只不被認為是漢人，作為一個族群，它扮演的角色也和我們一般印象中勤於耕作的形象有所扞格。我們看到，這一帶的客家人很擅長貿易，原住民需要的槍枝、火藥，以及日用品，都是靠客家人。李仙得說：「……任何跟交易有關的事情上，客家人與野蠻人之間所存有之關係是如此的密切。」[138]客家和原住民關係良好。琉球人船難事件發生時，琉球人遇到的交易小屋的老人鄧天保就是客家人，他把十二位餘生者送到保力庄，交給女婿楊友旺照顧，保力庄是客家聚落。當必麒麟陪伴卓杞篤的兩個女兒到瑯嶠去見清官員時，卓杞篤請他一定要安全地將他的兩個女兒送回保力庄的朋友那裡，[139]可見保力庄和原住民的關係良好。

在這樣一個族群複雜，卻又尚無「國家」統治的地區，從羅妹號、琉球人船難，到牡丹社事件，我們看到外力的積極介入，甚至導致一個海外國家派軍隊來征伐並進行「招降」行動，多方面的史料，讓我們有機會重建在地社會的樣貌，以及它面對外力時所起的變化，並開展了多元詮釋的可能。就歷史研究來說，這毋寧是令人興奮的，只是我們還須等待奠基在這些「新」材料的深入分析和整合。

六、不知如何結束的牡丹社事件（代結語）

論文寫到這裡，真不知如何結束。這好像是在開玩笑，其實不然。如同歷史上很多重大事件，牡丹社事件影響非常深遠，且不斷「出現」，要求我們正視它。它的「遺緒」千絲萬縷，在這裡，容我先提事件後二十年和它直接有關的內外兩大事情。其後再提及這個事件在戰後被「抹殺」及其當代的「再現」。

首先，如同一般認為的，牡丹社事件是日本為了解決琉球問題而發動的，其結果也的確完成

135 李仙得原著，費德廉、羅效德中譯，《李仙得臺灣紀行》，頁九（英：10）。

136 李仙得原著，費德廉、羅效德中譯，《李仙得臺灣紀行》，頁二三，註五（英：24, note 5）。

137 "...we find another and totally distinct race, called the Hak-kas, or 'strangers,' in their own language, and termed by the Hok-los, 'Kheh-lang.'" W. A. Pickering, *Pioneering in Formosa: Recollections of Adventures among Mandarins, Wreckers, & Head-hunting Savages.* (London: Hurst and Blackett, Limited, 1898), p. 67.

138 "I speak of this to show the connection existing between the Hakkas and the savages in anything relating to trade." Charles W. Le Gendre, *Notes of Travel in Formosa*, p. 318（中：三〇八）.

139 Charles W. Le Gendre, *Notes of Travel in Formosa*, p. 283（中：二七五）.

「琉球處分」，將一個曾經獨立四百年的琉球王國收入版圖，成為直接管轄的行政區沖繩縣。然而，「臺灣出兵」的確也帶有占領臺灣番地的企圖——李仙得在深知清廷不可能（或不願意）積極治理該地區後，轉而說服日本來占領，並且獲得副島種臣的支持。從李仙得的書稿，我們可以看出他的一個主要的著眼點在於保障外國船難者的安全。但是，國際情勢和日本國內政治終於導致日本中央政府決定放棄這個想法，連帶地，李仙得編寫的*Notes of Travel in Formosa*的大部頭作品，以及完整的日譯本，遭到永遠的擱置；其實該書已經到了可以付梓的階段。即使今天，看到圖文這麼豐富的書稿，都可以深切感受到李仙得為這本書所付出的心力。對當事人來說，這應該是很大的打擊和失望吧。

從一八七五年日本正式併吞琉球，到一八九五年清廷將臺灣割讓給日本，是清領臺灣的最後二十年。這二十年東亞國際情勢起了很大的變化，原本中國和東亞諸國之間的宗主・朝貢國關係，以琉球為始，出現骨牌現象，中法戰爭（一八八三—一八八五）迫使中國放棄越南的宗主權，越南成為法國的殖民地；中日甲午戰爭（一八九四）的結果導致中國放棄韓國的宗主權，由日本控制韓國，十五年後合併之。也就是說，清廷一步一步被迫放棄它在東亞擁有的朝貢國——琉球、越南、韓國，國勢越來越衰弱，二十年後因戰敗將臺灣割讓給日本。

如所周知，中日甲午戰爭期間沒有一顆子彈打到臺灣，但日本在談判桌上卻連帶索取臺灣。當時臺灣紳民對未經戰爭而被割讓很不滿，〈臺民布告〉說：「此非臺民無理倔強，實因未戰而割全省，為中外千古未有之奇變。」[140]當時的士紳一定很少人想到這個「因」可能在牡丹社事件就種下了，而且事件當時有多少臺灣人會對牡丹社事件有印象，也是問題。日本「臺灣出兵」時，清廷當然緊張，也派沈葆楨來台關心、應對事情的變化，但是，請注意，日軍和清軍從來沒打起來，因為清兵本來就沒駐守在琅嶠地區，雖然當時也確實有派軍隊駐防枋寮，也有一些士兵曾出現在漢人聚落加洛堂，[141]但就只是這樣。是以，牡丹社事件對當時清統治下的臺灣人民來說，可能一點印象也沒。反之，「臺灣」，一個從來沒聽過的遙遠的海島，卻從此進入了日本人的視野中。記得小台嗎？看過畫報的東京人想必會留下印象，且開始某種想像——對小台的故鄉臺灣的想像。暫且不說想像，那畢竟比較難捉摸，那麼，有具體的了解嗎？有的，至少出了兩位「臺灣通」——樺山資紀和水野遵。樺山資紀在牡丹社事件之前來過臺灣四次，共花了八個月勘查臺灣全島，日本出兵臺灣時，他以陸軍少佐的身分隨軍出征。水野遵是海軍通譯，曾和樺山一起進行調查工作，勘查過淡水和恆春半島，牡丹社事件時是西鄉從道的隨員。兩人都留下關於臺灣的重要著作，即前面提到的《臺灣紀事》和《臺灣征蕃記》。這兩位臺灣通，在日本領有臺灣之後，樺山資紀成為第一任臺灣總督，水野遵則擔任前三位總督的民政長官（正式職銜依次為民政局長官、民政局長），角色類似執行長。這不能不說是牡丹社事件的繼續演義。

140 〈臺灣自主文牘〉，收入王炳耀編，《中日戰輯選錄》（臺北：臺灣銀行經濟研究室，一九六九），頁六九。
141 王學新譯，《風港營所雜記：牡丹社事件史料專題翻譯（一）》，頁一八五、一九五、二〇七、二〇九—二一一、三三五。

對臺灣本身來說，最直接的影響當然是事件後清廷決定將「番地」一概劃入行政區，琅璚地區變成恆春縣；中法戰爭之後，臺灣更從福建省析出，獨立設省，進入一省三府一州十一縣三廳時期。這最後的二十年，也就是一般所說的清統治由「消極治臺」轉變為「積極治臺」，開山撫番是重要的一項政策。對此，就容許筆者不多所著墨。在這裡，我想提一下「北京專約」三款中的最後一款：

三、所有此事兩國一切來往公文，彼此撤回註銷，永為罷論。至於該處生番，清國自宜設法妥為約束，以期永保航客不能再受凶害。

某種程度，將原住民地區「郡縣化」，算是回應了此款第二項，也算是不負李仙得積極處理羅妹號事件的初衷。

歷史事件是否可以「水過無痕」，我無從確定。不過，對恆春半島的原住民而言，至少歷史是繼續的，是有延續性的。我們前面提到日軍積極招降上下十八社，當時用的漢字是「歸順」，這當然是日方的用語，我們也只看到日本人怎麼看這件事，到底原住民如何看待會見高階軍官和西鄉從道都督，並且接受號旗和印章這件事，是表示通好，還是投降？不管如何，這樣的接觸是有影響的，日本根據馬關條約來接收臺灣，受到在地人民浴血反抗，足足花了四個多月才完成接收。但是，臺灣南端和東部原住民的反應就很不一樣，日軍是受到歡迎的，甚至原住民還幫助日軍對抗清軍。[142]雖然分析起來，原因很多層，但和牡丹社事件中日軍勤於招撫原住民是脫不了關係的。

牡丹社事件前後出現於相關文獻中的人物，如楊友旺、潘文杰（卓杞篤的養子或女婿）、林阿九等人，都活過清領最後二十年，一直到日本統治時期仍然扮演很重要的角色。如果我們能整合清領和日治的文獻，相信能更進一步勾勒出恆春半島在巨變中隨之改變或仍維持不變的社會與社群動態。

牡丹社事件在日治時期，如前所述，已經開始有不少的研究，惟研究的角度有它的局限。戰後，臺灣歷史普遍受到嚴重的忽略，即使反抗日本的霧社事件都不受重視，遑論原住民被日本打敗的牡丹社事件。忽略不講是一回事，連它的歷史遺跡都要被抹滅。抹滅日本統治的痕跡是戰後國民黨政府的既定政策。[143]如果您今天到車城看牡丹社事件的遺跡，您就會發現「大日本琉球藩民五十四名墓」的「大日本」被塗掉，墓基題字也遭破壞。（圖六、七）在石門，原本紀念西鄉從道的碑上題字「西鄉都督遺蹟紀念碑」被置換為「澄清海宇　還我河山」（圖八、九），是道

142 王學新，〈日據初期臺東地區抗日戰事中原住民族群向背之分析（一八九五—一八九六）〉，《臺灣文獻》第四七卷第四期（一九九六年十二月），頁一二九—一四八。

143 一篇很值得參考的相關研究，是吳俊瑩，〈如何稱呼臺灣史上的「日本時代」？兼論戰後日式紀年與意象的清除與整理〉，《臺灣文獻》第六五卷第三期（二〇一四年九月），頁四九—九八。關於日本時代紀念碑的處理，見該論文頁七〇—七三。

地的反共復國標語。一旁的「征蕃役戰死病歿者忠魂碑」，原本是紀念臺灣出兵的日方犧牲者，刻有「忠魂碑」三字的橢圓形大石頭不見了，碑文也被徹底「磨光」，並由原址遷於「西鄉都督遺蹟紀念碑」之旁（圖十、十一）。[144]這種情況，霧社事件也不遑多讓，巴蘭社頭目，也是霧社群總祭司 Walis Buni 墓碑上的名字也遭塗毀。（圖十二）

或許因為有這長達半世紀的本土歷史抹滅作業，所以像牡丹社事件這麼重要的歷史事件，卻很少有研究，一般人也不甚清楚它的梗概。可慶幸的是，在臺灣自由民主化之後，我們終於看到在地人開始探討牡丹社事件，我們也看到國內外研究者開始試圖從內部理解起，而更重要的是，不少牡丹社事件相關的資料（日文、西文）都相繼出土，這是要感謝無數或有名或無名的人士的努力，光是李仙得書稿的「再現」，據說花了兩位編者一紀十二年的時光。國史館臺灣文獻館收集史料和編譯工作也值得大大肯定，可惜後繼乏力，看來「アジア歷史資料センター（JCAHR）」龐大的文書檔案，要靠研究者各自努力了。

在牡丹社事件的一百四十年後，我們好像才開始對這個事件本身，以及透過這個事件可觸摸到的琅𤩝地區／恆春半島的社會與人群，才開始有一些理解。面對這樣一個複雜多樣、正在變動，又被巨大的外力所衝擊的社會與人群，多元的詮釋是必要的；在「新」舊材料的加持下，我們看到多元詮釋的可能性。

很期待二〇二四年在我們紀念牡丹社事件一百五十周年時，我們可以回顧很多精彩的研究——與臺灣老中青學者，以及年輕學子，共勉之！

本文原刊於《臺灣風物》第六五卷第二期（二〇一五年六月），頁二三—九〇。
二〇二三年六月修訂。

144 根據吳俊瑩，這兩個碑是少數留有檔案紀錄者。一九五三年四月一日，臺灣省保安司令部以「有損我民族自尊心」為由，下令屏東縣政府拆毀，五月二十五日縣政府改題「澄清海宇　還我河山」，重新鑄牌覆蓋「西鄉都督遺蹟紀念碑」等字，原碑背面的碑文則被拔除。「忠魂碑」原擬改建為「山地同胞抗日死難紀念碑」，最後只拆未立，留下石砌底座。見吳俊瑩，〈如何稱呼臺灣史上的「日本時代」？兼論戰後日式紀年與意象的清除與整理〉，頁七二—七三。

圖六

屏東縣車城鄉統埔村「大日本琉球藩民五十四名墓」碑。（作者拍攝）

圖七

「大日本琉球藩民五十四名墓」碑基座之題字。（作者拍攝）

圖八

「西鄉都督遺蹟紀念碑」原貌。輯自《科學の臺灣》第5卷第1號（1937年2月）。（吳俊瑩先生提供）

圖九

置換成反共大陸口號的「澄清海宇　還我河山」碑。（作者拍攝）

圖十

「征蕃役戰死病歿者忠魂碑」原貌。輯自《科學の臺灣》第 5 卷第 1 號（1937 年 2 月）。（吳俊瑩先生提供）

圖十一

「征蕃役戰死病歿者忠魂碑」現況。（作者拍攝）

圖十二

霧社群總祭司．巴蘭社頭目Walis Buni墓碑。（作者拍攝）

第六章

臺灣議會設置請願運動再探討

一、小引

如果有人問：日本殖民統治時期臺灣人最具代表性的反殖民運動為何？標準答案是「臺灣議會設置請願運動」——不管您對這個運動的評價如何。這個運動的名稱就已經將目標和手段含括在內，也就是以建立「臺灣議會」為目標，在手段上採取「請願」的方式。這個運動從一九二一年開始，持續到一九三四年，歷時十四年；在這段期間，每年向日本帝國議會提出設置臺灣議會的請願，共提出十五回請願。

這個運動，可能由於是體制內運動，加上主要領導人在個性和行動上比較保守謹慎，因此在解嚴以來（一九八七年臺灣解除戒嚴令）探討左翼知識分子的研究風潮興起之後，[1]顯得越來越不受重視。但是，如果我們回到「事件的現場」（*locus in quo*），那麼很難無視於這個運動對殖民統治當局所造成的困擾，以及在臺灣社會所引起的廣大且持續的波瀾。

臺灣議會設置請願運動留下很多照片，讓我來稍微介紹其中一張。圖一是一九二六年「臺灣議會設置請願委員餞別會」紀念照，是請願委員和歡送者在新竹火車站的合影。車站前站著滿滿的幾排人，可見其盛況之一斑，即使今天看來，都很難說不是盛況。照片上方的空白處貼著「倡民權・爭平等」、「要求自由平等・打破專制主義」與「議會未成功・同志須努力」（「須努力」，臺語「su lô-lėk」，亦即「須努力」）等聯語。這張照片收在相關書籍和寫真集中，如

《文化協會的年代》，[2]也用在若林正丈的著作《台湾抗日運動史研究》（増補版）封底，[3]以及該書中文版封面。[4]類似的照片還頗有一些，我們就不多提了。

這個運動是在臺灣第一任文官總督田健治郎任內（在職一九一九年十月二十九日－一九二三年九月一日）發動的，給殖民統治當局帶來不少困擾，田總督在日記中記載了他對這個運動的態度，剛知道林獻堂有意提出議會設置請願，他就「痛論其謬妄，忠告靜思熟慮，勿誤初步」；[5]其後盡力想使之「中止」。[6]當時支持殖民政府的臺灣有力人士（俗稱御用紳士）辜顯榮一再在

1 以臺灣左翼運動為研究對象最受人矚目的書籍，當屬陳芳明的《謝雪紅評傳》。謝雪紅（一九〇九－一九七〇）為臺灣共產黨創立者之一，一九四七年逃亡中國，成立「臺灣民主自治同盟」，擔任主席，後經過反右、文革等鬥爭，一九七〇年在北京因病過世。陳芳明的《謝雪紅評傳》於一九九一年七月出版（臺北：前衛出版社），十天即印行第二刷，第二年三月刊行第三刷，一九九四年四月再版，可見其盛況。此書於二〇〇九年出版「全新增訂版」，其實內容更動很有限，作者曾承諾更正的錯誤依舊。以上參考林瓊華，〈流亡、自治與民主：試論陳芳明著作《謝雪紅評傳》之貢獻及其爭議〉，《臺灣風物》第六〇卷第二期（二〇一〇年六月），頁一四八、一五〇、一五七－一七三。

2 臺中市立文化中心，《文化協會的年代》（臺中：臺中市立文化中心，一九九六），頁四九。該寫真集有不少臺灣議會設置請願運動的照片。

3 若林正丈，《台灣抗日運動史研究（增補版）》（東京：研文出版，二〇〇一）。

4 臺湾史日文史料典籍研讀會譯，《臺灣抗日史研究》（臺北：播種者出版，二〇〇七）。

5 吳文星、廣瀨順皓、黃紹恆、鍾淑敏主編，《臺灣總督田健治郎日記》（中）（臺北：中央研究院臺灣史研究所，二〇〇六），一九二一年一月二十九日，頁三四。

6 吳文星、廣瀨順皓、黃紹恆、鍾淑敏主編，《臺灣總督田健治郎日記》（下）（臺北：中央研究院臺灣史研究

圖一

1926年「臺灣議會請願委員餞別會」紀念照，是請願委員和歡送者在新竹火車站的合影。（蔣渭水文化基金會提供）

田總督面前批評、反對議會請願運動，建議總督對「思潮惡化」和「危險思想」，予以嚴禁和取締；[7]他並曾直接批評林獻堂領導該運動，「大憤慨其輕舉妄動，誤青年學生之前途」，要求總督「行相當取締」（予以嚴格取締）。[8]其後並主動和其他士紳組織「公益會」以對抗文化協會帶來的「危險思想」，[9]以呼應總督府的立場。

在這種一冷（the colonizer）一熱（the colonized）的反應中，我們看到殖民當局（及其擁護者）和被殖民者的直截對立，直到今天，這個運動仍能觸動我們對臺灣歷史及其未來的省思。讓我們以新的觀點和新的材料來重新探討這個運動，看看裝在新瓶中的舊酒味道是否不一樣。

二、先行研究與新文獻的出土

戰後臺灣的臺灣史研究，是個「時代物語」，和政治社會環境的變化息息相關，如果不是隨

所，二〇〇九），頁九八、一〇五、一一二、一一六、一二一、一二九。

7 《臺灣總督田健治郎日記》（中），頁三二二、三四四；《臺灣總督田健治郎日記》（下），頁四七三、四八六。

8 《臺灣總督田健治郎日記》（中），頁四四九。

9 《臺灣總督田健治郎日記》（下），頁四九一—四九三、四九七、四九九、五〇一。

之起舞的話。戰後臺灣關於臺灣議會設置請願運動的研究，首推蔡培火、林柏壽、陳逢源、吳三連、葉榮鐘合著《臺灣民族運動史》一書。該書出版於一九七一年，[10]其後印了若干刷，也改版過。那幾乎是一九七〇年代關於日本殖民統治時期臺灣人反殖民運動唯一以書籍形式出現的一本著作。當時關於日本殖民統治下的臺灣，研究近乎荒蕪，這本書於是成為想了解臺灣人的反殖民運動，非讀不可的出版品。從此書出版到筆者二〇一〇年撰寫本文，共四十年間，臺灣社會起了很大的變化，這本書本身也起了莫大的變化。

蔡培火等著《臺灣民族運動史》一書，原本於一九七〇年四月至一九七一年一月之間，於當時臺灣唯一的「黨外」報紙《自立晚報》連載，原題「日據時期臺灣政治社會運動史」，後由該報於一九七一年印行專書。十一年後，於一九八二年再版，一九八三年印行第三版，一九八七年元月和四月分別印行第四、五版（以上的「版」，嚴格來說是「刷」）。一九九〇年印行第六刷，一九九三年印行第七刷。[11]由此一簡單的「版歷」，也可看出此書的「社會需求」在一九八〇代之後逐漸升高，到解嚴前夕達到高點（附帶說明，美麗島事件發生在一九七九年十二月，臺灣解除戒嚴在一九八七年七月）。二〇〇〇年此書根據葉榮鐘手稿重新出版，作者由蔡培火等人合著改為葉榮鐘一人，書名也改為《日據下臺灣政治社會運動史》。[12]

《臺灣民族運動史》一書可以說是戰後臺灣關於反殖民運動最完整的著作，一般認為《臺灣民族運動史》在原始資料上大量取材自《臺灣總督府警察沿革誌第二篇 領臺以後の治安狀況（中卷）臺灣社會運動史》，[13]這只要比對兩書即可明白。前者到底刪了哪些，增加哪些，修改哪些，不止反映時代，也反映作者群的觀點，很值得進一步研究。此書的〈序〉寫道：「……在這悠悠半世紀之間（按，指日本統治時期），臺灣同胞作為祖國替罪的羔羊，受盡異族的欺凌壓迫，殘暴蹂躪。但是臺灣同胞處在水深火熱的環境下，不但未嘗一日忘懷祖國，且能以孤臣孽子之心情，苦心孤詣，維繫固有文化於不墜。緣此一旦光復，臺胞纔能夠衣冠不改，語言如故，以

10 此書屬於「自立晚報叢書」，由自立晚報叢書編輯委員會出版。

11 以上根據國立臺灣大學圖書館館藏資訊。

12 臺中：晨星出版社，二〇〇〇。此書係葉榮鐘編著，一九七一年出版單行本時，封面未標明作者，〈序〉署名：蔡培火、陳逢源、林柏壽、吳三連、葉榮鐘；版權頁標明著作者：蔡培火、林柏壽、陳逢源、吳三連、葉榮鐘。一九九〇年代葉榮鐘的女兒葉芸芸為乃父編輯全集時，除了作者改為葉榮鐘外，書名也更動為「日據下臺灣政治社會運動史」，但並未對書名之更動提出說明，而附在此書正文前頁的「葉榮鐘手跡」，即是此書目次頁，書題卻是「臺灣民族運動史」，章名亦和印刷本不盡相同。見葉榮鐘，《日據下臺灣政治社會運動史（上）》（臺中：晨星出版，二〇〇〇），頁二〇。葉榮鐘在一九七一年此書發行單行本之前，曾力爭此書以他為「編著者」而與蔡培火發生嚴重爭執，結果還是由五人掛名，他位居其末，見葉榮鐘，〈致蔡培火絕交書〉，收於葉榮鐘，《日據下臺灣政治社會運動史（下）》（臺中：晨星出版，二〇〇〇），頁六四五—六四六。關於此書之報刊連載版、單行本和手稿的異同，可參考尹章義，〈《手稿本日據下臺灣政治社會運動史》和報刊本、單行本《臺灣民族運動史》的比較研究〉，收於葉榮鐘，《日據下臺灣政治社會運動史（下）》，頁六四七—六七二。

13 臺北：臺灣總督府警務局，一九三九年，以下簡稱《警察沿革誌 臺灣社會運動史》。戰後至少有如下之景印本：《日本統治下の民族運動》下卷（東京：風林書房複印，一九六九）、《臺灣總督府警察沿革誌》（東京：綠蔭書房，一九八六）、《臺灣總督府警察沿革誌》（臺北：南天書局，未標景印年分）。

漢民族本來之面目，投向祖國懷抱。」這樣的寫法，四十年後讀來，很有「時代味」。此書的時代味也顯示在該書除了農民運動之外，完全避談左翼活動。該書「凡例」第三條曰：「臺灣近代民族運動係由資產階級與知識份子領導。是故左翼的抗日運動與階級運動均不在敘述之列。」也就是臺灣共產主義運動、無政府主義運動、勞工運動，皆付諸闕如。

這本書第四章〈臺灣議會設置運動〉與第五章〈「治警事件」始末〉是直接與臺灣議會設置請願運動有關的篇章，不過，由於這個運動橫跨十四年，又和許多社團關係密切（如「臺灣文化協會」、「臺灣民眾黨」），因此，這本書的許多篇章可說都和此一運動有關。總而言之，《臺灣民族運動史》一書是戰後臺灣關於臺灣議會設置請願運動最重要的著作；當時雖然民間有若干部《臺灣總督府警察沿革誌》，但在戒嚴時期的肅殺氣氛下，擁有此書的人通常不敢輕易示人，很少人有機會看到此書。[14]

在《臺灣民族運動史》一書出版後，一九八三年在日本有若林正丈的《台湾抗日運動史研究》，[15]共分二篇，第一篇（共四章）專門討論臺灣議會設置請願運動。在臺灣，則要等到一九八九年筆者的《日據時代的臺灣議會設置請願運動》出版，[16]才有專書討論此一運動。論文方面，一九六〇年代在臺灣有高日文撰寫的幾篇論文，以及一九七〇年代在日本有伊東昭雄撰寫的幾篇論文，[17]其餘就不一一列舉。近年來，由於臺灣史研究者將目光放在過去比較忽略的左翼思想與運動，臺灣議會設置請願運動基本上不受重視。二〇〇一年若林正丈出版《台湾抗日運動史研究》（增補版），[18]二〇〇七年該書翻譯為中文，有助於引起當代讀者對此一議題的重新重視。

早期研究在原始材料方面，就歷史現場的行動者（actors）來區分，有反殖民運動者之資料與官方資料。前者以當時臺灣出版的相關雜誌、報紙為主，以及當時人的論著；後者以臺灣總督府文件，以及《臺灣總督府警察沿革誌》為主。以上所述仍是研究此一運動的重要材料，不過，

14 根據「黨外運動」領導者之一康寧祥先生的口述（二〇一〇年八月二十七日），一九七〇年前後，有位不認識的人士透過田朝明醫師，將一本用舊報紙層層包住，且書皮改裝為《蕭茲樂理》的書送給他，他打開後才知道是《臺灣總督府警察沿革誌》，如獲至寶，透過閱讀，第一次了解到一九二〇年代臺灣的反殖民運動。這個認識對他影響很深。

15 東京：研文出版，一九八三。

16 臺北：自立報系文化出版部，一九八九。此書係根據筆者一九八一年國立臺灣大學歷史學系碩士論文，略加改寫而成。

17 例如高日文撰有如下幾篇相關文章：〈臺灣議會設置請願運動的時代背景〉，《臺灣文獻》第一五卷第二期（一九六四年六月），頁二四—四六；〈臺灣議會設置請願運動始末〉，《臺灣文獻》第一六卷第二期（一九六五年六月），頁六〇—九六；〈治安警察法違反事件之法庭辯論經過〉（一），《臺灣文獻》第一七卷第一期（一九六六年三月），頁八一—一〇八；〈治安警察法違反事件之法庭辯論經過〉（下），《臺灣文獻》第一八卷第一期（一九六七年三月），頁一五六—一七六。伊東昭雄，〈蔡培火と台湾議會設置運動〉，《橫濱市立大學論叢人文科學系列》第二七卷第三號（一九七六年三月），頁六五—九四；〈田川大吉郎と台湾〉，《橫濱市立大學論叢人文科學系列》第二八卷第二、三號（一九七七年三月），頁九五—一二〇；〈蔣渭水と台湾抗日民族運動——台湾文化協會の分裂まで〉，《橫濱市立大學論叢人文科學系列》第三〇卷第二、三號（一九七九年三月），頁一七九—二〇四。

18 東京：研文出版，二〇〇一。

在過去一、二十年中，有不少新材料出現，增進我們對此一運動的了解。這些新文獻以日記為大宗，例如以前傳聞中的林獻堂日記，終於出現在人間，且已陸續出版，即《灌園先生日記》，始於一九二七年，終於一九五五年（中有缺本），共二十五冊。[19]另外，反殖民運動重要幹部蔡培火和葉榮鐘的日記也都由後人出版，[20]雖然分量和涵蓋時期遠遠不如林獻堂日記。另外，筆者在「小引」中引用的《臺灣總督田健治郎日記》也是非常重要的材料。這些新出土的資料讓我們進一步了解到歷史事件行動者的思考和反應。

在臺灣解嚴之後，新材料不斷出土，人們對過往歷史的詮釋也不再受政府檢查（或自我檢查）的干擾，對於我們重新回頭檢視這個號稱日本統治時期規模最大、歷時最久的反殖民運動，可以說正站在一個「空前」有利的時點。那麼，讓我們再訪（revisit）這個運動，看看是否有何新義可抉發。

三、臺灣議會設置請願運動概況

（一）背景

關於臺灣的反殖民運動，一般分為武裝抗日與非武裝抗日。武裝抗日指一八九五年六月起，日本派來的軍隊上岸接管臺灣而引起的武力反抗。根據中日馬關條約，清廷將「臺灣全島及其所有附屬各島嶼」「永遠讓與日本」，但臺灣多數紳民不願接受異族統治，群起反抗。雖然在若干紳商的迎引下，日軍得以和平進駐臺北城，但從臺北城往南接管的過程中，沿途遭受臺灣人民強拗的反抗。在欠缺新式武器、糧餉以及有效領導之下，臺灣人民犧牲甚大，死傷以萬計，若用「浴血抗日」來形容，並不為過。臺灣中南部人民一直抵抗到十月中，十月二十一日在若干紳商的迎引下，日軍和平進駐臺南城，十一月日軍宣告「全臺悉予平定」。換句話說，從五月二十九日近衛師團登陸澳底，到全臺底定，日軍總共花了四個多月才完成接管臺灣。

今天我們對臺灣的歷史，已經不再像戒嚴時期，只強調臺灣人的抗日。當時的臺灣不是一個同質的社會，也欠缺以臺灣為單位的認同，因此，當日軍進據臺灣時，並非全民抗日，為數不少的漢人採取觀望甚或歡迎的態度——南北兩城（臺北城和臺南城）都開城門迎接日軍入駐，即是顯例。至於臺灣原住民，由於有不少地方並非清朝管轄所及（尤其是南臺灣），更是無理由和漢人一樣抵抗日軍，反而出現協助日軍的情況。雖然如此，從北到南，臺灣庶民在少數留臺官員和

19 臺北：中央研究院臺灣史研究所，二〇〇〇—二〇一三。

20 蔡培火日記（一九二九年至一九三六年）收於張漢裕主編，《蔡培火全集》一，《家世生平與交友》（臺北：吳三連臺灣史料基金會，二〇〇〇），頁八三—三九二。葉榮鐘日記收於《葉榮鐘全集》五、六，《葉榮鐘日記》上、下（臺中：晨星出版，二〇〇二）。上冊所收日記自一九三一至一九七〇年；下冊自一九七一至一九七八年。

本地生員（下層士紳）的領導下，奮起抵抗外敵入侵，其慘烈情況是無法漠視的歷史事實。在性質上，他們的反抗來自於素朴的「保鄉衛土」精神。

在「全臺悉予平定」之後，臺灣人的武裝反抗轉以零星的「陰謀事件」方式呈現，一直持續到一九〇二年。不過，之後在一九一五年發生漢人最後一次大規模的陰謀反抗事件，也就是噍吧哖事件（或稱余清芳事件、西來庵事件），一九三〇年更發生震驚全島以及日本本土的原住民反抗事件——霧社事件。臺灣知識分子的非武裝反殖民運動必須放在漢人系的武裝抗日脈絡中予以掌握。

武裝反抗的終歸徒然，給臺灣士紳階級很大的刺激，加上日本在臺灣的殖民政府一進駐到這個新獲領土，即積極推動殖民地教育，因此到了一九一〇年代後期，臺灣已經產生一個新的受新式教育的知識人階層。他們將和思想進步的舊社會士紳聯手發動非武裝的反殖民運動。在這裡，我們必須注意：武裝反抗的臺灣人和後來的非武裝反殖民運動參與者，基本上是不同的人群和階層，在不同時期的行動，兩者之間不能不說是斷裂不相連屬的。這或許可以說明臺灣反殖民運動能量和力道不足的因素。

（二）從六三法撤廢運動到臺灣議會設置請願運動

臺灣議會設置請願運動之所以能在殖民地臺灣起來，在大環境上，以一九一九年朝鮮三一獨立運動，以及日本本土的「大正民主」潮流為背景，這些已經有很好的研究，[21]限於篇幅，容筆者省略，直接討論這個運動的「內在脈絡」。

在討論此一反殖民運動之前，我們不能不簡單說明這一運動行動者的來源。我們前面提過，臺灣武裝抗日的成員和一九二〇年代反殖民運動行動者之間並無連續關係，基本上來自不同的階層。不過，所謂不同的階層，除了少數舊社會士紳參與之外，主要的擔綱者來自一個新興的知識社群。這個新興社群在臺灣庶民持續進行零星的武裝反抗之際，慢慢「平行地」成型，就某個程度來說，是日本殖民統治帶來的兩個新因素相互作用的結果，這兩個新因素分別為：（一）、日本殖民統治在臺灣實施近代式教育，（二）、東京作為「母國」的政經文中心，對殖民地產生磁鐵般的吸引作用。這是殖民統治創造出來的新機會，也反過來對殖民統治產生意想不到的反發。

新式教育培養了臺灣受近代式教育且能使用日文的青少年，但殖民統治前二十年，臺灣只有初等教育設施以及醫學校和國語學校兩間學校，沒有讓臺灣學子繼續深造的普通中等學校，[22]更

21　關於大正民主風潮對此一運動的影響，若林正丈的文章仍是經典之作，見若林正丈，《台湾抗日運動史研究（增補版）》，第一篇〈大正デモクラシーと台湾議會設置請願運動〉，頁一七—一六三。

22　當時在臺灣的日本人子弟有和內地一樣的中學校可就讀，但臺灣人受完初等教育後，並無普通中學校可供其就讀。這是一九一四年臺灣士紳募資申請設立臺中中學校的背景，目的在為臺灣人子弟提供公學校畢業之後繼續在本島接受中等教育的機會。該中學校雖然設立，然翌年為臺灣總督府「接管」，成為公立臺中中學校，四學年制，相對於一般普通中學校的五學年，可以說是以臺灣人子弟為招生對象的縮水版中學校。

遑論大學了。換句話說，殖民地並未提供銜接初等教育的中等與高等教育機會。那麼，想繼續求學的孩童怎麼辦？在這裡，我們看到日本帝國的「巡禮圈」問題。殖民地固然處於帝國的邊緣，但帝國的中心是對殖民地開放的，甚且是向殖民地招手的。帝國的首都和重要都市成為殖民地人民朝聖地，擁有資源的臺灣士紳相率將子弟送到日本內地就學，就讀之學校從小學校到大學皆有。此一風潮起於一九〇一年，至一九二二年，東京留學生總數達二千四百餘名。[23]臺灣議會設置請願運動的活躍分子正是來自於這些至內地求學的臺灣青年。他們在最先進的「帝都」，吸收到新思潮，並且受到帝國中心地帶的進步學者和知識分子的影響，甚至協助，起而批判故鄉的殖民統治。從整個臺灣的角度來說，他們屬於筆者舊作所稱的臺灣「新興知識分子」，[24]若以學歷和視野來說，他們又可以算是此一新興知識分子中的菁英了。

在臺灣人社群中，「臺灣議會」的想法起於何人，根據蔡培火（一八八九—一九八三）自己的講法，是由他提出，獲得林獻堂的贊同。[25]不過，這件事有點撲朔迷離，因為作此主張者來自於蔡培火自身，缺乏佐證。其實從今天的角度來看，「誰」最早提出，並不重要，重要的是，一九二〇年年底，在東京的臺灣留學生經過一番激辯後，主張設置民選議會派說服了主張撤廢六三法派，也獲得林獻堂的支持。林呈祿（一八八六—一九六八）是第一位在文字中主張在臺灣設立議會的人士，也是臺灣議會設置請願運動的理論建構者。林呈祿畢業於明治大學法科，深受吉野作造、泉哲、山本美越乃等學者的殖民地自治論的影響。以下筆者將以林呈祿的主張為基礎，來說明臺灣知識分子由主張撤廢六三法到支持在殖民地臺灣設置議會的思想與行動的重大轉折。

在這裡有必要說明何謂六三法。六三法指一八九六（明治二十九）年日本帝國議會通過的編號第六十三號的法律，賦予臺灣總督特權，得以發布具有法律效力的命令，也就是將帝國議會的立法權委任給作為行政官的臺灣總督。同時，根據「臺灣總督府法院條例」，臺灣總督對法院具有管理權和人事權。以此，臺灣總督在殖民地享有行政、立法、司法三權。

就性質而言，六三法是臺灣特別立法統治的法源；所謂特別立法統治，就是將臺灣視為非日本憲法效力所及的地域而另外立法治理。日本領臺伊始，對於日本憲法應否實施於臺灣，即在日本本土引發論爭。有一派人士主張應該將臺灣視為日本領土的一部分（相對於視為殖民地），共同接受憲法的治理，納入日本的法制系統，這樣的主張在理念上屬於「同化主義」，在統治措施上則一般稱為「內地延長主義」，也就是主張將日本本土的制度同樣實施於殖民地。特殊立法也好，內地延長也好，殖民統治者（及學者）之間有分歧，有爭論，我們無法在此一一交待，更令我們關心的是，臺灣的知識分子如何看待這個問題。

六三法在一九〇六年為三一法（第三十一號法律）取代，削減了總督的一些立法權，但基本

23　《警察沿革誌 臺灣社會運動史》，頁二四。

24　可參見周婉窈，《日據時代的臺灣議會設置請願運動》，第一章第二節〈新興知識分子與臺灣近代民族運動〉，頁九—一八。

25　《臺灣民族運動史》，頁七一—七二。

上三一法和六三法一脈相承，因此臺灣的知識分子仍習慣統稱之為六三法。從臺灣人的立場來說，同化主義和特殊立法統治，到底何者符合臺灣的利益？

如果同化主義能真正實現，臺灣人和日本人沒有差別，得以同享憲法保障的權利，以及代議政治等先進制度，顯然是「利多」情況，實無理由反對。因此，在日本的臺灣留學生起初大多贊成同化主義，反對特別立法，擬發起撤廢六三法運動。然而，同化主義在政治同化之外，另一個面相是文化同化，是殖民母國對殖民地文化的同化。以林呈祿為首的臺灣留學生對此深不以為然。林呈祿指出臺灣有自己獨特的歷史、文化、思想和傳統，在同化的名義下，這些都將無法避免泯滅的命運；就殖民地的主體意識而言，喪失歷史文化將是一種切膚之痛，一種令人極難忍受的局面。為此，他認為特別立法才能確保臺灣的特殊性，因此不贊成推動六三法撤廢運動，而主張實質改變六三法的內容，追求殖民地自治。

我們可以將當時臺灣知識分子的選項，整理如下：

A：總督專制＋臺灣特殊性

B：憲政、民權＋同化主義（＝泯滅臺灣特殊性）

C：憲政、民權＋臺灣特殊性

A是要被打破的現狀。B等於用臺灣的歷史文化來換取憲政和民權，代價過大。C既可享受憲政和民權，又可確保臺灣的歷史文化，何樂而不為？

在林呈祿的剖析和鼓吹之下，東京的臺灣留學生放棄以同化主義為原則的六三法撤廢運動，改採殖民地自治路線；而殖民地自治，首先必須有殖民地議會，由殖民地住民選出議員，行代議政治。一旦確定此一路線，運動領導階層於是決定根據日本帝國憲法所賦予的人民請願權，向帝國議會要求設立臺灣議會。[26]

在這裡，值得注意的是，「殖民地住民」除了漢人之外，包括行政區域內的「熟蕃人」和居住於臺灣的內地人。[27]包括內地人可能有政治上的考慮（如爭取支持等），將「熟蕃人」納入，則不能不說是「臺灣人」定義的擴大，在當時是相當進步的想法——雖然還沒進步到將「蕃地」的土著民納入。「熟番」一詞起於清朝統治時期，指漢化程度高的土著民，通常居住於平地或靠近平地的山區；在日本統治時期通常寫成「熟蕃」，後改稱「平埔族」。

26 以上關於從撤廢六三法到主張設置殖民地議會之轉折的簡要敘述，根據周婉窈，《臺灣歷史圖說（三版）》（新北：聯經出版公司，二〇一六），頁一七五—一七九。

27 「其の要旨とする所は臺灣に在住せる內地人たると本島人たると將た行政區域內に在る熟蕃人たるとを問はず、均しく公選したる代表者で組織する臺灣議會を以て、臺灣に施行すべき特別法律及臺灣豫算を協贊せしめんとする特別代議機關設置の要求である。」〈臺灣議會設置請願書〉〔日文〕，《臺灣》第三年第一號（一九二二年四月），頁三五；〈臺灣議會設置請願書〉〔漢文〕，《臺灣》第三年第二號（一九二二年五月），頁六。

（三）前三回請願——田總督與林獻堂的交涉

本文前面提到，臺灣議會設置請願運動在近一、二十年來不受研究者重視，其中一個原因是，它作為體制內反抗運動的保守性，對解嚴開放後百花齊放的社會欠缺吸引力。這個運動的手段是透過憲法保障的人民請願權，由眾貴兩院議員擔任介紹委員，呈交請願委員會審查；若經該委員會接受，才能再往前走。向帝國議會提案，比起街頭抗爭，或是武力鬥爭，的確相當「體制內」、相當保守。這與領導運動的青年對「憲政」和「和平」的深刻信念有關，[28]另一方面，此一運動的長輩領導者林獻堂，舉止很溫和，似乎將之當成展現「紳士之風」的反殖民運動。他在發起請願運動之前，還特地拜會臺灣總督田健治郎溝通此事。這在我們今天看來似乎是不可思議的事。另外，順便一提，當時臺灣士紳階層的指標性人物很容易就可以拜會臺灣總督，比起戰後要見行政長官陳儀的難易程度，不可同日而語；一九四九年以後，要見「層峰」（蔣介石），簡直就如字面所示，的確是「層峰」，只有仰之彌高了。這種嚴重反差，想必造成臺灣本地領導階層心理上的不適應感。

在田健治郎的日記中，我們可以看到林獻堂和田總督的互動情況。一九二〇年年底，也就是林獻堂在東京和臺灣青年討論路線問題時，十二月二十九日田總督在日記寫道：「三村三平來語林獻堂、林榮治對在京留學生不穩舉動矯正盡力之事情。」[29]也就是有人來告訴田總督，林獻堂對東京臺灣學生的「不穩」行為有盡力加以勸導。消息是正面的，但也透露出，林獻堂的「動靜」是在總督的耳目之中。翌年（一九二一），林獻堂和青年學生決定向帝國議會提出請願，由於籌備時間短促，未能在臺灣廣為招募簽署者，參加簽署的一百七十八名，除了林獻堂等十人居住臺灣外，其餘都是東京留學生。請願在一月三十一日提交貴眾兩院。當時田健治郎總督在東京出差，一月二十九日，他的日記寫道：「林獻堂伴一通譯，來談關臺灣立法議會設置請願提出之件，辨〔辯〕其本意在順應統治方針，乞予諒解。予則詳述予赴任以來統治實現之精神，痛論其謬妄，忠告靜思熟慮，勿誤初步。約一時間半而別。」[30]我們看到一個反殖民運動領導者出於好意前往告知殖民地最高統治者發動請願的原因，但後者的反應是「痛論」其非，並給予「忠告」。

在此之前，林獻堂，如同其他臺灣知名士紳，經常拜會田總督，[31]田總督對他頗為客氣，但自從他帶領議會請願運動之後，田總督的態度大為改變。從一九二一年元月至一九二三年九月一日田總督離職為止，臺灣議會設置請願運動共提出三回請願，從田總督日記，我們可以看到田總

28　關於臺灣青年對「共存共榮」、「日華提攜」、「臺灣人負有媒介日華親善的使命」、「臺灣人握有世界平和之鑰匙」等信念，可參考拙著，《日據時代的臺灣議會設置請願運動》，頁一五—一八。

29　《臺灣總督田健治郎日記》（上），頁五八四。

30　《臺灣總督田健治郎日記》（中），頁三四。

31　林獻堂與田總督的接觸，見《臺灣總督田健治郎日記》（上），頁五九、一〇八、二五九、二九三、三六一、三七八（來訪不遇）、四八七。

督如何看待此一運動，以及如何對付領導者林獻堂。田健治郎從一開始即反對這個運動，認為這個運動「全係在京學生感染內地民主思想（デモクラシー）之所致」，[32]在他看來，是「背戾統治之大方針」。[33]他在第一回至第二回提出請願之間（一九二一年一月—一九二二年二月）基本上採取訓斥和威脅「懲戒」的方式，[34]他曾「誨諭」林獻堂等人三小時餘。[35]

第二回提出請願前，一九二二年一月四日，林獻堂在通譯許嘉種、林資彬、洪元煌的陪同下來拜會，告知後天要上京（東京）繼續從事議會請願，田總督「詳論其不可輕舉妄動之理由，反覆闢彼謬見，且勸告為臺灣盡力於教育普及之事之為得策，懇諭超一時間（按，一小時）而別。」（旁線為筆者所加）[36]這一年田總督的態度變得更加嚴厲，可能因此，我們也看到臺灣士紳，甚至林獻堂的族人都來向田總督批評林獻堂，或表明反對議會請願運動。[37]很有意思的是，當請願委員滯留東京提出請願時，也是總督出差到東京備詢時。二月二日田總督向皇太子上言，提及臺灣議會時，說明此一運動的背景，並加以批評：「近時，留學於內地學生中，往往浸潤於民主主義（デモクラシー）又社會主義等，以ウイルソン（按，威爾遜）大統領民族自決主義，若英國現在所行自治屬領政策為不可動之真理，有提出臺灣議會設置之請願于議院者，是皆一知半解之學生等輕舉之所致，未足以動臺灣多數之民心。」[38]他的背景說明，毋寧掌握到要點；他的評價，顯示他的基本態度。二月八日，林獻堂和蔡培火、林呈祿一起拜會田總督於其邸第，田總督「依然答不同意之旨」，[39]態度強硬。日記顯示，田總督在思想上相當保守，顯然對民主主義欠缺好感。這一年的請願活動由於林獻堂等人的大力宣傳，加上臺灣文化協會（詳後）的配合，在臺灣島內獲得三百五十人的簽名，留學生加入後簽名人數為五百一十二名。這回請願在貴、眾兩院都遭到不予採納的結果。

第二回請願之後，田總督對於臺灣議會設置請願運動，基本上採取使之「中止」的方針。40雖然從田總督的日記，我們看不出來這個大方針如何落實，但從其他資料，我們得知，主要是從兩方面入手。其一、由地方政府對簽署者進行取締；其二、針對領導人物施加壓力。該年四月六日，林獻堂、蔡培火、林呈祿、黃呈聰、劉明朝來拜會田總督，主要針對兩件事詢問總督。其一、專賣仲賣者和學校教員因連署請願運動而遭解雇，其二、總督府對待文化協會的態度。田總督回答仲賣者是〔由雇主〕自由選擇，教員不許參與政治，解雇是當然之事（「說示其當

32《臺灣總督田健治郎日記》（中），頁四九。
33《臺灣總督田健治郎日記》（中），頁七〇。
34《臺灣總督田健治郎日記》（中），頁六〇、七〇。
35《臺灣總督田健治郎日記》（中），頁一一六。
36《臺灣總督田健治郎日記》（中），頁四三四—四三五。
37這些人士包括辜顯榮、林瑞騰、林建寅等人，見《臺灣總督田健治郎日記》（中），頁四四九—四五〇。許延光則是他人轉述，見頁四四三。
38《臺灣總督田健治郎日記》（中），頁四六九—四七〇。
39《臺灣總督田健治郎日記》（中），頁四七五。
40《臺灣總督田健治郎日記》（下），頁九八、一〇五、一一二、一一六、一二二、二三四。

然」）。關於文化協會，田總督指出協會幹事從事政治運動，因此予以特別監視，他嚴厲警告：「今後若認為政治結社斷然可施相當之處置」。[41]也就是說，如果文化協會被認定為政治結社，就會毫不猶疑地予以處置。一九二二年八月，臺灣總督府開始正式壓制請願運動，在此一運動重鎮臺中州採行嚴厲的取締方針，重點有六，包括宣導請願之自治運動不被政府容許、街庄長不得參與該運動、以警察和違警例制止不當言論等；其他各州取締方針大致相同。[42]在取締方針中，並未包括明文指示解雇參與請願的公職人員、享有利權（阿片、食鹽、香菸、酒類）的販賣者，以及與當局關係密切的會社職員，但實際上就是有阿片與鹽批發執照被吊銷，公學校教師（教諭、訓導）被免職的情況，會社職員也有同樣的實例（如葉榮鐘）。[43]前面提及四月六日林獻堂等人拜會總督，也是為了有人因此被解雇之事。

殖民當局的「中止」方針的另一個面向就是針對林獻堂本人。一九二二年九月二十九日，在臺中知事常吉德壽的引見下，楊吉臣、林獻堂、李崇禮、林幼春、甘得中、林月汀、王學潛、洪元煌一行八人前往拜會田總督，在田總督的一番訓示之後，林獻堂表示「貴總督的雅意本人已經了解，希望能符尊意……」。這件事被解讀成林獻堂已被總督收編，引發輿論的負面反應，諷刺此一會談為「八駿事件」。受此打擊，林獻堂心情惡劣，意氣消沉，遂未領銜第三次的請願書簽署，但他仍繼續捐贈運動費用。[44]根據田健治郎日記，這是楊吉臣和總督府串通好的劇碼，希望能讓林獻堂「絕念該運動」。田總督明白告訴林獻堂設置議會的請願不止徒勞無功，「卻蒔揭反旗之種者也」（種下反叛的種子）。他指出臺灣議會的說法和帝國新領土的統治方針「全然相反，斷不容其實現。只請願屬憲法上之權利，故不阻止之耳。」話講得非常白，最後還說「而林遂不能明言其去就，可憐笑也。」[45]換句話說，在田總督的筆下，林獻堂其實沒表明是否不繼續此一運動。不過，總督話講這麼白，這麼兇，連「揭反旗」的話都講了，可能對林獻堂造成很大的衝擊。關於這段經過，可惜無林獻堂日記可資比對（林獻堂自一九二七年開始寫日記，至逝世前一年一九五五年為止）。

田健治郎對臺灣議會設置請願運動的打擊是多方面的。前面引述的日記顯示田總督對於「政治結社」是相當不能容忍的。第二回請願之後，為了應付官憲的壓力，大多數運動參與者認為有進行政治結社的必要，因此在第三回請願的籌備過程中，蔡培火和蔣渭水（一八九〇—一九三一）等人經過一番商議，決定成立以促進臺灣議會之設置為直接目標的團體，命名為「臺灣議會期成同盟」。經過兩個月的籌備，於一九二三年一月十六日，向北警察署提出結社報備。二月二日田總督以該會妨害安寧秩序為名，根據治安警察法第八條第二項禁止該結社。以上是過去關於

41　《臺灣總督田健治郎日記》（中），頁五三〇。
42　《警察沿革誌 臺灣社會運動史》，頁三五三—三五四。
43　葉榮鐘，《日據下臺灣政治社會運動史》（上），頁一九三—一九四。葉榮鐘當時任職林本源製糖會社，因參與請願簽署，被迫辭職。蔡培火當時是公學校教員，也因此遭解雇。
44　《臺灣民族運動史》，頁一六五。
45　《臺灣總督田健治郎日記》（下），頁一一九。

期成同盟被禁止的典型書寫。田總督日記問世後，讓我們進一步了解到，這的確是田健治郎的決定，他還向內務大臣水野錬太郎面談過此事的處理，「內相表同意」，之後他即要總務長官賀來佐賀太郎迅速處理。[46]由於總督府各方面的打擊，第三回請願以蔡惠如領銜，二百七十八人簽署。[47]田總督於該年九月一日離職，那年年底殖民當局發動對請願分子的大檢舉，如果田總督仍在總督的位置，是否也會如此做，固然無法判斷，但他對臺灣議會設置請願運動的看法，相當負面，認為是臺灣留學生的問題，在臺灣附和的人「不過數人」，廣大的臺灣人民還是非常忠實順良的。[48]

第三回請願林獻堂雖然沒有領銜簽署，他繼續承受來自督府的壓力。當時正是大戰之後，日本經濟蕭條，臺灣米價降落至平時的一半，林獻堂收入銳減，不得不以債養債，對臺灣銀行負有十萬元的債務，一九二三年三月七日東京《讀賣新聞》報導：臺灣銀行通知他「如欲繼續臺灣議會運動，請立即清還債務……」。[49]對此，田總督認為這是「出於議會請願團無稽之妄說」，還為此草擬辨明文，交付屬下刊載於《大和新聞》。[50]以下讓我們來看看繼田總督之後，殖民當局如何對付其他「蒔揭反旗之種者」。

（四）殖民政府反撲下的「治警事件」

臺灣議會設置請願運動起於東京，但旋即在臺灣引起很大的迴響。臺灣議會設置請願運動啟動的同一年（一九二一），在臺北行醫的蔣渭水深受鼓舞，和林獻堂等人於十月成立臺灣文化協會，積極從事提升臺灣人的文化活動。臺灣文化協會不是政治結社，我們須記住，田總督曾警告一旦被認為是「政治結社」，就會嚴加處置。雖然如此，由於臺灣議會運動是政治的，文化協會是文化的，兩者的活動互相配合，有如車子的左右雙輪，將臺灣社會帶向一個奮發、自我提升的方向。

臺灣文化協會設置讀報社、舉辦各種講習會和講演會。根據統計，四年之內（一九二三－一九二六）臺灣文化協會於全島共舉辦七百九十八場演講，其中五十九場遭警方解散；四年中聽眾總數從二萬一千餘增至約十一萬三千人次，各州（臺北、新竹、臺中、臺南、高雄）每次聽眾人數從二百至一千不等。另外，最膾炙人口的還有接連三年在霧峰萊園舉辦的夏季學校，參加人數合計三百餘人，每次都超收。另外，在蔡培火的策劃下，臺灣文化協會組織電影放映團，巡迴於臺灣農村小鄉鎮之間，放映傳達新知的電影，很受歡迎。[51]

46 關於「臺灣議會期成同盟」的取締，見《臺灣總督田健治郎日記》（下），頁二六二、二六六。
47 《警察沿革誌 臺灣社會運動史》，頁三二七。
48 《臺灣總督田健治郎日記》（下），頁二六八。
49 《臺灣民族運動史》，頁一六五。
50 《臺灣總督田健治郎日記》（下），頁三一八。
51 以上關於臺灣文化協會的簡短敘述，根據周婉窈，《臺灣歷史圖說（三版）》，頁一八四－一八五。關於臺灣在文化協會的宣傳下，第三次臺灣議會設置請願雖然遭受總督府的打壓，請願團仍然按照預定行程至東京向貴眾兩院提出請願。由於行前在臺北設立「臺灣議會期成同盟會」，向北警察署提出報備，遭取締，於是在東京以林呈祿為負責人，向早稻田警察署提出同一名稱的結社報備，由於未被禁止，遂舉行成立大會。當時的結社活動採取報備方式，成立後向警察單位報備，一定期限內若未被禁止，即表示設立成功。

請願團的這個「舉動」導致該年（一九二三）十二月十六日清晨，臺灣總督府警務局對全島請願運動分子展開由南到北的大檢肅。當天被搜查和扣押的有四十一人，另有五十八人遭到搜查、傳訊等不同情況。遭扣押的有蔣渭水、石煥長、蔡培火、林幼春、蔡惠如、王敏川、蔡式穀等領袖人物。由於殖民當局封鎖新聞報導以及臺灣對外的電信，一時風聲鶴唳，人心惶恐。三日後二十九人移送臺北地方法院檢察局。第二年一月七日，臺北地方法院檢察官長三好一八以違反治安警察法第八條第二項規定為理由，起訴蔣渭水等十八人。史稱此一事件為「治安警察法違反嫌疑事件」，簡稱「治警事件」，蔣渭水則稱之為「臺灣的獅子（志士）狩」。獅子的日文發音和志士一樣，也就是認為這是殖民當局對臺灣反殖民運動者的大獵捕。

在法理上，何以臺灣殖民當局可以大舉逮捕反殖民運動者？理由是違反臺灣總督的禁止命令。臺灣總督府認為臺灣議會運動分子在東京成立已被禁止的組織，係違反總督的禁止命令，以此名義拘押相關人士。此時總督是內田嘉吉，若仍是田健治郎，恐怕也會採取差不多的行動。這項罪名若成立，依治安警察法第二十三條第二項，得處最高刑期六個月的監禁，罰金最高則為一百圓。就罪行的性質和處分而言，其實不嚴重。但這個案子卻使臺灣全島陷入恐怖氣氛，儼然有興大獄之勢，給臺灣人藉法律行政治迫害的觀感。

一九二四年七月二十五日治警事件第一審開庭，每天旁聽席擠得無立錐之餘地，不得入內的也很多；第二審亦若是。針對檢察官的論告，內地著名律師熱切辯護，當事人慷慨陳述，使得法庭成為臺灣議會運動的最佳宣傳場地，是日本朝野的注目所在，大大提高該運動的能見度，更激發臺灣人的支持熱忱。兩次法庭論辯的內容刊登在《臺灣民報》，即使今天讀來都能感受各方「聲淚俱下」的激情，更何況在歷史現場的臺灣人！《臺灣民報》第一審公判特別號，八千冊旋即售盡。

治警事件第一審於一九二四年八月十八日宣判，十八名被告全部無罪；二審於同年十月二十九日宣判，蔣渭水、蔡培火各判刑四個月，陳逢源、林呈祿、石煥長、林幼春、蔡惠如各判刑三個月，另有處罰金百圓和無罪者。翌年（一九二五）二月二十日三審宣判，維持二審原判。如我們前面所說的，這個罪行處罰不重，不少「志士」利用被扣押的「空檔」讀書撰述，為《臺灣民報》增加稿源；他們被釋回和入獄服刑時，都受到民眾熱烈的迎接和歡送，放鞭炮、呼萬歲，直如英雄凱旋。整個事件實際上成為政治運動的一環。

文化協會的研究，可參考林柏維，《臺灣文化協會滄桑》（臺北：臺原出版，一九九三）。

（五）從鼎盛到衰微、到無疾而終

治警事件的第二年（一九二四），由於甫經大獄，臺灣無人簽署請願書。雖然如此，在東京的臺灣人團體，鑑於日本普通選舉法即將在議會通過，政治革新可期，情勢對殖民地運動有利，決定無論人數多寡，仍繼續進行請願運動。該年一月二十八日，以林呈祿為請願代表，向帝國議會提出七十一人簽署的請願書，簽署者全部都是在東京的臺灣青年。這是第四回請願，然因眾議院解散而失去審議之機會，而貴族院則已停會，未被列入議程。該年七月十一日，請願運動分子以蔡培火為代表，向臨時議會提出第五回請願，簽署人數共二三三名。這回請願在貴族院未列入議程，在眾議院則遭受「審議未了」的命運。「審議未了」意為審議未完或延期審議，可以說是一種變相的「不採擇」。

第四回和第五回提出的時間落在治警事件發生後至審判之前，正是情況不明朗、臺灣民眾驚魂未定之時，很少人敢簽署，運動受到嚴重的打擊。從事後的角度來看，這是請願運動最低潮的時期。

如我們在前一節所說的，治警事件固然一開始在臺灣社會引起極大的驚恐，以為早期日本殖民統治的軍警鎮壓又回來了，然而隨著新聞媒體的報導、日本律師來臺、一、二審雙方的激辯，等於替請願運動做了全島性和帝國內最大的宣傳，而且臺灣「志士」被起訴的罪名，就算成立，處分並不嚴重。這在在讓臺灣民眾安心下來，並激發支持請願運動的風潮。

第六回請願籌備工作在一九二五年一月開始，也就是在治警事件二審判決後等待第三審判決之時。臺灣文化協會在各地舉辦演講，大事宣傳，鼓勵簽署。以下是此回請願團出發前至返臺後受到民眾熱烈支持的盛況，其餘各回可以此為標準，想像其情景。請願團在前往東京之前，在全島各地接受盛宴餞行。請願委員林獻堂、楊肇嘉、邱德金和葉榮鐘等四人啟程上京當天，臺北火車站有盛大的樂隊奏樂，樂隊並自臺北送到基隆碼頭，沿途有民眾燃放鞭炮歡送。請願團在日本本土上陸後，從神戶、橫濱到東京，當地臺灣鄉親都召開盛大的歡迎會。一月十六日下午請願團將進入東京時，歡迎團即以宣傳隊為先導，在東京火車站集合三百餘人，派四、五十名進入車站內，手各執旗，高唱請願歌。火車一入站，眾人三呼萬歲。請願代表出站後接受歡迎隊的歡迎，一齊高唱請願歌，三呼臺灣議會萬歲。火車站之外，還有遊行市街、分發宣傳單、晚餐會演說等盛況。同年三月，林獻堂一行先後歸臺，各地爭開洗塵會，極盡歡迎之盛情。歸臺後，林獻堂應邀到各地演講，所到之處「滿街滿巷擠滿了人」，爭睹林氏風采。[52]這種全島一致支持某個單一運動的盛況，是「空前」的，也可以說在請願運動退潮之後就不再得見了（絕後）。

第六回請願簽署人數高達七八二名，在貴族院，由於在還沒列入請願委員會議程時，該院已閉會；在眾議院方面，雖然列入議程，結局還是「審議未了」。雖然如此，並未影響請願運動支

---

52 本段敘述根據拙著，《日據時代的臺灣議會設置請願運動》，頁九一。為省篇幅，根據的材料見該篇章註釋，茲不再贅。

持者的士氣。我們須知，就在第六回請願以「審議未了」之後不久，日本本土奮鬥十餘年的「普選運動」終於獲得最後的勝利，該年（一九二五）五月五日帝國議會通過「普通選舉法」（正式名稱「眾議院議員選舉法」），也就是說，滿二十五歲的成年男子擁有選舉權，取代先前的納稅額限制。普選運動是臺灣議會設置請願運動效法的對象，在方法上，同樣都是向帝國議會提出請願。以此，普選運動的成功，無疑給請願運動的領導層和支持者莫大的鼓勵。53

就在第六回請願委員返回臺灣不久，同年五月十日，因治警事件入獄的蔣渭水、蔡培火等人獲得假釋出獄，隨即巡迴全臺各地舉辦文化演講會，藉機宣傳請願運動。第二年（一九二六）一月二十一日第七回請願代表蔡培火、陳逢源與蔡年亨攜帶一千七百餘份請願書上京，最後總簽署人數達到一、九九六名。該回請願團在臺灣和日本本土所受到的歡迎不遜於第六回。我們前面提到的照片（見圖一，頁三三〇）就是這一回請願的紀念寫真。此回請願的結果是，眾議院不予採納，貴族院未列入議程。

第八回請願在一九二七年元月十九、二十日分別向眾、貴兩院提出。這次簽署人數高達二、四七〇人，創下歷年來最高紀錄。這回請願在貴族院未來得及審查，在眾議院曾多次列入議程，但因政府委員不出席而一再延期，最後仍以「審議未了」作結。政府委員不出席而導致請願委員會無法進行審議，似乎已成為中央政府杯葛請願運動的一個固定模式。

熟悉日本殖民統治下的臺灣歷史的人士一看到「一九二七年」，就會聯想起該年臺灣文化協會分裂成兩派，其後引發一連串政治路線的鬥爭與持續的分裂。文化協會在該年元月三日正式分裂，由思想左傾的連溫卿派取得掌控權，蔣渭水、蔡培火等約一半的會員陸續退出。面對分裂的危機，請願同志一再強調臺灣議會、臺灣自治的絕對重要性，是臺灣唯一的一條路，呼籲大家要一致支持。[54]以此，雖然文化協會於元月三日分裂，大致上並未影響到第八回請願。分裂後影響到的是第九回以後的請願。

一九二七年七月十日，退出文化協會的人士經過幾番周折後終於在臺中成立「臺灣民眾黨」。這是臺灣第一個政治結社（文化協會不是政治結社），由於其主要核心分子（如蔣渭水、蔡培火）就是請願運動的健將，因此該黨成立以來，繼續推動議會請願運動。第九回請願於一九二八年二月九日由蔡培火先行上京，四月中蔡式穀啟程上京，在神戶會合，四月二十三日抵達東京。請願代表自臺灣啟程和抵達東京，都受到熱烈的歡送和歡迎，但是抵達東京的當晚，在臺灣青年會為請願委員舉辦的歡迎會中，受到左派學生的干擾和辱罵。這是臺灣議會設置請願運動第一次受到左派分子的擾亂，原來團結一致的東京青年會也告分裂。這回請願簽署人數有二、〇五一名之多，但在政治路線分裂的情勢下，氣勢已大不如前了。此次請願，貴族院未列入議程，眾

53　〈普選的實現和臺人的自覺〉，《臺灣民報》第三年第一二號（一九二五年四月二十一日），頁一；〈希望伊澤總督發表治臺的政綱〉，《臺灣民報》第六四號（一九二五年八月九日），頁二。

54　〈唯有臺灣議會的一路〉，《臺灣民報》第一三五號（一九二六年十二月十二日），頁二；〈過去及現在的臺灣政治運動〉，《臺灣民報》第一三八號（一九二七年一月二日），頁二。

議院則是「審議未了」。

關於臺灣政治運動分裂的情況，我們無法在這裡細談，以下簡單敘述第十回至第十二回的情況。一九二九年第十回請願有一、九三三人簽署，請願委員從臺灣至神戶，沿途都受到民眾的歡迎，但在東京一切從簡，以免刺激左派學生。此次請願仍以「審議未了」作結。第十一回請願，改變運動方式，力求簡化，簽署人數共一、三一四名，於一九三〇年四月二十八日、五月二日分別提交眾貴兩院，結果貴族院不予審議，眾議院「不採擇」。同年八月十七日「臺灣地方自治聯盟」成立，民眾黨分裂，但蔣渭水、韓石泉等民眾黨重要幹部仍然繼續支持請願運動。第十二回請願獲得一、三八二人簽署，於一九三一年二月十二日提出，貴族院未列入議程，眾議院仍是「審議未了」。此回是臺灣民眾黨支持的最後一次請願，因為提出請願的第六天（一九三一年二月十八日）臺灣民眾黨被迫解散，八月五日蔣渭水逝世。從此，請願運動喪失支持的團體，終於不得不走向沒落。

從二〇〇〇年出版的蔡培火日記，[55]我們可以看出，蔡培火至晚從一九三〇年二月起，就已非常熱衷地方自治運動。[56]他在日記中也提到蔣渭水對地方自治運動「抱有不少疑懼」。[57]為了地方自治聯盟的事情，蔡培火和蔣渭水之間有很多的緊張和衝突。[58]殖民地自治運動和地方自治運動雖然都有「自治」之名，其實性質不同、層次各異，前者係以殖民地為主體，向帝國爭取自我治理的立法與行政權，後者是在帝國體制內爭取相同的地方層級的選舉權，兩者未必互相排斥，但不能等量齊觀，而且若一意追求地方自治，實則走回六三法撤廢運動的老路了，也就是主張同化主義（內地延長主義），距離臺灣議會請願運動的初衷越來越遠。一九三〇年以後，蔡培火雖然繼續支持議會請願，但實際上以地方自治運動為最主要的關懷和目標。他甚至認為要眾議院採納請願是「過份的奢望」。[59]蔡培火是請願運動的核心分子，他的轉變是個重要的指標，顯示這個運動再也不是大家「一致的路」了。

失掉政治團體大力支持的議會請願運動，慢慢走向衰微之路。一九三二年提出第十三回請願，由於運動核心分子的努力，簽署人數不少，計二、六八四名。此回請願，眾議院「審議未了」，貴族院雖列入議程，結果是「不採擇」（不予採納）。一九三三年提出第十四回請願，簽署人數減為一、八五九名（提出貴族院為一、四九一名），貴族院「不採擇」，眾議院亦「不採擇」。一九三四年提出第十五回請願，簽署人數一、一七〇名，同遭貴眾兩院「不採擇」。

一九三〇年代右翼勢力在日本本土急速擴張，影響及於殖民地。一九三一年是日後日本所謂

55 蔡培火日記收於張漢裕主編，《蔡培火全集》（一），《家世生平與交友》（臺北：吳三連臺灣史料基金會，二〇〇〇），〈日記（一九二九年至一九三六年）〉，頁八三－三九二。

56 張漢裕主編，《蔡培火全集》（一），《家世生平與交友》，〈日記〉一九三〇年二月十日，頁一二〇。

57 張漢裕主編，《蔡培火全集》（一），《家世生平與交友》，〈日記〉一九三〇年三月二十一日，頁一二六。

58 張漢裕主編，《蔡培火全集》（一），《家世生平與交友》，頁一三四－一三六、一四三－一四五、一五二、一五四、一五九、一七九－一八一。

59 張漢裕主編，《蔡培火全集》（一），《家世生平與交友》，〈日記〉一九三〇年五月十二日，頁一三一。

「十五年戰爭」的開始，臺灣反殖民運動受到嚴厲的打擊。即使「溫和穩健」如議會請願運動，再度遭到中央政府指控背後是要「追求臺灣獨立」。[60]除了右翼和中央政府的壓力之外，最主要的恐怕還是運動本身逐漸失去能量。作為事不關己的讀者，我們光是看一次又一次、記也記不清楚的「不採擇」、「審議未了」的結局，都會感到無趣，何況運動當事人。如果拿第六、七回請願的那些歡送會、歡迎會，以及歸來洗塵會等等熱鬧景況，對照於帝國議會「一貫」的冷淡處理，這個運動能夠繼續進行八、九回，不能不說有點不可思議。

一九三四年九月二日，請願運動的領導者林獻堂等二十九人，開會討論是否中止請願運動，與會人士大多數贊成中止；未能來開會者，有七人來信表示贊成中止。於是，從一九二一年至這一年，十四年間進行十五回請願的臺灣議會設置請願運動至此自行拉下舞臺的布幕，宣告結束。根據林獻堂日記，決定中止的原因和大會的決議如下：[61]

蓋自中川（健藏）總督蒞任以來，直接、間接勸告中止，總合其要點：一、際此非常時之秋，當大同團結；二、勿使人誤解為獨立之運動；三、免授人反對改革地方自治制之口實云云。討論三時間之結果，其決議「我等鑑於最近內外之情勢，對於台灣議會設置請願中止」。次議提出統治意見書於總督。

蔡培火當時人在東京，並未參加九月二日的會議。他在八月十六日的日記中寫道：「……蓋以獻堂亦經常受中川總督勸告，放棄臺灣議會設置請願運動，原定來〔八月〕十九日要開同志者會議以決行止。余自前月就有受當局勸告，爾來暗中詢問各地重要同志之意見，都謂於此非常時，中央議會政治無力、暴力橫行、言論閉息之時，繼續請願無意義也；一面呈祿、肇嘉、逢源三人已從去年就轉向不參加，即此可知大勢業經去了。」[62]由此可見，請願運動大將林呈祿、楊肇嘉、陳逢源，以及蔡培火本人，都已經不再熱衷此一運動了，其無疾而終，豈非可預料之事！

葉榮鐘在當天的日記中只寥寥數語寫道：「今日午後二時起在大東信託樓上開臺灣議會設置請願有志磋商會，出席者二十九名，決議中止請願並提出臺灣統治意見書。」[63]平淡無奇地描述曾經掀起十數年波瀾的全島性運動的結束。

---

60 例如眾議院清家吉次郎委員就不客氣地說：「臺灣の獨立を希望する趣旨が請願の底に潛むことは、臺灣の事情を知る人の能く知る所なり。……斯る要求は臺灣を獨立せしめよと云ふに異ならず、……」見《警察沿革誌 臺灣社會運動史》，頁四〇〇。

61 林獻堂著，許雪姬編，《灌園先生日記（七）一九三四年》（臺北：中央研究院臺灣史研究所，二〇〇四），頁三四二。

62 張漢裕主編，《蔡培火全集》（一），《家世生平與交友》，〈日記〉一九三四年八月十六日，頁三〇〇。

63 葉榮鐘，《葉榮鐘日記》（上）（臺中：晨星出版，二〇〇二），〈日據時代（一九三二～一九四二年）〉，一九三四年九月二日，頁八五。

四、自治乎？獨立乎？

臺灣議會設置請願運動之所以「自動」中止，原因是多方面的，例如年年請願，年年失敗，支持者熱情無法維持；運動團體內部分裂，力量減少；時代氣氛改變，不利於政治運動等，但最直接的壓力還是來自於總督府。從上一節林獻堂日記可以看出，中川健藏總督一方面質疑請願運動是追求獨立，另一方面則以放棄請願運動當作允許地方自治的條件。從中川總督的質疑讓我們想起運動伊始田總督的態度，也讓我們不得不問：臺灣議會設置請願運動的最終目標到底是什麼？

從這個運動發軔之初到結束，我們看到一個有趣的現象，也就是殖民統治當局以及若干相關內地人士，一直認定這個運動是企求獨立，運動參與者則自始至終否認有獨立的想法。首先，我們不能忘記：臺灣議會請願運動是體制內政治運動，因此只能標舉體制所允許的目標。殖民地自治是體制內的最高可能，獨立則是反體制。因此，就算追求自治是朝向獨立的階梯，斷然不能明白講出——即使同志之間也可能無法明白討論或交心。這種情況普遍見於遊走於體制邊緣的政治活動，而且個人的「hidden agenda」或對未來的不同想像，很容易造成路線的分歧。臺灣議會設置請願運動的「自我設禁」大大限制了我們探討這個問題的空間。究實而言，兩造在歷史現場的發言，地位明顯不對等——統治當局可以加碼指控，運動參與者則只能不斷下修（可明言的）運動目標；至於事後的發言狀況，則因為戰後種種因素，更顯得錯綜複雜，如殖民當局不再存在，「殖民母國」縮回「日本本土」，成為不再有干係的「外國」，運動參與者則陷入另一類型的殖民統治的局面，被迫抹殺或改寫自己的過去。

關於殖民當局與相關內地人士對請願運動的疑忌，如「蒔揭反旗之種」、「企圖獨立」、「臺灣獨立的階梯」、「請願背後希望臺灣獨立」等等，[64]隨手可見，猜測成分居多，似無深究的意義。綜而言之，殖民當局對臺灣議會設置請願運動之性質的基本看法是：此一運動明顯帶有「民族運動的色彩」，是作為朝向殖民地自治的最初階段，從而企圖達成殖民地完全自治。[65]殖民當局忌諱其「民族」性格，昭然若揭，林獻堂即被迫在田總督之前自我陳辯「決非出於民族自決之精神」。[66]那麼，從運動參與者的角度來看，這又是怎樣一個性質的政治運動？

基本上，我們可以說，臺灣議會設置請願運動是以殖民地自治為最高目標。不過，殖民地自

---

64 「蒔揭反旗之種」，見《臺灣總督田健治郎日記》（下），頁一一九；「企圖獨立」，係三好一八檢察官在法庭上的指控，見〈臺灣議會期成同盟會——治安警察法違反嫌疑的公判〉，《臺灣民報》第二年第十六號（一九二四年九月一日），頁四；「臺灣獨立的階梯」，見宮川次郎，《臺灣の社會運動》（臺北：臺灣日日新報社，一九二九），頁四八；「請願背後希望臺灣獨立」，係請願委員會委員清家吉次郎的說法，見《警察沿革誌 臺灣社會運動史》，頁四〇〇。

65 《警察沿革誌 臺灣社會運動史》，頁三一七—三一八。

66 《臺灣總督田健治郎日記》（中），一九二一年二月九日，頁四八。

治有很多種方式和程度。臺灣議會請願運動第一回「請願之要旨」明白要求「以法律規定設置就臺灣住民公選議員以組織之臺灣議會，附與在臺灣應施行之特別法律及臺灣預算之協贊權」。[67]這項要求是在承認總督府體制及其管轄臺灣之行政權之下的要求，是體制內的有限度自治，只涉及特別立法和預算同意權，距離像加拿大自治領那樣擁有多數黨組成的內閣和「責任政府」（responsible government）的完全自治，可以說仍然有巨大的落差。

臺灣議會設置請願運動在各個階段，公開標舉的目標很不同，在一九二七年，曾提出制訂「臺灣憲法」的要求。這可以說是臺灣議會設置請願運動在主張上所曾達到的最高點。在這一年，《臺灣民報》至少有四篇社論倡議制訂臺灣憲法，另有多篇文章呼應這項主張。[68]這是第八回請願前後至該年八月中的主張，我們知道第八回是請願運動的高峰，此後，請願運動即開始走下坡，臺灣憲法的主張也就如曇花一現，從此銷聲匿跡。

從今天的角度來看，臺灣議會設置請願運動是否在追求殖民地自治的背後隱藏獨立的意圖，究實而言，並非一個值得深究的議題。一方面，再怎麼深究，大都僅止於猜測的地步，無法證明其虛實有無；另一方面，比起這個議題，更重要的或許在於，在臺灣人反殖民的歷程中，這個運動到底有何深層的意義？對此，若林正丈和筆者不約而同都提出類似的看法。

若林正丈在一九八三年出版《台湾抗日運動史研究》，十八年後予以增訂，出版《台湾抗日運動史研究（増補版）》（二〇〇一），增加了原書所無的「付篇」（附篇），足足增加了一一八頁。在付篇中，若林正丈提出一個「臺灣大」的概念。[69]若林正丈採用了 Benedict Anderson 在

Imagined communities」一書中的「巡禮圈」（pilgrimage）的概念，標舉出「臺灣大」的概念。「臺灣大」乍看之下，不是很容易了解，其實就是指臺灣知識分子在日本殖民統治之下形成了以臺灣地區的住民群體為「想像」的「政治共同體」。[70]「臺灣大」在這裡也有英文「Greater Taiwan」（大臺灣）的意思，指含括臺灣本島及其周邊的大生活〔命運〕共同圈。

筆者於一九八九年出版《日據時代的臺灣議會設置請願運動》，此書是筆者的碩士論文。二〇〇九年，筆者為通論作品《臺灣歷史圖說》[71]的增訂本加寫新的篇章，在新增的〈知識分子的

---

67 〈請願之要旨〉，《臺灣青年》第二卷第二號（一九二一年二月二十六日），漢文之部，頁二二。日文原文：「……茲ニ臺灣住民ヨリ公選セラレタル議員ヲ以テ組織スル臺灣議會ヲ設置シ而シテ之ニ臺灣ニ施行スヘキ特別法律及臺灣預算ノ協贊權ヲ附與スルノ法律ヲ制定セラレタキ件……」，〈請願ノ要旨〉，《臺灣青年》第二卷第二號（一九二一年二月二十六日），頁二七。

68 《臺灣民報》社論有：〈臺灣議會與臺灣憲法〉，第一四二號（一九二七年一月三十日），頁一；〈立憲政治的要求〉，第一六一號（一九二七年六月十二日），頁一；〈民報的轉機——臺灣統治方針更新的暗示〉，第一六七號（一九二七年八月一日），頁二；〈非設民選議會不可〉，第一六九號（一九二七年八月十四日），頁一。相關文章如：〈制定臺灣憲法——此即革新黨政綱之一〉，第一五七號（一九二七年五月十五日），頁二；〈臺灣統治の根本問題——特別立憲か，六三撤廢か〉，第一六九號（一九二七年八月十四日），頁九。

69 《台湾抗日運動史研究（增補版）》付篇四〈台湾をめぐる二つのナショナリズム——アジアにおける地域と民族〉，頁四三一—四五四。

70 若林正丈，《台湾抗日運動史研究（增補版）》，頁四五一。

71 周婉窈，《臺灣歷史圖說》（臺北：中央研究院臺灣史研究所籌備處，一九九七）。

反殖民運動〉一章中，筆者寫道：「臺灣議會設置請願運動，是以『臺灣』為單元的思考。在這裡，我們看到臺灣知識分子以臺灣住民之權益為最終目標的本位立場（請注意，這裡的住民包括平埔族）。如果在臺灣歷史上，我們要指陳哪個時點，居住於臺灣的人開始以臺灣為思考範疇，開始自稱臺灣人，那麼或許這是個明顯的起點。乙未割臺的共同命運，讓臺灣紳民不得不以地理的臺灣為思考單元，換言之，清廷割地所割的範圍形塑了『臺民』的自我認同——如『臺民布告』所示。我們不能小看這點，在清朝統治時，臺灣首先是福建省的一個府，後來雖然獨立設省，人們（按：官員例外）在認知上很少以臺灣為一整體，遑論以它作為一個單位來思考問題。殖民地的邊界往往具有塑造界內人群的自我界定的效果，拉丁美洲諸國即是明顯的例子。這是來自他力的界定，是被動的，但我們在臺灣議會設置運動中則看到臺灣知識分子的主動性。『臺灣』、『臺灣人』是他們思考和奮鬥的對象，無怪乎殖民當局認定他們主張：『臺灣非是臺灣人的臺灣不可。』（臺灣は臺灣人の臺灣たらざるべからず。）」[72]在這裡，讀者或許也可以看出，如同若林正丈，筆者多少受到 Benedict Anderson 的影響。

以臺灣為「單元」、為「本位」的思考方式，或許是臺灣議會設置請願運動留給目前還在這個稱為臺灣的土地上，以「臺灣大」為巡禮圈而持續奮鬥的人們的精神遺產吧。

五、結語：後殖民的泥濘之路

臺灣在歷史的發展過程中，曾為若干外來政權相繼占領和統治，這在世界的歷史上，或許並沒那麼特別（如在東方非常著名的洛林和亞爾薩斯），不過，就二次大戰結束後的歷史進程而言，可能就很少見——至少筆者尚找不到類似的例子。

第二次世界大戰結束之後，數年間許多前殖民地紛紛獨立，前殖民地人民因此得以開始後世史家所謂的「去殖民化」（de-colonization）的過程。臺灣的情況很不一樣，她沒趕上殖民地獨立的列車，甚至連買票擠上車的意念都好像不怎麼存在——如何理解這個現象？若林正丈提出的「中國．臺灣」重層認同的結構說，很值得參考。[73]作為日本帝國的前殖民地，在日本向盟軍投降之後，臺灣由中國國民黨掌控下的中華民國代理盟軍接收。當時中華民國是國際承認的代表中國的合法政府，但這個政權正面對來自中國共產黨的嚴厲挑戰。太平洋戰爭一結束，一九二〇年代後半期開始的慘烈的國共鬥爭又再度公開化、激烈化。可能因為在殖民統治時期，臺灣的大規模反殖民運動一直局限於體制內，「完全自治」甚至「獨立」的想法不普及，因此，在戰爭突然

72 周婉窈，《臺灣歷史圖說（三版）》，頁一八三。

73 關於「『中國／台湾』の重層するアイデンティティ」的分析，見若林正丈，《台湾抗日運動史研究（增補版）》，頁四五〇—四五二。

結束的真空和混亂之中，「光復」、「回歸祖國」（回歸中國）的論述不旋踵成為主流，主導人們的思想和行為。從漢人社會的角度來說，曾經清朝統治兩百一十二年的臺灣，「回歸祖國」的說法並非不合理。連一八七九年才被日本併吞的獨立王國琉球（沖繩），在八十年後其子民都會高喊「祖國復歸」（這裡的「祖國」當然不用說明就是「日本」），那麼，我們實在很難苛求在一九四五年八月中至十月底多數臺灣人民似乎無異議地接受祖國（中國）的接收。

在這裡，我們必須回到反殖民運動之真義的探討上。日本在臺灣的統治，的確給殖民地臺灣帶來很多的近代化（modernization）設施，這些是無庸在此列舉的。殖民母國帶來了近代化，那麼，反殖民運動在「反」些什麼？在爭取些什麼？關鍵在於「近代性」（modernity）在定義上就含括作為人（或特定人群）的「主體性」，但是，殖民統治剝奪了被殖民者的主體性，因此是殘缺的近代性。從臺灣議會設置請願運動，我們可以清楚地看到殖民當局在臺灣很認真地推動近代化，她所帶來的改革在很大程度上是個小型的「明治維新」——但是，是個袪除人民參政權利的明治維新，也就是袪除（排除）殖民地人民「主體性」的近代化工程。臺灣議會設置請願運動要爭取的正是，這個作為「主體」所應具有的權利（包括保有自己的歷史文化），「自治」、「自決」的關鍵字在於一個「自」字——特定地理空間的群體自己決定與這個群體有關的公共事務，而不是由外於這個群體的另一統治集團來決定。然而，相關資料顯示，帝國議會主流意見，以及殖民統治當局的作法，在在拒絕承認此一主體性，導致十五回的議會設置請願終歸於徒然。

臺灣的問題還在於戰後淪入另一個外來政權的統治，雖然這個政權標榜臺灣人屬於「中華民族」，稱呼臺灣人為「臺灣同胞」，但在實際的統治、文化、用人政策等方面，[74]很難不被視為「殖民統治」。關於二二八事件、一九四九年中華民國在國共鬥爭中失敗，整個中央政府機構，以及一百零二萬軍民[75]遷至臺灣之後，在文化政策上，厲行「國語」政策以及中華民族主義教育（「中國化」）等面相，近年來已經有很多研究可參考，在此不加贅述。由於戰後臺灣再度淪入殖民統治的情境，原本在日本統治時期反殖民運動所標舉的〔最低程度的〕自治主義，不止無法再度提起，而且成為戒嚴時期黨國體制下極為嚴重的政治禁忌。我們看到反殖民運動的臺灣領導

74 在用人方面，一九九〇年（解嚴後三年）政府部門中，根據報載，四十二位內閣政務官外省／本省比例四：三；立法委員外省／本省比例四〇：二三；監察委員外省／本省比例二八：二一；軍方核心將領外省／本省比例一七：二；國民大會代表外省／本省比例五九九：七八；總統府資政・國策顧問外省／本省比例三一：八・七五：八；警界高階層警官外省／本省比例二九：四；省府小內閣外省／本省比例三：二〇。轉引自王甫昌，〈由「中國省籍」到「臺灣族群」：戶口普查籍別類屬轉變之分析〉，《臺灣社會學》第九期（二〇〇五年六月），頁九八。請注意，這是在經過蔣經國本土化政策、立法委員增補選，且在李登輝繼任、擔任總統之後的情況，在此之前，外省菁英所占比例可以說是絕對多數。

75 到底在國民黨政府撤退至臺灣時帶來多少軍民，一直是這個政權的秘密。傳言有高至二百萬人，而當時臺灣本地人口約六百萬。若林正丈先生採取約一百零二萬人的估計（前引書，頁四四九），與新近研究甚相符合。葉高華利用總統府與行政院的解密檔案，推算出戰後至一九五六年九月十六日的時點，臺灣與金馬地區共有一〇二四、二三三名外省籍軍民移入。見葉高華，〈從解密檔案重估二戰後移入臺灣的外省人數〉，《臺湾史研究》第二八卷第三期（二〇二一年九月），頁二一一—二二九。

者，在二二八事件之後，除非改而徹底表態服膺新政權，[76]不然遭到的命運不是出走臺灣（如林獻堂），就是銷聲匿跡（如林呈祿）。

新近在國史館「軍事委員會侍從室檔案」中發現了一份林呈祿於一九五二年二月十六日用毛筆親手在「人事調查表」上填寫的「自述」。[77]「軍事委員會侍從室」是蔣委員長（蔣中正）的侍從室，該委員會於一九四六年裁撤，人事調查及其資料由「國民政府文官處」和「總統府」先後接手。林呈祿的這份「自述」，據判斷是因一九四九年應聘為「臺灣省文獻委員會顧問」而於事後補填由總統府印製的人事調查表。[78]在這短短的自述中，他隱去在皇民化時期（一九三七—一九四五）擔任「臺灣總督府評議員」（一九四一）以及「皇民奉公會生活部長」（一九四二）的履歷，這是很可以理解的；他所強調的是參與反殖民運動的經歷，但在短短一百七十五字的「自述」中，他一路寫著：「祖國湘省」、「台灣同胞」、「民族意識」、「漢族精神」、「滅族的同化政策」、「漢族精神」、「反日運動」、「民族正義」、「民族運動」。（見附錄及圖二）像是在向統治當局「交心」。我們不能說，林呈祿所說的完全不符合事實，他主張設置臺灣議會就是想保住臺灣特殊的歷史與文化，但是該運動以臺灣為單元（主體）的思考，在戰後完全淹沒在以「中國法統想像」為中心的意識型態中。一直要到一九八〇年代後期，我們才又看到以「臺灣主體」為基本理念的政治想像的出現。[79]在這漫長的四十年間，多少歷史行動者被迫否認、改寫自己在歷史現場的行動真義？更不要提相關史料的「自我毀滅」了。這在在造成我們今天回頭探討日治時期臺灣歷史的困難度。

臺灣還在去殖民的路程中。四十餘年的黨國統治及其鋪天蓋地的政治規訓與社會・學校教育，在很大程度仍然影響著今天的臺灣社會及其未來走向。由於截至目前為止，臺灣人在建立以臺灣為主體的思考上，還未獲致不退轉的共識，臺灣人的「主體性」仍然處在非常混沌曖昧的情況下。在這種混淆和曖昧之下，我們看到日本統治所帶來的不完全的近代性，在中國國民黨統治的負面襯托下，受到不少當代人的稱頌。但是，我們是否應該釐清以下兩者的不同？一是日本統治所帶來的近代化建設（如縱貫鐵路、嘉南大圳等），以及近代性（如公德心、關心並參與公共

76 日治時期具有代表性的臺灣菁英分子，除少數幾人外（如蔡培火、楊肇嘉），都為日治時期赴中國的臺籍人士（即所謂的「半山」）所取代。王甫昌指出，戰後國民黨政府在用人上，大量舉用「半山」擔任臺灣地方政府要職，後來也以他們擔任中央政府職位的臺籍代表。見王甫昌，〈由「中國省籍」到「臺灣族群」：戶口普查籍別類屬轉變之分析〉，頁一〇一。

77 這份資料係國立臺灣大學歷史學博士吳俊瑩君所提供，謹此致謝。吳俊瑩針對此份資料，撰有〈記一段林呈祿在戰後的「自述」〉一文，刊登於「臺灣與海洋亞洲」部落格，網址：http://tw.myblog.yahoo.com/jw!uduCo2SGHRYWlzLEAu0T/article?mid=851&prev=-1&next=844（二〇一〇年十月二十五日檢索）。

78 林呈祿於一九四八年受聘為臺灣省通志館顧問委員會的委員，一九四九年，臺灣省通志館改組為臺灣省文獻委員會，林呈祿受聘為該會顧問，一九五二年二月與其他二位顧問填寫由總統府印製的「人事調查表」。見吳俊瑩，〈記一段林呈祿在戰後的「自述」〉，網址見上註。由於總統府人事資料歸併入前「軍事委員會侍從室」檔案，林呈祿的「自述」於是出現於此一檔案中。

79 關於以中國法統想像的國家vs.以臺灣為範圍（主體）的「實質國家」想像的提法，見王甫昌，〈由「中國省籍」到「臺灣族群」：戶口普查籍別類屬轉變之分析〉，頁九九—一〇五。

事務），這的確很難說不是正面的遺產。另一是日本殖民統治，在臺灣人邁入「近代」世紀時，剝奪了他的主體性（如語言、文化、歷史），或阻止他建立主體性，這可以說是負面的殖民地傷痕了。如果我們無法釐清這兩者，那麼，就很容易出現毫無批判地肯定殖民統治，辜負了反殖民運動者奮鬥的苦心。在這種混淆中，若出現學者將反殖民運動者和支持日本殖民統治的御用紳士「等量齊觀」，[80]也就不足為奇了。但是，臺灣總督田健治郎的日記提醒我們，從統治者的角度來看，誰是「trouble makers」，誰是擁護者，畢竟再清楚不過了。

在日本殖民當局與軍隊撤離臺灣，在殖民地紛紛獨立後的四、五十年，在經歷中國國民黨黨政軍警特合體的專制獨裁統治之後，臺灣終於等到了「後殖民」時代的來臨。一晚就是半個世紀！在後殖民時代，臺灣人要建立以「大臺灣」（含澎湖、金門、馬祖群島）為想像範圍的主體性，不能不反思殖民統治時期的「近代性」問題，試圖達成共識，走出後殖民的泥沼。日治時期的反殖民運動被殖民當局說成是主張「臺灣非是臺灣人的臺灣不可」，或許一語道破若干領導者的心事；據說謝雪紅晚年所歸結的臺灣路徑也是「臺灣是臺灣人的臺灣」。[81]這都是無法證實的推測，卻也明確地指出殖民地追求主體性的必然結局。如果，臺灣人再度失去建立以「大臺灣」為巡禮圈的主體性，再度被納入一個外於自己的超大他者巡禮圈，那麼，未來的臺灣歷史又將再度面臨自我否認、遭人改寫甚或自我改寫的命運了。若然，我們可預想，未來的歷史研究者面對臺灣人再度失敗的「脫殖民」的歷史軌跡，將如何苦惱於史料和分析上的難度了。

本文原刊於《台灣史料研究》第三七期（二〇一一年六月），頁二—三一。最初發表於《岩波講座東アジア近現代通史》第五冊〈新秩序の模索〉（東京：岩波書店，二〇一一），頁二一六—二四一，篇名為〈台湾議会設置請願運動についての再検討〉，若松大祐翻譯。由於該套書每篇文章有篇幅限制，日文版較中文原稿簡略。二〇二三年六月修訂。

80 在一本紀念辜顯榮次子辜振甫的傳記《勁寒梅香：辜振甫人生紀實》（新北：聯經出版事業公司，二〇〇五）中，作者黃肇珩花了好幾頁為辜顯榮開脫（頁六三—七二）。一八九五年六月辜顯榮引領日軍進入臺北城，從此由一位無業遊民（從事苦力、轎夫等工作）成為家財萬貫、胸配勳章的著名紳士——誠如田健治郎總督所說的，「俄然暴富」（《臺灣總督田健治郎日記》（上），頁三一五）。傳記為傳主的父親開脫諱飾，不足多怪，值得注意的是，該書引用臺灣史學者黃富三的話，說辜顯榮「在當時是冒生命危險做了一件無人敢做的事。」「我們不能簡單地以辜顯榮迎接日軍，就斷定他的角色。如要對他角色有所批判，應是在日本統治臺灣後，辜顯榮是否曾有出賣臺灣人的利益給日本人，與日本人合作、損害臺灣人的利益，並以之換得他本人利益的行為。他的角色非常微妙，是值得研究的。」（頁六六—六七）顯然黃富三沒有進一步研究；他的發言容易讓讀者以為後面的一連串「假設」是不成立的，事實上剛好相反。浸潤於《臺灣總督府公文類纂》甚深的前輩學者王世慶，雖然也認為以辜顯榮引日軍進城一事來論斷他，失之輕率，但他檢閱臺灣總督府檔案之後，指出：「日後辜氏帶領日軍南下攻城之舉，臺人死傷甚多，這是世人不能諒解辜氏之處。」王世慶更進一步說：「也許是出於贖罪心理，辜顯榮生前對臺灣的公益事業，往往不落人後，尤其在慈善捐款方面，都是走在臺灣幾大家族的前面……。」誠是的論。見許雪姬、劉素芬、莊樹華訪問，丘慧君記錄，《王世慶先生訪問紀錄》（臺北：中央研究院近代史研究所，二〇〇三），頁二二一。

81 林瓊華，〈流亡、自治與民主：試論陳芳明著作《謝雪紅評傳》之貢獻及其爭議〉，頁一七一。

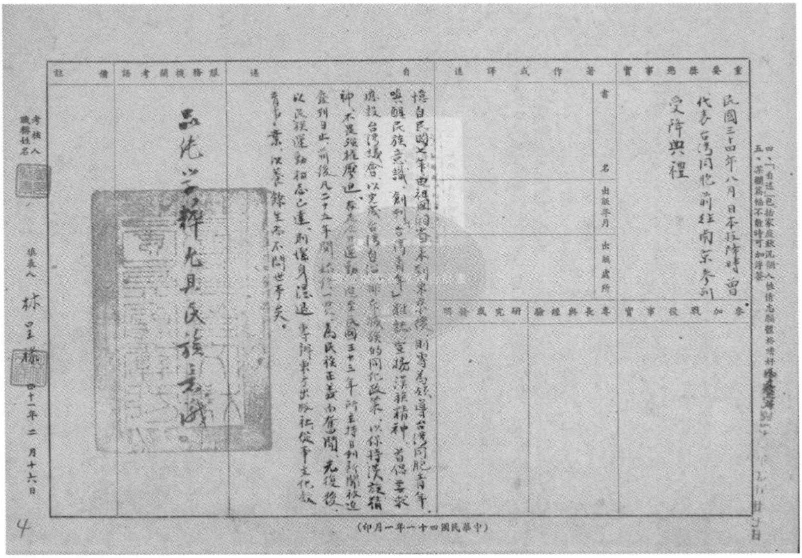

重要勳獎事實	著作或譯述		自述	考核評語	備註
民國三十四年八月日本投降時曾代表台灣同胞前往南京參列受降典禮	書名		憶自民國七年由祖國回台來到東京後，則專為領導台灣同胞青年，喚醒民族意識，創刊「台灣青年」雜誌，宣揚漢族精神，首倡要求應設台灣議會，以完成台灣自治，排斥滅族的同化政策，以保持漢族精神，不畏強權壓迫，[illegible]運動，迄至民國三十三年所主持日刊新聞被迫廢刊日止，前後凡二十五年間，始終一貫，為民族正義而奮鬥，光復後，以民族運動初志已達，則潔身隱退，專辦東方出版社從事文化教育事業，以養餘生而不問世事矣。	思想純粹尤具民族意識	
	出版年月				
	出版處所				
參加戰役事實	專長與經驗	研究或發明			

考核人職稱姓名

填表人 林呈祿 四十一年二月十六日

四、「自述」包括家庭狀況個人性情志願體格嗜好……

五、本欄篇幅不敷時可加浮簽

（中華民國四十一年一月印）

圖二

林呈祿在總統府「人事調查表」背面所填「自述」

出處：國史館藏，「軍事委員會侍從室檔案」，入藏登錄：129000099586A（吳俊瑩先生提供）

第七章

「進步由教育　幸福公家造（kong ke chò）」：林獻堂與霧峰一新會

霧峰一新會會歌

蔡培火 詞曲

霧峰地土好 灌沃亦周到
豪華非所重 重在氣節高
進步由教育 幸福公家造
大樹根底在 風雨掃不倒
（第一節）

一、研究緣起與先行研究

筆者對「一新會」產生好奇和興趣，源自於一張照片。這張照片收在賴志彰編撰的《台灣霧峰林家留真集：近・現代史上的活動 1897-1947》。[1]當我第一次翻閱這本寫真集時，特別吸引我的是一張一新會書畫展覽會的照片，牆上掛著書畫作品，邊几上放置各種手工藝品，林獻堂（一八八一—一九五六）長子林攀龍（一九〇一—一九八三）手中拿著一個茶墊之類的東西，他的旁邊是一位穿著旗袍的年輕姑娘，另外兩旁的女性也穿著旗袍，眼光都看著我們。（圖一）照片給人一種優雅而靜謐的感覺。

當時站在林攀龍旁邊的這位娉婷端莊的女士給我很深的印象，後來我才知道她是曾珠如（一九一五—一九七九）小姐，這張照片是一九三五年一新會創立三週年舉辦書畫手藝展覽會的照片，不久後她嫁給林攀龍，成為林獻堂的大媳婦。這是怎樣的一個書畫展覽會呢？一新會究竟為何物？我沒馬上去尋找答案，但這張照片及其所流露的氣氛像粒種子，掉落在我的意識之田。直到最近，當我把一新會當成研究題目，在看材料的過程中，才發現照片中另外兩個人是一新會的靈魂人物——吳素貞（吳帖）與張月珠。事實上那張照片明明就寫著：「這是霧峰一新會主辦的『書畫展覽會』會場，照片剛好把四位一新會的重要幹部全部拍進去，由左至右分別是張月珠、林曾珠如、林攀龍、林吳帖」。[2]但是，我要到最近才弄清楚誰是誰，留真的形象也開始具有「存在之內容」。有人說，文學是一種「彰顯」（reveal），讓熟悉的變得陌生，讓陌生的變得熟悉。我想歷史研究常常也是一種彰顯的過程，「過去」在人們不斷探索和商討之下，為我們敞開其真實或部分的真實。

關於一新會的研究，在我個人只是個開始。本文的核心史料是霧峰一新會內部資料，以及已

1 賴志彰編撰，《台灣霧峰林家留真集：近・現代史上的活動 1897-1947》（臺北：自立報系文化出版部，一九八九）。

2 賴志彰編撰，《台灣霧峰林家留真集：近・現代史上的活動 1897-1947》，頁二一一，圖版一〇六。

圖一　一新會書畫手藝展覽會會場，左起：張月珠、曾珠如、林攀龍、吳素貞。（圖像由霧峰林家花園林獻堂博物館提供）

圖二　一新會主辦茶話會會場寫真，林攀龍、林獻堂坐在中間的茶桌，正中站立者為曾珠如。（圖像由霧峰林家花園林獻堂博物館提供）

經出版的《灌園先生日記》。林獻堂（灌園）日記充滿豐富的訊息，有如一座礦山，等待我們去發掘、提煉。私意以為，若無林獻堂日記的翔實記載，我們對一新會將永遠停留在非常粗淺的認識。目前以一新會為研究對象的文章不多見[3]，由於我個人對一新會懷有濃厚的興趣，且深感這樣特別的結社活動實在值得吾人從多方面予以探討，因此，草成此篇，意在拋磚引玉，希望引發更多人的興趣，共同來研究一新會。

二、林攀龍與一新會的創立

一九三二年三月十九日霧峰一新會成立；在當時略稱「一新會」，因此本文也將間採此一略稱。一新會成立之前的「打合會」（うちあいかい，「打合」是商量之意）由林攀龍發起，該會採委員制，成立之後由林攀龍擔任委員長，他每會必與（除非不在臺灣），投注甚多之心力，說他是創立人，應該沒有什麼疑義。當時人也如此看，如《林獻堂先生年譜》云：「二月二十四日

3　似乎只有許雪姬，〈霧峰「一新會」的成立及其意義〉一文，發表於「中臺灣鄉土文化學術研討會」（行政院文化建設委員會主辦、臺中市政府文化局承辦，二〇〇〇年九月十四—十五日）；該文收入《中臺灣鄉土文化學術研討會論文集》（臺中：臺中文化局，二〇〇〇），頁九—一六。

長公子攀龍發起組織霧峰一新會，期促進農村文化，廣佈自治精神，以助建設新臺灣也。」[4]吳帖也說：「……昭和七年，林攀龍先生在我們的家鄉霧峰組織了一新會，……。」[5]不過，一新會也可以說是林獻堂和林攀龍合力創立的。就實際的運作而言，若沒有林獻堂全力支持，一新會大概無法維持五年又六個多月，且舉辦那麼多的活動。林獻堂扮演的角色是本篇報告的重點，在此，讓我們先討論林攀龍和一新會的關係。

如所周知，林攀龍是林獻堂和夫人楊水心的長子，弟妹依序為猶龍、關關、雲龍。（林獻堂是林家同輩與長輩男子中唯一未娶妾者。）林攀龍六歲入漢學書房讀書，十歲時和弟弟猶龍至日本東京就讀，開始長達二十二年的外地求學生涯。他在日本接受小學校、中學校以及高等學校的教育，一九二二年（二十二歲）考入東京帝國大學法學部政治科，一九二五年畢業，隨即於該年四月下旬搭船前往英國留學。九月入牛津大學，攻讀宗教、哲學。旅英期間，林攀龍曾陪林獻堂和林猶龍旅遊歐洲約九個月之久。[6]一九二八年十一月四日，林攀龍自牛津大學畢業，返回臺灣。其後，喜好讀書的林攀龍屢次懇請父母允許他再前往歐洲留學，但父母不允許。根據林獻堂日記，一九二九年二月二十六日林攀龍再度請求，「至於泣下」。最後林獻堂和楊水心同意他於明年四月出發，撥予學費一萬元，「攀聞之，含淚來向余〔林獻堂〕道謝」。[7]翌年（一九三〇）三月五日，林攀龍再度出發到歐洲留學，先到巴黎大學就讀，其後轉學德國慕尼黑大學，主修哲學、文學，直到一九三二年二月二日才返回臺灣。[8]這是霧峰一新會創立的契機。一新會是純民間組織，目的在以社群自身的力量從生活的各個面向，提升自我、啟蒙群眾，以求整體文化的進步。

林攀龍的學歷，以及見識，在當時臺灣社會可以說數一數二，無人出其右。他若要在臺灣大展長才應該有很多的機會，但是我們綜合林攀龍本身的作品以及相關資料，可以得知他是位心性淡泊，重視精神生活的人。他愛讀書、愛思考，有堅定的宗教信仰（基督教）；他的宗教信仰奠立在他對人生和宇宙的思考。他的淡泊，有實例可以說明：戰後，一九四六年臺灣省教育廳發表林攀龍為省立建國中學校長，省立臺中一中家長會也敦請他出任校長，他皆辭卻不就；但當臺中縣立霧峰初級中學創立，以前一新會會館為校地，他在地方人士的邀請下，同意出任首任校

4 葉榮鐘編，《林獻堂先生紀念集》卷一《林獻堂先生年譜》（臺中：林獻堂先生紀念集編纂委員會，一九六〇），頁五〇b。

5 林吳帖，《我的記述》（臺中市：財團法人素貞興慈會，一九七〇），頁二一。

6 一九二七年五月十五日，林獻堂與次子猶龍自基隆搭船，展開為期一年的環球之遊。六月二十二日林攀龍至馬賽和他們會合，加入歐洲的行程。一九二八年三月十四日林獻堂和猶龍離開巴黎，前往美國，林攀龍則回英國，繼續在牛津大學求學。

7 林獻堂著，許雪姬、鍾淑敏編，《灌園先生日記（二）一九二九年》（臺北：中央研究院臺灣史研究所籌備處、中央研究院近代史研究所，二〇〇〇），二月二十六日，頁六七。

8 以上關於林攀龍的留學大略，見秦賢次編，〈林攀龍（南陽）先生年表〉，收於林博正編，《人生隨筆及其他——林攀龍先生百年誕辰紀念集》（臺北：傳文文化事業有限公司，二〇〇〇），頁三〇一、三〇五、三〇七—三一三。

長。[9]從世俗的眼光看來，這是大的石頭不撿，光撿小的。

何以林攀龍以如此高之學歷以及如此廣之閱歷而甘心「屈居」於霧峰一個小地方，從事地方文化啟蒙運動？我認為應該從他的思想和信念中去尋找原因。林攀龍好讀書，但留下來的作品不多。根據他的文章（以日文寫成，本文引用的中譯殆為葉笛所譯），他具有濃厚的人文興趣，表達思想的方式是文學的，充滿詩意。[10]旅居日本十五年，遊學英倫歐陸前後共五年半，這樣的閱歷應該帶給他和故鄉父老大異其趣的人生視野。西方對他的影響是深刻的，誠如他自己說的：「在異國五、六年的生活當中，我不採取只是個旁觀者的立場，而跳入人們的生活裡面，儘量以他們的心來思考，和他們同歡共憂。所以即使說，叫我把歐洲的生活印象寫出來——由於他不管是好、是壞，早已變成我的血，融入血液裡，如今要拿出來觀照是不可能的。因為那就等於要分解生命體。」[11]這段文字鞭辟入裡，若非對西方文化有深刻之體驗是寫不出來的。在他的文章中，我們看到「只有真理才能使人自由」這樣具有深厚學養的句子。[12]私意以為，林攀龍崇尚的西方文明是代表陽光的阿波羅（Apollonian）精神，而不是以沉醉恍神為特色的酒神（Dionysian）傳統。

在這裡，限於題旨和篇幅，我無法分析林攀龍的思想，基本上，我們可以說，一新會的創立是他對人生之根本看法的體現。林攀龍雖然心性淡泊，「胸無大志」，但他的人生觀是「積極的」、正面的。在他的筆下，西歐文化「和東洋文明不同，它是重視人的生命，肯定人生之故！誠然，西洋文化之花是深深地扎根於尊重生命，肯定人生之沃土裡的！那是自己要高高興興地活著，同時向周圍不斷地播送芳香，預言著即將來臨的人類之春天的！」[13]「肯定人生、尊重生命」是他自己的用語[14]，大致可以用來概括他的思想。林攀龍不欣賞東方式的人世悲慨，他說：「……東洋詩人大體上都享受自然，而殊少感受其恩惠，其大多數都是於娑羅雙樹的花色裡感受著盛者必衰之理的人們。大多為『叢雲遮月，風吹花』之類的詞藻。」[15]他認為日本僧人兼詩人

---

9 秦賢次編，〈林攀龍（南陽）先生年表〉，頁三二六。

10 林攀龍在《臺灣》、《臺灣民報》、《臺灣新民報》都發表過文章，中譯（葉笛譯）收於林博正編，《人生隨筆及其他——林攀龍先生百年誕辰紀念集》，「其他」部分，頁二一一—三〇〇。

11 林攀龍，〈歐羅巴〉（葉笛譯），收於林博正編，《人生隨筆及其他——林攀龍先生百年誕辰紀念集》，頁二八六。以下林攀龍文章的中譯皆為葉笛所譯，不一一註明。

12 林攀龍，〈要活於創造才能打開解放之路——前輩的努力有這種誤算〉，收於林博正編，《人生隨筆及其他——林攀龍先生百年誕辰紀念集》，頁二九九。

13 林攀龍，〈歐洲文化的優越性〉，收於林博正編，《人生隨筆及其他——林攀龍先生百年誕辰紀念集》，頁二六九。

14 如林攀龍，〈當我看到彩虹，我心躍動〉，收於林博正編，《人生隨筆及其他——林攀龍先生百年誕辰紀念集》，頁二四八；林攀龍，〈在生命的初夏裡〉，收於前書，頁二六四；林攀龍，〈歐洲文化的優越性〉，頁二六九—二七〇；林攀龍，〈要活於創造才能打開解放之路——前輩的努力有這種誤算〉，頁二九九。

15 「……東洋詩人は、一体に自然を享樂し、その恵を感ずる事薄く、多くは、沙羅双樹の花の色に、盛者必衰の理を感ずる人達である。「月にむら雲、花に風」といつた樣な詞藻が多い。」林南陽（林攀龍），〈虹を見れば我が心躍る〉，《臺灣》第四年第三號（一九二三年三月），頁六五。「沙羅雙樹」是*Shorea robusta*，原產於南亞，據稱摩耶夫人在沙羅雙樹下生下釋迦摩尼。葉笛將「沙羅雙樹」譯為「菩提樹」（*Ficus riligiosa*），係誤，茲改；又葉笛將「月にむら雲、花に風」譯為「天有不測風雲，人有旦夕禍福」，雖然意思

的西行、宗祇和芭蕉都有疏離人世的傾向，而不屬於「那種從自然不斷地接受新的恩惠，走向無限的生命之路」的類型。[16]他在自然的美中，體悟到生命的可貴和意義，以及神的存在。讓我們看看他自述的一樁體悟：[17]

我將永遠忘不了二月和三月之交，逍遙在倫敦的海德公園（倫敦第一的公園），不意發現樹木萌芽，發現在染上綠色的朝鮮草〔草坪〕上也〔楚楚地〕開出蕃紅花（按，crocus 一般作番紅花）的喜悅。我將把這種喜悅結合於「創造的喜悅」恆以愉悅自己。過了倫敦陰沉的濃霧之冬，而體驗到這個喜悅的人是幸福的。因為那就是春天的預感，它將讓我們直覺到不久將是百花爛漫的陽春。

（中文譯文採自葉笛，〔〕與按語係筆者所加）

他的感動是刻骨銘心的，在另一篇文章，他寫道：「我不能忘記：倫敦的三月初，在要出席 Albert Hall 的音樂會之路上，在海德公園的樹蔭裡發現了兩三朵蕃紅花時的歡欣。」[18]就算他不追求「財子壽」[19]，過著世人認為的消極生活，他的人生觀是積極的、正面的[20]。一九三二年，一新會成立後不久，在一場演講中，林攀龍曾引歐洲名言以為結論——凡人不能如〔日〕月之光明照遍世界，亦當如灯火之光照遍一室。[21]這是夫子自道。

林攀龍之所以組織一新會，也和他對一個個個別的生命的看法有關。他相信一個人「自己的向上」，因為「生命就是自內部發生的這一件事」。[22]在具體的作法上，他認為「臺灣的再建設要從地方落實和開始，地方的革新先把清新的氣性廣大地散布開來」。[23]「大眾的心上就是良好

接近，但和整個文脈不合，茲改為更接近原文的譯法。中譯見林攀龍，〈當我看到彩虹，我心躍動〉，頁二四五。

16 林攀龍，〈當我看到彩虹，我心躍動〉，頁二四五。

17 這是具有詩人氣質的林攀龍的文字，茲將原文逐錄於此：「二月三月の交る頃倫敦のハイドパーク（倫敦第一の公園）を逍遙して、ふと樹々の芽ばえを見付け、色づいてきた芝草の上にクローカスの愛らしくも咲く出したのを見付けた時の喜びを私は永久に忘れ得ないであらう。そして私この喜びをあらゆる「創造の喜び」に結び付けて常に自ら慰めるであらう。倫敦の陰惨な霧の冬を送つて、この喜びを體驗し得た者は幸福である。それは春の豫感であるからだ。それはやがて來るべき百花爛漫の陽春を私達に直覺させるからだ。」林攀龍，〈歐洲文化の優越性（上）〉，《臺灣民報》第二四一號，一九二九年一月一日，頁一五。林攀龍，〈歐洲文化的優越性〉，頁二六八。

18 林攀龍，〈新臺灣的建設要從地方開始〉，收於林博正編，《人生隨筆及其他——林攀龍先生百年誕辰紀念集》，頁二八五。

19 林攀龍說：「我們向來以偷安苟且為事，對真理過著甚為無緣的生活。只要看一下，我們的生活理想徹徹底底追求著所謂財子壽就會明白的。而且現在這個財子壽還牢牢抓著大眾的心不放，這是應該深深思考的事情。」見〈要活於創造才能打開解放之路——前輩的努力有這種誤算〉，頁三〇〇。

20 秦賢次編，〈林攀龍（南陽）先生年表〉，頁三三一。

21 林獻堂著，許雪姬、周婉窈編，《灌園先生日記（五）一九三二年》（臺北：中央研究院臺灣史研究所籌備處、中央研究院近代史研究所，二〇〇三），三月二十一日，頁一二七。

22 林攀龍，〈新臺灣的建設要從地方開始〉，頁二八二—二八三。

23 林攀龍，〈新臺灣的建設要從地方開始〉，頁二八三。

的文化的苗床。」[24]林攀龍宣稱：「霧峰一新會的誕生決不是偶然的。在真理之光和大眾的期待合而為一的地方，才產生了這個會。」[25]透過一新會，我想，他的夢想是「要讓蕃紅花在大地的沙漠上開放」。[26]

一九三二年三月十九日，霧峰一新會舉行成立大會。林獻堂在那一天的日記以「霧峰一新會成立大會」為標題，全篇日記所記都和一新會有關，包括因為預期將多講話，因此到「（林）水來處抹咽喉」。[27]關於創立大會，他寫道：「午後二時在革新青年會館，如所預定之時間僅過十分，開霧峰一新會成立大會。男女會員計三百名，出席者二百四十五人。」來賓有蔡培火、洪元煌、陳炘夫人、張月珠女士等十餘人。在創立大會中，林獻堂被選為議長。關於一新會委員的選舉，大會交由林獻堂指名，林獻堂當場指定三十人為委員，其中五位為女性（王氏水、陳氏盞、吳氏素貞、楊氏素英、楊氏桂鶯）。會中有來賓祝辭，有人大展雄辯之才，但林獻堂認為這都「不如蔡培火說明（一新）會之精神，是為社會奉伺，不是鬥爭團體，使會員明大會之主旨」。七時，舉辦宴會，席間有多人演說，講者是林攀龍、林階堂、葉榮鐘、莊遂性、吳素貞、林資彬、李崑玉、林春懷、江連鼎，以及廖德聰。[28]這彷彿為將來一新會的系列演說做個楔子一樣。

蔡培火說一新會是「社會奉伺，不是鬥爭團體」，此處的「奉伺」應為日文漢文「奉仕」之訛，就是服務、奉獻之意，可能是日記的筆誤。讓我們看看成立當天通過的《霧峰一新會會則》如何陳述其目標。該會則第二條曰（標點為筆者所加）：[29]

> 本會目的在促進霧峰庄內之文化，而廣布清新之氣於外，使漸即自治之精神，以期新臺灣文化之建設。

這是從社區做起，以求把清新的氣息散布出去，而逐漸培養自治的精神，期待能夠建設新的臺灣文化。換句話說，這是由內而外，由小即大的作法。從一個小小的霧峰庄做起，其最後目標卻是以全臺灣為對象。[30]

霧峰一新會成立之初，會員約三百名（確實數目不詳），一九三三年會員有四六八名，一九三四年會員五〇三名。成員以霧峰庄居民最多，占六成以上，其餘來自於附近村庄——北溝、柳

24 林攀龍，〈新臺灣的建設要從地方開始〉，頁二八四。

25 林攀龍，〈新臺灣的建設要從地方開始〉，頁二八四。

26 林攀龍，〈歐洲文化的優越性〉，頁二六九。

27 凡閱讀過林獻堂日記的人都知道林獻堂有些宿疾，咳嗽是其一，他經常到林水來在霧峰開設的長惠醫院抹藥。林水來，臺中人，一九一四年畢業於臺灣總督府臺北醫學校，一九一五年在霧峰開業。見許雪姬主編，《灌園先生日記（二）一九二七年》（臺北：中央研究院臺灣史研究所籌備處、中央研究院近代史研究所，二〇〇〇），頁二九，註一〇。

28 《灌園先生日記（五）一九三二年》，頁一二三—一二四。

29 《霧峰一新會々則》，見《灌園先生日記（五）一九三二年》，圖版部分，未標頁碼。

30 一新會的宗旨，在二月二十四日的籌備會中，已經商定好了。見《灌園先生日記（五）一九三二年》，二月二十四日，頁八八。

樹湳、吳厝、萬斗六以及坑口，並有少數會員來自臺中市、彰化郡、能高郡等地。[31]雖然我們從會員名簿無法判斷會員的階層出身，由於人數眾多，應該不限於地主階層。林攀龍兄弟當時還沒分家，林攀龍沒有個人的財源。一新會會員需繳會費，每年金壹圓。一新會會員多時曾達五百十餘人[32]，但是靠一人一圓的會費絕對無法支持一新會的活動；光是一新義塾一年經費即須一、五〇〇円[33]，遑論還有林林總總的活動開支。一新會主要的財源來自於捐款，主要都由林家頂厝捐贈（除林烈堂外），如林獻堂、林階堂、林紀堂妻、林澄堂妻都時有捐款，另外林澄堂亡故後成立的共榮會也有捐款，以此，有研究者主張：「一新會不僅是林獻堂父子的事業，也是霧峰頂厝的事業，更是以霧峰庄為中心的事業。」[34]

霧峰一新會的會址也值得一提。一新會於一九三二年三月十九日成立。根據林獻堂日記，在此之前，三月二日，林獻堂招攀龍、猶龍往觀林梅堂的新樓，打算租作一新會的會所和圖書館之用。攀龍和猶龍極為贊成，當晚林獻堂要使用人林坤山和林梅堂締結貸借契約。[35]租金每月三十元。[36]林梅堂是林燕卿子，與林資彬等合組霧峰產業株式會社[37]，是林獻堂的遠房堂兄弟。第二天，林獻堂即找來泥水匠改造林梅堂新樓的格局，其中一部分作為圖書館。接下來我們看到林獻堂忙著把萊園的藏書取出曝晒，一旬間幾乎沒有一天不關照圖書室的事情。[38]這個圖書室將成為一新會的重要設置，不少學生來看雜誌。[39]

三月二十一日上午八時餘，林獻堂命陳秋福掛「霧峰一新會」門牌於一九七番地會館門前。[40]未來四、五年，一新會會館是林獻堂最喜歡散步而來，看看書、與人見面聊天，以及引領訪客貴賓參觀的地方。一九三三年一月十二日，可能由於事業失敗，林梅堂希望將租給一新會的家屋賣給林獻堂，林獻堂和他的弟弟林階堂商量之後決定購買，價格六、〇〇〇円。[41]經過幾番波折之後，該年七月二十二日，林獻堂以四、二〇〇円的價格競標購得林梅堂一九七番地的建物。[42]

31 霧峰一新會編，《（昭和八年五月現在）會員名簿》（臺中，一九三三），一九三三年四六八名會員中，三〇五名（男一九一，女一一四）來自霧峰；《（昭和九年六月現在）會員名簿》（臺中，一九三四），一九三四年五〇三名會員中，三三四名（男二〇一，女一三三）來自霧峰。

32 林獻堂著，許雪姬編，《灌園先生日記（八）一九三五年》（臺北：中央研究院臺灣史研究所籌備處、中央研究院近代史研究所，二〇〇四），四月四日，頁一一九。

33 林獻堂著，許雪姬、呂紹理編，《灌園先生日記（六）一九三三年》（臺北：中央研究院臺灣史研究所籌備處、中央研究院近代史研究所，二〇〇三），五月十五日，頁二〇一。

34 許雪姬，〈霧峰「一新會」的成立及其意義〉，頁一一。

35 《灌園先生日記（五）一九三二年》，三月二日，頁一〇〇。

36 《灌園先生日記（六）一九三三年》，五月十三日，頁一九七。

37 《灌園先生日記（一）一九二七年》，一月七日，頁二三，註六。

38 《灌園先生日記（五）一九三二年》，三月三日至三月十三日，頁一〇一—一一六。

39 林獻堂著，許雪姬編，《灌園先生日記（七）一九三四年》（臺北：中央研究院臺灣史研究所籌備處、中央研究院近代史研究所，二〇〇四），七月十七日，頁二七九。

40 《灌園先生日記（五）一九三二年》，三月二十一日，頁一二七。

41 《灌園先生日記（六）一九三三年》，一月十二日，頁一九。

42 《灌園先生日記（六）一九三三年》，二月六日，頁五三；三月十日，頁一〇一；四月十九日，頁一六二；五

一九三七年在殖民政府的威迫下，一新會「無疾而終」。一九四六年，林家捐地出錢設立臺中縣立霧峰初級中學，以一新會會館為校地，林攀龍出任校長；一九四九年，經教育部同意，臺中縣立霧峰初級中學改制為私立萊園中學，並增辦高中部，仍以林攀龍為校長。後來，私立萊園中學改名為明台中學，現在的名稱是明台高級中學。[43]「明台」是「明朗台灣」的意思。林攀龍胸無大志，始終如一，守住霧峰，守住一個小小的萊園中學，年過花甲仍然期待著一個開著番紅花的「明朗台灣」。

三、一新會的例會與活動（第一年）

霧峰一新會從一九三二年三月十九日創立以來，活動非常多，生氣盎然。一九三七年十月四日一新會「順應時機」，一新會最後之命脈所在的一新義塾廢止漢文教授[44]，一新會從此告終。前後五年六個多月。在這段時光裡，一九三二年是發軔之年，衝力十足，一九三三年至一九三五年，是一新會的榮盛期，然而一新會幾乎從一開始就是殖民當局注目的對象。時局開始緊張之後，殖民當局即多加干涉與阻擾。可惜我們缺乏一九三六年的資料（林獻堂日記缺此一年份），降至一九三七年，可以說是苟延殘喘的一年。

一新會共分調查部、衛生部、社會部、學藝部、體育部、產業部、庶務部、財務部等八部

（各部負責委員見圖三），各有專司。例如，衛生部負責改進公眾衛生、家庭衛生，以及霧峰庄之美觀。社會部分為社會教育和社會救護兩大類，前者之目標在於「迷信打破、風俗改良、趣味向上、奉仕心涵養、文字普及、教育助成」，後者之目標包括「救貧、施療、失業者救護、兒童保護、社會調停」。學藝部分為三類：學術負責圖書、讀書、文藝；藝術負責展覽、演劇、工藝；趣味（嗜好）負責音樂、園藝、座談、娛樂。體育部有一般體育獎勵、運動競技、遠足旅行三類。產業部分為農業、副業兩類，目標在於改善方法、提高生產、宣導新知等。[45]

我們從資料上看得到的活動大抵由社會部、學藝部和體育部籌辦。一新會五年內舉辦的活動，約可分為三類：其一，每週固定舉行的例會，其二，非定期的各種活動，其三，慶祝週年的紀念活動。以下先介紹一九三二年的活動。第一年最主要的例會是每週一次的演講會。一新會成立之後，首次舉辦的演講在四月一日[46]，那天是星期五（金曜日），四月九日星期六（土曜日）

月十三日，頁一九七；七月二十二日，頁二八六。這件事還有一些麻煩的後續發展，見《灌園先生日記（六）一九三三年》，八月十日，頁三〇八；十月十五日，頁四〇〇；《灌園先生日記（七）一九三四年》，二月七日，頁五五九。

43　秦賢次編，〈林攀龍（南陽）先生年表〉，頁三二六、三二八。

44　林獻堂著，許雪姬編，《灌園先生日記（九）一九三七年》（臺北：中央研究院臺灣史研究所、中央研究院近代史研究所，二〇〇四），十月十二日，頁三五四。

45　霧峰一新會，《霧峰一新會事業實施要綱》，發行年份不明。

46　《灌園先生日記（五）一九三二年》，三月二十八日，頁一四一；四月一日，頁一四八。

霧峰一新會　昭和十年度各部分擔委員

委員長　林攀龍

部	主任	委員
調查部	林戊己	王烈嗣　賴阿海　江春霖
衛生部	林春懷	林正勝　魏來傳　洪瑞蘭　楊桂桃
社會部	林攀龍	呂磐石　溫成龍　李崑玉　吳素貞　曾珠如　林碧霜
學藝部	林金生	潘瑞安　林元吉　林川明　楊桂鶯　何秀眉　林瑞珠
體育部	林猶龍	林金昆　陳西庚　張月珠
產業部	林培英	林水來　吳啓泉　賴平進
庶務部	呂磐石	徐金瑞　劉集賢
財務部	溫成龍	林啓東　陳盞

圖三

霧峰一新會1935年度各部負責委員表（郭双富先生提供）

再次舉辦演講，以後即固定在星期六晚間七時半或八時半舉行，稱為「土曜講座」，一九三三年六月十一日起改在星期天（日曜日）舉行，稱為「日曜講座」[47]。這個每週一次的演講會，持續進行，不輕易取消。[48]一九三五年春，一新會編有《一新會日曜講座演題目錄》，收錄一百五十回演講題目，其後又增編至二百回。[49]根據此一目錄，日曜講座一直持續進行到一九三六年二月二十三日，當日舉辦第二百回演講，由楊桂鶯講「日曜講座二百回感言」、林攀龍講「生活之把持與深化」。[50]從第一回演講（一九三二年四月九日）至此將近四年。由於印二百回演題目錄之時，日曜講座似仍持續進行，因此，一新會應該舉辦二百回以上的講演才是。以民間之社團而言，一週一次的演講能持續舉辦約四年之久，不能不令人歎為觀止。事實上，一新會一開始即是

47 日後一新會編《一新會日曜講座演題目錄》時並未把第一會計算在內。見《灌園先生日記（五）一九三二年》圖版部分，未標頁碼。

48 如一九三三年十月十八日溫成龍和呂磐石提議取消十一月十二日那天的日曜講座，理由是當天舉行運動會，執事者定必疲累。林獻堂認為「執事之人不過十餘人，豈可因小數（按，少數）之疲倦而停止大多數人之聽眾，且講演之時間不過一時餘，雖疲倦當亦能忍耐」，請他們「切勿發此無勇氣之言」，拒絕所請。一九三三年最後一次土曜講座在十二月三十一日。《灌園先生日記（六）一九三三年》，十月十八日，頁四〇四。

49 本文在期刊發表時未得見《一新會日曜講座演題目錄》，二〇一〇年六月承蒙朝陽科技大學王振動教授惠賜影印本，謹此致謝。此一目錄前有一九三五年春灌園寫的序，一五〇回至頁三三，其後有一空白頁，接著是一五一回至二〇〇回（頁三四－四三），看似從一五〇回目錄之末頁增補，並未重新製版。

50 《一新會日曜講座演題目錄》，頁四三。

懷抱著「永續經營」的態度舉辦演講。林獻堂自期「雖再繼十年可也。三十年亦可也。」[51]

定期演講之外，一新會活動的名目很多，以下根據林獻堂日記，將第一年的活動整理表列於下。不過，這並非全貌，因為林獻堂不在霧峰時，一新會的活動未必登錄在日記中。如所周知，這個期間林獻堂仍致力於臺灣議會設置請願運動，為此奔走島內外；他同時也是《臺灣新民報》的董事，出錢出力，《臺灣新民報》於該年四月十五日發行日刊，他為此幾度上臺北。根據此表，一新會一個月平均大約舉辦三、四項活動，加上每週一次的例行演講，活動可說相當頻繁緊湊，若非投注大量的人力和心力是無法做到的。

一新會注重婦女和兒童，成立後不到一年就舉辦三次兒童親愛會（六月二十六日、九月二十五日，以及十一月三十日）。霧峰三保、四保的兒童計有一百八十餘人[52]，第一次有一百四十餘人參加，第二次人數不詳（林獻堂不在霧峰，日記未記），第三次一百七十至一百八十人，可以說附近的兒童幾乎都來參加了。在此值得一提的是十一月十九、二十日的「文化劇」。所謂文化劇指受西方影響的話劇，第一天演出三齣，即〈犧牲〉和〈召集令〉、〈復活玫瑰〉；第二天演出四齣，即〈摘星之女〉、〈噫無情〉、〈笑劇〉，以及〈可憐閨裡月〉。文獻不足，我們無法盡知七齣戲的內容，惟「犧牲」是林幼春三子林太平所作；〈噫無情〉即雨果的《悲慘世界》，林猶龍在該劇中扮演裁判長。[53]演劇是一新會學藝部負責籌畫的，從構想到演出至少花五個半月以上[54]，可見一新會事有分工，準備充分，非倉促成軍。

表一 一九三二年霧峰一新會之活動（三月十九日—十二月三十一日）

日期	活動名稱	參與／出席人數	備註
三月三十一日	葉書（歐美）展覽會		葉書：明信片；是否於三月三十一日開展，存疑
四月六日	婦人茶話會	二十五人（女二十人，男五人）	
四月八日—十二日		林獻堂赴臺北、臺南	
四月十五日—十八日		林獻堂赴臺北	
四月二十六日—二十九日		林獻堂赴水長流	
五月二日	第一回婦人會	一〇〇餘人	地點：萊園
五月三日	演講會		地點：北溝坑靈山寺
五月十四日	老人慰安會	一〇三人（婦人占三分之二）	
五月十五日	球競技會		
五月二十	演講		地點：萬斗六

51 灌園（林獻堂），〈一新會日曜講座演題目錄序〉，《一新會日曜講座演題目錄》，未標頁碼。

52 根據《灌園先生日記（五）一九三二年》，六月二十六日，頁二六〇。

53 筆者記得幼小時聽臺語廣播劇，《悲慘世界》就叫做《啊！無情》，姑記於此，供研究日治至戰後之「跨時代」戲劇、廣播者參考。

54 《灌園先生日記（五）一九三二年》，五月三十一日，頁二三〇；六月五日，頁二三六。

日期	活動名稱	參與／出席人數	備註
六月十二日	書畫展覽會		展品一百件
五月二十二日—二十九日		林獻堂赴關子嶺	
六月十四日	通俗演講		地點：戲園
六月二十四日	兒童親愛會	一四〇餘人（男七十餘人，女六十餘人）	
六月二十八日	辯論會	近二〇〇人	地點：青年會館 題目：產兒制限之可否
七月三日—六日		林獻堂赴臺北	
七月十三日	通俗演講		地點：戲園
七月二十六日	留學生懇親會	六十餘人	
七月下旬	辯論會		根據六月二十九—三十日、七月二日日記，是否舉行不詳
八月十日	通俗演講		根據八月八日日記，當日未見紀錄
八月十四日—九月十八日		林獻堂赴日	
九月二十一日—十月七日		林獻堂赴關子嶺	
九月二十五日	兒童親愛會		根據九月二十四日日記；林獻堂在關子嶺，未參加

日期	活動名稱	參與／出席人數	備註
十月二十三日	第一回運動會	一、五〇〇—一、六〇〇人（婦女占大多數）	
十月二十八日—十一月一日	林獻堂赴臺北		
十一月十九日	文化劇		地點：戲園；三齣
十一月二十日	文化劇		地點：戲園；四齣
十一月二十一日	婦女親睦會	七十餘人（婦女近五十人，男子十餘人，小孩十餘人）	
十一月二十六日	演劇批評會	二十餘人	
十一月三十日	兒童親愛會	一七〇—一八〇人	地點：禮拜堂
十二月四日	黃竹坑遠足	二十七人	
十二月二十八日	送年懇親會		

運動會也是一新會一項重要的活動。一新會殘留的文獻中有「霧峰一新會第一回運動」的節目單（プログラム，program，見圖四，頁四〇〇），節目豐富多樣，除了一般運動競技之外，最後還有「假裝行列」，亦即化妝遊行。從參加者有一、五〇〇—一、六〇〇人之多，可想見其盛況。林獻堂日記云：「婦女之參加運動者約近三十人；自朝至暮之觀眾亦是婦女佔大多數，是為此回運動會之特色。萱場校長，柳澤警部補亦參加競走。末後之最有趣使人永久不忘者，則假裝行列，及團體對抗リレー也。猶龍、春懷、成龍外，男子四人、婦女四人作假裝行列，其滑稽

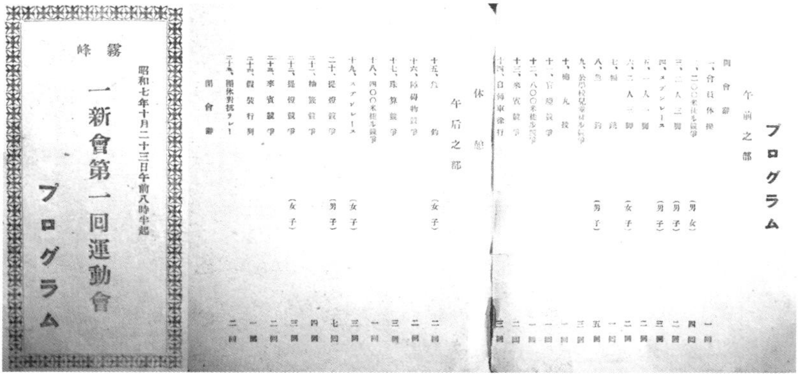

霧峰
一新會第一回運動會
プログラム
昭和七年十月二十三日午前八時半起

プログラム

午前之部

開會辭
一、會員体操（男女）一回
二、二〇〇米徒歩競爭（男子）四回
三、二人三脚（男子）二回
四、スプンレース（男子）三回
五、一人一脚 二回
六、二人三脚（女子）二回
七、縄跳 一回
八、魚釣（男子）五回
九、公學校兒童徒歩競爭 三回
十、擲丸投 一回
十一、官吏競爭 一回
十二、八〇〇米徒歩競爭 一回
十三、來賓競爭 二回
十四、自轉車徐行 三回

休憩

午后之部

十五、魚釣（女子）二回
十六、障礙物競爭 二回
十七、珠算競爭 三回
十八、四〇〇米徒歩競爭 一回
十九、スプンレース（女子）三回
二十、提燈競爭（男子）七回
二十一、抽籤競爭 四回
二十二、提燈競爭（女子）三回
二十三、來賓競爭 二回
二十四、假裝行列 一回
二十五、團体對抗リレー 二回
閉會辭

圖四

霧峰一新會第一屆運動會節目單封面及內頁節目表（圖像由霧峰林家花園林獻堂博物館提供）

圖五

霧峰一新會會旗，中坐者為林獻堂夫人楊水心女士。（局部；北師美術館提供）

真是使人絕倒。團體對抗リレー，第一回巡查、組合、壯丁、檢查所，壯丁獲得第一。第二回林家、革新青年會、北溝詰所、役場、學校，林家獲得第一。……」[55]萱場是霧峰公學校校長萱場三郎，柳澤警部補是臺中州大屯郡役所警察課警部補柳澤道太郎。「團體對抗リレー」是團體接力賽（リレー為リレーレース〔relay race〕之略稱，即接力賽），組合指霧峰信用組合；壯丁是霧峰壯丁團。就參加的個人和團體來看，說是霧峰全庄的運動會，並不為過。真有家族辦社會之概。

從參加一新會活動的人數可以看出，一新會受到霧峰庄民眾的肯定。每週一次的土曜講座也頗受歡迎。根據林獻堂日記，四月一日第一次的演講聽眾有三、四百人[56]，真可說一炮打響。其後聽眾大約維持百人以上，如五月十四日，楊水心和蔡培火的日曜講座吸引約二百名聽眾[57]；十二月十日，林獻堂和夫人聯袂演講，「聽眾百餘人皆肅靜傾耳」。[58]如果一百人以下，林獻堂則會流露一絲失望，在日記上寫道：「聽眾不滿百人」、「聽眾尚有約近百人之多，差為可喜」、

55 《灌園先生日記（五）一九三二年》，十月二十三日，頁四三三。

56 《灌園先生日記（五）一九三二年》，四月一日，頁一四八

57 《灌園先生日記（五）一九三二年》，五月十四日，頁二〇七。楊水心的講題是「香港旅行談」，蔡培火講「清新之氣再造臺灣」。

58 《灌園先生日記（五）一九三二年》，十二月十日，頁四九五。楊水心的講題是「婦人與文化」，林獻堂的講題是「社會奉仕之精神」。

「聽眾約近百人而已」等。[59]（就我聞見所及，中央研究院人文各所舉辦研討會，若有一百人以上參加〔實際出席〕，就稱得上人氣相當旺盛了。）

一九三二年是一新會重要的起頭，運動會節目單印著「第一回運動」，預示著主辦單位心中存著「第二回、第三回……」的想法。一新會的作法處處流露出「永續經營」的用意。這年年底一新會會歌與會旗也誕生了。一新會的會旗在十一月九日「出世」（林獻堂語），會旗藍地三角形，中一赤心。（圖五）[60]

一新會會歌的「出世」則比較曲折，原先一新會曾徵募會歌，確切的日期無法得知。六月十七日劉集賢來獻上他所作的一新會會歌，四句連二十四首。[61]六月二十五日蔡培火也朗誦他所作的一新會會歌，林獻堂和莊伊若略加批評。[62]七月二日林獻堂和林攀龍一起選擇一新會會歌，二十八首中沒適當者。其中有二首附有譜，兩人到林階堂（林獻堂的弟弟）處請在林家當西席的鋼琴家高錦花彈奏，也不覺得好，因此又到詩人林幼春（林資修，林獻堂堂姪）處，請他另作。[63]這件事似乎一直擱著，一直到十一月六日才決定採用蔡培火作的會歌。（圖六）十一月三日蔡培火在林猶龍住處舉辦的音樂會中唱一新會會歌；五日又在土曜講座唱一新會會歌。[64]根據蔡培火十一月六日的日記，一新會公募會歌，他也是審查員，但沒找到合適的，最後林攀龍請蔡培火教一新會會員唱他所作的歌。[65]該日林獻堂日記也提及這件事，並且抄錄三節的歌詞。[66]至此，一新會會歌總算大致決定下來。

然而，林獻堂似乎還寄望林幼春的歌詞，十一月九日，他囑託蔡培火為林幼春所作的一新會會歌作譜，但由於歌詞文白相間，「歌唱頗為不便」，他和蔡培火一起去和林幼春會面，囑咐他修改。次日，林獻堂和蔡培火又再度和林幼春見面，商量修改一新會會歌。[67]最後林幼春的會歌似乎不了了之。十一月十八日，林獻堂和攀龍、猶龍夫妻、林資彬夫妻訪遊後壠仔慎齋堂時，兩個小孩獻唱霧峰一新會歌。這是一新會會員張月珠教他們的。[68]可見蔡培火的一新會會歌很快取得地位，並且傳布開來。慎齋堂是歷史悠久的齋堂，當時由張月珠的祖母主持；張月珠是林資彬

59 《灌園先生日記（五）一九三二年》，七月二日，頁二六八；七月十六日，頁二九〇；十二月十七日，頁五〇二。
60 《灌園先生日記（五）一九三二年》，十一月九日，頁四五九。
61 《灌園先生日記（五）一九三二年》，六月十七日，頁二四九。
62 《灌園先生日記（五）一九三二年》，六月二十五日，頁二五八。
63 《灌園先生日記（五）一九三二年》，七月二日，頁二六八。高錦花即鋼琴家宋如音女士的外祖母；宋泉盛牧師的岳母。
64 《灌園先生日記（五）一九三二年》，十一月三日，頁四五〇；十一月五日，頁四五四。
65 張漢裕主編，《蔡培火全集》一《家世生平與交友》（臺北：財團法人吳三連臺灣史料基金會，二〇〇〇），頁二三七—二三八。
66 《灌園先生日記（五）一九三二年》，十一月六日，頁四五五。
67 《灌園先生日記（五）一九三二年》，十一月九日至十日，頁四五九—四六〇。
68 《灌園先生日記（五）一九三二年》，十一月十八日，頁四七〇。

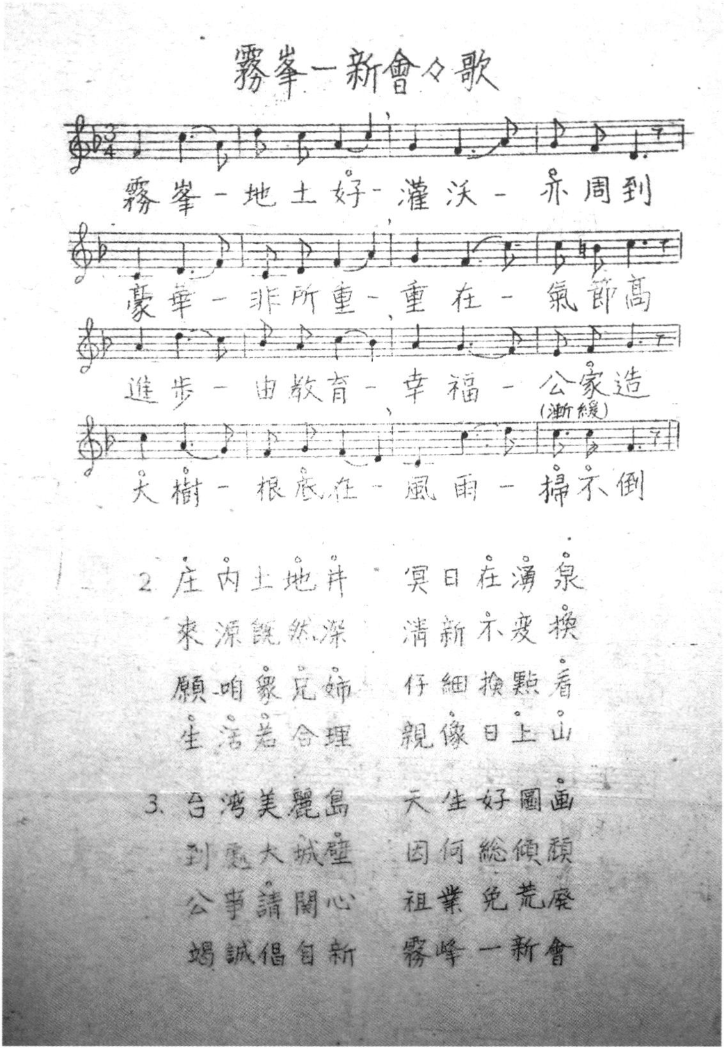

圖六

霧峰一新會會歌（圖像由霧峰林家花園林獻堂博物館提供）

的親戚。[69]此後，唱會歌成為一新會活動不可缺的一環。[70]三紀之後，吳素貞（林資彬妻）回憶一新會時，說：「每當我們在一起高唱會歌時，那激昂黽勉之詞口心相應，大家生氣勃勃，該感謝蔡培火先生的創作，……。」[71]

有了會旗與會歌，霧峰一新會在十二月二十八日舉辦「送年懇親會」，送走了充滿活力與希望的一年。

四、當局刁難下創立的一新義塾——兼談教育家林獻堂

林獻堂長年從事政治活動，站在臺灣人的立場爭取殖民地自治，因此他的一舉一動都是臺灣總督府深切注目的對象。一九三二年夏秋之際他為臺米制限問題上京請願。他們一行十二人，包

69　林吳帖，《我的記述》，頁一四—一五、一二六。

70　十一月二十一日一新會主辦婦女親睦會，會中合唱會歌，並由張月珠獨唱一新會歌。《灌園先生日記（五）一九三二年》，十一月二十一日，頁四七四。

71　林吳帖，《我的記述》，頁二七。

括陳炘、郭廷俊、黃純青、劉明哲、鄭鴻源等人，抵達神戶之後，只有他和陳炘受到「尾行」（跟蹤），每到一驛必有特務來交換（換班）。[72]這不是御用紳士辜顯榮和郭廷俊之輩「一體均霑」的待遇。雖然此行是為了米穀問題，林獻堂拜會日本政治人物（包括首相、拓相等）時，不忘一再提出兩點主張：一、臺灣必須實施自治制，二、義務教育不可緩，公學校漢文須為必修科（當時為隨意科）。[73]林獻堂返回臺灣拜訪臺灣總督中川健藏時，仍重申地方自治、義務教育等主張。[74]

漢文教育是林獻堂當時的兩大關心之一。林獻堂主張公學校漢文為必修科，在遊說、爭取日本當道支持時，公開提出的理由卑之無甚高，如「漢文為隨意科，實與全廢無異，故兒童卒業後不能寫淺白之書信，凡欲作事每以此為苦」。[75]除了這些說得出來的實際考慮之外，林獻堂對漢文，以及漢文背後所承載的文化傳統和民族特徵，有很深的感情和認同，這是可以從他積極參與櫟社活動，以及其他日常行事和作為中推知的。

一新會成立的前一年，亦即一九三一年，頗有山雨欲來風滿樓的詭譎氣氛。九月十八日滿洲事變（九一八事件）發生，這是日後日本歷史學者所謂的日本「十五年戰爭」的起頭，軍國主義抬頭，右派氣焰高張。滿洲事變對殖民地的影響是具體而深遠的。在臺灣，這些影響顯現於多方面，林獻堂至為關心的漢文教學逐漸受到波及，不少公學校停教漢文，書房也開始遭受取締。一九三二年十一月十八日，林獻堂在日記中寫道：「台中市前月禁止漢文書房，今朝新聞又揭載高雄州禁止漢文書房四十八處，學生約有二千餘人，於此二千餘人之學生無處求學，四十八名之教師無處就職，豈不可哀哉。」[76]該年八、九月間，方才上京遊說公學校漢文課改為必教，誰知旋踵間漢文教學竟淪為禁止的對象。

林獻堂原組有漢文研究會，以高薪聘莊伊若當講師，開班授徒，分男子部和婦女部。[77]在書房相繼被取締之際，林家漢文研究會也開始受到注目。一九三二年秋天，一新會成立後七個多月，霧峰派出所增加一名巡查金澤信雄（林獻堂在日記稱他為特務），十月二十六日柳澤警部補帶他來拜訪林獻堂，林獻堂在日記中寫道：「當局視霧峰較前更重，或云為一新會，未知然否。」[78]從事後一新會舉辦活動時總多出固定的旁聽者來看，此為一新會而增設殆無疑義。十二月初，柳澤警部補對林猶龍說：漢文研究會須要提出認可，他於前月曾解散北溝之書房云云。眾

72 《灌園先生日記（五）一九三二年》，八月十九日，頁三四〇。

73 《灌園先生日記（五）一九三二年》，九月七日，頁三七〇；九月八日，頁三七二；九月九日，頁三七四。

74 《灌園先生日記（五）一九三二年》，九月十六日，頁三八三。

75 《灌園先生日記（五）一九三二年》，九月七日，頁三七〇。

76 《灌園先生日記（五）一九三二年》，十一月十八日，頁四七〇。

77 關於漢文研究會，林獻堂日記著墨不多，莊伊若年薪八百円，見林獻堂著，許雪姬編，《灌園先生日記（四）一九三一年》（臺北：中央研究院臺灣史研究所籌備處、中央研究院近代史研究所，二〇〇一），十二月二十八日，頁四〇九；《灌園先生日記（五）一九三二年》，一月二十二日，頁三六；一月二十五日，頁四三；一月二十九日，頁四九。

78 《灌園先生日記（五）一九三二年》，十月二十六日，頁四三七。

人一起商量，有人認為以一新會之會員而研究學術，無申請認可之必要，且擔心萬一提出申請認可而被拒絕，即不能再開會，遂決定不提出申請，並決定明年把研究會移到一新會館。[79]

一九三三年一月十七日，漢文研究會婦女部和男子部分別舉行結業式，全年無缺席者，男女各一人。[80]二月二十日改由一新會主辦的漢文國語研究會舉行開會式，教師為莊伊若（漢文）和潘瑞安（國語）；學生不用交學費，女子限六十名，男子限三十名。女子白天上課，全無漢文、國語之素養的女子，上午教以國、漢各一個鐘頭；稍識國語、漢文之女子，下午國、漢各一個鐘頭。男子由於多有職業，夜間上課。[81]這是承襲漢文研究會而來的，鑑於時勢加上「國語」（日語）二字。沒幾天，二月二十四日柳澤警部補來命令漢文國語研究會中止，理由是未申請認可。該晚林獻堂「聞之甚不快」，與人下棋時「甚感無聊，終夜不能成寐」。[82]從此開始長達兩個多月、一波多折的申請認可過程。

由於從高層得知國語漢文研究會必須按照書房的申請手續辦理申請，三月四日林獻堂、莊伊若、林攀龍以及溫成龍決定將書房定名為「一新義塾」，並決定修業年限四年，以及場所、教科書、學生數、費用等事宜。[83]為省篇幅，我們無法細述申請認可的經過，總之在官方不斷拖延之下，五月九日終於獲得認可。[84]林獻堂「聞之甚喜」，認為「霧峰文化因是而助長不少，此義塾亦是一新會之一大事業也。」[85]如果我們把這件事放到大的時代背景中予以考察，當更能了解其意義之非凡。在公學校陸續放棄漢文課，各地書房接二連三關閉之時，霧峰林家竟然堅持申請設立新書房，當局之不輕易許可，乃是當然之事；而其終能成立，且成為一新會之一大事業，不能

不說有如沙漠中出現綠洲一樣，令人興奮、驚歎。[86]五

在申請認可過程中，官方非常在意一新義塾每週是否確實教授國語（日語）十六鐘頭。漢文方面，女月十二日林獻堂和相關人士決定一新義塾的教授時間，以及男女分為四組之配置。男子第一組尺牘，第子第一組上《六百字篇》尺牘，第二組上尺牘，第三、四組高等漢文讀本。男子第一組尺牘，第二組四書，第三、四組古文析義。五月十二日分組的結果，女子四組都有學生，男子僅第二、第四組有學生。共計一二六人申請入學。[87]

五月十五日一新義塾舉行開塾式。學生一百二十餘人，女子七十餘名，男子四十餘名。（如

79 《灌園先生日記（五）一九三二年》，十一月十四日，頁四九九。
80 《灌園先生日記（六）一九三三年》，一月十七日，頁二五。
81 《灌園先生日記（六）一九三三年》，二月二十日，頁七〇；二月二十五日，頁七八。
82 《灌園先生日記（六）一九三三年》，二月二十四日，頁七六。
83 《灌園先生日記（六）一九三三年》，三月二日，頁八八；三月四日，頁九一。
84 申請過程見《灌園先生日記（六）一九三三年》，二月二十五日，頁七八；三月二日，頁八八；三月三日，頁八九；三月四日，頁九一；三月十二日，頁一〇三；三月十七日，頁一一〇；三月二十二日，頁一一六；三月三十一日，頁一三〇；四月七日，頁一四一；四月二十二日，頁一六八；五月二日，頁一八二；五月八日，頁一九一。
85 《灌園先生日記（六）一九三三年》，五月九日，頁一九二。
86 《灌園先生日記（六）一九三三年》，四月七日，頁一四一。
87 《灌園先生日記（六）一九三三年》，五月十二日，頁一九六。

果讀者記得漢文國語研究會被禁止之時，男女學生以九十名為限，這是不減反增了！）參加典禮的來賓、一新會會員、學生共計一百六十餘人，場面熱絡。[88]第二天九時一新義塾正式開始上課。林獻堂早上九時餘到義塾看潘瑞安教國語、漢文；午後二時四十分往義塾看莊伊若教授漢文；晚上八時半又往義塾看莊伊若教男學生漢文。[89]林獻堂是義塾的創立者，第一天來考察上課情況，以求改進之道，乃是常情。但是，從一新義塾開設以來，看學生上課成為林獻堂一天中非常重要的事情。在林獻堂日記中，一位天生的教育者的身影逐漸浮現出來。

如果我們翻閱一九三三年五月十五日以後的林獻堂日記，我們將發現，林獻堂幾乎每天都到義塾看莊伊若教授漢文——對於教授國語（日文）的情況，他的興趣似乎比較低。由於三組學生下午有兩個鐘頭一起上課，情況頗為混亂，當學生讀音和理解有錯誤時，莊伊若無法一一給予訂正，林獻堂於是主動提議星期天替學生復習。時間訂在下午二時，他的複習方法有五：一、讀，二、解說，三、試驗（考試），四、質問，五、讀書所感。當天他指定四位女學生（包括張月珠）下個星期天報告讀書所感。[90]這是霧峰頂厝大家長當起書房的助教了。當莊伊若缺席時，他甚至代他上課。[91]由於學生分上、下午和晚間上課，他有時一天巡兩次。其實林獻堂很好學，晚間教《四書》、《古文析義》時，他經常去聽講解，有時還找夫人楊水心一起去。[92]直到此時，一新會的演講都在星期六（土曜日）舉行，由於義塾學生也想來聽演講，因此改為星期天（日曜日）。[93]這就是土曜講座變成日曜講座的原因，也就是遷就一新義塾之故。他「教復習」一直持續到七月九日，由於天氣漸熱，暫時停止。[94]至此，林獻堂總共教了七次。來跟他復習的學生不少，有次「因前刻降雨，出席者不滿二十名」[95]，因此，平常人數應多於此。

我們可以想像這個時期的林獻堂，每天稍有空閒就散步到一新會館，看教漢文，晚上若有時間自己也去聽講。到了星期天，下午二時到義塾「教復習」，晚上則出席日曜講座。在他，應該是既忙碌又充實吧。雖然那年秋天林獻堂未繼續「教復習」，翌年（一九三四）林獻堂仍然經常到義塾看教漢文和國語，當莊伊若缺席時，代他教過幾次課。[96]該年六月二十九日，因為某個契

---

88 眾人「各執會旗唱會歌，行列而往萊園，至考槃軒環立，猶龍教演五分鐘體操，然後休憩、搜寶遊戲約二十分間，乃復整列返會館攝影紀念。三唱一新義塾萬歲，然後散會。」《灌園先生日記（六）一九三三年》，五月十五日，頁二〇一。

89 《灌園先生日記（六）一九三三年》，五月十六日，頁二〇二。

90 《灌園先生日記（六）一九三三年》，五月二十一日，頁二〇七。

91 《灌園先生日記（六）一九三三年》，五月二十九日，頁二一七；七月十五日，頁二七七。

92 《灌園先生日記（六）一九三三年》，五月三十日，頁二一九；五月三十一日，頁二二〇；六月二日，頁二二四；六月十六日，頁二四〇；秋天聽講《孟子》，《灌園先生日記（六）一九三三年》，九月五日，頁三四二；九月七日，頁三四五；九月九日，頁三四八。

93 《灌園先生日記（六）一九三三年》，六月十八日，頁二四三。

94 《灌園先生日記（六）一九三三年》，七月九日，頁二六九。

95 《灌園先生日記（六）一九三三年》，六月十八日，頁二四三。

96 《灌園先生日記（七）一九三四年》，六月十八日，頁二四四；九月十二日，頁三五三；九月十四日，頁三五五。

機，林獻堂替一新會義塾女學生改日記，接下來的三天，他繼續替女學生改日記。[97]或許有鑑於漢文寫作的重要性，七月七日他和林資瑞、林金生討論改義塾學生的作文一事。[98]之後我們看到他開始改學生的日記和作文。這些女學生包括未來的媳婦曾珠如。[99]

一新義塾雖然有部分學生是林家的族人或親戚，也有來自外面的毫無關係者。這可從林獻堂等人商託保正募集一新義塾男女學生，以及曾對學生進行家庭訪問中得知。[100]因此，讓我們假想：你是一位外人，來到一新義塾求學，同學中有林家的奶奶、小姐、媳婦，也時常可以看到身穿長衫，腳著黑頭鞋的獻堂仔舍來到教室，觀看大家上課。在一新會館的圖書室，你也時常可以遇見他，因為他不是一個人來讀書，就是帶人來參觀，而且他喜歡和塾生談話。這位阿舍雖然不苟言笑，卻非常熱心替你復習功課，訓練你當眾發表讀書心得，並且替你改日記和作文，交還時還詳加說明其中未妥之處。當你畢業了，他還怕大家散掉，組織了一新塾友會（一九三五年三月十一日）。[101]塾友會原本預定一年開一次總會，他又擔心「凡學問不進則退，卒業後能繼續研究者甚鮮，雖欲研究若遇不識之處亦無人可問」，建議每週聚會一次，以此而「友誼親善、學問精進兩者皆可達也」。他的建議獲得滿座贊成，於是從該年四月十六日起每個星期二（火曜）聚會一次。[102]他是塾友會的「準講師」，只要有空，他在下午四時到圖書室，和塾友討論學問，回答問題。[103]你想這位名聞全島，交接日本政要、名士的阿舍有多少時間？星期二塾友會，星期四讀書會，星期天日曜講座，而他都不輕易缺席，且經常披掛上陣。這樣的阿舍，似乎不易找到可比之人！

過去我們從政治運動及相關文獻中認識到的林獻堂，是政治的林獻堂；林獻堂日記讓我們有機會認識文化的林獻堂。日記中有關一新義塾的紀錄，更讓我們認識教育家林獻堂。林獻堂將一新義塾當成一新會的一大事業，而一新會自成立以來，便是他整個生活的重心。他所投注的心力和精神，讓七十年後反覆翻閱他的日記的筆者，感到不可思議之外，還是不可思議。然而，林獻堂和林攀龍視為永久事業的一新會，卻終將「無疾而終」。它的解消不來自於內部——如果沒有外在原因，具有執拗之生命力的一新會不會輕易中止，已經突破二百回的日曜講座沒有理由停

97　《灌園先生日記（七）一九三四年》，六月二十九日，頁二五六；六月三十日，頁二五七；七月一日，頁二五八；七月二日，頁二五九。

98　《灌園先生日記（七）一九三四年》，七月七日，頁二六六。

99　《灌園先生日記（七）一九三四年》，七月十日，頁二七一；七月十二日，頁一七三；七月十七日，頁二七九；七月十九日，頁二八三；八月一日，頁二九八。根據日記，林資瑞也負責改一部分的作文。見《灌園先生日記（七）一九三四年》，七月十六日，頁二七八。

100　《灌園先生日記（七）一九三四年》，三月十二日，頁九九；九月九日，頁三四九。《灌園先生日記（八）一九三五年》，二月二十四日，頁七二。

101　《灌園先生日記（八）一九三五年》，三月十一日，頁八八。

102　《灌園先生日記（八）一九三五年》，四月五日，頁一二〇。

103　《灌園先生日記（八）一九三五年》，六月十八日，頁二一五；七月二日，頁二二九。可惜火曜塾友會無法持續，可能由於塾友出席不熱烈所致。七月二日那一次（最後一次？），因為下雨，只來了三位塾友，包括講師莊伊若、潘瑞安，以及準講師林獻堂，共六人。

止；截至一九三五年年底已經舉辦八十三回的讀書會也沒有理由結束。但這一切都將為外力所摧毀，這是最令人扼腕之處。在這裡，我們看到日本殖民統治的「殖民性」，一新會是個鮮明毫不含糊的例子。

五、一新會從榮盛到解消

一新會自創立以後，蓬勃發展，活動數量多，內容豐富。一直到一九三五年年底，活力十足，然而，一九三六年間突然許多活動叫停，彷彿冰解一樣，消失得無影無蹤。

如前所述，霧峰一新會舉辦過二百回以上的日曜講座，在日曜講座持續進行的時候，一九三四年五月七日讀書會在一新會館圖書室舉行成立會。[104]這也是每週一次的聚會，會員就所讀的書發表心得，和講演會有明顯的區隔。會員分正會員、特別會員，並有旁聽員。這個活動最初固定在星期一（月曜日）舉行。舉辦三回之後，警部補高嶺信夫和巡查奧隆表示想來參加讀書會，結果允許他們來旁聽，但拒絕他們成為會員。[105]毋庸說，他們的用意在監視讀書會之進行。林獻堂在日記中一向稱跟蹤、監視他的警察為「特務」。（讀書會用臺語進行，也真虧他們了。）奧隆時常來旁聽，有時換其他巡查來，也有兩位一起來的情況。有次巡查沒來，林獻堂在日記上寫道：「今夜巡查不來旁聽，想為無暇也。」[106]

讀書會除了介紹自己所讀的書，發表心得之外，有時訂有議題，供大家討論，如「討論婚姻問題，父母選擇與自由選擇二者之優劣，吾人當何所是從」。[107] 十一月二十六日是第三十回讀書會，舉辦三十回紀念活動，方式是「抽籤演講」，先準備講題，以抽籤方式決定講者，抽到者得作即席演講，共十四個題目，林獻堂的題目是「映畫」（電影）。[108] 十二月二十七日起，讀書會改在星期四（木曜日）舉行。[109] 讀書會的講題新舊東西雜陳，非常有意思，如林獻堂曾介紹《倫理學原理》，並多次發表研究《史記》本紀的心得，林培英講「羅素的幸福論」，林攀龍講「印度甘地自傳」，林猶龍講《帝國主義下之臺灣》等。[110] 一九三五年十二月十九日，一新會舉行第

104 林獻堂自述的組織讀書會的動機為：一、非有互相勉勵之機關不能進步，二、際此思想混沌吾人將何適從，自非研究不可，三、準備將來為我同胞盡力。《灌園先生日記（七）一九三四年》，五月七日，頁一八九。

105 《灌園先生日記（七）一九三四年》，五月七日，頁一八九；五月十四日，頁一九七；五月二十二日，頁二〇七。高嶺信夫，臺中州大屯郡役所警察課警部補（頁一，註一）；奧隆為同一單位之巡查。

106 《灌園先生日記（八）一九三五年》，六月十三日，頁二〇八。

107 《灌園先生日記（七）一九三四年》，十月一日，頁三七六。

108 《灌園先生日記（七）一九三四年》，十一月二十六日，頁四四五。

109 《灌園先生日記（七）一九三四年》，十二月二十七日，頁四七六。

110 《灌園先生日記（七）一九三四年》，七月十六日，頁二七八；《史記》，見八月二十七日，頁三五五；九月三日，頁三四四；九月十日，頁三五〇；九月十七日，頁三五八；九月二十四日，頁三六八；十月一日，頁三七六；十月八日，頁三八四；十月十五日，頁三九五；十月二十二日，頁四〇三；十月二十九日，頁四一二；「羅素幸福觀」見《灌園先生日記（八）一九三五年》，三月七日，頁八三；「印度甘地自傳」，三月十四

八十三回讀書會，這是此年日記中關於讀書會的最後記載。翌年（一九三六）讀書會應該還繼續進行，但也就在這一年讀書會結束了；由於欠缺此年日記，我們無法得知何時終止。在這一年間，一新會許多活動都無法照往常的方式進行。可惜的是，我們無法知道讀書會是否突破一百回。

日曜講座、一新義塾教學，以及讀書會，是一新會持續最久的三項例行活動。另外，一九三五年十月二十六日一新詩文會成立，方式是出詩題，限韻賦詩，由詞宗評定優劣。似乎每月一次。[111]茲將一新會常設活動簡示如下：

表二　霧峰一新會常設活動簡表

一九三二	一九三三	一九三四	一九三五	一九三六	一九三七
四月九日講座 ----	----	----	----	---- ？	
	五月十五日一新義塾 ----	----	----	----	---- 十月四日
		五月七日讀書會 ----	----	---- ？	
			十月二十六日詩文會 ----	---- ？	

一新義塾週一到週六上課，日曜講座和讀書會每週一次。我們知道林家婦女中頗有若干人，如吳素貞、張月珠、曾珠如等，既在義塾上漢文，也參加日曜講座和讀書會。他們的日子可以說

非常緊湊、充實。林獻堂想必更是忙得不亦樂乎。

一新會的另一項創舉是舉辦夏季講習會。共舉行兩屆：一九三三年八月十二日至二十三日，共十二日；一九三四年八月六日至八月十六日，共十一天。主要以講演為主。這兩次夏季講習會申請許可時很不順利，官方一再刁難拖延。一九三三年夏季講習會原預訂八月十日舉行，我們不知道最初提出申請在哪一天，只知道七月二十四日申請書被駁回，理由是缺講師經歷書。八月三日林獻堂命溫成龍往教育課催促講習會之認可，得知還在警務部調查中。八月八日，林獻堂等人決定：若第二天獲得許可，將於十日舉行講習會。八月九日，大屯郡視學長嶺朝良表示：夏季講習會若去除講師葉榮鐘，則第二天便予以批准。又說：一新會必須加入教化團體（關於此一問題，詳後）。林獻堂與林攀龍、蔡培火商量，決定將葉榮鐘從名單中刪除，但加入教化聯盟的事以後再協議。（葉榮鐘預定講的科目是新聞學。）八月十日，溫成龍拿著刪掉葉榮鐘的申請書，再度到郡役所。過午歸來說，明日認可書方能發下。因此，一新會決定十二日舉行講習會，將通知書一齊發出。[112]換句話說，時間非常緊迫，萬一第二天又生變，通知都發出去了，不知如何收

日，頁九二；《帝國主義下之臺灣》，見四月十一日，頁一二八；四月二十五日，頁一四四。

111 《灌園先生日記（八）一九三五年》，十月十九日，頁三七一；十月二十六日，頁三七七；十一月九日，頁三九九；十二月二十三日，頁四五〇。

112 《灌園先生日記（六）一九三三年》，七月二十四日，頁二八八；八月三日，頁三〇〇；八月八日，頁三〇六；八月九日，頁三〇七。八月十日，頁三〇八。

拾。八月十一日，溫成龍再度往郡役所催促批准講習會，午後歸來說：昨天已經認可了，但因手續上的關係，不能即時取回認可書。林獻堂忍不住感嘆：「噫！一講習會之認可如是重難也。」[113]

一九三四年夏季講習會預定八月六日舉行，申請過程同樣困難重重。七月四日一新會提出申請，八月三日得知還沒到教育課長之手，林獻堂命溫成龍去催促。郡庶務課長表示：夏季講習會之認可所以遷延的原因，乃是因為一新會不加入教化聯盟，建議明日速即加入。林獻堂等人認為，一新會是否加入教化聯盟是另外的問題，決不能與夏季講習會之認可作交換條件。[114]八月四日，中尾教育課長和郡守貞方平一郎表示：一新會加入教化聯盟才能批准夏季講習會。林獻堂在日記中寫道：「余甚不快作此無理之交換條件，蓋教化聯盟與一新會皆為教化團體，受壓逼而加入，精神上已莫大之損害矣，是斷不能加入。」後經陳炘從中與竹下豐次知事、中田榮次郎內務部長交涉，中尾莊兵衛教育課長才決定認可，把加入教化聯盟當成另一個問題。[115]但是，一直到八月五日的晚上，也就是預定舉行的前一天晚上，貞方郡守方才通知批准了。[116]一九三五年一新會未舉辦夏季講習會，或許和申請困難重重有關。

一新會的活動頗具連貫性，也顯示會員的季節感。一九三二年一新會舉行第一回運動會，一九三三年十一月十九日舉行第二回運動會，盛況勝於第一回，「蓋因增加義塾諸生徒也」。[117]一九三四年，一新會與霧峰庄體育會、霧峰公學校舉行聯合大運動會。[118]其他比較小規模的活動，如婦女懇親會[119]、留學生懇親會[120]、庄人慰安會[121]、外地演講等[122]，也都大致延續第一年的作法，或是在精神上有相通之處。此外，一新會主辦有益於學習的外出參觀活動，如參觀刑務所、變電所等。[123]訪問刑務所那一次有二百二十餘人參加，不能不說「頗為盛況」（按，林獻堂慣用語）。

一新會在夏天舉行「納涼會」之類的活動。第一次納涼會在一九三三年八月十九日晚間八時半舉行，地點是林獻堂自宅庭院，有林猶龍、高錦花、香珍、松基等唱歌，炳文、啓昌、添丁、金瑞等奏漢樂，又有少女十餘人之歌舞，末了作活動寫真（電影）。一新會員來參觀者二百餘

113 《灌園先生日記（六）一九三三年》，八月十一日，頁三一〇。
114 《灌園先生日記（七）一九三四年》，八月三日，頁三〇〇。
115 《灌園先生日記（七）一九三四年》，八月四日，頁三〇二。
116 《灌園先生日記（七）一九三四年》，八月六日，頁三〇六。
117 《灌園先生日記（六）一九三三年》，十一月十九日，頁四四三。
118 《灌園先生日記（七）一九三四年》，十一月三日，頁四一八。
119 《灌園先生日記（六）一九三三年》，十月二十七日，頁四一六。八十餘人參加。
120 《灌園先生日記（六）一九三三年》，八月一日，頁二九七。約四十人參加。
121 《灌園先生日記（六）一九三三年》，十二月二十六日，頁四九三。約千餘人參加。
122 如一九三三年十月至柳樹湳、十二月至坑口演講，見《灌園先生日記（六）一九三三年》，十月三十一日，頁四二〇；十二月一日，頁四六〇。一九三四年六月有「巡迴講演會」，九月至坑口演講，見《灌園先生日記（七）一九三四年》，六月二十三日，頁二四九；九月二十一日，頁三六五。
123 參觀刑務所，《灌園先生日記（六）一九三三年》，五月五日，頁一八六；林獻堂率義塾學生七十餘人，及其他約十人，參觀變電所，見《灌園先生日記（七）一九三四年》，八月二十七日，頁三三五。

人。[124]一九三四年八月十四日的納涼音樂會，八時開始，有林猶龍、林惠美、林雙眉、香珍、義塾男女口琴團、日高兒童劇團等演出，觀眾四、五百人，頗稱盛況，十時半方閉會。[125]一九三五年的納涼會，於八月二十四日晚間八時在霧峰劇場舉行，「人眾擁擠，幾無立錐之地。音樂、唱歌、舞踊、演劇四者皆備，最後一劇曰『父歸』，……頗博觀眾唱彩。十一時閉會。」[126]納涼會可以說規模愈來愈盛大，觀眾愈來愈多。

在一新會諸多活動中，最膾炙人口的可能是週年紀念會——用現代的話來說，就是「週年慶」了。創立的那一年（一九三二）六月十二日，一新會舉辦書畫展覽會，展出一百件作品。林獻堂和林攀龍一家人非常看重藝術，我們從林獻堂日記中得知參觀畫展（並且買畫）是他的生活的一部分，到日本訪問也一樣。林獻堂曾以各種方式資助過許多年輕的音樂家、美術家、文學家等。畫家顏水龍是其中一位，他也是林攀龍的摯友。一九三一年顏水龍的兩幅畫入選法國巴黎秋季美術沙龍展時，林攀龍寫了一篇參觀感言，登在《臺灣新民報》。文字中透露出他對藝術的深切喜愛，以及與有榮焉的無上喜悅。文章末了他引馬修·阿諾德（Matthew Arnold）的話作結：[127]

> 讚美優秀的東西是僅次於那件東西的好事情。

這是何等高貴的禮讚！林攀龍和林獻堂等人不也經常在做那僅次於優秀東西的好事情嗎？從一新會一週年紀念會開始，書畫展覽會成為未來幾次週年慶的固定節目。

一九三三年三月十九日是一新會創立一週年紀念日。書畫手藝展覽會在會館開幕，一週年祝賀會於午後二時半在大花廳舉行，晚上在大花廳開講演會。閉會後，在會館前放烟火，「人眾千餘，道路為之擁塞」。第二天，在一新會館植紀念樹，左右各種兩棵木蓮和銀杏。來觀書畫手藝展覽會者絡繹不絕，人造花幾乎全部賣完。林獻堂寫了一幅字，因為不想賣，所以定了高價（十円，圖七），卻被吳素貞買走。展覽會六時結束，當天晚上在大花廳放映兩部電影《非洲猛獸》和《緋紅文字》，觀眾千餘人。《緋紅文字》即"Scarlet Letter"，改編自美國小說家霍桑的作品。電影第二天再放映一次。[128]一週年紀念活動共計兩個白天，三個晚上。

一九三四年三月十九日二週年紀念日，舉行書畫手工品展覽會，下午二時半在大花廳舉行祝賀會，晚上在會館舉行提燈遊行，環庄一周，有一百餘人參加；之後於大花廳放映電影。第二天晚上，在大花廳舉行音樂跳舞會，觀眾七百至八百人。我們不清楚第三天是否還有節目，因為林

124 《灌園先生日記（六）一九三三年》，八月十九日，頁三二〇。
125 《灌園先生日記（七）一九三四年》，八月十四日，頁三一四。
126 《灌園先生日記（八）一九三五年》，八月二十四日，頁二九三。
127 「優秀なるものを讃美るのはそのものに次いでよい事である。」林攀龍，〈顏水龍的畫入選巴黎秋季美術沙龍展〉，收於林博正編，《人生隨筆及其他——林攀龍先生百年誕辰紀念集》，頁二七四。日文原文刊載於《臺灣新民報》第三九一號，一九三一年十一月二十一日。
128 《灌園先生日記（六）一九三三年》，三月十九日—三月二十一日，頁一一二—一一五。

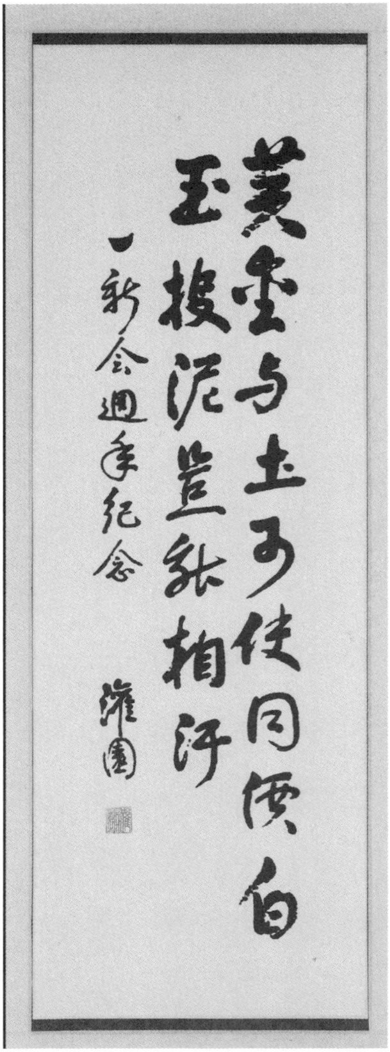

圖七

林獻堂先生遺墨（圖像由霧峰林家花園林獻堂博物館提供）

獻堂一早就起身收拾行李，準備出發到日本。[129]我們不禁想，他特地等到週年慶祝活動結束才離開霧峰。

一九三五年三月十九日，一新會舉行三週年紀念會，九時會員三十餘人在會館合唱會歌、放炮，植紀念樹一對。當天舉辦茶會，曾珠如等人負責賣茶部，林阿選負責賣喫茶券。書畫手藝展覽會同時開幕，觀眾絡繹不絕。到喫茶室喝茶的有十之二、三，賣掉喫茶券四百八十餘枚。紀念祝賀會二時半在戲園召開，由一新會委員長林攀龍敘禮，來賓致祝辭，並讀祝電、祝詩等。一新會仿照去年之例，舉行提燈遊行，但被命令中止；準備的花燈遂一概無用。第二天書畫手藝展覽會繼續開放，六時林攀龍向工作人員致謝辭，接著大家合唱會歌，三唱「一新會萬歲」後閉會。七時半在戲園放映電影。[130]這是一新會週年活動首次遭受官方干涉，預示著時局愈來愈緊，更嚴重的還等在後頭。

以上三次的週年紀念活動，不只是雅人雅集，參與的群眾非常熱烈，動則千人左右。在此，筆者不禁想起齠齡之年，物質貧乏，娛樂甚少，我居住的小鎮偶遇有在空地放映免費電影，總是人頭鑽動。七十年前的霧峰，時光更要倒退好幾紀，為時兩天的一新會週年活動，放映電影只是節目之一，書畫手藝展覽、音樂舞蹈、提燈遊行等等，不知要讓多少庄人嘆為觀止，有如魚龍之

129 《灌園先生日記（七）一九三四年》，三月十九日—三月二十一日，頁一一〇—一一一。

130 《灌園先生日記（八）一九三五年》，三月十九日—三月二十日，頁九八—一〇〇。

幻！至於茶會，恐怕更動人聽聞。年近古稀時，吳素貞回憶二週年（按：應為三週年）「紀念大會那一天全省遠近扶老攜幼來參加者非常擁擠，又以園遊會中飲食部的那些臨時賣店中的菜餚，點心，都是婦女會員的精心傑作，主持販賣和招待的人手由霧峰宦家奶奶小姐們擔任，在那封建社會下，讓貴婦閨秀拋頭露面空前大膽的創舉，最受注目和欣賞，生意特別興隆。」[131]

當一新會會員興高采烈經營他們的小小世界時，大環境已經起了很大的變化，他們的努力終將如夢幻泡影，消散於無形。一九三六年六月十七日，林獻堂參加在臺中公園舉行的臺灣始政紀念日慶祝遊園會，被一位叫做賣間善兵衛的日本人當眾揮拳掌摑。這件事對林獻堂衝擊很大。賣間掌摑林獻堂，一般稱為「祖國事件」。事情起因於該年二月，林獻堂和弟弟林階堂、林猶龍參加臺灣新民報組織的華南考察團，歷遊廈門、福州、汕頭、香港、廣東、上海各地。在上海接受華僑團體歡迎時，席上致辭，林獻堂有「林某歸來祖國」之語。這件事為特務獲悉，轉報臺灣軍部，五月《臺灣日日新報》報導此事，對林獻堂大加鞭伐。[132]據悉，六月十七日那天，賣間在園遊會中尋見林獻堂，即由懷中掏出勸告狀，內容略謂林氏在上海之言動是非國民的，大不應該，如有悔悟當即辭去公職，誓言今後不參加一切之社會政治運動。林獻堂回答：上海之言動是新聞誤報，至於對貴下之勸告，歸後當熟慮善處之。（按，很像林獻堂的行事風格）賣間即說：事屬至明，無再熟慮之必要。言畢拳頭並至，幸得楊肇嘉在旁阻住，只受兩下而得脫。[133]雖然林獻堂對於遭毆打一事當時反應相當冷靜，但這件事對他打擊非常大。官派媒體大力聲援賣間；林獻堂決定辭掉一切公職，即臺灣總督府評議員、臺灣地方自治聯盟顧問、東亞共榮協會顧問，以及

《臺灣新民報》取締役（董事）。最令林獻堂灰心喪志的恐怕是某些同志趁機落井下石吧。[134]可惜這一年的林獻堂日記不復可見。

讓我們回頭看看一新會的情況吧。一九三六年一新會如何慶祝創立四週年呢？從一九三七年的日記，我們得知四週年紀念會仍有書畫展覽會，但「因懸敕語於不適當之處而生問題」。我們不知道到底出了什麼問題。總之，一九三七年一月下旬，一新會開委員會討論五週年活動時，鑑於歷年花灯遭受警察干涉，又有敕語掛錯地方的問題，因此，決定五週年祝賀會廢止花灯和書畫展覽，時間也縮短。三月十九日那天，「一新會五週年紀念會，因時局之關係廢止演講、書畫展覽、バーザー、花灯、食茶店諸行事。」バーザー（バザー，bazaar），即義賣會。三時半舉行紀念祝賀會，參加者共八十餘名。晚間八時半在義塾第一教室開懇親音樂會。演奏結束，食大麵、摸彩（抽福引），十時餘散會。[135]這是一新會從創立以來最寒酸的一次週年慶。非不為也，

---

131 林吳帖，《我的記述》，頁二八。附帶一提，吳素貞的回憶錄是事後追憶的，有些細節可能不正確，例如這裡提及的週年紀念活動應該是三週年，不是二週年。

132 葉榮鐘編，《林獻堂先生紀念集》卷一《林獻堂先生年譜》，頁六〇b。

133 張漢裕主編，《蔡培火全集》一《家世生平與交友》，「日記」一九三六年六月二十二日，頁三七五。

134 張漢裕主編，《蔡培火全集》一《家世生平與交友》，「日記」一九三六年六月二十七日、七月八日、七月二十二日，頁三七五、三七八—三七九。

135 《灌園先生日記（九）一九三七年》，一月二十六日，頁三七、一〇五。

時不我予也。

殖民政府的壓逼無處不在。我們前面提到，臺中州政府一直要一新會加入教化聯盟，從一九三三年四月十日開始，林獻堂和林攀龍抵擋了一年多，最後一新會委員會在一九三四年八月二十日終於決議加入教化聯盟。[136]此時林攀龍人在日本，若在霧峰，不知他將持何種態度？約一年前，他認為「官民合作之教化事業皆無有終之美」，而斷然拒絕之。[137]

林獻堂極端重視日曜講座，就算他人在闗子嶺，或遠在日本，公私兩忙之際，仍不忘在日記登錄此日在霧峰舉行的日曜講座的講題和講師。（我們不知道他是事後補記，還是隨時有人特地通報。無論何者，都顯示他對日曜講座的看重。）日曜講座在一九三六年某個時刻結束了。他自己參與甚深的讀書會，也在一九三六年某個時刻終止了。唯一剩下的是一新義塾。

一九三七年一月一日新曆元旦，林獻堂和夫人，以及溫成龍到一新義塾，九時舉行〔新年〕祝賀式。出席者共二十九人。先唱國歌，林猶龍以代理塾主身分致訓辭、林春懷以來賓身分致祝辭，之後唱「新年歌」，然後閉會。[138]讓我們看看一新義塾成立後第一個元旦是怎麼過的。一九三四年一月一日，九時半在一新義塾舉行元旦祝賀式，男女學生出席者六十至七十人。塾主林攀龍、林獻堂、李昆玉述新年祝賀辭。先唱國歌，後唱會歌，閉會式之後各贈與手巾一條，唱三聲一新會萬歲，然後寫書畫帖以作紀念。[139]真可說好景不再。尤有甚者，這天（一九三七年一月一日）下午四時，陸軍病院臺中分院長窪田精四郎穿著大尉的正式服裝來拜訪林獻堂。他很同情林獻堂遭人誤解（指祖國事件），他要林獻堂留意（原文「注意」）三件事：一、要樹門松（可見林獻堂沒做），二、一新義塾當以國語為主，不宜與漢文並行，三、庄役場書記當採用內地人（此時霧峰庄長是林雲龍）。[140]一位新年的訪客（還要在林家用晚餐），憑什麼要林獻堂「注意」這三點？未免太失禮了。他所憑藉的是「時局」，而且是出於好意。

從林獻堂日記，我們得知一九三七年一新義塾的學生人數較前減少很多。這個時候，學習或使用漢文已經嚴重違反潮流。一月下旬，《臺灣新民報》也受到來自軍方的壓逼，羅萬俥認為廢止漢文一事，「時機至此已不能復再抵抗矣」。[141]根據三月五日的日記，林獻堂認為一新義塾的男女學生「多無熱心讀書，漸次減少，三組女子甚至無有出席者」。這是他第一次流露不滿意學生的學習態度。他於是和溫成龍、潘瑞安討論「鼓舞之法及募集新學生。」他寫道：「義塾經費每年須一千五百円以上，而成績不佳，實為殘念（遺憾）。」[142]這幾句話讓我們感覺他很捨不得——不是捨不得錢，而是捨不得那曾經有過的熱烈的讀書氣氛。三月二十七日，一新義塾舉行

136 《灌園先生日記（七）一九三四年》，八月二十日，頁三二二；八月二十一日，頁三二四。
137 《灌園先生日記（六）一九三三年》，八月十七日，頁三一七。
138 《灌園先生日記（九）一九三七年》，一月一日，頁一。
139 《灌園先生日記（七）一九三四年》，一月一日，頁一。
140 《灌園先生日記（九）一九三七年》，一月一日，頁一。
141 《灌園先生日記（九）一九三七年》，一月二十七日，頁三八。
142 《灌園先生日記（九）一九三七年》，三月五日，頁八六。

畢業典禮。林雪香和林燕四年全勤，賞與手錶各一只；王萬金三年全勤，賞與《和漢大辭典》一部。另有四名獲得精勤獎。典禮中，王萬金和李緞代表畢業生致答辭。李緞述感謝惜別之意，聲淚俱下，林獻堂大為感動。下午按照慣例，一新塾友會歡迎畢業生入會，並開總會。[143]這是最後一次總會。根據日記，此時一新義塾大約維持五十餘名學生。[144]

一九三七年五月十五日是一新義塾四週年紀念日，九時舉行祝賀式。典禮之後開學藝會，有二十位學生參加演出，用國語（日語）與臺語各半。第二天，林獻堂赴臺中向相關人士辭行。十七日，林獻堂帶著二媳婦（林愛子，日本人，舊姓藤井）、三位孫子，以及管家一行七人啟程赴日。[145]據悉林獻堂此行有長住日本的打算。[146]十月某日，林獻堂接到楊水心的來信，他於十二日回復曰：「一新義塾於十月四日廢止漢文教授，順應時機，善於措置，余決定在此靜養，暫不歸臺。」[147]

一新義塾廢止漢文教學，正式為霧峰一新會畫上休止符。

六、女性與霧峰一新會

霧峰一新會成立的經緯、活動內容、地方殖民政府的逼壓，以及最後的解消，我們在上面幾節已經交代了。到此，關於一新會的介紹應該可以告一段落。但是，如果我們就此結束，我們將忽略一新會一個非常重要的特色，因而辜負了林攀龍、林獻堂等人的一番苦心。那麼，這個特色是什麼呢？

一新會的一大特色是講求男女平等、提倡女性走入社會，實際上該會女性的參與非常深。[148] 如果我們從一新會的活動中把女性抽離出來，那麼，日曜講座就要垮一半，一新義塾要垮三分之二，讀書會也要減少一些生氣。究實而言，這不是人數的問題，這是一新會核心精神之所在，抽掉女性，一新會不是垮一半不一半的問題，而是不再成其為一新會。

重視女性的公共角色，主張男女平等，這和林獻堂、林攀龍父子的人生閱歷與視野息息相關，但是，可貴的不是一個「知」字，而是身體力行。如前所述，霧峰一新會首次演講在一九三二年四月一日舉行（其後發展為土曜講座、日曜講座；講座第一回從四月九日那一次算起）。這一回的「辯士」（講演者）是廖德聰、林金生、林攀龍、林以義、溫成龍，以及吳素貞。楊水心

143 《灌園先生日記（九）一九三七年》，三月二十七日，頁一一五。
144 《灌園先生日記（九）一九三七年》，四月二十九日，頁一五九。
145 《灌園先生日記（九）一九三七年》，五月十五日，頁一七七；五月十七日，頁一八〇。
146 秦賢次編，〈林攀龍（南陽）先生年表〉，頁三二一。
147 《灌園先生日記（九）一九三七年》，十月十二日，頁三五四。
148 許雪姬亦將之列為一新會五大特色之一，見氏著，〈霧峰「一新會」的成立及其意義〉，頁一五。

致開會辭，林愛子致閉會辭。聽眾三百至四百人，「於盛會中散會」。[149] 這場演講會，有如火車的機關頭，啟動了未來二百餘場的演講，極具指標作用。在這麼重要的首場演講會中，我們看到三位女性擔綱，由女性開頭（開會辭），一位講演，最後又由女性作結（閉會辭）。這樣的安排，不是偶然。我們可以從一些零星的記載中，窺其一斑。例如，四月六日，一新會舉辦婦女茶話會，參與者女性二十人，男子五人，林獻堂日記云：「席間談話皆以婦人進出沒〔莫〕落男子之後以鼓舞之，頗動她等之聽聞。」[150]「進出」是日文漢字的用法，意思是「走入」，在這裡是說：「婦人要走入社會，不要落後於男子」。這樣的主張打動了在座的婦女。

在一九三〇年代，對於深居閨閫之內的女性而言，公開演講絕非容易之事。（即便對男性而言，何嘗容易。）公開演講面對的是一群聽眾，講者是在公共場域發言，不論是議題或儀態，都得從日常的「私的關係」中掙脫出來。婦女如何「進出」公眾世界是一大挑戰。顯然林獻堂、林攀龍等人對女性的能力具有信心。一新會的土曜講座（後稱日曜講座），定例每次二人演講，一位男士，一位女士。這個原則一直持續到最後。以下是土曜講座最初四回的講題與講者：[151]

第一回（一九三二年四月九日）

就社會事業而言　林攀龍

促進婦人之精神　張氏月珠

第二回（一九三二年四月十六日）

臺灣新民報日刊發行所感	林猶龍
就新聞事業而言（新聞與社會之關係）	葉榮鐘
姙產婦及初生兒之衛生	王氏水
第三回（一九三二年四月二十三日）	
嬰兒死亡之原因及豫防法	洪氏瑞蘭
何以謂之人生與人生觀	林獻堂
第四回（一九三二年四月三十日）	
新時代婦人之正道	林氏素英
談目下之財界事情	陳炘

雖然這只是二百餘回中的最初四回，卻是很好的樣本。《一新會日曜講座演題目錄》顯示，每回演講通常有兩個講題，講者男女各一，先女士，後男士。基本上，女性演講者所談論的大抵和女性議題或專業知識有關。

149 《灌園先生日記（五）一九三二年》，四月一日，頁一四八。
150 《灌園先生日記（五）一九三二年》，四月六日，頁一五六。
151 《一新會日曜講座演題目錄》，頁三。

女性講者對公開演講是認真的。吳素貞為了在四月一日發表為時甚短的演講，事先準備演說稿，三月二十八日拿給林獻堂過目，題目是「迷信打破」，約有二百餘言。林獻堂日記云：「雖非透徹之議論，亦頗有可取之處。」[152]張月珠是土曜講座首場的講者之一。我們無法得知她們的表現如何，但是顯然她們很看重此事，很想改進演講的技巧。四月二十三日，林獻堂將往一新會圖書室讀書，剛好陳薄燕（林輯堂之妾）、吳素貞、張月珠、林阿選來找他，他遂招她們一起到一新會館，在圖書室座談數十分鐘，張月珠提議開一研究會以養成女辯士。林獻堂「甚贊成其說」，認為「非如是不足以動聽眾之觀念」。[153]所謂「動聽眾之觀念」自然是指改變一般人對婦女及其地位等看法。五月一日，一新會舉辦第一回婦人會，這個會的主持人、致開會辭和閉會辭的都是女性。六位演講者有二位男士（林獻堂、林攀龍），四位女性。林獻堂的題目是「演說之方法」，這是應張月珠和吳素貞之要求而講的。[154]顯然女辯士們熱切希望得到指點，而林獻堂也樂於教導。

一九三五年三月六日，林獻堂日記記載：[155]

> 日曜講座自千九百三十二年四月九日創設至三月十日，計百五十回。講師男子四十一人「內英人一，日人三」，女子四十五人，「英人二」。講演回數余與攀龍、成龍、月珠各十一回，猶龍十回，金生九回，崑玉、水心、素貞、瑞蘭各八回，水來、培英、磐石、桂鶯、碧霜各七回，培火、遂性、榮鐘、春懷、碧霞各六回，少聰、戊己、戊鉡、專真、時喜、桂

桃、珠如各五回，以下不錄，預定贈與紀念品。

第二天，他又想五回以下還是應該記錄下來，「以作將來之參考」。於是又花了篇幅一一記錄下來。[156]由此可見，日曜講座女性講員人數甚至多於男性（雖然男性給的演講總回數比女性多）。不要說在當時，就是二十一世紀初的今天，能夠做到這一點，少之又少。

三月十日，一新會舉辦日曜講座一百五十回紀念演講，曾珠如講「自由與責任」，林獻堂講「日曜講座百五十回之感想」，「聽眾百數十人，自始至終皆傾耳靜聽」。[157]曾珠如的題目相當抽象，想必不好講，很可惜我們無法得知內容。[158]對熟悉林家歷史的人而言，這場紀念演講格外有意思。因為，這一年二月十八日林攀龍決定和曾珠如結婚。這是林攀龍經過一九三四年一段不

152 《灌園先生日記（五）一九三二年》，三月二十八日，頁一四一。
153 《灌園先生日記（五）一九三二年》，四月二十四日，頁一八二。
154 《灌園先生日記（五）一九三二年》，五月二日，頁一九四。林獻堂在日記中記下演說方法的要點。
155 《灌園先生日記（八）一九三五年》，三月六日，頁八二。
156 《灌園先生日記（八）一九三五年》，三月七日，頁八三。附帶一提，日曜講座講演六回以上才有講師待遇的資格。（日記一九三四年七月十八日，頁二八一）
157 《灌園先生日記（八）一九三五年》，三月十日，頁八七。
158 林獻堂有意將一百五十回的演講原稿彙集起來，付諸剞劂，但茲事繁複，因此先印演題和目錄。演講原稿似乎未見付梓，誠可惜也。

如意的戀情之後[159]，在父母的期待下和曾珠如締結婚姻。曾珠如是一新會年輕的核心分子，也是林獻堂和夫人楊水心看中的媳婦。一新會委員長兼一新義塾塾主林攀龍和活躍的會員曾珠如結婚，是一新會的大喜事。一百五十回紀念演講會是曾珠如婚前最後一次演講，搭檔是未來的公公——曾經替他改作文的頂厝大老爺。附帶一提，四月二日林攀龍、曾珠如結婚當天，二十位義塾女生加入「親迎」行列，引導花轎。結婚後第三天，林攀龍招待一新會會員五百十餘名，義塾學生一百五十餘名，公學校、派出所並親友及使用人約二百人，在霧峰戲園觀賞日高跳舞團表演，並看電影。[160]由此可見，一新會在林攀龍心目中的地位。

活躍於一新會的女性會員不少，除了林獻堂的妻子、媳婦以及前面提過的張月珠、吳素貞之外，還有洪浣翠（林瑞騰妾）、楊桂鶯、林碧霜、林阿選等人。在這裡讓我們介紹一下首場演講會披掛上陣的吳素貞。吳素貞是林資彬的繼室，出身彰化望族，是前清貢生吳德功的姪女。吳德功著有《戴施兩案紀略》、《讓臺記》、《彰化節孝冊》、《觀光日記》等書。吳家恪守舊規，相信女子無才便是德，不讓女子拋頭露面。偏偏吳素貞喜好讀書，個性又強，從幼年開始為了爭取讀書的機會，吃了不少苦頭。吳素貞沒有正式的學歷，但舊學有根柢。她和林資彬的婚姻不幸福，一新會成立之後，她全力投入，也報名一新義塾，到處看得到她的身影。一新會對他的影響非常深遠。戰後，她競選第一屆國民大會代表，成功當選，走上女性參政之路，並主持臺中市婦女會。在回憶錄《我的記述》中，吳素貞寫了〈我加入了一新會〉，對她所參與的一新會活動，如演講、辯論，有詳細的描述。在她的回憶中，一新會「揭櫫以改革社會風氣，提高女權為宗旨」，並說「一新會倡尊重女權」云云。[161]雖然，我們在一新會的文獻中並未看到「提高女權」這樣的字眼，吳素貞的現身說法證明了一新會的女性立場。戰後，吳素貞之有能力選擇這樣的人生路徑，可以說是一新會的餘蔭（heritage）。

張月珠也是一新會非常活躍的女性會員。林獻堂對她寄予厚望，曾「勸其勉強學問，將來為婦女界之指導者」。日記云：「她雖不敢以此自負，亦頗以余言為適合。」[162]一九三四年八月七日，在一新會夏季講習會中，張月珠擔任學生懇親會的主持人，林獻堂認為她「指揮頗得其宜」[163]，流露出欣賞之意。可惜筆者尚未蒐集到有關張月珠的資料，不知她在戰後的出處情況。是否不負林獻堂之所期，成為婦女界的指導者呢？

一新會雖未標榜我們今天熟悉的口號，如「提倡女權」、「男女平權」等，其所作所為其實就是要提高女性地位，而且這是奠基在男女平等的堅實信念之上。林獻堂確確實實相信男女平

159 一九三四年年初，抱獨身主義的林攀龍和堂妹林雙吉戀愛，決定結婚，由於同姓，又是近親，林獻堂和楊水心「心中如壓大石，苦悶異常，蓋恐其堅執不捨，必致家庭破裂，而政治運動、社會教化諸事業則從此已矣。」（日記一九三四年三月六日，頁九二）。經過一番激烈的衝突，兩天之後，林攀龍同意不跟林雙吉結婚。其後林雙吉在林獻堂大力資助之下，回到中國唸書，林攀龍則到日本東京研究學問，停留七個月之久。

160 《灌園先生日記（八）一九三五年》，四月二日，頁一一五；四月四日，頁一一九。

161 林吳帖，《我的記憶》，頁二一、二八。

162 《灌園先生日記（六）一九三三年》，八月五日，頁三〇二。

163 《灌園先生日記（七）一九三四年》，八月七日，頁三〇七。

等。有一次陳槐庭（即陳懷澄）在土曜講座講「男女不平等」，內容「引古來男女不平等為當然，又言女性嫉妒而好虛榮」。林獻堂恐聽眾誤解，乃急為說明：男女不平等皆由制度，習俗使然，非智能之不能平等；其次說明制度平等、機會平等，以闡明平等原則……。[164]這樣的觀念——尤其是相信男女智能平等——即使在今天都還無法深入人心。我們從林獻堂日記看出他非常注重女子教育，毫無男女之別。至於林攀龍，他欣賞西歐文化，曾指出「女性地位之提高是西歐文化的緣故」[165]，無疑也是相信男女平等。當大戶人家恨不得把自家婦女局限在私領域，楊水心、林愛子、林關關卻一再拋頭露面，還到處巡迴演講。[166]戰後，林攀龍鼓勵曾珠如參與婦女會活動，獲選為臺灣省婦女會理事長，並以最高票當選為中華民國第一屆國民大會代表。[167]在這裡，我們看到信念的一貫性，以及知行之間的可貴結合。

小結

林攀龍不欣賞東方文學中「人世悲慨」的美學傳統。我們在第二節引過他的句子：「……東洋詩人大體上都享受自然，而殊少感受其恩惠，其大多數都是於娑羅雙樹的花色裡感受著盛者必衰之理的人們。大多為『叢雲遮月，風吹花』之類的詞藻。」筆者很同意他的看法，因此在寫作過程盡量壓抑個人的感覺，以免墮入「人世悲慨」的俗套裡。然而，每當讀到一新會活力十足的活動一項項中止、消失，很難不悵然若有所失。一新會的消失，不來自內部的自我敗壞，而是來自外部的壓力。

從祖國事件以來，林獻堂承受許多壓力，這些壓力除了政治的、社會的、經濟的，一九三七年地方殖民當局還對他的族人林資彬、林松齡、林鶴年「開刀」，以達到「殺雞儆猴」的威嚇效果。[168]諸如這類事情都是造成林獻堂走避日本內地的原因。在這裡，我們必須了解殖民地統治的一個特色：一般而言，殖民地子民在殖民地感受到的壓迫和歧視往往比人在內地時嚴重，在內地甚至可以享受到和母國人民一樣的法律保障。這是殖民統治弔詭的地方。總之，林獻堂於一九三七年五月十七日——參加了一新義塾四週年祝賀式之後，攜帶部分家人赴日，他這一住要到一九三八年十二月十一日才離開東京，返回臺灣。[169]

164 《灌園先生日記（六）一九三三年》，三月二十五日，頁一二〇。

165 「婦人の地位を引上げたのは、西歐文化の所為である事を思はなくてはならない。」林攀龍，〈歐洲文化の優越性（上）〉，《臺灣民報》第二四一號，一九二九年一月一日，頁一五。

166 《灌園先生日記（六）一九三三年》，十二月一日，頁四六〇；《灌園先生日記（七）一九三四年》，六月二十三日，頁二四九。

167 秦賢次編，〈林攀龍（南陽）先生年表〉，頁三二一。

168 細節不及詳述，有興趣者可參考《灌園先生日記（九）一九三七年》前幾個月的記載，如二月十三日、二月十七日、二月二十日等。

169 林獻堂著，許雪姬等共同註解，《灌園先生日記（十）一九三八年》，（臺北：中央研究院臺灣史研究所，二〇〇四），十二月十一日，頁三二一。

一九三〇年代中期以後，日本軍國主義抬頭，右派勢力囂張，這個時候日本本身知名的自由派知識分子都難以自保，或轉向，或僅以身免（如矢內原忠雄），何況在殖民地從事政治社會運動者？如果我們從這個角度來看，林獻堂之遭受壓逼、一新會之所以煙消雲散，乃係無可如何之事。

關於霧峰一新會，值得深入分析的地方很多。我這篇文章只是先整理個大概，進一步的探討留待將來。最後，我想談一下臺灣史史料大量出現對臺灣史研究所起的作用。一九九四年，筆者從旅居一紀之久的異鄉返回臺灣。當時臺灣史已經開始受到重視，許多史料陸續「出土」。臺灣史的許多史料是在社會給予相當的注意之下，才出現在「正式」的場景。如果再晚十年臺灣史才受到重視，我相信這其間將有不少史料湮滅於不知不覺中。約三十年前，當我開始從事臺灣史研究時，可以利用的史料非常貧乏，有些史料就算知道，也很難入手。我之所以提及前塵往事，主要是想說明一個社會重不重視某種（某類）歷史，對該歷史的相關史料的存歿具有極大的影響。林獻堂日記之所以能殘存到一九九〇年代，又能夠經過整理註解而公諸於世，這是要多大的運氣和多少相關人士的努力才能獲致！透過林獻堂日記，歷史向我們展示我們所不曾認識的過去；至少若無林獻堂日記，一新會的存在將只剩下幾張照片和零星的記載。林獻堂日記每天記的內容不多（大抵不超過一頁），而且林獻堂的寫作風格要言不煩，粗看之下似乎鮮少可觀之處，但他持之有恆，日繼一日，如果我們仔細檢讀，反復對照，將從中獲致綿綿不絕的訊息。

一新會代表臺灣曾有過的健康的、向上的、陽光般的社群自新運動。雖然那樣的精神和世界早已離我們遠去，且和臺灣目前的文化格調風馬牛不相及，最後還是讓我們以一新會會歌的兩句話作結：「進步由教育，幸福公家造」，「生活若合理，親像日上山」。

本文原刊於《臺灣風物》第五六卷第四期（二〇〇六年十二月），頁三九—八九。

二〇一〇年八月修訂。

第八章

光，遮蔽，及其再現：臺灣文化協會創立一百年回顧與省思

二〇二一年是臺灣文化協會成立一百周年紀念。

一九二一年十月十七日下午一時，在臺北大稻埕靜修女子學校，「臺灣文化協會」舉辦成立大會。臺灣文化協會（一般簡稱文協）的成立是受到一九二〇年年底開始的臺灣議會設置請願運動（以下簡稱「臺灣議會運動」或「臺議」）的影響，這個運動主要的目標是在臺灣設立殖民地議會，採取請願方式。日本帝國憲法保障人民有向國會提出請願的權利，由人民向眾議院和貴族院分別提出請願書，經審議是否採擇。一九二一年一月三十一日以林獻堂領銜向國會提出請願書，這是第一回請願，在未來的十四年（至一九三四年二月），總共提出十五回請願。[1]

臺灣文化協會是受到臺灣議會運動的刺激而成立的，臺議是政治性的，文協則是文化性。臺議和文協，在日本時代臺灣人反殖民運動中，宛如一輛努力向前衝刺的馬車的雙輪，帶著臺灣人民向光的所在前進。

在這裡，我們用「光」的譬喻，是思考過的。臺灣是日本的殖民地，除非主張獨立，不然，設立殖民地議會是最高的追求，將在黑暗的殖民統治中帶來光明。臺灣文化協會會則明白宣稱「本會欲助長臺灣文化發達為宗旨」，[2]也就是以啟蒙民眾、提升文化為目標，這都將為臺灣社會帶來光亮。以「光」為意象不是我們後設的想法，臺灣議會運動的傳單就是畫一個人的手握住蠟燭，旺盛的火在燃燒，向四周發出光芒。（見圖一）

臺灣文化協會是由當時最具代表性的士紳和菁英所創立，發起人包括：蔣渭水、石煥長、李應章、甘得中、洪元煌、陳逢源等六十七人；贊成人包括：林獻堂、林階堂、林幼春、楊吉臣、林茂生、黃欣等六十五人。值得特別注意的是，發起人和贊成人中有六位女性：蔡氏阿信、蔡氏阿妙、鄭氏希韞、周氏慈玉、莊氏烏緞、朱氏笑。[3]

臺議是當時最大規模的政治運動，文協則是最大規模的文化組織。文協在一九二七年一月三日分裂，一九三一年一月五日結束。以下將分為幾個主題來回顧文協前五年二個月半，分裂後的四年，並介紹作為文協遺緒的「一新會」，最後以戰後主要人物之際遇作為結束。

一、主體性與群眾啟蒙

臺灣議會設置請願運動以臺灣為一個地理單元，訴求設立一個屬於臺灣人的殖民地議會，彰顯殖民地臺灣的主體性；臺灣文化協會也是以臺灣為單元，希望提升臺灣的文化。

作為啟蒙運動，文協舉辦非常多的活動，包括：一、發行會報。二、設置讀報社。三、各種

1　周婉窈，《日據時代的臺灣議會設置請願運動》（臺北：自立報系文化出版部，一九八九），頁七〇—七一、一四四。

2　臺灣文化協會會則第二條，見《臺灣文化協會会章》（大正十年八月臺北市大稻埕（大安醫院內）臺灣文化協會創立事務所發行），頁一。

3　《臺灣文化協會々章》，頁四—六。

圖一
臺灣議會設置請願運動傳單
（北師美術館提供）

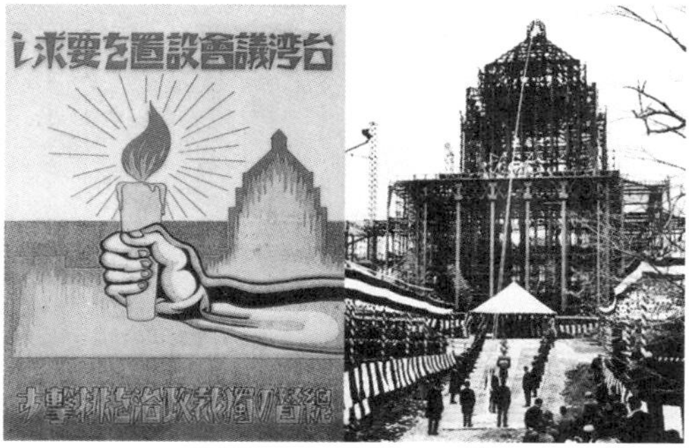

圖二
傳單上，火炬右後的建築輪廓是興築中的日本帝國議會議事堂。（合併圖：凌宗魁先生提供）

圖三
日本帝國議會議事堂，現為日本國會議事堂。一九一九年設計圖完成，開始興築，一九三六年完工。在臺灣議會設置請願運動過程中，它一直處在興築狀態中。（同上）

講習會。四、演講會。五、中央俱樂部及文化書局。六、文化演劇。[4]茲逐項略微說明之。文協的會報於一九二一年十一月二十八日發行第一號，刊登蔣渭水著名的〈臨床講義、臺灣と云ふ患者に就て〉。當時很少臺灣人有能力訂報紙，文協在各地設立「新聞雜誌閱覽所」，提供民眾閱覽島內、內地，以及中國的新聞雜誌。各種講習會包括：文化義塾的開設計畫、臺灣通史講習會、通俗衛生講習會、通俗學術講座、臺北學術講習會、西洋歷史及經濟學講習會、夏季講習會。演講會是文協主力所在，以今天來看，都很難想像其盛況。根據總督府警務局的統計，從一九二三至一九二六年的四年，文協在全臺灣共舉辦七九八場演講會，其中有五十九場遭「解散」之處分。這四年，以演講者來看，共二、九九一人次（二七六人次遭解散之處分），以聽眾來看，共達到二九五、九八一人次。[5]群眾的參與可以說相當踴躍。根據官方的統計，平均一場三七〇人，若以一九二五年臺灣總人口三、八三八、六三六（不含內地人和外國人）[6]來計算，約等同今天每場約有二千二百五十三人，可以說相當多。但若以當時《臺灣民報》的報導來看，觀

4 臺灣總督府警務局，《臺灣總督府警察沿革誌第二編 領臺以後の治安狀況（中卷）臺灣社會運動史》（臺北：臺灣總督府警務局，一九三九），頁一四六—一五八。此一史料以下簡稱《警察沿革誌 臺灣社會運動史》。

5 《警察沿革誌 臺灣社會運動史》，頁一五二。

6 臺灣總督官房調查課，《大正十四年十二月三十一日 臺灣現住人口統計》（臺北：臺灣總督官房調查課，一九二五），頁六。二〇二一年十二月底，臺灣人口的官方統計數字為二三、三七五、三一四人，是一九二五年的六・〇九倍。

眾一、二千名，或三千名，也很常見，甚至有報導七、八千名的。[7]不管官方報少，或民間報多，文協的演講在當時確實非常受到各地群眾的歡迎。中央俱樂部是中部文協會員設立的，進口販賣圖書為主；在臺北則有蔣渭水設立的文化書局。文化演劇也就是一般所稱的「新劇」，有臺中草屯的「炎峯青年會」，以及新竹的「新光劇團」等，劇本內容多為批判社會制度、提倡民族意識，所以也和演講會一樣會遭受取締。文化演劇採用臺語，由文協會員演出，吸引不少群眾。[8]

另外，還有最膾炙人口的夏季學校，從一九二四到一九二六年接連三年在霧峰萊園舉辦，合計三百餘人參加，每次都超收。[9]文協於一九二六年設活動寫真隊，四月開始到各地放映電影（當時稱為「活動寫真」）。一九二七年一月文協分裂後，年底蔡培火成立「美臺團」，第二年一月由臺灣民眾黨協助，展開巡迴放映。[10]當時是默片時代，電影放映需要有「辯士」說明劇情。文協重要人物盧丙丁也是著名的活動寫真辯士。

二、臺語作為抵抗的工具與象徵

為何必須在臺灣設立臺灣議會？臺議理論建構者林呈祿指出是要確保臺灣的「特殊性」，也就是臺灣自己獨特的歷史、文化、思想和傳統。語言是其中非常重要的一環。臺議第一回請願和文協的成立都在一九二一年，這時候日本已經統治臺灣二十五年了，培養出受日本教育的第一個知識青年世代，他們都能講流利的日語，但在反殖民運動的過程中，他們刻意用臺語（日文稱為「臺灣語」，民間通稱「臺灣話」），而非日語，進行各種活動。文協的演講，基本上就是臺語演講，雖然有時也有用日語演講；有則報導說，使用日語，內地人來聽者不少。[11]

臺語（臺灣語）是當時民間社會最普遍使用的語言。反殖民運動者及其支持者很有意識地使用這個語言，作為抵抗的工具和象徵。在當時的學潮中，我們也看到這個現象。文協的學生會員佔很高比例，創設當時有二七九名，佔創會時一、〇三二名會員的二七%。[12]一九二〇年代有幾

7 《臺灣民報》關於演講消息和人數的報導相當多，以下只是幾個例子：臺中樂舞臺三千名左右（二一七／一九二四年九月十一日，頁一四）、斗六街演講兩千餘名（三：一三／一九二五年五月一日，頁五）、嘉義公會堂演講七、八千人（七一／一九二五年九月二十日，頁一三）。

8 《警察沿革誌 臺灣社會運動史》，頁一五八。

9 首度開設「夏季學校」時，文協在刊登於《臺灣民報》「臺灣文化協會々報」特別說明其原由及相關訊息，見《臺灣民報》（二：一九／一九二四年十月一日），頁一二－一三。

10 李毓嵐，〈美臺團的電影啟蒙活動：以日記與報紙資料為主的考察〉，發表於「第八屆日記研討會：日記中的歷史事件」學術發表會，中央研究院臺灣史研究所、國立彰化師範大學歷史研究所主辦，二〇二〇年十一月二十七、二十八日。

11 如一九二四年七月十九日在臺南公館的演講使用日語，「內地人來聽者不少」。《臺灣民報》第二年第一七號（一九二四年九月十一日），頁一四。

12 《警察沿革誌 臺灣社會運動史》，頁一三八、一七〇。

次學潮，其中臺北師範學校就發生兩次，即一九二二年二月「臺北師範騷擾事件」，以及一九二四年十一月「臺北師範爭議事件」。前者涉入的學生全部釋放，後者被校方開除的學生高達三十六人，懲處非常嚴厲。[13]

限於篇幅，在此省略一九二二年北師學潮的經過，由於官方和學校當局都認為學生受到文協影響所致，強制學生退出文協，導致臺北師範學校有二〇五名退會。一九二四年北師再度發生學生抗議事件，起因於修業旅行目的地的爭論。學校發表宜蘭地區時，日本學生表示贊同，但臺灣學生不滿意，要求到中南部地方旅行。十一月十八日旅行啟程那一天，不參加的學生約好不起床，共一二三名。二十日學校宣布休學一星期，二十六日文協發電報謂「犧牲者多，大家勿返校」，並抨擊學校對臺灣學生的待遇。這件事情導致三十六名學生被退學，包括後來成為臺灣美術史上重要畫家的陳植棋。[14]

兩次北師學生抗議事件，起因一為走路左右邊的問題，一為到哪裡旅行的問題，可以說都不是極端重要的事情，會導致抗議越演越烈，主要是牽涉到長期以來日臺差別待遇，一觸到神經就很難收場。

在第二次北師學潮中，我們很清楚看到臺語（臺灣話）作為抵抗的工具與象徵的案例。由於臺北教育大學保有臺北師範學校的學籍簿，有學生的各種資訊，遭退學的學生也會記載與遭退學相關的行為。陳世昌和陳和貴都因一九二四年十一月的事件遭退學處分。讓我們來看看兩人的「罪狀」。

陳世昌「生徒明細簿」之「操行相關事項」（操行ニ關スル事項）如此記載：[15]

十一、一八、午后一時、授業中台湾語使用、一八、夜自修室台湾語演說
一八、夜舍監分室宣傳演說、一八夜事務室／舍監室襲擊ノ指揮者投石
一九、午前九時、自修室總指揮者、同級者ヲ煽動脅迫ス
一九、午后四時、歸省ノ時同級生ヲ集合、相談

中譯：

十一月十八日午後一時、上課中使用台湾話、十八日夜間 自修室〔用〕台湾話演講
十八日夜間 舍監分室宣傳演講、十八日夜間 事務室／舍監室襲擊之指揮者、投石（丟石頭）
十九日午前九時 自修室總指揮者、煽動脅迫同級生

13 《警察沿革誌 臺灣社會運動史》稱為「學校騷擾事件」，關於臺北師範學校兩次事件梗概，見頁一七〇—一七三。

14 《警察沿革誌 臺灣社會運動史》，頁一七二—一七三，退學人數作「三十七名」，應是筆誤。臺北師範學校《本科生徒學籍簿 大正九年入學 大正一四年三月卒業》，陳植棋「生徒明細簿」，頁二一一。

15 臺北師範學校《本科生徒學籍簿 大正一二年入學 大正一七年三月卒業》，陳世昌「生徒明細簿」，頁二三五。

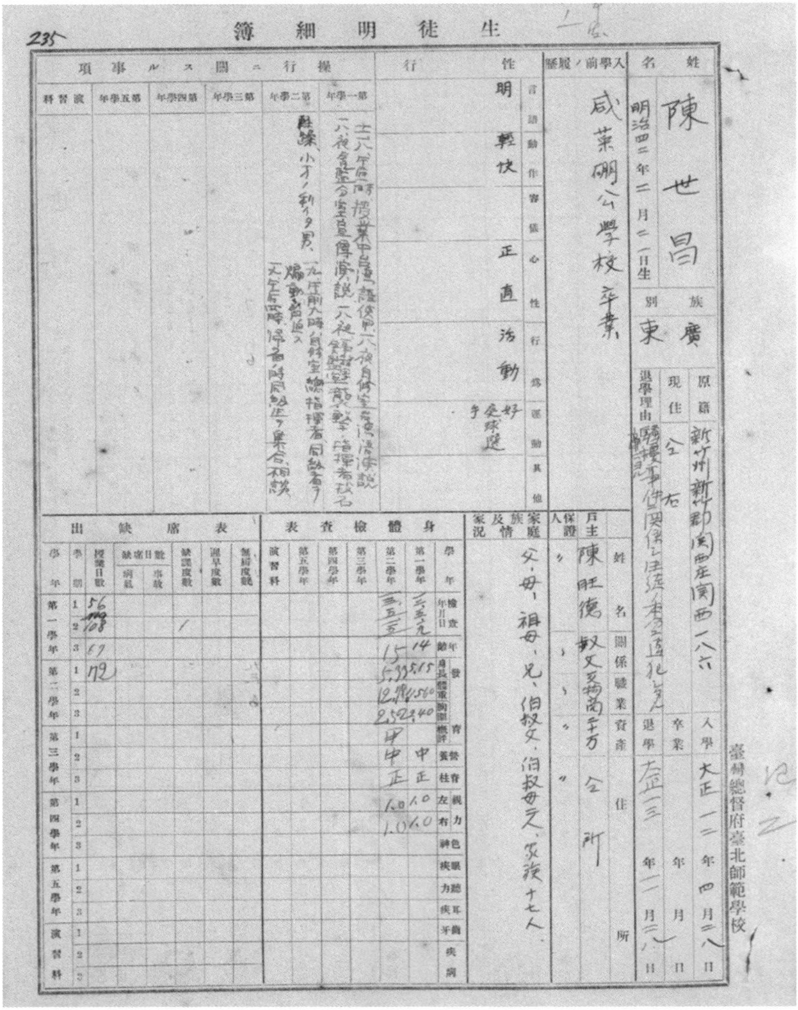

生徒明細簿

姓名：陳世昌　明治四二年二月二一日生

族別：廣東

原籍：新竹州新竹郡関西庄関西一八六

現住：仝右

入學前ノ履歷：咸菜硼公學校卒業

入學：大正一二年四月二八日

退學：大正一三年一月二八日

戶主：陳旺德

家族及家庭情況：父、母、祖母、兄、伯叔父、伯叔母之、家族十七人

性行：言語動作　明　輕快；心性　正直；行為　活動；運動其他　好　庭球選手

保證人：仝

圖四

陳世昌《自大正八至十三年度各部退學生明細簿》第二卷—陳世昌，1924年，國立臺北教育大學校友中心暨校史館典藏。（北師美術館提供）

十九日午後四時 歸省（指學生回家）之時集合同級生、互相討論

當時臺北師範學校規定在校內不能講臺語，事件當天陳世昌顯然特地用「台湾語」進行抗爭行動。他的「退學理由」是：「騷擾事件ニ関係シ生徒ノ本分ニ違犯シタル事ニヨル」，即「由於與騷擾事件有關，違犯學生之本分一事」。一九二四年十一月二十八日退學。

陳和貴的「操行相關事項」如此記載：[16]

十一月一八、午后一時教室台湾語使用一八、事務室／舍監室襲擊、投石ノ疑

一九、自修室指揮者同級者ヲ煽動脅迫ス

中譯：

十一月十八日午後一時〔在〕教室使用台湾話 十八日有襲擊、投石事務室／舍監室之疑

十九日 自修室指揮者 煽動脅迫同級生

他的「退學理由」是：「大正十三年十一月十八日騷擾事件ニ関係シ生徒ノ本分ニ違犯シタル事

16 臺北師範學校《本科生徒學籍簿 大正一二年入學 大正一七年三月卒業》，陳和貴「生徒明細簿」，頁二三四。

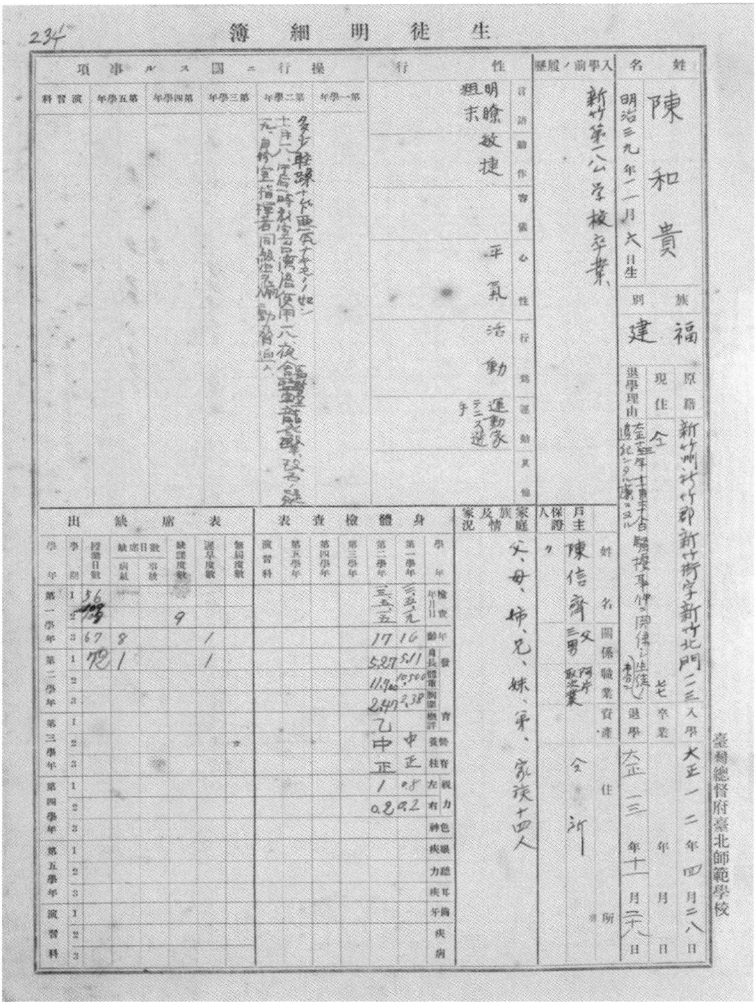
234
生徒明細簿

姓名：陳和貴
明治三九年一一月六日生
族別：福建
原籍：新竹州新竹郡新竹街字新竹北門一三三
現住：仝
入學：大正一二年四月二八日
卒業：年月日
退學：大正一三年十一月二九日
入學前ノ履歷：新竹第一公学校卒業
性行：言語 明瞭；動作 敏捷；心性 平氣；行爲 活動；運動其他 運動家
戶主：陳信齊
家庭及家族情況：父、母、姉、兄、妹、弟、家族十四人
住所：仝
操行ニ關スル事項
身體檢查表
出缺席表
臺灣總督府臺北師範學校

圖五

陳和貴《自大正八至十三年度各部退學生明細簿》第二卷—陳和貴，1924年，國立臺北教育大學校友中心暨校史館典藏。（北師美術館提供）

ニヨル」，即「大正十三年十一月十八日由於與騷擾事件有關，違犯學生之本分一事」。一九二四年十一月二十八日退學。

退學在當時是非常嚴重的事情。陳世昌和陳和貴在參與抗議的過程中，使用臺語是非常有意識的作法，因為「臺灣語」在當時是反抗的語言。如果我們再細看兩人的原籍，兩人都來自新竹州新竹郡，陳和貴家住新竹街北門，他的「族別」是「福建」，也就講福建話（臺灣話）的人；陳世昌家住關西庄關西一八六，「族別」是「廣東」，也就是講廣東語（客家話）的人！一個母語是廣東語的學生，在抗議過程中選擇用臺灣語來演說，這在在彰顯臺灣語在當時是抵抗的語言，也是抵抗的象徵。

文協的演講者基本上使用臺語，除了表示抵抗的意態之外，也有實際的考慮，當時民間聽懂日語的人口不多，尤其鄉間。但若到客人地區呢？就必須考慮臺語不通的問題。一九二七年《臺灣日日新報》有一則〈辯士通譯被拘〉的報導：在湖口三元宮舉行農民組合支部發會式講演會，文協新竹支部辯護士（律師）登台講演，由於當地人聽不懂臺語，所以請一位東京駒場某大學在學生彭宗棟來做翻譯。請注意：當時相對於「廣東語」（當時對客家話的稱法），臺灣話則稱為「福建語」，這位年輕人在將福建語內容翻譯為廣東語時，竟然和辯士講的有出入，而且「含有不穩言動」（危險的〔反政府〕言行），所以被警方檢束。[17]

17　《臺灣日日新報》一九二七年六月二十六日，第四版。

這則報導至少告訴我們三件事。其一、到鄉下演講，語言要配合當地人的需求。其二、翻譯未必符合原意。其三、翻譯者是大學生，想法顯然比年紀大的律師講者激烈。結果被「檢束」的是大學生。這是不是也告訴我們當場監聽的「監臨官」確實聽得懂福建語和廣東語，並能分辨其間的不同！

我們今天很難想像一個幾乎全面使用臺語的文化運動。不止運動本身，臺語也是生活語言，甚至是法庭上切關緊要的語言。二林事件（二林蔗糖事件，見頁四五八）公判（開庭）時，裁判長詢問個人基本資訊，李應章用日文回答，之後裁判長告訴李應章：「答辯用語是隨你的意思，用臺灣語也好，以你最慣用的就是。」李應章回答：「那末，我以後用臺灣語。」之後就由通譯來翻譯。[18]一方面，我們不得不感佩這位裁判長的文明態度，反觀就算《國家語言發展法》已通過的當代臺灣，還是很多人無法接受在公共場域「被講」臺語。另一方面，九十多年後在臺灣臺語已經是「瀕危語言」（endangered language）。目前在六至十四歲的年齡層，只有百分之七．四的家庭以臺語為主要語言。[19]臺語的現況符合聯合國「endangered language」的定義，包括父母不再用這個語言和下一代講話。[20]如果除了「慶祝」文協成立一百年之外，我們有必要反省我們失去了什麼，語言應該是其中一大項吧。

三、文協的分裂及其問題

一九二七年一月三日臺灣文化協會臨時總會由信奉共產主義的連溫卿派取得控制權，蔡培火退席、蔣渭水辭掉中央委員，林獻堂也請辭，但被暫時留任。一般稱為臺灣文化協會的分裂，一九二九年年底再度分裂，由王敏川上海大學派（上大派）掌控。在此我想提出幾點觀察和讀者分享。

首先，與其說是文協「分裂」倒不如說是「斷裂」，文協總共五年二個半月，即一九二一年十月十七日至一九二七年一月三日；分裂後的文協共約四年，即一九二七年一月三日至一九三一年一月五日。後者可以依序稱為：新文協、新新文協。

---

18 李根培，《世間何處是桃源：李應章（李偉光）研究〔上卷〕日治時期：臺灣二林蔗農事件》（彰化：彰化縣文化局，二〇一九），頁一九二。

19 行政院主計總處，《109年人口及住宅普查初步統計結果提要分析》（臺北：行政院主計總處，二〇二一），頁三三。

20 聯合國教育、科學及文化組織（UNESCO）關於「endangered language」的定義：「A language is endangered when its speakers cease to use it, use it in fewer and fewer domains, use fewer of its registers and speaking styles, and/or stop passing it on to the next generation.」網址：http://www.unesco.org/new/en/culture/themes/endangered-languages/faq-on-endangered-languages/（二〇二一年十月三十日檢索）

不管連溫卿和王敏川及其年輕支持者（當時稱為無產青年）在思想流派上有何不同，文協因成員左傾而分裂有當時的時代背景。一九二二年蘇維埃社會主義共和國聯盟（蘇聯）成立，其制度和成效引起注目，年輕人信奉社會主義／共產主義可以說是時代的潮流。在這裡只舉一個例子，大家都知道胡適是自由主義大師，但連他在一九二六年都曾經對蘇聯有很高的評價，認為「近世的歷史指出兩種不同的方法：一是蘇俄今日的方法，由無產階級專政，不容有產階級的存在。一是避免『階級鬥爭』的方法，采用三百年來『社會化』（socializing）的傾向，逐漸擴充享受自由幸福的社會。」還誇讚「列寧一班人，都是很有學問經驗的人」。[21]胡適不久後還是回歸到他的自由主義路線，在這裡舉這個例子，有兩層用意，其一，三十五歲的胡適都曾為蘇聯所吸引，更何況熱血青年。其二，相對於無產階級專政，胡適指出的第二種社會進化的方法，也就是林獻堂、蔡培火等人走的路線。在當時為左傾的進步份子嚴厲批判，但一百年後，世界經歷共產主義的破產以及蘇聯的解體，我們回頭看這段歷史應該盡量擺脫當時文協左派的視角。

除了世界潮流之外，「分裂」、「奪權」、「鬥爭」是當時左派知識份子相信的歷史進程。針對文協的分裂，一九二七年二月蔡孝乾在《臺灣民報》的文章指出，文協的分裂是「解放運動過程中的必然的變化」，當時「歐洲各國、無論是無產階級的解放運動、或是民族解放運動、都有發生左派和右派之分裂。在中國、如國民黨的左右派之分裂。在日本、如最近勞働農民黨的分裂。分裂的結果、都是促進其解放運動的展開。現在我們臺灣的解放運動、雖是寥微之聲、但還能夠聽得文化協會分裂的消息、這就證明了臺灣的解放運動還能夠展開的。」[22]

一九二六年九月臺灣農民組合（農組）成立，一九二八年四月臺灣共產黨（臺共）在中國上海法租界成立，分裂後的文協逐漸被農組及其後的臺共所控制。新文協一開始在活動上仍然延續演講和文化演劇的傳統。一九二七、一九二八兩年非常有活力，一九二七年演講有二七一回、一九二八年一七七回。[23]由於文化演劇相對來說，文化素養的門檻比較高，如果一般民眾喜歡歌仔戲勝於文化劇，新文協以農民為主要群眾，而基層的人習慣看歌仔戲，如何以文化劇來吸引群眾？其成效值得注意。賴和的小說〈辱？！〉寫於一九三〇年十月，一九三一年一月一日發表，描述新文協演講頻遭取締的困境、警察濫權以及對文協成員的威辱，背景是很受民眾歡迎的廟台戲，日戲加夜戲已經連演三天了。[24]

新文協在活動上雖有所延續，但就領導層來說，分裂前後是兩批不同的人。前者以林獻堂、蔣渭水、蔡培火等人為主；後者依序以連溫卿、王敏川為主，兩人確實也是文協原來的成員，但沒扮演主要的角色。新文協、新新文協主要幹部和文協大都沒關係。除了二林蔗農事件，文協和

---

21 胡適給徐志摩的信，刊載於一九二六年十二月八日《晨報副鐫》，歐陽哲生編，《胡適文集四 胡適文存三集》（北京：北京大學出版社，一九九八），頁四七、四九。

22 蔡孝乾，〈轉換期的文化運動（三）〉，《臺灣民報》第一四四號（一九二七年二月十三日），頁七。

23 《警察沿革誌 臺灣社會運動史》，頁二一八。

24 賴和，〈辱？！〉，收於賴和，《賴和全集—小說卷》（臺北：前衛出版社，二〇〇〇），頁一一八—一三二。

農民運動沒有關係；臺灣農民組合屬於不同的發展脈絡，成立過程和文協沒有關係。[25]這是我們需要特別注意的地方，由於少數人員有重疊，往往造成誤解，加上後來文協變成農民組合的外圍組織，因而容易引起淆混，農組有些活躍人士如簡吉、葉陶，和文協沒有關係。

至於李應章，他是文協創立時的發起人，參與文協很深，也是一九二五年六月二十八日成立二林蔗農組合的靈魂人物，因二林蔗農事件（一九二五年十月二十二日）被捕、起訴，後來判八個月。二林蔗農組合於一九二七年六月併入臺灣農民組合，成為該組合二林支部。李應章因被押、審判、入獄的關係，參與農組不深，只擔任顧問。新近研究指出：二林支部活動由外來人主導，有難以融入本地的問題，且訴求階級鬥爭，和農民的實際需求脫節。二林支部至一九三二年終歸於瓦解。[26]

在這裡，有必要特別說明：所謂左、右派，一般指激進 vs. 保守／溫和，如果以當時的路線來說，指階級路線 vs. 民族路線。這樣的右派，不能和「右翼」，即擁護殖民統治或軍國主義的團體混淆，不管左右，在臺灣總督府眼中他們都是反殖民運動者，只有像高千穗聯盟、「愛國會」，「臺北在鄉將校會」等才是右翼團體。臺灣總督府警察沿革誌第二篇中卷還花篇幅附驥尾介紹；[27]這些團體連楊肇嘉的臺灣地方自治聯盟都反對。[28]

一九九一年蘇聯解體以來，世界對馬克斯主義、共產主義有深刻的體認，我們今天再來看文協的左右派問題，視野應有所不同。一九二〇、三〇年代有「以左為貴」，越左越具有道德高度的現象。今天我們不能認為左派的激進就一定「政治正確」，越激進越值得肯定，若要比激進沒止境，已經很激進的楊貴（楊逵）一九二八年年底遭到新文協內部加入黑色青年聯盟的無政府主義派挑戰，在演講會上起嚴重衝突，導致關係破裂。[29]左派不是鐵板一塊，他們之間的齟齬可能比右派嚴重，楊逵和葉陶就被簡吉逐出農組。[30]此外，我們要避免採取激進派的觀點來看保守派，若論社會／群眾基礎，文協比新、新新文協大很多，這是從很多資料都看得到的。

分裂後的四年，文協在性質上有起怎樣的變化嗎？文協創立時以「助長臺灣文化發達為宗旨」，一九二七年一月之後，宗旨總共改了五次（以羅馬字標示）。茲分新文協、新新文協羅列於下：[31]

一、新文協階段

一九二七年一月三日 臨時理事會通過的會則仍以文化為目標：

本會以普及臺灣大眾文化為主旨（蔣渭水版本）（**I**）

---

25 陳翠蓮，《臺灣人的抵抗與認同一九二〇～一九五〇》（臺北：遠流出版公司，二〇〇八），頁一五六、一六四－一六五。

26 李根培，《李應章（李偉光）研究（上卷）》，頁二九一。

27 《警察沿革誌 臺灣社會運動史》，頁一三三六－一三八一。

28 《警察沿革誌 臺灣社會運動史》，頁一三四五－一三四六。

29 《警察沿革誌 臺灣社會運動史》，頁二五一－二五二。

30 楊翠，《永不放棄：楊逵的抵抗、勞動與寫作》（臺北：蔚藍文化，二〇一六），頁八一－八三。

31 以下根據《警察沿革誌 臺灣社會運動史》，頁一九九、二〇七、二三五、二四八、二七三、二七八－二七九。

一九二七年十月十七日 分裂後第一回全島代表大會將綱領改為：

促進大眾文化之實現（連溫卿版本）（**II**）

此外通過：

一、訂定「文化日」，以每年文協分裂的一月三日作為「文協日」，落實「鬥爭之紀念」（記念闘争を行ふ）。

二、取消林獻堂提出的「文化協會無關乎政治」的備忘。

一九二八年十月三十一日第二次全國代表大會，會議沒開完就被解散。會場布置十二面「會旗」，旗子和農民組合的旗子類似。

一九二九年一月十日 在本部事務所召開中央委員會，農民組合幹部簡吉等六人以旁聽者身分出席。楊貴被推為議長、林冬桂為書記。會議通過「文協的本質」的重新定義：

文化協會之本質（**III**）

非大眾黨之組織。雖為思想團體，也關聯到經濟鬥爭及政治鬥爭。是代表無產階級的思想團體。

文化協會之組織應以工人、農民、小市民為細胞。

應盡全力於學生、勞、農、小市民之組織。

文協創立之始，以「助長臺灣文化發達」為宗旨，對象是全部的臺灣人，並沒有去區分階級。一九二七年蔣渭水版本和連溫卿版本，差別在於「大眾文化」之前是否有掛「臺灣」，這個差別很大，就是民族主義運動 vs. 無產階級革命路線。一九二九年一月重新定義文協本質，已經遠離原來的精神，而以工、農、學生和小市民為特定對象。另外，值得注意的是，新的「文協的本質」的界定，「文化」二字已經看不到，取而代之的是經濟及政治鬥爭。就此而言，文協已經喪失以文化為努力目標的創會宗旨，可以說「文協已死」，這並非我們今天回溯的看法，在當時掌握文協的農組就認為文協已經達到階段性任務，應該解消。

二、新新文協階段

一九二九年十一月三日 文協舉行第三次全島代表大會，由王敏川的「上大派」掌控，開除連溫卿。文協綱領修訂為：

我等糾合無產大眾、參加大眾運動，以期獲得政治、經濟、社會之自由。（IV）

一九三一年一月五日 第四次全島代表大會更進一步將會則改為：

本會之目的在於糾合勤勞大眾，參加無產階級運動，實行本會之綱領、決議、宣言，以期獲得政治、經濟、社會之自由。（V）

並正式在文件上列出口號，包括：

反對民眾黨自治聯盟主張的自治

打倒反動的臺灣自治聯盟

打倒臺灣民眾黨

一九二九年十一月三日再度分裂的文協，可以說已經沒有「文化」的存在空間了。一般認為文協已成為臺共的外圍組織。一九三一年一月五日全島代表大會最後喊了十一個口號作結，包括：

擁護祖國蘇維埃政權！

打倒臺灣民眾黨、臺灣地方自治聯盟！

一個頂著「文化」之會名的團體，卻以打倒臺灣民眾黨、打倒地方自治聯盟為目標，不能不說已經失去作為文化團體的本意。這次大會決議支持臺灣共產黨，正式成為臺共的外圍組織，也宣告臺灣文化協會的結束。

今天我們看文協的分裂，往往會以「文協左傾」一句話帶過，不過，實際情況比「左傾」一詞複雜。左傾意為向左傾斜，「左」一般指在觀點上受到社會主義或馬克斯主義影響，未必加入共產黨，也未必奉行列寧主義。但文協分裂後，情況不只是向左傾斜，還因為文協這個組織的存在和列寧主義革命路線產生扞格，內部開始有「文協解消說」，也就是取得文協掌控權的農組及其後的臺共，主張解消文協。為何如此？

文協分裂後從一九二七年一月到一九三一年一月，短短四年，會則的綱領（或宗旨／目標）

卻修訂了五次，從「有」文化到「沒」文化，到無產階級運動。不過，若從馬克斯主義和列寧主義革命路線來看，有它在意識型態上不得不然的邏輯。從一九二九年二月以後到一九三一年，文協內部一直有解散的呼聲。解消論的理論根據見文末附錄，[32]文字看起來很複雜，簡單來說，就是：由知識分子主導的文化協會會阻礙根據馬列主義應該由普羅階級領導的臺灣殖民地解放運動，因此必須解散。臺共成立後，更直接的說法是：文協若繼續存在會阻礙共產黨的發展。[33]

不過，由於文協在臺灣人心目中還是有一定的聲望和影響力，「一般大眾對文協寄以無條件之信賴」，[34]雖然農組一派主張解散，但文協中央委員長王敏川認為文協還有存在價值，和臺共中央委員謝阿女（謝雪紅）取得一致，決定將文協改為「小市民階級的鬥爭團體」以暫時解決問題，不過，仍受到少壯黨員批評為「機會主義」。簡而言之，農組方面主張解散，臺共方面則認為文協還有「政治上的價值」，在還無法組織「總工會」、「反帝同盟」之前，不得不讓文協繼續存在。[35]一九三一年一月五日文協議決成為臺共的外圍組織，等同宣告自我解消。

在臺共論述文協還有存在價值時，明白說：「到一九二六年為止，文協事實上代表全臺灣被

32 筆者譯自《警察沿革誌 臺灣社會運動史》，頁二六三。
33 《警察沿革誌 臺灣社會運動史》，頁二六六。
34 《警察沿革誌 臺灣社會運動史》，頁二六六。
35 《警察沿革誌 臺灣社會運動史》，頁二六五。

壓迫之民眾（當時的文協事實上是臺灣全部被壓迫民眾之反日本帝國主義之共同戰線黨）」，[36]給予相當高的評價，這也是我們今天紀念文協一百年的意義所在。

四、作為文協遺緒的霧峰一新會

臺灣文化協會是林獻堂非常珍愛且大力支持的全島性組織，一九二七年一月三日文協分裂，他也以年紀大、數月後要遠遊請辭，但被新幹部留任。他確實於該年五月十五日啟程環遊世界，至一九二八年十一月八日返回臺灣。分裂後的文協，沒有林獻堂參與的空間，可能個性使然，他沒退出文協，但一九三一年一月五日他被新新文協「除名」，[37]如上所述，那一天也是文協結束之日。

林獻堂的長子林攀龍（一九〇一—一九八三）是非常特別的人，用現在的話來說，他的學歷「超亮麗」：六歲入漢學書房讀書，一九一〇年十歲到日本東京讀書，就讀東京帝國大學（政治），一九二五年四月畢業，旋赴英國，九月進入牛津大學就讀（宗教、哲學），畢業後於一九二八年十一月四日返臺。一九三〇年三月他後又到法國、德國遊學（哲學、文學），一九三二年二月二日返回臺灣。[38]總共在日本十五年餘，在歐洲五年半。該年三月十九日，「霧峰一新會」成立。這是林攀龍的發想，得到父親林獻堂全力支持，可以說這是林獻堂、林攀龍父子兩人共同的文化志業。

霧峰一新會（以下有時簡稱「一新會」）的會則揭櫫：「本會目的在促進霧峰庄內之文化，而廣布清新之氣於外，使漸即自治之精神，以期新臺灣文化之建設。」（標點為筆者所加）[39]這個宗旨有如下幾個要點：一、目的在促進文化（讀者感到熟悉嗎？）。二、以霧峰庄為範圍。三、將清新之氣拓散開來，打造自治精神，以求建設新的臺灣文化。一新會是純粹民間組織，目的在於以社群自身的力量從生活的各個面相，提升自我，啟蒙群眾，以求整體文化的提升。

「自治」與「文化」不就是林獻堂一生最主要的關懷嗎？那麼，林攀龍呢？一新會的創立是他對人生之根本看法的體現。林攀龍很愛讀書，具有濃厚的人文興趣，表達思想的方式是文學性的，充滿詩意。他心性淡泊，外人看來也許會覺得他「胸無大志」，但他的人生觀是「積極的」、正面的。他旅居英倫歐陸多年，西方文明對他的影響是深刻，但他崇尚的西方文明是代表

36 《警察沿革誌 臺灣社會運動史》，頁二六六。

37 《警察沿革誌 臺灣社會運動史》，頁二六九。

38 「林攀龍（南陽）先生年表」，林博正編，《人生隨筆及其他——林攀龍先生百年誕辰紀念集》（臺北：博文文化公司，二〇〇〇），頁三〇一—三一一。

39 《霧峰一新會々則》，見《灌園先生日記（五）一九三二》（臺北：中央研究院臺灣史研究所籌備處、中央研究院近史所，二〇〇〇），圖版部分，未標頁碼。

陽光的阿波羅（Apollonian）精神，而非酒神（Dionysian）傳統。[40]他相信臺灣的再建設要從在地方落實開始，他說：「霧峰一新會的誕生決不是偶然的。在真理之光和大眾的期待合而為一的地方，才產生了這個會。」[41]光，自己的向上（向上自我提升），向光的所在前進，是林攀龍的人生哲學。

霧峰一新會簡單來講，就是以家族之力辦社會，也是臺灣最早的社區營造工作。[42]一新會舉辦非常多的活動，一個月平均舉辦三、四項活動，加上每週一次的例行演講，日程非常緊湊。活動項目很多樣，有婦人茶話會、老人慰安會、球競技會、兒童親愛會、辯論會、文化劇、演劇批評會、通俗演講、留學生懇親會、納涼會、活動寫真等。另外還舉辦過三回運動會，參加者很多，等於全庄運動會，以及兩回的夏季講習會，各十二日、十一日。

一新會常設的活動有：日曜講座、一新義塾、讀書會、詩文會等，其起迄簡表見本書第七章頁四一六。這都是每週定期舉辦的。一新會創會後第一次演講聽眾就有三、四百人，其後都有百人上下，即使在今天也非常不容易。每週一次的演講後來定名為「日曜講座」，林獻堂、林攀龍父子注重女性的公共角色，相信男女智能平等，鼓勵婦人要走入社會，不要落後於男子。這每週一次的演講會，一定是一男一女，而且女士先講。在七、八十年前很少職業女性，做此安排真的很不容易，是用行動來踐行信念。日曜講座驚人的是，不只每週一次，連辦到二百多回，直到一新會「無疾而終」。我們今天看到《一新會日曜講座演題目錄》原件，不管是一五〇回，或二〇〇回版，都令人嘖嘖稱奇。

一新會舉辦過三次的「週年紀念會」，二至三天，內容之豐富，以及品味之高尚卻又士親人親，更是令七、八十年後的吾輩驚嘆。第三週年的「書畫手藝展覽會」，以及茶會一景，見第七章頁三八〇的照片。一新會的活動非常受到庄民的肯定和歡迎，參與度很高，第一回運動會後的「假裝行列」（化妝遊行）就有一千五、六百人參加，二週年紀念日第二天晚上在大花廳舉行音樂跳舞會，觀眾七、八百人。

從很多方面，我們可以看到一新會的文協影子，例如演講會、通俗講座、文化演劇、活動寫真、夏季講習會；更重要的是，一新會的語言是臺語！就林獻堂來說，這是不是文協的霧峰版？當然由於一新會是家族自己在居住所在地來辦文化活動，那種親切感不是文協活動能提供的；加上林攀龍旅歐多年，有他的理想和見識，我們可以看到類似英國鄉間士紳的文化風格，且因為林攀龍強調「清新之氣」，一新會的活動給人向上（hiòng-siōng）、向光（ǹg-kng）的感覺。今天臺灣社會會再有這樣的阿舍嗎？霧峰一新會的風華能再現嗎？

文化向上是一新會的核心價值，藝術是文化的呈現，林攀龍愛好藝術，林獻堂更是藝術贊助

40　關於林攀龍，詳見本書第七章，頁三八二—三八六。

41　林攀龍，〈新臺灣的建設要從地方開始〉，林博正編，《人生隨筆及其他——林攀龍先生百年誕辰紀念集》，頁二八四。

42　以下關於霧峰一新會的敘述，主要根據本書第七章。

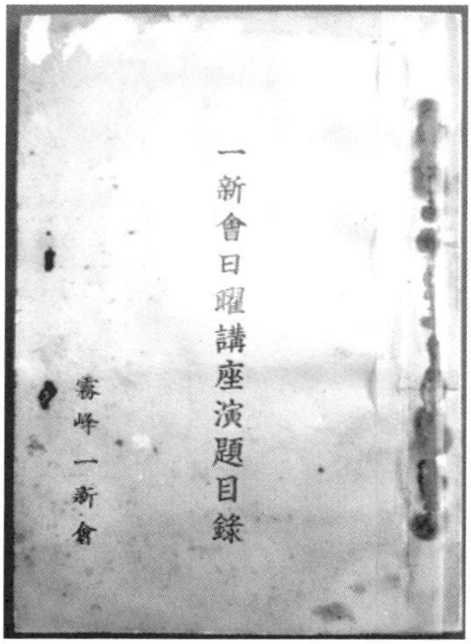

圖六

霧峰一新會發行，《一新會日曜講座演題目錄》（二百回版）。（鄭欽仁教授提供）

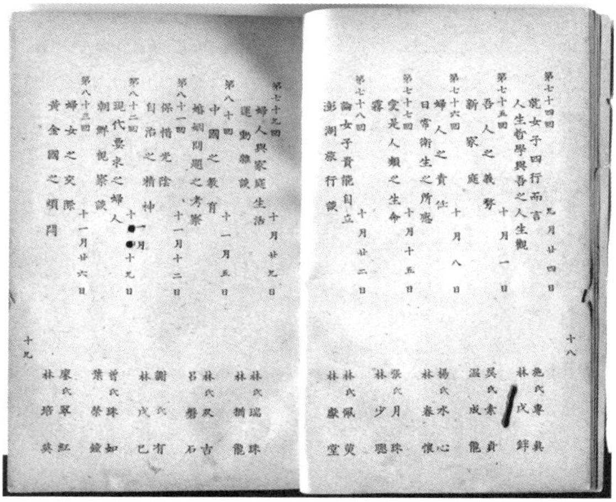
第七十四回　覺女子四行而言人生哲學與吾之人生觀　九月廿四日
第七十五回　吾人之義務　新家庭　十月一日
第七十六回　婦人之責任　日常衛生之所感　十月八日
第七十七回　實是人類之生命　霧　十月十五日
第七十八回　論女子貴能自立　澎湖旅行談　十月廿二日
十八
第七十九回　婦人與家庭生活　運動雜談　十月廿九日
第八十回　中國之教育　婚姻問題之考察　十一月五日
第八十一回　保惜光陰　自治之精神　十一月十二日
第八十二回　現代要求之婦人　朝鮮視察談　十一月十九日
第八十三回　婦女之交際　黃金國之煩悶　十一月廿六日
十九

圖七

《一新會日曜講座演題目錄》內頁（同上）

家，畫家顏水龍受到林家父子長期的支持和資助。林攀龍怎麼看待藝術呢？他引過馬修・阿諾德（Matthew Arnold）的話以「明志」：[43]

> 優秀なるものを讃美するのはそのものに次いでよい事である。
> （中譯：讚美優秀的東西是僅次於那件東西的好事情）

一百年後的臺灣，我們是否還能具有這種禮讚藝術的氣度和心志？

霧峰一新會處處流露出「永續經營」的用意，而且是想從地方推廣擴散到全臺灣。林獻堂、林攀龍一家人以一新會為生活重心，活力十足，活動穩固持久且多彩多姿，但最後不得不由榮盛而「無疾而終」。一九三七年十月四日一新義塾被迫廢止漢文教學，宣告終結，前後五年半多，時間長度幾乎等同文協。它的結束完全不是來自內部的自我敗壞，而是來自殖民當局的威逼，這種種的壓迫其實從創會的一九三二年就開始了，力道越來越強。在這裡，我們必須留意日本時代殖民統治對臺灣社會的壓迫和斲傷，不能美化殖民統治。霧峰一新會就是一個很警世的例子，它

---

43 日文原文刊於《臺灣新民報》第三九一號（一九三一年十一月二十一日），頁一五。中譯見林攀龍，〈顏水龍的畫入選巴黎秋季美術沙龍展〉（葉笛譯），林博正編，《人生隨筆及其他——林攀龍先生百年誕辰紀念集》，頁二七六。

要求我們正視臺灣戰後再度被殖民所帶來的層層累累的問題，並設法超克諸厄障，尤其在我們「慶祝」文協一百年的此刻。

五、戰後的荊棘之道（代結語）

臺灣議會設置請願運動和臺灣文化協會在一九二七年文協分裂之前，是反殖民運動的一體兩面。分裂後，蔣渭水和一群同志於七月十日組織臺灣唯一的政黨「臺灣民眾黨」，繼續支持臺議運動。[44]很可惜，臺灣民眾黨在一九三一年二月十八日被官方禁止，蔣渭水也在該年八月過世。

蔣渭水死於一九三一年，來不及經歷戰後中華民國代理盟軍軍事占領臺灣（美其名為「光復」）所帶來的惡政和二二八血腥鎮壓。不管在民間或學界，我們常會聽到這樣的感嘆：如果蔣渭水活到戰後，大概也無法倖免於難吧？以蔣渭水的個性和為人，做此猜測並非不合理。死於二二八的臺灣菁英非常多，幾乎你舉得出來的「各界」都有指標性人物犧牲，包括王添灯、陳澄波、阮朝日、吳鴻麒、王育霖、林連宗、李瑞漢兄弟、張七郎父子三人等等。若以臺議、文協、臺灣民眾黨做一類別，於二二八中失蹤或死亡者有林茂生、陳炘、廖進平、楊元丁、蕭朝金、徐春卿、黃賜、張榮宗等人。陳炘是臺灣大企業家，也是臺灣民眾黨經濟委員會委員，楊元丁是臺灣民眾黨基隆支部黨員。[45]如果仔細追查，不知還有多少臺灣民眾黨成員罹難？蔣渭水的弟弟蔣渭川則在軍警要槍斃他時逃亡，但四女巧雲當場遭槍擊，不久後死亡；[46]蔣渭川藏匿一年才由丘念台作保而重新出來。所以說，蔣渭水若活到戰後，很可能死於二二八，並非任意性的臆測。

沒有罹難，但有很多知交死於二二八或失蹤的林獻堂，最後終於選擇在一九四九年九月以病為名離開他摯愛的臺灣，流亡日本。說「流亡」不是誇張，在日本的臺獨組織「臺灣民主獨立黨」讓他掛顧問，他才能以政治庇護的方式申請在日本居留。從林獻堂日記可看出這是美軍提出來的「權宜」辦法（當時日本是同盟國軍事占領時期／GHQ一九四五年九月二日—一九五二年四月二十八日），雖然他「終不以為然」，但還是以此名義提出申請書。[47]顧問純屬掛名，不參

---

44 見周婉窈，《日據時代的臺灣議會設置請願運動》第四章「民眾黨鼎力支持下的請願運動」，頁一〇七—一四〇。

45 以上名單，感謝陳慧先教授、吳俊瑩博士協助，謹此致謝。楊元丁比較少人認識，可參考吳俊瑩，〈誰殺了楊元丁？〉，刊載於「臺灣與海洋亞洲」部落格，二〇一九年二月十四日，網址：https://tmantu.wordpress.com/?s=%E6%A5%8A%E5%85%83%E4%B8%81（二〇二一年十一月三日檢索）。

46 本文刊登在北師美術館圖錄《光：臺灣文化的啟蒙與自覺》，此句作「長女巧雲當場遭射死」，敘述不正確，將四女誤寫成長女，蔣巧雲中彈後十餘日死亡。謹此更正，並向家屬和讀者致歉。

47 《灌園先生日記（廿三）一九五一年》（臺北：中央研究院臺灣史研究所，二〇一二），一月三十日、三十一日，根據原件掃描檔。根據楊逸舟，廖文毅以「臺灣民主獨立黨」黨員身分替不少臺灣人向日本法務省申請政治庇護，以取得居留權，見楊逸舟（杏庭）遺稿、張良澤譯，《受難者》（臺北：前衛出版社，一九九〇），頁一三〇—一三一。

加活動，看來是臺獨組織的「義助」。[48]戰後在日本從事建國運動的臺灣人，是否有意保護臺灣「民間總統」呢？——在戰後之初，不少臺灣人認為：如果臺灣有總統，那就是林獻堂！（結果一九四六年連省議會議長選舉都被做掉／逼退。）林獻堂到日本，ROC當局出動很多人勸他回臺，連蔣介石都寫過信，[49]其中最為人知的說客是戰後選擇偎靠KMT/ROC黨國的蔡培火。林獻堂沒被他說動，在一九五五年十月十四日的日記寫道（標點為筆者所加）：[50]

> 其「蔡培火」不憚煩真是人莫及，乃實告之曰：危邦不入，亂邦不居；曾受先聖人之教訓，豈敢忘之也。台灣者，危邦、亂邦也，豈可入乎？居乎？非僅危亂而已，概無法律，一任蔣氏之生殺與奪；我若歸去，無異籠中之雞也。

在稍早前，他的二兒子林猷龍過世（一九〇二年六月五日—一九五五年七月十七日），他沒回來。那是要強忍住多少內心的痛苦呢？第二年一九五六年九月八日林獻堂病逝於東京寓所「潛園」，在人間差約一個半月才滿七十五年（一八八一年十月二十二日生），不算高壽。

林獻堂對返回臺灣的憂慮不是沒有道理，他過世後九年，一九六五年臺灣共和國臨時政府大統領廖文毅（一九一〇年三月二十二日—一九八六年五月九日）被以姪兒廖史豪性命（被抓判死刑）逼迫返台「投誠」，結果一生被軟禁，二位秘書和一位司機都是黨國派來監視他的，他在調查局安排的看護照顧之下眼睛失明（民間傳聞被下藥），最後病亡。[51]當然，KMT/ROC黨國可能不至於抓林家的人逼林獻堂回台，但丘念台有提到他若長期不歸可能對兒子猶龍、雲龍的事業不利，林獻堂卻認為回去還可能被當局一網打盡。[52]參照戰後黨國統治下的臺灣，我們不能說林獻堂多慮了。

臺灣議會設置請願運動是體制內運動。日本領有臺灣之後，從乙未戰役、陰謀（謀反）事件，一直到一九一五年，先是武力鎮壓，接著是嚴刑峻法。一九一五年的噍吧哖事件是漢人最後一次武裝抗日，犧牲慘烈。一九二〇年代的反殖民運動由傳統士紳和新興知識青年聯手推動，採行非武裝方式，是可理解的。世界上一般殖民地的反抗運動基本上有兩條路線：自治和獨立。在

---

48 二戰後美軍戰領日本，由駐日盟軍總司令（一般稱為GHQ）治理，一直到一九五二年四月二十八日《舊金山和約》生效才結束，總共六年八個月餘（一九四五年九月二日—一九五二年四月十八日）。林獻堂為了能在日本居留，花費很多力氣，他之所以以「臺灣民主獨立黨顧問」申請居留，係出美方人士的建議，見《灌園先生日記（廿三）一九五一年》，一月三十日條。申請延長居留的相關記事，見日記一九五〇年五月二十日、七月十六—十八日、九月九日、十月六日等條。林獻堂與臺灣民主獨立黨主席廖文毅在戰前就相識，在日本居留時，曾多次和廖文毅見面，他和該黨副主席黃南鵬往來尤其密切。

49 林承俊，《旅途——三老爺林獻堂的生活日常》（臺中：中央書局，二〇二二），頁二三三。

50 《灌園先生日記（廿七）一九五五年》，十月十四日，根據原件掃描檔。

51 陳銘城，《海外臺獨運動四十年》（臺北：自立晚報社文化出版部，一九九二），頁一一—一三；「廖文毅案」，受訪者廖史豪，張炎憲、胡慧玲、曾秋美採訪紀錄，《台灣獨立運動的先聲：台灣共和國》（臺北：吳三連基金會，二〇〇〇），頁七五、七八—七九、八三。

52 林承俊，《旅途——三老爺林獻堂的生活日常》，頁二五八。

當時的臺灣，追求殖民地自治屬於體制內活動，主張獨立就違法。一九二三年「治安警察法違反嫌疑事件」（治警事件）之後，獨立之路不能走是再清楚不過的。也就是一九二〇年代開始的反殖民運動沒有殖民地獨立這個選項，也從來不是公開論壇中可以討論的議題。當殖民統治者的壓力持續增大，尤其日本本土軍國主義崛起之後，追求殖民地自治只能不斷下修，一九三〇年八月楊肇嘉號召成立的「臺灣地方自治聯盟」，追求地方自治，雖然和殖民地自治不相扞格，但完全是不同層次的東西。

總而言之，由於臺灣非武裝反殖民運動標舉的最高目標是殖民地自治，沒有臺灣獨立的選項，因此，二戰後當世界殖民地紛紛獨立／追求獨立時，臺灣人卻外於這個「潮流」，被明顯的或不明顯的「祖國觀念」帶著走。如果我們可以用一個比喻來說，就是：二戰之後，全世界的殖民地都站在月台上等車，遠遠看到「獨立號」的火車開來，大家搶著上車。臺灣人因為從來沒在討論，看到「獨立」二字正恍神間，火車開走了，然後來了一輛「光復號」，大家互看一眼就匆忙上車，不久後發現搭錯車，但下不來，時間一晃七十七年……。

二〇二一年是臺議第一回請願和文協成立一百年紀念。我們除了「慶祝」之外，是否也需要深切反省？作為抵抗語言的臺語已經瀕危，客語和原住民諸語言景況更慘，如果臺灣的語言死在我們看得見的將來，尤其在「國家語言發展法」通過的今天，我們對得起為臺灣特殊的文化、語言、歷史以及思想而奮戰／奮鬥的前輩嗎？今天臺灣已經自由民主化了，討論、主張臺灣獨立不會有「治警事件」，但我們有在思考獨立建國的問題嗎？連一個小小的霧峰一新會都有自己的會旗、自己的會歌，我們有用自己的力量、愛與奉獻打造出來的國旗、國歌嗎？

戰後反殖民運動的前輩走在一條荊棘之路，有人被吞噬，有人倖存，有人忘記初衷。今天，我們是否能披荊斬棘，開闢康莊大道，讓炫麗的光照亮臺灣人的臺灣？

本文原刊於北師美術館圖錄《光：臺灣文化的啟蒙與自覺》（臺北：臺北教育大學北師美術館，二〇二二），頁四五—八四。二〇二三年八月修訂。

附錄

臺灣文化協會解散論的要旨

在列寧主義革命理論中，殖民地解放運動必須在普羅之黨（共產黨）指導下，進行一切運動，而獲得普羅指導權後，即霸權（hegemony）之問題是解放運動發展過程中必然抬頭的問題。由此立場來看臺灣，臺灣的革命運動是由文化協會之活動而發展起來，向馬克斯主義之立場前進，從初期的啟蒙運動而進行政治指導，從民族布爾喬亞分離出來，逐漸進到了馬克斯主義之運動型態，然而因其包擁之階級雜亂，隨著運動型態之昂揚而帶來動搖，以知識分子為中心之主導體，在大眾訓練上，如果不奔向鬥爭而強化政黨之色彩，導致與大眾隔離，不只不是鬥爭團體反而變成主導團體，以至於導致對應該握有霸權之階級性根據產生懷疑，變成與大眾游離之桌上談兵之團體。如此文化協會過去之功績及民眾對之有大期待，然而，這僅僅只會變成阻礙臺灣解放運動之發展。因此，不能不解消之。（周婉窈中譯）

原文見臺灣總督府警務局，《臺灣總督府警察沿革誌第二編 領臺以後の治安狀況（中卷）臺灣社會運動史》，頁二六三。

第九章

想像的民族風：試論江文也文字作品中的臺灣與中國

前言

江文也是出身臺灣的作曲家，才華洋溢，一九三〇年代後半到一九四五年活躍於日本和北京音樂界，意氣風發，然而由於特殊的個人和時代因素，他的後半生遭遇極慘，聲名淹晦不彰，直至纏綿病榻、意識不清之時，方才有故鄉之人遠來探望。那已經是一九八〇年代初期了，而他也終於在出生地臺灣「出土」了。然而，由於種種原因，以及歷史認知上的局限，我們往往根據自己的關懷和思考方式來理解他，不惟把他從他所屬的時代脈絡中抽離出來，也忽略音樂家個人藝術性格的內在邏輯。本文是將江文也還諸歷史、還諸他個人的一個小小嘗試。

本文以江文也一九四五年以前的文字作品為核心材料，整理分析江文也有關臺灣和中國的表述及其意涵。由於江文也的生平對某些讀者來說，可能還是有點陌生，因此，第一節先簡單介紹江文也一生的梗概，以及截至目前為止的相關研究。其次討論故鄉臺灣的意象對他的藝術創作所起的關鍵性作用。第三節則試圖從藝術家個人的創作與思惟邏輯，理解他的北京之行及其後寓居北京的「選擇」。第四節利用難得的江文也日記和書信，呈示藝術家個人關於一夕成名的感受與省思。第五節主要從他的文字作品中釐出他的中國想像的梗概。最後，關於一九三八年至一九四五年間江文也的某些引人訾議的音樂活動與作為，筆者試圖從歷史的脈絡予以理解；不是要為江文也辯護，而是要挽救江文也於「悖離時代」的民族主義式的解讀。

一、生平與相關研究

江文也原名江文彬，一九一〇年生於日本統治下的臺灣，戶籍地在臺北州淡水郡三芝庄；[1] 父親江長生，母親鄭閨，江文彬是次男，長男江文鍾生於一九〇八年，三男江文光生於一九一三年。江家雖然戶籍設在三芝，根據戶籍資料，居住地主要在大稻埕一帶，江文也很可能生在大稻埕。[2] 江長生經商，可能於一九一六年，江文也六歲時，舉家移居中國福建廈門。[3] 此時的福建是列強瓜分下日本的「勢力範圍」。如所周知，一八九六年日本取得廈門、福州等租界，一八九

---

1 臺北州淡水郡三芝庄新小基隆字埔頭坑五番地。此係一九二〇（大正九）年十月一日改稱，原地名為：臺北廳芝蘭三堡小基隆新庄土名埔頭坑五番地。

2 目前有關江文也的相關論著大都以江文也生於淡水三芝，可能不正確。根據三芝鄉戶政事務所戶籍資料，江長生和他的兄弟在一九〇六（明治三十九）年三月九日全戶從艋舺遷居三芝，以三芝為戶籍地，當時的戶長是江永生（江長生的二哥）。江永生於一九〇六年五月七日去世，戶長由江長生繼承，但該年十月江長生即「寄留」於大稻埕，「寄留」指居住於非戶籍所在之住所。其後江長生數度更改「寄留」地址，但一九二二年以前都在大稻埕一帶，因此，江文也很可能生於大稻埕，而非戶籍地三芝。江長生於一九三三（昭和八）年一月二十四日過世，戶長由江文鍾繼承，此後江文也和他的妻子，以及四位女兒的戶籍都在江文鍾這一戶之下。江文也全家並不住在三芝，他們的「寄留地」是東京市大森區南千束町四十六番地。

3 江長生於何年遷居廈門，戶籍資料並未顯示，此係根據俞玉滋〈江文也年譜〉，收於劉靖之主編，《江文也研討會論文集》（民族音樂研究第三輯）（香港：香港大學亞洲研究中心、香港民族音樂學會，一九九二），頁二九。是否確實無誤，待攷。

八年日本獲得清朝總理衙門不將福建沿海讓租他國的認可；亦即由日本取得優先權益。海外的臺灣人在當時是所謂的「臺灣籍民」，亦即擁有日本國籍而居留於日本本土與殖民地之外的臺灣人，特別指居住於福建和東南亞等地的臺灣人。[4]在福建的日本人（含臺灣籍民）享有諸多特權，包括治外法權以及免繳各種稅捐等優惠。[5]江長生的三哥江保生（即江文也的三伯父）於一九〇七年從臺灣到廈門創辦《全閩新日報》，該報是日本廈門領事館的外圍組織，江保生活躍於臺灣人社群，與日本駐外單位關係密切。[6]江文也的父親江長生從臺灣移居廈門應和江保生有關。

江文也約於一九一七年進入廈門旭瀛書院就讀。旭瀛書院是臺灣總督府為臺灣人子弟創辦的初等教育機構，雖名為書院，實則是以臺灣初等教育設施為準據而創設的，相當於臺灣公學校。[7]一九二三年八月四日，江文也的母親過世，同月二十六日江文也和長兄江文鍾離開廈門，到日本信州（長野縣）留學。江文也先進入上田南尋常小學校六年級就讀，翌年春進入上田中學校就讀。[8]一九二八年中學畢業後，考入東京武藏野高等工業學校，就讀電器科，一九三二年畢業。江文也缺乏正統的音樂教育，但他在上課之餘致力於音樂的學習，於一九三二年以聲樂嶄露頭角，其後更以作曲崛起日本樂壇，一九三〇年代後半期至一九四〇年代上半期，名噪一時。一九三八年，江文也赴北京就任教職，往來東京與北京之間，這是他一生最風光、文學與音樂創作最豐富的時期。一九四五年日本戰敗投降後，該年冬天江文也遭當局以「漢奸」之名逮捕，繫獄十個半月後獲釋，[9]從此滯留北京。從一九五七年的反右運動到文化大革命，江文也慘遭清算、下鄉等命運。一九七八年獲得「平反」，一九八三年十月二十三日逝世於北京。

4 關於居住於廈門的臺灣籍民及其問題，可參考鍾淑敏，〈日治時期在廈門的臺灣人〉，「江文也先生逝世二十週年紀念學術研討會」會議論文（臺北：中央研究院臺灣史研究所籌備處，二〇〇三年十月二十四日）；以及鍾淑敏，〈日治時期臺灣人在廈門的活動及其相關問題（1895-1938）〉，收於走向近代編輯小組編，《走向近代：國史發展與區域動向》（臺北：東華書局，二〇〇四），頁三九九—四五一。

5 參見梁華璜，〈臺灣總督府與廈門旭瀛書院〉，收於氏著，《臺灣總督府的「對岸」政策研究——日據時代臺閩關係史》（臺北：稻鄉出版社，二〇〇一），頁一〇六。

6 廈門臺灣居留民會編，《廈門臺灣居留民會報》〔廈門臺灣公會三十週年紀念〕（廈門：編者印行，一九三六），頁一—二、一五二。根據此份資料，江文也長兄江文鍾（原文作「鐘」）在一九三〇年代也活躍於廈門臺灣人社群，擔任廈門臺灣居留民會的議員；江保生當時是參議，位階在會長、副會長之下（頁五八）。在此之前，江保生曾擔任廈門臺灣公會副會長；廈門臺灣公會即廈門臺灣居留民會之前身。根據此份資料，江保生的職業是雜貨（仁昌洋行），江文鍾是貸地業（即地主之意），見頁一五七。可惜筆者尚未查到直接與江長生有關的資料。

7 廈門旭瀛書院創立於一九一〇年，類似的設施，福州有東瀛學堂（一九〇八），汕頭有東瀛學校（一九一五），見臺灣教育會編，《臺灣教育沿革誌》（臺北：臺灣教育會，一九三九），頁五〇九—五一五。關於旭瀛書院的創立和學校建置，可參考《廈門旭瀛書院要覽》（臺北：廈門旭瀛書院，一九一八；附注：此書印於臺北）。《要覽》出版時，江文也已經入學，可惜書中並無學生名單。根據該書的統計，就讀旭瀛書院的中國籍學童高達一半之多。關於旭瀛書院的研究，可參考梁華璜，〈臺灣總督府與廈門旭瀛書院〉，頁一〇一—一三〇。

8 根據江文也日記，轉引自井田敏，《まぼろしの五線譜 江文也という「日本人」》（東京：白水社，一九九九），頁二三、二八。

9 此段經歷，見吳韻真，〈伴隨文也的回憶〉，收於劉靖之主編，《江文也研討會論文集》，頁一三—一四。

根據以上簡單的生平輪廓，我們可以得知江文也的人生和東亞歷史的巨變有很深的糾葛，他個人的生命捲入時代翻雲覆雨的變化中。他的前半生多彩多姿，後半生備遭摧殘，前後有如天壤之別，就連他如何在故鄉臺灣「出土」（從隱晦禁隔到重新為人所知），也是個時代故事。由於一九四九年冬天江文也未隨中華民國政府遷臺，他和其他許多留在中國的文學家、藝術家，以及學者，成為「陷匪人士」，他們的作品在中國國民黨統治下的臺灣遭受查禁。因此，江文也的名字只流傳於極小的音樂圈中，絕大多數在中國國民黨統治下成長的臺灣人從未聽過他的名字，遑論其作品了。臺灣媒體公開討論江文也在一九八一年，再過兩年他就去世了。

一九八一年，江文也的名聲從海外華人社群傳回臺灣，這一年，三位在美國的江文也的「隔代知音」分別在臺灣的報章雜誌發表有關江文也的文章，依時間之序為：張己任〈才高命舛的作曲家〉（《中國時報》，一九八一年三月十三日）、謝里法〈故土的呼喚——臥病北平的臺灣鄉土音樂家江文也〉（《聯合報》，一九八一年四月十六日），以及韓國鐄〈江文也的生平與作品〉（《臺灣文藝》革新號第一九期（一九八一年五月））。這三篇文章發表後，立刻引來音樂界的熱烈反應，其中最具代表性的是郭芝苑的〈中國現代民族音樂的先驅者江文也〉（《音樂生活》第二四期（一九八一年七月十日））；郭芝苑年輕時曾幾度拜訪江文也，深為仰慕。此後到一九八三年之間，有不少有關江文也的文章發表於各個地方。[10]

江文也在臺灣「出土」之後，開始有所謂的「江文也熱」，也帶動江文也研究。江文也熱在一九九二年臺北縣政府舉辦「江文也紀念研討會」時，可說達到最高點。配合該研討會，主辦單位在國立臺灣師範大學禮堂舉行一場「江文也紀念音樂會」。《江文也紀念研討會論文集》是此一階段的研究集成。[11]綜觀一九八一年到一九九二年的相關文字，大抵可歸類為三種：一、紀念性文字；二、生平與作品的整理；三、以研討會為契機而集結的研究論著。在這一階段的江文也研究，無論海內外，基本上限於音樂界人士，這當然是極為自然的事。此後雖然偶有零星的論著出現，江文也研究似乎進入停頓期，一直要到二〇〇三年十月，中央研究院臺灣史研究所籌備處舉辦「江文也先生逝世二十週年紀念學術研討會」，才又活絡起來。[12]該次研討會最大的不同在於由歷史研究者主導。就江文也研究來說，這是歷史學界和音樂界第一次的合作，別具意義。[13]

音樂界人士首開江文也研究之先河，功勞甚大。然而，像江文也這樣和時局變化糾葛甚深的

10 以上參考何義麟，〈追尋東方的那一顆星——1980年代江文也出土現象的文化分析〉，「江文也先生逝世二十週年紀念學術研討會」會議論文（臺北：中央研究院臺灣史研究所籌備處，二〇〇三年十月二十四日），頁二。

11 張己任編，《江文也紀念研討會論文集》（臺北：臺北縣立文化中心，一九九二）。

12 配合此一研討會，臺灣史研究所籌備處籌劃兩場「江文也逝世二十週年紀念音樂會」，一為「聲樂和鋼琴作品」，前半場由陳威光演唱聲樂作品，後半場由宋如音（J. Y. Song）彈奏鋼琴曲（二〇〇三年十月二十三於國家音樂廳演奏廳；曹永和文教基金會贊助）。另一為「管弦樂曲」，由江靖波指揮國立臺灣交響樂團演出（二〇〇三年十月二十四日於中央研究院學術活動中心大禮堂，中央研究院藝文活動推動委員會舉辦）。

13 此一研討會九位論文報告人中，音樂界有研究江文也卓然有成的張己任教授、蘇夏教授（中國）、後起之秀劉麟玉女士（日本），以及兩位來自日本的楢崎洋子教授與仲萬美子女士。歷史研究者則為（敬稱略）：何義麟、周婉窈、許雪姬、鍾淑敏。

音樂家，歷史的了解很重要。何況日本殖民統治時期的臺灣歷史，對大多數人來說還是相當陌生的（一九四〇年代至一九六〇年代之間出生的多數人大抵對臺灣史欠缺系統性的了解），而殖民地情境的錯綜複雜又往往不是能「想當然耳」。此外，江文也的文字作品絕大多數以日文撰寫，臺灣音樂界人士，除了接受日本教育的前輩（如郭芝苑、許常惠）外，大抵無法直接閱讀原始材料，造成研究上的盲點。私意以為，截至目前為止，江文也研究比較欠缺的是歷史的深度，如何把江文也放回他所身處的時代，予以了解，予以詮釋，是今後應該努力的目標。

江文也除了是音樂家之外，多才多藝，很有文學寫作的才分，留下不少文字資料。自江文也「出土」之後，他的文化認同與身分認定，以及因此而衍生出來的「民族認同」（national identity），可說是最吸引人的議題，不少人從「民族主義」的觀點來解釋他——或強調他的中國認同，或強調他的臺灣（鄉土）認同，甚至有人以他為背負「臺灣人原罪」的代表人物。[14]也有人把他在一九三八年選擇到中國任教，看成民族主義的抉擇，如說他「放棄在日本的名氣和地位」、「回歸祖國」。[15]實際上果真如此嗎？綜觀江文也的一生，臺灣和中國都是他的重要創作泉源。臺灣和中國，在江文也的心中到底占著怎樣的地位？二者的關係為何？相信對關心江文也的人而言，這是令人困惑的問題。這篇文章主要想透過江文也的文字作品和相關材料，試圖探究他所表述的臺灣和中國的內容、其間的關係，及其意涵。

以下的分析主要根據已出版的江文也的文字作品（含手稿本）。然而，保存於江文也夫人江乃ぶ（中譯為「江信」；文獻或作「江のぶ子」、「江信子」）女士東京寓所的江文也日記，至今尚未公諸於世；這是江文也從十三歲到二十八歲之間的日記，[16]冊數甚夥。關於日記的內容，一般只能從轉載中的斷簡殘篇中略窺一斑。所幸的是，江乃ぶ女士曾惠贈筆者一篇江文也日記（一九三六年十二月二十七日）打字本，以及一封江文也寫給她的家書（一九三六年九月八日）影本，是難能可貴的資料，[17]讓我們得以直接感受音樂家的思緒和心情。附帶一提，江文也的文字作品絕大部分是日文，本文所採用之中譯，若是引用既有之翻譯，則於註解中注明，未加注明者均出自筆者之手。

---

14 典型的說法，見謝里法，〈斷層下的老藤——我所找到的江文也〉，收於韓國鐄、林衡哲等著，《音樂大師江文也》（高雄：敦里出版社，一九八四），頁一一六—一二〇。

15 許常惠，《臺灣音樂史初稿》（臺北：全音樂譜出版社，一九九一），頁三七一。謝里法也說：「一九三八年，江文也毅然決定放棄東京優越的生活環境，……回到祖國。」見謝里法，〈故土的呼喚——記臥病北平的臺灣鄉土音樂家江文也〉，收於韓國鐄、林衡哲等著，《音樂大師江文也》，頁三四。

16 一九三八年，江文也旅居北京之後，是否繼續寫日記，不得而知。一九三九年，江文也和中國學生吳韻真認識，之後同居，他們之間的第一個小孩生於一九四一年新曆除夕。此事江文也一直瞞著妻子江乃ぶ，雖然此一期間，江乃ぶ仍帶著女兒往來東京、北京之間。據悉，江乃ぶ和四個女兒在戰爭結束後，方才輾轉得知此事。

17 在此謹向惠賜資料的江夫人和江庸子女士（江文也次女）致上深謝之意。

二、「始於故鄉，終於故鄉」的臺灣想像

如前節所述，二十四年前（一九八一）江文也在臺灣「出土」，端賴三位有心人士——張己任、謝里法和韓國鐄。張己任和韓國鐄是音樂家，謝里法是畫家，也是臺灣美術史研究者。謝里法的文章標題是〈故土的呼喚——臥病北平的臺灣鄉土音樂家江文也〉。[18]「故土的呼喚」在謝里法的用法裡，指故鄉臺灣對江文也的呼喚。臺灣作為江文也的故鄉，對他一直有著重大的意義。他在一九三六年夏天以管弦樂曲《臺灣舞曲》獲得柏林奧林匹克藝術競賽的選外佳作認可獎，確立他在日本樂壇的地位，又由於他的樂曲在歐洲受到演奏，使他成為當時日本國內少數的「國際」作曲家。此外，從一九七八年獲得「平反」，到臥病不起的短短幾年內，他致力於管弦樂曲《阿里山的歌聲》的寫作，終因病情轉劇，無法完成。我們於是可以說，江文也的音樂創作主題始於臺灣，也終於臺灣。

如果我們細看他的創作過程，那麼這個「始於臺灣」就要更加確鑿了。江文也在日本樂壇最先以聲樂起家。他在一九三二年（二十二歲）以本名江文彬參加日本時事新報社舉辦的第一屆音樂大賽聲樂組，獲得「入選」；翌年，以江文也之名參加第二屆音樂大賽聲樂組，獲得「入選」。第一屆競賽分為聲樂、鋼琴、小提琴、作曲四個項目，第二屆競賽項目增加大提琴一項。等次有「大賞」、「賞」、「次席」與「入選」等名目，每個項目情況不一。就江文也所參加的

聲樂組而言，兩屆都只給出「賞」和「入選」，前者只取一名，後者則錄取多名。江文也在第一屆的聲樂入選名單中排名第二（共三名），第二屆則領頭銜，入選者共八名。[19]對一位初出茅廬的年輕人而言，這算是崛起得相當快，但江文也不以此自限，第一次入選聲樂項目時，即表示將來想當作曲家。[20]一九三四年，江文也參加第三回音樂大賽作曲組，此屆等次有第一名、第二名、入選之分。江文也和箕作秋吉（一八九五—一九七一）同為第二名，排名在後。[21]讓江文也實現當作曲家之心願的作品是《來自南方島嶼的交響曲素描》。「南方島嶼」無疑地就是臺灣。他以這首曲子的兩個樂章〈白鷺鷥的幻想〉和〈城內之夜〉，參加作曲組比賽。[22]後者是鋼琴曲《臺灣舞曲》和管弦樂曲《臺灣舞曲》的前身。[23]可見臺灣這個南方島嶼，在在激發江文也的藝

18 《聯合報》「聯合副刊」，一九八一年四月十六日。

19 音楽コンクール三十年編纂事務局編，《音楽コンクール三十年1932-1961》（東京：每日新聞社、日本放送協會，一九六二），頁三三。

20 劉麟玉，〈台湾人作曲家江文也の日本における音楽活動年表〉，收於重永哲也編，《創立五十周年記念論文集》（香川縣：四國學院文化學會，二〇〇〇），頁二七四。

21 音楽コンクール三十年編纂事務局編，《音楽コンクール三十年1932-1961》，頁三三。

22 一九三四年，江文也參加第三回音樂大賽作曲組的比賽，順利通過預賽，在決賽中獲得第二名。得獎的作品是從《來自南方島嶼的交響曲素描》中選出的兩個樂章——第二樂章〈白鷺鷥的幻想〉和第四樂章〈城內之夜〉。見劉麟玉，〈從戰前日本音樂雜誌考證江文也旅日時期之音樂活動〉，《中央音樂學院學報》一九九六年第一期（北京），頁五—六。

23 張己任，《江文也——荊棘中的孤挺花》（臺北：時報文化出版公司，二〇〇二），頁一〇六—一〇九。

術想像。

江文也以聲樂起家，《生番四歌曲》是他重要的聲樂作品之一，四首歌曲分別為：〈祭首之宴〉、〈戀慕之歌〉、〈原野上〉、〈搖籃曲〉。他本人似乎很喜歡這組獨唱曲。一九三六年初夏，他首次訪問北京，在航往中國的客船上舉辦過兩次無伴奏獨唱會，在節目中演唱這組歌曲的〈祭首之宴〉。抵達北京當天晚上，他隨同俄國作曲家齊爾品（Alexander Tcherepnin, 1899-1977）參加化妝舞會，打扮成臺灣原住民頭目（原文作「生蕃の首長」，日文生蕃即中文生番之意）在音樂會中演唱《生番四歌曲》，齊爾品是他的鋼琴伴奏。[24]此一作品曾於一九三七年在巴黎萬國博覽會中演出。[25]臺灣原住民是江文也喜愛的主題之一，他最後未完成的作品管弦樂曲《阿里山的歌聲》，也是以此為主題，分為五個樂章：一、出草，二、山歌，三、豐收，四、月夜（日月潭），五、酒宴。此外，江文也在一九四六至一九六五年之間，為臺灣民謠譜曲，約一百首。[26]這些歌曲包括〈一支扁担走遍天下〉、〈遠相思〉、〈搖子歌〉、〈行船仔（海員）之歌〉、〈要哭驚人聽〉、〈收酒矸〉等。[27]總而言之，臺灣可以說是江文也重要的創作主題。

江文也的父母在他幼年時舉家移居廈門，一九二三年他和長兄一起到日本讀書，到他以聲樂在日本成名之前，可能曾多次路經臺灣。[28]但他成名後，訪問臺灣兩次，停留時間不長。[29]以這麼淺短的「臺灣經驗」而創作如此美好的音樂作品，不能不令人感到驚訝。然而，臺灣在他，是怎樣的存在呢？

就實際而言，臺灣激發江文也強烈的創作意念。一九三四年，江文也以聲樂家的身分參加第二回「鄉土訪問音樂團」，和其他旅日年輕音樂學子返臺表演。該團於八月五日抵達臺北。江文也在〈白鷺鷥的幻想產生過程〉一文中交代這首曲子的產生過程。文章起頭寫道：「水田真是翠綠。在靜寂中，從透明的空氣中，只有若干白鷺鷥飛了下來。於是，我站立在父親的額頭般的大

24 江文也，〈北京から上海へ〉，《月刊樂譜》第二五卷九月號（一九三六年九月），頁三一、三三；中文翻譯見江文也著，劉麟玉譯，〈白鷺鷥的詩篇《從北平到上海》一〉，《聯合報》「聯合副刊」，一九九五年七月二十九日。

25 井田敏，《まぼろしの五線譜 江文也という「日本人」》，頁一二三。此書作者曾看過江文也日記，書中引用了一小部分，不過江家並未公布這些資料，而此書因為某種原因，無法在市面流通。

26 現手稿僅存三十首。見江小韻，〈有關江文也的資料〉，收於劉靖之編，《江文也研討會論文集》，頁二五四—二六八。江小韻是江文也和吳韻真的女兒，現居北京。

27 見張己任編，《江文也手稿作品集》（臺北：臺北縣立文化中心，一九九二），頁三五三—三七九、四〇一—四〇六、四一五—四二四。這些曲子皆標明「文光採譜」，文光是江文也的弟弟。以上六首依序分別屬於「臺灣民歌」、「臺灣民間情歌」、「臺灣民間歌曲」、「臺灣歌仔戲中曲調」、「臺灣民間情歌」，以及「臺灣民間小唱」。

28 曹永坤先生在東京造訪江夫人乃ぶ女士時，曾略略看過日記，留有江文也經常訪問臺灣的印象。當時由日本到廈門的定期船班，途中靠泊基隆港；換句話說，江文也往返廈門、日本之間，途經臺灣基隆。事實如何，若得閱日記，即可了然。

29 江文也於一九三四年參加「鄉土訪問音樂團」，返臺演唱。根據江文也的文章〈「白鷺への幻想」の生立ち〉，《音樂世界》第六卷第一一號（一九三四年六月），頁一一〇，他預計兩個月後再度返臺，但似乎未成行。根據轉引的日記，一九三六年二月五日，江文也曾在林熊徵的好意相邀下，返回臺灣，寓居臺中楊肇嘉邸所一週，然而「毫無所得」。見井田敏，《まぼろしの五線譜 江文也という「日本人」》，頁一一二。

地、母親的瞳孔般的黑土上。」故鄉美麗的風景大大感動了江文也，他感覺有一組詩、一群音在他的體內開始流動。他寫道：「說不定古代亞細亞深邃的智慧在我的靈魂中甦醒。這樣的觀念逐漸進展，最後形成一個龐大的塊狀物，在我的內心浮動，以此，狂亂異常。」他於是開始感受到這樣的苦惱，在處理好一些事情之後，隨即搭船返回日本。船出港後，江文也馬上找來餐廳的鋼琴，但鋼琴琴音不準，無法使用。在四天三夜的臺日航路中，他心中那個龐大的觀念依然狂亂，依然惱苦，毫無辦法。江文也說：「實際上，當時的我，如果說精神狀態近乎狂亂，也不為過。」於是一抵達東京，江文也一氣呵成，譜成《來自南方島嶼的交響曲素描》。[30]〈白鷺鷥的幻想產生過程〉這篇文章是作曲家對創作歷程的描述，十分寶貴，也證明故鄉之旅對江文也由聲樂家轉為作曲家起了關鍵性的作用。對讀者而言，一個感情豐沛無比、創作力澎湃的青年江文也則生動地浮現出來。

《來自南方島嶼的交響曲素描》有四個樂章：

第一樂章　牧歌風格的前奏曲

第二樂章　白鷺鷥的幻想

第三樂章　如果聽到生番的故事

第四樂章　城內之夜

第四樂章〈城內之夜〉是江文也成名作《臺灣舞曲》的前身，在他要送出參加奧林匹克藝術競賽前改題為《臺灣舞曲》。[31]奧林匹克藝術競賽規定，作品必須「與廣義的奧林匹克觀念有關者」，例如「適合合唱隊、管弦樂隊、舞蹈等行進曲、歌、合唱……。」[32]是否為了符合要求，江文也才把〈城內之夜〉改題為《臺灣舞曲》呢？

由於此曲稱為《臺灣舞曲》，於是引發一些推想。當時的日本音樂界顯然有人認為和臺灣原住民舞蹈有關，郭芝苑回憶說：「某作曲家說曲中有使用高山族民謠，還有日本的音樂評論家久保田公平也說要像臺灣風格的舞曲那樣演的粗野才是臺灣舞曲，但我卻沒有聽到使用高山族民謠，相反的這是純粹的創作旋律……。」[33]顯然郭芝苑不認為和原住民音樂有何關係。

管弦樂曲《臺灣舞曲》的總譜扉頁有江文也的題詞（標點一如原文）：[34]

---

30 江文也，〈「白鷺への幻想」の生立ち〉，頁一〇八－一〇九；郭芝苑，〈中國現代民族音樂的先驅者江文也〉，收於韓國鐄、林衡哲等著，《音樂大師江文也》，頁五八－五九。

31 根據江文也一九三六年二月四日日記，載於井田敏，《まぼろしの五線譜 江文也という「日本人」》，頁一〇九。

32 轉引自井田敏，《まぼろしの五線譜 江文也という「日本人」》，頁一〇二－一〇三。

33 郭芝苑，〈中國現代民族音樂的先驅者江文也〉，頁六〇－六一。

34 根據劉麟玉的翻譯，略加修改，見周婉窈編，《江文也逝世二十週年紀念音樂會》手冊（二〇〇三年十月二十三日）（臺北：中央研究院臺灣史研究所籌備處，二〇〇三），頁四。

『……………在那裡我看到了華麗至極的殿堂　看到了極其莊嚴的樓閣　看到了圍繞於深邃叢林中的演舞場和祖廟但是　它們宣告這一切都結束了它們皆化作精靈融入微妙的空間裡就如幻想消逝一般　渴望集神與人子之寵愛於一身的它們。啊——！在那裡我看到了退潮的沙洲上留下的兩、三點泡沫的景象…………』（一九三四年八月）

卻又暗示描述的對象是個廢墟，似乎指赤崁樓。[35]我們是否有足夠的理由說，赤崁樓——或是荷蘭人留下的荒城，才是江文也這首樂曲的意象？希望將來有進一步的資料可以作出確論。

不論是原住民舞蹈或荷蘭荒城，郭芝苑認為這首樂曲「優雅、崇嚴、華麗，有如夢想中桃源境界的臺灣」。[36]在這裡，「有如夢想中」說中了要點。江文也才華洋溢，臺灣這個故里激發他的創作慾念，也是他的音樂想像的最初對象。事實證明，他的確有揮灑不盡的想像力與創造力。

江文也在一九三四年八月參加「鄉土訪問音樂團」時，曾利用這個機會，和弟弟文光一起採集臺灣各地民謠和傳統音樂。在現在殘留的樂譜中，有「文光採譜」、「文光整理」的注記。[37]我們不知道這些採集的音樂是否包括原住民音樂。江文也的《生番四歌曲》是以原住民為主題，此歌歌詞是用羅馬字寫成的。茲將第一首〈祭首之宴〉的歌詞迻錄於下：

Ho a ha e yai, en hon yan ho a en yai, ho a ha e yai, en hon yan ho a en yai, o ya o i yo, e hai ya ha, ei hon yan ho, o a en yai, o ya o i yo, e hai ya ha, i yan ho en ya;

en ya en ya en ya en ya en ya en ya en ya en ya en ya.

這個拉丁化的「歌詞」應不屬於臺灣原住民任何一族的語言，可能是江文也擬想出來的。郭芝苑說《生蕃之歌》（生番四歌曲）「都沒有採用高山民歌的風格創作的旋律與歌詞（歌詞，沒有表達什麼意想只是語音而已）」，[38]明白點出想像的成分。

作為臺灣史研究者，我忍不住要懷疑：江文也很可能只具有籠統的「生番」概念，對於「生番」具體分為幾族，各族各自的語言、風俗和習慣，可能不甚了了。這四首像「天書」一樣的拉丁化歌詞，充分顯示江文也想像力的豐富。

江文也在附在《生番四歌曲集》的說明中說：[39]

> 本歌曲集的歌詞只需以羅馬字母串連的發音來演唱。各個單語並無特別的意思，而是作為和旋律一起直接表現情緒的工具。歌曲的順序由歌者自由決定。若要說明每首歌曲的內容大

35　由於此曲的前身是〈城內之夜〉，樂評家曹永坤先生認為「城內」指臺北城內。
36　郭芝苑，〈中國現代民族音樂的先驅者江文也〉，頁六一。
37　井田敏，《まぼろしの五線譜 江文也という「日本人」》，頁八二。
38　郭芝苑，〈江文也的回想〉，收於張己任編，《江文也紀念研討會論文集》，頁九七。
39　採用劉麟玉的翻譯，見周婉窈編，《江文也逝世二十週年紀念音樂會》手冊，頁一一。

意，則可以表現如下。

在此茲迻錄第四首江文也自己「翻譯」的歌詞，以為參考。其餘三首，請看附錄一。[40]

四、搖籃曲

靜靜地滑行吧！
我的愛兒。
向大海出船吧！
去吧！
既無鯨魚，也無鬼怪。
一搖一搖地，
我的愛兒，
靜靜地滑行吧！

這四首「歌詞」很有意思，顯示江文也對臺灣土著民族並無深入的認知。如果我們逐字檢證，問題很大。別的不說，〈搖籃曲〉是道地的「想像」——想像「大海」、「出船」、「鯨魚」和「鬼怪」是原住民精神世界的意象。雖然海洋及其相關意象，主要存在於達悟、阿美、卑南和排灣等原住民的世界，但並非為所有土著民族所共有。江文也似乎將「生番」看成一個同質的群體。

在這裡，我想藉機提出我對日本殖民統治下臺灣知識界的一點觀察。我們都知道，關於臺灣原住民的學術研究，日本人首奠其基，今天我們還在利用他們龐大的調查和研究成果。然而，在日本統治時期，這些知識基本上局限在日本和臺灣的日本人學術圈內，並未普及到臺灣人的文化知識社群，一般人更不用說了。因此，漢人系臺灣人對島內土著民族的了解，可以說很籠統，很浮面。不過，如果我們回頭想想一、二十年前，臺灣一般知識分子對臺灣原住民族的認識情況，大概也和江文也時代的臺灣漢人差不了太多吧。這裡牽涉到的不只是知識的普及問題，而是戰前戰後兩種不同歷史情境導致的結果——結果巧合，因素卻是相當歧異複雜。日本殖民統治時期，學術研究成果的傳布牽涉到殖民地的問題，臺灣人和日本人知識社群的隔離，是癥結之一。[41]我

40 採用劉麟玉的翻譯，見周婉窈編，《江文也逝世二十週年紀念音樂會》手冊，頁一一。

41 臺灣人和日本人知識社群的隔離，導致知識傳布上的偏頗。在此我想舉一個例子來說明這個現象。林茂生（一八八七—一九四七）在日本殖民統治時期畢業於東京帝國大學，並且赴美就讀哥倫比亞大學，獲得博士學位，是當時臺灣人中學歷最高的。他在一九二九年取得哥倫比亞大學博士學位，論文以臺灣的殖民地教育為研究對象，其第二章第二節介紹臺灣歷史，頗有些錯誤。如果林茂生熟悉當時日本人的臺灣史研究，當能減少錯誤，但顯然他與此是有所隔閡的。私意以為，若不是因為臺灣是殖民地，同一社會的知識菁英在歷史認知上應不至於有這麼大的落差。林茂生的博士論文"Public Education in Formosa under the Japanese Administration,"現有中譯本，林茂生著，林詠梅譯，《日本統治下臺灣的學校教育——其發展及有關文化之歷史分析與探討》（臺北：

們在此無意（也不應該）批評江文也欠缺這方面的知識，因為這類的欠缺是時代使然，不是他一個人的問題。我要指出的是，可能由於這種認知上的欠缺，江文也擁有更大的創作空間、更自由的想像。（我很好奇他打扮的「生番頭目」是哪一族？或者這樣的問題在他並不存在。）

有趣的是，一九三六年九月音樂雜誌《月刊樂譜》刊載江文也的文章〈從北京到上海〉（北京から上海へ）[42]，同一雜誌從該年十月開始連載有關臺灣番歌的調查報告，一直到第二年十二月為止，共十三回。作者是竹中重雄，題目為〈到臺灣內山尋訪番歌〉（蕃歌を尋ねて臺灣の奥地へ），以泰雅族為調查對象。[43]這篇文章很長，實際的調查、採譜工作費時頗久，成果顯著。私意以為，這是重建泰雅族歌曲的珍貴材料。然而，生活在同一個時空的江文也似乎無視於這類的調查和採譜，或許在他，臺灣以及臺灣的土著民族，不是研究的對象，而是想像和愛情的對象。

許常惠說：「他（江文也）的作品，有一件事情我不明白：寫了不少有關臺灣的標題音樂，例如『臺灣舞曲』、『白鷺的幻想』、『生蕃四歌』、『臺灣高山地帶』，但我們卻聽不出臺灣音樂的素材。也許那些標題只屬於幻想的鄉愁，他離開臺灣太久了。」[44]他又說：「（我）研究臺灣民間音樂三十年，我竟認不出其中的歌調。」[45]郭芝苑說《臺灣舞曲》是江文也「幻想的臺灣」，[46]誠是的論。熱情而浪漫的江文也，用音樂將他摯愛的臺灣表現成桃花源一般，有豐富的色彩，而且豪華。[47]

三、追尋東方的文化奧源

江文也在一九三〇年代中期崛起日本音樂界，他的作品得到熱烈的反應，如前衛的現代舞者江口隆哉（一九〇〇—一九七七）、宮操子（一九〇二—二〇〇九）表演他的作品《一人與六人》[48]；著名鋼琴家井上園子（一九一五—一九八六）幾度在節目中演奏他的作品。[49]青年江文也意氣風發的情況由此可揣知一二。江文也的作曲技巧不夠純熟，但作品有鮮明的色彩和個性。

新自然主義股份有限公司，二〇〇〇）。

42 江文也，〈北京から上海へ〉，頁三〇—四三。

43 竹中重雄，〈蕃歌を尋ねて臺灣の奧地へ〉（一）至（十三），《月刊樂譜》第二五卷十—十二月號；第二六卷一—六月號、九—十二月號（一九三六年十—十二月，一九三七年一—六月、九—十二月）。

44 許常惠，《臺灣音樂史初稿》，頁三七二。

45 許常惠，《音樂史論述稿（一）》（臺北：全音樂譜出版社，一九九四），頁四六。

46 郭芝苑，〈江文也的回想〉，頁九六。

47 郭芝苑，〈江文也的回想〉，頁九〇。

48 編輯部調，〈音樂・舞踊會消息〉，《音樂新潮》第一三卷十一月號（一九三六年十一月），頁一〇四。

49 一九三六年十一月二十七日，井上園子於鋼琴獨奏會中彈奏江文也的《臺灣舞曲》，特地注明「第十一屆世界奧林匹克藝術競技入選作」，見編輯部調，〈音樂・舞踊會消息〉，頁一〇九。井上園子生於一九一五年，七歲跟隨旅日西洋名師學琴，其後渡洋就讀於維也納國立音樂學校。一九三七年歸國後，演出緊湊，極受歡迎。參考村田武雄監修，《演奏家大事典》I（東京：財團法人音樂鑑賞教育振興會，一九八二），頁七一二。

「個性」是他個人的一個重要的藝術判準。[50]他在二十世紀日本音樂史上的重要性在於「前衛」，在於和歐洲現代音樂接軌。關於音樂，事涉專門，以下僅就歷史資料所顯示的，試圖了解他在創作上選擇的路徑。

江文也是個勇於追尋、勇於自我突破的藝術家。他在一九三八年選擇到北京工作，應該是很多因素湊合的結果，目前日記看不到，我們無法分析各種原因的主從關係，不過，就藝術創作上的考慮，是有其邏輯可循的。根據郭芝苑的觀察，江文也「重視創作上的根源與整個文化的思想」[51]，他熱愛各種形式的藝術，他說：「我不是所謂的作曲專門家。不過是在對繪畫、雕刻、詩、文學、哲學和科學的無限憧憬中，最終發現了音樂。」[52]換句話說，他最後選擇音樂作為主要的表達方式。[53]

重視個性和原創性的江文也，對這個表達方式的走向有他自己的看法。江文也不是活在真空狀態，他的思考多少反映了一九三〇年代日本音樂界對西洋現代音樂的思考。臺灣音樂界大抵知道作曲家齊爾品影響江文也的音樂寫作思想很深，[54]實則這樣的影響應該放到齊爾品和日本音樂界的交涉脈絡來考慮，才更能掌握整個圖像。齊爾品強調音樂應該具有民族性，深信「歐亞合璧」（Eurasia）在世界文化藝術音樂上的可能性。[55]他本人的音樂受到俄國喬治亞和東方民謠的影響。在此，我們有必要了解他對日本音樂界的刺激與影響。齊爾品出身俄國，一九二一年求學巴黎，以鋼琴家身分揚名國際，一九二三年開始譜寫芭蕾舞劇，展開作曲家的生涯。他對於日本和中國的音樂抱持濃厚興趣，曾於一九三四至三七年之間多次訪問日本和中國，熱心指點當地的年輕音樂家。齊爾品的「東方之旅」在日本留下深長的迴響。

一九三四年六月，齊爾品訪問日本，寓居箱根宮之下，為他的第三齣歌劇《結婚》譜曲（果戈理作詞）。九月底，他主動舉辦一個為時兩天的座談會，日本作曲家攜來作品請他指導。清瀨保二（一九〇〇—一九八一）是小提琴和鋼琴演奏者，但更重要的身分是作曲家，他和松平賴則（一九〇七—二〇〇一）等人組織「新興作曲家聯盟」。該聯盟於一九三〇年成立，一九三四年改稱「近代日本作曲家聯盟」，一九三五年改稱「日本現代作曲家聯盟」，一九四〇年十一月因應時局而解散，是日本近代音樂發展史上極為重要的團體。它的成員除了上述的松平賴則、清瀨保二之外，還包括山田耕筰（一八八六—一九六五）、伊福部昭（一九一四—二〇〇六）、諸井三郎（一九〇三—一九七七）、箕作秋吉（一八九五—一九七一）、早坂文雄（一九一四—一九

50 郭芝苑，〈江文也的回想〉，頁九〇—九一。
51 郭芝苑，〈江文也的回想〉，頁八九。
52 江文也，〈「白鷺への幻想」の生立ち〉，頁一一一。
53 附帶一提，江文也具有繪畫才分，至今他的日本夫人江乃ぶ女士還保留他青少年時期的繪畫。已故樂評家曹永坤先生曾至東京訪問江夫人，親眼看過江文也的美術作品，給予非常高的評價。繪畫之外，文字作為藝術的一種表達方式，在江文也也是相當重要的。
54 關於此點，可參考張己任，《江文也——荊棘中的孤挺花》，頁三〇—三一、六八。
55 張己任，《江文也——荊棘中的孤挺花》，頁六八。

五五）、伊藤昇（一九〇二—一九九三）等人，可說囊括了一時之俊彥。[56]當時清瀨保二和一些新進音樂家正在思考、摸索日本西洋音樂的未來走向，因此，對齊爾品可能給予的教示期望甚殷，誇張一點來說，有如大旱之望雲霓。清瀨保二在該年十一月的《音樂新潮》發表一篇文章，題為〈齊爾品講話——吾等之路〉（チエレプニンは語る——われ等の道——）。他首先點出，以活躍於西方作曲界的人物而言，繼湯斯曼[57]訪日而連著數夜舉辦作品發表會之後，齊爾品是第二次。「這樣的機會對我等來說，給予非常大的刺激。遠離世界音樂中心、一面和多重困難奮鬥而迷惘著的我們的音樂界，這實在是大事件……。」[58]在這裡，我們看到「遠離世界音樂中心」是清瀨等人對日本音樂界的自我界定，也透露出從事西洋音樂創作工作的這群人的集體焦慮。在非西方的日本，到底要創作怎樣的音樂？需要到西洋取經嗎？關於留洋一事，齊爾品直率地說：「留洋沒有必要，倒不如就在箱根聽聽民謠。」他又說：「歐洲音樂停滯不前。無論如何非得藉助於東方之力，以為己糧而再生不可。」他甚至認為，歐洲畢竟無法走出歐洲以上的東西。[59]這種強調東方本身就是音樂創作的泉源，且不看好歐洲的論點，給日本音樂家很大的鼓勵。清瀨保二自己的作品受到齊爾品的青睞，興奮之情形於筆墨，他最後寫道：「我的作曲的態度方法完全和他所說的一致。我剛作曲時，時常有人勸我放洋，但從一開始就已經非其時機了，無法立足於吾等自身而吸收的話，則有失掉自己的危險，認識彼我一事反倒也是困難的事——我強烈地如此感覺。以此，我幾乎是自學而至於今天，全然進步很慢，而努力於寫出自己的東西。」[60]

我們不知道江文也是否參加一九三四年九月舉行的座談會，也就是在這個時候，江文也因為受到故鄉臺灣的感動而譜成了他的處女曲。即使江文也錯過這次的座談會，他很快就有機會認識齊爾品，而且受到齊爾品賞識。該年十一月，江文也獲得作曲競賽第二名，十二月受邀加入「近代日本作曲家聯盟」，成為正會員。[61]該聯盟會員不多，受邀入會是相當難得的殊榮。[62]翌年（一九三五）二月十四日，聯盟在日本樂器會社舉辦齊爾品先生歡迎會（チエレプニン氏懇親會），江文也不惟出席該會，他的作品〈城內之夜〉也在演奏之列。[63]聯盟舉辦例會相當頻繁，

56 見該聯盟一九四〇年解散前之會員名單，（國立音樂大學附屬圖書館・現音ドキュメント作成グループ）染谷周子、杉岡わか子、三宅巖編，《ドキユメンタリー新興作曲家連盟——戰前の作曲家たち 1930-1940》（東京：國立音樂大學附屬圖書館，一九九九），頁四〇四。

57 湯斯曼（Aleksander Tansman, 1897-1986），波蘭作曲家、鋼琴家，一九一九年定居巴黎。湯斯曼於一九三三年春訪問日本，見船越正邦，〈タンスマン氏の來朝に際して〉，《音樂新潮》第一〇卷三月號（一九三三年三月），頁二〇—二一。

58 清瀨保二，〈チエレプニンは語る——われ等の道——〉，《音樂新潮》第一一卷十一月號（一九三四年十一月），頁四二。

59 清瀨保二，〈チエレプニンは語る——われ等の道——〉，頁四三。

60 清瀨保二，〈チエレプニンは語る——われ等の道——〉，頁四六。

61 染谷周子、杉岡わか子、三宅巖編，《ドキユメンタリー新興作曲家連盟——戰前の作曲家たち 1930-1940》，頁六一。

62 江文也加入時會員約四十名，一九四〇年會員增為六十六名。

63 染谷周子、杉岡わか子、三宅巖編，《ドキユメンタリー新興作曲家連盟——戰前の作曲家たち 1930-1940》，頁六五、六九。

日期訂在每個月的第二個星期日，會中必有演奏節目，是會員發表新作品、互相切磋的極佳場合。根據該聯盟的內部紀錄，一九三五、三六年之間，江文也相當積極參與聯盟的活動，幾乎無會不與。他曾擔任演唱者以及鋼琴演奏者，他的新作品幾乎都在例會發表，且經常被該會選為對外演出的代表曲子。[64]換句話說，江文也成為清瀨保二、松平賴則等人領導下的前衛音樂社群的活躍分子。從這個角度來看，齊爾品對江文也的影響不能看成孤立的一件事。

一九三六年八月，《音樂新潮》刊登了一篇齊爾品的文章，由湯淺永年譯成日文，題目是〈給日本年輕作曲家〉（日本の若き作曲家に）。[65]在這篇文章中，齊爾品先介紹俄國音樂的發展歷史。他指出，十八世紀初開始，俄羅斯努力學習西歐文化，在音樂方面，由於是義大利領風騷，因此處處以義大利為師。以此，俄羅斯忘記了固有的音樂，並將之視為下等之物。直到格林卡（Mikhail Glinka, 1804-1857）出現，才創立了俄羅斯民族音樂。他認為技巧和創造是不可分離的，「新的觀念要求新的技巧，各個正確的國民音樂創造正確的國民技巧。」就俄羅斯作曲家的技巧而言，穆索爾斯基（Modest Mussorgsky, 1839-1881）是最具有獨創性的了。到了他（齊爾品）的父親時代，俄羅斯系統的音樂教育得以實現，因此才能發展到斯特拉文斯基（Igor Stravinsky, 1882-1971）和普羅科菲耶夫（Sergei Prokofiev, 1891-1953）等人新的里程碑。他本人是「俄羅斯主義所生育者」。此刻的日本就如同十九世紀的俄羅斯，是外國音樂文化的大輸入市場，音樂教育也是西洋風，外國的「技巧」是作曲家完成音樂教育必要的。然而，齊爾品認為日本也和俄羅斯一樣，將有「大日本國民音樂的『誕生』」。他呼籲：「日本作曲家諸君！在諸君的手中，有世界民間傳說的豐富寶藏。」「首先忠實於己國、努力忠實於自己的文化，再把自己的民族生活表現於音樂吧！把諸君的民間傳說作為靈感的無盡泉源，以民族文化為牢固的基礎，保存日本民謠和日本器樂，以此，根據某種方法而予以發展之際，諸君就是建設正確的日本國民音樂吧。」「諸君的音樂作品只要是國民的，就能增加其國際的價值吧。」總而言之，立足於自己的文化音樂傳統而從事創作，是齊爾品給日本年輕作曲家的忠告。

一九三六年十月五日、七日，以及十日，齊爾品在東京主辦「近代音樂節」（近代音樂祭）。第一夜以齊爾品的作品為主，有他的《中國月琴》，另有江文也、松平賴則、太田忠作，以及清瀨保二的作品各一首；江文也的作品是《小素描》。第二夜主要以齊爾品的作品為主，第五個節目是「近代中國鋼琴曲」（近代支那ピアノ曲），演奏賀綠汀《牧童之笛》和老志誠的《牧童之樂》。第三夜除了演奏普羅科菲耶夫、斯特拉文斯基、齊爾品的作品之外，以日本作曲家為主，包括清瀨保二、江文也（《三首小品》）、伊福部昭、松平賴則、小船幸次郎（一九〇七－一九八二）的作品，以及江文也的聲樂作品《生蕃四歌曲》（生番四歌曲）。[66]在這個難得

64　染谷周子、杉岡わか子、三宅巖編，《ドキユメンタリー新興作曲家連盟——戦前の作曲家たち 1930-1940》，頁六四－六五、六七、六九－七一、七六－七七、八一－八四。

65　アレキサンダー・チエレプニン，〈日本の若き作曲家に〉，《音樂新潮》第一三巻八月號（一九三六年八月），頁二－四。

66　久志卓真，〈チエレプニン氏主催の「近代音樂祭」〉，《音樂新潮》第一三巻十一月號（一九三六年十一

的音樂節中，江文也是唯一有三部作品演出的日本作曲家。

翌月，清瀨保二在《音樂新潮》介紹這個音樂節時，論及會場演奏的江文也作品。關於江文也的《三首小品》，他寫道：「雖然是近作，但此作品卻嘗試用小品的、單純化效果來表現，而且成功地達到了這個目的。而在五聲音階的用法上則和齊爾品一致，完全是中國式的而非日本式的。雖然他的《小素描》非常的日本式，個人不喜歡這樣的取向，但《小素描》可說是他最初的鋼琴作品，而且又是個成功的作品，因此還是很值得紀念的。」[67]清瀨保二欣賞江文也的《三首小品》，說「完全是中國式的而非日本式的」，而《小素描》則「非常的日本式，個人不喜歡這樣的取向」。顯然他認為「中國式」更適合江文也，而江文也的「日本式」風格，在他看來多少是有點負面。這是非常值得注意的評價角度。這些受到齊爾品賞識的日本作曲家的作品，是具有民族風格的——或正在摸索融合之道；日本傳統音樂是他們的創作泉源。但是，作為殖民地臺灣的漢人，江文也似乎被認為更適合走中國民族風格的路，而他自己也終於選擇了這樣的一條路。這個情況有點類似美國的華裔作家，雖然生於美國、長於美國，十足是個美國人，但人們並不期望他們寫「真正的白人」生活，讀者感興趣的是具有少數族裔色彩的作品。

清瀨保二、松平賴則以及伊福部昭屬於民族主義作風派音樂家[68]，戰後繼續活躍於日本音樂界，受到日本社會的肯定，載譽載榮，在日本音樂史上占據很重要的地位。一九八一年，日本的福井謙一獲得諾貝爾化學獎，他在瑞典接受頒獎時，主辦單位安排的背景音樂就是清瀨保二的〈日本祭禮舞曲〉，此曲被認為是日本傳統曲調的代表作。雖然清瀨被認為是日本民族主義作風的代表，他並非直接以民謠為素材，而是追求傳統與創新之間的連結。[69]松平賴則出身德川將軍家，從日本西洋音樂的黎明期到二十一世紀初，是日本現代音樂的掌舵者之一，工作至死方已，後世對他的評價之一是：「摸索可以結合西洋音樂和日本固有音樂傳統而足稱為日本作曲家〔之路〕。」[70]松平賴則的摸索或許提供我們一個探測江文也之摸索方向的線索。伊福部昭於一九八〇年受贈紫綬褒章，一九八七年受贈勳三等瑞寶章，二〇〇三年被選為文化功勞者，可以說是三人中最受到日本國家肯定的作曲家。他的音樂非常具有獨創性，但這不是日本固有的民族性，而是「某種殖民地的」民族性，所謂「殖民地的」是指「多民族雜居的、雜種的、混血的……」，包括愛奴、北亞等亞洲諸民族的要素。[71]以上三人創作生命非常長，他們在戰前結成「新興作曲

月），頁一六—一九。

67　清瀨保二，〈近代音樂祭〉，《音樂新潮》第一三卷十一月號（一九三六年十一月），頁一四；譯文採用劉麟玉的翻譯，見氏著，〈從戰前日本音樂雜誌考證江文也旅日時期之音樂活動〉，頁八—九。

68　關於日本民族主義派音樂，可以參考楢崎洋子，〈1930年代の日本の民族主義と江文也〉，「江文也先生逝世二十週年紀念學術研討會」會議論文（臺北：中央研究院臺灣史研究所籌備處，二〇〇三年十月二十四日），頁一—一六。

69　淺香淳等編集，《新音樂辭典 人名》（東京：音樂之友社，一九八二），頁一四〇。

70　「日本の作曲家らしく西洋音樂と日本固有の音樂の傳統を結びつけようと摸索した」，見碟片之說明書，《日本作曲家選輯．松平賴則》（高關鍵指揮、大阪センチュリー交響樂團、野平一郎鋼琴，二〇〇一）。

71　《音樂藝術別冊 日本の作曲20世紀》（東京：音樂之友社，一九九九），頁一三九—一四〇。

家聯盟」，戰後又組成「新作曲派協會」，執日本西洋音樂的牛耳。（我們不禁要問道：同樣受到齊爾品賞識的江文也，如果繼續留在日本，也該有近似的成就吧？）總而言之，他們可以說走了一條「日本民族音樂」的路線，這不能不說很大程度受到齊爾品的影響。

一九三〇年代是日本作曲界飛躍的年代，作曲家輩出，具有日本「identity」的作品，以及抱持這樣的意識的作曲家逐漸抬頭，和師法德奧音樂的社群，儼然形成兩大團體，互相頡頏，而領風騷的是民族音樂派。[72]清瀨、伊福部等人選擇走一條具有民族音樂風格的創作路線，江文也也是這個音樂大動向的一環，只是他選擇的「民族」不同。江文也不是「真正」的日本人，十三歲才到內地（日本本土）唸書，對日本古典文化的掌握自然無法和同時代的日本文化人相提並論，如果他要結合西洋音樂和什麼固有的東西的話，他所擁有的選擇就只剩下臺灣和中國，或一個相對於西洋的抽象的東方，而不是他所無法深入堂奧的具體的日本。以此，如果我們把江文也揚棄「日本式」音樂直接看成政治意味的民族、文化認同，可能失之淺率。影響、提攜江文也的齊爾品對東方有濃厚的興趣，他的作品《中國月琴》在當時頗受到日本作曲家的喜愛。齊爾品對東方的興趣或許適時地提供江文也一個思考的方向。早在一九三四年當江文也回到故鄉臺灣時，他就已感覺到「說不定古代亞細亞深邃的智慧在我的靈魂中甦醒」。[73]「東方」作為一個和西方對立的概念，已隱然若現。隨著時間的推移，他的思索的結果是擁抱東方，對西方的發展則不抱樂觀。一九四三年，他跟來自臺灣的留日學生郭芝苑說：「西洋藝術文化已經碰壁了，他們已經離開西洋的合理主義而追求東方非合理性的世界。」[74]換句話說，他認為東方的世界是人們未來要追求的——他則先發一步。

他心儀的東方是神秘的，它的神秘和深邃深深吸引著他。日本自然也是東方的一部分，但是日本是他在成長過程中認識的世界，或許太熟悉了，缺乏神秘的色彩。在此我們要注意的是，當時日本國力雖然比中國強大，但在文化上，許多知識分子和文化人仍非常崇尚中國文化；不少日本的藝術家對歷史悠久的中國充滿憧憬。在藝術上，如果想追尋足以和西洋抗衡的古老文化體系，在當時非中國莫屬。

一九三六年九月，江文也在《月刊樂譜》發表〈從北京到上海〉，記述他初次訪問北京和上海的感想。在這篇文章中，他說他原本有維也納之行，但方向變了，「理由極簡單。對我而言（去維也納）還太早，而且更想知道東方的某些重要的部分。」（這不讓我們想起清瀨保二關於放洋的看法嗎？）另外一個實際的因素是，到歐洲的航路擁擠（買不到票）。[75]換句話說，江文

72　楢崎洋子，〈1930年代の日本の民族主義と江文也〉，頁一一一二。

73　江文也，〈「白鷺への幻想」の生立ち〉，頁一〇九。

74　郭芝苑，〈江文也的回想〉，頁八九。

75　江文也，〈北京から上海へ〉，頁三〇。一九九五年七月劉麟玉的中文翻譯刊登於《聯合報》「聯合副刊」時，江文也原文中的「北京」，編輯一概改為「北平」，這個更動不僅多餘，也是不正確的，造成引用上的問題。當時一般日本人不用「北平」一詞，如果江文也稱「北京」為「北平」，那麼我們可以說他採取了特定的中國人的立場；但事實上他沒有。文獻的用語往往具有深層的歷史意涵，不能隨意更動。

也原本有歐洲的藝術朝聖之旅，但因緣際會，行程改變了。

江文也似乎一直沒有放棄「渡歐」的想法。一九三七年十二月，《音樂新潮》刊登江文也〈黑白放談〉[76]的最後一回，編輯在後記中說江文也預定來春早日渡歐[77]，可為佐證。然而，來春（一九三八）他未如預期地渡歐，這一年，他接受中國國立北平師範大學（今之北京師範大學前身）音樂系主任柯政和（柯丁丑，一八八九—一九七九）的邀請，擔任該系作曲和聲樂教師。柯政和是臺灣人，一九二一年到中國北京，教授音樂，一九三八年國立北平師範大學成立音樂系，由他擔任系主任。[78]於此，我們必須謹記在心，江文也選擇工作的北京已經為日本人控制，日本扶植的中華民國臨時政府早在一九三七年十二月十四日成立，而北平師範大學一部分師生也於蘆溝橋事變後遷往西安，一九三八年春天成為國立西北聯合大學教育學院。我們或可推測，柯政和是在這個時局所創造出來的空隙中獲得比較大的活動空間。當時臺灣人到北京工作，就如同臺灣人到滿洲國工作一樣；不管個人主觀意願如何，客觀來講，不能不說是隨著日本人的勢力而前進的。

選擇到中國北京教書，在當時對日本音樂界新起之星江文也而言，不是我們日後習慣想成的「二選一」。他到中國工作主要是為了尋找創作的泉源；實際上，他並沒有放棄日本。他的選擇，在這個階段，很可能類似著名的畫家梅原龍三郎（一八八八—一九八六），梅原龍三郎曾數年間如候鳥般到北京作畫，為的是汲取藝術的泉源。更早之前，日本天才作家芥川龍之介（一八九二—一九二七），曾在一九二一年以《大阪每日新聞》海外視察員的身分訪問中國，停留四個多月，返日後不久寫了〈上海游記〉一文。[79]一九三六年，江文也第一次在北京觀賞平劇，他事後寫道：「舞臺就如同芥川龍之介在〈上海遊記〉中所描寫的那般，……。」[80]江文也一進到中國京劇戲院，即想起芥川龍之介所描寫的上海戲臺，可見他平日頗注意有關中國的報導。歷史悠久的中國，儘管國勢頹敗，對日本文學家和美術家具有一定的魅力，以此，江文也在崛起日本樂壇之後決定到中國尋求創作泉源，恐怕也不得不放到這樣的脈絡中予以考慮。一九四三年，郭芝苑第二度拜訪江文也時，曾問他為何選擇到北京。江文也回答說：「我非常渴望中國文化而去北京，北京是東方的巴黎，它會激發我的創作，但我整部作品都能在東京發表。」[81]換言之，江文也選擇北京是為了追尋藝術創作的泉源，他沒有放棄東京，東京是他發表的場域。我們的音樂家

76 〈黑白放談〉共六回，分別見於《音樂新潮》一四卷七—十二月號（一九三七年七月—十二月），頁二四—二七；二五—二八；四〇—四三；一三—一五；一四—一八。此文有劉麟玉的中文翻譯，惜非全貌。見江文也著，劉麟玉譯，〈黑白放談〉，《聯合報》「聯合副刊」，一九九六年六月十一、十二日。

77 〈編輯室より〉，《音樂新潮》第一四卷十二月號（一九三七年十二月），頁一二〇。

78 柯政和簡單的生平介紹，見許雪姫，〈1937-1945年在北京的臺灣人〉，「江文也先生逝世二十週年紀念學術研討會」會議論文，頁二四（附錄）。

79 芥川龍之介的中國之旅如下：三月抵達上海，從上海到江南，溯長江而登廬山，訪武漢，橫洞庭湖而至長沙，北上抵北京，觀大同石佛，經朝鮮而於七月末返回東京。見《芥川龍之介集》（東京：筑摩書房，一九五三），〈年譜〉，頁四五五；〈上海游記〉，頁三四五—三六五。

80 江文也，〈北京から上海へ〉，頁三三。

81 郭芝苑，〈江文也的回想〉，頁九一。

是抱著這樣的「如意算盤」來到北京的，事實也證明北京大大刺激他的創作力，而東京仍然是他發表音樂和文學作品的地方。

一九四五年八月十五日日本戰敗投降之前，江文也譜出他一生中最重要的多數作品，如管弦樂《孔廟大晟樂章》、《一字同光》，舞劇《香妃傳》，以及鋼琴曲《第一鋼琴協奏曲》等。此外，他譜有九首合唱曲，以及中國民歌、唐詩宋詞和白話詩詞曲等獨唱曲。[82]他的重要文字作品《北京銘》、《大同石佛頌》，以及《上代支那正樂考——孔子の音樂考》也都完成於這段期間，這三部作品同一年（一九四二）在東京出版，前二者由青梧堂，後者由三省堂出版。這可以說是他一生創作最豐沛、意氣最風發的一段歲月。對照他後來被剝奪一切、打入牛棚的慘狀，真有如天壤之別。

四、一夕成名的心境：音樂家的自述

江文也於一九三八年到北京工作，如上一節所分析，不能不當成時代脈動的一環來看，而且，東京與北京並非「互斥」的選擇，反而可以「兼美」。我們對江文也移居北京固然不能隨意讀出民族主義的含意，但就藝術家來說，個人的喜惡感覺可能也是重要的原因之一。江文也對日本音樂界有所不滿，有被排擠之感。另外，他不是音樂本科出身，北平師範大學給他音樂教授的位置，這是他在凡事按規章來的日本，所無法獲致的。北京除了是藝術靈感的泉源之地，大學教授的身分與地位，也應該深深吸引著自學成功的江文也。在北京，他不受人排擠，反而可以回過頭來讓那些排擠他的人刮目相看。

由於江文也的日記尚未公開，我們無法一日挨一日地具體了解他的想法，所幸的是，有一篇完整的至關緊要的日記可參考，加上其他零散的篇章，我們可以比較貼近真實地捕捉江文也的情緒和思想。這是一九三六年十二月二十七日的日記，是江文也夫人江乃ぶ（江信）女士惠贈筆者的。由於資料珍貴，且這一天的日記內容特別，因此我把全篇迻譯於下，未加剪裁，惟按照文脈插入必要的說明。

這篇日記寫於一九三六年快結束時。該年夏天江文也的管弦樂曲《臺灣舞曲》獲得奧林匹克運動會藝術部競賽管弦樂的「等外佳作」（認可獎）。雖然是「等外」，亦即不在頭三名之內，但當時日本送出五部作品，包括鼎鼎大名的作曲家山田耕筰，卻只有江文也的作品入選。在當時，西方之認可決定一位作曲家的「國際性」，因此，這是非常難得的殊榮。江文也可說一夕成名，用他自己當時告訴妻子的話，被當成「半個偶像」！[83]一歲將暮，江文也在日記中回顧這一

82　參考江小韻，〈有關江文也的資料〉，頁二五七—二六八。

83　原文為「コッチではオリムピックに等外佳作でもタッタ一點の音樂日章旗といふので、樂壇こぞってオレを半偶像にして仕舞って居る。」見江文也致江乃ぶ信，一九三六年九月八日。

年的際遇：

一九三六年十二月二十七日

一九三六年只剩下四、五日就過去了。想說才迎接這一年呢，此刻又不得不送走了。

三五（一九三五）年何其暗澹，而痛苦地到悲愴之地步的一年呢。和三六年相比，你受難的三五年度噢！竟然忍耐過來，想來真不可思議。

實質上，一點也沒有不同，在人人的眼中，為何看成這麼的不同呢！

啊！新聞報導（journalism）唷！你又也握有著這樣的力量——能輕而易舉地把昨天的天才當成今日的白痴而大書特書。

因此，大眾唷、時流唷！俺[84]不違悖諸君，同樣地也不作諂媚的事！

乘著新聞報導之波也好，不乘也可以！

在乎也好、不在乎也好！

＊　＊　＊

再怎麼說，今年是在外形上和在物質上有所得的收穫之年。

暗澹地開始的今年的正月，俺正在為應募奧林匹克（在柏林的第十一回）的作曲而費盡心血。

基於俗謠的四個旋律

一、滿帆（采自《素描集》）
二、《三舞曲》采取其二
三、《三舞曲》采取其一
四、《三舞曲》采取其三
以此四章為鋼琴獨奏曲而提出，其次，把〈城內之夜〉改題為《臺灣舞曲》作為管弦曲而提出。

以上是日記開頭的部分。奧林匹克的藝術競賽過程漫長，一九三五年先有預賽。根據江文也一九三五年的日記，這個夏天他埋頭寫作應募的曲子，八月六日裝訂完成，八月八日寄出。當時江文也手邊連兩元的郵費都沒有。[85]在這裡，他回憶預賽通過後，第二年二月寫作正式樂曲的經過。他接著寫道：

為了改寫這個管弦曲，通勤於目黑日吉坂的圖書館，正巧是二月三日或四日，入選森永製

84 江文也的文體和當時許多日本文人一樣，大量使用漢字，此處的「俺」係江文也自己的用法，非譯自假名「おれ」。
85 井田敏，《まぼろしの五線譜 江文也という「日本人」》，頁一〇六—一〇八。

菓的社歌的作曲，在銀座的日本樂器〔行〕唱給該社的幹部們聽，還有圖書館來了電話而外出。這個晚上，是五十年來的大雪，從銀座抱著裝訂好的管弦樂譜，直走到品川，然後搭公車來到旗之丘，等著因雪而不通的池上電車而回到家，在昏暗的蠟燭下，徹夜寫上管弦樂剩餘的部分。

雪狂亂地狂舞，甚至俺一切的不幸都染成這樣的潔白了吧——俺這樣想著。

雪。　五十年來罕見之事，直到胸前一片潔白。現在想起來，好像這個雪救了我！

翌日二月五日　作曲截止日。

長靴走起來「噗嗤」作響，於「丸大樓」的體育協會提出〔參選的〕樂曲。

幸？或不幸？應募的作品，很少。

然而提出參選的作品一首勝過一首。根據該月二十日左右所發表的〔入選作品〕：

山田耕筰　進行曲（行進曲）

諸井三郎　來自奧林匹克的斷片　二章（オリムピックよりの斷片　二章）

箕作秋吉　盛夏（盛んな夏）

伊藤　昇　運動日本（スポーツ日本）

江　文也　臺灣舞曲（臺灣の舞曲）

審查員　山田氏、信時氏、諸井氏。86

這裡寫的大雪是一九三六年日本受到大寒流侵襲，東京下大雪，由於大雪的關係，奧林匹克的應募作品大為減少[87]，因此，江文也才說「好像這個雪救了我」。入選的其他四位是山田耕筰、諸井三郎、箕作秋吉，以及伊藤昇。如前所述，他們都是作曲家聯盟的會員，是江文也所屬音樂社群的同仁。山田耕筰算是江文也的老師，在當時是大師級人物，齊爾品曾把他比擬成日本的格林卡。[88]山田耕筰曾留學德國，創作許多大規模的樂曲，但一般日本人最熟悉的是他譜的歌謠，只要聽到他的名字，耳邊自然響起《紅蜻蜓》（赤とんぼ）、《這條路》（この道）等曲調。諸井三郎，留學德國，受到德奧古典音樂的影響很深。箕作秋吉，也是物理學者，他在一九三七年寫作的〈芭蕉紀行集〉入選一九五〇年「國際當代音樂協會」（ISCM）音樂節而名噪一時。伊藤昇師事山田耕筰，一九三四年之後活躍於電影配樂。這四位當中，山田耕筰是師長輩，其他三人年紀都比江文也大，最年輕的諸井三郎也大江文也七歲。結果統統敗給二十六歲新冒出的年輕人。諸井三郎身兼三職：既提出作品參選，也是日本方面的審查員，又是奧林匹克委員，對江文

86　審查員依序為：山田耕筰、信時潔、諸井三郎。審查員自己提出的參選作品是「無審查」，亦即不須經過審查，因此諸井三郎和山田耕筰的作品是「無審查」。見染谷周子、杉岡わか子、三宅巖編，《ドキユメンタリー新興作曲家連盟——戰前の作曲家たち 1930-1940》，頁一〇八—一〇九。

87　井田敏，《まぼろしの五線譜 江文也という「日本人」》，頁一一〇。

88　「……我在山田耕筰的姿影中看到日本的格林卡」，見アレキサンダー・チエレプニン，〈日本の若き作曲家に〉，頁四。

也的得獎，他的態度如何呢？

俺很信賴諸井氏，把他當作高尚的紳士而尊敬著。然而作為奧林匹克委員而到柏林以來的一切態度卻……

江文也的《臺灣舞曲》以選外佳作而入選為五等或四等一事，完全沒給予通知，僅僅只是九月一日在朝日〔新聞〕的文藝欄，平淡地寫著而已。

於是其後的奧林匹克座談會或一切的集會上，其口吻幾乎都是主張〔把它〕當成不足為奇的，是什麼價值也無的東西，且這類的作品不過是有賴好奇心而已……

沒錯！確實這是好奇心。這確實如此！俺的作品統統發著奇妙之響，那是確實的吧！

於是，諸君把它看做廉價的異國趣味而加以輕蔑了吧。能怎樣大大予以忽視的話，就忽視看看吧！

白遼士[89]的音樂、貝多芬中期的音樂、比才[90]的音樂、法雅[91]的音樂、拉威爾的音樂、夏布里埃[92]、德布希、穆索爾斯基。

他們的音樂若無好奇心，能夠存在嗎？如果有達到那樣高程度的好奇心，何以不行？作品若達不到那樣的程度，說有怎樣奇怪地與眾不同的地方，不也是無濟於事嗎！作為作品，到達那種程度的話，不管在怎樣的世界，都是我們衷心所追求的。

諸井三郎的態度相當冷淡，似乎故意輕描淡寫，而且把江文也得獎歸諸「好奇心」的蔭庇——他自己走的音樂路線和江文也不同。可能由於諸井三郎的導引，於是「諸君把它看做廉價的異國趣味而加以輕蔑」。江文也對此相當不滿。從江文也所舉的音樂家來看，他顯然認為自己的音樂也是具有某種民族色彩的，也就是臺灣的色彩——擬想的臺灣色彩。在他，這不是廉價的異國趣味，而是達到了某種高水平的東西。就算音樂界反應冷淡，新聞界卻是熱烈的；他的故鄉臺灣，早在他的作品列入參選名單時，就已大肆報導了。

這個奧林匹克的事情，簡直占據了今年俺的存在的所有一切。三月臺灣的各個新聞等等，頗把它當作特別消息來報導。於是，九月七日或八日，從柏林送來極為絢爛的證書的那個晚上，俺有如作夢般歡喜（確實如此）。於是我拿給東京日日〔新報〕的篠原氏看，大概是十一日吧，在早報以占五欄大的超級特別消息來報導。圍在獎狀和獎牌中，俺雙眉緊鎖的照片在正中央鄭重其事地刊出

89 白遼士（Hector Berlioz, 1803-1869），法國作曲家、指揮家、評論家。
90 比才（Georges Bizet, 1838-1875），法國作曲家，最有名的作品是歌劇《卡門》。
91 法雅（Manuel de Falla, 1876-1946），西班牙作曲家、鋼琴家，受到西班牙民歌影響很深。
92 夏布里埃（Emmanuel Chabrier, 1841-1894），法國作曲家、鋼琴家、指揮家。仰慕並宣傳華格納的作品。

技術者的歌手江文也君……

連樂譜的一部分也作為插圖而使用。93

昔時，拜倫「一覺醒來發現自己成為名士」云云。這樣的心情的確很能了解。這種血液沸騰、肌肉跳躍般的興奮，給人生塗上了色彩！如此的驚慄之遇（thrill）給了人生別具意味的刺激！

約一個月後，此一管弦曲刊行樂譜之後，終於了解到：竟然這樣的作品和世界的巨匠並排在一起。歡喜的夢多少冷卻下來，但畢竟是一件大事，錯不了的！

他在接受新聞訪問時，拋出了「否定西歐」這樣的大膽議題：

這個新聞被報導時，俺講出了這樣的話：否定西歐的一切理論，想建設得以對抗於此的理論和作品。……除了新進的作曲家之外，的確無法從西歐的理論中逃脫出來……。這實在是豁出去了的宣戰布告。這像是把自己放到危險線的最前頭般。本來誰也不注意的，一度「日本式的音樂」有如麻雀般地喧囂起來。不管哪個雜誌也都撿起這個問題。於是，予以否定。

心想議論要開始吧，卻無戰火。頗為高明的論文，有二、三篇。然而，無論哪篇都沒提及俺的名字，矛頭朝向〈和我〉同個方向的作家（對俺而言，沒什麼大不了的）。

就是這樣吧。如此一來比較安全！避開俺嗎？還是無視於〔俺〕嗎？
這應該是其中之一。總之，俺確實惹起大的波紋。然後，幾乎所有的人都不給我認真地考慮，卻好像關心著別的地方一樣。同時引來大的反感。
眾人虎視眈眈正等著伏擊俺！一定要讓〔俺〕翻倒到這樣可怕的地步，〔他們〕正等待著這樣的機會。
這樣是好的。不管發生什麼事，俺正覺悟著呢。
＊　＊　＊
俺寫著寫著一勁兒寫著，直到無法寫時才停止。
就這樣！

江文也挑起了關於「日本式的音樂」的論爭，但人們有意「忽視」他，連他的名字都不願一提。這位一夕成名的青年音樂家感到遭到音樂界的嚴重忽視，而且有受「圍剿」之感。
　雖然如此，江文也畢竟是成名了。當時日本「以洋為師」的風氣很盛，西方的認可勝過一

93　見報在九月十三日，標題分四行，云：「音樂オリムピアに／臺灣の舞曲四等入選／きのふ突然賞狀と賞牌屆く／技術家の歌手江文也君」。報紙圖影，見井田敏，《まぼろしの五線譜 江文也という「日本人」》，頁六。

切。前面提過的泰斗級作曲家伊福部昭，他的小傳中幾乎都會提到：他的管弦樂曲《日本狂詩曲》（一九三五）入選一九三六年齊爾品賞第一名，他的處女作《鋼琴組曲》（一九三三）入選一九三八年「威尼斯國際現代音樂節」等等。[94]以這個邏輯來推斷，江文也的樂曲入選奧林匹克的藝術部門，是莫大的肯定，他也隨之躋身國際作曲家之列——他的作品將在歐洲演出。他本人都有難以置信、飄飄然之感。他在九月八日給妻子的信中提到，這個曲子預定由史托科夫斯基（Leopold Stokowski, 1882-1977）指揮費城交響樂團演出而錄製成唱片。[95]他說「小彬」[96]的曲子能和勝利（Victor）紅色標籤唱盤的史托科夫斯基，以及世界有名的費城交響樂團連結在一起，「這樣早就來到，究竟誰能想像得到呢？」去年這個時候，他回答某雜誌時還說，夢想著自己的交響曲能放入二流的歐曼第（Eugene Ormandy, 1899-1985）指揮明尼亞波里交響樂團的演奏中。「回憶起〔這個回答〕，獨自兒竊笑著。」而一年之後，竟然是地位更高的費城交響樂團！他沒想到竟然在三十歲以前自己滿意的大曲就在世界登場了。「對俺本身而言，這雖是習作，無論如何是受到賞識的了。」[97]

《臺灣舞曲》讓江文也一舉成名，或許更堅定了他走「民族風」的音樂路線。關於江文也何以能在柏林藝術競賽脫穎而出，伊福部昭如是解說：「山田先生、諸井先生都留學德國，諸井先生大抵是硬梆梆的德國派作曲，因此沒有理由入選柏林〔的競賽〕。箕作先生是理學博士，是學者。伊藤昇先生本人也是半個業餘家。是這樣的原因吧。江先生的曲子，怎麼說呢，這是具有不同的風土性的東西，因而引人注目吧。我如此認為。」[98]

何以某些人對江文也的獲獎反應如此冷漠？是因為他不是「真正的日本人」？一個出身殖民地臺灣的年輕小伙子？資料不足徵，我們無法算這筆老帳——據說江文也對在日本音樂界參加比賽老是拿「第二名」很不滿。[99]我們一般只知道江文也在一九三四年獲得時事新報音樂競賽作曲第二名，實際上他繼續參加作曲項目的比賽，一九三五年獲得入選（三名之外），一九三六年獲得第二名，一九三七年獲得第二名[100]，的確總是和第一名無緣。儘管如此，音樂界少數人的漠視，並無法壓抑江文也蓬勃的人氣與豐沛的創作力。而且就他所屬的音樂社群——作曲家聯盟——來說，該聯盟對他的作品是相當重視的，在與西歐國家交流時，江文也的作品往往在甄選之列，彷彿是一張不可或缺的「國際牌」。例如，入選「國際現代音樂協會音樂節」（一九三七，巴黎）、日德作品交換演奏會、日法作品交換音樂會、國際現代音樂節（一九四〇）等。[101]

---

94 如淺香淳等編集，《新音樂辭典 人名》，頁四四。

95 根據《音樂新潮》的報導，此曲將由史托科夫斯基指揮柏林愛樂或費城交響樂團灌製成唱片，由勝利（Victor）唱片公司作為聖誕節唱片發行，見該刊第一三卷十月號（一九三六年十月）。唱片是否發行，待考。

96 「このビン」，江文也（江文彬）少年時期和瀧澤信子交往時的親暱自稱，結婚後繼續使用。

97 以上引文係根據一九三八年九月八日江文也致妻子江信子之書信。

98 引自井田敏，《まぼろしの五線譜 江文也という「日本人」》，頁一二〇。

99 參見井田敏，《まぼろしの五線譜 江文也という「日本人」》，頁一一一。

100 音樂コンクール三十年編纂事務局編，《音樂コンクール三十年 1932-1961》，頁三四—三五。

101 染谷周子、杉岡わか子、三宅巖編，《ドキュメンタリー新興作曲家連盟——戰前の作曲家たち 1930-1940》，

即使一九三八年秋天他到北京就任教職，他仍一直維持會員的資格，直至該聯盟於一九四〇年年底解散為止。[102]

一九三六年的奧林匹克運動會藝術競賽確定了江文也的作曲家地位。從一九三七年起，我們看到江文也活躍於日本的音樂界，他的文章在音樂雜誌上刊登，編輯給他很大的篇幅，任他「黑白放談」（他在《音樂新潮》的專欄名稱）。如果《臺灣舞曲》的民族色彩實現了他三十歲以前想達成的夢想，那麼在這之後，他要創造怎樣的音樂才能更上一層樓呢？

五、浪漫的中國想像

江文也個性浪漫，情感澎湃，郭芝苑說他是「一位 Romantist（浪漫者）」。[103]他為了追尋創作的泉源，為了探尋中國古老文化的精髓，一九三八年移住中國北京，最後由於種種原因（時局的、個人的）而定居下來。

江文也第一次到北京在一九三六年六月中。如前所述，他原來有計畫到維也納，但因緣際會改到北京。當時齊爾品在北京，在齊爾品的邀請下，他來到北京。從他事後寫的旅遊經過和感想，我們可以看出他對北京充滿憧憬，而且懷有許多「先入為主」的浪漫想像。所以當他來到北京，有著按捺不住的興奮：[104]

又怯又喜，北京！北京！我反覆地唸著這個名字，讓那可使心臟絞碎般的興奮與瘋狂駕馭著。

我好似與戀人相會般，因殷切地盼望而心亂，魂魄火紅地熾燒著。

這樣容易感動、興奮，像戀人一樣心亂的江文也，和當年返回臺灣的江文也，呈現相當的一致性。如前所述，他一踏上臺灣，因著能站立在「父親的額頭般的大地、母親的瞳孔般的黑土上」，而感極欲泣。他因身心脹滿創作的欲念而譜成了〈白鷺鷥的幻想〉，這是他自己非常喜愛的作品，他說「我因戀愛而熱狂，恍恍惚惚地，因著這作品而極度苦惱。我像愛著戀人般地，熱愛著這個作品。」[105]透過他自己的文字，我們看到一位心中多麼容易燃起熾熱之戀火的藝術家！

抵達北京的當天晚上，江文也和齊爾品、維克小姐等人一起參加以外交團體為中心的化妝舞

頁一三二—一三三、一六八—一七〇、一七六、二〇三—二〇四、二三六。

102 染谷周子、杉岡わか子、三宅巖編，《ドキュメンタリー新興作曲家連盟——戰前の作曲家たち 1930-1940》，頁四〇四。

103 郭芝苑，〈中國現代民族音樂的先驅者江文也〉，頁四六。

104 江文也，〈北京から上海へ〉，頁三三。

105 江文也，〈「白鷺への幻想」の生立ち〉，頁一一一。

會。齊爾品裝扮成民國的大官，維克小姐扮印度公主，江文也扮成生番頭目。[106]舞會之後有小型音樂會，在蕭邦的華爾滋和兩首女高音二重唱之後，演奏現代日本音樂，有清瀨保二的《春之丘》和江文也的《小素描》，之後是聲樂曲，由齊爾品伴奏，江文也穿著生番頭目的服裝演唱《生番四歌曲》。

在北京，江文也聽了平劇，寫道：「我痛切地感受到了！在那上頭演著的不就是你所想知道的全部嗎？」[107]他參觀了慈禧太后的行宮頤和園、天壇、孔子廟、喇嘛廟。端午節過後，他和齊爾品一家人搭乘萬國國際夜車到上海，他在上海音樂學校，由齊爾品伴奏，演唱《生番四歌曲》，也彈奏《小素描》和《滿帆》。[108]

江文也的北京、上海之行，讓他深受刺激。北京給他很深的印象，這些印象舉其要有三。其一，是中國的遼闊——對他而言，中國「以兩萬倍、三萬倍兀自悠然地廣袤著，無視於我的感覺，漠然地站立著」。[109]其二，是中國的「大沉睡」狀態，在北京「所有的事物都在大規模的狀態下沉睡著」。[110]最後，是外國勢力和中國環境的「違和」（不協調、扞格）。

在此先談第三點。端午節北京放假一天，江文也看到旅館廣場前舉行分列式，那些軍隊不是民國的軍隊，他感到喇叭的聲音和北京不協調。晚上看晚報，得知舉行分列式的國家有兩名紳士受了重傷。他為此感到很痛苦，自思：「就音樂來說，你的體內不也和這北京一樣，駐紮著世界各國的軍隊嗎？先是德國、法國、俄國、義大利、匈牙利、美國……這樣的你究竟在做什麼？」[111]日後江文也追求純粹的「中國的」音樂，不能不說以此為先兆。他和齊爾品一家人搭乘萬國國際夜車，這是掛有寢室的豪華列車，但他覺得「這〔車〕的存在恐怕和民國的大眾無法取得平衡」。[112]江文也顯然對列國侵華，有某種強烈的反感。但是，我們是否可以把這種感覺直接等同於站在中國本位看事情，還有待商榷。日本用以號召東亞人民（主要是知識人）的理念是東亞各國間的「協和」，用來對抗西洋力量的入侵。這個由日本領導的邁向「東亞和平之路」的論述，頗贏得日本一些知識分子的支持。我認為，從這個角度入手，或許更能幫助我們理解江文也在一九四五年以前的一些作為；否則，我們無法了解對列強懷著如此激烈情緒的江文也，何以不批評日本，日後且為日本的宣傳片「東亞和平之路」（東和商事，一九三八）配樂，為北京的

106 江文也，〈北京から上海へ〉，頁三三。原文作「生蕃首長」，見江文也，〈北京から上海へ〉，頁三三。「首長」是個錯誤的用法，竹中重雄在〈蕃歌を尋ねて臺灣の奧地へ〉一文中特地說明，臺灣蕃社的領導者叫「頭目」，不是「首長」，他說他在哪裡，很可能就是《月刊樂譜》，看到這種錯誤的用法。由於江文也的文章就刊登在前一期的《月刊樂譜》，說不定他看到的就是江文也的用法，不以為然而特地拈出來談，但又不好直接說出名字。見竹中重雄，〈蕃歌を尋ねて臺灣の奧地へ〉（二），《月刊樂譜》第二五卷十一月號（一九三六年十一月），頁一一。

107 江文也，〈北京から上海へ〉，頁三四。

108 江文也，〈北京から上海へ〉，頁三九、四一。

109 江文也，〈北京から上海へ〉，頁四二。

110 江文也，〈北京から上海へ〉，頁三九。

111 江文也，〈北京から上海へ〉，頁三八。

112 江文也，〈北京から上海へ〉，頁三九。

「新民會」譜曲。

中國的遼闊和文化遺產的龐大，把江文也「壓得扁扁的」。在他，這個兀自存在著的中國，讓他在「睇視遙遠的地平線上的積雨雲時，卻在彼端發現了貧弱的自己。」[113]江文也的感動是深刻的，這是無可否認的。不過，如果我們了解江文也獨特的感性（sensitivity）方式，我們說不定會有「啊，這就是典型的江文也」的感覺。讓我們回頭看看，他在一九三四年〈白鷺鷥的幻想〉一文中，如何描寫面對來自大地的感動，他自己的無能之感——無法淋漓盡致表達那巨大的感動：「……雖然幾度抹削、增添，利用所謂的作曲技巧等等，辛苦地嘗試，處理在我心中浮動的那個龐大的觀念，不得不痛感地上的形式的過於貧弱。」[114]「地上的形式」指既有的藝術表達工具或方式。在北京，我們彷彿聽到四年前江文也來到南方島嶼所發出的聲音的回響。天地（或文化體）之龐大與己身之貧弱的對比，是江文也思考的主題之一。

一九三八年，江文也到北京就任教職後，除了教書、作曲、演出之外，致力於研究孔子和孔廟音樂，寫成《古代中國正樂考——孔子的音樂考》（上代支那正樂考——孔子の音樂考）[115]，一九四二年在東京出版。江文也以音樂家的敏銳感覺，從有關孔子的各種文獻中，整理出孔子的音樂思想、孔子的音樂素養，以及音樂在孔子生活中扮演的角色。江文也豐富的想像力在此發揮得淋漓盡致，寫活了愛樂者孔子。

在此，限於篇幅和題旨，筆者不擬討論這本論著的內容和材料。不過，須特別指出的是，江文也固然懷抱著無比的熱情研究孔子和音樂的關係，我們不能孤立看待這件事。日本知識界（包括藝文界）對中國文化向來就抱持濃厚的興趣，和江文也同時代的美術史研究者兼樂評家久志卓真，以中國諸子和音樂的關係為主題，寫過不少文章，包括〈墨子與音樂〉、〈荀子與音樂〉、〈論語與音樂〉、〈透過論語看孔子的音樂思想〉、〈呂氏春秋與音樂〉等。[116]這些文章都是刊登在江文也投稿的《音樂新潮》上，甚至和他的文章同期刊出，因此，我們可以假設江文也知悉這些文章，且很可能翻讀過。總而言之，如果將江文也放回他所屬於的幾個歷史脈絡，相信會增進我們對他的認識。

《古代中國正樂考——孔子的音樂考》之外，江文也最重要的作品是日文詩集《北京銘》和《大同石佛頌》，以及中文詩集《賦天壇》。[117]這些作品充分顯示江文也的文學才分，不過本文

113 江文也，〈北京から上海へ〉，頁四三。

114 江文也，〈「白鷺への幻想」の生立ち〉，頁一一〇。

115 此書中譯本，江文也著，陳光輝譯，《孔子音樂論》，收於張己任編，《江文也文字作品集》（臺北：臺北縣立文化中心，一九九二），頁七一一五〇。此書另有一中譯本，江文也著，楊儒賓譯，《孔子的樂論》（臺北：喜瑪拉雅研究發展基金會，二〇〇三）。

116 〈論語を通して見た孔子の音樂思想〉（上），《音樂新潮》第一三卷五月號（一九三六年五月）；〈論語と音樂〉，《音樂新潮》第一三卷六月號（一九三六年六月）；〈墨子と音樂〉，《音樂新潮》第一三卷八月號（一九三六年八月）；〈荀子と音樂〉（上）、（下），《音樂新潮》第一三卷九、十月號（一九三六年九月、十月）；〈呂氏春秋と音樂〉，《音樂新潮》第一四卷九月號（一九三七年九月）。

117 張己任編的《江文也文字作品集》收有《北京銘》和《大同石佛頌》的中譯本，以及《賦天壇》的鉛排本。兩本日文詩集皆由廖興彰翻譯。《北京銘》另有葉笛的中譯本，江文也著，葉笛譯，《北京銘——江文也詩集》

的目的不在於從文學的角度來討論他的作品，而是試圖從內容上了解他所呈示的中國意象。

《北京銘》是自由詩，不是日本傳統的和歌（俳句、短歌），共分為四部，基本上按照季節推展，因此四部依序描寫春夏秋冬的北京。所謂「銘」，他在序詩中說：[118]

我要把要刻在
一百個石碑和
一百個銅鼎的
這些刻在我這個肉體上

這也是相當典型的江文也語法。這個詩句至少有兩層意思，其一，北京的本質是永恆的，只有石碑和銅鼎才能擔得起這種永恆。其次，我會敗壞的肉體雖然無法承受永恆，但我的感動是這麼深刻，因此我要用我的肉體來體受，讓它們像刻在石碑和銅鼎一樣刻入我的肉體中。如何刻入肉體呢？其實，江文也告訴我們：用文字。這就是《北京銘》的創作目的。

《北京銘》最先的三首〈要凝視的　其一〉、〈要凝視的　其二〉和〈要凝視的　其三〉可以說是寫他對北京的總印象，這裡是「不用看的東西　不是看得見嗎？」，「這裡的美　瞎眼喲說著更加燒灼我了」，北京是充滿光的，「我　被這光暈眩了」。[119]「光」是《北京銘》一個重要意象。此外，石頭、黃土、龍也是他喜歡用的意象。《北京銘》最大宗的詩以北京的名勝古蹟為題，是江文也記錄拜訪這些地方的所思所感，可以稱之為「紀遊詩」。他遊歷了大成殿、國子監、喇嘛廟、昆明湖、萬壽山、北海瓊華島、景山、太廟、圓明園、白塔寺、大安殿、十剎海、現歡喜園、五龍亭、祈年殿、天壇、圜丘壇、中南海瀛臺等。許多地方他一訪再訪。這些詩內容多樣，茲舉〈於國子監〉一詩以為例示：[120]

石頭　石頭　石頭
雕刻在那裡的十三經
周遭鳥兒鳴囀　漂浮著文字濃醇的香氣
噢　快樂的古典的化石的森林　現在我來了

此外，他也描寫「老」北京生活的點點滴滴，如〈胡同〉、〈胡同的音樂家們〉、〈癢〉、〈賣

（臺北：臺北縣政府文化局，二〇〇二）。

118 江文也，《北京銘》（東京：青梧堂，一九四二），首頁，未標頁碼；中譯文根據葉笛的翻譯，見江文也著，葉笛譯，《北京銘——江文也詩集》，頁二。

119 中譯採用葉笛之譯文，見江文也著，葉笛譯，《北京銘——江文也詩集》，頁一〇—一五。

120 江文也，〈國子監にて〉，《北京銘》，頁一七；根據葉笛譯文，略加修改，見江文也著，葉笛譯，《北京銘——江文也詩集》，頁二二。

酸梅湯的來了〉、〈磨刀匠吹著喇叭經過〉、〈洋車夫〉等。[121]由於江文也當時設定的讀者是日文讀者，並非中文讀者，書的印刷發行也在日本，因此，我們是否也可以從日本紀行文學的角度來理解他的作品呢？這時的北京，對江文也而言，就像對畫家梅原龍三郎一樣，是個充滿魅力的古都，是令人愛戀的「他者」，只是這個「他者」在江文也又多了一層「血緣的」關係，讓他在感情上更有資格「據為己有」。

江文也於一九三八年來到北京，時年二十八；第二年（一九三九），五十一歲的梅原龍三郎也來到北京。梅原龍三郎當時已經是著名的油畫家，他於一九三三年初次訪問臺灣，其後接連著三年來臺灣擔任臺灣美術展覽會的審查（一九三四—一九三六）。一九三九年，梅原龍三郎受邀到滿洲，擔任滿洲國美術展覽會的審查，之後他從大連搭飛機前往北京訪問。這是他第一次訪問北京，他年輕時曾遊過上海、杭州、西湖。北京的景觀大大感動他，他停留一個月餘，畫了《雲中天壇》和《姑娘》等作品（「姑娘」指中國女性，他前後畫了不少幅以此為題的油畫）。從這一年開始，他每年都到北京停留一段時間，一九四三年是最後一次，這之後由於戰雲密布，他遂不再來。[122]梅原龍三郎旅居北京時，繪製許多以北京為對象的油畫，如《天壇》（一九三九）、《紫禁城》（一九四〇，兩幅）、《長安街》（一九四〇）、《北京長安街》（一九四一）、《北京秋天》（一九四二）、《天壇遠望》（一九四二）、《春之長安街》（一九四三）等。[123]就我所知，至今不少日本人一想到他，大都會聯想起他筆下的北京，尤其是天壇。

如果北京大大感動了梅原龍三郎，作為中國文化中心的北京毫無疑問地征服了江文也——這

個在「巨大的」、「遼闊的」什麼的之前總是五體投地的江文也。北京就是連空氣也是令人眷念的：[124]

空氣本身　已然令人眷念的北京喲
對所謂文明物　毫無關係似的
也許那是對的
如今　一切　對你來說
顯得像欺騙孩子一般吧

因為北京太美麗，「……／無法只是看著／所以渴望進入你的內裡去／就是進去　還不能滿足／所以像這樣　把一切變成你的空無了」。[125]是的，在美之前，他只有投入的份：[126]

121 分見江文也著，葉笛譯，《北京銘——江文也詩集》，頁二八、三二、三八、九〇、九二、一七六。
122 島田康寬編，〈梅原龍三郎．年譜〉，收於河北倫明監修，《生誕百年記念》《梅原龍三郎》（東京：集英社，一九八八），頁一七三—一七四。
123 以上油畫，見河北倫明編修，《梅原龍三郎》一書圖版。
124 江文也，〈無題〉，《北京銘》，頁一一四；江文也著，葉笛譯，《北京銘——江文也詩集》，頁二一〇。
125 江文也，〈必然〉，《北京銘》，頁一一五；江文也著，葉笛譯，《北京銘——江文也詩集》，頁二一二。
126 江文也，〈追求〉，《北京銘》，頁一一七；江文也著，葉笛譯，《北京銘——江文也詩集》，頁二一六。

美麗的人　只是沒入對象　按照所想地描畫
但　每當為對象魅住　我是醜的
啊　該折筆了
說來我是非更深地沒入對象不可的

詩集完稿於「一九四一年十二月三十一日　在除夕鐘聲的鳴響中」。他在「結尾」的那首詩的末句寫著：「銘喲　放心跟這個肉體一起蒸吧」。127

《北京銘》見證了江文也的浪漫情懷和文學才華。從詩中很難看出江文也的北京和當時中國面臨的戰亂有何關係。換句話說，它是「超現實的」，那個令江文也迷惑的北京是永恆的存在，不是現世的。北京令人著迷的是「天下無事」：128

這聰明的靜寂
噢　深邃的叡智
這蓮花的馨香　漣漪　要是連陽光都沒用
那麼　你也用生銹的釣鉤垂釣吧

多麼遠離現實和非政治的！

《大同石佛頌》是日文長篇自由詩，[129]以山西大同石窟的佛像為對象，是江文也追求「法悅」境界的詩集。詩中有不少二元對立相互抵銷（或深層統一）的語言，如「無有感覺／無無感覺的天」、「似一切／非一切」、「的確　此可也／非此亦可」、「那非是／現在存有而在未來無有者／那亦非是／現在無有而在未來存有者」等句。[130]這些深含「禪機」的語言充滿整本詩集，由於和我們的題旨較無關係，姑不細論。在此僅指出，在這本詩集中，我們還是看到「典型的」江文也。面對石佛的他，「……在此一瞬間／我　變得醜陋不堪／且　感覺到極端的無助可憐」。[131]他和往常一樣，是很投入的——[132]

實在的
自己如此被吸入

127 江文也著，葉笛譯，《北京銘——江文也詩集》，頁二二四。

128 江文也，〈天下無事〉，《北京銘》，頁五八；江文也著，葉笛譯，《北京銘——江文也詩集》，頁一〇二。

129 江文也，《大同石佛頌》（東京：青梧堂，一九四二）。

130 江文也著，廖興彰譯註，《大同石佛頌》，收於張己任編，《江文也文字作品集》，頁二三〇、二三一、二四三、二五三。

131 江文也著，廖興彰譯註，《大同石佛頌》，頁二一〇。

132 江文也，《大同石佛頌》，頁二四—二五；江文也著，廖興彰譯註，《大同石佛頌》，頁二一六—二一七。

一切的一切皆被吸入了
何者是自己
何者是石佛
無內
無外
祇是難於言說
……

面對這種難以言說的巨大世界，[133]

已經無法思考任何事的我
如何把讚歌獻給您啊
終於　終於
這樣的我
已然
一無所知

藝術在他，是永遠無法充分表達他的感動的。在這裡，我們看到不管身在何處，江文也的感性是頗為一致的。

《賦天壇》是江文也用中文撰寫的詩集，作於一九四四年十月，生前未出版，一九九二年在臺灣出版。[134]詩句顯示江文也此時中文還不夠純熟。詩中表達他的「天」觀，是讚頌「天」的詩。詩集中有個段落是江文也首次提及「時代」：[135]

是的！
這裡的時間　是絢燦地像一箇結晶
這裡的空間　無疑地是真空似的極星
於是
大時代的掙扎在那裡
大民族的苦惱是什麼
黃河的流水啊！

133 江文也，《大同石佛頌》，頁九六—九七；根據廖興彰的譯文略加修改，見江文也著，廖興彰譯註，《大同石佛頌》，頁二五七。
134 江文也，《賦天壇》，收於張己任編，《江文也文字作品集》。
135 江文也，《賦天壇》，頁二七〇—二七一。

黃帝的子孫啊！
唉！　依然
還是
「前不見古人
後不見來者」

我們如何解讀這個段落？通篇讀來，彷彿時代的掙扎和民族的苦惱都將在「豐饒底光」[136]中消失。

「光」是江文也很重要的一個意象，貫串了三本詩集。在《賦天壇》中更是重要，和天壇簡直是一體的，「光芒萬層／大日輪／壇向天昇」[137]；「於是　光搖醒了光／光呼應了光」。[138]在光的世界裡，我們發現了江文也——一個沒身在光中，卻仍想以文字和音樂捕捉那天地間豐饒之光的藝術家。

北京豐饒的光——或者更擴大來說，中國豐饒的光，激發江文也的創造力，一九三八年到一九四五年日本戰敗為止，除了文字作品之外，江文也的音樂創作成果豐碩。在這段期間內，他寫出許多重要作品，在管弦樂方面有《孔廟大晟樂章》、《第一交響樂》、《為世紀神話的頌歌》、《碧空中鳴響的鴿笛》、《第二交響樂》，以及《一字同光》；舞劇有《大地之歌》、《香妃傳》；歌劇有《西施復圓記》；鋼琴曲有《小奏鳴曲》、《第一鋼琴協奏曲》、《根據琵琶古曲「潯陽月夜」而作的鋼琴敘事詩》、《第三鋼琴奏鳴曲「江南風光」》；室內樂曲有《大提琴組曲》；合唱曲有《萬里關山》、《鳳陽花鼓》、《清平調》等。在這段期間，江文也對中國古典詩詞產生濃厚的興趣，他為唐詩宋詞譜了為數甚夥的獨唱曲，如《唐詩　五言絕句》、《唐詩　七言絕句》、《宋詞　李後主篇》等。[139] 張己任對江文也的聲樂曲，評價很高，他說：「他的鋼琴伴奏與詩詞配合得十分精妙，在歌聲已了之後，鋼琴仍然能夠引領聽者的情緒，大有詩韻猶存之感，顯示出鋼琴的獨立性。在中國大量的藝術歌曲作者中，能像江文也這樣細緻的處理聲樂曲中聲樂與鋼琴的作曲家，實在寥寥無幾。」[140]

如果說江文也對中國充滿浪漫的想像，他在北京創作的以中國為題材的音樂則比他的「臺灣音樂」實際多了。他的中國音樂稱得上「腳踏實地」，是在親身體驗之上加以創作的，他的《孔廟大晟樂章》更是文獻研究與田野采風的精妙結晶。關於江文也音樂中的「中國」成分或想像，也是將來值得研究的面向。

---

136 江文也，《賦天壇》，頁二七三。

137 江文也，《賦天壇》，頁三〇〇。

138 江文也，《賦天壇》，頁二六五。

139 江文也作品目錄，見江小韻，〈有關江文也的資料〉，頁二五四—二六八；部分曲名之寫法，以張己任編，《江文也手稿作品集》為準。

140 張己任，〈江文也與中國近代音樂〉，《當代》第一七一期（二〇〇一年十一月），頁一三〇。

六、一個非民族主義式的解讀

當我開始閱讀江文也的作品時，我的出發點是想了解他的「臺灣觀」和「中國觀」。我曾被他的一些用語深深困惑住，不知道如何理解。如果我曾預設什麼的，那麼，最後我不得不予以捨棄。

江文也熱愛臺灣，也熱愛中國文化。這是形諸文字，難以否認的。但是，他基本上是個情感澎湃、想像力非常豐富的人。僅僅青綠水田飛下的白鷺鷥，就可以把他逼得近乎瘋狂，非得譜出樂曲來捕捉它的美麗不可；不必親抵北京，他對它已經是充滿愛意了。如果我們仔細閱讀江文也前後的作品，有個通盤的了解，我們將發現其間有很大的一致性。如果他的臺灣是想像的，那麼，他的中國也是想像的。不管是臺灣或中國，在他都不是科學的對象，他追求東方的神秘世界，拒絕「把一切改置為幾何字的清晰與／力學的平衡」。[141] 如果我們把他那些關於北京的戀人般的囈語賦予民族主義的意涵，我想我們將很難了解一九三八年至一九四五年間江文也的一些作為。更何況這裡頭除了藝術家的個人性格之外，是和時代糾葛夾纏不清的。

過去我們對江文也的了解往往是「超時代的」，也就是說，我們把江文也從他所屬的時空抽離出來，孤立地去看他的作品和作為。那是一廂情願的理解。反過來說，由於我們嚴重欠缺對他所屬之時代的歷史性了解，就算主觀不願做這樣的「抽離」，實際上也不得不然。江文也從一九三二年崛起日本樂壇，到日本戰敗投降為止，正好活躍於後來日本一派學者所界定的十五年戰爭（一九三一—一九四五）的時代中。根據劉麟玉初步的研究，在一九三七年以前，江文也和戰爭時局有關的音樂活動似乎只有一樁，也就是灌製創作歌謠《肉彈三勇士》。[142]「肉彈三勇士」是戰爭期間流布於日本本土以及日本殖民地的「戰爭美談」，背景是一九三二年上海廟行鎮中國和日本軍隊之間的戰役；此役在中國稱為「一二八淞滬抗戰」。當時日軍無法突破中國軍隊高築的鐵絲網以進行突擊戰，屢攻屢敗，遂決定由三位工兵抱著點燃的爆破筒衝開鐵絲網，這三位工兵達成目標，但卻犧牲了，就像以人身做的炸彈（日文「肉彈」之意）一樣。此事傳回日本，引起一片讚頌稱揚之聲，三人博得「肉彈三勇士」的美稱。當時興起一股「肉彈三勇士」熱，詩歌、電影、歌舞伎、繪畫、雕刻等爭相以此為題材。這個故事也編入戰時初等教育的「國語」（日語）讀本；不少接受日本教育的老一輩臺灣人還記得這個本事。[143]江文也主唱的《肉彈三勇士》，由中野力作詞，山田耕筰作曲，是「東京大阪兩朝日新聞社懸賞一等當選歌」，由哥倫比亞唱片公司於一九三二年三月二十五日發賣，可說是搶在「肉彈三勇士」的熱潮中推出。山田耕

141 江文也著，廖興彰譯註，《大同石佛頌》，頁二四四。
142 劉麟玉，〈日本戰時體制下的江文也之初探——以1937-45年間江文也音樂作品與時局關係為中心〉，「江文也先生逝世二十週年紀念學術研討會」會議論文，頁一—二。
143 臺灣的課文，見《初等科國語》（臺北：臺灣總督府，一九四四），卷二第二十課〈三勇士〉，頁一〇二—一一〇。

筰是作曲界大家。當時，江文也二十二歲，是新出道的歌手，能灌錄這樣的唱盤，自然是難能可貴的機會。[144]此一歌曲後來被視為廣義的軍歌。揆諸個人和時代情況，灌製這樣的唱片實在很難遽指為為戰爭服務，然而，一九三八年到了中國土地生活的江文也似乎也並未站在中國人的民族立場看待中日戰爭。

江文也到北京就任教職一事，除了他個人所宣稱的藝術目的之外，一些周邊的線索顯示和日本軍方的動員有某種關連，具體來說，可能是為了海陸軍全面支援的文化電影《北京》（東寶映畫，一九三八）配樂。[145]由於文獻不足徵，我們無法做出確論。考諸實際的作為，一九三七年至一九四五年日本戰敗為止，江文也的音樂活動和戰爭時局的關連，零星的不算，大抵可分兩方面，其一是為文化電影配樂，其二為北京新民會譜曲。江文也為日本電影配樂大約有七部之多，劉麟玉曾根據收集到的資料介紹其中的四部：《南京》、《東亞和平之路》、《北京》，以及《陸軍航空戰記緬甸篇》。江文也曾將《南京》的配樂改寫成管弦樂《賦格序曲》；劉麟玉懷疑舞劇《東亞之歌》或許出自於電影《東亞和平之路》、管弦樂《北京點點》出自電影《北京》的配樂。此外，她指出江文也一九四〇年的《第一交響曲日本》直接贊美日本，一九四三年管弦樂《一宇同光》的「一宇」出自「八紘一宇」一詞。[146]諸如此類的關係，都是值得我們深思的。附帶一提，電影《東亞和平之路》日文名稱為《東洋平和の道》，是第一部日本人拍攝的影片中中國人角色由中國影星扮演；導演鈴木重吉，男主角徐聰，女主角白光、李明。

除了為日本的宣傳影片配樂之外，江文也和北京新民會也有頗為不淺的關係。新民會成立於一九三七年十二月二十四日，是日軍扶植的中華民國臨時政府成立（一九三七年十二月十四日）之後，仿照滿洲國協和會而組織的所謂的「民眾團體」。新民會的綱領是：一、護持新政權，以圖暢達民意；二、開發地產，以安民生；三、發揚東方之文化道德；四、於剿共滅黨旗幟下，參加反共戰線；五、促進友鄰締盟之實現，以貢獻人類之和平。[147]柯政和是新民會幹部，可能由於這層關係，雖然江文也不是會員，但和新民會頗多接觸，他的許多音樂作品，尤其是詩詞合唱曲，大都由北京新民音樂書局出版。他也為新民會譜曲，一九四一年北京新民音樂書局出版《新民會會歌》，有九首江文也譜曲的作品。[148]筆者手邊有江文也作曲的〈新民會會歌〉、〈新民少

144 日本哥倫比亞株式會社曾發行一大套「戰後50週年企畫：歌謠で辿る昭和の痕跡」《軍歌戰時歌謠大全集》（東京：日本コロムビア株式會社，一九九五），筆者購得數張，其中一張「戰時歌謠（一）」收有江文也唱的〈肉彈三勇士〉，由山田耕筰指揮、哥倫比亞管樂隊伴奏。

145 劉麟玉，〈日本戰時體制下的江文也之初探〉，頁三、一〇。筆者曾從曹永坤先生處間接得知：江文也的日本家人認為，江文也到北京和日本軍方關係密切，他的女兒懷疑他受到軍方控制，有身不由己之處。此係家人的推斷，缺乏明證，姑記於此。

146 劉麟玉，〈日本戰時體制下的江文也之初探〉，頁七—八、一〇。劉麟玉在該研討會中曾放映《陸軍航空戰記緬甸篇》一片的片頭，由江文也配樂，片頭打出「音樂　江文也」五個字。

147 曾業英，〈略論日偽新民會〉，《近代史研究》第六七期（一九九二年一月），頁二五三—二五四。

148 劉麟玉，〈日本戰時體制下的江文也之初探〉，頁九、一五。這九首曲子分別是：〈新民會會歌〉、〈新民會旗歌〉、〈新民青年歌〉、〈新民婦女歌〉、〈新民少女歌〉、〈新民少年歌〉、〈新民勞動合作歌〉、〈新民運動合作歌〉、〈新民愛鄉歌〉。以上消息承蒙劉麟玉女士賜告，謹此致謝。

年歌〉，以及〈新民少女歌〉詞譜的影本，玆附於文末（附錄二），以供參考。[149]歌詞是繆斌所作，非出於江文也之手。繆斌是新民會重要人物，早期新民會以中央領導部為領導機關，由繆斌任部長，次長是日本人；一九三九年，繆斌擔任新民會副會長。[150]新民會強調發揚東方之文化道德，標榜王道，這些和江文也的思想頗相契合。讓我們來看看他所譜何曲。〈新民會會歌〉歌詞云：[151]

天無私覆　地無私藏　惠我新民　無偏無黨
春夏秋冬　四季運行　惠我新民　順天者昌
東方文化　如日之光　惠我新民　共圖發揚
亞洲兄弟　聯盟乃強　惠我新民　振起八荒

〈新民少年歌〉則有如下的詞句：「青春的少年啊……青春的少年啊　看　亞細亞的兄弟相親相愛　哪」、「青春的少年啊……青春的少年啊　看　太平洋的時代向我們來　哪」、「努力吧……壯志在四方　東方的文明要發揚」。這種強調東亞協和、標榜東方文明的論述，和江文也表現於文字作品中的思想，似乎沒有「違和」之處。

新民會的關係使得江文也在戰後遭受牢獄之災，就目前所知，江文也的罪名是以音樂家的身分為華北的「奴化教育」團體新民會譜〈新民會會歌〉、〈新民會會旗歌〉，以及〈大東亞民族進行曲〉。[152]十個半月後，江文也幸得獲釋。然而，聘請他到北京任教的柯政和，由於是新民會的幹部，以戰犯身分解送南京，一九四九年出獄，文革期間遭受批鬥，送往寧夏回族自治區；一九六八年雙目失明，全身癱瘓，一九七九年過世。[153]江文也就算逃過「漢奸罪」這一關，[154]終究逃不過反右運動的清算，以及文化大革命的浩劫。

最後，我們不應該忘記：在一九四五年八月十五日日本戰敗以前，江文也的國籍是日本，他

149 英國劍橋大學聖約翰學院周紹明（Joseph McDermott）教授惠示一本他收集的新民會反共宣傳品《白紅餅》（北京：新民會出版部，一九三八），收有以上三首歌的詞譜。本文文末附錄二之詞譜，係影印自 McDermott 教授的收藏，謹此申謝。

150 曾業英，〈略論日偽新民會〉，頁二五六、二五九。

151 以下歌詞係根據本文附錄二之歌譜影本，然原件有錯字，「惠我新民」一概作「會我新民」，「四季」誤作「四秋」。詞學大家葉嘉瑩教授出身北京世家，抗戰八年繼續住在北京，完成中學和大學教育。筆者於二〇〇五年三月二十六日因事訪問葉嘉瑩先生時，曾將此一歌譜拿給葉先生看，葉先生說她在學校學唱過此歌，並指出排版的錯字。

152 許雪姬，〈1937-1945年在北京的臺灣人〉，頁一八。

153 許雪姬，〈1937-1945年在北京的臺灣人〉，頁二四。

154 中日戰爭一結束，在中國地區的臺灣人立刻面臨被以「漢奸」入罪的危機，臺灣人抗辯說，漢奸條例最初頒布於一九三八年，當時臺灣人不是中華民國籍，因此不能判以漢奸罪。一九四六年十一月，中央政府通知各省，對被日本人徵用的臺灣人不能治以漢奸罪，但如在戰時利用汪偽勢力妨害他人權益，經受害人指證者，仍應交由軍法或司法予以議處。見許雪姬，〈1937-1945年在北京的臺灣人〉，頁一八。江文也於一九四五年冬天遭逮捕，十個月半後獲釋，在時間上和上述有關「漢奸」之界定的通知若合符節。

的戶籍一直在臺北淡水三芝，一九三三年父親過世後，戶長是長兄江文鍾。他的日本妻子江乃ぶ（舊姓瀧澤）和四位女兒的戶口都登記於此。[155]他在北京的身分是日本人，不是中國人。不管他如何熱愛、渴慕中國文化，他的作品並未揭示或透露出在中日戰局中，他是站在中國人的民族立場上的。或許在某個時點，他轉換了立場，但我們實在不清楚是在哪個時點。果若有此事，很可能在一九四三年以後。據他的中國妻子吳韻真說，日本戰敗投降後，臺灣歸還中國，「文也認為自己真的成為一個堂堂正正的中國人了。興奮、歡愉得立刻把一九三九年完成的《孔廟大晟樂章》總譜，讓我郵寄北平行轅主任李宗仁轉呈蔣介石總統，以表示一個臺灣人回歸祖國的敬意。數日，收到了一個寫著『樂譜已收到閱覽，現已將此譜收藏於國家文史館中』的收據。」[156]

結語

如何把江文也放回歷史的脈絡中去了解，是很大的挑戰。然而，這個努力是必須的，唯有通過歷史的了解，我們才能還給這個浪漫的音樂家一個真面目。例如，當時有不少日本音樂家也寫散文，那是日本「Renaissance Man」最後的年代。江文也固然才華洋溢，沒有那樣的時代氛圍，哪來「放談」的空間。當然，他的風格的確獨樹一幟，《音樂新潮》的編輯說，他和清瀨保二同樣被看成「異色」（前衛、新潮、獨特），但兩人風格截然不同，清瀨保二的文章〈雨的音樂〉

是「沉穩的」，江文也則在〈黑白放談〉作豪語，像快射砲般發砲，寫出他的憤懣和希望。[157]他愛傾吐藝術的「鬱憤」，是有名的。[158]從時代和個性入手，並設法掌握他的思維與感情邏輯，或許更能幫助我們了解江文也。

私意以為，一個歷史的、非民族主義式的了解，應該是可能的。透過這樣的研究取徑，我們或許更能將江文也的音樂放回他所屬的時代脈絡中，探知其複雜性，而同時也能欣賞他對故鄉和中國「非政治性」的熱愛。就算是臺灣和中國都是音樂家的想像，又有何關係呢？關於「作曲」，江文也寫道：[159]

> 沒錯！作曲學也是一種說謊的學問。當然作品本身事實上也是一種可愛的謊言……雖然如此，在各式各樣的謊話裡，作曲好像還算是比較不虛假的謊言。

藝術的謊言何嘗不是另一種真實？江文也的好作品即使是謊言，不也是說得蠻可愛的謊言？值得

155 戶口名簿部分寫真，見張己任，《江文也——荊棘中的孤挺花》，頁一八。
156 吳韻真，〈伴隨文也的回憶〉，頁一三。
157 〈編輯室より〉，《音樂新潮》第一四卷七月號（一九三七年七月），頁一一四。
158 〈編輯室より〉，《音樂新潮》第一四卷八月號（一九三七年八月），頁一二四。
159 江文也，〈黑白放談〉（三），《音樂新潮》第一四卷十月號（一九三七年十月），頁四〇。

一聽再聽的。

最後讓我們以江文也的一首日文詩作結，這首詩很可能寫於「平反」之後到發病臥床之前，[160]也就是我們的音樂家・詩人對故鄉的最後告白：

島の記憶を
朝夕撫て磨く
善くも惡くても
島よ！ありがとう！

中譯：
島嶼的記憶
朝夕撫磨
善也好惡也好
島嶼啊！謝謝您！

本文原刊於《臺大歷史學報》第三五期（二〇〇五年六月），頁一二七—一八〇。
二〇一〇年八月修訂。

附錄一：《生番四歌曲集》所附說明

本歌曲集的歌詞只需以羅馬字母串連的發音來演唱。各個單語並無特別的意思，而是作為和旋律一起直接表現情緒的工具。歌曲的順序由歌者自由決定。若要說明每首歌曲的內容大意，則可以表現如下。

一、祭首之宴

首級！首級！這是獻給咱們祖先的寶玉！金色的寶玉！
來！倒酒吧！
可要一口乾盡！
嚐其滋味一口乾盡！
這可是多年來的大收穫，
　檳榔樹也結果了，
Enya！Enya！

---

160 轉引自吳韻真，〈先夫江文也〉，收於張己任編，《江文也紀念研討會論文集》，頁一五二。

二、戀慕之歌

沒有結果，
沒有結果，
身體好似被詛咒的火燒的焦灼。
啊！啊！
沒有結果，
沒有結果！

三、原野上

白鷺鷥兩尾，
蜈蚣也兩尾，
是那人還不出現，
光線都已重疊且顫抖著了。

四、搖籃曲

靜靜地滑行吧！
我的愛兒。

向大海出船吧！
去吧！
既無鯨魚，也無鬼怪。
一搖一搖地，
我的愛兒，
靜靜地滑行吧！
（根據劉麟玉的翻譯）

附錄二：新民會歌曲三首

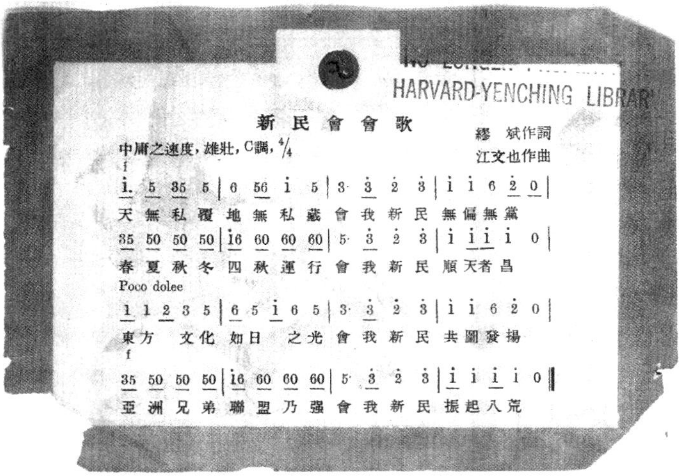

圖一　新民會會歌

筆者按：歌詞中「會我新民」應為「惠我新民」，「四秋」應為「四季」之誤。

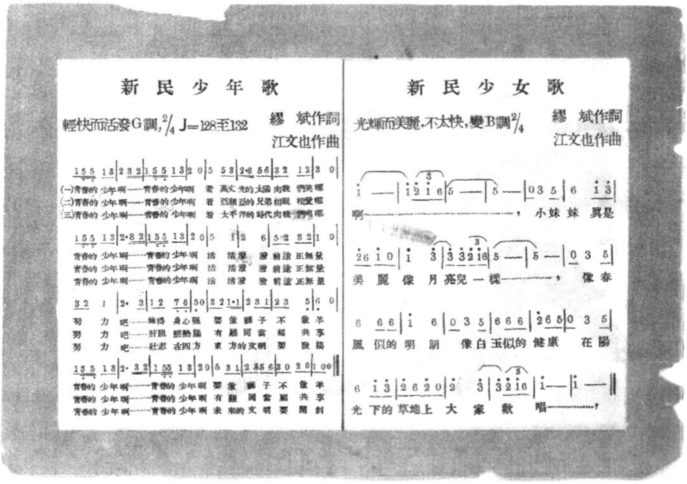

圖二　新民少年歌、新民少女歌

Joseph McDermott（周紹明，1945-2022）教授提供

第十章
臺北帝國大學南洋史學講座・專攻及其戰後遺緒
（一九二八－一九六〇）

前言

而臺灣有是等東洋．南洋．太平洋方面之學術研究最便利之位置，故於此開設最高學府，利用其自然與人文，以舉我先進文明國之實績，此乃帝國之誇、至高之責務也。

——〈臺北帝國大學創設理由書〉1

最高學府設於臺灣，發揮位於東洋之大學之特色，以傳播我之文明於南方，此乃我帝國所以有助於東洋之進運，不可不謂貢獻於世界之文明。……

本大學名稱為臺灣帝國大學，而以臺灣（此係無庸言）．東洋．南洋之自然界及人文界為對象之學術研究……。

——〈臺北帝國大學創設說明書〉2

本文撰寫於二〇一八年，九十年前，亦即一九二八年，是臺北帝國大學創校之年，該校在一九四五年之後的「後身」國立臺灣大學，最晚於三十年前就承認這個前身。一九八八年「台大創校六十大慶籌備會」出版了《榮耀與分享：台大創校六十週年特刊》，3 一九八八年臺大稱該年為「國立臺灣大學創立七十週年」，[4]二〇〇八年也稱創校八十週年，今年則是九十週年，亦將舉辦慶祝活動。[5]在臺灣，各級學校在紀念創校多少週年時，將戰後的「後身」往前溯到日本統治時期的「前身」，加總來算。過去二、三十年來，雖然沒有現成的數據可參考，但此作法顯然是個趨勢。最令人印象深刻的，可能是士林國小，該校官網的「學校簡介・士林歷史」寫道：「本校於西元一八九五年（民前十七年，清光緒二十一年）於芝山巖頂開漳聖王廟內創立『芝山巖學堂』迄今已有一百二十年歷史，為全臺最早設立的國民小學。」[6]這應該是二〇一五年撰寫的校史，未加更新，目前網頁上的標語仍然是「飛躍120・夢想在士林」。

這種將學校前身的創立之時當作創校「元年」的作法，在臺灣戒嚴時期（一九四九—一九八七），是不可能想像的。關於這種作法的政治、社會、文化，乃至於歷史認知和書寫的意涵，很

1 日本國立公文書館檔案：01-昭和3-台北帝国大学官制ヲ定ム，頁一一；以下簡稱〈理由書〉。
2 日本國立公文書館檔案：01-昭和3-台北帝国大学官制ヲ定ム，頁一九；以下簡稱〈說明書〉。
3 陳明哲編，《榮耀與分享：台大創校六十週年特刊》（臺北：台大創校六十大慶籌備會出版部，一九八八）。
4 見曹永和編，《臺北帝大的生活：國立臺灣大學創立七十週年校慶特刊》（臺北：國立臺灣大學，一九九九）。
5 例如去（二〇一七）年八月即開始徵求「國立臺灣大學創校90年校慶標語」，競賽活動簡章見 http://event.ntu.edu.tw/ntuslogan/rules/（二〇一八年一月三日檢索）。
6 士林國小網頁：http://www.slps.tp.edu.tw/introduce/leading.asp?id={BFB22B67-A86E-4499- 980F-48D5DA832767}（二〇一七年十一月十一日檢索）。

值得研究，但這不是本文的主旨。一九四五年八月日本戰敗，十月中華民國當局代表盟軍來接收臺灣，這是代表盟軍從事軍事占領，根據國際法，軍事占領不等於取得主權，[7]但在這個過程中，中華民國卻將軍事占領置換為主權移轉；[8]這個政治上的大變動對臺灣社會的各個層面帶來非常劇烈的斷裂，學校本身亦然。在此巨變下，特定學校的「前身」和「後身」，可能有一些面相仍得以延續，但也有一些面相處於完全斷裂的情況，另外，影響更大的可能是「新生事物」。臺北帝國大學．國立臺灣大學（以下行文有時簡稱前者為臺北帝大，後者為臺大）也是這個大變局中的一環。要全面了解、分析一個特定學校的傳承、斷裂與新局，是非常浩大的工程，本文不以整個臺北帝大．臺大為研究對象，而是選取臺北帝大一個學科中的一個領域作為研究對象，試圖梳理其間的關係和演變。

筆者選擇以臺北帝國大學文政學部史學科的南洋史領域（含講座與專攻，詳下）為本文研究主題。原因何在？首先，對海洋史有興趣的學子，在臺灣海洋史研究大家曹永和（一九二〇—二〇一四）的傳記和各種口述紀錄中，大都會聽到「南洋史講座」一詞——它的正式名稱是「南洋史學講座」，惟「南洋史學」經常被簡稱為「南洋史」；曹永和的恩師岩生成一（一九〇〇—一九八八）是這個講座的教授。[9]到底臺北帝大的「講座」是什麼？在整個學部中居於怎樣的位置？

再者，中村孝志（一九一〇—一九九四）回憶他在臺北帝大攻讀南洋史學時的語言要求，實在令臺大歷史學系畢業的筆者深感詫訝。他說：[10]

要研究殖民地時代的東南亞史，至少必須要修習幾種語言。我們在高等學校時就修了英語和德語，在文政學部兩年的法語是必修的，更進一步被要求修習西班牙語及荷蘭語。因為大學三年級就要寫畢業論文，最遲在大學二年級後半階段不能不具有相當程度的語學基礎。因村上老師是歐洲語言學的大師，學生在大學一年級的後半階段開始利用午休的時間，接受課外的（例如像西班牙語）速成訓練。到二年級時用這樣的西班牙語開始講讀史籍。在此同時，學生被要求修習新的荷蘭語課程。大體隔年西班牙語和荷蘭語交替做為主修。

很難想像這種語言的要求，更難想像大一學生還要利用午休時間趕著學習歐洲語言，而這只是史

7 陳隆志，〈台灣的國際法地位〉，《新世紀智庫論壇》第七期（一九九九年九月，臺北），頁六；姜皇池，《國際法與臺灣：歷史考察與法律評估》（臺北：學林文化，二〇〇〇），頁一一—一二。

8 關於這個過程，尤其是從美方的「臺灣占領計畫」（Occupation of Taiwan）變成中方的「臺灣省收復計畫大綱」（請注意臺灣省的省字，亦即明確認定臺灣是中華民國的一省），可參考陳翠蓮，《重構二二八：戰後美中體制、中國統治模式與臺灣》（臺北：衛城出版，二〇一七），頁五六—七六。

9 如鍾淑敏、詹素娟、張隆志訪問，吳美慧、謝仕淵、謝奇峰、蔡峙紀錄，《曹永和院士訪問紀錄》（臺北：中央研究院臺灣史研究所，二〇一〇），頁八六；陳昀秀整理，周婉窈校訂，〈臺大歷史系八十週年系慶講座：臺北帝國大學史學科的研究——曹永和教授主講〉，《臺大歷史系學術通訊》第二期（二〇〇九年二月，臺北），頁六。

10 「村上老師」指村上直次郎（一八六八—一九六六）。中村孝志撰，陳俐甫譯，〈台北帝大的日子〉，《Academia：台北帝國大學研究通訊》創刊號（一九九六年四月，臺北），頁一七八。

學科中的一個專攻！

在今天政府努力推行「南向」政策的此刻，臺大歷史系才剛開始有非華僑史的東南亞歷史文化課程。[11]臺大在二〇〇八年開始提供東南亞語文課，二〇〇九年也才有荷蘭文課程，[12]相比之下，落差甚大。那麼臺北帝大的這個南洋史學講座／專攻，到底怎麼一回事？它在戰後發生了什麼變革？本文企圖心不大，主要是想透過檔案和文獻，釐清南洋史學在整個臺北帝大．臺大的歷史位置，重建它的樣貌、它在戰後的遺續與斷裂，以及學術傳承的重新連結。

一、臺北帝國大學的設立及其宗旨

在殖民地臺灣設立大學，並非理所當然，尤其是帝國大學層級的綜合大學；甚至它的名稱也不是一開始就訂為「臺北帝國大學」。倡議在臺灣設立殖民地大學，最早可追溯到阪谷芳郎（一八六三－一九四一）於一八九九年提出的〈臺灣大學設立關スル意見〉（〈關於臺灣大學設立之意見〉），但當時客觀條件上不具可行性，真正可行要到一九一九年十二月第一位文官總督田健治郎（一八五五－一九三〇）提出設立大學的構想；以此為背景，一九二〇年以《臺灣日日新報》記者久保島天麗為中心，成立「臺灣大學期成同盟會」。[13]該同盟會發行《臺灣大學設立論》一書，除了編者久保島天麗本身，撰文者皆為當時教育界、工商界的一時之選：[14]

隈本繁吉 前臺灣總督府高等商業學校長
高木友枝 臺灣電力會社長／醫學博士
木村匡 臺灣商工銀行頭取
羽鳥精一 三井物產臺北支店長
稻垣長次郎 臺北醫院長／醫學博士
堀內次雄 臺灣總督府醫學專門學校長／醫學博士
李延禧 臺北新高銀行專務取締役（按，李春生之孫）
東鄉實 臺灣總督府技師／農學博士
古野格 臺灣高等法院長／法學博士

11 臺大歷史學系於二〇一六年九月（一〇五學年度第一學期）聘請兼任老師蔡秀敏博士開設「東南亞史」，以英語授課，這是「久違」多年的課，見本文第四節。

12 臺大的東南亞語文課，自二〇〇八年二月起，有泰文、越南文、馬來文、印尼文、菲律賓文；荷蘭文授課老師是方依思，見《台大課程網搜尋系統》：https://nol.ntu.edu.tw/nol/guest/index.php.（二〇一八六月二日檢索）其他東南亞相關課程，可參考本文最後一條註釋。

13 李恒全，〈台北帝国大学成立史に関する一考察〉，《神戸大学発達科学部研究紀要》第一四卷第一號（二〇〇六年十月，神戶），頁四七—四八。

14 久保島天麗編，《臺灣大學設立論》（臺北：臺灣大學期成同盟會，一九二〇）。

「臺灣大學期成同盟會」參與者的若干主張，顯然反映在後來臺北帝國大學的創設方向上。

首先，我們必須了解在那個階段，倡議者提的是「臺灣大學」，並未觸及是否為「帝國大學」——這恐怕不是民間所能置喙的。眾人的主張各有異同，[15]具有高度共識的意見，有下列兩項：一、學生來源，以內地人（日本人）、臺灣人、支那人（中國人）、南洋學生為對象。[16]二、教學和研究以「南支」（南中國）、「南洋」為重點。[17]但對於到底要如何設立臺灣大學，有不同的看法；至於該大學是否為綜合大學，或先由分科大學設立起，論者看法也不一致。[18]關於學部，比較特別的是，有論者主張一定要設立文學部，且要有支那文學（中國文學）科。[19]

雖然眾人的共識是要收日、臺、中，以及南洋的學生，但大家也都知道，在制度上，臺灣要設立大學，並同時收內地人和臺灣人是有障礙的，因此主張要先修法。首先，必須打開日臺共學之途；其次，臺灣此時並無設置大學的法源根據，教育分普通教育、實業教育、專門教育，以及師範教育。[20]當時在臺灣施行的教育是根據一九一九年發布的〈臺灣教育令〉，該令訂定了特殊的教育制度，據此在臺灣的日本人和臺灣本地人分開在不同的學校系統上課。一九二二年臺灣總督府發布第二次〈臺灣教育令〉，除了初等教育（約等同小學教育）之外，其他各級學校皆根據日本內地的法令，如此一來，確立了初等學校以上的內臺（日臺）共學制度；由於內地有大學，因此新教育令第十條規定：「……大學教育及其豫備教育依據大學令。」以此，上述二大問題方才獲得解決。論者因此認為在殖民地臺灣設立大學一事，在一九二二年田健治郎總督時就已經提出，[21]一九二五年伊澤多喜男（一八六九—一九四九）總督時將之具體化，該年度總督府預算列有「帝國大學創設準備費」——請注意這時已確定為「帝國大學」，不是普通的殖民地大學。一九二六年總督府預算中列有「大學新營費」項目，同年春派遣預定將來擔任教授之教官至國外考察進修、收置校用土地，建築一部分校舍等。伊澤總督委任幣原坦（一八七〇—一九五三）負責籌辦，[22]幣原坦後來成為第一任臺北帝國大學總長（校長）。[23]

15　關於論者的重要主張，可參考李恒全，〈台北帝国大学成立史に関する一考察〉，頁四九，作者將眾人主張的要點列成表格。

16　久保島天麗編，《臺灣大學設立論》，頁二、三、四—五、六、十、十三、一四—一五、十九、二一—二四。

17　久保島天麗編，《臺灣大學設立論》，頁一、五、七、一二、一五、二一、二三、二四。

18　如合併既有的專門學校、提升既有專門學校程度、專門設立一個大學等等，或採漸次設立分科大學，最後才設立綜合大學。久保島天麗編，《臺灣大學設立論》，頁三、四、八—九、一六—一七、二〇、二三。

19　久保島天麗編，《臺灣大學設立論》，頁五、一四。高木友枝、李延禧作此主張。

20　吳密察，〈植民地に大学ができた!?〉，收入酒井哲哉、松田利彥編，《帝国日本と植民地大学》（東京：ゆまに書房，二〇一四），頁四五—七四、八二—八三。

21　〔第一次〕「臺灣教育令」與〔第二次〕「臺灣教育令」，見臺灣教育會，《臺灣教育沿革誌》（臺北：南天書局，一九九五復刻一九三九年版），頁九三—九六、一一三—一一四。

22　松本巍撰，蒯通林譯，《台北帝國大學沿革史》（手稿本）（臺北：國立臺灣大學圖書館特藏臺灣舊籍影本），頁一—二。

23　關於幣原坦和臺北帝國大學的關係，可參考瀧井一博，〈植民地帝国大学のエートス——台北帝国大学初代総長幣原坦の思想形成〉，收入酒井哲哉、松田利彥編，《帝国日本と植民地大学》，頁四五—七四。

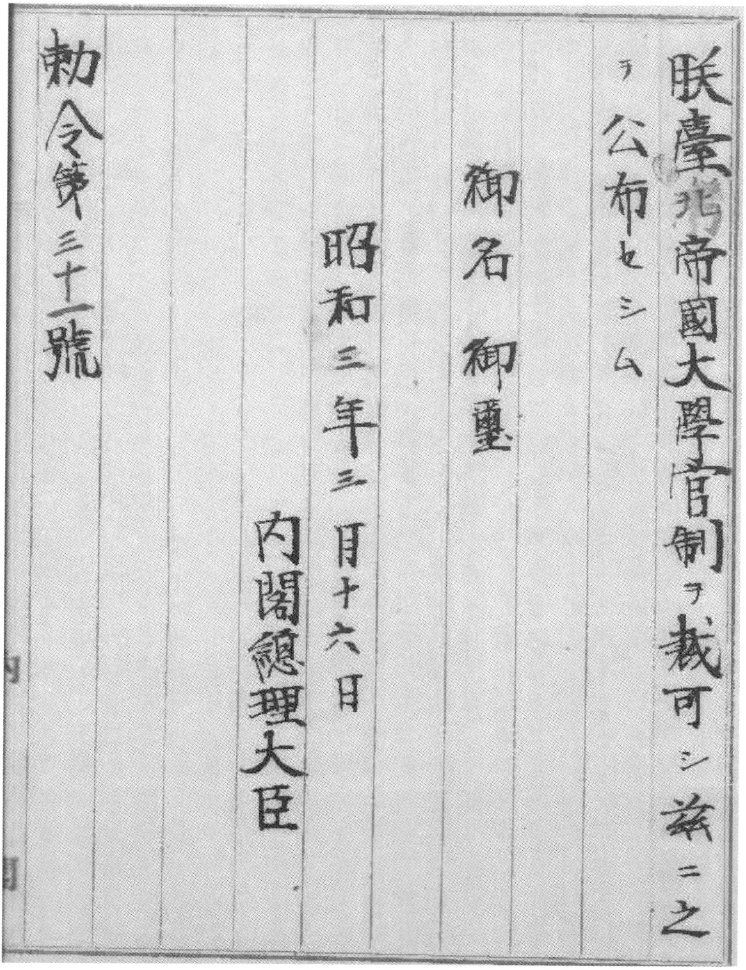
朕臺北帝國大學官制ヲ裁可シ玆ニ之ヲ公布セシム

御名御璽

昭和三年三月十六日

內閣總理大臣

勅令第三十一號

圖一

日本內閣文書，顯見「臺灣帝國大學」修改為「臺北帝國大學」。

資料來源：日本國立公文書館檔案：01-昭和3-台北帝国大学官制ヲ定ム，頁四。

關於在臺灣設立大學，一般人的看法是以設立實業大學，即醫學部與農業部程度而已，[24]但在伊澤多喜男總督的構想中，臺灣大學是有法學部、文學部及理農學部的綜合大學。[25]另外，這個大學也從殖民地一般大學提高到帝國大學的位階。最值得注意的是校名，在最後關頭才從「臺灣帝國大學」改為「臺北帝國大學」。理由是：最初擬訂名稱為「臺灣帝國大學」，後為求與日本國內帝國大學命名原則一致起見，改為「臺北帝國大學」。[26]臺北帝國大學是根據一九二八（昭和三）年三月十六日敕令第三十一號設立的，在這之前內閣總理大臣的文書都還稱它為「臺灣帝國大學」。一九二八年二月二十七日內閣總理大臣男爵田中義一（一八六四—一九二九）提出的「臺灣帝國大學官制制定ノ件」，文件名稱維持「臺灣大學」之稱，但內文「臺灣帝國大學」的「灣」顯然被塗抹掉，在其上改寫「北」（圖一）。[27]然而作為參考資料的〈說明書〉卻仍維持「臺灣帝國大學」，[28]可能漏了修改。

臺灣帝國大學在最後關頭改為臺北帝國大學，留下不少具體的痕跡。最明顯的是，該校在籌備期間，圖書館已經刻了「臺灣帝國大學圖書印」的印章，也在入藏圖書上蓋章。例如伊能嘉矩

24　松本巍撰，蒯通林譯，《台北帝國大學沿革史》，頁二。
25　李恒全，〈台北帝国大学成立史に関する一考察〉，頁五〇。
26　松本巍撰，蒯通林譯，《台北帝國大學沿革史》，頁一。
27　日本國立公文書館檔案：01-昭和3-台北帝国大学官制ヲ定ム，頁四、五、七、八、九。
28　日本國立公文書館檔案：01-昭和3-台北帝国大学官制ヲ定ム，頁一九。

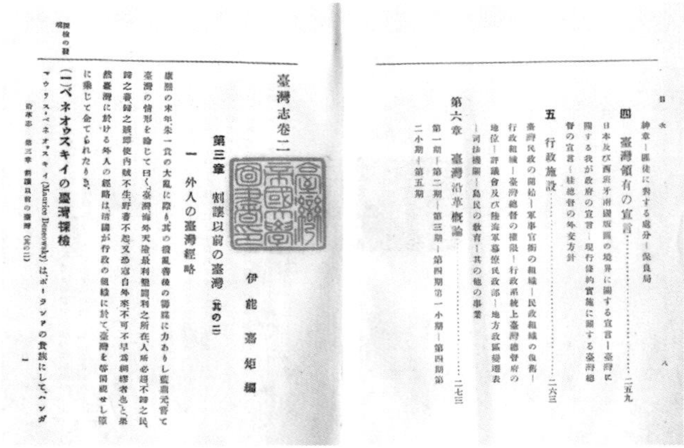

探檢の發端

臺灣志卷二

第三章　割讓以前の臺灣（其の二）　伊能嘉矩編

一　外人の臺灣經略

康熙の末年、朱一貴の大亂に際り、其の撥亂善後の籌謀に力ありし藍鼎元嘗て臺灣の情形を論じて曰く「臺灣海外天險、最利盤踞、利之所在、人所必趨、不歸之民、歸之番、歸之賊、即使內賊不生、野番不起、又恐寇自外來、不可不早爲綢繆者也」と、果然臺灣に於ける外人の經略は、清國が行政の組織に於て臺灣を等閑視せし隙に乘じて企てられたりき。

(一)ベネオウスキイの臺灣探檢

マウリス・ベネオウスキイ (Maurice Benowsky) は、ポーランドの貴族にして、ハンガ

臺灣志　第三章　割讓以前の臺灣（其の二）　一

目次　八

紳章―匪徒に對する處分―保良局

四　臺灣領有の宣言……二五九

日本及び西班牙兩國版圖の境界に關する宣言―臺灣に關する我が政府の宣言―現行條約實施に關する臺灣總督の宣言―桂總督の外交方針

五　行政施設……二六三

臺灣民政の開始―軍事官衙の組織―民政組織の復舊―行政組織―臺灣總督の權限―行政系統上臺灣總督府の地位―評議會及び陸海軍幕僚民政部―地方政區變遷表―司法機關―島民の教育―其の他の事業

第六章　臺灣沿革概論……二七三

第一期―第二期―第三期―第四期第一小期―第四期第二小期―第五期

圖二

蓋著「臺灣帝國大學圖書印」的伊能嘉矩著作

資料來源：國立臺灣大學圖書館藏

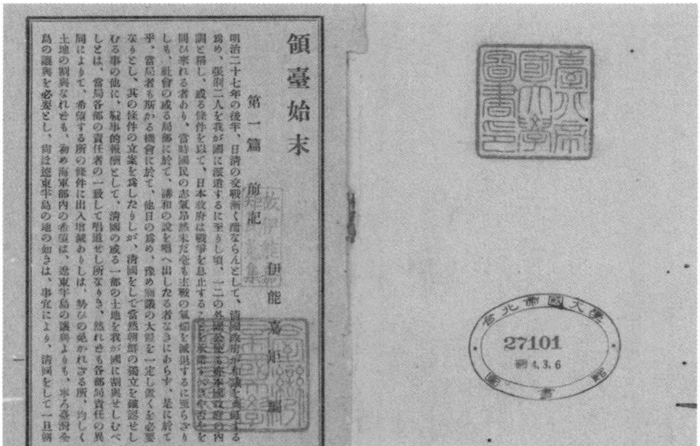

領臺始末

第一篇　前記　伊能嘉矩編

明治二十七年の後半、日清の交戰漸く酣ならんとして、清國政府が[illegible]を奏請する爲め、張[illegible]二人を我が國に派遣するに至りし頃、一二の外國公使も亦本國政府の內[illegible]調と稱し、或る條件を以て、日本政府は戰爭を息止する[illegible]否やを問ひ來れる者あり、當時國民の志氣昂然未だ毫も主戰の氣焰を減退するに至らざりしも、社會の或る局部に於て、講和の說を唱へ出したる者なきにあらず、是に於て乎、當局者も斯かる機會に於て、他日の爲め、豫め媾議の大要を一定し置くを必要なりとし、其の條件の立案を爲したりしが、清國をして當然朝鮮の獨立を確認せしむる事の他に、軍事的報酬として、清國の或る一部の土地を我が國に割與せしむべしとは、當局各部の責任者の一致して唱道せし所なりき、然れども各部局責任の異同によりて、希望する所の條件に出入增減ありしは、勢ひの免かれざる所、均しく土地の割與なれども、初め海軍部內の希望は、遼東半島の讓與よりも、寧ろ臺灣全島の讓與を必要とし、尚ほ遼東半島の地の如きは、事宜により、清國をして一旦朝

圖三

伊能嘉矩編的《領臺始末》，左頁蓋「臺灣帝國大學圖書印」，右頁蓋「臺北帝國大學圖書印」。

資料來源：國立臺灣大學圖書館藏

文庫的藏書在一九二八年三月十七日開始入藏，[29]蓋的圖書館章是「臺灣帝國大學圖書印」（圖二），後來才又補蓋「臺北帝國大學圖書印」。在二〇一七年臺大圖書館舉辦的「觀風蹉跎：伊能嘉矩的田野歷程書誌展」[30]中，就可看到兩印蓋在翻開的一本書的左右面上（圖三）。

由於早先成立的東北帝國大學、九州帝國大學，以及北海道帝國大學都以地區為名，在殖民地臺灣的帝國大學命名為「臺灣帝國大學」，應屬順理成章，何以必須改名？曹永和曾指出：「臺灣帝國大學」這樣的名稱會讓人覺得好像有一個「臺灣帝國」，因此才改而沿用都市名稱，改成「臺北帝國大學」。[31]我們無法確定臺北帝大的改名——顯然最後一刻才決定變更——就是基於這樣的考慮，倒是早於臺灣、於一九二四在朝鮮設立的「京城帝國大學」（一九二六年才開始收大學生，之前是預科階段），可由前一年（一九二三）成立的「朝鮮帝國大學創設委員會」之名稱推知，理當命名為「朝鮮帝國大學」，但確實因為當局顧慮會有「朝鮮帝國的大學」的誤解，才改為「京城帝國大學」。[32]由於臺灣不像朝鮮曾是國家，不容易引起「國家」或「帝國」

29　陳偉智，《伊能嘉矩：臺灣歷史民族誌的展開》（臺北：臺大出版中心，二〇一四），「附錄三 伊能嘉矩年譜」，頁二七七。

30　展期：二〇一七年十一月十日至二〇一八年一月十二日，實際上延至二〇一八年二月九日才撤展。

31　鍾淑敏等訪問，吳美慧等紀錄，《曹永和院士訪問紀錄》，頁八六。

32　天野郁夫，《帝国大学——近代日本のエリート育成装置》（東京：中央公論新社，二〇一七），頁五六—五七。

的聯想，加上幾乎是最後一刻才改名，可見這樣的擔憂不是那麼明顯；此一改稱很可能不是比照「東京帝國大學」和「京都帝國大學」，而是比照「京城帝國大學」。於此附帶一提，日本「帝國大學」的帝國，雖然英文是「imperial」，其實比較上是取國家之意，即「national」。[33]這不是沒有道理的，東京大學於一八七七年創立，一八八六年改名東京帝國大學時，日本還沒領有臺灣和朝鮮，稱不上是「empire」意義的「帝國」，亦即擁有殖民地、統治異民族的帝國。一八八六年發布的「帝國大學令」第一條開宗明義指出：帝國大學之目的在於教授應國家之須要之學術技藝，並攷究其蘊奧。[34]請注意是應「國家」之須要，可見帝國和國家同義。

關於臺北帝國大學的創立過程，還有兩件事值得注意：一、大學校址最初考慮設在臺中市，後來決定設在臺灣總督府所在地的臺北。[35]二、原本預定先設立理學部和文學部，經過討論和折衷後，決定在文科上加法科，在理科上加農科，但法科後來改為政科，最後設立文政學部和理農學部；不稱「文法學部」而稱為「文政學部」，是很特別的。[36]

臺北帝國大學還沒正式成立之前，臺灣總督府為提升師資，表現出大手筆。筆者曾聽曹永和教授回憶臺北帝大教授時，提到移川子之藏（一八八四－一九四七）就職臺北帝大之前到歐洲遊學，購買大量圖書，當時覺得很特別。其實這是日本明治初期文部省為了快速充足帝國大學教授陣容而形成的留學生派遣制度，從一八七五年至一九四〇年，綿亙六十五年，共派遣三、二〇九人到海外遊學；留學生之派遣和歸國後就任帝國大學的講座之間有密切的關係。[37]這個制度在新設立的帝國大學教員養成上，扮演重大的角色。根據研究，臺北帝大教授候補者在開講前赴歐美留學，留學年限二年，在本大學開學時赴任；在海外可自由購入研究上或指導學生上必要的儀器和圖書。[38]文政學部和理農學部從一九二五年度到一九二七年度共派遣三十六名「在外研究員」（正式名稱「文部省在外研究員」）。大學開設後，因為講座增加，仍繼續派遣，計三十四名。在外研究員停留時間最長二年三個月，最短八個月，平均一年七個月；前往的國家以停留次數計算，依序為：英國（含英領印度）、美國、德國、法國（含法屬印度支那）等。說這是大手筆，因為根據一九二七年四月九日臺灣總督府《府報》，臺北帝國大學創設準備費的支出是四九二、六一七圓，在外研究員的費用總支出是一、五三一、八〇三圓，[39]後者是前者的三倍多。

臺北帝國大學的創設宗旨，可從內閣總理大臣田中義一提出的官制制定文書中所附的〈理由

33 參見天野郁夫，《帝国大学——近代日本のエリート育成装置》，頁三－四。
34 原文：「第一条 帝国大学ハ国家ノ須要ニ学術技芸ヲ教授シ及其蘊奥ヲ攷究スルヲ以テ目的トス。」見「帝國大學令」（明治十九年敕令第三號），引自《中野文庫・帝國大學令》，http://www.geocities.jp/nakanolib/rei/rm19-3.htm（二〇一八年六月二日檢索）。
35 松本巍撰，蒯通林譯，《台北帝國大學沿革史》，頁一。
36 李恒全，〈台北帝国大学成立史に関する一考察〉，頁五〇；天野郁夫，《帝国大学——近代日本のエリート育成装置》，頁五八。
37 關於日本海外留學制度，參見辻直人，〈二十世紀初頭における文部省留学生の派遣実態とその変化についての一考察〉，《東京大学史紀要》第二六卷（二〇〇八年三月，東京），頁二一－三八。
38 松本巍撰，蒯通林譯，《台北帝國大學沿革史》，頁七。
39 李恒全，〈台北帝国大学成立史に関する一考察〉，頁五〇。

書〉和〈說明書〉中清楚看到。〈理由書〉有兩個重點，其一、臺灣位於東洋、南洋、太平洋地域（方面）之學術研究最便利的位置，於此設立最高學府，利用其自然和人文，以顯示日本作為先進文明國之實績；其二、在臺灣設立高等學校（按，臺北高等學校於一九二五年設置三年制高等科，等於大學的預科）就是以在臺灣設立大學為前提，一九二八（昭和三）年三月第一批學生即將畢業，設置大學一事有其急迫性；雖然擬欲設置具備諸學科之綜合大學，然無法一開始就完備，因此止於開設文政學部與理農學部，作為人文科學與自然科學之基礎，以開啟臺灣特殊研究之道。[40]在這裡，我們看到臺灣的地理位置是臺北帝大的「天命」——必須負起教授／研究東洋、南洋、太平洋的使命。

〈說明書〉比〈理由書〉詳細，據說是幣原坦親自草擬，[41]篇幅較長，對臺北帝國大學的創設宗旨有進一步的解說。〈理由書〉和〈說明書〉皆以日本近代文語（文言文）寫成，不易徵引，經筆者整理之後，歸納出〈說明書〉的二大重點。第一個重點在於創設之宗旨和功能：一、地理位置決定創校宗旨。臺灣位於帝國的南端，介於南支（南中國）大陸和南洋諸島之間，必須發揮位於東洋之大學的特色，將我之文明傳播於南方、有助於我之帝國的東洋進運，且貢獻於世界之文明。二、對於日本國民和南支、南洋學生的功能。使我國民往南方發展，臺灣實為其絕佳之階梯，在臺灣開設南方文明研究之中心，使獲得預備之知識、給予發展之要素之便。隨大學業績之顯著，必有由南支、南洋之學生來遊者，對於彼等，給予研學之便，使彼等知悉日本文明之真價、誘發民族互相之諒解，有助於開展東洋文明之新機運。

〈說明書〉第二大重點屬於實務面，首先是臺北帝國大學的學生來源。主要是希望在臺日本人（內地人）的子弟能留在臺灣就讀大學，獲得適切之知識，擔負起以臺灣為中心而活躍的使命。至於本島人（臺灣人），大多到日本內地讀私立大學，能進官公立大學的不多，只看到內地的黑暗面，或受到不良思想的影響，造成統治上的障礙。若到中國（支那）讀大學，近年則感染排日和赤化之惡風。在臺灣開設大學，可傳布健全之思想、授予正當之知識，打開使學生在臺灣學習之途，預防其弊害。其次，臺灣總督府設立高等學校的前提是：在臺灣設置能收容高等學校之大部分畢業生的大學；以此，從一九二八年起即預定要有大學的開講。最後，臺北帝國大學是官立之綜合大學，將來各種學部必須完備，但礙於當前情況，先設置人文科學及自然科學之基礎者，同時打開於臺灣特殊之研究的道路；於茲先設置文政學部與理農學部。[42]以上是臺北帝國大學創設〈說明書〉的主要內容，關於兩學部的講座問題，留待下面處理。

臺北帝國大學創設〈說明書〉中述明該大學創設的方針，茲迻譯於下：[43]

40　日本國立公文書館檔案：01-昭和3-台北帝国大学官制ヲ定ム，頁一〇—一三。
41　松本巍撰，蒯通林譯，《台北帝國大學沿革史》，頁四。
42　日本國立公文書館檔案：01-昭和3-台北帝国大学官制ヲ定ム，頁一三—二〇。
43　日本國立公文書館檔案：01-昭和3-台北帝国大学官制ヲ定ム，頁一九。

本大學名稱為臺灣帝國大學，而以臺灣（此係無庸言）・東洋・南洋之自然界及人文界為對象之學術研究；並使達成高等學校畢業者之諸般修學之目的；又且在新領土樹立帝國之學術上之權威而確保統治之威信……。

簡單來說，臺北帝國大學有三大方針，第一，以臺灣、東洋、南洋為研究重心。第二，讓臺北高等學校[44]畢業生有大學可讀。第三，在新領土宣傳帝國的偉大。第二屬於實務面，第三是統治的義理，可不去討論；最值得注意的是第一點，也就是臺北帝國大學負擔的研究使命，這大大影響到講座的設立，以及教學的方向。

臺北帝國大學創立之初有文政學部和理農學部，在第一學年度兩學部各設有十二和十個講座，第二學年度文政學部增設四個講座；理農學部增加九個講座。[45]在這裡，我們必須回到臺北帝國大學創設宗旨的三個關鍵詞：臺灣、東洋、南洋。整體來說，無論是文政學部還是理農學部，研究方面都是以臺灣為中心，擴大到東洋和南洋。一九二八年二月二十五日內閣提出閣議的〈說明書〉有很清楚的說明：[46]

在文政學科方面有其他大學所不能求之南洋史學，又設有土俗學與人種學講座，特別在臺灣有其意義。在心理學方面著重民俗心理學。如言語〔學〕方面，教材多取東洋・南洋各地的言語。在倫理學方面，破除從來只講西洋倫理學型，在此講座中特別含配有東洋倫理學。

加之在其他之大學，稱作中國哲學與中國文學等課程完全改為東洋哲學、東洋文學，用「東洋」二字的含義，不局限於中國，廣泛地注目於東洋一般發揮此一特色。政治學、經濟學及諸般的法學，其教材從東洋事例作為說明之資料。

在理農學部方面，一切的學科是以臺灣為中心〔之〕熱帶、亞熱帶作為對象進行研究，取其特有的動物、植物生產等作為資料，在內容上有顯著特徵，毋俟言說。要之，文政學部或理農學部在東洋、南洋及熱帶諸研究上，在臺灣帝國大學與已成立之大學有許多前所未見之特色，縷述如上已足資證明。

以此，我們清楚看到臺北帝國大學，不論是人文科學或自然科學，都是要以臺灣・東洋・南洋為

44 臺北高等學校歷經幾次改名和制度調整：（一）一九二二年設立「臺灣總督府高等學校」，為七年制的高等學校；（二）一九二五年設置三年制的高等科；（三）一九二七年改稱「臺灣總督府立臺北高等學校」。在一九四一年臺北帝國大學設立大學預科之前，臺北高等學校畢業生是臺北帝國大學預期錄取的學生。不過，他們可選擇就讀日本內地的大學，反之，日本內地高等學校畢業生也可選擇來臺灣就讀臺北帝國大學。關於臺北高等學校，可參考蔡錦堂，〈日本治臺後半期的「奢侈品」——臺北高等學校與近代臺灣菁英的誕生〉，收入徐聖凱，《日治時期臺北高等學校與菁英養成》（臺北：國立臺灣師範大學，二〇一二），頁三一六—三一七。

45 日本國立公文書館檔案：02-昭和3-台北帝国大学官制中ヲ改正ス，頁二一。

46 引文中文翻譯，根據松本巍撰，蒯通林譯，《台北帝國大學沿革史》，頁九；惟標點符號略加調整，〔〕內係作者的補字。

中心，即使「事例」也是要採取東洋的事例，甚至倫理學也是要包括東洋倫理學。也就是在這個脈絡下，才能了解為何第二學年度很快就增設「南洋史學」講座。

二、「南洋史學」的出現：講座、編制、專攻、課程等

在深入探討南洋史學的出現之前，我們必須說明何謂「講座」？戰前日本帝國大學的講座制度和現在講座的用法很不一樣，關於講座制，有其歷史演進，簡要來說，從文部大臣井上毅（一八四四－一八九五）時代，即一八九三（明治二十六）年開始引入。它是研究的組織編制，帝國大學最初的編制是一講座一教授（或一助教授），一九二六（大正十五）年改成教授一名、助教授一名，助手則依據講座的性質不同而有差異，約一至三名，教授被要求「明確化專攻責任」。[47]日本「帝國大學令」於一八八六年發布，一九一九年以「大正八年敕令第十二號」發布的「帝國大學令」（第二次「帝國大學令」），對講座就有明文規定，即「關於講座之設置及廢止之諮詢事項」，由帝國大學評議會審議之；至於「講座的種類及其數目，別以敕令定之」，[48]可見其層級之高。松本巍（一八九一－一九六八）在《台北帝國大學沿革史》說講座「相等於我國某一種科學所設立之研究室」（按，此處「我國」指中華民國），[49]是個很鬆散的比擬。實際上，臺北帝國大學的人事與講座的法令根據，即「臺北帝國大學官制」和「臺北帝國大學講座

令」，[50]都是以敕令發布的，改正時也是如此，法的位階非常高。講座不同於研究室，不是想設就可以設的。

那麼，「講座」和學部、學科到底是怎樣的關係？首先我們必須將帝國大學分為研究和教學兩個面向，才比較容易掌握。簡單來說，講座是隸屬學部的研究單位，例如，一九二八年三月臺北帝國大學文政學部有「國語學．國文學」、「西洋文學」、「東洋文學」、「哲學．哲學史」、「東洋倫理學．西洋倫理學」、「心理學」、「土俗學．人種學」等十二個講座，[51]都是研究單位，它們未必有我們今天熟悉的科系來相應。文政學部有四個學科，每個學科之下各有若干「專攻」，構成「學部—學科—專攻」的層級關係，相對於講座是研究編制，學科和專攻則是教學單位，由學部內的教授會來決定。[52]講座是學部下個別的專門研究領域，通常一個領域有一位講座教授，但大領域亦有設二個講座的。每一講座，由講座教授統籌該研究領域的運作，其下

47　參見邱景墩、陳昭如，〈戰前日本的帝國大學制度與台北帝國大學〉，《Academia：台北帝國大學研究通訊》創刊號，頁四。

48　「帝國大學令」（大正八年敕令第十二號）第七條第二項、第十二條，見《中野文庫．帝国大学令》，http://www.geocities.jp/nakanolib/rei/rt08-12.htm（二〇一八年六月二日檢索）。

49　松本巍撰，蒯通林譯，《台北帝國大學沿革史》，頁七。

50　分見日本國立公文書館檔案：02-昭和3-台北帝国大学官制ヲ改正ス，頁一九—二三、二三—二五。

51　日本國立公文書館檔案：02-昭和3-台北帝国大学官制ヲ改正ス，頁二三—二四。

52　日文原文為「審議」，「帝國大學令」（大正八年敕令第十二號）第九條第一項。

配有助教授（副教授）、助手（助教）、行政人員等。講座和講座之間是平等的，直接隸屬學部。不過，就學生修習課業而言，也就是從教學的角度來看，「專攻」是特定學科下的專門領域（類似美國大學的 major），例如史學科之下有三個專攻（專門領域／major）：國史學、東洋史學、南洋史學。作為研究編制的講座，並非都有同樣名稱或相對應的學科或專攻，例如「土俗學・人種學講座」儘管約等同今天的人類學，在當時的臺北帝大文政學部卻沒有類似的學科和專攻。也就是說，研究編制和教學單位未必吻合。不過，史學科的三個專攻都必修名為「土俗學・人種學」的課，[53]由「土俗學・人種學」講座提供。

以此為基礎，讓我們回到臺北帝大的組織結構來定位南洋史學。根據〈說明書〉，臺北帝大的人文科學在作為基礎的文學科之上，配以政治經濟和法律相關學科；自然科學則在作為基礎的理學科之上，配以應用科學的農學相關學科，以此設置文政學部與理農學部。文政學部分為四個學科：哲學科、史學科、文學科、政學科；理農學部分為四個學科：生物學科、化學科、農學科、農藝化學科。[54]兩學部各二十四個講座，但無法一次完備，預定如下依序設置：[55]

昭和三年度（一九二八）：文政十二＋理農十
昭和四年度（一九二九）：文政八　＋理農十
昭和五年度（一九三〇）：文政四　＋理農四

也就是在三個學年度內，兩學部預計各設置二十四個講座。

當時設置講座有兩種情況，其一是在開始授業前有準備期，約於前一年度結束前四、五月成立；其二是授課時成立（至於何以有這兩種不同的方式，待攷）。[56]臺北帝國大學於一九二八年四月開學，十二月內閣就提出「官制改正」案，以敕令公布之。主要是增設有準備期的講座，教授、助教授、助手、行政人員等配置也隨之增加。[57]文政學部在原有的十二個講座，先增設四個講座；理農學部在原有的十個講座之外，增設九個講座。[58]由於理農學部和本文題旨無關，姑略去不談。那麼，文政學部原先的講座為何，新增設哪些講座？

文政學部原先的十二個講座如下：[59]

一 國語學・國文學　二 西洋文學　三 東洋史學　四 土俗學・人種學
五 哲學・哲學史　六 東洋倫理學・西洋倫理學　七 心理學　八 憲法

53 日本國立公文書館檔案：02-昭和3-台北帝国大学官制中ヲ改正ス，頁四七－四八。
54 日本國立公文書館檔案：01-昭和3-台北帝国大学官制ヲ改正ス，頁一九－二〇。
55 日本國立公文書館檔案：01-昭和3-台北帝国大学官制ヲ改正ス，頁二一。
56 松本巍撰，蒯通林譯，《台北帝國大學沿革史》，頁一二，見表格備考說明。
57 人員配置之變更如右，「→」表變更：教授十三→三十五名，助教授專任九→二十八名，助手六→三十四名。
58 日本國立公文書館檔案：02-昭和3-台北帝国大学官制中ヲ改正ス，頁二一。
59 日本國立公文書館檔案：02-昭和3-台北帝国大学官制中ヲ改正ス，頁二三－二四。

九 行政學　十 經濟學　十一 民法‧民事訴訟法　十二 刑法‧刑事訴訟法

於下年度開始前新增設的四個講座如下：[60]

一 南洋史學　二 東洋哲學　三 教育學‧教育史　四 政治學‧政治史

最值得注意的是，南洋史學和東洋哲學兩個講座的增設，和臺北帝大的創設宗旨緊密扣連，即以臺灣、東洋、南洋為研究重心。

以上是先設置的四個講座，另外四個是授課時成立。通常一個講座配有一名教授，但未必各有一名助教授和助手。在文政學部完成設置二十四個講座之後，共有二十四名教授，助教授則有十四名，助手七名。南洋史學剛好是教授、助教授、助手各一名，[61]頗為齊全。只有一位教授而沒有助教授和助手的講座，共有六個。[62]理農學部則是二十四個講座有二十四名教授，助教授配置二十四名，助手四十八名。[63]這大概是因學科性質殊異，而有不同之需要所致吧。

文政學部增設南洋史學講座時，教授是「在外研究員」村上直次郎，[64]他到荷、英、西、葡四國以及荷屬爪哇遊學八個月（一九二八年六月四日－一九二九年二月十一日），[65]於一九二九（昭和四）年四月開始授課。村上直次郎擔任講座教授到一九三五年九月；岩生成一從一九二九至一九三五年擔任助教授，在村上直次郎離任後，他於一九三六年三月升任講座教授，直至一九四五年。助手箭內健次（一九一〇—二〇〇六）則於一九三六年十一月起擔任講師，一九三八年五月升任助教授，直至一九四五年。[66]

在具體討論作為講座和專攻的南洋史學之前，有必要了解臺北帝國大學創校之初的概況。首先，以現在的概念來說，臺北帝大是一所研究型大學，師生比很高，某些學科教師人數甚至超過學生。臺北帝大文政學部前三年的學生預定名額見表一，但一九二八年本科與選科的實際學生數，分別僅有十九與五位（選科指「選科生」[67]）。

---

60 日本國立公文書館檔案：02-昭和3-台北帝国大学官制中ヲ改正ス，頁一四。

61 日本國立公文書館檔案：02-昭和3-台北帝国大学官制中ヲ改正ス，頁二九—三〇。

62 即言語學、憲法、行政法、政治學・政治史、法律哲學、刑法・刑事訴訟法。日本國立公文書館檔案：02-昭和3-台北帝国大学官制中ヲ改正ス，頁二九—三〇。

63 日本國立公文書館檔案：02-昭和3-台北帝国大学官制中ヲ改正ス，頁三〇—三二。

64 日本國立公文書館檔案：02-昭和3-台北帝国大学官制中ヲ改正ス，頁五七。

65 李恒全，〈台北帝国大学成立史に関する一考察〉，頁五二。

66 見葉碧苓，〈臺北帝國大學與京城帝國大學史學科之比較（1926-1945）〉，《臺灣史研究》第一六卷第三期（二〇〇九年九月），頁一二一，表三：臺北帝國大學南洋史學講座師資一覽表。

67 見〈臺北帝國大學通則・臺北帝國大學文政學部規程（昭和三年三月十七日認可）〉第七選科生第二十四條至第二十八條，收於日本國立公文書館檔案：02-昭和3-台北帝国大学官制中ヲ改正ス，頁四一—四四。根據廖述英所述，「選科生」即：有意選擇學部中某些科目修習學分者，透過筆試或口試合格後，可入學為「選科生」，修完學分後，學部長（即今院長）會給予證明書。廖述英（筆名杜英），〈臺北帝大總共收過多少個女學生？〉，《台北帝大專欄 Taihoku Imperial University》部落格，二〇一八年二月十五日，https://

同一時期（一九二八年九月一日），文政學部共聘有十二名教授、六名助教授（四名待定）、四名助手（一名待定），共二十二名，扣掉還沒聘定的五名，也有十七名教師。若只計本科生，師生比近乎一比一。[68]當時史學科只有東洋史學一個講座，有教授藤田豐八（一八六九－一九二九）、助教授桑田六郎（一八九四－一九八七）、助手前嶋信次（一九〇三－一九八三），共三人，學生才二人。[69]

表一　臺北帝國大學文政學部一九二八－一九三〇年預定招收學生名額

年度			哲學科	史學科	文學科	政學科	合計
一九二八（昭和三年度）	預定名額		十二	五	十	二十	四十七
	實際人數	本科	二	二	四	十一	十九
		選科	一	一	一	二	五
一九二九（昭和四年度）	預定名額		三十二	二十	二十五	四十	一百一十七
一九三〇（昭和五年度）	預定名額		五十二	三十五	四十	六十	一百八十七

資料來源：日本國立公文書館檔案：02-昭和3-台北帝国大学官制中ヲ改正ス，頁三二、三三。

理農學部昭和三年度預定收四十名，實際有四十名學生（一名休學），而教授、助教授、助手共四十名，扣除十六名待定，實際有二十四位教師。教師若全部聘齊，師生比剛好一比一。[70]隨著學生數增加，師生比當然會隨之降低，但基本上，臺北帝國大學在師生比方面，遠非今天的國立臺灣大學所能望其項背。

此外，我們必須回頭探討臺北帝大的學生來源，才能進一步了解南洋史學的學生出身情況。根據〈臺北帝國大學創設說明書〉，學生來源預期以在臺內地人（日本人）、本島人（臺灣人），以及中國和南洋學生為對象，但實際結果並不如預期。

首先，臺北帝國大學創立的一個實務理由是，收容臺灣總督府臺北高等學校的畢業生。該校第一屆畢業生於一九二八年三月畢業，共七十四名，[71]卻只有八名（無臺灣人）申請進入臺北帝國大學文政學部，三十三位（三名臺灣人）申請進入理農學部，共四十一名，[72]僅占五成五。至

taihokuimperialuniversity.blogspot.tw/2018/02/blog-post.html（二〇一八年二月十五日檢索）。

68 日本國立公文書館檔案：02-昭和3-台北帝国大学官制中ヲ改正ス，頁二七—二八、三二、三三。

69 日本國立公文書館檔案：02-昭和3-台北帝国大学官制中ヲ改正ス，頁二七。

70 日本國立公文書館檔案：02-昭和3-台北帝国大学官制中ヲ改正ス，頁二八—二九、三二—三三、三四。

71 《國立臺灣師範大學數位校史館・臺北高等學校1922-1949》，http://archives.lib.ntnu.edu.tw/ exhibitions/Taihoku/chronology.jsp（二〇一八年一月二十五日檢索）。

72 日本國立公文書館檔案：02-昭和3-台北帝国大学官制中ヲ改正ス，頁三五—三六、四〇—四一。

於文政學部共有五十一人申請入學，取二十名，八名來自臺北高等學校，全員錄取；另有六名來自日本本土高等學校的申請者，錄取五名。另外三十七名申請者來自臺灣和日本本土十九間學校，包括臺北高等商業學校、臺北醫學專門學校、臺北高等農林學校、橫濱高等商業學校、法政大學豫科、早稻田第二高等學院、同志社大學豫科等。二十名錄取者中，只有三名是臺灣人。[73]理農學部的入學情況比較單純，共五十五人申請入學，錄取四十名，除了上述三十三名來自臺北高等學校，全員錄取外，其餘二十二名申請者也都來自日本本土的十二所高等學校，從中錄取七名。[74]換句話說，文政學部的學生來源比較多元。

南洋史學屬於史學科，在日本本土的七所帝國大學，史學科有三專攻，即國史、東洋史學、西洋史學；[75]一九二六年在殖民地朝鮮成立的京城大學，以朝鮮史學取代西洋史學，一九二八年在殖民地臺灣成立的臺北帝國大學則以南洋史學取代西洋史學。[76]臺北帝國大學史學科的三個專攻修習課程，如表二所示。

由表二可知，史學科三個專攻的課程結構幾乎一樣，只是專攻科目要求更多單位數。關於一九二八至一九四一年之間的變動，見本文後附「臺北帝國大學文政學部史學科共通及各專攻必修科目變革表」（附表一）。

表二 臺北帝國大學史學科各專攻必修科目（一九二八）

	國史學專攻	東洋史學專攻	南洋史學專攻
專攻者必修科目	國史學概說 國史學特殊講義 國史學講讀及演習（七） 土俗學・人種學（一） 東洋史學（三） 西洋史學、史學地理學（二） 南洋史學（一） 哲學科、史學科、文學科及政學科之科目中選（四）	東洋史概說 東洋史特殊講義 東洋史講讀及演習（六） 土俗學・人種學（一） 國史學（三） 西洋史學、史學地理學（二） 南洋史學（一） 哲學科、史學科、文學科及政學科之科目中選（五）	南洋史概說 南洋史特殊講義 南洋史講讀及演習（五） 土俗學・人種學（一） 國史學（三） 東洋史學（三） 西洋史學、史學地理學（二） 哲學科、史學科、文學科及政學科之科目中選（四）

資料來源：〈臺北帝國大學通則・臺北帝國大學文政學部規程（昭和三年三月十七日認可）〉，頁四七—四八。

73 日本國立公文書館檔案：02-昭和3-台北帝国大学官制中ヲ改正ス，頁三五—三六。

74 日本國立公文書館檔案：02-昭和3-台北帝国大学官制中ヲ改正ス，頁四〇—四一。

75 「國史學、東洋史學、西洋史學」是以講座實際內容來說，名稱容或有異，例如京都帝國大學的西洋史學講座稱為「史學地理學第一講座」，其實就是西洋史學。見京都帝國大學，《京都帝國大學史》（京都：京都帝國大學，一九四三），頁六八一—六八二。

76 葉碧苓，〈臺北帝國大學與京城帝國大學史學科之比較（1926-1945）〉，頁一一六。

說明：

1.括弧內為單位數。

2.「單位」相當於現在一門課的「門」。過去有研究認為「單位」類似現在大學的「學分」（邱景墩、陳昭如，〈戰前日本的帝國大學制度與台北帝國大學〉，頁四），不過，根據「臺北帝國大學文政學部規程」，原先並未規定一單位的授課時間，惟各學期開設科目及每週授業時數須於學期開始前公布；至一九三一年方規定：一授業科目以一學年每週二小時至四小時為一單位，但兩種授業科目可合為一單位。見臺北帝國大學，《臺北帝國大學一覽　昭和三年》（臺北：臺北帝國大學，一九二八），頁五七、《臺北帝國大學一覽　昭和四年》（一九二九），頁五三—五四、《臺北帝國大學一覽　昭和五年》（一九三〇），頁五五、《臺北帝國大學一覽　昭和六年》（一九三一），頁五五。

3.根據臺大圖書館藏臺北帝國大學檔案可歸納出：文政學部一單位通常每週上課二小時、一學年的課程，如果可拆成兩半教授（如「東洋史概說」），「前半」和「後半」則分別為〇・五單位，應即上一學期，而非一學年。見《校史檔案第二類臺北帝國大學文政學部檔案》（臺北：國立臺灣大學圖書館藏），編號ntul_uh0236000_0033至0039。

如前所述，史學科的三個專攻都要修習一門由「土俗學・人種學」講座提供的課程。此講座的教授是移川子之藏，[77]聘有助手宮本延人（一九〇一—一九八七），他後來升任講師、助教授；這個講座融合今日的文化人類學、考古學、語言學與體質人類學於一爐。[78]由於在當時文政學部，它沒有相應的學科或專攻，因此教授可以致力於研究。不過，講座可帶學生，日後成為人類學者的馬淵東一（一九〇九—一九八八），就是這個講座訓練出來的；[79]他的專攻是東洋史學，一九三一年三月畢業，是臺北帝國大學第一屆畢業生。[80]

有別於其他帝國大學，「南洋史學」是臺北帝國大學才有的史學科下的一個專攻。那麼，誰來讀呢？這是下一節的主題。

三、南洋史學專攻的學生們

南洋史學講座的教師村上直次郎、岩生成一、箭內健次都是重鎮型的學者，一生勤於著述，

77 臺北帝國大學，《臺北帝國大學一覽昭和十八年》（臺北：臺北帝國大學，一九四四），頁一八一。

78 陳偉智，〈文政學部——史學科簡介〉，《Academia：台北帝國大學研究通訊》創刊號，頁七四；「附表一 講座沿革」，頁八一—八四。

79 陳偉智，〈文政學部——史學科簡介〉，頁七四。

80 臺北帝國大學文政學部，《〔昭和十四年十一月調〕臺北帝國大學文政學部卒業生名簿》（臺北：國立臺灣大學圖書館特藏臺灣舊籍影本），頁三—七。

成果斐然。不過，評述其學術成就是一大工程，不是本文的題旨，在此只簡單介紹三人的研究特色，兼及他們在臺北帝大時期的研究重心。本節的重點乃在於透過臺大校史檔案勾畫南洋史專攻的學生圖景，尤其是戰爭時期鮮為人知的情況。

村上直次郎就任南洋史學講座教授時已經是成熟的學者，他在臺北帝大只有六年多（一九二九年四月－一九三五年九月），於日本戰後二十一年過世，著作篇目高達一二〇種，[81]研究範圍非常廣，主要是十六、十七世紀日本和西方諸國的接觸（日葡、日蘭、日英、日菲、日美關係等）、耶穌會日本傳教，以及日本南洋移民等。他在臺北帝大時期以荷蘭聯合東印度公司（VOC）的臺灣統治、原住民語言，以及日本的南洋發展為研究重點。任教臺北帝大時期不用說，在此之前或離職後，他的研究也都為日後臺灣史研究奠下了最早的根基。[82]

相對於村上直次郎，岩生成一來臺北帝大時，學術生涯才剛起步，他在臺北帝大時期（一九二九年四月－一九四五年十一月）主要研究南洋日本町，以及以臺灣為中心的日臺關係史，[83]著作大多發表於《臺北帝國大學文政學部史學科研究年報》（九種論著之六）。[84]一九四一年岩生成一以《南洋日本町の研究》（一九四〇年四月出版）獲得帝國學士院賞，他在臺北帝大的研究，可說為其奠定崇高的學術地位。岩生成一於戰後返回日本，除了賡續原先的研究，另以朱印船貿易史著稱。

箭內健次在擔任南洋史學講座講師、助教授任內（一九三六年十一月－一九四五年十一月），以研究「シーボルト」，[85]以及以菲律賓為中心的日・西〔班牙〕關係史為主；戰後改以日本的鎖國和長崎為研究重心。[86]總而言之，這三位學者的研究，若在今天可統稱為十六、十七世紀東亞海洋史。

簡介南洋史學講座教師的研究後，來看修習南洋史學的學生。如前所述，南洋史學是隸屬文政學部史學科之下的專攻，創校第二學年度才開始授課。史學科第一年預定收五名學生，結果只有二名學生。史學科收學生不足額並非臺北帝大獨有的情況，戰前的東京帝國大學、東北帝國大

81 松田吉郎、陳瑜，〈台北帝国大学文政学部南洋史学の成立と展開〉，收入酒井哲哉、松田利彥編，《帝国日本と植民地大学》，有「南洋史学科教員の研究業績」，村上直次郎的著作目錄見頁二六一—二六九。

82 關於村上直次郎的臺灣史研究，可參考葉碧苓，〈村上直次郎的臺灣史研究〉，《國史館學術集刊》第一七期（二〇〇八年九月），頁一—三五。

83 如岩生成一，〈長崎代官村山等安の臺灣遠征と遣明使〉與〈豐臣秀吉の臺灣招諭計畫〉，分別發表於《臺北帝國大學文政學部史學科研究年報》第一輯（一九三四年五月），頁二八三—三五九、第七輯（一九四二年八月），頁七五—一一八。這兩篇文章至今仍非常值得參考。

84 岩生成一的著作目錄，共四十六種，見松田吉郎、陳瑜，〈台北帝国大学文政学部南洋史学の成立と展開〉，「南洋史学科教員の研究業績」，頁二七一—二七四。

85 シーボルト是 Philipp Franz Balthasar von Siebold（1796-1866）的日文寫法，中譯名為「西博爾德」，他是日耳曼醫生、博物學者，任職於長崎出島的荷蘭商館，是「出島三學者」之一。編按：西博爾德在日本自然史研究的貢獻，可參看洪廣冀的論文〈拼裝的科學革命——以美國第一回達爾文爭議為中心〉，《臺大歷史學報》第六一期（二〇一八年六月），第二節，頁一七九—一八一。

86 箭內健次著作目錄，見松田吉郎、陳瑜，〈台北帝国大学文政学部南洋史学の成立と展開〉，「南洋史学科教員の研究業績」，頁二七六—二七九。

學等校的史學科就學率都不高。[87]不過，在臺北帝大史學科中，南洋史學還是比其他兩個專攻（國史學、東洋史學）較受歡迎。一九三一到一九四三年，史學科三十三名畢業生中，國史學專攻八名，東洋史學專攻九名，南洋史學專攻有十六名。（見表三）這三十三名畢業生只有二名是臺灣人，即柯設偕（一九〇〇—一九九〇）和張樑標。柯設偕是長老教會著名牧師馬偕（漢名偕叡理，George Leslie MacKay, 1844-1901）的外孫，他的專攻是東洋史，畢業論文題目是〈台灣の名稱の歷史的並に地理的考察及び古代漢民族の台灣に關する智識の變遷〉（臺灣之名稱的歷史與地理考察以及古代漢民族關於臺灣之知識的變遷），[88]若以現在的觀點來看，屬於臺灣史。張樑標的專攻是南洋史，畢業論文探討中國和南洋的關係（題目詳下），[89]今日大概可以算作海洋史的研究範疇。

臺北帝大修習年限是三至六年，[90]第一屆畢業生在一九三一（昭和六）年三月畢業。那一屆文政學部下分哲學科、史學科、文學科及政學科，共有十四名畢業生，史學科只有二名，即前述柯設偕與馬淵東一，兩人的專攻都是東洋史學。一九三二年第二屆文政學部有三十四名畢業生，史學科六名，其中國史學專攻二名，東洋史專攻四名。要到一九三三年第三屆才有南洋史專攻的畢業生，那一屆文政學部有三十一名畢業生，史學科四名，含東洋史專攻一名（佐渡理三郎），南洋史專攻三名，即張樑標、淵脇英雄以及山村光敏。[91]總之，歷屆史學科畢業生不多，通常一至三名左右，也有完全沒有畢業生的情況。詳見表三。

表三　臺北帝國大學文政學部史學科畢業生名單（一九三一——一九四三）

畢業年月	氏名	本籍	專攻
一九三一（昭和六）年三月（第一回）	柯設偕	臺北	東洋史
	馬淵東一	長崎	東洋史
	中治赳夫	兵庫	國史
一九三二年三月（第二回）	大山綱武	鹿兒島	國史
	波田野丈夫	鳥取	東洋史
	古屋次雄	大分	東洋史
	松本盛長	東京	東洋史
	鈴木謹一	靜岡	東洋史

87　根據岩生成一的回憶，見葉碧苓，〈臺北帝國大學與京城帝國大學史學科之比較（1926-1945）〉，頁一一一。

88　葉碧苓，〈臺北帝國大學與京城帝國大學史學科之比較（1926-1945）〉，頁一一二—一一三、一二四。柯設偕畢業論文題目，見《校史檔案第二類臺北帝國大學文政學部檔案》（臺北：國立臺灣大學圖書館藏），編號ntul_uh0218001_0006。

89　葉碧苓，〈臺北帝國大學與京城帝國大學史學科之比較（1926-1945）〉，頁一一三、一二四。

90　臺北帝國大學，《臺北帝國大學一覽　昭和三年》，頁四六。

91　臺北帝國大學文政學部，《〔昭和十四年十一月調〕臺北帝國大學文政學部卒業生名簿》，頁三。

畢業年月	氏名	本籍	專攻
一九三三年三月（第三回）	淵脇英雄	熊本	南洋史
	佐渡理三郎×	富山	東洋史
	張樑標	臺中	南洋史
	山村光敏☆	愛知	南洋史
一九三四年三月（第四回）	齋藤知太郎	岡山	國史
	鄉原正雄	島根	南洋史
一九三五年三月（第五回）	原徹郎	埼玉	東洋史
	速水家彥	東京	南洋史
	中村孝志	福島	南洋史
一九三六年三月（第六回）	無		
一九三七年三月（第七回）	齋藤悌亮☆	千葉	南洋史
	鈴木猛雄☆	山形	國史*
一九三八年三月（第八回）	少名子正義	大分	南洋史
一九三九年三月（第九回）	中澤孝一郎	群馬	國史
一九四〇年三月（第十回）	江本傳	德島	南洋史
一九四一年三月（第十一回）	當麻義春×	埼玉	南洋史

畢業年月	氏名	本籍	專攻
一九四一年十二月（第十二回）	高添多喜男	佐賀	國史
	高索辰正	福島	東洋史
	松茂良興則	沖繩	國史
一九四二年九月（第十三回）	井上須巳次	神奈川	國史
	長岡新治郎	大阪	南洋史
	坂野鎮雄	愛知	南洋史
	山中正	宮城	南洋史
一九四三年九月（第十四回）	兒玉太刀男	鹿兒島	南洋史
	田中則雄	山口	南洋史
	富名腰尚武	沖繩	南洋史

資料來源：臺北帝國大學文政學部，《〔昭和十四年十一月調〕臺北帝國大學文政學部卒業生名簿》，頁一〇－一九；臺北帝國大學，《臺北帝國大學一覽　昭和十六年》（一九四一），頁二六八、《臺北帝國大學一覽　昭和十七年》（一九四二），頁二九二－二九四、《臺北帝國大學一覽　昭和十八年》（一九四四），頁二九三－二九五。《校史檔案第二類臺北帝國大學文政學部檔案》，編號 ntul_uh022005_0002、ntul_uh0222007_0001、ntul_uh0222008_0001、ntul_uh0222009_0001、ntul_uh0222010_0001至0002、ntul_uh0222011_0004、ntul_uh0222011_0010、ntul_uh0222011_0012、ntul_uh0218013_0004。

說　明：

1.「☆」表入營或應召；「×」表死亡（以一九四一年為時點）。

2.*鈴木猛雄於一九三四年入學，原為東洋史專攻，一九三五年轉至國史專攻。

當年這些學生的畢業論文（卒業論文），有若干題目今天看來仍然是臺灣史領域有待進一步深入探討的。茲根據臺大校史檔案，將一九三三—一九四三年南洋史專攻的畢業論文題目羅列於下，共十五篇：92

一、張樑標　〈第十六七世紀に於ける南支と南洋との史的関係とフィリッピンとの交渉〉

（十六、十七世紀南中國與南洋之歷史關係及與菲律賓之交涉）

二、淵脇英雄　〈占領初期に於けるイスパニヤの比島統治〉

（占領初期西班牙的菲律賓統治）

三、山村光敏　〈十七世紀に於ける台湾経由の南洋貿易〉

（十七世紀經由臺灣的南洋貿易）

四、鄉原正雄　〈拾六七世紀に於ける呂宋島の日本人〉

（十六、七世紀呂宋島的日本人）

五、速水家彦	〈鄭成功の台湾攻略と其後の対和蘭人交渉〉 （鄭成功的臺灣攻略及其後與荷蘭人的交涉）
六、中村孝志	〈台湾に於ける西、蘭両国人の教化事業〉 （西班牙、荷蘭兩國人在臺灣的教化事業）
七、齋藤悌亮	〈鄭成功の台湾攻略〉 （鄭成功的臺灣攻略）
八、少名子正義	〈比律賓に於ける基督教の伝道事業について〉 （關於菲律賓的基督教傳道事業）
九、江本傳	〈十六・七世紀を中心としたヒリッピンに於ける「トリビウト」に就いて〉

92 以上整理自《校史檔案第二類臺北帝國大學文政學部檔案》，編號 ntul_uh0218003_0006、0008、0010、0015；ntul_uh0218004_0003；ntul_uh0218005_0009；ntul_uh0218006_0001； ntul_uh0218008_0001；ntul_uh0218010_0004；ntul_uh0218011_0003；ntul_uh0218013_0012、0015、0017；ntul_uh0218014_0005、0006。畢業論文標號9題目中的「トリビウト」是歷史假名，現在拼為「トリビュウト」，應係英文「tribute」的日文音譯，於此譯為「貢納」，作為納貢的名詞，確否待考。標號11的「蘇祿國」（Saltanah Sulu），古伊斯蘭國，約位於今菲律賓民答那峨島西邊的群島及婆羅洲北部。標號13的「バンタム」是「バンテン」的舊稱，即Banten，十六世紀有盛極一時的伊斯蘭 Banten 王國，位於爪哇島最西部，今為印尼萬丹省。葉碧苓，〈臺北帝國大學與京城帝國大學史學科之比較（1926-1945）〉，頁一二四，表五：一九三一—一九四二年臺北帝國大學史學科畢業生一覽表，收有前十篇畢業論文，惟題目有脫漏之處。

十、當麻義春〈關於十六、七世紀在菲律賓的「貢納」〉

十一、坂野鎮雄〈フィリッピン革命発生の諸原因に就て〉（菲律賓革命發生之諸原因）

十二、長岡新治郎〈蘇祿國研究——特にその対外関係を中心として——〉（蘇祿國研究：特別以其對外關係為中心）

十三、山中正〈十七世紀に於ける爪哇米〉（十七世紀的爪哇米）

十四、田中則雄〈十七世紀に於けるバンタム〉（十七世紀的萬丹）

十五、兒玉太刀男〈東印度會社の爪哇に於ける貢納制度について〉（東印度公司在爪哇的貢納制度）

〈十六・十七世紀に於ケル、マニラの対マカオ交涉〉（十六、十七世紀馬尼拉對澳門之交涉）

這些由大學生撰寫的學士論文，內容可能還很粗淺，不過就課題來說，大部分屬於今天臺灣學界所稱的海洋史範疇；多篇分別以菲律賓、呂宋、蘇祿國、爪哇、萬丹等為研究對象，算是東南亞史的題目，都在南洋史學講座教師的研究範圍內。臺灣在戰後，歷史教育和史學研究的轉折很大，直到一九九〇年代才開始有變化，七、八十年前的論文題目，今日觀之仍顯得新鮮，令人有難望其項背之感。何以如此，本文將在第四節說明。

根據〈臺大圖書館校史資料 臺北帝國大學卒業論文〉目錄，以上畢業論文有三本（上述編號四、七、八）藏於臺大圖書館，[93]筆者親眼看到鄉原正雄的畢業論文〈拾六七世紀に於ける呂宋島の日本人〉，[94]厚厚一大本，令人印象深刻。精裝本的封面和封底蛀朽得很嚴重，不過手寫的稿紙狀況還好。他使用的稿紙是一張兩面，每面二四〇格（12×20），這本論文共一九四張（當時的「頁」），稿紙算法九三、一二〇字，[95]約九三、〇〇〇字。由於裝訂已散開來，筆者不敢逐頁翻閱，稍微瀏覽章後註釋，發現主要是利用英文論著，也有西班牙文文獻。另外二篇論文有電子掃描檔，也都寫在稿紙上，齋藤悌亮的〈鄭成功の台湾攻略〉約十萬字，[96]少名子正義

93 見〈臺大圖書館校史資料 臺北帝國大學卒業論文〉目錄，http://web.lib.ntu.edu.tw/speccoll/node/144（二〇一七年九月五日檢索）。

94 鄉原正雄，〈拾六七世紀に於ける呂宋島の日本人〉（手稿本）（臺北：國立臺灣大學圖書館特藏室藏），編號（T）731.26 2771，條碼2240702。

95 現在年輕學子大概很難理解用稿紙手寫文章的情況了。稿紙時代的字數，不管空行、空格，是以一張多少格來算字數，稿費的計算亦然。

96 稿紙算法一〇五，五六〇字。這篇論文寫在一張兩面、每面二六〇格／字（13×20）的稿紙上，正文二〇三張稿紙，含封面封底共二一四張。〈臺大圖書館校史資料 臺北帝國大學卒業論文〉，檔案編號 ntul_uh2240815。

的〈比律賓に於ける基督教の伝道事業について〉約九八、〇〇〇字。[97]就參考文獻來說，雖然還未能真正利用荷蘭文或西班牙文，但前者引用中文原始文獻，後者用了英文論著，以大學生來說，十分難得。

南洋史學專攻的學生要研究上述十六、十七世紀東亞海洋史或菲律賓歷史，必須具備日文以外的語文訓練。如前言引述中村孝志的回憶，他們在高等學校時期就修習英語和德語，文政學部兩年必修法語，專攻南洋史學的學生更進一步被要求修習西班牙語及荷蘭語。[98]為了訓練學生必要的語言能力，南洋史學講座的村上直次郎、岩生成一、箭內健次都開設過語言課。根據葉碧苓整理的「臺北帝國大學南洋史學相關課程一覽表」，一九二九年至一九四一年間，除了一九二九、一九三六、一九三九、一九四〇這四年之外，南洋史學每年都提供語言課程，早年由村上直次郎授課，他在一九三〇、一九三一年教授西班牙語和荷蘭語，一九三二年教授西班牙語，一九三三年改由岩生成一教授荷蘭語，一九三四年由村上直次郎教授西班牙語，一九三五年之後由岩生成一負責教授荷蘭語，箭內健次在一九三八年教授過西班牙語。村上直次郎教授的課名是「西班牙語」、「西班牙語初步」、「和蘭語」，以及「和蘭語初步」。[99]

以今天的角度來看，很難想像講座教授在教大學部學生外國語，甚至是最初階的課。當然這和當時大學部學生必須撰寫畢業論文的規定息息相關。南洋史學的研究範圍很廣，簡單來講就是臺灣加上現在的東南亞地區，大抵修習西班牙語的學生選擇以菲律賓、修習荷蘭文的學生以荷蘭東印度公司作為畢業論文的題目。[100]由於必須花時間學習新語言，才能寫出像樣的畢業論文，中村孝志說，南洋史學的學生「花費四年畢業乃至於五年的人，大概約占一半」，[101]是言過其實了。以撰寫畢業論文的十五位畢業生而言，只有三名是四年畢業，三年畢業的共七名，一九四二年和一九四三年畢業的五名，兩年半就畢業了，不過那是因為戰爭的關係。[102]

這些南洋史學專攻的學生，修課情況如何？畢業後往哪裡去？本文無意做同學錄般全面的調查和整理，而是想利用臺大圖書館藏的文學部史學科珍貴文書／檔案，來賦予南洋史學這個專攻「血肉」，也就是在架構的呈現之外，放上個人的案例，將過往的歷史帶回現場。由於這些文書／檔案本身並無系統，顯得很零星，無法做系統的研究，但筆者相信，透過個案，我們會更有臨場感。

首先，筆者選取中村孝志和張美惠（一九二四—二〇〇八）為例，兩人都是南洋史專攻的學生。中村孝志在戰後成為研究荷蘭時期臺灣史的重要學者，張美惠在戰後的國立臺灣大學畢業，

97 稿紙算法九七、八〇〇字。這篇寫在一張兩面、每面二〇〇格（10×20）的稿子上，內文未標頁碼，共四八九面，含封面封底共四九三面。〈臺大圖書館校史資料 臺北帝國大學卒業論文〉，檔案編號 ntul-2240720。

98 中村孝志撰，陳俐甫譯，〈臺北帝國大學的日子〉，頁一七八。

99 葉碧苓，〈臺北帝國大學與京城帝國大學史學科之比較（1926-1945）〉，頁一一九—一二〇。

100 中村孝志撰，陳俐甫譯，〈臺北帝國大學的日子〉，頁一七八。

101 中村孝志撰，陳俐甫譯，〈臺北帝國大學的日子〉，頁一七八。

102 《校史檔案第二類臺北帝國大學文政學部檔案》，編號同註九二所列。

並擔任助教，有一段曲折的人生路程。除了這兩人之外，在可能的範圍內，雖然無法求全，我會盡量帶入其他學生的情況。

中村孝志是所謂的「灣生」，一九一〇年生於屏東恆春，本籍福島縣，在進入臺北帝大之前，依序就讀新竹高等小學校、臺北第一中學校、臺北高等學校。[103]在臺大圖書館所藏校史檔案中，可以看到他修課的情況。他在一九三二（昭和七）年四月入學，一九三五年三月十五日通過畢業論文，[104]前後費時三年，沒有因語言的問題而多花時間。他在前二年共修了二十六門課，獲得二十五單位（其中兩門各〇・五單位），第三年修了二門課，成績單上沒註明單位數，[105]是否為無學分課程，無法確知。史學科共通必修科目七單位，南洋史專攻必修科目十三單位，共二十單位。（見附表一）從中村孝志的成績單可知，他在大學前二年全力修課，第三年致力於撰寫畢業論文。他修過的課，在南洋史方面，有五門村上直次郎、三門岩生成一的課；也修了國史、東洋史、西洋史方面的課，以及土俗學・人種學、地理學、教育史的課，同時修了二年法語（佛語）。

南洋史學專攻的學生畢業後有何選擇？根據現存檔案「卒業豫定学生名簿竝就職希望調」，臺北帝大在學生預定畢業之前會調查就職願望。調查表區分為「就職希望」之「有」、「無」，勾選「無」的學生不用繼續填；勾選「有」的學生，則須在「要件」旁邊的空白處註明「希望」的類別。（參見圖四）類別在「備考」中：

備考：就職希望要件，大凡分為左記（下記）項目，記入為荷

官　廳

總督府何局

地方州廳

學　校

民間諸會社

銀行、電力會社、汽船會社、製糖會社、新聞社、保險會社、其他

島　外

滿洲國、滿鐵、其他

筆者看到五份「就職希望調」，茲依畢業先後，將調查結果列如表四；並附上這五人在一九三九年的工作單位，以茲對照。

103 參考黑羽夏彥，〈中村孝志著作目錄〉，《ふぉるもさん・ぷろむなあど》部落格，二〇一六年三月五日，http://formosanpromenade.blog.jp/archives/55993247.html（二〇一八年二月七日檢索）；鍾淑敏、許賢瑤，〈中村孝志教授と台湾史研究（完全版）〉，《天理臺灣學報》第二六號（二〇一七年七月），頁一七。

104 《校史檔案第二類臺北帝國大學文政學部檔案》，編號 ntul-uh0218005_0009。

105 《校史檔案第二類臺北帝國大學文政學部檔案》，編號 ntul-uh0218005_0010。

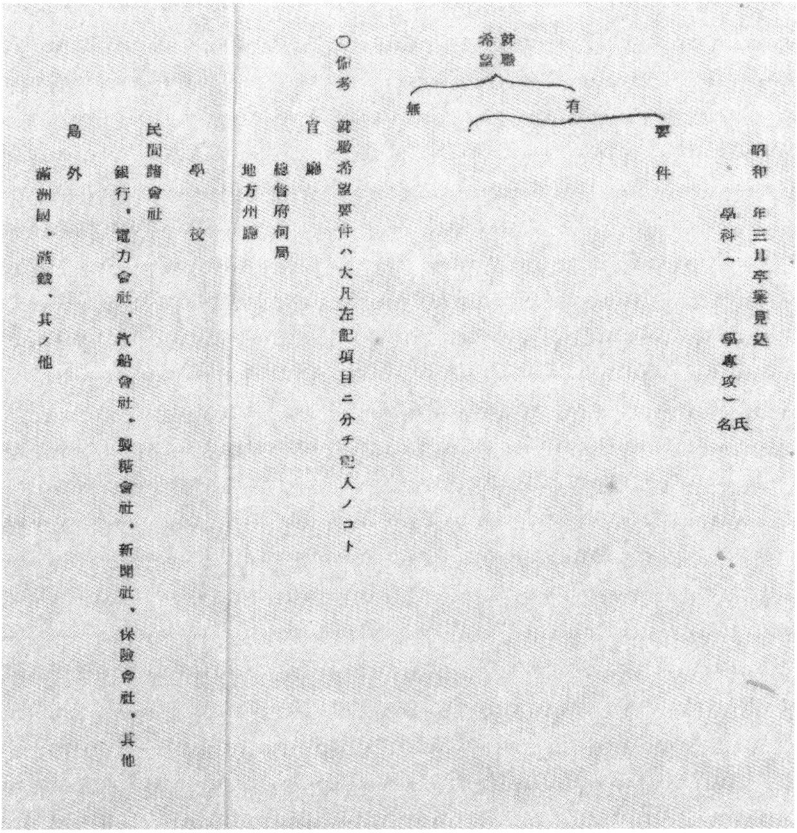

昭和　年三月卒業見込

學科（　學專攻）　氏名

要件

就職希望　有　無

○備考　就職希望要件ハ大凡左記項目ニ分チ記入ノコト

官廳　總督府何局

地方州廳

學校

民間諸會社　銀行、電力會社、汽船會社、製糖會社、新聞社、保險會社、其他

島外　滿洲國、滿鐵、其ノ他

圖四

「就職希望調」書

資料來源：《校史檔案第二類臺北帝國大學文政學部檔案》（局部），編號 ntul-uh0201002_0008。

表四　五位南洋史學專攻畢業生就職狀況（一九三四—一九三八）

姓名	鄉原正雄	速水家彥	中村孝志	齋藤悌亮	少名子正義
畢業年月	一九三四年三月	一九三五年三月	一九三五年三月	一九三七年三月	一九三八年三月
畢業前就職希望	就職希望要件 一、史學關係官廳（例如調查課編修課圖書館等） 二、因為是高商出身，銀行、會社也可以	無	要件 學校職員	要件 官立學校教員	無 （理由） 天理教本部之就職已決定
一九三九年工作單位	臺中工業學校	總督官房外務部	滿鐵東亞經濟調查局	私立臺北國民中學校	天理圖書館

資料來源：《校史檔案第二類臺北帝國大學文政學部檔案》，編號 ntul-uh0201001_0003、ntul-uh0201002_0011、ntul-uh0201002_0012、ntul-uh0201004_0013、ntul-uh0201005_0004；臺北帝國大學文政學部，《〔昭和十四年十一月調〕臺北帝國大學文政學部卒業生名簿》，頁一〇、一二、一五、一七。

這五位畢業生，有二位的「就職希望」填「無」，其中一位理由是已經有工作，其他三位各有所希望的去處。觀察他們在一九三九年的工作，有填「就職希望」的鄉原正雄，不是從事畢業前期待的工作；齋藤悌亮想到官立學校教書，結果在私立學校工作。至於填「學校職員」的中村孝志，其實是有如願的，他在畢業後留在臺北帝國大學，擔任一九三五年甫設立的「臺灣史料調查室」副手，一九三九年七月才離開臺灣到東京，擔任滿鐵東亞經濟調查局調查員。[106]

同樣專攻南洋史學的張樑標、淵脇英雄與山村光敏，都在一九三三年三月畢業，比鄉原正雄早，他們在一九三九年分別就職於：南支派遣軍調查班、市立臺北家政女學校、新竹中學校。[107] 張樑標的工作算是和所學有直接關係，不過因為看不到他們的「就職希望」，無法知道是否符合自己的期待。

對於即將畢業的學生，文政學部會提供就業推薦書（推薦信），學生可申請取得。這類推薦書大致有一定的寫法。一九三四年三月畢業的鄉原正雄的推薦書，除了載明出身島根縣、姓名、出生年月日外，主要內容如下：[108]

> 一、右者之人物、性行，有如左記。懇請以特別之貴審議，希冀惠予採用。耑此致上推薦。（按，「人物」等同中文的個性、性格）
>
> 一、人物　溫良而真摯
>
> 二、性行　性質溫和、品行方正
>
> 　　　　　思想穩健

中村孝志有兩份推薦書，一份是他預定畢業之前，一九三五（昭和十）年一月十日大井「主任受領立案」的，算是草稿階段，內容如下：[109]

> 昭和十年三月本學部史學科預定畢業之中村孝志，有學業成績佳良、品行方正、思想穩健、性質溫順、身體健全而有運動競技之興趣且特長於籠球者，畢業後希望至貴管下就職，是以，懇請以特別之貴審議，希冀惠予採用。茲附上履歷書、寫真、成績證明書，耑此請求也。

這份推薦書是否有助於中村孝志取得他畢業後第一份工作（「臺灣史料調查室」副手），不得而知。值得注意的是，推薦書中特地提到他有運動方面的興趣，善於打籠球（籃球）。[110]

106 鍾淑敏、許賢瑤，〈中村孝志教授と台湾史研究（完全版）〉，頁一七—一八。中村孝志於一九四五年十二月任天理語學專門學校教授，一九四九年天理大學設立後，擔任該校教授。其間曾任攝南大學教授，一九八六年返回天理大學，直到逝世前都在該校教書。

107 臺北帝國大學文政學部，《〔昭和十四年十一月調〕臺北帝國大學文政學部卒業生名簿》，頁七。

108 中文係作者所譯。《校史檔案第二類臺北帝國大學文政學部檔案》，編號 nutl_uh0237004_0002。

109 中文係作者所譯。《校史檔案第二類臺北帝國大學文政學部檔案》，編號 nutl_uh0237005_0003。

110 「籠球」（ろうきゅう），即中文的籃球。

一九三七（昭和十二）年十二月十六日，中村孝志申請第二份推薦書，內容與鄉原正雄的很像，只是加了一個「其他」：[111]

一、人物　溫和而真摯、勤勉而熱心

一、性行　性質溫順、品行方正、思想穩健

一、其他　善於籠球

我們不知道中村孝志為何在當年底向文政學部申請推薦書，他在一九三九年七月才轉任滿鐵東亞經濟調查局。或許這期間他有試著申請別的工作，但沒成功。

這些早期畢業的南洋史學的學生，相關資訊較多，而一九四〇年代入學的學生，可能戰爭結束時文書還沒歸檔，留下的材料較少。南洋史專攻的學生到戰爭結束前有多少位，並不清楚。葉碧苓指出，根據田中則雄（一九四三年畢業）的回憶，與他同為南洋史學專攻的畢業生還有：青野晃、西村兵部（一九二〇—一九七六）、樋田（口）豐、星出幸雄、長岡新治郎、阪（坂）野鎮雄、山中正、兒玉太刀男、富名腰尚武、藤原正義等人，連他共十一名。[112]和前述一九四二年三月以前畢業的十名合計，共二十一名。不過這份名單可能有問題，不是每個人都畢業；以在學學生來說，名單也不完整。根據《臺北帝國大學一覽　昭和十八年》，長岡新治郎、坂野鎮雄、山中正等三人於一九四二年九月畢業；兒玉太刀男、田中則雄、富名腰尚武等三人於一九四三年九月畢業（見表三）。[113]其餘五人的情況比較複雜，容後細述。附帶一提，戰爭期間大學、專門學校等修業年限在一九四一年縮短三個月，一九四二年豫科和高等學校又縮短六個月，[114]因此臺北帝大的畢業月份自一九四一年起，從原來的三月變成九月、十二月都可以畢業。

專攻南洋史學的學生，因故肄業，或因戰爭結束臺北帝國大學解散而無法畢業的人數，不易估算。根據臺大校史檔案的「學生成績卡」，可以整理出在一九四一年日本進入「大東亞戰爭」後入學的學生名單（表五），他們的際遇非常具體地反映了時代。

111 中文係作者所譯。《校史檔案第二類臺北帝國大學文政學部檔案》，編號 nutl_uh 0237005_0004。

112 葉碧苓，〈臺北帝國大學與京城帝國大學史學科之比較（1926-1945）〉，頁二一一—二一二。葉文「樋田豐」應為「樋口豐」、「阪野鎮雄」應為「坂野鎮雄」之誤。

113 見臺北帝國大學，《臺北帝國大學一覽　昭和十八年》，頁二九五。

114 永原慶二監修，石上英一等編輯，《岩波日本史辭典》（東京：岩波書店，一九九九），頁二一三。

表五　一九四二—一九四五年臺北帝國大學文政學部南洋史學專攻入學名單

入學時間	姓名	成績單注記	入營時間
一九四二（昭和十七）年四月	青野晃	一九四四年九月學士試驗合格	一九四四年三月十五日
	樋口豐	一九四三年十一月十日假卒業（臨時畢業）[115]	一九四三年十二月一日
	星出幸雄	一九四三年十一月十日假卒業（臨時畢業） 一九四四年九月學士試驗合格	一九四三年十二月一日
	溝淵正大	無特別註明	
	西村兵部	一九四四年十月一日至一九四五年九月休學（生病）	
一九四二年十月十日	宮永又郎	無特別註明	
一九四三（昭和十八）年十月一日	稻墻正治		一九四三年十二月一日
	岩村光介		一九四三年十二月一日
	重田次男	一九四四年四月至九月休學（生病）	
	藤原正義		一九四三年十二月一日
	森牧夫		一九四三年十二月一日

入學時間	姓名	成績單注記	入營時間
一九四四（昭和十九）年十月一日	居川洋三		
	川久保元		
	河田文稔		
	中川成夫		
	長谷川ミエ／張美惠[116]		
	濱田忠雄		
一九四五（昭和二十）年四月一日	猪股崇		
	館野實		
	藤原保		
	葉子謀		
	橫井三郎		

資料來源：

1. 一九四二年名單見《校史檔案第二類臺北帝國大學文政學部檔案》，編號 ntul-

115 日本戰爭末期為了因應很多學生必須入營入團而制訂的規定，可以先授與學生「假卒業」資格，即臨時畢業之意。

116 按，上為日本姓名，斜線下為原姓名。

uh0218015_0010至0014、ntul-uh0218016_0018。宮永又郎另見同一檔案〈自昭和十七年十月至十八年九月學修科目居〉，編號 ntul-uh0207002_0021。

2. 一九四三年名單見編號 ntul-uh0218017_0011 至 0015。

3. 一九四四年名單見編號 ntul-uh0218018_0012 至 0017。河田文稔後來轉到政學部，見編號 ntul-uh0207004_0019。

4. 一九四五年名單見編號 ntul-uh0218019_0005 至 0009。

以上名單和資料整理自「學生成績卡」。既然名為成績卡，自然要有成績，但從稻墻正治（含）以下，成績單都是空白的。因為這五位學生在一九四三（昭和十八）年十月一日入學，同年十二月一日就入營了。一九四四年十月一日入學的六位學生，除了女學生長谷川ミヱ（張美惠）外，成績欄全部空白，也未登錄入營與否的訊息。一九四五年四月入學的五名學生的成績欄也都空白。

日本在一九四一年十二月八日偷襲美國珍珠港，引發太平洋戰爭——日方正式稱為「大東亞戰爭」。戰況越來越吃緊，日本兵力不足，原本高等教育機關（大學、高等學校、專門學校）在籍學生有「徵兵猶豫」（延期入營）的優待，可以延到二十六歲；一九四三年十月東條（英機）內閣（以敕令）局部取消「徵兵猶豫」，二十歲以上的文科（加上部分理科學部）學生，徵兵檢查合格者，必須於該年十二月入營，史稱「學徒出陣」。[117]這就是這些南洋史學專攻的男學生成績卡注明「昭和十八（一九四三）年十二月一日入營」的原因。

值得注意的是，因為臺北帝國大學豫科於一九四一年四月一日成立，[118]一九四三年入學的學生幾乎都是豫科（預料）畢業生。上列名單中，除了張美惠外，皆自臺北帝國大學豫科畢業，而且只有她和葉子謀是臺灣人，其餘都是日本人。

戰爭的影響是非常具體的，一九四二（昭和十七）年四月入學的青野晃，在一九四四年三月十五日入營，於同年九月「學士試驗合格」，即取得學士學位；但是他的成績卡「（學士）論文題目」那一欄完全空白，其後的成績卡都是如此，可見學生不再需要撰寫學士論文。另外，同樣是一九四二年四月入學的樋口豐、星出幸雄，在隔年十一月十日「假卒業」（臨時畢業），十二月一日入營。他們都有課業成績，其中星出幸雄的成績卡注明「學士試驗合格」，樋口豐則無。他們算是有修到課，而一九四三年十月一日入學的學生，二個月後就入營了，在學時間極短。雖然在學術論文上不宜流露個人的心情，筆者還是忍不住替他們感到可惜，才當二個月臺北帝大學生，就必須離開學校，面對戰爭的殘酷，不少學徒無法生還。

117　永原慶二監修，石上英一等編輯，《岩波日本史辭典》，頁一二一三。

118　設置臺北帝國大學預科主要原因在於：臺北高等學校畢業生就讀臺北帝大的人數遠不如理想，大半到日本內地帝國大學或私立大學入學；為確保入學人數，仿照北海道帝國大學之例，在臺北帝國大學設立豫科，以養成該大學之新生，豫科學生數以臺北帝國大學新生名額約六成為基準。見松本巍撰，蒯通林譯，《台北帝國大學沿革史》，頁三三。

一九四四（昭和十九）年入學的六位學生當中，張美惠在臺北帝大被中華民國接收後，繼續留下來；學制更改後，她變成三年級學生，於一九四七年畢業，留校擔任助教。她是國立臺灣大學第一位歷史系畢業生，也是第一屆文學院唯一的畢業生。[119]如果說臺北帝國大學史學科南洋史學在戰後有「具體的過渡」，那麼她是最具代表性的人物之一，值得特別花篇幅加以介紹。

在這裡，我們只講張美惠成為南洋史學專攻學生的經過，戰後她的經歷留到下一節討論。首先交代臺北帝國大學首收女學生入學的情況。如前所述，臺北帝大所收學生中，高等學校畢業生相對少，還有個「異例女性學生入學者」，即一九三一（昭和六）年文政學部第二次考試及格入學者二名，其中一名是京都同志社女子專門學校畢業生大森政壽。松本巍在《台北帝國大學沿革史》說，當時日本尚未公布大學男女同校制度，所以成為報紙上的話題。[120]不過，在此之前，東北帝國大學、北海道帝國大學以及九州大學皆有收女生，但人數非常少。[121]臺北帝國大學從一九二八到一九四五年共有九位女學生正式入學；另有十六名「聽講生」[122]、四名選科生。九位本科生中有三位是臺灣人：林素琴（西洋哲學）、張美惠（南洋史學）、曾氏麗珍（植物學科），都是一九四四年入學。[123]一般常會提到的杜淑純（時名杜純子，臺灣首位醫學博士杜聰明〔一八九三—一九八六〕的女兒）是選科生，不是本科生，在籍期間為一九四二年四月到一九四四年九月。[124]

另外，值得特別一提的是林素琴，她是臺灣議會設置請願運動的理論大師林呈祿（一八八六—一九六八）的女兒，也是臺灣第一位就讀哲學的女學生。她入學時用的姓名是「林こずゑ」，一九四三年先以選科生入學，第二年成為本科生。她以哲學科西洋哲學為專攻，原籍注明新竹，出身學校東京女子大學高等學部，[125]一九四五年十一月自臺北帝國大學文政學部畢業。[126]近年來臺灣本土哲學受到學界重視，連帶地研讀哲學的女性也受到注目，林素琴的名字和著作遂

119 李東華，《光復初期臺大校史研究 1945-1950》（臺北：臺大出版中心，二〇一四），頁五九；許雪姬、張隆志、陳翠蓮訪談，賴永祥、鄭麗榕、吳美慧、蔡說麗紀錄，《坐擁書城：賴永祥先生訪問紀錄》（臺北：遠流出版公司，二〇〇七），頁二二二。

120 松本巍撰，蒯通林譯，《台北帝國大學沿革史》，頁二二。

121 嘉義出身、著名的女性黨外人士許世賢博士，就是在一九三九年取得九州帝國大學醫學博士學位。

122 根據廖述英的整理，「聽講生」即對學部中某些科目有聽講意願者，可向學部提出申請，而學部長在認定申請者不會妨害正常上課，並在總長（即校長）的許可下，可同意讓其以「聽講生」名義進入課堂聽講，但不能參加修習科目的考試，而聽講期限為一學期或一學年。廖述英，〈臺北帝大總共收過多少個女學生？〉。「選科生」之說明見註六七。

123 廖述英，〈臺北帝大總共收過多少個女學生？〉。

124 廖述英，〈臺北帝大總共收過多少個女學生？〉。一九四〇至一九四四（昭和十五至十八）年十一月文政學部錄取六位「選科生」，含杜純子，見《校史檔案第二類臺北帝國大學文政學部檔案》：「昭和十九年度學生名簿」，編號 ntul-uh0203001_0012。

125 《校史檔案第二類臺北帝國大學文政學部檔案》，編號 ntul-uh0218017_0087。

126 國立臺灣大學人事檔案，「國立臺灣大學教員履歷表」073（林素琴）（臺北：國立臺灣大學人事室資料室藏），學歷「修業年數」填寫：三年，「修業起迄時期」填寫：「自民國三十二年十月至民國三十四年十一月」，據此只有二年一個月，不過，這時大學修業年限已因戰爭縮短半年，二年半即可畢業，臺灣戰後情況混亂，可能進一步從寬認定。

得以在論文集中出現，但只占一個欄位的小小空間。[127]

專攻南洋史學的張美惠，父親張文伴（一八九八—？）是臺灣總督府醫學校畢業生，在大稻埕開業。[128]張家是天主教家庭，在一九四二年五月一日改姓名，張美惠改名長谷川ミヱ，弟弟張寬敏（一九二六—二〇一四）改名長谷川博重，兩人同年（一九四四）進入臺北帝國大學就讀，張寬敏是醫學部學生。[129]奇特的是，張美惠進入臺北帝大後似乎就用原名，原因不明。她的本籍是臺北州基隆郡瑞芳街（街下省略），申請臺北帝大時是聖心女子學院專門學校歷史科第三學年的學生，預定一九四四（昭和十九）年九月畢業。在文政學部檔案的「昭和十九年度入學願書」（入學申請書）中，可以看到長谷川ミヱ申請入學的推薦狀（推薦信）及相關資料。推薦信由聖心女子學院專門學校校長吉川茂仁香（一九〇六—一九七〇）撰寫，收信人是臺北帝國大學總長安藤正次（一八七八—一九五二）。推薦信的內容很簡單：「右者擬入學貴學文政學部史學科，由於具有充分學業、得完成貴學學生之名之本分者，茲推薦也。」日期是一九四四年六月二十一日。同一檔案包括「身體檢查表」、「成績證明書」，以及吉川校長署名和簽章的「調查書」，內容翔實，從中可知長谷川ミヱ的成績幾乎都是「優」（按，當時成績分優、良、可三等級）。[130]值得注意的是，在「同一學部內之學科志願順位」一欄，有十格，長谷川ミヱ填了三個志願：一南洋史學科、二國史學科、三東洋史學科。[131]也就是說，長谷川ミヱ申請進史學科，最想讀的是南洋史學。在口述訪談紀錄中，張美惠提及她的課堂報告曾引用岩生成一的論文，聖心女子學院老師海老澤有道（一九一〇—一九九二）遂鼓勵她申請臺北帝大。[132]

對於選擇申請臺北帝國大學南洋史學專攻這件事，張美惠在一篇替金關丈夫（一八九七—一九八三）辯解的文章中有進一步說明。張美惠在聖心女子學院讀書時，就投稿《民俗臺灣》，一九四二年四月號起，發表〈臺灣の家庭生活〉（上、中、下），[133]其後又發表〈祖母の死をめぐ

127 洪子偉主編，《存在交涉：日治時期的臺灣哲學》（臺北：中央研究院、聯經出版公司，二〇一六），頁三三。根據洪子偉的表格，林素琴專長領域「法國哲學、大陸理性論」，一九四六至一九五五年在臺灣大學哲學系擔任助教；一九五三年發表〈迪卡特哲學的方法〉。在洪子偉文中，林素琴生年為一九二四年，惟根據臺大校史檔案，林應生於一九二三年十一月二十二日；《校史檔案第二類臺北帝國大學文政學部檔案》，編號 ntul-uh0218017_0087，以及國立臺灣大學人事檔案之「國立臺灣大學教員履歷表」073（林素琴），出生年月日一致，皆為「民國十二年十一月二十二日」。

128 所澤潤，〈台湾人女子最初の帝大生——長谷川みヱと張美惠〉，《段丘》第一九號（二〇一五年九月，東京），頁四七—四八。

129 所澤潤（採訪紀錄、解說、註解）、張寬敏（口述），〈聽取り調查：外地の進学体験（II）台北一師附小、台北高校、台北帝大医学部を經て、台湾大学医学部卒業〉，《群馬大学教育学部紀要　人文、社會科学編》第四四卷（一九九五年三月），頁一四〇。

130《校史檔案第二類臺北帝國大學文政學部檔案》：「昭和十九年度入學願書文政學部教務係」，編號 ntul-uh0209000_0044至0046。

131《校史檔案第二類臺北帝國大學文政學部檔案》：「昭和十九年度入學願書文政學部教務係」，編號 ntul-uh0209000_0043。

132 所澤潤，〈台湾人女子最初の帝大生〉，頁五一。

133 長谷川美惠，〈臺灣の家庭生活〉（上、中、下），《民俗臺灣》第二卷第四號（一九四二年四月），頁一六—二一、第二卷第五號（一九四二年五月），頁一二—一五、第二卷第六號（一九四二年六月），頁二五—二七。

つて〉（〈回顧祖母之死〉），[134]並在「點心」專欄有則小文，回應國分直一（一九〇八－二〇〇五）的文章〈沈鐘〉，提示天主教臺灣傳教相關的材料。[135]〈臺灣の家庭生活〉一文獲得《民俗臺灣》創辦人之一臺北帝大醫學部解剖學教授金關丈夫的賞識。我們可以推想，在那個時代能寫文章的女性非常少，何況又是具有學術意味的文章。那年（一九四二）暑假張美惠回臺省親，金關丈夫和編輯同仁設宴款待，讓她受寵若驚，其後金關教授若到東京，會和她聯絡，邀她一起看展覽，非常器重她。當她考慮就讀大學時，金關教授建議她申請自己的母校京都帝國大學，但當時東京帝國大學、京都帝國大學都不收女生。由於她對近世初期日本對外關係史和東亞交涉史有興趣，決定申請甫獲帝國學士院賞的岩生成一所主持的臺北帝大南洋史學專攻。[136]

南洋史學是文政學部史學科三個專攻中最受歡迎的，從資料可以得知，一九四二（昭和十七）年（含）以後，此專攻的學生通常占史學科學生一半以上：一九四二年四月入學者，占九分之五；同年十月入學者，占三分之一；一九四三年十月入學者，占八分之五；一九四四年十月入學者，占十分之六；一九四五年四月入學者，占八分之五。[137]不過，到了戰爭期間，學校已很難正常上課，男學生幾乎都入營，可以想像張美惠上課時的寂寥情況。[138]一九四五年三月臺北帝大「閉校」，她也被「野放」，必須有地方掛「籍」（按，有地方工作），由於赤十字病院院長堀內次雄（一八七三－一九五五）是她父親就讀臺灣總督府醫學校時的老師，她遂得以到該病院從事醫療事務。[139]

戰爭對臺灣社會帶來巨大的影響，臺北帝國大學無法置身事外；戰後的變局更是巨大、超乎想像。

四、張美惠、陳荊和：承先未能啟後

上一節介紹南洋史學專攻的學生們，這是以這個專攻為主軸的微觀視野，可能失之孤立，遠離大脈絡。實則從一九二八到一九四五年，臺北帝國大學有非常大的發展和擴充，中村孝志和張美惠入學時的臺北帝大是非常不一樣的。在此，僅能概略地描述臺北帝大在這十七年內的變化。

134 長谷川美惠，〈祖母の死をめぐつて〉，《民俗臺灣》第二卷第一二號（一九四二年十二月），頁三四—三五。
135 長谷川美惠，「點心」（無篇名），《民俗臺灣》第三卷第三號（一九四三年三月），頁二二。
136 張美惠，〈金関丈夫氏と『民俗台湾』と台北帝大と〉，《日本歷史》第五九五號（一九九七年十二月），頁六二—六三。
137 見〈臺大圖書館校史資料　臺北帝國大學卒業論文〉目錄。
138 張美惠是一九四四（昭和十九）年十月一日同時入學的六位南洋史專攻學生中成績卡上唯一有成績的，她修了十六門課，包括佛語（法語）課，都是必修課。見《校史檔案第二類臺北帝國大學文政學部檔案》：「學生成績卡」，編號 ntul-uh0218018_0016。
139 所澤潤（採訪紀錄、解說、註解）、張寬敏（口述），〈聽取り調查〉，頁一七三。

臺北帝大創建時只有兩個學部，即文政學部和理農學部。一九三六年以臺北醫學專門學校和臺北醫院為基礎，增設醫學部；一九三九年增設附屬熱帶醫學研究所；一九四二年將理農學部析為理學部和農學部；一九四三年增設工學部，同年又設置南方人文研究所與南方資源科學研究所，前者以文政學部學者為中心，後者以農學部和理學部學者為中心。至一九四四年，臺北帝大共有文政、理、農、醫、工五學部，講座數分別為：二十五、十三、二十二、二十四、三十，共一一四個講座；五學部之下共有十七學科。[140]這是頗具規模的大學了，不過歷年的畢業生人數不多，且日本人遠多於臺灣人。例如一九四四年畢業生三五七名，臺日學生比約為一比四。在師生比上，仍維持創校時的教師多、學生少的情況。[141]

戰後臺北帝大如同所有日本殖民政府轄下的公家機構，歷經中華民國政府的接收過程，接收情況容筆者於此省略。總之，一九四五年十一月十五日代理盟軍的新統治當局接收臺北帝國大學，面交給前臺北帝大總長安藤一雄（一八八三—一九七三）「移交事項」一紙，安藤交出官印八十五顆、移交清冊六十五冊。這應該是臺大校慶訂在十一月十五日的原因；戰前「臺北帝國大學記念日」（等同今天的校慶）是五月十七日。[142]接收時的學校組織有五學部、預科、附屬醫學專門部、圖書館，以及三個研究所（見圖五）。當時教職員及工役人數，合計專任一、四一六人、兼任一九八人；學生人數，大學生八六三人、預科生五八六人、醫專生三一八人，共一、七六七人，內有臺籍學生共三五一人，日本學生一、四一一人，韓國學生五人。[143]國立臺灣大學之前曾一度稱為國立臺北大學，一九四六年一月正式改名為「國立臺灣大學」；[144]反觀臺北帝國大學正式創設前原稱為臺灣帝國大學，恰成有趣的對比。

接收初期，原來的史學科改為史學系，學生的學習內容說有「劃時代」的變化，應不為過。茲將一九四七年的新課程羅列於下：[145]

必修科目（六十二學分）：中國近世史、中國斷代史、西洋近世史、西洋斷代史、亞洲諸國史、西洋國別史、中國史學史、中國地理總論、中國沿革地理、史學方法、史學通論、專門史、畢業論文或研究報告。

選修科目（三十學分以上）：中國古代史研究、民俗學、考古學、傳記學、人類學、歷史

---

140 以上引用自歐素瑛，《傳承與創新：戰後初期臺灣大學的再出發（1945-1950）》（臺北：臺灣書房，二〇一二〔二〇〇六〕），頁一八—一九。

141 歐素瑛，《傳承與創新：戰後初期臺灣大學的再出發（1945-1950）》，頁一九。歐素瑛也指出，臺灣學生集中於醫學部，若扣除醫學部，臺日學生比例則為一比八。

142 〈臺北帝國大學通則‧臺北帝國大學文政學部規程（昭和三年三月十七日認可）〉第二條第七款。

143 國立臺灣大學編輯，《國立臺灣大學概況》（臺北：國立臺灣大學，一九四七），頁三。

144 引自歐素瑛，《傳承與創新：戰後初期臺灣大學的再出發（1945-1950）》，頁二〇—二五。臺灣大學還曾有命名為「國立倉海大學」的建議，見吳俊瑩，〈「臺灣大學」校名的由來與軼聞〉，《臺灣與海洋亞洲》部落格，二〇一一年五月二十六日，https://goo.gl/v5Ajp2（二〇一八年六月二日檢索）。

145 國立臺灣大學編輯，《國立臺灣大學概況》，頁三九。

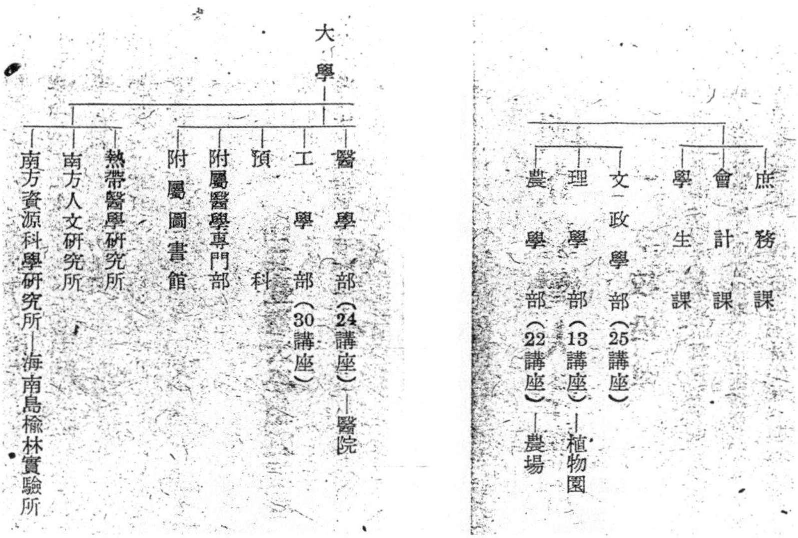

圖五

1945年11月15日臺北帝國大學被接收時的組織

資料來源：國立臺灣大學編輯，《國立臺灣大學概況》，頁2-3。

學科教材與教法、社會心理學、中國史學名著選讀、西洋史學名著選讀、國語或日文。

從中可以看出課程內容偏重中國歷史和地理，其次是西洋史。戰後臺灣在體制上的「中國化」，這應該是一個重要的具體案例。不過，戰後的史學系仍有一點點臺北帝大的影子，例如畢業論文或研究報告列為必修科目，選修科目有民俗學、考古學和人類學，似乎可看作臺北帝大史學科必修「土俗學・人種學」的遺留，只是改為選修。

這時候，史學科國史學、東洋史學、南洋史學三專攻的分法已成歷史，只是人的存在有時無法用歷史分期一刀兩斷。臺北帝大南洋史學專攻的學生張美惠，就是帶著南洋史學的興趣，繼續留在戰後改制的國立臺灣大學就讀，成為三年級學生。一九四六年年底，岩生成一返回日本，張美惠停修荷蘭文，改隨桑田六郎學習東西交通史，一九四七年六月提出畢業論文〈關於《東西洋考》中的明代中暹交通〉，畢業後留任助教。[146]

在此必須簡略說明戰後繼續留在臺灣大學任教的日籍教師。根據《接收台北帝國大學報告書》的名單，[147]留用日籍教授共八十九名，但時局紊亂，實際情況有所出入。例如按照名單，文

146 李東華，《光復初期臺大校史研究 1945-1950》，頁五九。

147 名單見國立臺灣大學編製，《接收台北帝國大學報告書》（臺北：國立臺灣大學，一九四五），未標頁碼。

學科有四名教授，實則有八名，包括教授桑田六郎（東洋史學）、岩生成一（南洋史學），副教授小葉田淳（一九〇五—二〇〇一，國史學），以及助教長岡新治郎。[148]他們原屬不同講座，但在代理校長羅宗洛（一八九六—一九七八，一九四五年十月—一九四六年五月在任）的規劃下，都屬於南洋史學講座。[149]不過，一九四六年十二月岩生成一、小葉田淳、長岡新治郎返回日本，次年二月發生二二八事件，三月十一日清晨，以校務委員身分主持文學院院務的林茂生（一八八七—一九四七？）被帶走失蹤。到三月下旬，臺灣學生無人到校，學校通知三月二十六日正式上課，學生註冊報到限二十五日截止，逾期不到者取消學籍。[150]

關於林茂生被捕，其後顯然遇害，李東華（一九五一—二〇一〇）從陸志鴻校長（一八九七—一九七三，一九四六年八月—一九四八年五月在任）上任後，陳儀（一八八三—一九五〇）的長官公署勢力伸入臺大校園的角度切入，別有所見。他指出陸志鴻校長得任臺大校長是出於長官公署主動推薦，所以頗聽命於省政當局，總務長陳世鴻（後轉任法學院院長）、文學院教授劉天宇為長官公署參事轉任，文學院副教授金祖同應亦係由陳儀援引任職，李東華認為他們向長官公署或警備總部傳遞了不利林氏的說詞。陳儀所列林氏三項罪名之二「陰謀叛亂，鼓動該校學生暴動」和「強力接收國立臺灣大學」，應即是來自臺大內部的指控。[151]實則陳世鴻在二二八事件後，仍任長官公署參事；金祖同原為長官公署參議，因就任臺大教職而辭職，[152]可見其公署背景。換句話說，陳儀的人馬堂堂進駐臺大，林茂生很可能因而喪命；政治力進入臺大，以此為嚆矢。

陳儀干涉臺大，早在羅宗洛代理校長時期就已開始，文學院和法學院院長都要由他派任，又要盡去文法科留用的日籍教授，最後導致羅宗洛於一九四六年五月辭職。[153]此外，愈來愈多的檔案讓我們略窺政治力如何在臺大運作，一件一九四七年十二月的臺灣省警務處檔案，內容是為十名負責收集「高級政治情報」的線民，申請每人每月一萬元的交通費，十名人員中赫然有一位臺大學生和一位臺大助教。[154]一九五〇年十二月，中國國民黨設立中央直屬的知識青年黨部，在臺大的黨部稱為「第一知識青年黨部」，組織嚴密，掌控行政、監控校園。[155]這個組織延續約半世

148 歐素瑛，《傳承與創新：戰後初期臺灣大學的再出發（1945-1950）》，頁四五—四七。

149 李東華，《光復初期臺大校史研究 1945-1950》，頁七二。

150 李東華，《光復初期臺大校史研究 1945-1950》，頁八八、九三，尤其頁九五。

151 參考李東華，《光復初期臺大校史研究 1945-1950》，第二章第三節「二二八事件與林茂生遇害」，頁七八—九六。

152 金祖同於一九四六年七月二日為陳儀聘為參議，十二月一日以「研究考古」不克勝任該署參議一職，提出辭呈，十二月三日陳儀批「照准」。「公署參議金祖同辭職案」，〈參議人員任免〉，國史館臺灣文獻館藏《臺灣省行政長官公署檔案》，典藏號 00303230062041。此份檔案係吳俊瑩先生提供。

153 李東華，《光復初期臺大校史研究 1945-1950》，頁六三—六四。

154 吳俊瑩，〈義務調查員在台大〉，「吳俊瑩」個人臉書，二〇一八年六月十八日，https://goo.gl/ 3GppuV（二〇一八年六月十八日檢索）。

155 龔宜君，《「外來政權」與本土社會：改造後國民黨政權社會基礎的形成（1950-1969）》（臺北：稻鄉出版社，一九九八），頁一一九—一二六。至一九五三年六月，共計有九個知識青年黨部，第二是省立師範學院（一九五二年十二月成立，該校為國立臺灣師範大學前身），第九是中國青年反共救國團（一九五三年六月成

紀，可以說是戰後變局中的新生事物，但不被看見，即使到了今天，還是一段不被看見的「校史」。

二二八事件之後，臺大的「中國化」工程更是加緊進行，自三十六學年度（一九四七年九月）起加強文學院負責的共同教育。首先為增強臺籍青年對祖國的認識，大一學生不分院系，加強國語文課程，每週上國語課三小時、國文課五小時；其次，臺籍新生不分院系必修「中國近代史」；其三，一九四七年年底教育部令臺大增設國語專修科，以培育閩、臺兩省國語教育師資。[156]

戰後的臺大文學院，在羅宗洛規劃下，最初還維持「講座」的稱法，但在其離職前，提議改稱「研究室」。[157]一九四六年八月陸志鴻校長上任後，在二二八事件發生之前，史學系有三個研究室，人員配置如下：[158]

中國史學研究室：夏德儀教授，金祖同、曾憲楷副教授，余乃銶、裴溥言助教
南洋史學研究室：桑田六郎教授、陳荊和講師、卜新賢助教
土俗人種學研究室：陳紹馨教授、宮本延人副教授

南洋史學研究室多了二個陌生姓名：陳荊和（一九一七—一九九五）、卜新賢，隨後介紹。戰後初期文學院其實等於停擺，一九四七年十月三十一日召開第一次院務會議，會中決議中文系、外

文系、史學系、哲學系各設若干研究室。第二年（一九四八）寒假過後，史學系調整為六個研究室：中國史學研究室、西洋史學研究室、南洋史學研究室、日本史學研究室、民族學研究室、社會學研究室。[159]這樣的分組仍然看得出帝大史學科講座的影子。

南洋史學研究室人員配置如下，括弧內為研究題目：[160]

主持人〔系主任〕涂序瑄教授兼

研究員桑田六郎教授（一南洋華僑研究　二中西交通史研究）

陳荊和講師（南洋史概說）

立石鐵臣講師（南洋美術史）

張美惠助教（一亞洲天主教傳教史　二臺灣史）

陳荊和是何許人也？簡單來說，他是受過日本正統史學訓練的南洋史專家，在戰後十餘年延續了

立）。

156 李東華，《光復初期臺大校史研究 1945-1950》，頁一〇八—一〇九。

157 李東華，《光復初期臺大校史研究 1945-1950》，頁四八—四九。

158 李東華，《光復初期臺大校史研究 1945-1950》，頁七二—七三。

159 李東華，《光復初期臺大校史研究 1945-1950》，一〇七—一〇八。

160 李東華，《光復初期臺大校史研究 1945-1950》，頁一〇八。

臺北帝大的南洋史研究和教學。不過，他和戰前的臺北帝大並無淵源。

一九一七年九月二十八日陳荊和出生於臺灣臺中龍井，父親是臺中著名婦科醫生陳茂堤（一八九三－一九七七），戰後曾任臺灣省參議會參議員。陳荊和幼年時代，父親到慶應義塾大學醫學部從事研究工作，他跟隨父親到日本定居，在日本接受小學和中學教育，一九三六年進入慶應義塾大學預科部就讀，師事松本信廣（一八九七－一九八一）。當時慶應義塾大學是日本的越南史研究重鎮，松本信廣是越南史研究大家。陳荊和在該校讀了五年五個月（一九三七年四月－一九四二年九月），打下厚實的越南史研究基礎，他曾為了修習法語，到東京外國語學校夜校部學習。[161]陳荊和甫從文學部史學科畢業，取得文學士學位，就在慶應義塾大學剛成立的語學研究所擔任助手。其後旋即成為日本．佛印聯邦的交換學生，前往法屬河內，在法國遠東學院（École française d'Extrême-Orient，簡稱 EFEO）廣泛閱讀研究東南亞史，尤其是越南史，並精研越南語。一個日本學者稱讚說，陳荊和以透過越南語所帶來的視野研究越南史，作為「本邦」（日本）最初的學者，「踏上了前人所未踏上的道路」。[162]他就職的單位都和南洋史研究關係密切（括弧內為擔任工作和起迄年月）：慶應義塾大學語學研究所研究員（安南語學研究，一九四二年十月－一九四三年三月）、民族學協會兼囑託（特殊語學研究，一九四二年十月－一九四三年三月）、國際學友會法日交換學生（南洋史學研究，一九四三年三月－一九四五年八月）。[163]在越南法國遠東學院進行研究的期間，陳荊和結識越裔華人女子Đặngthị Hòa，和她結婚。[164]Đặngthị Hòa 是「鄧氏和」，亦即「陳鄧瑜姬」。[165]認識陳荊和的賴永祥說，鄧瑜姬很會講臺語。[166]

戰後陳荊和返回臺灣，一九四六年十二月以講師職別受聘於國立臺灣大學，一九四八年九月兼任省立師範學校講師。[167]陳荊和專精越南史，進入臺大史學系後，初期教授「亞洲諸國史」、「南洋史學名著選讀」等課程，和日籍學者桑田六郎等互相配合。日籍學者全數被遣返後，他開始教授二、三年級的「東南亞洲史」，以及三、四年級的「安南史研究」、「東南亞洲史專題研究」課程（一九五〇—一九五三），之後繼續講授「東南亞洲史」基礎課程，並增開「南洋華僑

161 以上資訊綜合自：國立臺灣大學人事檔案，「國立臺灣大學教員履歷表」013；韓周敬，〈陳荊和教授生平考略〉，《越南歷史研究》，二〇一六年三月四日，http://chuansong.me/n/519448052239（二〇一八年二月二十日檢索）；臺灣省諮議會：https://www.tpa.gov.tw/opencms/ digital/area/past/past03/member0026.html（二〇一八年二月二十日檢索）。

162 川本邦衛，〈史記に対う慧眼——陳荊和博士を悼む〉，《慶應義塾大学言語文化研究所紀要》第二八號（一九九六年十二月），頁一二。

163 國立臺灣大學人事檔案，「國立臺灣大學教員履歷表」013。

164 韓周敬，〈陳荊和教授生平考略〉。

165 川本邦衛，〈史記に対う慧眼——陳荊和博士を悼む〉，頁一二。

166 許雪姬、張隆志、陳翠蓮訪談，賴永祥、鄭麗榕、吳美慧、蔡說麗紀錄，《坐擁書城：賴永祥先生訪問紀錄》，頁二三四。

167 國立臺灣大學人事檔案，「國立臺灣大學教員履歷表」013。

史」和「華僑史研究」等課程。[168]在研究方面，陳荊和表現突出，到校不到四年，就在一九五〇年八月升任副教授；一九五六年八月升等教授。[169]李東華稱讚他是「最具日本史學實質傳承內涵的學者」。[170]

一九五七年越南順化大學成立，一九五八年陳荊和受邀擔任該大學訪問教授，其後又接受西貢大學和大叻大學的教職，教授「中國史」、「日本史」和「東南亞史」。[171]在臺大的檔案中，可以看到陳荊和於一九五八年九月一日「留職停薪一年」，第二年「續予留職停薪一年」，一九六〇年八月一日則是「49年度不續聘」，[172]意即陳荊和辭職離開臺大了。這是因為順化大學欲成立漢學院，再聘陳荊和留任三年，陳荊和於是辭掉臺大教職。[173]李東華認為「這不止是臺大歷史系的損失，也是臺灣專業史學傳承上的莫大損失」。[174]

一九六二年，陳荊和轉赴香港任教，一九六六年獲得日本慶應義塾大學文學博士學位。[175]陳荊和在香港從事教學和研究工作近二十年（一九六二—一九八一），對香港的學術發展貢獻很大，不惟奠定了東南亞史（含華僑史）研究的厚實基礎，也開啟了香港的日本史研究。[176]一九八一年陳荊和在香港退休後，再度回到日本，任創價大學教授，一九九三年赴美，一九九五年十一月十九日在「舊緣之地」的越南西貢過世。[177]陳荊和是越南研究的國際級學者，成就很高，日本學者川本邦衛（一九二九—二〇一七）在悼念文中，對其成就有精要且全面的敘述。[178]

至於南洋史學研究室助教卜新賢是誰？必須先說明臺北帝大「南方人文研究所」，和戰後臺灣大學「華南人文研究所」之間的關係。

南方人文研究所，在戰爭期間的一九四三年設立，和大東亞戰爭中的南進政策息息相關，屬於學術動員的一環。戰後臺北帝大改制為國立臺灣大學後，它和熱帶醫學研究所、南方資源科學研究所被一併保留。[179]李東華認為南方人文研究所在羅宗洛校長時改名為華南人文研究所，[180]其實羅宗洛是說南洋人文研究所「應改稱華南人文研究所」，語意含混。臺大校史檔案顯示華南人

168 李東華，《光復初期臺大校史研究 1945-1950》，頁一八八—一八九。
169 國立臺灣大學人事檔案，「國立臺灣大學教員履歷表」013；李東華，《光復初期臺大校史研究 1945-1950》，頁一八九。
170 李東華，《光復初期臺大校史研究1945-1950》，頁一九一。
171 韓周敬，〈陳荊和教授生平考略〉。
172 國立臺灣大學人事檔案，「國立臺灣大學教職員動態登記表」009。
173 李東華，《光復初期臺大校史研究1945-1950》，頁一九一。
174 李東華，《光復初期臺大校史研究1945-1950》，頁一九一。
175 韓周敬，〈陳荊和教授生平考略〉。
176 參見周佳榮，〈陳荊和及其東亞史研究〉，《香港中國近代史學報》第三期（二〇〇五），頁一二一—一三〇。
177 川本邦衛，〈史記に対う慧眼——陳荊和博士を悼む〉，頁一一、一三
178 川本邦衛，〈史記に対う慧眼——陳荊和博士を悼む〉，頁一三—二〇。
179 國立臺灣大學編輯，《國立臺灣大學概況》，頁三。
180 李東華，《光復初期臺大校史研究1945-1950》，頁四九、七六。他的憑藉應該是根據羅宗洛校長一九四六年五月十一日發表的〈接收臺北帝國大學報告書〉之「1院系之改造與充實」的（六）「南方人文研究所，注重華南、南洋之人文研究，應改稱華南人文研究所……」（頁四五—四六）。

文研究所的「庶務教務關係書類」是從「民國三十四年十二月起」，[181]且該研究所在一九四五年十二月一日就開始聘用雇員和傭工，兩位助教也在一九四六年四月一日聘任，[182]而南方人文研究所至晚運作到一九四六年二月，[183]兩個單位似乎同時並存過。總之，二者的關係尚待進一步研究。

華南人文研究所由法學院院長周憲文（一九〇七—一九八九）兼任所長，兩位助教是朱家貴、卜新賢，皆為浙江人、二十五歲；並有雇員陳清秀、傭工陳甘，都是臺灣人，年齡分別為三十、十八歲。[184]朱家貴和卜新賢是上海暨南大學畢業生，周憲文是該校經濟系教授，可能因為這層關係而來臺灣。[185]根據臺大人事檔案，卜新賢畢業於暨南大學文〔學〕院史地系，擔任華南人文研究所助教，薦舉人是該所所長周憲文。[186]暨南大學主收東南亞華僑學生，原本就有東南亞研究的傳統，[187]以此，周憲文主持該研究所，學生朱家貴和卜新賢來臺就職，有研究上的脈絡可循。一九四六年十一月十六日，陸志鴻校長通知華南人文研究所，「據本校第六次校務會議議決華南人文研究所應暫時停止工作」，[188]這個研究所被解散。朱家貴因此離臺返回中國，卜新賢仍然留在臺大，轉任史學系助教，在南洋史學研究室工作，時在一九四七年二二八事件發生前。[189]一九四七年八月，剛在七月畢業的張美惠受聘為史學系助教，職責是「管理圖書室以及研究工作」。[190]張美惠成為卜新賢的同事，兩人發生戀情。一九四七年年底卜新賢被以匪諜罪逮捕，並被臺大解聘，一九四九年卜出獄後，兩人旋即結婚。[191]

關於卜新賢的案子，根據臺大檔案，他在一九四七年十二月八日晚上六時許，在臺大昭和町單身宿舍內「被人誘出失蹤」，校方於十一日發文給臺灣全省警備司令部司令彭孟緝（一九〇八—一九九七），「請調查本校助教卜新賢下落」，因「事關全校員生安全」。[192]一九四八年二月二日，卜新賢失蹤將近兩個月後，彭孟緝發公函給臺大，事由為「貴校助教卜新賢參加共產黨案已移送法院審辦」；說明：一、貴校史學系助教卜新賢參加共產黨充任要職經本部拘案訊據供

181 《校史檔案第二類臺北帝國大學文政學部檔案》，編號 ntul-uh0239001_0001。

182 《校史檔案第二類臺北帝國大學文政學部檔案》，編號 ntul-uh0240000_0002、0005、0007、0008等。

183 《校史檔案第二類臺北帝國大學文政學部檔案》，編號 ntul-uh024000_0015、0037。

184 《校史檔案第二類臺北帝國大學文政學部檔案》，編號 ntul-uh0239001_0081、0122、0149。不過，另一份檔案顯示一九四六年一月朱家貴二十四歲、卜新賢二十六歲，見 ntul-uh0239001_0012。根據國立臺灣大學人事檔案，「國立臺灣大學人員登記表」014，卜新賢當時二十五歲。

185 李東華，《光復初期臺大校史研究1945-1950》，頁一八七。

186 國立臺灣大學人事檔案，「國立臺灣大學人員登記表」014。

187 可參考張振江，〈暨南大學的東南亞研究〉，《東南亞研究》二〇〇七年第六期（廣州），頁一三—一七；應佳，〈華僑。暨南大學。東南亞研究〉，《東南亞研究》一九九六年第三期（廣州），頁六—七。

188 《校史檔案第二類臺北帝國大學文政學部檔案》，編號 ntul-uh0239001_0041。

189 李東華，《光復初期臺大校史研究1945-1950》，頁一八七。

190 國立臺灣大學人事檔案，「國立臺灣大學教員履歷表」075。

191 李東華，《光復初期臺大校史研究1945-1950》，頁一八七—一八八。

192 〈請調查本校助教卜新賢下落〉，《調查卜新賢下落》（臺北：檔案管理局藏），檔號 A309200000Q/0036/3500300/008/0001/001。

認不諱；二、已將該卜新賢連同案卷移送臺灣高等法院檢查處依法審辦；三、請查照。[193]臺大當局於是依公教人員懲戒法之規定，解聘卜新賢。[194]當時他可能涉入紀裕常案，[195]一九四九年二月才被釋放，同年五月和張美惠結婚。[196]

卜新賢離職後，一九五二在賴永祥的邀約下，和張美惠三人一起撰寫《臺灣省通志稿》卷三〈政事志．外事篇〉，然在一九五三年張美惠獲得勞神父（Arturo Rodriguez）的賞識，推薦她獲得西班牙政府的夫婦獎學金，兩人因忙於準備出國等事情，此書一直要到一九六〇年才刊行。[197]張美惠在一九五四年八月由助教升等為講師，一九五五年一月因出國而辭聘。[198]張美惠在辭職書中寫道（標點為筆者所加）：[199]

> 謹啟者：鄙人自畢業後即蒙留母校任職迄今七年有餘，辱承鈞長愛護良深、盡詳指導，實銘感難忘。茲以敝人已於九月間獲得西班牙政府之獎學金，擬赴該國研究南洋史，並蒐集資料，冀有益於母校……。

回想一九四四年，張美惠申請進入臺北帝大史學科，第一志願的專攻是南洋史學，十一年後，在辭職書上，還明明白白寫著「南洋史」，給人這是她最鍾愛的研究領域之感。張美惠在語文方面具有研究南洋史的充分準備，她的第一外語是英文、第二外語是德文，後來分別向岩生成一、箭內健次學習荷蘭文、西班牙文，戰爭期間還向臺北經濟專門學校（原為臺北高等商業學校，於一九四四年改稱）的竹村猛（一九一四—一九八七）學習法文。[200]總而言之，張美惠懂英、德、荷、西、法等西方語言，加上日文、中文和臺語，語言訓練非常充分，代表臺北帝大南洋史學專攻的高標竿。張美惠辭去臺大教職，其實有不得不然的苦衷，並非如辭職書所言「辱承愛護，銘感難忘」。她對臺大是不滿意的，包括圖書館欠缺新書、她的論文被某位教授盜用等。[201]從具體

193 《調查卜新賢下落》，檔號A309200000Q/0036/3500300/008/0001/002。

194 歐素瑛，《傳承與創新：戰後初期臺灣大學的再出發（1945-1950）》，頁一五八。

195 香港《文匯報》記者鍾震囑咐紀裕常返臺工作，交付五項任務，包括「託帶函轉達卜新賢，謂匪上級促卜即刻赴港。紀裕常返台後，將卜函付郵」，見《戰後政治案件及受難者資料庫》（Taiwan Holocaust），https://sheethub.com/billy3321/戰後政治案件及受難者?page=217（二〇一八年二月二十日檢索）。

196 許雪姬、張隆志、陳翠蓮訪談，賴永祥、鄭麗榕、吳美慧、蔡說麗紀錄，《坐擁書城：賴永祥先生訪問紀錄》，頁二二二—二二三；賴永祥，〈臺灣省通志稿　卷三政事志外事篇—全一冊〉，《賴永祥長老史料庫（Elder John Lai's Archives）》，二〇〇四年四月補記，http://www.laijohn.com/works/work6.htm（二〇一八年二月二十一日檢索）。

197 賴永祥，〈臺灣省通志稿　卷三政事志外事篇—全一冊〉。

198 國立臺灣大學人事檔案，「國立臺灣大學教員履歷表」075。

199 國立臺灣大學人事檔案，張美惠辭職相關公文，檢視人員（姓名略）於二〇一七年十一月二日十一時五十分檢視。

200 所澤潤，〈台湾人女子最初の帝大生〉，頁五二。

201 該教授在張美惠和卜新賢定居西班牙後，也盜用卜新賢的研究成果；但如何盜用，口述紀錄未給細節。所澤潤，〈台湾人女子最初の帝大生〉，頁五三。

表現來看，張美惠具有學術研究的興趣，也很有著述動力，如前所述，她在《民俗臺灣》刊登的文章〈臺灣の家庭生活〉，獲得金關丈夫賞識，並為臺北帝大教授宮崎孝治郎在其論文〈生態支那家族の制度と其の族產制〉中引用。[202]戰後張美惠曾用筆名「辛逕農」，於一九五一—一九五二年在《臺灣風物》創刊號發表〈郭懷一抗荷事蹟考略〉，分三回刊完，[203]這應該是臺灣戰後第一次有人用荷蘭文獻寫文章吧？一位年輕女助教能在《臺灣風物》創刊號發表文章，反映了她和當時臺灣文史知識社群有相當密切的交往。她之所以採用筆名，除了因為郭懷一是反政府的叛亂人物，有政治上的顧忌外，[204]也考慮到系上的方豪教授正在寫相近的題目。[205]

李東華指出：「張美惠女士是光復初期歷史系唯一畢業生，也是受帝大史學科完整訓練的最後一人。彼通西班牙文，曾習荷蘭文，專攻南洋史。畢業後留任歷史系助教，在南洋史研究室工作，原係利用帝大舊藏資料，傳承日人史學之最佳人選。」[206]讚賞之情溢於言表。賴永祥也說：「她受教於桑田六郎、岩生成一、箭內健次、小葉田淳等教授，跟岩生學過荷蘭文，跟箭內學過西班牙文，專攻中西交通史。」[207]就學術傳承而言，實在因緣俱足。她個人也很努力，一九五一年十二月在《國立臺灣大學文史哲學報》第三期發表〈明代中國人在暹羅之貿易〉，一九五四年升等為講師，就在第一學期開設「泰國史」（二學分）。她和夫婿、賴永祥共同撰寫的〈政事志・外事篇〉，被認為是通志稿中極為優秀的著作；卜新賢後來也仍然有一些著述。[208]

張美惠在一九五五年辭職遠赴西班牙，一九六〇年陳荊和辭職到越南任教，李東華說：「陳氏與張美惠的先後離去，也是臺北帝大南洋史學與東亞・東南亞水域史研究脈絡的消沈。」[209]水域史現在稱為海洋史。如果陳荊和、張美惠能留在臺大任教，我想臺大的歷史系會很不一樣，臺灣的學術界也可能有截然不同的樣態，然而，這一切的一切，很難說不是歷史的必然。臺北帝大的南洋史學終究無法傳承，其後是數十年的空白。

就臺大南洋史學的發展而言，張美惠離開臺大是個損失，就她個人人生而言，也是很大的失落。根據她自己的講法，她原本希望能辦理留職，但最後被迫必須辭職，且遲了半年才得以離開臺灣到西班牙，導致獎學金中斷，生活困頓。一九五六年張美惠完成馬德里大學的博士課程，在

202 張美惠，〈金関丈夫氏と『民俗台湾』と台北帝大と〉，頁六四。宮崎孝治郎該篇論文發表於《臺北帝國大學文政學部政學科研究年報》第八輯（一九四二年五月），頁九—一三二：引用長谷川（張）美惠之文章，在頁一〇六—一〇七。

203 這三回分別為辛逕農（張美惠），〈郭懷一抗荷事蹟考略〉、〈郭懷一抗荷事蹟考略（續）〉、〈郭懷一抗荷事蹟考略（完）〉，《臺灣風物》創刊號（一九五一年十二月），頁二五—二九、第二卷第一期（一九五二年一月），頁二六—二八、第二卷第二期（一九五二年二月），頁二九—三二。

204 所澤潤，〈台湾人女子最初の帝大生〉，頁五三—五四。

205 見許雪姬、張隆志、陳翠蓮訪談，賴永祥、鄭麗榕、吳美慧、蔡說麗紀錄，《坐擁書城：賴永祥先生訪問紀錄》，頁二二四。

206 李東華，《光復初期臺大校史研究1945-1950》，頁一八七。

207 賴永祥，〈臺灣省通志稿 卷三政事志外事篇—全一冊〉。

208 李東華，《光復初期臺大校史研究1945-1950》，頁一八八。

209 李東華，《光復初期臺大校史研究1945-1950》，頁一九一。

學術機構擔任無給職的研究員，卜新賢則在中華民國大使館工作。一九七二年，張美惠和卜新賢分別在馬德里大學擔任「日本學」和「漢學」講師，一九七三年三月西班牙和中國建交，與中華民國斷交，大使館關閉，兩人喪失教職。為了生活，夫妻於一九七四年開始經營中餐館，至一九九四年結束營業。[210]張美惠是臺北帝大極少數臺灣人女性大學生之一，登上了當時不止是殖民地，也包括內地女性知識青年能登上的高峰，她在戰前具有強烈的漢民族意識（廣義「日本人」中的漢民族），[211]因此戰後的際遇，格外令她有刺痛之感吧？晚年她痛心說道：戰前人生一路順遂，戰後變成「中國人」，命運截然錯亂起來。[212]

中斷的年代、再續前緣（代結語）

陳荊和雖然不是臺北帝大培養的南洋史研究人才，但他傳承的是日本的學術傳統，這個傳承在他離開後完全中斷了。陳荊和在臺大最後開課是一九五八年春夏間（民國四十六學年度第二學期，簡記為46-2，下同），講授「東南亞洲史」和「華僑史研究」，每週各二小時。從該學年度課表可見院系必修課程包括修習全年的「三民主義」。[213]這門課從一九四七年就是全臺大學生的必修課（圖六），一直到一九六四年六月（52-2），[214]一九六四年九月（53-1）改為「國父思想」，[215]一九九三年九月這種目的在灌輸黨國意識形態的必修課程才完全取消，由「中憲與立國

精神領域」取代，[216]其後的發展姑不細述。這類全校必修的政治課程，可以說是臺北帝大和臺灣

210 所澤潤，〈台湾人女子最初の帝大生〉，頁五四—五五。

211 透過前引所澤潤的口述紀錄，可以清楚知道張美惠有很強的「漢民族」意識，自矢「一定要當不輸日本人的日本人」（〈台湾人女子最初の帝大生〉，頁五〇）；另外，在所澤潤報告這篇口述紀錄的投影片顯示，日本戰敗之後，張美惠「自主地學習中國語」。見所澤潤，〈台湾人女子最初の帝大生、国立台湾大学最初の女子卒業生——故・張美惠氏のスペインでの聴取りを通して〉（最早的臺灣人女帝大生／國立臺灣大學最早的女畢業生：故張美惠女士在西班牙的訪談紀錄），「口述歷史研究之方法與課題——帝國支配、脫殖民地及新的國境」研討會會議資料（臺北：中央研究院臺灣史研究所殖民地史料研究群、口述歷史室；臺灣口述歷史學會主辦，二〇一四年八月三十—三十一日）。

212 所澤潤，〈台湾人女子最初の帝大生〉，頁五二。原文：「終戦まで全てスムーズに行ったのですが、終戦後、中国人になった途端に、運命が狂いだしました。……私もオートマチックに『中国人』になった訳です。そして一線と引いたように狂いだした。」

213 《臺灣大學歷年課程表數位典藏》：「文學院・歷史學系」，http://140.112.113.50/course/ 046-02/046-02-1-1030-00.pdf（二〇一八年五月二十日檢索）。

214 《臺灣大學歷年課程表數位典藏》：「文學院・歷史學系」，http://140.112.113.50/course/ 052-02/052-02-1-1030-00.pdf（二〇一八年五月二十日檢索）。

215 《臺灣大學歷年課程表數位典藏》，http://course.lib.ntu.edu.tw/?q=category/term/347（二〇一八年五月二十日檢索）。由於改課程牽涉到師資和其他問題，從「三民主義」改為「國父思想」，臺大有些系在時間上有落差，於此不一一寫明，留待日後研究臺大課程變革者進一步梳理。

216 「中憲與立國精神領域」一九九七年改為「本國憲法與公民教育領域」，二〇〇〇年第二學期（88-2）析為「本國憲法」與「公民教育」，各為半年的課，直到二〇〇七年六月（95-2）才消失。前者見《臺灣大學歷年課程表數位典藏》，http://course.lib.ntu.edu.tw/?q=category/term/429，後者見 http://course.lib.ntu.edu.tw/?q=category/

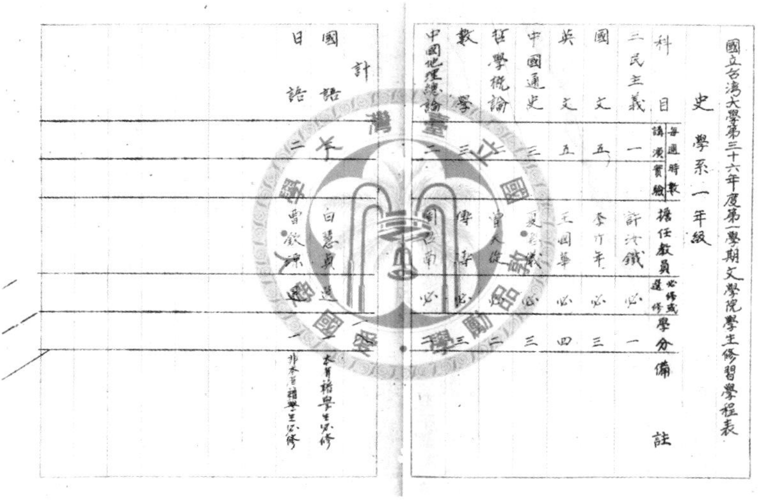

國立台灣大學第三十六年度第一學期文學院學生修習學程表

史學系一年級

科目	每週時數 講演	每週時數 實驗	擔任教員	必修或選修	學分	備註
三民主義	一		許汝鐵	必	一	
國文	五		李竹年	必	三	
英文	五		王國華	必	四	
中國通史	三		夏德儀	必	三	
哲學概論	二		曾天從	必	二	
數學	三		傅[illegible]	必	三	
中國地理總論	二		[illegible]南	必	[illegible]	
計						
國語	[illegible]		白慧貞	選	一	本省籍學生必修
日語	二		曾欽源	選	一	非本省籍學生必修

圖六

第 36 年度第 1 學期（1947）國立臺灣大學史學系學程表（頁一）

資料來源：《臺灣大學歷年課程表數位典藏》：「文學院 · 歷史學系」，http://140.112.113.50/course/036-01/036-01-1-1030-00.pdf

大學嚴重斷裂的一個具體例證。

戰後的臺大歷史系，不管研究或授課，主要是以中國史為重心，西洋史以授課為主。[217]在張美惠及陳荊和離開之後，南洋史學的研究和教學可謂一片空白。一九六六年九月（55-1）開始，張奕善（一九二七—二〇一五）在歷史系設「東南亞洲史」，[218]他是馬來西亞僑生，一九六三年取得臺大歷史系碩士學位，[219]和日本／臺北帝大的南洋史學在學術脈絡上毫無關係。一九六〇、七〇年代以來，在中國史當道的歷史系氛圍中，東南亞歷史的課只能聊備一格（一九四七—一九六七年臺大歷史系課程，見附表二）。

臺北帝大的南洋史是包括臺灣史的。在臺大歷史系，雖然楊雲萍（一九〇六—二〇〇〇）從一九四七年第一學期就開設「臺灣史」的課程，[220]後來也持續間隔地開設，但他以明史學者自

---

term/434（二〇一八年五月二十日檢索）。

217 關於臺大歷史學系的研究和教學特色，見陳弱水，〈臺大歷史系與現代中國史學傳統〉，《臺大歷史學報》第四五期（二〇一六年六月），頁一二七—一二八。

218 《臺灣大學歷年課程表數位典藏》：「文學院・歷史學系」，http://140.112.113.50/course/ 055-01/055-01-1-1030-00.pdf（二〇一八年五月二十日檢索）。

219 張奕善的碩士論文是〈明代中國與馬來亞的關係〉，見臺大歷史系網頁，「碩士論文目錄・60 年以前」：http://homepage.ntu.edu.tw/~history/c_pub_papersR60.htm（二〇一八年五月二十五日檢索）。

220 《臺灣大學歷年課程表數位典藏》：「文學院・歷史學系」，http://140.112.113.50/course/ 053-01/053-01-1-1030-00.pdf（二〇一八年五月二十五日檢索）。

居，他的臺灣史研究和教法有很濃厚的個人風格，與臺北帝大的學術傳統無太大關連，容我於此不予深論。總之，一九六〇年以後，臺北帝大的南洋史學傳承中斷，然而由於一些奇特的因緣，這個傳統竟然在中斷二十六年後（一九五八－一九八四），再度和臺灣大學連結起來。這個過程具有某種傳奇性，而貫串這個故事的主人翁是曹永和。

曹永和不是臺北帝大的學生，他自學成功，最後在臺灣大學歷史學系授課，並成為中央研究院罕見的只有高中學歷的院士，[221]他也獲得臺大名譽博士學位，堪稱是臺灣學界，甚至是臺灣社會的傳奇。這段經歷膾炙人口，有專書可供參考，[222]不需贅言。筆者想簡單敘述，曹永和如何接續臺北帝大的南洋史學研究。

前面提過南洋史學講座有村上直次郎教授、岩生成一助教授／教授，以及箭內健次講師／助教授，三人皆為重鎮型的學者。一九四六年，曹永和從士林搬到臺北，生病住院一年，這年年底岩生成一返回日本；一九四七年三月，也就是二二八事件三月屠殺正進行中，曹永和進入臺大圖書館擔任助理員，公餘之際開始自學的歷程。這時桑田六郎還留在臺大歷史系，曹永和去旁聽桑田教授的「東西交通史」，當時正式修課的學生有張耀錡、何廷瑞、宋文薰。何、宋二人興趣轉到考古學，曹永和回憶說，那堂課最認真的反而是他這個旁聽生。[223]桑田六郎是臺北帝大東洋史學講座的教授，治東西交通史，曹永和深受桑田看重，因而與日本史學傳統接上頭。

桑田六郎返回日本之後，曹永和與他保持聯繫，不過曹永和的興趣慢慢轉到荷蘭時代的臺灣史研究。由於日本的學術標準是：要研究哪一國的歷史，就要學那一國的語言（臺灣學界這方面的要求仍有不夠嚴格之處）；由於工作和研究的需求，曹永和開始自修外國語文，含德文、法文、西班牙文，以及荷蘭文，其中以荷蘭文最為重要。[224]曹永和利用文獻開始撰寫論文，他將兩篇著作〈明代臺灣漁業志略〉、〈荷蘭與西班牙占據時期的臺灣〉分別寄給桑田六郎和岩生成一，深獲後者欣賞，希望他能加入東洋文庫的研究團隊。經過一番曲折，曹永和終於順利赴日，加入岩生成一的研究團隊，為期一年（一九六五年五月－一九六六年四月）。曹永和抵達日本時，岩生成一已從東京大學退休，轉至法政大學任教，在曹永和滯日期間，岩生成一利用每週四東洋文庫休館的時間，在東洋文庫會議室指導曹永和讀古荷蘭文，共進午餐後繼續研習荷蘭文。[225]以此，曹永和實質上受教於岩生成一，不僅止於「私淑」。岩生成一有意培植曹永和，據曹永和自述：「岩生老師在臺灣教書多年，雖然臺北帝大南洋史曾有一位臺灣學生張樑標，卻始終沒有一位臺灣學生可以繼承他的學術，這是他最引以為憾的事。岩生老師希望我的加入（按，

221　該院院士中，數學家華羅庚（一九一〇－一九八五）也只有中學學歷，但他沒來臺灣。
222　如曹銘宗，《自學典範：台灣史研究先驅曹永和》（新北：聯經出版公司，一九九九），上引鍾淑敏等訪問，吳美慧等紀錄，《曹永和院士訪問紀錄》，以及無數的採訪紀錄。
223　鍾淑敏等訪問，吳美慧等紀錄，《曹永和院士訪問紀錄》，頁五八－八九、二五一－二五二。
224　鍾淑敏等訪問，吳美慧等紀錄，《曹永和院士訪問紀錄》，頁九〇－九四。
225　鍾淑敏等訪問，吳美慧等紀錄，《曹永和院士訪問紀錄》，頁一〇八、一一〇－一一三。

加入東洋文庫研究團隊），能適時彌補他的缺憾。」[226]中村孝志也告訴過曹永和：岩生老師有意培養他，成為他留在臺灣的根。[227]

東洋文庫的訪問開啟了曹永和的學術之路，不過，因為他不具在大學任教的學歷，一直在臺大圖書館工作，直到一九八四年八月獲聘為中央研究院三民主義研究所兼任研究員，臺大歷史系才能根據這個資格聘他為兼任教授，開始在該系授課。第二年，也就是一九八五年十月，曹永和自臺大圖書館退休，仍持續在臺大歷史系授課，至二〇一〇年六月為止，[228]當時已近九十高齡。他在臺大歷史系兼任授課，前後二十六年，時間頗長，培養、影響無數學子，被譽為「海洋史大家長」。[229]

雖然曹永和不是專任教師，不過，他能以傑出的海洋史研究，以及持久力極強的講學精神，到國立臺灣大學歷史學系兼任教學，實在可以說是經過一段空白後，臺大再續臺北帝大南洋史研究和教學的前緣。近十年來臺大開設了不少東南亞語言、考古、歷史、藝術，以及文學方面的課程，[230]似乎給人臺大多少有回到臺北帝大的創校宗旨，即「以臺灣・東洋・南洋之自然界及人文界為對象之學術研究」的態勢，但南洋（約當今大東南亞區域）部分可能仍以「教學」為重，離「研究」還有一段距離。一個研究・教學機構的前身和後身，歷經九十年，在嚴重的斷裂當中或許依稀還看得到有所連結之處。

二〇一八年，在臺北帝大・臺大九十周年慶的前夕，當臺大的課程顯示臺大似乎在「臺灣・東洋・南洋」的大地圖中有重新尋找自我定位的樣態，謹以此文略記其前世今生中的一個小環節。

226 鍾淑敏等訪問，吳美慧等紀錄，《曹永和院士訪問紀錄》，頁一一〇。

227 鍾淑敏等訪問，吳美慧等紀錄，《曹永和院士訪問紀錄》，頁一一一。

228 鍾淑敏等訪問，吳美慧等紀錄，《曹永和院士訪問紀錄》，序一、頁二五三。

229 陳昀秀，〈海洋史的大家長——曹永和院士（上）〉，「國立臺灣大學歷史學系」網頁：http://homepage.ntu.edu.tw/~history/public_html/tsao/tsao_talk2.html；原刊於《臺灣與海洋亞洲研究通訊》第一期（二〇〇八年九月），頁一五—一七；陳昀秀，〈海洋史的大家長——曹永和院士（下）〉，《臺灣與海洋亞洲研究通訊》第二期（二〇〇八年十二月），頁二〇—二二。

230 人類學系最早有東南亞相關課程，從二〇〇四年（93-1）起。其他：藝術史二〇〇七年（96-1）起；語言二〇〇八年（96-2）起，有泰文、越南文、馬來文、印尼文、菲律賓文；政治經濟／國際關係，二〇〇九年（98-1）起；文化／文學，二〇一五年（103-2）起；歷史，二〇一六年（105-1）起。以上相關課程，見《台大課程網搜尋系統》：https://nol.ntu.edu.tw/nol/ guest/index.php（二〇一八年五月二十八日檢索）。

附表一　臺北帝國大學文政學部史學科共通及各專攻必修科目變革表（一九二八—一九四一）

年代	一九二八—一九三〇（昭和三至五年）		一九三一—一九四一（昭和六至十六年）	
共通／專攻項目	必修科目名稱	單位數	必修科目名稱	單位數
史學科共通必修科目	無		史學概論	1
			國史概說	1
			東洋史概說	1
			南洋史概說	1
			西洋史	1
			地理學	1
			土俗學・人種學	1
國史學	國史學概說	七	國史特殊講義	六
	國史學特殊講義		國史講讀及演習	
	國史學講讀及演習			
	土俗學・人種學	一	東洋史	二
	東洋史學	三	哲學科、史學科、文學科及政學科ニ屬スル科目ノ中選擇履修スヘキモノ	五
	西洋史學・史學地理學	二		
	南洋史學	一		
	哲學科、史學科、文學科及政學科ニ屬スル科目ノ中	四		

年代	一九二八—一九三〇（昭和三至五年）		一九三一—一九四一（昭和六至十六年）	
共通／專攻項目	必修科目名稱	單位數	必修科目名稱	單位數
東洋史學	東洋史概說	六	東洋史特殊講義	六
	東洋史特殊講義		東洋史講讀及演習	
	東洋史講讀及演習		國史	二
	土俗學・人種學	一	哲學科、史學科、文學科及政學科ニ屬スル科目ノ中選擇履修スヘキモノ	五
	國史學	三		
	西洋史學・史學地理學	二		
	南洋史學	一		
	哲學科、史學科、文學科及政學科ニ屬スル科目ノ中	五		
南洋史學	南洋史概說	五	南洋史特殊講義	四
	南洋史特殊講義		南洋史講讀及演習	
	南洋史講讀及演習		國史	二
	土俗學・人種學	一	東洋史	二
	國史學	三	哲學科、史學科、文學科及政學科ニ屬スル科目ノ中選擇履修スヘキモノ	五
	東洋史學	三		
	西洋史學・史學地理學	二		
	哲學科、史學科、文學科及政學科ニ屬スル科目ノ中	四		

資料來源：臺北帝國大學，《臺北帝國大學一覽　昭和三年》，頁五一—五三、《臺北帝國大學一覽　昭和六年》，頁四九—五〇、《臺北帝國大學一覽　昭和十年》，頁五八—五九、《臺北帝國大學一覽　昭和十二年》，頁六四—六六、《臺北帝國大學一覽　昭和十三年》，頁六二—六四、《臺北帝國大學一覽　昭和十四年》，頁六七—六九、《臺北帝國大學一覽　昭和十六年》，頁六六—六八。

說　明：臺北帝國大學文政學部規程於一九二八至一九四一年間歷經六次改正（修改），但從一九三一年至一九四一年史學科課程要求並無變動。

附表二　國立臺灣大學歷史系共同必修、必修和選修科目（一九四七—一九六七）

類別	必修科目名稱	學分數
一九四七年		
文學院共同必修科目（五十學分）	三民主義	四
	倫理學	三
	國文	六
	英文	四
	外國文	六
	中國通史	六
	世界通史	六
	哲學概論	四
	理則學	三
	自然科學	六
	社會科學	六

類別	必修科目名稱	學分數
史學系必修科目（六十九學分）	中國近世史	十四
	中國斷代史	九
	西洋近世史	四
	西洋斷代史	九
	亞洲諸國史	六
	西洋國別史	三
	專門史	六
	中國地理通論	四
	中國沿革地理	三
	中國史學史	三
	史學方法	三
	史學通論	三
	畢業論文或研究報告	二
史學系選修科目（合計三十學分以上）	中國古代史研究	三
	民俗學	三
	考古學	三
	傳記學	三
	人類學	三

類別		必修科目名稱	學分數
		歷史學科教材與教法	四
		社會心理學	三—四
		中國史學名著選讀	六
		西洋史學名著選讀	六
		國語或日語	二
一九五五年			
院共同必修科目（共四四—四六學分）	語言	國文	八
		英文	八
	人文學科	中國近代史	四
		三民主義	四
		中國通史	六
		哲學概論	六
		俄帝侵略中國史	二
	社會科學	社會科學〔必選，包括：政治學（六）、經濟學（六）、社會學（四）、法學緒論（六）〕	四—六
		國際組織與國際關係	二
	體育	體育（一）、體育（二）	○

類別	必修科目名稱	學分數
主科及有關科目	西洋通史	六
	考古人類學導論	六
	中國近代史	六
	英文史學選讀	六
	中國上古史	六
	西洋通史	六
	史學研究〔必選科目，包括：中國史學史（四）、西洋史學史（四）、史學方法（四）〕	四
其他必修科目	地學通論	六
	理則學	四
選修科目	秦漢史（六）、隋唐五代史（六，大二以上）、宋史（四）、遼金元史（六）、明史（六）、明清史（六）〔以上選二—三門〕	一〇—一二
	西洋上古史（六）、西洋中古史（六）、西洋近古史（三）、西洋現代史（四）〔以上選二門〕	七—一二
	美國史（六）、東南亞洲史（六）、日本史（六）、近代印度史（六）、英國史（六）〔以上選一種〕	六
	臺灣史（六）、中國古代社會研究（四）、清史文獻學（四）、中日關係史（六）、中國外交史（四）、中西交通史（六）、東北史專題研究（四）、史通（六）、西洋史學名著選讀（四）〔以上選一門〕	四—六
其他	學位論文	○

類別	必修科目名稱	學分數
	一九五六年	
共同必修科目	國文	八
	英文	八
	三民主義	四
	中國通史	六
	哲學概論	六
	理則學	四
	社會科學（政治學、經濟學、社會學擇一門）	六
	國際組織與國際關係	二
	體育（一）、體育（二）	〇
主科及有關科目	西洋通史	六
	考古人類學導論	六
	地學通論	六
	中國近代史	四
	英文史學選讀	六
	中國上古史	六
	西洋近世史	六
	史學研究（中國史學史、西洋史學史、史學方法擇一門）	四
	畢業論文	〇

類別	必修科目名稱		學分數
選修科目	中國斷代史	秦漢史、魏晉南北朝史、隋唐五代史、宋史、遼金元史、明史、明清史	一二—一六
	西洋斷代史	西洋上古史、西洋中古史、西洋近古史、西洋近代史	八—一二
	國別史	美國史、東南亞洲史、日本史、英國史、近代印度史、希臘史、羅馬史	四—六
	專門史	臺灣史、中國古代社會研究、清史文獻學、中西交通史、中國外交史、南洋華僑史、中日關係史、東北史研究專題、資治通鑑閱讀	四—六
一九六〇年			
共同必修科目	國文		八
	英文		八
	三民主義		四
	體育（一）、體育（二）		○
	軍訓（一）、軍訓（二）		○
	哲學導論或理則學（二門擇一）		四
	社會科學（社會學、政治學、經濟學（必選一種））		六
	國際組織與國際局勢		二

類別	必修科目名稱		學分數
主科及有關科目	中國通史		六
	西洋通史		六
	考古人類學導論		六
	地學通論		六
	中國上古史		六
	中國近代史		六
	中國斷代史	秦漢史（四）、魏晉南北朝史（六）、隋唐五代史（六）、宋史（六）、遼金元史（六）、明史（六）、明清史（六）	一二—一八
	西洋斷代史	西洋上古史（六）〔或希臘史（三）、羅馬史（三），共一學年〕、西洋中古史（六）、西洋近古史（一五〇〇—一八一五）（六）、西洋近代史（一八一五—一九一四）（六）	一二—一八
	國別史	東南亞洲史（六）、日本史（六）、英國史（六）、近代印度史（六）、土耳其史（四）、美國史（六）	四—六
	史學研究	中國史學史、西洋史學史、史學方法〔三選一〕	四
選修科目	二至四年級選修	中國古代社會研究（六）、清史文獻學（四）、中西交通史（六）、中國外交史（四）、中日關係史（六）、中美外交史（三）、東北史專題研究（二）、華僑史研究（四）、臺灣史（六）、史通（六）、資治通鑑閱讀（六）	二：〇—六 三：八—一五 四：八—一五
	四年級選修	畢業論文（四）	四

類別	必修科目名稱	學分數
一九六一年		
共同必修科	國文	八
	英文	八
	三民主義	四
	體育（一）、體育（二）	○
	軍訓（一）、軍訓（二）	○
	哲學導論（乙）或理則學	四
	社會科學〔社會學、政治學、經濟學（必選一種）〕	六
	國際組織與國際現勢	二
主修及有關科目	中國通史	六
	西洋通史	六
	考古人類學導論	六
	地學通論	六
	中國上古史	六
	中國近代史	六
	中國斷代史：秦漢史（四）、魏晉南北朝史（六）、隋唐五代史（六）、宋史（六）、遼金元史（六）、明史（六）、明清史（六）	一二—一八

類別		必修科目名稱	學分數
主修及有關科目	西洋斷代史	西洋上古史（六）〔或希臘史（三）、羅馬史（三），共一學年〕、西洋中古史（六）、西洋近古史（一五〇〇—一八一五）（六）、西洋近代史（一八一五—一九一四）（六）、西洋現代史（六）	一二—一八
	國別史	東南亞洲史（六）、日本史（六）、日本近代史（六）、近代印度史（六）、土耳其史（四）、英國史（六）、美國史（六）	四—六
	史學研究	中國史學史、西洋史學史、史學方法〔三選一〕	四
選修科目	二至四年級選修	中國古代社會研究（四）、清史學文獻（四）、中國近代現代史研究專題（六）、中西交通史（六）、中國外交史（四）、中日關係史（六）、中美外交史（三）、美國外交史（六）、東北史專題研究（二）、華僑史研究（四）、臺灣史（六）、史通（六）、資治通鑑閱讀（六）	二：二—六 三：一一—一五 四：八—一五
	四年級選修	畢業論文	四

類別	必修科目名稱		學分數
一九六二年			
共同必修科	國文		八
	英文		八
	三民主義		四
	體育（一）、體育（二）		○
	軍訓（一）、軍訓（二）		○
	哲學導論（乙）或理則學		四
	社會科學〔社會學（甲）、政治學、經濟學（必選一種）〕		六
	國際組織與國際現勢		二
主修及有關科目	中國通史		六
	西洋通史		六
	考古人類學		六
	地學通論		六
	中國上古史		六
	中國近代史		六
	中國斷代史	秦漢史（四）、魏晉南北朝史（六）、隋唐五代史（六）、宋史（六）、遼金元史（六）、明史（六）、明清史（六）	一二—一八

類別		必修科目名稱	學分數
主修及有關科目	西洋斷代史	西洋上古史（六）〔或希臘史（三）、羅馬史（三），共一學年〕、西洋中古史（六）、西洋近古史（一五〇〇—一八一五）（六）、西洋近代史（一八一五—一九一四）（六）、西洋現代史（六）	一二—一八
	國別史	東南亞洲史（六）、日本史（六）、日本近代史（六）、韓國史（六）、近代印度史（六）、英國史（六）、美國史（六）	四—六
	史學研究	中國史學史、西洋史學史、史學方法〔三選一〕	四
選修科目	二至四年級選修	中國古代社會研究（四）、清史學文獻（四）、中國近代現代史研究專題（六）、中西交通史（六）、中國外交史（四）、中日關係史（六）、中美外交史（三）、美國外交史（六）、東北史專題研究（二）、臺灣史（六）、華僑史研究（四）、史通（六）、資治通鑑閱讀（六）	二：二—六 三：一一—一五 四：八—一五
	四年級選修	畢業論文	四

類別	必修科目名稱		學分數
一九六四年			
共同必修科	國文		八
	英文		八
	國父思想		四
	體育（一）、體育（二）		〇
	軍訓（一）、軍訓（二）		〇
	哲學導論（乙）或理則學		四
	社會科學〔社會學（甲）、政治學、經濟學（必選一種）〕		六
	國際組織與國際現勢		二
主修及有關科目	中國通史		六
	西洋通史		六
	考古人類學導論		六
	地學通論		六
	中國近代史		六
	中國斷代史	中國上古史（六）、秦漢史（四）、魏晉南北朝史（六）、隋唐史（六）、五代史（六）、宋史（六）、遼金元史（六）、明史（六）、明清史（六）、中國近代史（六）	一二—一八

類別		必修科目名稱	學分數
主修及有關科目	西洋斷代史	西洋上古史（六）〔或希臘史（三）、羅馬史（三），共一學年〕、西洋中古史（六）、西洋近古史（一五〇〇—一八一五）（六）、十六至十八世紀歐洲史（六）、西洋近代史（一八一五—一九一四）（六）、西洋現代史（六）	一二—一八
	國別史	東南亞洲史（六）、日本史（六）、日本近代史（六）、韓國史（六）、近代印度史（六）、英國史（六）、美國史（六）	四—六
	史學研究	中國史學史、西洋史學史、史學方法〔三選一〕	四
選修科目	二至四年級選修	中國古代社會研究（六）、清史文獻學（六）、中國近代現代史專題討論（六）、中西交通史（六）、中國外交史（四）、民國政治史（四）、中日關係史（六）、中美外交史（三）、美國外交政策（六）、西洋文化史（六）、西洋近代外交史（六）、東北史專題研究（六）、臺灣史（六）、資治通鑑閱讀（六）、戰國策（六）、英文史學選讀（六）、日文歷史名著選讀（六）、滿文（八）、蒙文（六）	二：五—九 三：一一—一五 四：一四—二一
	四年級選修	畢業論文	四

類別	必修科目名稱		學分數
一九六七年			
共同必修科	國文		八
	英文		八
	國父思想		四
	體育		○
	軍訓		○
	地學通論		六
	考古人類學導論		六
	英語聽講實習		二
	國際組織與國際現勢		二
	哲學概論或理則學		四—六
	社會學		六
主科及有關科目與選修	中國通史		六
	西洋通史		六
	中國近代史		四—六
	中國斷代史	中國上古史（六）、秦漢史（六）、魏晉南北朝史（六）、隋唐史（六）、五代史（六）、宋史（六）、遼金元史（六）、明史（六）、明清史（六）	一二—一八

類別		必修科目名稱	學分數
主科及有關科目與選修	西洋斷代史	西洋上古史（六）〔或希臘史（三）、羅馬史（三），共一學年〕、西洋中古史（六）、西洋近古史（六）、西洋近代史（六）、西洋現代史（六）	一二—一八
	國別史	東南亞洲史（六）、日本史（六）、韓國史（六）、近代印度史（六）、英國史（六）、美國史（六）、拉丁美洲史（六）、土耳其史（四）	四—六
	地方史	臺灣史（六）	
	專史	中國古代社會研究（四）、清史文獻學（四）、中西交通史（四）、中美外交史（六）、中日關係史（四）、近代中日關係（四）、華僑史研究（四）、東北史專題研究（四）、資治通鑑導讀（六）、史部要籍解題（六）、史通（六）、國史選讀（八）、文藝復興史（六）、中國斷代史專題討論（六）、中國近代外交史（四）、中美外交史專題（四）、西洋外交史專題研究（六）、英文史學選讀（四）、日本史學名著（四）、國內史學討論（二）、外國史學討論（二）	
	中國史學史、西洋史學史、史學方法〔三選一〕		四

＊附註：畢業論文列為選修，及格者給予四學分

資料來源：《臺灣大學歷年課程表數位典藏》：「文學院．歷史學系」http://course.lib.ntu.edu.tw/?q=taxonomy/term/181（二〇一八年一至五月之間數度檢索）。

本文原刊於《臺大歷史學報》第六一期（二〇一八年六月），頁一七—九五。

第十一章

臺北帝國大學教師與戰後臺灣的學知傳承及師生深緣：以岩生成一為中心

前言

一九四五年八月十五日戰敗前，日本帝國在日本本土與殖民地共設立了九所帝國大學，即東京帝國大學、京都帝國大學、東北帝國大學、九州帝國大學、北海道帝國大學、京城帝國大學、臺北帝國大學、大阪帝國大學，以及名古屋帝國大學。其中京城帝國大學和臺北帝國大學分別是設立於殖民地朝鮮和臺灣的帝國大學。

殖民地的帝國大學在日本戰敗投降之後，結束了它的日本「帝國大學」身分，京城帝國大學成為韓國首爾大學（中文舊譯漢城大學）的重要基礎，臺北帝國大學是現在國立臺灣大學的前身。臺北帝國大學在臺灣約十七年八個月（一九二八年三月十七日至一九四五年十一月十五），時間不是很長。不過，如果你有機會參觀國立臺灣大學（以下有時簡稱「臺灣大學」或「臺大」），你會發現臺北帝國大學（以下有時簡稱「臺北帝大」）創校最初興築的主要建築都還在，如文政學部研究室（一九二八；今樂學館）、理農學部學生控室（一九二九；今行政大樓第一會議室。控室，休息室、交誼廳）、文政學部校舍及事務室（今文學院）。[1] 附帶一提，上面沒將臺大行政大樓列入，是因為那是一九二六年蓋的，原為臺灣總督府臺北高等農林學校（今國立中興大學前身）本館建築，臺北帝大創校後是理農學部及專門部本館。[2]

蓋得美觀而堅固的建築物會持續存在並不是太奇怪的事，令人感到特別的是：如果你參觀臺大校園，你會發現有個景點叫作「磯小屋」，紀念磯永吉？為什麼？如果你到臺大圖書館的五樓特藏室，你會發現有「金關丈夫文庫」以及「國分直一文庫」，為何日本學者的藏書跑到臺大來？如果你有機會讀到關於臺灣史學大家曹永和的報導，你會很驚訝：一個沒讀過臺北帝大的人怎麼會是岩生成一的學生？這些疑問，希望這篇文章可以帶給你答案。這是臺北帝國大學教師和戰後臺灣大學的「學知」（日文用法，學術、學問）關係，也可以說是臺北帝大在戰後臺灣的遺緒。臺北帝國大學結束了，但在某些方面卻起了長遠的影響，值得我們了解。

如同其他八所帝國大學，臺北帝國大學聘任的講座教授大都是一時之選，由於這所帝國大學的研究重心在於臺灣、東洋、南洋，造就了不少傑出的學者，尤其在臺灣和南洋領域方面。這篇論文以岩生成一作為中心人物，在此有必要說明此一選擇的理由。首先，臺北帝國大學以文政學部和理農學部為創校時的兩大學部，岩生成一於臺北帝大創立後第二年（一九二九）受聘為文政學部助教授，他在戰後第二年（一九四六）年底離開臺灣，可以說和臺北帝大的時間等長，以他為中心可以觸及多位臺北帝大的教師和學生。其次，岩生成一的研究確實就是和臺北帝國大學最重要的臺灣和南洋研究息息相關。最後，也是最重要的是，岩生成一和戰後的臺灣有非常密切的

1 參見「臺灣大學校園建築變遷互動地圖簡史」，網址：https://www.lib.ntu.edu.tw/gallery/promotions/ntu-history/index.html（二〇二一年十月十日檢索）。

2 同上（二〇二三年七月十三日檢索）。

關係，也可以說是臺日之間在脫離殖民地與殖民母國之政治關係後，仍然繼續以不同方式延續人與人之間的關係以及學術傳承的一個例子。這是人類社會珍貴的「人間交流」，也是我們應該格外注重的歷史的面相。和岩生成一可以類比的是理農學部的磯永吉教授，他在戰後留到一九五七年才返回日本，具體影響明顯可見，我們將在文章最後簡單描述他與臺灣的關係。

臺北帝國大學的教授對戰後臺灣的影響，仍有待深入研究。本論文以岩生成一為中心，透過他，我們可以帶入以下三群人：一、村上直次郎、中村孝志、張美惠，以及金關丈夫。二、經由金關丈夫，介紹國分直一、宮本延人，兼及森於菟、池田敏雄以及立石鐵臣。三、戰後部分則以曹永和為中心，兼及宋文薰。蔡錫圭、王世慶、陳荊和、黃天横，他們位於這整個「學知圈」的裡面或外圍。選擇岩生成一，不表示他的成就比前輩村上直次郎高；以金關丈夫為中心，同樣不表示他的成就比森於菟高。在此需特地說明，學術成就的高下不是本文的重點，而是他們和戰後臺灣的關係。

一、臺北帝國大學的「南洋史學」：從村上直次郎到岩生成一

作為日本的殖民地帝國大學，京城帝國大學設立於一九二四年（一九二六年才開始收大學生，之前是預科階段），臺北帝國大學設立於一九二八年。時間的先後，給人這樣的印象：朝鮮

設立了帝國大學，臺灣當然會設立。不過，在殖民地臺灣設立帝國大學，並非理所當然，尤其是帝國大學層級的綜合大學。關於臺北帝國大學的設立經過，本書第十章第一節已有詳細的敘述，茲不贅述。惟和本章有直接關係的事物，有時為了敘述的完整性，很難避免重複，只能力求簡短。

臺北帝國大學的創立宗旨，在說明書上就明白講「以臺灣・東洋・南洋之自然界及人文界為對象之學術研究」；具體來說，就是以臺灣、東洋、南洋為研究重心。以此，不論是人文科學或自然科學，都是要以臺灣・東洋・南洋為中心，即使「事例」也是要採取東洋的案例，倫理學也必須包括東洋倫理學。在這個脈絡下，臺北帝大第二學年度就增設了「南洋史學」講座。（見本書第十章頁五六八—五七〇）

南洋史學可以說是臺北帝國大學的特色。當時日本本土的七所帝國大學，史學科有三個專攻，即國史（按，日本史）、東洋史學、西洋史學。殖民地則有所改變，京城帝國大學以朝鮮史學取代西洋史學，臺北帝國大學則以南洋史學取代西洋史學。[3]在臺北帝大史學科中，南洋史學比其他兩個專攻——國史學、東洋史學——較受學生歡迎。一九三一到一九四三年，史學科三十三名畢業生中，國史學專攻八名，東洋史學專攻九名，南洋史學專攻有十六名，約佔二分之一。

3　葉碧苓，〈臺北帝國大學與京城帝國大學史學科之比較（1926-1945）〉，《臺灣史研究》第一六卷第三期（二〇〇九年九月），頁一一六。

（見本書第十章頁五八四）

就講座的配置而言，南洋史學頗為齊全，有教授、助教授、助手各一名，[4]及村上直次郎、岩生成一、箭內健次。在此，先介紹講座教授村上直次郎（一八六八—一九六六）。村上直次郎在受聘為臺北帝大教授時，已經是相當有成就的學者，他的語言訓練很廣，除了英、德、法語之外，精通荷蘭、西班牙、葡萄牙、義大利、拉丁等語言，[5]可以說是南洋史學講座教授不二人選。

村上直次郎和臺灣結緣很早，始於他還是大學院生時。村上直次郎就讀東京帝國大學文科大學史學科（一八九二—一八九五），畢業後進入大學院就讀，接受坪井九馬三博士與德國人史學家 Ludwig Riess 的指導；一八九六年五月拓殖務省聘他為囑託，從事臺灣史的調查工作。他來臺灣半年（一八九六年十月至一八九七年三月），主要在西部地區，一八九七年一月在臺南新港社發現以荷蘭文拼寫的蕃語土地契約書，命名為「新港文書」，初步研究成果發表於《史學雜誌》。一八九八年一月臺灣總督府聘村上為臺灣史編纂事務囑託，至六月為止。翌年五月文部省命村上前往西班牙、義大利、荷蘭留學三年，進行南洋語學及地理歷史學的相關研究。一九〇〇年七月村上任東京外國語學校教授，惟繼續在國外從事研究。一九〇二年歸國，一九〇三年一月起兼任東京帝國大學史料編纂員及文科大學講師，並分擔國史第一講座職務（至一九〇四年八月為止）。一九〇八年七月任東京外國語學校校長，兼史料編纂官。一九一八年九月改任東京音樂學校校長，兼史料編纂官及東京帝國大學講師。一九二一年獲文部省頒授文學博士學位。[6]

一九二二年臺灣總督田健治郎成立「臺灣總督府史料編纂委員會」，一九二三年七月村上直次郎受聘為史料編纂事務囑託，負責蒐集、調查荷蘭領臺時期的事蹟。該年年底村上再度來臺調查，翌年一月返回東京。[7] 一九二八年四月村上直次郎獲聘為臺北帝國大學史學科教授，隨即被派前往荷蘭、英國、西班牙、葡萄牙，以及蘭領爪哇考察。一九二九年二月抵達臺灣，擔任南洋史學講座教授，實際上在臺北帝國大學六年多（一九二九年四月－一九三五年九月）。他擔任過文政學部部長（一九二九－一九三二），也兼西洋史學、史學地理學講座，非常繁忙，一九三五年九月村上以身體違和、家中有事為由，辭去臺北帝國大學教授職務，十月離臺。[8]

村上直次郎是日本重量級學者，成就很高，關於臺灣的研究，他的貢獻主要在於：一、「新港文書」之命名與研究。二、臺灣總督府史料之編纂，共五十九冊：《臺灣史料稿本》本編二十七冊、綱文二十五冊，《臺灣史料雜纂》七冊（含《巴達維亞城日誌》三冊。三、荷蘭、西班牙時期臺灣史之研究與譯註。[9]

4 日本國立公文書館檔案：02-昭和3-台北帝国大学官制中ヲ改正ス，頁二九－三〇。
5 葉碧苓，〈村上直次郎的臺灣史研究〉，《國史館學術集刊》第十七期（二〇〇八年九月），頁五。
6 葉碧苓，〈村上直次郎的臺灣史研究〉，頁四－七。
7 葉碧苓，〈村上直次郎的臺灣史研究〉，頁七－八。
8 葉碧苓，〈村上直次郎的臺灣史研究〉，頁五、八、九－一〇、一二。
9 葉碧苓，〈村上直次郎的臺灣史研究〉，頁一、一七。

相較於村上直次郎已是著名學者，岩生成一來臺北帝國大學時，學術生涯才剛起步，他在臺北帝大的研究，可以說奠定了他的崇高的學術地位。岩生成一於一九四六年十二月返回日本，除了賡續原先的研究，另以朱印船貿易史著稱。由於戰後特殊的因緣，他和臺灣的關係非常密切。

岩生成一（一九〇〇年六月二日—一九八八年三月二十一日）生於福岡縣小倉市，一九二五年三月東京帝國大學文學部國史學科畢業，同年獲聘為東京帝國大學史料編纂官補，從事近世海外史料的調查與編纂。一九三八年七月至十二月為蒐集史料出訪中華民國、英領香港、佛領印度支那、暹羅、英領馬來、蘭領東印度，尤其踏查近世日本移民相關的遺跡，訪查巴達維雅文書館所藏的日本關係史料。一九二九年十一月獲聘為臺北帝國大學文政學部助教授（南洋史學講座）。一九三〇年五月至一九三二年七月，以臺灣總督府在外研究員身分，留學蘭領東印度、荷蘭、英國、西班牙、葡萄牙各國。一九三六年三月擔任臺北帝國大學教授，接替村上直次郎一九三五年九月辭任後的南洋史學講座的位置。[10]助教箭內健次則升任助教授（在任一九三六年十一月—一九四五年十一月）。

岩生成一在臺北帝大時期（一九二九年四月—一九四五年十一月）主要研究南洋日本町，以及以臺灣為中心的日臺關係史，[11]著作大多發表於《臺北帝國大學文政學部史學科研究年報》（九種論著之六）。[12]一九四一年岩生成一以《南洋日本町の研究》（南洋日本街之研究）（一九四〇年四月出版）獲得帝國學士院賞，[13]學術成果受到最高的肯定。

戰後第二年岩生成一回到日本，應該就和臺灣沒關係了，但臺灣一般人會說：緣分未了。這個緣分將由曹永和來完續。

二、體質人類學的臺大遺緒：金關丈夫及其同儕

臺北帝大史學科的南洋史學是該科三大專攻（類似現在的領域）中最受歡迎的，在本書第十章我們介紹了該專攻的三位學生，張樑標、中村孝志、張美惠。除了張樑標外，中村孝志和張美惠都和戰後的臺灣史研究有關係，中村孝志成為日本重要的臺灣荷蘭時期的研究者，張美惠則因「時局」的播弄，喪失原本可能的學術生涯。詳情我們在此不贅述，要講的是，張美惠之所以最

10 法政大學史學會編，〈岩生成一先生略年譜・論著目錄〉，《法政史學》第二六號（一九七四年三月），頁一〇七。

11 如岩生成一，〈長崎代官村山等安の臺灣遠征と遣明使〉與〈豐臣秀吉の臺灣招諭計畫〉，分別發表於《臺北帝國大學文政學部史學科研究年報》第一輯（一九三四年五月），頁二八三—三五九、第七輯（一九四二年八月），頁七五—一一八。這兩篇文章至今仍非常值得參考。

12 岩生成一的著作目錄，共四十六種，見松田吉郎、陳瑜，〈台北帝国大学文政学部南洋史学の成立と展開〉，收入酒井哲哉、松田利彥編，《帝国日本と植民地大学》，「南洋史学科教員の研究業績」，頁二七一—二七四。

13 法政大學史學會編，〈岩生成一先生略年譜・論著目錄〉，頁一〇七、一〇九。

後選擇申請臺北帝大史學科，以南洋史學專攻為第一志願，想向岩生成一教授學習，來自金關丈夫的建議。金關丈夫對張美惠有知遇之恩，那麼，誰是金關丈夫？

金關丈夫（一八九七—一九八三），戰前是醫學部解剖學第二講座的講座教授，是考古學與體質人類學的研究者，也是戰後臺大留用教授之一。金關丈夫畢業於京都帝國大學醫學部，一九三〇年以〈琉球人の人類的研究〉取得該帝大博士學位。一九三四年擔任臺北醫學專門學校教授，一九三六年該校改制為臺北帝國大學醫學部，金關丈夫為醫學部教授。雖然在醫學部，金關丈夫因為研究興趣的關係，和文政學部，尤其是土俗學・人種學講座的教師關係密切，合作從事研究。一九二八年臺北帝大成立時，就設有土俗學・人種學講座，講座教授是移川子之藏，助手是宮本延人；一九四〇年宮本升任講師，一九四三年升任該帝大南方人文研究所助教授。[14]由於當時的人類學，體質和文化被混合作研究，導致人類學的範圍很廣泛，跨到理科的領域。身體測量學是人種問題的研究基礎，因此當時宮本延人也都要做形質（體質）人類學方面的工作。一直到醫學部成立，先後有金關丈夫教授、忽那將愛助教授，以及森於菟教授到任，正式開始形質人類學的調查工作，宮本延人才不用勉強作人體測量的工作，土俗學・人種學教室也才可以專心作人文方面的研究。[15]除了體質人類學，金關丈夫也從事考古學研究，這是他和文政學部關係密切的原因。附帶說明，森於菟是森鷗外長男，是醫學部解剖學第一講座的講座教授。

金關丈夫活躍於臺灣民俗研究界與考古學界。一九三一年移川子之藏主導成立南方土俗學會，創辦《南方土俗》（一九四〇年改名《南方民族》），結合臺北帝大文政學部、理農學部、醫學部，以及對考古人類學有興趣之學者專家而組成；金關丈夫和森於菟都參與其中。[16]一九三八年金關丈夫與淺井惠倫、宮本延人等人發掘埔里烏牛欄大馬璘的石棺遺跡。[17]一九四四年十二月三十一日金關丈夫和國分直一等人前往臺東卑南社附近調查，翌年年初抵達臺東，遇到空襲，此行之調查和挖掘成果相當受到矚目。[18]

金關丈夫在體質人類學方面還有很特別的作法，就是他認為要保存幾代人的骨骼來做研究，他的父親完成他的願望，他自己和兩位兒子後來也都如此，細節留待第三節敘述。一九三四年六月二十八日霧社事件帶領反抗日本人的莫那魯道的遺骸，移送到臺北帝大文政學部土俗人種學研究室，放在標本室，[19]後來移到醫學部解剖學教室，一度為金關丈夫借去研究。[20]這應該和他對以世代相續的人骨做為研究的學術見解息息相關。（作者按，莫那魯道遺骸其後又移到考古人類

---

14 「宮本延人先生生平簡歷」，在宮本延人口述，宋文薰、連照美翻譯／編輯，《我的台灣紀行》（臺北：南天書局，一九九八），頁二一三。

15 宮本延人口述，宋文薰、連照美翻譯／編輯，《我的台灣紀行》，頁四七—四九。

16 歐素瑛，《臺北帝國大學與近代臺灣學術的奠定》（臺北：臺灣師大出版社，二〇二〇），頁四二—四三。

17 歐素瑛，《臺北帝國大學與近代臺灣學術的奠定》，頁四一。

18 歐素瑛，《傳承與創新：戰後初期臺灣大學的再出發（19451950）》（臺北：臺灣書房，二〇一二〔二〇〇六〕），頁二二一—二二二。

19 宮本延人口述，宋文薰、連照美翻譯／編輯，《我的台灣紀行》，頁一二〇。

20 林美容、丁世傑、林承毅訪問紀錄，《學海悠遊：劉枝萬先生訪談錄》（臺北縣：國史館，二〇〇八），頁九三—九四。

圖一

土俗人種學標本陳列室的展示，站立在中央的是移川子之藏教授。（國立臺灣大學人類學系人類學博物館收藏）

學系存放，於一九七三年由遺族從人類學系系館迎回葬於霧社。）

金關丈夫最為臺灣人記憶的應該是本書第十章提到的創立《民俗臺灣》一事。《民俗臺灣》是月刊，從一九四一年十月七日創刊到一九四五年二月一日停刊，共發行四十四期。[21]發起人由金關丈夫領銜，共六人，有日本人萬造寺龍、須藤利一、岡田謙，以及臺灣人陳紹馨、黃得時；池田敏雄因為任職總督府，因而未列在發起人中，但該刊物主要由他負責編輯，他用不同的化名寫很多篇文章。[22]《民俗臺灣》封面印有「風俗・習慣の研究と紹介」字樣，以紀錄臺灣民俗為宗旨，創刊號標明主要目標在於：「一、本誌は臺灣本島及びこれに關連ある諸地方の民俗資料を蒐集記錄する。二、單に民俗のみならず、例へば、鄉土の歷史、地理、自然誌等の諸方面にも涉つて記載する」。[23]中譯：

一、本刊蒐集紀錄臺灣本島及與之相關之各地民俗資料。

二、不惟民俗，亦涉及如鄉土之歷史、地理、自然誌等諸方面而記載之。

---

21 一九八二年南天書局出版復刻版，補齊包含因官方檢查制度被刪除之池田敏雄〈有應公の靈驗〉、蘇維熊〈性と臺灣俚語に就いて〉，以及未出版的第五卷第二號等，並按照刊物原樣印刷，以精裝版方式出版。見河原功，〈『民俗台湾』復刻に際して〉，《民俗臺灣五・索引》（臺北：南天書局，一九九八），頁一。

22 池田麻奈編，〈『民俗台湾』執筆者別作品一覽〉《民俗臺灣五・索引》，頁一。

23 《民俗臺灣》第一卷第一號，目次之後頁，未標頁碼。

該刊由松山虔三負責攝影，立石鐵臣負責插畫，為臺灣留下非常豐富的意象資料。

戰後金關丈夫、國分直一、宮本延人，以及國分直一，都繼續留在臺北帝大，宮本於一九四八年十一月返回日本，金關和國分於一九四九年八月返回日本。[24]

在這裡，我們要借點篇幅介紹國分直一，他和金關丈夫是密切的工作伙伴，不提他，很難說明在戰後的「留用」時期，兩人對臺灣考古學界的貢獻。國分直一（一九〇八－二〇〇五）四月出生，十月因父親轉勤到打狗（高雄）的郵便局工作，隨父母一起渡臺，幾乎可以說是「灣生」。國分直一就讀臺北高等學校時，常聽學長鹿野忠雄講中央山脈高砂族的事情，埋下對民族學的興趣。一九三〇年就讀京都帝國大學史學科，是國史學專攻生，一九三三年三月畢業，九月赴任臺灣臺南第一高等女學校。之後國分開始發表論著。一九三九年移川子之藏、宮本延人、金關丈夫南下進行高雄州大湖貝塚發掘工作。由於閱讀金關丈夫贈送的文獻，國分之一開始注意華南先史時代。一九四一年金關丈夫創辦《民俗臺灣》，國分開始關注臺灣南部平埔族社會。此年鹿野忠雄來臺調查紅頭嶼（蘭嶼），其前後國分常有機會和他見面，大大形成了他的民族考古學視野。（一九四四年八月鹿野忠雄以陸軍雇員身分抵達北婆羅洲從事民族調查，翌年七月於戰火中失蹤。）一九四三年國分受聘為臺北師範學校本科教授。[25]國分由臺南至臺北教書後，經常出入臺北帝大土俗學・人種學研究室，與移川子之藏往來，並獲得許可使用研究室及標本室的研究資料，也常與金關丈夫進行田野調查。一九四四年集結出版《壷を祀る村》（祀壺之村）。[26]一九四五年一月國分直一參與金關丈夫臺東市郊卑南社地區的巨石遺跡發掘，遭受美國海軍船艦的空襲，在此情況下一行人仍繼續進行發掘作業。[27]

戰後，一九四六年四月國分直一以臺北師範學校教官留用。十月受聘為臺灣省立編譯館編審，同編譯館有語言學的淺井惠倫，以及民俗學的池田敏雄等人。一九四七年七月受聘為國立臺灣大學文學院史學系副教授。移川子之藏歸國之後，由宮本延人接管土俗人種學教室，一九四九年改為「考古人類學教室」，由中國考古學者李濟掌管，該年八月，國分直一辭臺灣大學文學院教職，返回日本。[28]結束了國分直一與臺大的緣分，但他和金關丈夫卻彷彿和臺大斷不了緣分一樣，這容後再說了。

24　歐素瑛，《傳承與創新：戰後初期臺灣大學的再出發（1945-1950）》，頁六二、二六七。

25　「國分直一略年譜」，安溪遊地、平川敬治，《遠い空：國分直一、人と学問》（福岡：海鳥社，二〇〇六），頁二九九—三〇〇。

26　陳偉智，〈知識的接收——國分直一與戰後初期的臺灣研究〉，《臺大歷史學報》第六一期（二〇一八年六月），頁一〇四。

27　「國分直一略年譜」，安溪遊地、平川敬治，《遠い空：國分直一、人と学問》，頁三〇〇。

28　「國分直一略年譜」，安溪遊地、平川敬治，《遠い空：國分直一、人と学問》，頁三〇〇—三〇一。

三、臺北帝大「留用」教師及其影響

一九四五年八月十五日日本投降，戰爭結束，中華民國代理盟軍接收臺灣（性質上是軍事占領，非主權移轉），十月二十五日臺灣省行政長官陳儀代表盟軍中國戰區最高統帥在公會堂（今中山堂）接受日本軍第十方面軍參謀長諫山春樹呈遞「受領證」，十一月十五日新統治當局接收臺北帝國大學，改名為國立臺灣大學，文政學部析為文學部、法學部。由於實際上的需要，留用約百名日籍教授，文學院有四名，即矢野禾積、岩生成一、後藤俊瑞、桑田六郎。不過，實際上到一九四六年六月底為止，除了上述四人之外，還有淡野安太郎、宮本延人、小葉田淳、長岡新治郎等人。[29]岩生成一在該年十二月返回日本。

戰前和戰後，對臺北帝大的師生來說，應該是從來沒想到的巨大變化。由於臺灣被中華民國「接收」，雖然法理上是代理盟軍接收，是軍事占領，不是主權轉換，但中華民國將臺灣直接置換成它的一個「省」，實施特殊統治。中華民國對於「接收」日產，有很多的問題，在此不多加深論。當時被遣送回日本的日本人能帶的東西有很嚴格的規定，基本上就是一個大行李以及隨身物品。可以想像當時離開臺灣的臺北帝大教授們幾乎等於要拋棄一生所有與研究有關的東西，那種割離和失落，沒經過戰亂的我們大概很難了解。那些「留用」教師至少可以延緩這個立即的痛苦吧？

岩生成一在一九四六年十二月返回日本，但留用教授如金關丈夫、宮本延人等人都經歷過一九四七年二二八事件，之後繼續再留一、二年才返回日本。在二二八的三月大屠殺中，臺灣喪失非常多的社會菁英和年輕人。在「綏靖清鄉」期間死亡的人數仍然沒有定論，但估計在一萬人以上。在這種恐怖的氣氛底下，留用教師和他們的臺灣學生們，會懷抱怎樣的心情在臺大繼續從事教學和學習呢？

臺北帝國大學改為國立臺灣大學是在一九四五年十一月十五日，如前所述，這是臺大校慶的由來。在這個過渡期，會有一些特別的現象，以「校慶」日期為界，在此之前畢業的，是臺北帝大畢業生，在此之後是臺大畢業生。因此，同樣在戰前一九四四年十月入學的張美惠和林素琴（林こずゑ，林呈祿的女兒），她在一九四五年十一月畢業，是臺北帝大畢業生。[30]張美惠在一九四七年六月畢業，是臺大的畢業生，是臺大文學院史學系第一位畢業生，也是文學院第一屆唯一的畢業生。

就在張美惠快畢業時，也就是二二八事件肅殺中的三月，一位士林的年輕人曹永和來到臺灣大學的圖書館工作，他因為身體的關係，高中畢業後無法繼續讀大學，但他的學習心很強，開始

29 歐素瑛，《傳承與創新：戰後初期臺灣大學的再出發（1945-1950）》，頁四五—四七。

30 《校史檔案第二類臺北帝國大學文政學部檔案》，編號 ntul-uh0218017_0087；國立臺灣大學人事檔案，「國立臺灣大學教員履歷表」073（林素琴）（臺北：國立臺灣大學人事室資料室藏）。

到文學院旁聽桑田六郎教授的「東西交通史」的課，當時的學生有張耀錡、何廷瑞、宋文薰。這開啟了後來曹永和與岩生成一的師生緣分。附帶一提，曹永和顯然和張美惠不熟。[31]

在這裡，讓我們先來看看留用教授金關丈夫、宮本延人，以及後來加入臺大文學院的國分直一在這段過渡期間，如何將所學貢獻於臺灣民間社會，以及官方的展覽，並帶領臺灣學生進行考古發掘。一九四七年十月二十五日李萬居創辦《公論報》，翌年五月十日創設「臺灣風土」副刊，專門介紹臺灣的史地風俗，金關丈夫、宮本延人、國分直一、立石鐵臣，都在主要撰稿人行列中。[32]國分直一更和立石鐵臣合作開闢「臺灣原住民族工藝圖譜」專欄，一撰文、一繪圖。一九四八年十月二十五日臺灣省為慶祝臺灣光復節，在修復後的前臺灣總督府及其週邊設施舉辦大型展覽會，其中在第一會場的風俗館第一室由臺灣大學史學系民族學研究室（一九四九年八月獨立為考古人類學系，一九八二年改稱人類學系）辦理，介紹臺灣原住民文化。展出的物品中有一幅大型彩繪「臺灣先史時代人生活復原圖」，是由金關丈夫和國分直一策劃，立石鐵臣繪製。[33]這幅彩畫，現在或稱「臺灣先史時代生活圖譜」，高一〇二公分、寬四八三公分，繪製先民二十五項活動，很長一段時間是人類學系標本陳列室的常設展品（約展至二〇一〇年人類學系建物拆除），現存放在臺大人類學系人類學博物館庫房。

圖二　「臺灣先史時代人生活復原圖」（橫幅；國立臺灣大學人類學系人類學博物館收藏）

從一九四六年初到一九四九年八月遣送回日本的三年間，金關丈夫和國分直一曾多次率領史學系學生何廷瑞、張耀錡、宋文薰、劉斌雄等學生進行考古工作。[34]國分直一在戰後接受「留

31 鍾淑敏等訪問，《曹永和院士訪問紀錄》（臺北：中央研究院臺灣史研究所，二〇一〇），頁八八—八九。

32 李萬居（一九〇一—一九六六）是戰後臺灣黨外運動的重要人物，《公論報》曾經是唯一的反對報紙。「臺灣風土」一直維持到一九五五年五月三日為止，共出刊一百九十五期，臺灣主要的撰稿人有陳奇祿、楊雲萍、陳紹馨、戴炎輝等人。歐素瑛，《傳承與創新：戰後初期臺灣大學的再出發（1945-1950）》，頁一四一—一四四。

33 陳偉智，〈知識的接收——國分直一與戰後初期的臺灣研究〉，頁一一九、一二一。

34 歐素瑛，《傳承與創新：戰後初期臺灣大學的再出發（1945-1950）》，頁一四一—一四四。

用」，根據他自己的回憶，是當時臺灣幾乎沒有人從事研究史前考古學，他若能將過去的研究以講義或論文的形式留下來，也是對於長久以來受到種種照顧的臺灣，最小限度的回報（「せめてものご恩返しができる」）。[35]他在臺大期間的教學和考古發掘，達成「臺灣人研究者的養成」的目標，宋文薰、何廷瑞、劉斌雄都成為戰後臺灣第一代人類學家和考古學家。[36]宋文薰（一九二四—二〇一六）尤其是臺灣最重要的考古學家之一。

我們別忘記金關丈夫是解剖學教授，他和森於菟教授在體質人類學方面影響了當時臺灣大學解剖學教室的講師蔡錫圭。蔡錫圭（一九二〇—二〇一九）在日本時代到中國就讀青島醫科學院（現青島醫科大學），一九四四年畢業，留校擔任解剖學教室助手。一九四六年五月返臺，十一月進入臺大解剖學科金關丈夫教授門下從事人類學研究，同時也協助森於菟教授的教學工作。[37]森於菟於一九四七年四月返回日本，因此蔡錫圭和他實際接觸時間不長，大約半年。森於菟是日本文學家森鷗外的長子，他來臺灣時將父親的大批文物和手稿帶來臺灣，他回國時礙於當時的規定，無法帶走。森鷗外遺物數量非常多，森於菟將物件交由他非常信任的學生蔡錫圭保管，也請杜聰明予以協助；為了保存和送還之事，森於菟和蔡錫圭保持聯繫。由於當時中華民國政府對於日本人的物品有很多規定，造成送還的重重阻礙，杜聰明和蔡錫圭經過很多波折，最後由朝日新聞社出面，才於一九五三年九月成功送回這大宗的森鷗外遺物。[38]森於菟的兒子森常治指出，如果當初森於菟沒將父親手稿、遺物等運送來臺灣保管，恐怕早就為舊家火災燒毀，再不然也會毀於東京的二戰戰火中，今天東京文京區立「森鷗外記念館」展示的資料很多早就喪失無存了。[39]

金關丈夫還有一件很特別的事情。他為了研究「環境與骨型態之遺傳性」，在他父親於一九四三年在臺北過世後，他為父親做病理解剖，解剖後的骨骼，他在戰後第二次來臺時才親自攜回日本。他自己也將遺體捐給九州大學解剖學教室，他和父親的骨骸標本都放在九州大學的一間陳列室中，以供後人研究。[40]金關丈夫非常希望自己的子孫都可以捐贈大體供骨骼形體遺傳學之研究用。他的二位兒子（長男和次男）不負父親之所望，過世也都捐贈遺體遺骨，蔡錫圭也都參與協助遺願的落實。[41]現在金關丈夫三代四人的骨骼標本都存放在九州大學博物館專用室中。[42]

35　「國分直一略年譜」，安溪遊地、平川敬治，《遠い空：國分直一、人と学問》，頁二六九—二七〇。

36　陳偉智，〈知識的接收——國分直一與戰後初期的臺灣研究〉，頁一三〇。

37　「蔡錫圭小檔案」，《臺大校友雙月刊》第八三期（二〇一二年九月），頁四二。

38　王敏東，〈森鷗外の長子於菟の片影——台湾とかかわりと中心に——〉，『日本医史学雑誌』第六三卷第一號（二〇一七），頁四六。蔡錫圭口述、盧國賢整理，〈臺灣解剖學發展推手〉，《景福醫訊》第二八卷第八期（二〇一一年八月）頁三—四。森常治，《台湾の森於菟》（東京：宮帶出版社，二〇一三），頁二〇七—二一一。

39　森常治，《台湾の森於菟》，頁二一一—二一三。

40　蔡錫圭口述、盧國賢整理，〈臺灣解剖學發展推手〉，頁六。蔡錫圭，〈體質人類學研究室〉，《臺大校友雙月刊》第八三期（二〇一二年九月），頁四二。

41　經筆者與蔡錫圭教授孫女蔡佩穎小姐確認無誤（二〇二一年十月四日電子郵件）。

42　見《西日本新聞夕刊》二〇一八年四月二十四日報導，網頁：https://www.nishinippon.co.jp/item/n/410821/（二〇二一年十月十日檢索）。

金關丈夫和國分直一離開臺灣是一九四九年八月，那年四月發生臺大學生和臺灣省立師範學院學生集體被捕的「四六事件」，五月二十日臺灣實施戒嚴令，正式邁入歷史上所稱的「白色恐怖時期」，社會充滿恐怖的氣氛，知識份子和一般人隨時可能被捕，然後毫無消息，約半年後送不對外公開的軍法審判，根據《懲治叛亂條例》第二條第一項（二條一）可判處死刑。

金關、國分等留用日本教授返回日本之後，臺大幾乎成為外省人教授的大學。二二八事件之後，臺大的「中國化」工程更加緊密進行，自一九四七年九月起加強文學院負責的共同教育。為增強臺籍青年對祖國的認識，大一學生不分院系，加強國語文課程，每週上國語課三小時、國文課五小時；其次，臺籍新生不分院系必修「中國近代史」。[43]中國國民黨所尊奉的「國父」孫文的政治學說「三民主義」，從一九四七年九月新學期起也是全臺大學生的必修課。[44]戰後臺灣大學，在陳儀擔任臺灣省行政長官時，政治就開始進入校園；[45]一九五〇年十二月中國國民黨知識青年黨部進駐臺大校園，[46]開始制度性的大學校園「黨國化」工程。在這個歷史大背景之下，臺大史學系（一九四八年秋天起改稱歷史學系），不管研究或授課，主要是以中國史為重心，西洋史則以授課為主。[47]臺北帝大南洋史學的盛況不復可見，但它不是馬上消失。

四、岩生成一與戰後臺灣南洋史學的傳承

戰後臺大南洋史學的遺緒，最有資格延續的是臺北帝大南洋史專攻的張美惠，但她在臺大有不愉快的際遇，最後於一九五四年十二月提出辭職，離開臺灣，與夫婿卜新賢赴西班牙求學。研究越南史的陳荊和於一九四六年十二月來臺大史學系任教，一九五八年連續兩年申請留職停薪，終於在一九六〇年八月離職。兩人的情況詳見本書第十章第四節。張美惠具有研究上極高的潛能，陳荊和則是表現傑出的學者，如果兩人能留在臺大任教，臺大歷史系會很不一樣，臺灣的學術界也可能有截然不同的樣態，而且最近二、三十年變成「顯學」的海洋史應該早就在臺大蔚然成風，但是，臺北帝大的南洋史學終究無法傳承，接著是超過四分之一世紀的空白（一九五八—

43 李東華，《光復初期臺大校史研究1945-1950》，頁一〇八—一〇九。

44 《臺灣大學歷年課程表數位典藏》：「文學院・歷史學系」，https://web.lib.ntu.edu.tw/course/036-01/036-01-1-1030-00.pdf（二〇二一年十月十三日檢索）。

45 李東華，《光復初期臺大校史研究1945-1950》，頁六三—六四。

46 龔宜君，《「外來政權」與本土社會：改造後國民黨政權社會基礎的形成（1950-1969）》（臺北縣：稻香出版社，一九九八），頁一二〇。

47 關於臺大歷史學系的研究和教學特色，見陳弱水，〈臺大歷史系與現代中國史學傳統〉，《臺大歷史學報》第四五期（二〇一〇年六月），頁一二七—一二八。

一九八四），一直要到曹永和到臺大歷史系兼任教書，透過岩生成一才又接上臺北帝大的學知傳統。

那麼，讓我們來看看戰後岩生成一返回日本之後的情況。他先擔任法政大學文學部兼任講師、日本大學兼任講師，於一九四八年受聘為東京大學教授，擔任文學部國史學科第三講座，展開非常活躍豐沛的學術生涯。一九六一年從東京大學退休，一九六三年任法政大學文學部教授，翌年受聯合國教育、科學及文化組織（UNESCO，中文簡稱「聯合國教科文組織」）之託至臺灣調查舊日本總督府關係史料。岩生成一學術研究成果卓越，一九七〇年榮獲（敘勳）勳二等瑞寶章。他的研究範圍很廣，涉及多國，一九六〇年因致力於日法文化交流之功勞，榮獲法國政府授與藝術與文學勳章（Ordre des Arts et des Lettres）軍官勳位（officier）；一九七二年因日蘭交涉史之研究及有功於日蘭親善，榮獲荷蘭女王授予奧蘭治．拿騷司令勳章（Commander in the Order of Orange-Nassau）。[48]

成就這麼卓越的岩生成一教授，有個遺憾：他的學術起於臺北帝大，但在臺灣沒有人傳承南洋史學的研究。一個和臺北帝大沒有關係的青年曹永和因緣際會進到他的「視野」中。

曹永和（一九二〇—二〇一四）是士林人，一九三四年考上臺北州立臺北第二中學校，一九三九年三月畢業，在臺灣總督府圖書館自修半年，十月進入士林信用購買販賣利用組合工作。一九四〇年與何斌、蔡滋浬、張鈺、郭琇琮、陳泗治等人組「士林協志會」，翌年八月士林協志會舉辦士林文化展，曹永和與潘迺楨共同負責鄉土展。十二月在《民俗臺灣》介紹士林歷史。[49]如前所述，《民俗臺灣》是金關丈夫所創辦的，在年輕的曹永和心目中，金關丈夫學術地位高，外表看起來相當有威嚴。曹永和認識同樣出身士林、著名的文化人楊雲萍（一九〇六—二〇〇〇），楊雲萍出身士林大地主和書香世家，很有才氣，交遊廣闊；透過楊雲萍，曹永和有機會認識金關丈夫。他還常為楊雲萍和金關丈夫帶來兩位老師喜歡的「金雞」牌黃酒。[50]不過，在學術上，曹永和直接受教的是戰後臺北帝大留用教授桑田六郎。

如前所述，曹永和在一九四七年二二八全島大屠殺的三月到臺灣大學圖書館工作。他回憶說，那時學校裡面有很多軍人站崗，身上必須配戴標示作為區別，學生也需配載三角形標示才能進入學校。[51]熱愛學習的曹永和開始旁聽桑田六郎教授的課，旁聽之外，曹永和有時也會幫忙桑田教授將臺大文學院所藏的臺灣資料集中整理，所以較有機會接觸臺灣資料，同時也開始涉獵臺灣史的著作。他想日本人已經回去，以後就要靠臺灣人自己做研究。後來他讀到堀川安市的〈古文書から見た臺灣の鹿〉（從古文獻看到的臺灣的鹿），引起他對研究清代以前的臺灣的興

48　法政大學史學會編，〈岩生成一先生略年譜・論著目錄〉，頁一〇七—一〇九。

49　曹永和「大事年表」，鍾淑敏等訪問，《曹永和院士訪問紀錄》，頁二五一。曹永和年輕時代與何斌、郭琇琮交好，戰後二二八事件之後何斌到中國，從此無消息；郭琇琮在白色恐怖初期被捕，於一九五〇遭處極刑。（頁五七）

50　鍾淑敏等訪問、吳美慧等紀錄，《曹永和院士訪問紀錄》，頁一七七—一七八。

51　鍾淑敏等訪問、吳美慧等紀錄，《曹永和院士訪問紀錄》，頁六八。

趣。[52]

桑田六郎返回日本之後，曹永和與老師保持聯繫，不過他的興趣慢慢轉到荷蘭時代的臺灣史研究。由於日本的學術標準是：要研究哪一國的歷史，就要學那一國的語言；加上工作上的需求，曹永和開始自修外國語文，含德文、法文、西班牙文，以及荷蘭文，其中以荷蘭文最為重要。[53]曹永和利用文獻開始撰寫論文，一九五三年發表〈明代臺灣漁業志略〉，一九五四年發表〈荷蘭與西班牙佔據時期的臺灣〉，他將論文分別寄給桑田六郎和岩生成一，深獲後者欣賞。[54]一九六二年十月岩生成一以團長身分率領日本代表團來臺灣參加國際會議，岩生成一特地到曹永和住家拜訪他。岩生教授見過曹永和後，對自修的情況印象深刻，也很關心他的研究。當時UNESCO 有一個十年研究計畫「東西文化互相鑑賞」，在日本以東洋文庫為據點，岩生成一想推薦曹永和加入。一九六四年中村孝志訪臺親口告訴曹永和：岩生老師有意培養他，成為他留在臺灣的根。[55]

岩生成一希望曹永和能加入 UNESCO 十年研究計畫的團隊，但曹永和是圖書館的工作人員，不是臺大教師，要請假出國十分困難。一九六四年八月岩生成一教授親自來臺，在陳奇祿的陪同下，拜訪臺大校長錢思亮與教育部長黃季陸，希望曹永和能順利參加東洋文庫的研究計畫。曹永和終於順利赴日，加入岩生成一的研究團隊，為期一年（一九六五年五月—一九六六年四月）。曹永和滯日期間，岩生成一利用每週四東洋文庫休館的時間，在東洋文庫會議室指導曹永和讀古荷蘭文，共進午餐後繼續研習荷蘭文。[56]因此，曹永和不只是「私淑」岩生成一，實際上是「入門弟子」，也由於這個因緣成為臺北帝大史學科臺灣與南洋史學的傳承者。

中村孝志是岩生成一的學生，在天理大學教書，一九六四年夏天帶學生來臺，因此岩生成一教授、中村孝志，以及曹永和一起會面，並一起參觀臺灣省文獻會收藏的臺灣總督府文書。在戒嚴時期，臺灣非常閉鎖，岩生成一訪臺，對很多孤立做研究的受日本教育的臺灣人而言，應該是大事情。我們在照片（圖三）中看到：在臺灣省文獻委員會書庫入口，和岩生成一、中村孝志及曹永和合影的，還有王詩琅、王世慶。[57]王詩琅（一九〇八－一九八四）是臺灣作家，在日本時代曾參加「臺灣黑色青年聯盟」，多次入獄。王世慶（一九二八－二〇一一）是臺北師範學校畢業，和曹永和一樣，靠自學和努力，成為戰後臺灣史研究的開拓者。

東洋文庫的研究計畫開啟了曹永和的學術之路，他專注於早期臺灣史和東亞海洋史的研究，成為國際上受肯定的臺灣史學者。不過，等到曹永和可以到臺灣大學教書，已經是一九八四年了，距離一九五八年陳荊和不再在臺大開課，足足有二十六年的空白。曹永和並非全職教師，他

52 鍾淑敏等訪問、吳美慧等紀錄，《曹永和院士訪問紀錄》，頁九七。
53 鍾淑敏等訪問、吳美慧等紀錄，《曹永和院士訪問紀錄》，頁九〇－九四。
54 鍾淑敏等訪問、吳美慧等紀錄，《曹永和院士訪問紀錄》，頁一〇八。
55 鍾淑敏等訪問，吳美慧等紀錄，《曹永和院士訪問紀錄》，頁一〇九－一一一。
56 鍾淑敏等訪問，吳美慧等紀錄，《曹永和院士訪問紀錄》，頁一〇八、一一〇－一一三。
57 鍾淑敏等訪問，吳美慧等紀錄，《曹永和院士訪問紀錄》，頁一一一－一一二。

圖三

一九六四年八月岩生成一教授（左二）與中村孝志教授（右一）同時來臺訪問，王世慶、王詩琅、曹永和（左起一、三、四）陪同參觀臺灣省文獻委員會書庫，於入口處合影。書庫當時位於臺北縣中和鄉。（財團法人曹永和文教基金會提供）

以兼任教授的身分在臺大開課，共二十六年，直到年近九十歲的二〇一〇年六月。這雖然稍稍可以彌補臺大比起其前身臺北帝大在南洋史學方面的嚴重欠缺，畢竟戰後臺大歷史系以中國史為主的態勢，並非容易改變。該系現在分為三個領域，即臺灣史、中國史、世界史（含日本史）；二〇二三年秋天以前，共有二十五位教師，臺灣史、中國史、世界史的教師人數分別為：六、十三、六。中國史占一半以上，相較於臺北帝大史學科以南洋史學為特色，也最受學生歡迎，就此而言，真的可以說是兩個很不一樣的大學。如果再以臺灣大學全校必須上 KMT/ROC 黨國政治課「三民主義」來說，那更是臺北帝國大學所沒有的，而且一上就約半世紀（四十六年，見本書第十章頁六三〇—六三二），真的就是完全無法比較的了。這應該也是臺大領導階層在籌辦一百周年慶祝活動時不會想到的絕對反差吧？

五、戰後日臺學者之間的深緣

曹永和在一九九八年當選中華民國中央研究院院士，這是臺灣史研究者第一次獲得該院院士的頭銜。前面提過，中華民國統治臺灣強力施行「去日本化、中國化」[58]的政策，「去日本化」

58 戰後這個過程，臺灣學術界一般以「去日本化、再中國化」名之，如黃英哲的著作《「去日本化」「再中國在殖民地臺灣脫離殖民母國日本的統治之後，進行「去殖民」有其必要性，但「去殖民」（decolonization）在定義上是要由被殖民者自主進行的，如果接著而來又是另外一個殖民統治，那要如何「去殖民」？在臺灣的案例，則是由戰後外來統治集團 KMT/ROC 黨國決定要怎樣「去日本化」，而取而代之的「中國化」就是沒有臺灣，只有中國。因此，戒嚴時期全臺灣只有兩個大學的歷史系有臺灣史的課，一門是臺大楊雲萍講授的，隔年開一次；另一門在成功大學，課名不敢直接說是「臺灣史」，稱為「臺灣省志」。[59]（詳見本書總論頁一〇）從一九四五年到一九九七年，超過半世紀，臺灣的學童無法在課堂上認識臺灣、學習臺灣的歷史，除了殖民統治，這在「正常」的國家是無法想像的，歸根究底，臺灣終究不是臺灣人的國家；它在日本離開後還沒進行去殖民的工程，就再度被中華民國殖民。如果不從這個角度來看戰後臺灣歷史，很多事情是看不清楚的。

如果說岩生成一培育曹永和以傳承臺北帝大的南洋史學，其實還有幾位日本老師影響了戰後的臺灣史研究。在這裡，我們要特別提的是，國分直一教授是啟發王世慶的日本老師、前嶋信次啟迪了黃天横、宮本延人則是宋文薰的老師。

王世慶是臺灣史研究的開拓者，他在臺灣史還被摒除在學界之外時，憑著個人的天資、勤奮、自學，走向學術之路；國分直一是他的啟蒙者，美國人類學家武雅士（Arthur P. Wolf, 1932-2015）則是提攜他的貴人。[60]王世慶於一九四五年三月進入臺北師範學校就讀，入學後才兩週全校除了校長外，所有師生都被徵召；國分直一接到召集令，進入宜蘭濁水溪的雷神部隊。四月王世慶所屬的部隊奉調駐防宜蘭，改隸雷神部隊指揮，也就是國分直一的部隊。國分直一為了不讓學生中斷學業，蒐集臺灣先史遺址和民俗資料，編成「陣中講義」，隨時隨地為學生上課。豐富而生動的教材，引發王世慶對田野調查的興趣，對十七歲的王世慶而言，國分直一替他打開了探究知識的門。一九八〇年國分直一來臺灣蒐集資料，透過他的學生劉茂源，請在臺灣省文獻會工作的王世慶幫忙，戰爭期間錯過學校上課的師生，才有進一步的接觸。國分直一教授曾當面稱讚王世慶「你實在是非常成功的臺灣文獻學者」，讓王世慶非常感動，受到很大的鼓舞。[61]

臺灣在戒嚴時期，臺灣史研究仰賴民間，前面已經提過，這些從事臺灣歷史文化之研究的人士，今天一般統稱為「文史工作者」，他們的貢獻長期受到學界輕忽。在這裡，值得特別一提的是，一位在臺北帝大沒有待很久，卻在南臺灣留下久遠的影響。他是前嶋信次（一九〇三－一九八三），一九二四年就讀東京帝國大學文學部東洋史學科，受到藤田豐八教授的影響，學士論文研究西域史。一九二八年臺北帝大創校後，藤田豐八出任文政學部部長及史學科東洋史講座教

化」：戰後台灣文化重建》（1945-1947）》（臺北：麥田人文，二〇〇七），其書名很具代表性。但我認為戰後所謂「再中國化」的「中國」是 KTT/ROC 黨國界定的中國，並非純指臺灣自明鄭以來傳承的漢人文化，不能說是「再中國化」；其實比較準確的說法是「黨國化」，因此學校才會灌輸黨國意識形態，如規定必上「三民主義」等課程。

59 周婉窈，《臺灣史開拓者：王世慶先生的人生之路》（新北：新北市政府文化局，二〇一一），頁一二一。

60 關於王世慶與武雅士的關係，見周婉窈《臺灣史開拓者：王世慶先生的人生之路》，頁七七－一〇二。

61 關於王世慶與國分直一的關係，見周婉窈，《臺灣史開拓者：王世慶先生的人生之路》，頁四六－四九。

授，前嶋信次擔任東洋史講座的助手。一九三二年前嶋離開臺北，擔任臺南第一中學校（簡稱臺南一中）歷史科教師（主任教諭），一九四〇年離開臺灣，總共在臺灣十二年。前嶋信次的訓練是東洋史（以內亞史為主），但他來到臺灣之後對臺灣產生很大的興趣，也做史蹟調查，寫了不少文章。他任教臺南一中時，啟發、影響了一位臺灣少年黃天橫。黃天橫（一九二二—二〇一六）出身臺南固園黃家，就讀臺南一中時，前嶋是他一年級到五年級的歷史老師，四、五年級的班導師。黃天橫追隨臺南的民間文史工作者，參與田野調查活動、收集古物字畫，貢獻很大。他晚年接受訪談，在《黃天橫先生訪談錄》一書特闢一章〈前嶋老師〉，回憶這位來自臺北帝大的中學校老師，他的感念是很深的。他列了一份「前嶋信次有關臺灣著作目錄」，共四十一篇。[62]前嶋信次返回日本後，研究伊斯蘭史卓然有成。

宮本延人（一九〇一—一九八八）在戰後一直留到一九四八年十一月才返回日本，等於多留三年三個月。宋文薰（一九二四—二〇一六）在這段期間和宮本延人有密切的接觸，師事宮本教授。離開臺灣返國之前，宮本延人在文學院史學系和陳紹馨一起負責過土俗人類學研究室，後改稱民族學研究室——這就是後來一九四九年八月新設立的考古人類學系的前身。宮本延人在留任期間晉升副教授、教授。[63]宋文薰在戰後從日本回到臺灣，一九四六年進入臺灣大學史學科，如前面提到的，他曾和張耀錡、何廷瑞一起修習桑田六郎教授的課，當時曹永和來旁聽；曹永和說，後來宋文薰和何廷瑞的興趣都轉到考古學。[64]宋文薰於一九五一年從歷史學系畢業，擔任考古人類學系助教，後升任教授，他的學術成就在此省略。一部臺大人類學系製作的紀念他的影片，片頭就是「臺灣考古學一代宗師宋文薰」，[65]這應該就是他在臺灣學術上的定位。那部影片提及宋文薰師從金關丈夫、國分直一，卻漏提宮本延人。

宋文薰對宮本老師非常尊敬和懷念，他和連照美將宮本延人的日文口述連載文章〈私の台湾紀行〉翻譯、編輯成中文版的《我的台灣紀行》。這本書的圖版很精彩，用了臺北帝大玻璃底片舊照片，其中相當多的照片是宮本延人當時拍攝的。[66]本文插圖一應該也是宮本延人拍的照片。宋文薰在序文中說：「他事實上駐留台灣的時間整整二十年。其中的最後兩年，也就是在1946-1948年間，我和他在台灣大學 overlap，而且他是我的老師。我到現在還在使用他當年訂製、使用過的原木辦公桌。」[67]究實而言，宋文薰並沒讀過臺北帝大，但他顯然很認同臺北帝大的學術傳統。[68]

62 何鳳嬌、陳美蓉訪問記錄，《黃天橫先生訪談錄》（臺北縣：國史館，二〇〇八），頁一二三—一三六。
63 李東華，《光復初期臺大校史研究1945-1950》，頁七三、一〇八、一七〇、一八四。
64 鍾淑敏等訪問，吳美慧等紀錄，《曹永和院士訪問紀錄》，頁八九。
65 一部由臺大人類學系製作的慶祝宋文薰教授九十歲生日的影片片頭文字就是「臺灣考古學一代宗師宋文薰」。網路連結：https://www.youtube.com/watch?v=aomkszxpMJk（二〇二三年七月三十日檢索）。
66 宮本延人口述，宋文薰、連照美翻譯／編輯，《我的台灣紀行》，〈序一〉，頁xv-xvi。
67 宮本延人口述，宋文薰、連照美翻譯／編輯，《我的台灣紀行》，〈序一〉，頁xv。
68 這裡補充我個人的經驗，由於一些原因，宋文薰教授很歡迎我去看他，可能因為我研究日本時代的臺灣歷史，他特別喜歡講臺北帝大的事情給我聽，每次必提他的日本老師們，也會拿《えとのす》（Ethnos in Asia—民族・

如果國分直一的「陣中講義」就對青年王世慶起這麼大的作用，那他的平埔族研究影響就更深遠了，及於地方文史工作者，還包括文學家葉石濤（一九二五—二〇〇八）。國分直一在臺南第一高等女學校教書時（一九三三—一九四三），青年葉石濤和他有接觸，受到啟發，對平埔族產生興趣，這和後來葉石濤撰寫小說《西拉雅末裔潘銀花》有密切的關連。[69]

在歷史的縫隙，在恐怖和閉鎖的年代，我們看到勤奮自學的臺灣青年，摸索出一條研究臺灣的路來，他們接上的是日本時代，尤其是臺北帝國大學的學知傳統。如果我們今天可以製作一份譜系，那會非常有意思。比如，受到國分直一啟發的王世慶，後來的人生路徑幾乎和曹永和一樣，他在一九九三年受聘為中央研究院中山人文社會科學研究所（原三民主義研究所）的兼任研究員，和曹永和成為同事，也因此得以在大學教書，在國立中央大學（一九九五—二〇〇一）和國立臺灣大學（一九九六—二〇〇三）擔任兼任教授。[70]兩人的學術譜系，一源起於岩生成一，一源起於國分直一，當然他們後來也都受到其他國家學者的提攜。

如果我們能將這類跨過一九四五年八月的臺北帝大／臺大學術系譜做出來，應該很有意思。曹永和、王世慶、宋文薰、劉斌雄等人都分別培養了戰後臺灣嬰兒潮世代的學者。如果我們以金關丈夫為中心，繪製學術關係圖（含師友、師生關係），那就包括戰後臺灣的解剖學、體質人類學、考古學，以及人類學，如余錦泉、蔡滋浬[71]、蔡錫圭、黃伯超[72]、盧國賢；宋文薰、連照美……，看來很熱鬧。不過，這些關係都是很晚，甚至近十年，才逐漸為人所知。今天如果你問一位臺大歷史系學生，誰是貴系第一位畢業生？相信幾乎沒人答得出來。如果你告訴他臺北帝大時期史學科（歷史學系前身）最受歡迎的專攻是「南洋史學」（東南亞史＋臺灣史），相信你看到的是驚訝不可置信的眼神。

這種歷史認知上的斷裂，在臺灣很嚴重，不過，近年來有慢慢在改變。臺大圖書館於二〇一〇年獲得國分直一教授所藏手稿、書信、照片與地圖等資料，成立「國分直一文庫」，翌年二〇一一年九月二十二日舉辦「全方位的民族考古學者國分直一國際學術研討會」。二〇一二年金關

民俗・考古・人類）的期刊給我看，上面有金關丈夫等日本老師的文章。臺灣戰後考古學或人類學的學者大都是美國訓練出來的，懂日文和日本時代臺灣歷史的很少。

69 見莊紫蓉採訪・記錄，〈自己和自己格鬥的寂寞作家——專訪葉石濤〉，《台灣放送》，網址：https://www.telltaiwan.org/?p=4670（二〇二三年八月十九日檢索）。

70 「王世慶先生年譜」，周婉窈，《臺灣史開拓者：王世慶先生的人生之路》，頁二〇七。

71 蔡滋浬（一九一七—一九八一）在一九四〇年和曹永和等人一起組織「士林協志會」，兩人是好朋友，來往密切。戰後蔡滋浬是臺大解剖學研究室講師，深受金關丈夫的影響，尤其人類學方面。蔡滋浬任教於高雄醫學院、臺北醫學院，後擔任中山醫學院（現中山醫學大學）院長。鍾淑敏等訪問，吳美慧等紀錄，《曹永和院士訪問紀錄》，頁四三、五五、六七、一七七、二五一。陳永興，〈解剖學大師蔡滋浬（1917-1981）〉，《民報》二〇二〇年十月九日：https://www.peoplenews.tw/news/4fe93fae-53f0-4dfc-b21d-ae7fe3444b27（二〇二一年十月十四日檢索）。所澤潤，〈国立台湾大学医学院の成立と組織の継承——台北帝国大学医学院からの連続性を探る〉，《東洋文化研究》第二號（二〇〇〇年三月），頁二六二。

72 黃伯超（一九二六—）於一九四五年三月進入臺北帝國大學醫學部，隨即入營，戰後回到臺北帝大／臺灣大學，受教於金關丈夫和森於菟，他的學士論文是金關丈夫指導的。關於黃伯超與金關丈夫的師生關係，見黃伯超口述、蔡錦堂主訪、徐聖凱撰著，《台灣營養學研究領航人本土醫學教育改革先驅黃伯超先生傳》（臺北：前衛出版社，二〇一二），頁九八—一〇四、一一四—一一七。

圖四

國立臺灣大學圖書館國分直一網頁封面（國立臺灣大學圖書館藏）

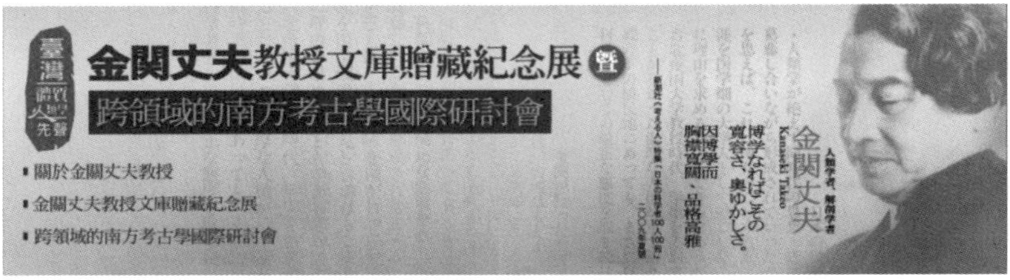

圖五

國立臺灣大學圖書館金關丈夫網頁封面（國立臺灣大學圖書館藏）

丈夫家屬捐贈的金關丈夫藏書運抵臺灣，翌年二〇一三年五月十七日臺大圖書館盛大舉辦「金關丈夫教授文庫贈藏紀念展暨跨領域的南方考古學國際研討會」，金關丈夫的次男金關恕、三男金關悳先生以貴賓身分與會。[73]年過九十的蔡錫圭教授主持上午第一場會議，並於下午發表〈永懷師恩：談金關丈夫教授（一八九七—一九八三）〉，臺大醫學院名譽教授黃伯超發表〈北臺灣 Atayal 及 Saisiat 族人之髮色及髮型〉。[74]這距離金關丈夫離開臺大已經六十四年，一生感念恩師的蔡錫圭教授還能親預此事，真的非常難得。金關丈夫和國分直一兩人關係非常好，現在他們的藏書、手稿等重要物品在臺大圖書館五樓特藏室，各自佔好幾排的藏書只相隔一座書架，彷彿兩人還在繼續未完的研究和對話。

前面提到的蔡錫圭，戰後在一九四六年十一月到臺大擔任解剖學科講師，金關丈夫於一九四九年八月返日，因此他和金關教授相處不到三年，但一九四七年四月就返回日本的森於菟與金關丈夫，這二位教授帶給他的影響非常深遠。二〇一三年三月二十二日，蔡錫圭在臺大校史館演講「永懷師恩：談森於菟教授、金關丈夫教授」，[75]距離他初識二位教授已經超過六十六，而他也已九十三歲了。當天很多人（包括筆者）都深深受到這段師生情緣的感動。附帶一提，蔡錫圭教

73　見臺大圖書館網址：https://www.lib.ntu.edu.tw/node/1742、https://www.lib.ntu.edu.tw/events/2013_kanasekitakeo/（二〇二一年十月九日檢索）。

74　議程見：http://www.lib.ntu.edu.tw/events/2013_kanasekitakeo/symposium.html（二〇二一年十月九日檢索）。

75　演講會訊息，見https://tiprc.cip.gov.tw/blog_wp/?p=5653（二〇二一年十月三日檢索）。

圖六

蔡錫圭教授2013年3月22日演講海報（國立臺灣大學校史館提供）

授和金關丈夫家族來往密切，他於二〇一九年十月四日過世，金關丈夫的二位孫女（次男和三男的女兒）代表家人從日本來臺灣到臺大醫學院的追思室致上悼念之意。限於篇幅，筆者在這裡只舉蔡錫圭為代表，其實受教於森於菟和金關丈夫的臺灣學生，在兩位老師返日後，仍然會到日本拜訪他們，師生之間感情深厚。[76]

在前言我們提到臺大有紀念磯永吉的「磯小屋」，那又是什麼呢？「磯小屋」是暱稱，它的全名是臺大舊高等農林學校作業室（磯永吉小屋），在臺大農場內，是臺大保有最古老的建築，比臺北帝大的創設還早，建於一九二五年，為臺北帝大前身臺北高等農林學校實習農場最早期的建物，也是臺北帝大和臺灣大學早期農業研究的重要基地。此一建築經年累積大量日本時代到現在的農業研究器材、書籍文件、文書用具與家具等。該建築物一度面臨被拆除的危機，經臺大教授郭華仁等關心人士的努力，終於保住，並於二〇〇九年七月由臺北市政府公告為直轄市定古蹟。[77]這是臺北帝大與臺灣大學磯永吉教授長年工作的地方。

磯永吉（一八八六—一九七二），日本廣島縣人，一九〇八年進入東北帝國大學農科大學預科就讀，一九一一年畢業，留校工作，一九一二年三月來臺灣，擔任臺灣總督府農事試驗場種藝

76　蔡錫圭口述、盧國賢整理，〈臺灣解剖學發展推手〉，頁八。
77　見網頁：https://www.isohouse.org.tw/（二〇二一年十月九日檢索）。〈為何要搶救磯小屋？郭華仁：因為它比臺大歷史還悠久！〉，《農傳媒》二〇一七年三月十五日，網頁：https://www.agriharvest.tw/archives/26617。

部技手，參與推動米種改良事業。其後磯永吉擔任很多不同的職位，都和稻作、稻米改良有關。一九二七年五月磯永吉獲聘為臺灣總督府臺北高等農業學校講師，翌年臺北帝國大學成立，四月一日臺北高等農業學校併入臺北帝大，改為附屬農林專門部；九月磯永吉以論文〈臺灣稲の育種的研究〉（臺灣稻的育種研究）取得北海道帝國大學農學博士，並以臺灣總督府在外研究員身分赴美、英、德等國留學。

返臺後磯永吉擔任臺北帝國大學理農學部農學・熱帶農學第三講座教授兼大學附屬農場場長、臺灣總督府中央研究所種藝科科長。一九三二年以《臺灣稲の育種學的研究》（臺灣稻之育種學研究）一書獲得學士院農學賞，這是在臺日本人獲獎的第一人。[78]

戰後磯永吉繼續留在臺灣，一直到一九五七年六月退休才返回日本，在臺灣四十五年三個月，以研究者／學者來說，可能是跨越終戰在臺灣居留最久的日本人。由於對於蓬萊米培育的貢獻，磯永吉被譽為「蓬萊米之父」，對臺灣農業的貢獻很大。除了在臺大校園有以他為名的古蹟建物之外，他的故舊門生成立「國立臺灣大學磯永吉學會」，二〇一九年翻譯出版《磯永吉追想錄》[79]，收錄六十八篇日本人和臺灣人對磯永吉教授的追念文章。

前面提到磯永吉在臺灣居住四十五年餘，第二長的可能是松本巍（一八九一—一九六八），他在一九一〇年進入東北帝國大學農科大學預科，一九一六年取得學士學位。他在一九二六年來臺，臺灣總督府以高等農林學校教授名義聘用他，派他出國研究二年，一九二八年轉任臺北帝國大學理農學部植物病理學講座教授兼附屬農林專門部教授。戰後留用，一九六五年退休返日，在臺灣三十七年（扣除國外研究二年），若加上後來又受聘來臺協助處理甘蔗白葉病問題一年多，總共三十八年。[80]不過若以在臺北帝大與臺灣大學任職長短來說，松本巍由一九二八年至一九六五年，共三十七年；磯永吉則是從一九二八年至一九五七年，共二十九年。

磯永吉和松本巍都參與臺灣農業和植病方面的實務工作，接觸面很廣，不限於學界。由於受限於篇幅和筆者的專業，就留待將來有學者來完成這方面的研究。最後值得一提的是，臺灣大學編寫的第一本校史《臺北帝國大學沿革史》是松本巍受臺大錢思亮校長委託撰寫，作為臺灣大學成立二十週年（從一九四五年算起）出版校史的參考資料。松本巍用日文寫，由農學院蒯通林翻譯為中文，於一九六〇年二月完成。原本只有手稿本，現有電腦打字版置於網路上。[81]

78 《明治四十五年四月現在臺灣總督府文官職員錄》（株式會社臺灣日日新報社發行），頁二三〇、《臺灣總督府及所屬官署職員錄昭和三年》，頁二三二，以上見「臺灣總督府職員錄系統」電子資料庫，網頁：https://who.ith.sinica.edu.tw/。關於磯永吉履歷，參見歐素瑛，《臺北帝國大學與近代臺灣學術的奠定》第四章「磯永吉與臺灣稻作學研究」，頁二〇三—二五二。本文引用頁二〇五—二〇六、二二六—二二七、二四一；另參見日文網頁「磯永吉」：http://burari2161.fc2web.com/isoeikiti.htm。

79 磯永吉學會編著，《磯永吉追想錄》（臺北：國立臺灣大學磯永吉學會，二〇一九）。原著編者：川口愛子、川口四郎、磯百合子，原書出版於一九七四。

80 謝明如，〈臺灣植物病理學的第一人——松本巍與臺灣植物病理學之建立〉，《國立臺灣博物館學刊》第六六卷第三期（二〇一三年九月），頁三三—三四、三六、四五—四七。此文關於松本巍最後一次來臺年份有誤，應為一九六六年七月至一九六七年十一月，作者寫成一九六七年七月至一九六八年十一月。

81 松本巍著、蒯通林譯，《臺北帝國大學沿革史》：https://www.lib.ntu.edu.tw/gallery/pdf/03-05-04_%E5%8F%B0%

小結

臺北帝國大學當時聘任的教師大都相當優秀，在臺北帝大短短的十七年間，他們以臺灣為中心的研究為這個島嶼留下了非常珍貴的遺產。就我比較熟悉的領域，小川尚義、淺井惠倫等人，貢獻都很大，不過，由於這篇論文主要是要講跨越戰前戰後透過人與人實際的接觸的學術傳承，所以以「留用」教師為焦點，又以筆者出身的歷史學系前身臺北帝大史學科為中心，因此選擇對當代臺灣史學界影響最深遠的岩生成一為主角，然後「無所不在」的金關丈夫也就無法不包括在內。但願這類的探索有助於我們重建臺北帝國大學和國立臺灣大學的學知傳承，以及人和人之間超越國籍和族別的緣分。

是的，臺大醫學院校友沒忘記曾當過兩任臺北帝國大學醫學部長的森於菟，二〇〇四年十二月十八日臺大醫學院在大廳舉行「森於菟教授胸像揭幕典禮式」，家屬受邀來臺觀禮，對森常治而言，是「文字通り望外の事象であった」（真的就是望外的事情），讓作為兒子的他非常感動。[82]戰後在臺大史學系擔任助教的立石鐵臣，在日本時代為臺灣繪製了無數庶民生活、民間習俗的版畫、插畫，如果沒有他，臺灣人今天對戰前傳統社會的「想像」應該會缺一大塊吧。一九四八年十二月五日，除了極少數留用日本人之外，他搭乘了可能是最後的引揚船離開臺灣，港口有很多臺灣人來送行，大家不顧當局禁止講日語，一起合唱《蛍の光》（螢之光）。一九六二年春天他畫了這個情景，在空白處（船頭和送別人群的水域）敘述這段故事，起頭是「吾愛台湾！」旁加四硃點，最後在署名前連寫了兩次「吾愛台湾」，也都加四硃點。這張畫以跨頁折頁方式收在一本一九九七年出版的《立石鐵臣：臺灣畫冊》。[83]這本裝幀精美，有美麗書盒的畫冊已經絕版，但我們可以在臺大國分直一文庫看到，也是臺大圖書館唯一的一本！當國分直一看著這幅畫，他應該會想起很多事情吧，比如他和金關丈夫策劃、立石鐵臣繪製的那幅大畫《臺灣先史時代人生活復原圖》。他兩人在一九四八年十月二十五日的《公論報》「臺灣風土」專欄曾一起解說這幅大圖，立石鐵臣為此文畫插圖，當然那是用中文發表的，應該是由陳奇祿翻譯為中文，那時候報紙早已禁止用日文了。[84]當國分直一看著立石鐵臣這幅搭船離開臺灣的畫，看著圖上寫了三遍又用紅筆加圓點的「吾愛台湾」，他內心會激起怎樣的情緒呢？

E5%8C%97%E5%B8%9D%E5%A4%A7%E6%B2%BF%E9%9D%A9%E5%8F%B2_20041026.pdf（二〇二一年十月十日檢索）。

82 森常治，《台湾の森於菟》，頁六、二五四。

83 立石鐵臣繪、簡明輝執行編輯、張良澤等翻譯，《立石鐵臣：臺灣畫冊》（臺北縣：臺北縣立文化中心，一九九七）。本書共二冊，冊一「臺灣畫冊」，冊二「臺灣畫冊解說」，中日文對照。

84 陳奇祿主編，《臺灣風土》（臺南市：臺南市政府文化局，二〇一三），頁四二三—四二九。該文刊於《公論報》〈臺灣風土〉第二四期（一九四八年十月二十五日）。

圖七

立石鐵臣「吾愛台湾」圖繪。（輯自國立臺灣大學圖書館特藏室「國分直一文庫」藏書）

只存在十七年的臺北帝國大學，美觀的建築之外，不管有沒被看，彷彿一直沒有離開繼它之後到今年（二〇二三）已經歷經七十八個春秋的國立臺灣大學。

本文係〈台北帝国大学と戦後台湾における学知・学縁の継承——岩生成一を中心に〉的中文原稿，加以增刪而成。日文文章刊於《アジア人物史》卷一一《世界戦争の惨禍を越えて》（東京：集英社，二〇二三），頁一八一—二二五。

二〇二三年七月二十二日修訂。

第十二章

試論戰後臺灣關於霧社事件的詮釋

一、前言

二〇〇八年臺灣重要社會現象之一是，一部低成本（約五千萬臺幣）拍的國產電影《海角七號》席捲臺灣，從八月二十二日上片到十二月十二日首輪下檔，創下全臺五億三千萬元的票房。臺北市的票房，在臺灣電影史上僅次於好萊塢電影《鐵達尼號》。[1]

由於《海角七號》的大賣座，導演魏德聖突然間成為家戶喻曉的人物，人們也才注意到，原來《海角七號》是魏德聖為了拍攝《賽德克・巴萊》絕地逢生的籌款辦法。《賽德克・巴萊》是魏德聖從一九九七年開始就想拍攝的影片，以霧社事件為主題。二〇〇三年他貸款兩百萬拍攝了五分鐘的試拍片，也於二〇〇四年二月發動網路募款，但效果有限，年底募款期限結束，才募到約四十五萬元。[2]二〇〇七年六月五日，在一封網路公開信中，魏德聖寫道：「過了四年，那五分鐘的〔短片〕証明並沒有為賽德克巴萊帶來機會。於是……有了海角七號……終於，海角七號為賽德克巴萊帶來入場券。捧著海角七號的營收，我們買下了那張門票，走向十二年來最大的夢想。」[3]換句話說，魏德聖導演為了實現拍攝《賽德克・巴萊》的夢想，最後決定拍一部可以賣座的「低成本電影，完全商業傾向的熱鬧類型。……在行銷上：企業品牌結合、音樂市場結合、日本市場結合、大陸市場結合、企業擴張收視族群的年齡層。一定要來個面面俱到，運作成一部真正高票房、高收益的電影……」，[4]那就是《海角七號》。很令人驚訝的是，《海角七號》竟然大大賣座，[5]於是乎魏德聖的《賽德克・巴萊》之夢有了落實的機會。

在賽德克語中，賽德克（Seediq）意為人，巴萊（bale）是「真正的」，「賽德克・巴萊」（Seediq bale）就是「真正的賽德克」、「真正的人」。電影《賽德克・巴萊》於去年（二〇〇九）十月二十八日開鏡，預定明年（二〇一一）夏天上映，趕不上今年霧社事件八十周年紀念。我們在這裡不擬談論魏德聖的《海角七號》，也不擬討論《賽德克・巴萊》本身，但以霧社事件馬赫波頭目莫那魯道（Mona Rudo）為主角的大成本影片，在這個時候「終於」出現，未始不是時代和社會的反映。從《賽德克・巴萊》的五分鐘短片中，我們可以看得出魏德聖試圖從賽德克族的文化來詮釋莫那魯道及其族人的浴血抗日。換句話說，魏德聖似乎採取了一個比較「內部」的觀點。這樣的觀點之所以可能，顯然不是導演一個人思索的結果，而是一個漫長歷程的里程碑。本文以魏德聖和他正在拍攝的影片作為一個引子，真正想討論的是，這樣一個歷程及其在知

---

1 《海角七號》電影官方部落格，網址：http://cape7.pixnet.net/blog/post/21746004（二〇一〇年五月四日檢索）。

2 見魏德聖，〈魏德聖之美好的事——一封在網路部落格的信〉，貼於「台灣藝術市集協會」部落格，網址：http://artandlifestyleassociation.blogspot.com/2008/10/blog-post_8288.html（二〇一〇年五月四日檢索）。

3 賽德克—巴萊官方部落格，網址：http://www.wretch.cc/blog/seediq1930（二〇一〇年五月四日檢索）。

4 見魏德聖，〈魏德聖之美好的事——一封在網路部落格的信〉，同註二。

5 有多少導演想拍大賣座的電影，但談何容易？不管事前企畫和預期如何，《海角七號》首映後，也有可能如沉大海。它的大賣座，或許也是一個具有多重意涵的社會現象，有待研究者進一步探討。

性上給予我們的啟發。

霧社事件發生於一九三〇年十月二十七日，延續兩個多月，導致參與起事的霧社六社原住民幾乎舉族滅絕。關於霧社事件的書寫、論述和研究，從戰後到現在累積不少作品，其間有很大的變化。這些變化是不同群體、不同世代、不同部落（和性別），及其與不同的政治、社會、文化條件交錯的結果。

本文不擬討論戰後臺灣關於霧社事件的所有記述，只選取在詮釋上比較具有代表性的專著，一般報章雜誌的文章不在論述之列，文學方面只限於涉及本題旨的少數作品。在日本，以日文書寫的相關論著非常多，但那非得從另外一個歷史脈絡來予以分析不行，因此，除非必要亦不在本文論述範圍之內。

二、本事：霧社事件梗概

在本節，筆者擬簡單敘述霧社事件的梗概，以作為討論過去關於此一事件之詮釋的基礎。以下是截至目前為止關於霧社事件比較常見的敘述，筆者盡可能補充新訊息和新觀點，但必須承認，我們仍在期待更全面、更精確、更細緻的敘述。在提供「本事」之前，有必要說明泰雅族和賽德克族的分類情況，以免引起混淆。

二〇〇八年四月二十三日賽德克族從泰雅族中獨立出來，成為臺灣原住民族第十四族。該族三語群的族人對中文音譯為「賽德克」的族名，在聲（腔）調上有三種不同的發音（念法），即 Sediq、Seejiq，以及 Seediq，以下除非必要，採原住民族委員會的正式寫法「Sediq」。在正式獨立之前，賽德克族被當成泰雅族之下的一個亞族，另一亞族是泰雅族。這是沿用日本時代的官方分類，雖然有個別的人類學家主張賽德克族和泰雅族在語言、自稱、起源傳說等有所不同，應該分成兩個系統。這個混淆其實並不複雜，目前最令社會一般人困惑的是，太魯閣族的問題了。

太魯閣族於二〇〇四年一月十四日從泰雅族中獨立出來，成為臺灣原住民族第十二族。究實而言，太魯閣族也是賽德克族，在幾百年前遷移至中央山脈之東。「理想上」，太魯閣族應該和目前的賽德克族一起從泰雅族中獨立出來才對，但因複雜的因素而先行獨立。在這裡，我們不擬討論這個情況，那是祖居地與移居地賽德克族之間要解決或不解決的問題；族群認同牽涉到人群內部的自我界定，不是外人從「血緣」所可單方面決定的。賽德克族內部分為三個語群：Seejiq Truku、Sediq Toda、Seediq Tgdaya，「太魯閣族」內部也有這三個語群。目前這三個語族的漢字音譯寫法不甚統一，本文暫採與原音比較近的寫法：德路固（Truku）、德固達雅（Tgdaya）、都達（Toda）。Truku 即太魯閣，Toda 長期以來作「道澤」。下頁的表為賽德克族分支示意圖：[6]

6 本示意圖係根據林文德（Watan Nomin），〈霧社事件影響賽德克三群間族群關係研究〉（臺北：國立政治大學

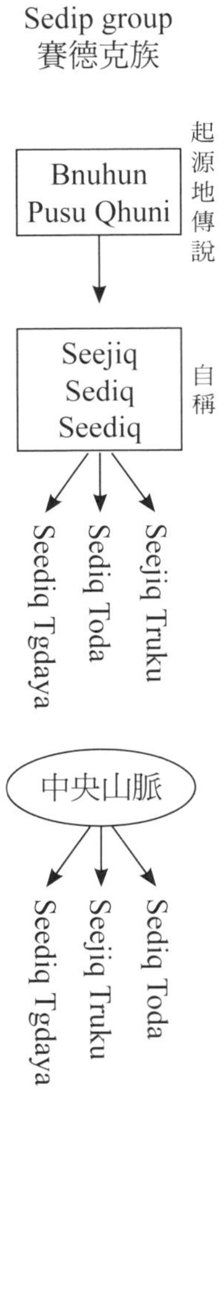

霧社事件的起因，由於起義的一方或死或逃，在歷史的舞臺失去發言權，根據日本政軍警資料的綜合分析，約可從三方面討論之：一、勞役剝削問題，二、原住民與日人婚姻問題，三、馬赫坡社頭目的不滿。究實而言，這些只是近因，賽德克諸社之所以蜂起抗暴，應該考慮到更根本的因素，如日本人侵入原本自成世界的賽德克族領域，沒收族人狩獵用槍枝，駐守在部落的日警逐漸取代原部落頭目的地位，在此情況下固有的傳統慣習律法（Gaya或gaya）遭到空前未有的嚴重破壞。這些更深層的分析有待將來研究者共同努力了。以下略述日方認為的三大近因。

勞役問題可以說在霧社群族人中普遍引起不滿。事件發生前，霧社一地的原住民被動員從事頻繁的勞役，大都為建築、修繕工事。勞役過重，接連不斷，警方威逼濫使，怨聲載道。勞役即使有償，也常遠低於應得之資，再者，原住民雖習慣預支薪資，卻不善計算，警方帳目不清，或存心欺騙，引起原住民不滿。事件發生前，霧社小學校寄宿宿舍建築工事正進行中，警方動員了霧社群諸社和其他社群，拖運木材，由於途中各族壯丁常須借宿他社，製造彼此接觸、串連的機會，遂能化激憤的群情為共同行動。

原住民與日人婚姻問題，是指原住民婦女嫁給日本警察而滋生出來的問題。日本領臺之初，為了了解「蕃情」（番情），以利統治，鼓勵警察娶各社頭目或有地位者之女兒為妻。這些警察往往在「內地」（日本本土）已有妻子，因此就近而娶的原住民妻子就成為「內緣妻」——法律不承認，但有婚姻之實的妻子。此類結合難得善終，女方常被拋棄。領導霧社事件的馬赫坡社頭目莫那魯道的妹妹，也嫁了日本巡查近藤儀三郎，數年後丈夫因故行蹤不明。貴為頭目之妹，竟遭人拋棄，族人莫不憤恨。霧社最高權力者是警察單位霧社分室主任。當時的主任佐塚愛祐警部娶了白狗群馬希托巴翁社頭目之女，是位泰雅族女婿。（白狗群屬今泰雅族，在事件發生後站在官方這邊。）佐塚在事件中遭難，有一半泰雅族血統的女兒佐塚佐和子，日後在日本成為名歌手。

要說霧社事件，不能不提莫那魯道。要提莫那魯道，非得說明當時霧社的族群分類。霧社分室所管轄的原住民分為四大部族：德路固群、道澤群、霧社群、萬大群，前三群屬於賽德克族，萬大群屬泰雅族。各群由若干社組成，霧社群共十一社（原本有十二社，但在起事的時點已減為十一社），[7]一起舉事的有六社：Mehebu、Truwan、Gungu、Drodux、Suku，以及 Boarung；

民族學系碩士班碩士論文，二〇〇八），頁三八，略加裁剪修訂而成。

7 Dakis Pawan（郭明正）認為霧社群原本有近四十個部落，「十二社」是日本殖民當局為了統治之方便規劃統整而成的。

Mehebu（馬赫坡）社即是帶頭的一社。據官方之描述，馬赫坡社之頭目莫那魯道「性慓悍、體軀長大、少壯起擅長戰術」、「勢大威大，霧社番人無出其右者」。[8]然而，莫那魯道和官方扞格不入，頗多過節。前面提過，莫那魯道的妹妹嫁了日本警察，卻遭遺棄。莫那魯道曾兩度和他社計畫謀反，皆被告發，此外還有一些摩擦，不過最直接的導火線是，一九三〇年十月七日上午，日本巡查吉村克己等人經過馬赫坡社，當時社中有一對男女正在舉行婚宴，吉村等人入內參觀。莫那魯道的長男達多莫那在場幫忙殺牲，他拉住吉村的手，強拉吉村入宴，誰知吉村嫌酒宴不乾淨，雙方執拗間，吉村竟然用手杖打達多莫那的手。在達多莫那，這是莫大的侮辱，於是毆打吉村。事後，莫那魯道屢次到駐在所請求官方予以穩當的處置，但遲遲不見處理。莫那魯道擔心受到嚴懲，損害身為頭目的威望，也擔心地位被取代，因此利用眾人對勞役之高度不滿，決定舉事。莫那魯道原本冀望十一社都能參與，但最後只有六社參與。我們從決定舉事之後的布局，如切斷聯外電線和道路，同一時間攻擊各駐在所，並選派族中菁英攻占霧社分室奪取槍械和彈藥，採由遠及近的圈圍襲擊法，不能不說反映了舉事前的縝密規劃和戰略思考。[9]

舉事的日子訂在十月二十七日，該日是霧社每年舉行盛會的大日子，分室轄下的十個學校和教育所，集合在霧社公學校舉行學藝會、展覽會和聯合運動會。來參加的日本人不下二百餘人，郡守依例蒞臨指導，這是霧社事件發生時，能高郡郡守赫然在死亡之列的原因。舉事的霧社群族人在當日清晨分路襲擊各駐在所（派出所），並在八時左右襲擊在霧社公學校觀禮的警察和民眾。公學校運動場，一時血肉飛濺，變成慘絕人寰的修羅場。逃到校長宿舍避難的日本人婦女孩童被圍殺殆盡，幾位倖存者躲在死人堆裡，十餘位兒童在一位巡查夫人的帶領下，擠在廁所間，熬過兩天兩夜後方才獲救。據事後統計，各地日方死亡人數總共一三九人（男八十六名，女五十三名）。

霧社群族人雖然一時取得勝利，但等官方的軍警援助到臨時，便很難抵擋得住。限於篇幅，無法細述日方軍警圍剿起義諸社族人的經過，簡言之，日方軍、警救援和討伐行動於十月二十八日開始，到十二月二十六日才告結束，前後幾乎花了兩個月。起事的霧社六社，戰死、自殺、病死和燒死共六四四名，內男三三二名，女三一二名；六社總人口一、二三四名，減少一半以上。至今我們還可以從照片上看到吊死樹上的原住民婦女，狀極慘怖。莫那魯道在逃亡過程中舉槍自決，兩個兒子一戰死，一自縊。此一事件，雙方婦女兒童死亡甚多，舉家罹難者不在少數。

殖民統治當局動用軍警征討反抗的賽德克族，有兩件事值得在此附加一筆。首先是，當時盛傳日方在征討過程中使用了國際禁用的毒瓦斯。此事真相如何，學者間莫衷一是。其次，日方軍警在討伐過程中，得力於「味方番」甚多。所謂「味方」就是友好同盟的意思，也就是利用和官

8　戴國煇編著，《台湾霧社蜂起事件：研究と資料》（東京：社会思想社，一九八一），頁二八九、三七〇。

9　從莫那魯道等人起事之布局來推斷霧社事件並非臨時起意的偶發事件，可參考 Takun Walis（邱建堂）、Dakis Pawan（郭明正），〈《霧社事件101問》選刊〉，刊登於「臺灣與海洋亞洲」部落格，網址：https://tmantu.wordpress.com/2010/07/25/《霧社事件101問》選刊/（二〇一〇年七月二十八日檢索）。

方關係友好的原住民來圍剿起義的原住民。更令人怵怖的是，翌年四月「味方番」道澤社在當局的縱容下，大舉襲擊霧社事件倖存者，殺害二一四名，導致「反抗番」人口二度銳減，只餘二九八人，文獻稱「襲擊保護番事件」（日文「保護番襲擊事件」），俗稱「第二次霧社事件」。其後餘生者被強制遷居川中島（今仁愛鄉互助村清流部落）。該年十月當局又逮捕二十三名部落男子（十五至五十五歲），加上巴蘭部落十五名，共三十八名，是為「十月清算」。傳聞他們慘遭酷刑，第二年陸續死亡。至此，集中於川中島居住的「反抗番」可說只剩老弱婦孺了。

最後，我們不能不提及重要人物花岡一郎和花岡二郎。花岡兩人出身霧社群荷歌（Gungu）社，沒有血緣關係，婚後成為姻親。他兩人在共學制度實施後，都進入日本孩童就讀的埔里小學校唸書；一郎（Dakis Nobing）卒業於臺中師範學校，就任巡查一職，二郎（Dakis Nawi）則在高等小學校畢業後擔任警手（地位次於巡查）。兩人分別娶了同社姑娘川野花子和高山初子。初子（Obing Tado）是荷歌社頭目的女兒，花子（Obing Nawi）則是頭目妹妹的女兒，兩人同樣在埔里小學校唸過書。簡言之，二位花岡及他們分別娶的妻子花子和初子，都是日本人造就出來的高度日化的原住民。一郎據說對被派任巡查，感到不愉快——他原可當教師。但二郎似乎未曾流露對官方的不滿。族人決定謀反時，兩人似乎未被報知。不過，根據後來的調查報告，事發後，一郎顯然多少有所參與。一郎夫婦與二郎，最後都自殺了。二郎宿舍牆壁上貼有一紙遺書，[10]係以毛筆揮灑而成，出以二人之名義，但誰寫的有疑義。文曰：

花岡兩人，吾等不得不告別人世。番人之激憤，蓋因勞役過多方才引發此一事件。吾等亦為番人所捕，不知如何是好。昭和五年十月二十七日上午九時，由於番人守住各方，郡守以下職員全部死於公學校。

一郎切腹自殺前在運動會手冊上用鉛筆寫下寥寥數語：「花岡，在責任上，越考慮越覺得非如此做不行。在這裡的是全部的家人。」[11]一郎夫婦帶著一個月大的兒子自殺，在其鄰近，二郎和其他二十位族人一起自縊於稱為dara（楓）的大樹上。花岡二人即使沒參與舉事，最終還是選擇和族人一起承擔共同的命運。從他們的遺言中，我們似乎可以感受到一種深沉的無奈——既不得不忠於自己的族群，又感到必須對日本人表白什麼似的。

十月底抗暴族人遭到陸軍飛機轟炸，二十餘人被炸死，莫那魯道率領番丁和家人逃到馬赫坡岩窟，日軍繼續空襲。莫那魯道在殺死家人後，帶著三八式騎槍，獨自到深山自盡，據說是要到日本人找不到的地方自殺。長子達多繼續和族人奮戰，他的次子巴索早先中彈受傷，請戰友將之殺死，長子達多在與家人喝酒唱歌，互相訣別後自縊。

以下是霧社事件「遺緒」簡表：

10　遺書照片可見周婉窈，《臺灣歷史圖說（三版）》（新北：聯經出版公司，二〇一六），頁一四一。

11　戴國煇編著，《台湾霧社蜂起事件：研究と資料》，頁四六一。

一九三二年　日本人於霧社設立「霧社事件殉難殉職者之墓」（紀念碑）。
一九三三年　莫那魯道遺體為獵人發現。
一九三四年　莫那魯道遺骸，於能高郡役所舉辦之工程完竣展覽會中，置於玻璃櫃展示，其後送至臺北帝國大學土俗人種學研究室陳列。一度移至醫學部解剖學教室，其後移至考古人類學系。
一九三七年　川中島創設「川中島社祠」，供族人祭祀。
一九五〇年　在高永清（中山清）倡議下，改川中島社祠為「餘生紀念碑」。
一九五三年　立「霧社山胞抗日起義紀念碑」及「碧血英風」牌坊。（紀念碑背面有楊肇嘉撰「霧社起義戰歿者紀念碑記」）
一九七〇年　以「內政部令」表彰「莫那奴道（即張老）於日據臺灣時期（相當民國十九年）領導本鄉霧社山胞起義抗敵……」。
一九七三年　莫那魯道骸骨由遺族從臺灣大學考古人類學系迎回霧社安葬。
一九九五年　立莫那魯道銅像於「霧社抗日事件紀念碑」園區。

三、抗日民族主義下的霧社事件

霧社事件在日本統治時期震驚帝國內外，對日本在臺統治，尤其是原住民政策（歷史現場的用語為「理蕃政策」），衝擊很大，當時的官方調查與輿論報導非常多。本文旨在討論臺灣脫離日本殖民統治後，被納入由中國國民黨所代表的中國的統治之後，在臺灣關於霧社事件的書寫或論述情況。在前殖民國的日本，以日文從事的歷史研究或文學創作，為數甚夥，無法一一介紹，[12]在這裡只選取對臺灣最有直接影響的作品予以討論，如旅日學者戴國煇編著的資料與史料集（詳後），以及少數論著。

戰後臺灣由於黨國統治當局實施強硬的語文政策，也就是以中文為官方和教育語言，思想、學術與文化一概以中文為表達工具，導致臺灣社會在語文傳承上的嚴重斷裂。其結果是，在日本統治時期完成教育者，絕大多數無法用中文表達，日後能用中文表達者，多數又無法閱讀日文資料，以及以日文撰寫的研究和文學作品，造成世代之間在認知上對臺灣之過去產生巨大的差異與隔閡。除了語文問題之外，統治當局（尤其是一九五〇年以後）強力主控思想、教育和文化事

12 日本關於霧社事件的研究，可以參考吉良芳惠作、邱若山譯，〈日本近現代史的霧社事件研究狀況——以元台灣總督伊澤多喜男的資料集刊行作為契機〉，收於 Yabu Syat、許世楷、施正鋒主編，《霧社事件：台灣人的集體記憶》（臺北：前衛出版社，二〇〇一），頁一三五—一五四。

業，非主流的看法和論述，空間非常小。在這種時代氛圍底下，臺灣的過去，不惟不受到重視，即使受到重視，也幾乎只有一種理解方式。

戰後最早奠基於大量日文文獻來書寫霧社事件的人士，首推劉枝萬。劉枝萬生於一九二三年，埔里人，在臺灣完成公學校教育，之後前往日本本土接受中學校和大學教育，戰後返回臺灣。劉枝萬就讀埔里公學校一年級時，發生霧社事件，消息傳來，學校馬上停課，當時盛傳高砂族已殺到埔里北門的臺車站。他剛升五年級時，能高郡役所新廈落成，舉辦「工程完竣紀念展覽會」，會中展示莫那魯道的骸骨和番刀等遺物，他也去看了，十二年後（一九四六）他又在臺灣大學金關丈夫的解剖學研究室看到莫那魯道的骸骨。可能霧社事件對他衝擊很大，戰後初期從日本留學歸臺後，劉枝萬就著手進行該事件的研究。[13]

劉枝萬在一九五〇年代完成〈霧社事件〉一文，收錄於氏編《台灣日月潭史話（附霧社事件）》一書中，當作附錄。這本書是線裝鋼板油印本，出刊年代不明，編後注記「民國四十年八月六日編者識於埔里」，只發行二百部，可以推想閱讀人口不多。[14]這篇文章後來大幅度改寫，收錄於劉枝萬著，《南投縣革命志稿》[15]之第三篇「高山族之抗日」，構成該篇第二章（即最後一章）「霧社事件」（頁二九〇—三五二）。本章分為五節：前言、原因、戰況、影響、資料。資料（即參考書目）部分長達七頁（頁三四六—三五二），取材相當廣泛豐富。戴國煇認為，在一九六〇年的時點，此份資料和文獻目錄是最完備的。[16]

劉枝萬的〈霧社事件〉，擬於地方志寫作格式，正文本身未加注釋，但整體來說，頗為嚴謹。他的寫法比較傳統，沒有太多個人的看法和議論。他將霧社事件定位於「近代革命」和「山胞抗日史」，並且突出事前漢人巫金敦（日文文獻作巫金墩）對原住民的暗中鼓舞，[17]但這些用語或描寫占整篇文章之分量很少，通篇仍以敘述史實為主。由於劉枝萬所根據的史料絕大部分來自日本統治當局和相關的日本人士，觀點上自然有其限制，但那是時代的問題了。劉枝萬的〈霧社事件〉，在當時的環境之下，可以說是相當具有學術標準的作品，可惜流傳不廣。（此一長文在一九五一年由作者自印；一九五九年收錄於一般讀者不太涉獵的地方志中。）

劉枝萬的〈霧社事件〉是篇長文，以附錄和地方志之篇章出現，不是單行本圖書；以霧社事

---

13 林美容、丁世傑、林承毅訪問紀錄，《學海悠遊：劉枝萬先生訪談錄》（臺北：國史館，二〇〇八），頁一九—二〇、二三、九三—九四。

14 劉枝萬編，〔臺灣史話第一輯〕《台灣日月潭史話（附霧社事件）》，此書未注明出版地、出版者，推測編者自印。

15 《南投縣革命志稿》即劉枝萬、石璋如等纂，《臺灣省南投縣志稿》（十二）（南投：南投縣文獻委員會，一九五九）。

16 戴國煇編著，《台湾霧社蜂起事件：研究と資料》，頁二八。

17 「近代革命意識」、「近代革命色彩」、「革命」之用語，分見頁二九一、三〇〇、三一三；「山胞抗日史」見頁二九一；漢人巫金敦的鼓舞，見頁三一九。巫金敦的次男和劉枝萬是公學校同窗，當時當局懷疑巫金敦有參與陰謀，甚至有「漢番聯盟」的嫌疑。根據埔里人的傳聞，巫金敦立即被捉進能高郡役所警察課，刑訊招供，結果以無罪而被釋放，見林美容、丁世傑、林承毅訪問紀錄，《學海悠遊：劉枝萬先生訪談錄》，頁二三。

件為主題的單行本書籍一直要到一九七七年才出現。那就是陳渠川的《霧社事件》[18]和李永熾的《不屈的山嶽：霧社事件》[19]。在這漫長的二十六年之間，報刊雜誌持續可以看到相關文章，[20]還包括國立臺灣大學歷史學系楊雲萍教授的文章。[21]由於文章品質不一，篇幅不大，多數是隨筆文章，不在本文討論之列。在這裡筆者擬特別介紹陳渠川的《霧社事件》。

陳渠川的《霧社事件》獲得「教育部優良著作獎」，是以文學筆法來書寫歷史。[22]該書以花岡一郎為主角，將他塑造為抗日英雄，很多地方顯然出自作者的想像和演義，甚至嚴重不符史實，例如花岡一郎和二郎聯手痛斬霧社分室主任佐塚愛祐警部（頁一九二），且通書未附任何參考資料，整體而言，參考價值不高。不過，由於是戰後臺灣第一本關於霧社事件的專書，不少研究者仍將之列為霧社事件參考書目。[23]我們對陳渠川所知不多，推斷他在日本殖民統治時期接受教育，根據〈作者序〉，他曾於一九四二年九月到過霧社。[24]陳渠川畢業於新竹師範學校進修科，戰後在教育界服務四十一年。[25]為他寫序的是一位署名李丁的教育界人士，根據該序文，李丁是花岡一郎臺中師範學校的同學，「平素交情甚篤」，在霧社事件發生的半年前（一九三〇年四月下旬），他因事到霧社，順道訪問花岡一郎。據他說，花岡「苦訴畢業後沒有被分派到學校教書，而被派到霧社擔任造橋鋪路的監工」，且不滿薪資上的差別待遇。[26]兩人見面的故事為陳渠川寫入《霧社事件》一書中（頁二九），但顯然添加很多情節。

這本書基本上將霧社事件定位為中華民族主義的抗日壯舉。李丁在〈序〉中云：「如今，事隔已經半世紀，花岡一郎屍骨已寒，然而我還深深地為這位愛國、愛同胞的民族抗日英雄、慷慨就義、殺身成仁而哀嘆。」「總之，花岡一郎確實表現出我民族的凜然大義。」[27]作者陳渠川在〈後記〉中建議到霧社遊玩的旅客，在憑弔史蹟時，不要忘記向英靈如是禱告：「各位英靈們，請安息吧！你們的後代已得到最後的勝利了！」[28]

---

18 陳渠川，《霧社事件》（臺北：地球出版社，一九七七），此書另有國防部總政治作戰部版本，注明「軍中版非賣品」。

19 李永熾，《不屈的山嶽：霧社事件》（臺北：近代中國雜誌社，一九七七；一九八四再版）。

20 詳細書目可參考，許鈞淑，〈霧社事件文本的記憶與認同研究〉（臺南：國立成功大學臺灣文學研究所碩士論文，二〇〇六），頁一三九—一五四。

21 雲萍，〈臺灣山胞的抗暴精神——可歌可泣的霧社事件〉，《中國一周》第一八三期（一九五三年），頁一〇—一一。這篇短文署名「雲萍」，內容頗多舛誤，無法斷定作者為楊雲萍，不過，劉枝萬在上述〈霧社事件〉的書目中，直接將作者寫成楊雲萍，姑從之，待攷。

22 李丁〈序〉曰：「今悉渠川先生以文藝手筆，完整地把史實公之於世，實感興奮。」（頁一）或可看做作者對本書的定位。

23 如許鈞淑，〈霧社事件文本的記憶與認同研究〉，頁一三九；林文德（Watan Nomin），〈霧社事件影響賽德克三群間族群關係研究〉，頁一九六。

24 陳渠川，〈作者序〉，《霧社事件》，頁七。

25 見陳渠川，《母今何處》〔小說〕（新竹：新竹市政府，二〇〇〇），作者簡介。可惜語焉不詳，未注明生年，推測大約生於一九二〇年左右。

26 李丁，〈序〉，陳渠川，《霧社事件》，頁一—二。

27 李丁，〈序〉，陳渠川，《霧社事件》，頁二。

28 陳渠川，《霧社事件》，頁二二〇。

陳渠川受限於當時的認知，自然無法了解霧社的原住民屬於賽德克族，不會自稱泰雅（泰耶魯）。在他的書中，青年花岡一郎自語：「我是臺灣的山地人，我身上流著的是泰耶魯族的血液，是沸騰的血液。……」（頁二七）花岡一郎和二郎自殺前，兩人高聲大喊：「泰耶魯族萬歲！臺灣萬歲！霧社萬歲！……」（頁二一七）陳渠川也寫道：「據泰耶魯族的傳說，他們是最早由中國大陸遷移到臺灣來的原始民族。」（頁一七一）三十三年後的今天，臺灣的一般讀者可能還是無法分辨這樣的書寫存在著怎樣的問題。賽德克族自認為是「賽德克」（Sediq 或 Seediq）是非常確定的，誠如 Siyac Nabu（高德明）所說的：[29]

> 我們賽德克族不是泰雅族！我們的語言，沒有「泰雅」這個字彙，我們的傳統不曾說：「我們是泰雅族」；而是傳統只認為「我們是賽德克族！」這才是真正過去我們所承襲的傳統認同。日本人隨便把我們劃歸在「泰雅族」裏，而賽德克族到現今仍然沒有權力（利？）被諮詢意見。我們賽德克族有三個語群：賽德克德奇達雅群、賽德克道達群、賽德克太魯閣群，我們決不是「泰雅族」！（原文係賽德克語，由 Walis Ukan〔張秋雄〕翻譯）

以此，花岡一郎、二郎顯然不會自稱「Atayal」。賽德克族傳說祖先來自 Bnuhun，是從 Pusu Qhuni 生出來的；Bnuhun 指群山崇嶺中的某個區域，約當今日的白石山與牡丹山之間的大區域，Pusu Qhuni 指座落在牡丹山鞍部的牡丹巨岩。泰雅族有兩個系統，一者傳說祖先來自 Pinsbkan，一者傳說來自大壩尖山，皆無關乎中國。幸好終於開始有人能夠了解——我們在知性之路上走了多麼漫長而迂迴的一條路！（請讀者注意：Siyac Nabu 作上述發言時，是二〇〇〇年秋天，賽德克族尚未被認定為獨立的一族。）

何以陳渠川以花岡一郎、二郎為霧社事件的要角？值得進一步追究，是否和二郎遺孀再嫁的高永清在戰後擔任仁愛鄉鄉長有關，[30]姑記於此，待有心人查攷。總而言之，上述的中國國族論述（或是中華民族主義抗日史觀）可以說是戰後臺灣漢人書寫霧社事件的基調。這個趨勢一直到一九九〇年都還相當強烈，例如該年出版的《碧血英風：霧社抗日事件六十週年紀念》，所收〈抗日烈士莫那魯道傳略〉以如下文字作結：[31]

---

29 Siyac Nabu（高德明）口述、Walis Ukan（張秋雄）譯註，〈Niqan ka dheran uka ka Sediq: Pccebu Sediq ka dTanah Tunux〉（非人的境遇——賽德克族看霧社事件），收於 Yabu Syat、許世楷、施正鋒主編，《霧社事件：台灣人的集體記憶》，頁五九。這本論文集錯字很多，包括 Siyac Nabu（高德明）牧師的名字誤為「Sivac」，茲改。

30 關於這個敘事的起源，可能必須查閱當時報章雜誌的報導，餘生者後裔 Takun Walis（邱建堂）指出：「國民黨時代，他們二郎，高光華的爸爸（按，高永清）變成民族英雄，要牽住這條線，反正外省人聽不懂」，他看不慣還曾寫信到中央日報要求更正，但被退回來，說「文獻不能亂改」。見簡鴻模、依婉・貝林、郭明正合著，《清流部落生命史（Ltlutuc Knkingan Sapah Alang Gluban）》（臺北：永望文化出版；南投：中華民國臺灣原住民族同舟協會發行，二〇〇二），頁一一五。

31 鄧相揚主編，張玲、林淑媛、王志忠編輯，《碧血英風：霧社抗日事件六十週年紀念》（南投：南投縣仁愛鄉公所，一九九〇），頁四。

> 我政府為眕念莫那魯道烈士，轟轟烈烈抗日之精神以及堅貞不屈民族之志節，真是浩氣貫日，義薄雲天。因此，特撥鉅資，建築墳墓於其抗日之地。恭迎靈骨，禮葬於其故鄉，使忠魂英魄，有所憑依。亦足以彰我中華民族之精神，以昭烈士之節操，用慰忠魂，並勵來茲。

在這種中國國族書寫底下，我們很難期待霧社事件有何突破性的研究出現，何況新的一代研究者很少能自如運用日文材料。

一九八〇年代關於霧社事件最值得注意的是，旅日臺灣學者戴國煇在一九八一年出版了《台湾霧社蜂起事件：研究と資料》一書，如書名所示，這是一本包括研究成果和相關資料的合集，全書六〇〇頁，「研究篇」收有九篇論著，「資料篇」收入四種重要史料，加上事件日誌（春山明哲編）、事件關係文獻目錄（河原功編），以及兩頁附圖。這本研究和資料集日後成為霧社事件最簡便的入手書籍，對霧社事件的研究起了重大作用。不過，在一九八〇、一九九〇年代的臺灣，使用者仍限於相當少數的學院中人，一直要到二〇〇二年國史館出版此書的中譯本（魏廷朝譯），[32]讀者群才逐漸拓展開來。臺灣的霧社事件研究，語文一直是重大的問題——在一九八〇、一九九〇年代，其實無論材料或書寫都還停留在中文和日文的階段，原住民語言問題尚未浮出檯面。

戴國煇編著的這本書，在一九八一年的時點，可以說是集日本研究霧社事件之大成，這在當時的臺灣是遙不可及的，不只是政治社會與文化思惟的框架所致，在語文訓練方面，臺灣受學院訓練能運用日文材料的新一代研究者尚未出現，而能自如運用日文材料的老一輩學者，則各自在自己的領域奮鬥（包括學習中文表達），似乎未〔再〕將目光投向此一事件。[33]

戴國煇本身對霧社事件深感興趣，也做了頗為深入的研究，他人在日本，在觀點上和上述臺灣的主流國族書寫不盡相同，不過，基本上，我們可以說，他是在中國少數民族的大架構中思考霧社事件，但他同時也在該書的序文中提醒「同仁」，除了三大默契之外，還要有一個重要的立場。這裡的同仁指「台湾近現代史研究会」的成員，他們共同創辦了《台湾近現代史研究》。三項默契是：一、不期待（筆者案，原文「気構えないこと」，具體意指不清楚）；二、希望不受「正統」與既存框架的約束；三、不把「政治」帶進研究會裡。另一項重要立場是：「不問國籍如何，目前的會員，不能也不該替臺灣的少數族群『高山族』（本來宜稱呼為 Native Taiwanese 或臺灣先住民，但似乎尚未成熟，因此本書使用現在中國大陸與臺灣共同用的漢語式表現——高

32　戴國煇編著、魏廷朝翻譯，《臺灣霧社蜂起事件研究與資料》上、下（臺北：國史館，二〇〇二）。

33　民間文史工作者鄧相揚從政治層面解釋此一現象，他說：「霧社泰雅族人的悲壯故事，一直湮沒在台灣史的底層裡；戰後初期，曾有『二二八事件』的陰影，影響所及，少有學者接觸台灣史，而『霧社抗日事件』屬於弱勢族群的原住民史，更難有學者投入探查。近十數年來，垂暮之年的泰雅遺老，帶著記憶，和『霧社抗日事件』的歷史真實，逐漸在歲月裏凋零，而成為台灣史的憾事。」見鄧相揚，〈自序〉，《霧社事件》（臺北：玉山社，一九九八），頁四；同樣的看法，又見鄧相揚，〈Gaya 與霧社事件〉，收於 Yabu Syat、許世楷、施正鋒主編，《霧社事件：台灣人的集體記憶》，頁一三一。筆者案：在這個時點，鄧相揚沿用日本時期開始的分類，仍將賽德克族視為泰雅族之下的一個亞族。

山族），寫他們的反抗史。」他接著說：「我們預見在不很久的將來，從高山族社會內部，定會興起以少數民族自己所作的復權運動，以確立創造歷史的主體性為中心而追求自我認同的運動，並且也期望它的實現。」[34]戴國煇謙遜地認為，同仁的共同研究是為了將來的高山族寫作者鋪路。

在戴國煇期待的那個時刻來臨之前，我們看到臺灣內部開始浮現非主流的漢人的霧社事件書寫。可惜戴國煇先生無法活到那個看得見原住民自我書寫霧社事件的時刻。

四、來自學院外的「他者」的內部視野

一九八〇年代距離日本投降、臺灣為中國國民黨所代表的中國所接收的一九四五年，已經三十五年至四十五年了，戰後出生、接受完整的黨國教育的新一代臺灣本地漢人已然活躍於各界，他們是第一代（或第一代半）能夠用中文充分表達思想和感情的臺灣本地漢人。一九九〇年代開始出現的霧社事件新觀點來自於這個世代，更值得注意的是，他們都不是學院中人。以下我選擇介紹的三位人士——鄧相揚、邱若龍、舞鶴，分別從報導文學、漫畫／紀錄片，以及小說的媒材呈現和過去非常不一樣的霧社事件。他們都是漢人，但嘗試從原住民的角度呈現霧社事件。

鄧相揚和舞鶴同樣生於一九五一年，邱若龍生於一九六五年。鄧相揚，南投縣人，從小在埔

里牛眠山長大，中臺醫專醫事檢驗科畢業，在埔里基督教醫院服務期間，結交很多原住民朋友；執業醫檢所後，利用工作之餘，從事霧社事件，以及泰雅族、邵族、平埔族的田野調查。根據他自己的說法，一九八〇年（二十九歲）霧社事件五十週年時，由於父親鄧阿辮交給他日治時期的霧社事件文獻和寫真帖，而開始投入霧社事件的田野調查和史料解讀工作。[35]

就在鄧相揚投入霧社事件研究不久，一九八四年邱若龍從復興商工美工科畢業，那一年夏天，他「無聊得發慌，對於未來沒有太多想法，一個人騎著摩托車就到了霧社山區，交上了當地賽德克族的朋友」，透過這些朋友，他才逐漸接觸到霧社事件的一些資訊。當時正是原住民文化流失最厲害的時候，邱若龍開始動筆畫霧社事件的片段畫面，並一頭栽入田野調查中，從一九八五到一九九〇年，邱若龍花了將近六年的時間，以漫畫的方式呈現他所認知的霧社事件。[36]邱若龍開始繪製《霧社事件：台灣第一部調查報告漫畫》，年紀才二十歲，這本書於一九九〇年由時報文化出版，曾多版印刷；二〇〇四年改由玉山社出版，副題略微不同：《霧社事件：台灣第一部原住民調查報告漫畫》。

34 戴國煇，〈序──關於霧社蜂起事件的共同研究〉，戴國煇編著、魏廷朝翻譯，《臺灣霧社蜂起事件研究與資料》上，頁四─五。原書，頁三─四。

35 鄧相揚，〈自序〉，《霧社事件》，頁五。

36 陳乃菁，〈邱若龍：文化，有時候就藏在老人的衣櫃裡〉，《新台灣新聞周刊》第三八四期（二〇〇三年八月五日）。網址：http://www.newtaiwan.com.tw/bulletinview.jsp?bulletinid=11177（二〇一〇年五月十一日檢索）。

邱若龍的書，擺脫日本漫畫大頭小身的人物畫法，無論內容或形象都力求符合實際，是部嚴肅之作。[37]一般而言，學者若要了解霧社事件大都從日文文獻入手，邱若龍則是從賽德克族耆老的訪談和田野調查入手，因此，這部作品很大程度顯示賽德克族的內部觀點。在觀點上，至少有兩點異於之前的書寫，其一，決定起事是莫那魯道的兒子們，非他本人。其次，關於花岡一郎、二郎的描述分量相對少（相對於自陳渠川起，以花岡一郎為主角的書寫）。當然，最值得注意的是，在這部作品中，看不到中華民族主義的書寫，反而是作者有意引導讀者認識賽德克族的傳統信念（如文面、出草等），以及族人起而反抗日本人的社會文化因素。

這本漫畫書，在臺灣漫畫史上居於何等地位，我無從知曉，但就普及臺灣社會的霧社事件認知而言，相信起了很大的作用。舉例而言，一九九七年，魏德聖第一次看到這本漫畫書，他說：「我沒有辦法說明我當時翻騰的情緒」——意即受到很大的衝擊。第二年邱若龍打算拍攝紀錄片《GaYa：1930年的霧社事件與賽德克族》（GaYa 應作 Gaya），魏德聖積極毛遂自薦，遂得參與此一記錄片的拍攝過程[38]——在這裡，我們看到漫畫《霧社事件》和電影《賽德克・巴萊》之間的緊密關聯。

就在邱若龍默默繪製《霧社事件》漫畫書時，小說家舞鶴正沉潛於他的十年閉關思索期。邱若龍的《霧社事件》是從戒嚴倒數第二年（一九八五）繪製到解嚴第三年（一九九〇）；舞鶴從一九八一年至一九九〇年，閉居淡水，讀了很多書，包括原住民的相關論著。一九八〇年代末期到一九九〇年代上半葉，臺灣社會和政治運動蓬勃發展，原住民族運動也風起雲湧，如火如荼進行著。一九九二年，舞鶴來到魯凱族的好茶部落（Kochapongan）及其上的廢墟古茶布安，他認識了在平地生活二十年後決定返鄉振興已大量流失的魯凱文化的奧威尼・卡露斯，以及矢志用攝影機紀錄魯凱文化的漢人素人攝影家王有邦。

一九九五年舞鶴發表中篇小說〈思索阿邦・卡露斯〉，一九九六年續寫另三章，一九九七年出版長篇小說《思索阿邦・卡露斯》（元尊出版）。[39]我們為甚麼要在這裡介紹舞鶴的《思索阿邦・卡露斯》？原因有二，其一，這是漢人作家充分意識到自己是原住民的「他者」，卻盡量嘗試以「他者」之眼傳達原住民（卡露斯的魯凱族）內在世界的作品；其二，在《思索阿邦・卡露斯》一書中已經透露出作者在思索魯凱族文化的同時，也在思索霧社事件（頁一五三—一五七；麥田版本，二〇〇二）；其三，在舞鶴的創作生涯中，《思索阿邦・卡露斯》可以說是《餘生》的前奏曲，而《餘生》則是一部以霧社事件的「餘生者」為書寫對象的小說，是有關霧社事件的重要「另類書寫」。舞鶴的《餘生》於一九九九年出版，可說總括了霧社事件發生後約七十年的政治社會演變，以及在這些巨變和事件後遺症的交錯影響底下，事件餘生者及其後裔所受到的深

37 開始畫時，有一次邱若龍把作品拿給部落裡的長老看，長老嚴正地告訴他：「你畫的一點都不像！」「要畫，就要好好的畫，霧社事件是很嚴肅的事，不可隨意開玩笑。」陳乃菁，〈邱若龍：文化，有時候就藏在老人的衣櫃裡〉。

38 魏德聖，〈序 拿筆出草的人〉，邱若龍編繪，《霧社事件：台灣第一部原住民調查報告漫畫》，頁二一—二三。

39 〈舞鶴創作年表〉，收於舞鶴，《餘生》（臺北：麥田出版，一九九九），頁二六七—二六八。

層衝擊，觸及了霧社事件精神面的問題。

舞鶴的《餘生》，文字怪異（其實讀慣了就不怪異），可能一般讀者很難讀下去，在這裡，我不擬談論這本小說的文學價值，一方面和題旨無關，另一方面評論文學不是筆者的專長。我特別想提的是，《餘生》突破了過去漢人對霧社事件的文學書寫，說「突破」還是客氣的講法，其實完全是不同境界的東西。過去漢人的霧社書寫，摻雜很多遠離事實的想像，比如張深切的影劇小說《遍地紅——霧社事件》（一九六一），[40]不要說很多地方不符合史實，還創造一位漢人知識分子朱辰同，深入霧社，策動並指導莫那魯道等人起而反抗日本人。這位朱辰同告訴霧社族人說：「……所以我勸你們需要保持鎮靜，要有組織和計畫，並且要和我們平地人連絡合作，等到時機成熟了，才可以發動，殺死日本人，把日本人趕出臺灣！」在日本軍機投下疑似毒瓦斯之物時，他還會跟莫那魯道解釋：「他們打不過我們，竟使用慘無人道的毒瓦斯、燒夷彈等等，這些事實全世界都已經知道了……」。[41]十餘年後，鍾肇政出版《馬黑坡風雲》（一九七三），[42]在對賽德克文化的了解上，顯示比張深切更切合實際（當然錯誤在所不免），可惜小說以花岡一郎、二郎和莫那魯道父子秘密合作對抗日本人為主軸，於是有這樣的情節：花岡一郎和二郎在事件發生前十餘天，每晚從霧社分室偷出三八式步槍，以訓練賽德克族人熟悉其用法。一郎、二郎自殺之後，莫那魯道抵達現場，在二十二具屍體之前，「這位從不動情的一世英雄，讓熱淚雙雙泉湧，滂沱而下」。[43]雖然小說可以根據歷史事實加以變形創作，但若遠離史實過遠，且造成認知上的實質落差（如花岡與莫那的合作），是否妥切？這是值得我們思考的。況且就創作原意來說，鍾肇政的目的仍在幫助讀者「瞭解事件的原貌」，[44]以此，筆者不得不認為這樣的書寫有其問題。

舞鶴不是坐在書桌前想像霧社事件，他事先研讀很多材料，更在一九九七年冬天、一九九八年秋冬兩度在清流部落租屋居住，從事獨創一格的舞鶴式「田野調查」。以這本書出版的一九九九年的時點而言，舞鶴對霧社事件、第二次霧社事件，以及川中島餘生歷史的了解，遠遠超過他的時代，甚至比許多臺灣史學者還深入。在這樣扎實的認知基礎上，他的小說起點自然不同，至於他以文學筆法所書寫的當代清流部落的人與事，則屬於文學創作的範疇，若要去追究是否有此等人物、事物存在，那就是責小說以歷史了。《餘生》是舞鶴追尋莫那魯道、思索霧社事件的生命歷程，他的追尋相當真摯，他的思索相當深刻，給霧社事件的書寫帶來了高層次的藝術面向。

---

40 張深切，《遍地紅：霧社事件》，收於陳芳明等編，《張深切全集》卷八（臺北：文經出版社，一九九八），頁六三—一八八。

41 張深切，《遍地紅：霧社事件》，頁八九、一八一。其他甚不合理的描述還包括花岡一郎、二郎在事件後不久即知道「日本的報紙和日本人都誤信我們兩個人是叛亂的首魁」（頁一五八）。

42 這部小說，原先在《臺灣新生報》副刊連載（一九七二年十月二十六日—一九七三年一月十一日），一九七三年由臺灣商務印書館印行單行本，收入鍾肇政，《鍾肇政全集7》《丹心耿耿屬斯人：姜紹祖傳・馬黑坡風雲・馬利科彎英雄傳》（桃園：桃園縣立文化中心，二〇〇〇）。

43 鍾肇政，《丹心耿耿屬斯人：姜紹祖傳・馬黑坡風雲・馬利科彎英雄傳》，頁三四六。

44 鍾肇政，《丹心耿耿屬斯人：姜紹祖傳・馬黑坡風雲・馬利科彎英雄傳》，頁三七九。

就在舞鶴出版《餘生》的前一年，鄧相揚連續出版《霧重雲深：霧社事件後，一個泰雅家庭的故事》（一九九八）以及《霧社事件》（一九九八），其後又出版《風中緋櫻：霧社事件真相及花岡初子的故事》（二〇〇〇），以上三書皆由玉山社（出版地臺北）出版。這可以說是鄧相揚研究霧社事件近二十年的總成績。鄧相揚的霧社事件書寫，在文類上屬於報導文學，書籍出版時大量使用長期收集來的照片，配圖密度很高。鄧相揚擅長以人物及其家族的經歷為敘述主軸，如閱讀情節曲折的小說，引人入勝（命運對真實人生的播弄有時甚於虛構的際遇），讓文獻出現的名字如佐塚愛祐和花岡二郎的遺族活了過來，進入我們的集體意識中。《霧重雲深》不只是關於霧社分室主任佐塚愛祐（死於霧社事件）的泰雅族遺孀（白狗群頭目女兒）亞娃伊・泰目及其子女的際遇，還包括被理蕃警察下山治平遺棄的貝克・道雷（泰雅族馬力巴群總頭目長女）一家人的際遇。霧社事件之後，佐塚愛祐的長女佐和子返日成為家喻戶曉的名歌星；長子昌男留在臺灣，酗酒以終，兩個兒子一戰死，一精神錯亂投湖而死……；佐塚家和下山家有一對子女互相嫁娶，彷彿是「和蕃政策」下第二代同命鳥的宿命。《風中緋櫻》則是關於花岡二郎的妻子初子在事件之後生下遺腹子初男，並與同是霧社事件餘生者中山清結婚的故事。初子、中山清、初男在戰後分別改名：高彩雲、高永清、高光華。

鄧相揚的這三本書，在內容和圖片上頗多重疊，史實敘述方面也有不夠精確的地方，不過，由於他在田野調查過程中，和書中的眾多人物有第一手的接觸，因此具有「內在消息」（inside information）以及「親近性知識」（intimate knowledge）的優點，加上許多珍貴的照片，影像豐富，是我們了解霧社事件不可或缺的圖書。附帶一提，邱若龍的漫畫和鄧相揚的三本書都有日文譯本。[45]

綜上而言，一九八〇年代可以說是戰後臺灣受完整中文教育的新一代漢人開始試圖從「內部」探索霧社事件的開始，他們的成果集中出現在一九九〇年代，將戰後臺灣人對霧社事件的認知提升到另一個層次。他們不是學者（舞鶴讀過兩個碩士班），因此我們無法以學院的嚴謹程度來苛求他們，如果要說他們的霧社書寫有何明顯缺點，那麼，就是對日文文獻的掌握可能仍嫌不夠充分，但那又是戰後臺灣的問題了。臺灣本地人學會了中文，運用自如的同時，臺灣的日語世代已然逐漸凋零，而過去我們的社會基本上只往美國看，即使新一代學者都很少人能掌握日文，何況一般人。對於一個在原住民語言和日語的環境中發生的生死事件，我們似乎只能用中文來提問、來書寫。我們聽得到賽德克族自己的聲音嗎？

答案是肯定的，因為一直以來，我們斷斷續續都看得到賽德克族人關於霧社事件的口述資料，只是管道和性質不一樣。不過，臺灣社會真正聽得到「部落的聲音」大約是二〇〇〇年以後的事了。

45 邱若龍的漫畫書由日本現代書館出版（一九九三）；鄧相揚三本書皆由日本機關紙出版中心出版，下山作次郎、魚住悅子合譯（二〇〇〇、二〇〇一）。

五、餘生菁英的霧社事件

一九六二年，兩位日本女士大田君枝和中川靜子來臺旅遊，目的之一在調查霧社事件。兩人在三月二十日由臺北前往臺中。他們訪問埔里、霧社和川中島（清流部落），在霧社見到下山豐子、下山一、亞娃伊・泰目（佐塚愛祐之泰雅族妻子）、初子（高彩雲），以及高永清（中山清），在川中島和高愛德深談。一九六九年，兩人將此行的觀感、霧社事件的經過，和訪談內容交織在一起，寫成一篇長文，刊登於日本的《中国》雜誌，[46]後來戴國煇編輯霧社事件研究與資料集，收入此文的節錄版。[47]

下山豐子是佐塚愛祐的女兒，嫁給下山治平的次子下山宏，按照日本習俗從夫姓，所以稱為下山豐子。此時下山一和下山宏兄弟似乎都還持有日本國籍，下山一後來為了母親而留在臺灣，改入中華民國國籍，[48]改姓名為林光明，是山地牧師。高永清和高愛德都是劫後餘生者中的菁英。

大田君枝和中川靜子的這篇訪問記，據我所知，是戰後最早紀錄霧社事件見證者的文字。但由於是日文，發表的雜誌《中国》在臺灣又很少見（臺大圖書館和中央研究院皆無收藏），一直要到戴國煇將之收入霧社事件研究和資料集時，才比較為人所知。但若就中文讀者群來看，恐怕要等到戴國煇編著的研究與資料集翻譯為中文，才比較廣為流傳，[49]而那已經是二〇〇二年的事了。大田君枝和中川靜子在一九六〇年代初期，當臺灣仍無人研究霧社事件時，能有機會訪問到捲入霧社事件漩渦的當事人，實在很難得。當時距離霧社事件才三十多年，而在二〇一〇年我們已經距離它八十年了！

高愛德和高永清各於一九八〇年代出版日文回憶錄，書名分別為《証言霧社事件——台湾山地人の抗日蜂起》[50]和《霧社緋桜の狂い咲き——虐殺事件生き残りの証言》。[51]兩人不約而同都用了族名，高愛德為「アウイヘッパハ」（阿威赫拔哈），高永清為「ピホワリス」（畢荷瓦利斯）。雖然高永清的回憶錄比較晚出，但他的手稿《霧社緋桜の狂い咲き》（霧社緋櫻之狂綻）和《回生錄》（總稱「高永清ノート」？待攷）早在日本相關人士中流傳，許介鱗對高永清

46 大田君枝、中川靜子，〈霧社をたずねて〉，《中国》第六九號（一九六九年八月），頁二一—四〇。
47 大田君枝、中川靜子，〈霧社をたずねて（拔粋）〉，戴國煇編著，《台湾霧社蜂起事件：研究と資料》，頁二四〇—二五一。
48 阿威赫拔哈口述，許介鱗編著、林道生翻譯，《阿威赫拔哈的霧社事件證言》（臺北：臺原出版社，二〇〇〇），第二篇〈座談會——我的霧社事件〉，頁九一。
49 大田君枝、中川靜子，〈探訪霧社（摘錄）〉，戴國煇編著、魏廷朝翻譯，《臺灣霧社蜂起事件研究與資料》上，頁三三五—三五〇。
50 アウイヘッパハ著、許介鱗編，《証言霧社事件——台湾山地人の抗日蜂起》（東京：草風館，一九八五）。
51 ピホワリス（高永清）著、加藤實編譯，《霧社緋桜の狂い咲き——虐殺事件生き残りの証言》（東京：教文館，一九八八）。

詮釋霧社事件的觀點很不以為然，可能因而積極出版高愛德回憶錄，以抗衡高永清的影響。[52]許介鱗基本上認為：高永清手稿讓日本人得以否認霧社事件是有計畫起義，並否定日軍曾使用毒氣。他還指出高永清在戰前和戰後都甘於被日本人利用，「成為在被利用中尋求自己生存之道的山地人之典型」。[53]關於許介鱗對高永清觀點和個人的評價，和本文題旨無直接關係，筆者不擬在此討論，值得注意的是，高愛德和高永清都是川中島餘生者的菁英，也都和戰前戰後的統治體制有密切關係，與其說兩人差別性高，倒不如說近似性頗大。在此，讓我們簡單介紹高永清和高愛德的經歷。

高永清（中山清），族名 Pihu Walis（畢荷瓦利斯），出身荷歌社，霧社事件發生時還未成年（約十四歲，即約生於一九一六年；也有說是十二歲），父親參與霧社起事中彈死亡，母自縊，成為孤兒，受到巡查小島源治庇護，第二年年底遷移至川中島，擔任川中島駐在所警手。在當局的安排下，中山清和花岡二郎的遺孀初子（高彩雲）於一九三二年元旦結婚，初子大中山清三歲，當時花岡二郎的遺腹子已七個月大。中山清在工作之餘，勤奮自學，一九四一年昇任乙種巡查，一九四二年取得乙種「限地醫」的醫師資格（對當時的原住民而言非常不容易），隨後他辭去巡查，就任公醫的職務；在這同時，初子取得助產婦的資格，兩人致力於山地的醫療和助產工作。戰後中山清和初子被編入仁愛鄉衛生所，一九五一年高永清當選民選第一屆仁愛鄉鄉長，並連任一屆。一九五六年當選臺灣省議會議員。議員任期期滿後，返回仁愛鄉衛生所服務，一九七〇年退休，全力在霧社廬山溫泉經營碧華莊旅社。[54]高永清於一九八二年過世，沒來得及看到自己的手稿出版；高彩雲於一九九六年過世，使得導演邱若龍的紀錄片來不及拍攝她。[55]

高愛德，族名 Awi Hepah（阿威赫拔哈），日文名字田中愛二，出生於一九一六年，許介鱗說他是荷歌社頭目的直系子孫，[56]但這點有疑義。[57]高愛德原來的族名是阿威巴望（Awi Pawan），父親巴望秋米（Pawan Temi）死於霧社事件，以母親名字為赫拔哈克冬（Hepah Kudung），改名阿威赫拔哈。根據他的口述，霧社事件發生時，他仍未成年（十四歲），在霧社公學校運動場目睹族人闖入斬殺日本人，他在短暫驚呆之後，迅速加入戰鬥行列，後來憑著自己

---

52 見許介鱗，〈解說〉，アウイヘッパハ著、許介鱗編，《証言霧社事件——台湾山地人の抗日蜂起》，頁一五六—一五九；許介鱗，〈解說分析——霧社事件〉，許介鱗編著、林道生翻譯，《阿威赫拔哈的霧社事件證言》，頁一四三—一四五。

53 日文原文見許介鱗，〈解說〉，頁一五八；中文翻譯見許介鱗〈解說分析——霧社事件〉，許介鱗編著、林道生翻譯，《阿威赫拔哈的霧社事件證言》，頁一四三。

54 鄧相揚，《風中緋櫻》，頁八五、九九—一〇〇、一二九—一三〇、一三二、一三四、一四七—一四八、一五〇；高永清手稿中有自撰〈私の一生〉，收於ピホワリス（高永清）著、加藤實編譯，《霧社緋桜の狂い咲き——虐殺事件生き残りの証言》，《回生錄》第三冊，頁二一〇—二三九。

55 邱若龍的紀錄片《GaYa：1930年的霧社事件與賽德克族》原先擬以花岡初子為主角，切入霧社事件，但開拍前一週高彩雲過世，見陳慧先整理，〈海洋史沙龍會場素描——GaYa：1930年的霧社事件與賽德克族〉，網址：https://tmantu.wordpress.com/2010/07/25/《霧社事件101問》選刊/（二〇一〇年五月十五日檢索）。

56 許介鱗，〈解說〉，頁一五六。

57 高愛德（Awi Hepah）的家系，見簡鴻模、依婉・貝林、郭明正合著，《清流部落生命史》，頁七一—七三；高愛德的祖母是Temi，祖父不明。此點承蒙 Dakis Pawan（郭明正）提示，謹此致謝。

的機警和「堅持清白」，逃過日本警察的訊問（參與者一概殺死），免於一死，其後隨族人遷至川中島。[58]在戰爭時期，他擔任川中島青年團團長，當局募集「高砂義勇隊」，許多原住民青年參加，他曾志願，但未被接受，後來提出血書志願，當局以團長有守護村的義務勸退他。[59]戰後高愛德經營南投客運公司，擔任過南投縣議員四屆共十六年，也是南投縣仁愛鄉泰雅族渡假村的創辦人。

高永清和高愛德都是一九八〇年代（含）以前能見度相當高的霧社餘生者代表。前面提到的兩位日本女士於一九六二年到霧社和川中島訪問，分別見到了高永清和高愛德，當時高愛德並未提及他親自參與霧社戰鬥之事，或許因為面對日本人，或許還有其他原因，現在應該很難查攷了。[60]根據許介鱗的觀察，高永清的日文比高愛德好很多，流暢的日文可以直接發表。[61]高愛德的日文是在林光明（下山一）牧師的協助下寫成。[62]不過，高愛德的中文顯然比高永清好，許介鱗說：「有趣的是，阿威先生談到日據時代的事情總是用日語，敘述光復後的事，就用中國話來傳達他的意思。」[63]許介鱗認為高愛德的霧社事件證言「可以說是以原住民為主體寫下來的唯一霧社戰爭記錄」。[64]從今天的角度來說，高愛德的證言很難說「是以原住民為主體」，不過，在一九八〇年代的時點，大概很少人想到，在日語和中文的表述之外，還可能存在著賽德克族語與文化觀的表述，以及非部落「菁英」所能代言的部落記憶吧。

在語文政策定於一尊而實際上是個多族群多語言的社會，掌握定於一尊之語文的人，也就掌握了社會文化資源，以及發言權或代言權。戰前和戰後的臺灣都有其相似之處。一九六二年，日本女士大田君枝、中川靜子訪問高彩雲和高永清時，其實心裡還想訪問更多的餘生者，因為當時距離霧社事件才三十年多一點點，總還有人在吧。但是，高永清搖頭，下山豐子在一旁插嘴說：「沒個影兒啦。」（とんでもない）[65]我們不能說高永清有意隔絕族人和日本人接觸，但若說到能流暢使用日語者，可能的確不多，而且在第二次霧社事件及其後的清算之後，起事六社十五歲以上的男子幾乎都被殺光了，高永清可以說是最資深的了。附帶一提，琉球學者又吉盛清為了研究參與霧社事件的琉球警察，一九七〇年代中期抵達霧社，訪問三位人士，分別為：林光明（下

58 許介鱗編著、林道生翻譯，《阿威赫拔哈的霧社事件證言》，作者介紹，以及頁三四、三六—三九、四三—七五、九〇、一〇六、一一七—一一九、一三〇。
59 大田君枝、中川靜子，〈霧社をたずねて〉，頁三九。
60 一九六二年二位日本女士紀錄的高愛德證言和《阿威赫拔哈的霧社事件證言》有一些矛盾，例如高愛德在一九六二年提及霧社事件當天晚上（一九三〇年十月二十七日）他和花岡一郎、二郎在一起（頁三七），但在後來的證言中，顯示他正在別的地方參與戰鬥（頁一一一）。高愛德在證言中採全知觀點，他自己也幾乎出現在所有重要戰鬥中，這也是一個值得思考的問題。
61 許介鱗，〈解說分析——霧社事件〉，頁一四三、一四五。
62 許介鱗編著、林道生翻譯，《阿威赫拔哈的霧社事件證言》，第二篇〈座談會：我的霧社事件〉，頁九三。
63 許介鱗，〈校對後語〉，許介鱗編著、林道生翻譯，《阿威赫拔哈的霧社事件證言》，頁二二一。
64 許介鱗，〈序〉，許介鱗編著、林道生翻譯，《阿威赫拔哈的霧社事件證言》，頁六。
65 大田君枝、中川靜子，〈霧社をたずねて〉，頁二〇。

山一）、桂敏彥、高永清。[66]桂敏彥（Puhuk Walis）屬於參與起事的Drodux社副頭目家系。[67]在這裡，我們看到語言和「管道」在霧社事件的發言上所起的決定性作用。一九八〇年代以前，研究霧社事件以日本人為主力，他們訪談對象自然限於能流暢說講日語的族人了。另一方面來說，賽德克族人講述霧社事件的對象也限於日本人，雙方溝通的語言是日文。更重要的是，雙方對霧社事件的認知框架很大程度建立在日文文獻上。

高永清、高彩雲（初子）和高愛德等人的確屬於霧社事件見證人世代，他們是那不到三百名餘生者中相對而言，擁有特別資源的人。在這裡，特別資源包括：生存能力、適應能力、語言能力、學習能力，以及和「他者」溝通的能力，甚至個人生命的苦難和戲劇性。我們不能因為他們相對成功，就減低他們作為歷史見證者的價值，但是，我們必須思考：在將眼光集中投注於這些人物的同時，我們是否排除了其他可能的聲音？我們的「聽不見」是源自於我們自身，還是由於其他因素的屏蔽？抑或以上皆是？

六、思索「部落觀點」、Gaya，以及「歷史的和解」

二〇〇〇年十月二十七日是霧社事件七十週年紀念，這一年也是戰後臺灣霧社事件研究非常具有指標性的年分。

這一年的十月二十一日，七十三歲族名 Siyac Nabu 的臺灣基督長老教會牧師用賽德克語在「霧社事件七十周年國際學術研討會」中發表題為〈Niqan ka dheran uka Sediq: Pccebu Sediq ka dTanah Tunux〉的文章。Siyac Nabu 牧師的漢名是高德明，他的賽德克語發言由另一位牧師 Walis Ukan（張秋雄）翻譯為中文，文章標題是〈非人的境遇——賽德克族看霧社事件〉。在國際研討會上這是不是第一次有發表者用賽德克語發言，筆者不確定；若然，這個研討會就具有里程碑的意義。不過，比起用賽德克語發表，更值得我們注意的是，Siyac Nabu 牧師從「gaya Sediq」——賽德克族傳統律法——的角度來思考霧社事件。「Gaya」或「gaya」具有多重意思，最主要是指傳統律法，或祖先留下來的訓示。Siyac Nabu 牧師從「埋石祭律法」、「部落裡人與人的關係」、「經濟層面的思考」，談到「傳統宗教信仰和解祭儀」，最後以「在現今思考『霧社事件』」作結。[68]

66 又吉盛清著、魏廷朝譯，《日本殖民下的台灣與沖繩》（臺北：前衛出版社，一九九七），頁二一一—二二六。根據此書，桂敏彥（牧野敏彥）屬於霧社事件的「友蕃」，事件發生時他在臺中，由於他的妻子是花岡一郎的姪女，因此對該事件比別人加倍關心，見頁二一七—二一八。實則桂敏彥出身 Drodux 社，該社是起事六社之一，見下註。

67 桂敏彥的家系，見簡鴻模、依婉・貝林、郭明正合著，《清流部落生命史》，頁一五七—一五八、一八〇—一八一。此點承蒙 Dakis Pawan（郭明正）先生提示，謹此誌謝。

68 Siyac Nabu（高德明）口述、Walis Ukan（張秋雄）翻譯，〈Niqan ka dheran uka Sediq: Pccebu Sediq ka dTanah Tunux〉（非人的境遇——賽德克族看霧社事件），頁一九—六九。

這篇文章非常具有思想深度，也是關於賽德克族傳統律法的簡明介紹，身為牧師的高德明，最後提出以賽德克族傳統和解式來化解、超越賽德克三語族間的歷史仇恨。翻譯此文的張秋雄牧師因事無法出席該研討會，但他提出〈霧社事件七十週年回應文〉來「回應我個人在翻譯了老者的文章『非人的境遇——賽德克族看霧社事件』之後的神學衝擊與反省。」（頁一九九）[69]這篇文章等於是高德明之發言的註解。Gaya 似乎成了那一天不約而同的主題，鄧相揚在研討會上發表〈Gaya 與霧社事件〉。[70]終於，我們看到族人和漢人民間學者一致試圖從賽德克族的傳統文化和精神面向了解霧社事件。「Sediq」和「gaya」的概念想必對當時在座的很多聽眾都很陌生，無怪乎主持人之一的許世楷在集體討論時，有點迷失地說：「以前如果聽到『霧社事件』，差不多都是泰雅族，但是這裏是 Sediq，剛才報告也說 Sediq，甚至 Sediq 不是泰雅族。哦！這個我們就要慢慢去了解，到底是什麼事情？不但這樣，剛才鄧相揚先生做報告的時候，更提出另外一個觀念——gaya，我們這個也不是很清楚。」[71]許世楷的困惑，也是當時社會的困惑。「Sediq 不是泰雅族」，我們在本文第三節引用 Siyac Nabu（高德明）的話，已經作過說明。

我們不能說，嘗試以 Gaya 來理解霧社事件到此刻才出現，前面提到邱若龍曾拍攝紀錄片《GaYa：1930年的霧社事件與賽德克族》（一九九八年出品），題目就標出「GaYa」（Gaya）。不過，整體而言，高德明牧師從 Gaya 角度提出賽德克族人對霧社事件的詮釋與反思，本身更具歷史意義。

上述的研討會由臺灣基督長老教會總會主辦，在國立臺灣大學法學院國際演講廳舉辦。協辦單位有：Sediq 母語研發工作室、玉山神學院、台灣文化學院、台南神學院、台灣歷史學會，財團法人現代文化基金會；贊助單位為：行政院原住民族委員會、行政院文化建設委員會。這個研討會另外值得注意的是，在對霧社事件的看法上，我們開始聽到部落女性的聲音。

Kumu Iyung（石麗玉，台灣基督長老教會傳道）在研討會中發表〈婦女記憶的現場——霧社事件目擊者的見證〉，[72] 內容是四篇以賽德克語整理的口述訪問紀錄，附中文翻譯。全篇只有紀錄，沒有任何發表人的說明和詮釋，但非常具有震撼性。四位採訪的對象都是女性，於二〇〇〇年一、三、十月採訪，受訪者名字和訪時歲數（括弧內）如下：Pitay Pawan（八十六）、Labay Walis（八十六）、Away Takun（七十八）、Robo Pihung（八十），前三位屬於都達（Toda）群，最後一位是德固達雅（Tgdaya）群，在霧社事件發生時，分別為十六、十六、八、十歲。除了 Away Takun 外，三位霧社事件發生時都在霧社公學校運動場，也就是歷史現場的見證者。Away Takun 則轉述從母親那裡聽來的話，從中我們得知賽德克族的一些婦女對丈夫突然惹出這麼

69 Walis Ukan（張秋雄），〈霧社事件七十週年回應文〉，收於 Yabu Syat、許世楷、施正鋒主編，《霧社事件——台灣人的集體記憶》，頁一九九—二一二。

70 收於 Yabu Syat、許世楷、施正鋒主編，《霧社事件：台灣人的集體記憶》，頁一〇五—一三四。

71 Yabu Syat、許世楷、施正鋒主編，《霧社事件：台灣人的集體記憶》，頁一五八—一五九。

72 Yabu Syat、許世楷、施正鋒主編，《霧社事件：台灣人的集體記憶》，頁七一—一〇四。

大的事情很「氣憤」，為了懲罰丈夫，在逃難過程把小孩丟到山谷中！[73]（不過，我們得注意這是都達婦女二手的「轉述」。）德固達雅的 Robo Pihung 則透露，母親這樣做是不願意自己小孩的頭被 Sediq Toda 取走拿去賣給日本人。[74]

Kumu Iyung 即 Kumu Tapas（姑目・荅芭絲），[75]現為基督長老教會牧師。她從一九九五開始至二〇〇二年之間（二〇〇一、二〇〇二居多），在賽德克部落（含花蓮）從事大規模的口述採訪，共進行七十七次的個人採訪，三十三次的團體訪談（共八十三人），另外也進行了十二名泰雅、布農和平埔族的個人訪談。[76]奠基在這些豐碩的訪談資料，Kumu Tapas 於二〇〇四年出版《部落記憶：霧社事件的口述歷史》（I）、（II），為霧社事件的研究立下新里程碑。由於用賽德克語訪談，「部落觀點」得以浮現，族人的聲音得以被聽見，這些族人包括：「反抗番」、「味方番」（在軍警鎮壓過程中協助日方的原住民）及其後裔；其中女性的感受尤其引人注目。

《部落記憶：霧社事件的口述歷史》二冊長達八八三頁，內容豐富，不過這本書不是純粹的口述紀錄，口述內容是在作者 Kumu Tapas 安排的章節架構中呈現，作者本身亦提供篇幅不短的論述。這本書對我們了解霧社事件的前因後果，以及對整個賽德克族人的衝擊，很有幫助。如前所述，它提供了霧社事件歷史現場的見證，此外，我們也從出身不同的耆老口中進一步了解到日本國家力量進駐部落後對 Gaya 的破壞、當時的強迫勞役和教育情況、原住民女性和日本警察之間的關係、事件後女性族人向日本人告密……等等。根據口述資料，我們得以進一步確認霧社事件最初，起事的六社族人顯然有只殺日本人，不殺其他原住民的決策，[77]以及起事前有戰略的規劃等。[78]這本書呈現了部落記憶的「眾聲喧嘩」，是霧社事件研究上的一大進步，尤其值得注意的是，作者試圖在過去以男性為主角、由男性發聲的歷史中，「再現婦女記憶中不同部落婦女的歷史經驗」。[79]口述資料顯示不少婦女將霧社事件解釋成是為了一個女人的戰爭，亦即莫那魯道次子巴索莫那為了和 Bakan Walis 結婚，想和妻子離婚，受到母親阻止而引發的——巴索莫那因此氣憤想獵人頭（殺日本人）。[80]霧社事件是牽涉到六社族人生死的大事情，這樣的觀點反映了

73 Kumu Iyung（石麗玉），〈婦女記憶的現場——霧社事件目擊者的見證〉，Yabu Syat、許世楷、施正鋒主編，《霧社事件：台灣人的集體記憶》，頁九四。

74 Kumu Iyung（石麗玉），〈婦女記憶的現場——霧社事件目擊者的見證〉，頁一〇四。

75 賽德克族人命名方式，基本上採父子連名，但也有母子連名的情況。Kumu Iyung 是父子連名，後改連母名 Tapas，因而是 Kumu Tapas。

76 Kumu Tapas（姑目・荅芭絲），《部落記憶：霧社事件的口述歷史》（II）（臺北：翰蘆圖書出版有限公司，二〇〇四），〈附錄一田野訪談的記錄表〉，頁四〇二—四〇八。

77 見 Kumu Tapas（姑目・荅芭絲），《部落記憶：霧社事件的口述歷史》（I），頁九四、九六、九八、一〇二、一一八、一二〇、一三一等。

78 見 Kumu Tapas（姑目・荅芭絲），《部落記憶：霧社事件的口述歷史》（I），頁八五、八七、一一三等。

79 Kumu Tapas（姑目・荅芭絲），《部落記憶：霧社事件的口述歷史》（II），頁二一一。

80 見 Kumu Tapas（姑目・荅芭絲），《部落記憶：霧社事件的口述歷史》（I），頁七八、八一—八二；（II），頁二一四—二一七、二二五—二二六等。

某些婦女的事後詮釋，值得了解，但若要用來解釋整個事件的起因，顯然太簡化了。[81]

這本以口述為基礎的「部落記憶」之書，很大程度仍然必須被當成素材，有待進一步分析。例如，在眾聲喧嘩中，我們是否還應該進一步檢視內部是否存在著不同部落記憶的邊界？亦即「味方番」、「反抗番」以及「其他」部落的耆老及其後裔的聲音，是否可等量齊觀？在整個口述訪談中，清流部落的聲音是否具有「結構性的低比例」？這都是值得思考的。在賽德克耆老的回憶中，莫那魯道受到不少嚴厲的批評，諸如「莫那魯道是歷史罪人」、「莫那魯道是頑強霸道的人」、「莫那魯道是富有的人」、「莫那魯道是膽小並臨陣脫逃的人」……，[82]但這些批評的聲音都不是來自清流部落。「去英雄化」或許是賽德克族人在掙脫「反日史觀」[83]對霧社事件的宰制過程中，無可避免的路徑，但是，我們還是要設法傾聽受害最慘重的六社族人的「遺音」。部落餘生者後裔整理族老的看法，最後歸結說：「不論外界或族裡的人對莫那魯道的評價如何，他永遠是我們心目中的英雄，Uka dhekan ka ndaan na heya——他一生所為（成就）是無法冀及的。」[84]雖然如此，莫那魯道的「去英雄化」，從事件餘生者的角度來說，是要去考慮當時自縊、自殺的不止莫那魯道一家人，許多家也都如此，因此，我們談霧社事件時不能只將目光放在莫那魯道一人一家。這不是要貶低莫那魯道的地位，而是要還那些一起英勇犧牲的賽德克先祖一個公道。

Kumu Tapas 屬於具有神學訓練的新一代原住民學院菁英，在霧社事件的研究上，比她年長的還有泰雅族的 Pusin Tali（布興・大立、高萬金，一九五五—，現為玉山神學院院長）。Pusin

Tali 從神學的角度思考霧社事件的意義，撰有《寧死不屈的原住民——霧社事件的故事神學》。[85]掌握中文書寫的原住民菁英，熟諳族語，站在族人的立場上考查尚無文字的祖先的歷史，對臺灣社會的自我（多族群組合而成的主體）認知，提供了不可替換的貢獻。

Kumu Tapas 是賽德克族，是當時「味方番」道澤社（都達語群）的後裔。Siyac Nabu 出生於卡茲克部落（Qacuq，霧社群十一社之一），當時卡茲克社和巴蘭社兩社有部分族人參與霧社事件（翌年十月巴蘭社參與者亦在清算之列），事件發生時，他二歲，母親背著他逃難，是餘生者的下一代。[86]近十年來，舉社抗日的六社餘生者的下二代（孫輩）也開始積極思索族人的歷史，致力於保存族群文化和部落記憶，其代表者有 Takun Walis（邱建堂）和 Dakis Pawan（郭明

81 關於巴索莫那和 Bakan Walis 的事情，日文文獻也有記載，但用來說明巴索莫那在事件中率先為急先鋒、英勇奮戰的心理因素，而非視為霧社事件的起因。見戴國煇編著，《台湾霧社蜂起事件：研究と資料》，頁三七三。

82 見 Kumu Tapas（姑目・荅芭絲），《部落記憶：霧社事件的口述歷史》（II），頁二一八—二一九。

83 此書作者 Kumu Tapas（姑目・荅芭絲）的用語，見（II），頁二一八、三二七—三二八、三三三、三四二等。

84 Takun Walis（邱建堂）、Dakis Pawan（郭明正），〈《霧社事件101問》選刊〉，刊登於「臺灣與海洋亞洲研究」部落格，網址：https://tmantu.wordpress.com/2010/07/25/《霧社事件101問》選刊/（二〇一〇年七月三十一日檢索）。

85 臺南：台灣神學文化研究院發行，信福出版社，一九九五。

86 Siyac Nabu（高德明）口述、Walis Ukan（張秋雄）翻譯，〈Niqan ka dheran uka Sediq: Pccebu Sediq ka dTanah Tunux〉（非人的境遇——賽德克族看霧社事件），頁二一〇；戴國煇編著，《台湾霧社蜂起事件：研究と資料》，頁二六一。

正）。郭明正參與「清流部落生命史」的調查研究並編輯成書，[87]邱建堂去年（二〇〇九）受邀參與日本台湾学会第十一回學術大會，發表〈台湾原住民族にとっての霧社事件〉。[88]

關於霧社事件，郭明正在接受雜誌訪問時說：「……光復以後，我們的上一輩都拒談霧社事件，大部分都是別人的觀點。雖然很多學者專家很用心研究，但是還是少了一些，像邱若龍雖然是漢人，花很多時間研究霧社事件，他也是引領我去研究霧社事件的老師，而鄧相揚老師更是引領我進入霧社事件的人，他一直鼓勵我要從田野採訪中，找出霧社事件的霧社觀點。」「像我的祖父輩的高永清、高愛德，他們也寫了霧社事件的書，日本人和其他人也幫他們整理資料，他們兩個人日文都很好，其中高永清做過鄉長，高愛德做過縣議員。在我接觸時，發現他們的書都是日文，許介鱗幫他們整理。我看不懂日文，但是我盡量看，我是絕對尊重他們的看法，不過有些觀點，我一定要講出來。也許不同時空年代的見解，也許我們看法不同，那時候他們所了解的，和我此時所了解也不一樣，因此，我不會完全贊同他們的看法。」[89]餘生者的下二代不懂日文未嘗沒有好處，或許可以擺脫日文文獻的敘事框架，在仔細傾聽耆老的話語後，找回部落的觀點。

邱建堂的曾祖父是 Drodux 部落的頭目 Bagah Pukoh，是唯一活到川中島的頭目；邱建堂的叔公 Walis Bagah，也就是頭目 Bagah Pukoh 的次子，在霧社事件中殺死能高郡郡守小笠原敬太郎，翌年二次霧社事件之後，五月六日餘生者被迫遷徙川中島，十月十五日最後清算時，他和族人被帶到位於埔里的能高郡役所裡面，未能通過「生死關」，就此罹難。[90]莫那魯道一家唯一存活的女兒馬紅（Mahung）收養邱建堂的姑姑為養女。一九七三年，邱建堂就讀國立臺灣大學經濟系三年級，他和姑丈劉忠仁（也就是馬紅的女婿），自該校考古館迎接 Baki Mona（baki，長輩之意）的骨骸返鄉安葬，在近六小時的返鄉車程中，沉思族人的過去，首次為自己族群的歷史而掉淚，於是決定打破禁忌，請教時已六十餘歲的祖父母輩以及耆老們有關事件的記憶，試著記錄本族的這段歷史。他在〈臺灣原住民餘生後裔眼中的霧社事件〉一文中，嘗試從 Gaya 的角度理解霧社事件。根據 Gaya，同族不可互相馘首，在霧社事件中日本人以所馘取之首級行賞更是空前，誘使族人嚴重破壞 Gaya，導致戰勝的一方因受不了同族互相殘殺，竟然引彈自盡或上吊。另外一幕，讓人印象深刻：[91]

---

87 詳細書目資料，見註三〇。

88 Takun Walis 著、魚住悦子譯，〈台湾原住民族にとっての霧社事件〉，收於《日本台湾学会第11回学術大会報告者論文集》（東京：日本台湾学会主催，二〇〇九年六月六日），頁六—一八。

89 江冠明，〈邱建堂、郭明正‧研究闢新路〉，《新台灣新聞週刊》第四〇二期（二〇〇三年十二月十一日），網址：http://www.newtaiwan.com.tw/bulletinview.jsp?bulletinid=13771（二〇一〇年五月十六日檢索）

90 根據 Takun Walis 的回憶，Walis Bagah 知道自己無法逃過此劫，當被日本警察點到名時，馬上對父親說：「Betaq da hini di!」意即「我們就到此為止了！」簡鴻模、依婉‧貝林、郭明正合著，《清流部落生命史》，頁一一一、一一九。

91 邱建堂，〈臺灣原住民餘生後裔眼中的霧社事件〉，「臺灣與海洋亞洲研究」部落格，網址：https://tmantu.wordpress.com/2010/02/10/臺灣原住民族餘生後裔眼中的霧社事件/（二〇一〇年五月十六日檢索）。

> 唯一令族人束手無策的是日軍機，當日軍機首次飛在 Mehebu 上空時，族人好奇地觀看會飛的房子（飛機），再度臨空時，突然有人高喊「它的『孩子』掉下來了」，剎那間只聞「轟」地聲響，族人即血肉横飛，所謂的「孩子」竟然是炸彈，讓族人見識到日軍新式武器的殺傷力。

那是道地的內部觀點，無法從日文文獻建構，更不是遠在上空投炸彈的飛行員所能想像到的，遑論感受到的。我想起舞鶴在《思索阿邦・卡露斯》中描寫他在花蓮海灘遇到一位前美國飛行員，他在終戰前二年駕駛飛機來轟炸福爾摩沙島，愛上鳥瞰下的花東縱谷及其天堂般潔白的海浪線。[92]從轟炸機鳥瞰花蓮，所見自然很美，但那樣的視野肯定看不到炸彈落地的血肉橫飛。

作為餘生者後裔，邱建堂和郭明正等人不想強調族群間的歷史仇恨。邱建堂說：「祖父母輩從沒教導子孫輩任何事件後的仇恨，只說『日本人太過份』，本族三個方言群在日人離開後，忘卻過去受日人操弄所發生的不愉快事件，依然通婚頻繁並攜手共創未來。」[93] Kumu Tapas，和同樣身為牧師的 Siyac Nabu（高德明）一樣，非常關心賽德克族三大語群之間的和平相處與未來的發展。Kumu Tapas 屬於都達語群，都達（道澤）群在軍警鎮壓過程中協助日本人，第二年四月在當局的默許下發動「襲擊保護番事件」（第二次霧社事件），殺死二百餘名「保護番」[94]，導致六社僅剩下四分之一弱的餘生者，這樣的歷史如何面對？如何理解？「殺害者」的後裔如何和事件餘生者的後裔和平相處？二〇〇〇年，Siyac Nabu 牧師曾建議設立臺灣原住民的「和解日」，邀請相關的各方人士（三個語群，甚至包括日本的代表、臺灣各族群的代表等）齊聚一堂，依據賽德克傳統律法，舉行和解祭（gaya Ppsbalay）。[95]如何促進賽德克族人走向和解之路，也是 Kumu Tapas 所思考和期待的。[96]

在霧社事件即將滿八十年的二〇一〇年的夏天，我們似乎站在歷史的分界點，我們看到從內部了解霧社事件的可能，也看到賽德克族人和解的可能。但願漢人也可收到大和解祭的邀請函！

七、結語：尋找「賽德克・巴萊」

在回顧戰後臺灣關於霧社事件的詮釋之後，作為歷史工作者的我們，能從哪幾方面來思考這

---

92 舞鶴，《思索阿邦・卡露斯》，頁一八四、一八六。

93 邱建堂，〈臺灣原住民餘生後裔眼中的霧社事件〉（二〇一〇年五月十六日檢索）。

94 「保護番」，事件發生後接受官方保護的殘存者，好個諷刺用語：「保護」！

95 Siyac Nabu（高德明）口述、Walis Ukan（張秋雄）翻譯，〈Niqan ka dheran uka Sediq: Pccebu Sediq ka dTanah Tunux〉（非人的境遇——賽德克族看霧社事件），頁六八—六九。

96 見 Kumu Tapas（姑目・荅芭絲），《部落記憶：霧社事件的口述歷史》（II）最後一章「挖掘記憶砌造歷史和解之路」，頁二七八—三九三。

一甲子以來臺灣社會在詮釋霧社事件上的變化及其意義呢？

首先，我們無法稱這樣的變化為詮釋「發展史」，因為它不是從A詮釋演變或發展成B詮釋。基本上，這是不同世代、不同個人或族群，在非常不同的政治社會文化環境底下做出的詮釋，它們之間似乎看不到一脈相承的「線性發展」。劉枝萬沒對陳渠川起作用，陳渠川也沒對邱若龍起作用……。但是，一九八七年解除戒嚴之後，隨著臺灣社會朝向自由民主化，社會的多樣性受到重視，原住民意識興起，在個別的個人對於霧社事件的理解或試圖理解的努力上，我們逐漸看到一個網狀的發展，彼此之間有所交織、有所互動，沒有特定方向，但顯示出來的是，更開放、更多元、更底層的由裡而外的探索，這和一九九〇年代以前定於一尊的外鑠觀點，具有本質上的差異。要分析這個現象之所以可能，恐怕必須以戰後臺灣在每個階段的變化為探索對象了。不過，我們也看到個別的個人努力起了重要的作用。「時代與人」是個複雜的歷史課題，筆者沒有雄心在此文中予以探討。

其次，霧社事件的研究讓我們了解到我們必須注意史料的局限性。霧社事件，如同歷史上許多事件一樣，那被壓迫的、被殲滅的，往往在歷史的現場及其後失掉發言權，更何況原本就沒文字的人群——過去，他們就是在「太平盛世」也發不了聲；居於社會底層的人群，即使有文字，境遇可能差別不大。回顧霧社事件的研究或詮釋，讓我們悚然一驚：如果我們的社會一直沒有改變，原住民得繼續等待下去，那麼，在部落耆老凋零之後、在語言文化流失之後、在新一代完全接受單一的主流價值體系之後，就算我們窮盡所有的文獻史料，我們對霧社事件的了解，也就是那麼有限，而我們很可能以為我們真正掌握了霧社事件！歷史上很多事件和現象，我們已無法起其主人翁或人群於地下，但是，我們一定要意識到史料（甚至史學研究）的局限性，我們必須知道我們的「已知」是建立在怎樣的基礎上。作為歷史研究者，我們無法離開史料（包括廣義的史料，如口述資料）從事研究，但是我們要意識到我們的「已知」是以「未知」／「不可知」為邊界的，甚至是由「未知」／「不可知」來定義的。心存這樣的認知，未必讓我們的研究更好，但是能讓我們的心智保持彈性，向因著「已知」而蠡測出的「未知」／「不可知」敞開。

站在霧社事件八十周年紀念的時點，作為臺灣史研究者的筆者，不由得感到興奮，我認為我們已經邁入一個可以期待一部或多部霧社事件的精采作品的時代。在緊要的關頭，我們終於開始聽到部落的各種聲音，且是眾聲喧嘩。我們了解：內部記憶無法取消全知觀點的存在意義，比如一個遊行隊伍中的個人無法告訴你這整個隊伍的行進狀貌如何（那是我們的責任啊），同樣地，他者（尤其是統治者、加害者）再怎樣客觀，也不可能替對方（尤其是被統治者、受害者）發聲。如果我們能由裡而外，由外而裡，在裡外的辯證關係中思考霧社事件，那麼，多角度理解下的霧社事件將有如多個切面相互折射的鑽石，發出知性與感性的璀璨光芒。

不過，走在追尋霧社事件之多重意涵的路徑上，除了文獻和口述資料之外，歷史研究者必須盡量參考人類學的田野調查和研究。霧社事件的研究要求我們從賽德克族的文化構成（cultural makeup）予以理解，例如：何謂「Gaya」（傳統律法）？[97]何謂「Seediq Bale」（真正的人）？我們必須回到那個部落遇到國家之前、遇見的當下、其後，以及當代去了解。人類學的研究成果將是我們必要參考的，必要藉力的；新一代人類學研究者也不乏對原住民的歷史問題感興趣的人士。[98]

「真正的人」是個道德命題。在霧社事件的研究上，我們有必要帶入倫理和精神層面的思考。莫那魯道及其族人面臨的是外來強權對自身文化的嚴重摧毀與破壞，他們的困境也是世界上不少原住民族的困境。美國哲學家 Jonathan Lear 撰有 *Radical Hope: Ethics in the Face of Cultural Devastation*（激烈的希望——面對文化滅絕的倫理學）一書，以美國印地安人 Crow 族（the Crow nation）在面臨生死存亡之際的抉擇作為分析對象，[99]非常具有啟發性。Crow 族勇猛善戰，文化特重勇氣，生活環繞在男子的英勇行為上，在在讓我想起賽德克族。他們在白人政府以絕對優勢的軍力圍逼下，生存空間日漸減少，終至於必須放棄逐野牛（buffalo）而生的傳統生活方式——當野牛沒了，族人的心也跌到地上，再也無法提振起來。[100]在族人的文化面臨滅絕之際，年輕的新頭目也是最後一位頭目 Plenty Coups（他的綽號就是因為特別英勇而獲得）透過轉化文化的意義而帶領族人走向生存之路。在這本書中，作者也探討什麼是真正的勇氣，是否有比視死如歸更高的勇氣。Crow 族和頭目 Plenty Coups 留下的材料非常少，比起臺灣原住民恐怕少得可憐，但是他們所面臨的困境和命題具有普遍性，作者將這個普遍意義帶了出來，給了讀者很多的啟示。同樣地，賽德克族面臨的困境和命題極具有普遍性，它等待我們去抉發。

我不知道魏德聖導演將如何處理莫那魯道的困境和命題——在非人境遇中，如何按照 Gaya 做一個真正的人？這不只是日本殖民統治下原住民遭遇的問題，在當前的世界，很大比例的人群仍然處在非人的境遇中。霧社事件告訴我們：絕對的權力帶來絕對的暴力、絕對的黑暗。我們不是說日本的殖民統治是絕對的權力，但在某些特定的時空，它是。賽德克族遭遇到的就是山地警察的絕對權力及因之而來的絕對暴力。霧社事件本身也非常黑暗，日本軍警在鎮壓過程中採用「以夷制夷」／「以番制番」的策略，誘使同樣深諳山林作戰的原住民討伐族人——如果不是如此，日方以絕對的軍事優勢，二個月內恐怕還是無法摧毀「反抗番」；一個男丁的頭一百元（女子三十元、兒童二十元），則破壞 Gaya 到令人發瘋。更黑暗的是，第二次霧社事件和其後的清

97　賽德克族的 gaya 或 waya 等同於泰雅族的 gaga，有多重意指，日治時期的調查報告有很詳細的紀錄，比較新的論文可參考王梅霞，〈從 *gaga* 的多義性看泰雅族的社會性質〉，《臺灣人類學刊》第一卷第一期（二〇〇三年），頁七七—一〇四。

98　筆者所知有限，最近讀到一篇從歷史的角度探討原住民獵人首的會議論文，茲記於此：Scott Simon, "The Trope of the Formosan Headhunter: 'Savage' Violence in Taiwanese History", presented at the 7th Annual Conference of the European Association of Taiwan Studies, Tübingen, Germany, April 8-10, 2010。另外，也有人類學者討論舞鶴的小說《餘生》和霧社事件，如中村平，〈霧社事件の記憶の分有：舞鶴『余生』をめぐって〉，發表於「次世代の東アジア学生知的交流国際会議」，日本：筑波大学，二〇一〇年一月十日。

99　Cambridge, Massachusetts, and London, England: Harvard University Press, 2006.

100　"But when the buffalo went away the hearts of my people fell to the ground, and they could not lift them up again." Jonathan Lear, *Radical Hope: Ethics in the Face of Cultural Devastation*, p. 2.

算，顯示了可怕的報復心理。

清流部落的一位「大老」說，日本人來了之後進行的政治統治，強制改變了他們的文化、習慣跟生活，一些年輕人血氣方剛，想要抵抗。「歷史課本說我們原住民抗日，我們不是抗日，我們是抗暴。」[101]這雖然看起來有點像是文字遊戲，但這樣的提法有其深層的意涵。霧社事件起事的賽德克族人是反抗特定的國家／軍警暴力及其執行者／代理人，不是特定的族群。在我們身處的當代，不也很多這樣的情況？在國家暴力底下，在「裸命」（bare life）的狀態中，[102]我們如何抗拒暴力？我們如何不成為暴力的幫手？我們如何區別公領域的不義和私領域的恩情？我們如何做個「真正的人」？「真正的人」是否包括協助處在非人境遇的人爭取作為人的資格？莫那魯道的命題，仍然是我們的命題。

在部落的記憶中，莫那魯道或許不若一般人認為的英勇——他很清楚反抗日本人的結果，但是子侄輩執意要反，他最後還是認可他們。或許在「去英雄」的過程中，莫那魯道顯得更具悲劇性。如何在賽德克族人追尋「Seediq Bale」的悲劇中，帶出普世的人的價值，是魏德聖導演，也是我們的挑戰。

補記：本文修訂時，承蒙Takun Walis（邱建堂）、Dakis Pawan（郭明正，一九五四—二〇二一）、鄧相揚三位先生惠賜寶貴的意見，感銘在心。郭明正先生於疫情期間不幸過世，思之痛惜，此生永懷故人情誼。

本文原刊於《臺灣風物》第六十卷第三期（二〇一〇年九月），頁一一—五七。

101 轉引自網路文章，annpo，〈旁觸霧社事件（2）：是抗暴，不是抗日〉，網址：http://annpo.blogspot.com/2007/01/2.html（二〇一〇年五月十七日檢索）。根據該文，這位「大老」就讀臺大時，曾參與迎接莫那魯道骸骨返鄉安葬一事，看來是Takun Walis（邱建堂）先生。

102 「裸命」（homo sacer, bare life）的觀念來自 Giorgio Agamben, *Homo Sacer: Sovereign Power and Bare Life*（Stanford University Press, 1998），關於此一觀念的介紹和討論，見柯朝欽，〈活在例外狀態之中：論50年代台灣政治犯的社會排除〉（研討會論文）。感謝柯教授惠允引用，此文以 Google 關鍵字查詢，即可閱讀 PDF 版。

鄭成功的戶官楊英在鄭經時期，根據六科檔案以及他個人的聞見，編纂有《先王實錄》。這是有關鄭成功生平事蹟最直接、最珍貴的史料之一。此書在有清一代並未刊刻，目前就筆者所知，僅有兩個手抄本為世人所知。

第一個問世的手抄本是一九二七年泉州秦望山得之於鄭氏福建故里南安縣石井鄉，一九三一年中央研究院歷史語言研究所將之景印流傳。當時手抄本前後霉爛，書題四字脫漏，只有最後一字「錄」隱約可見，北京大學教授朱希祖根據實際內容，將書題訂為「延平王戶官楊英從征實錄」，並為該景印本寫篇很長的序文。三十餘年後，第二個手抄本出現了。一九六一年，廈門市人民政協丁乃揚和鄭成功紀念館陳游在泉州南安石井鄉發現了這本書的另一傳抄殘本。這是用一九二二年石井公立鰲峰小學紀事簿抄錄，字跡潦草，也已霉爛不堪，所記僅至永曆九年四月為止，不及全書之半。由於此一傳抄本的出現，我們得以確知原來本書的書名是《先王實錄》。以此，本文放棄朱希祖之命名，採用原稱《先王實錄》。

鰲峰小學紀事簿抄本出現之後，廈門大學鄭成功史料編纂委員會於是在一九六二年開始著手整理《先王實錄》，基本上以史語所景印本為底本，進行互校，並參考其他資料，對脫蛀字予以修訂補充。校勘工作的具體成果是，一九八一年由福建人民出版社出版楊英著、陳碧笙校注《先王實錄校注》一書。這個校注本對臺灣史的研究者——尤其是明鄭臺灣史的學者——助益甚大。陳碧笙的校勘、補訂、註釋，頗具水準，處處看得到用心。然而，關於臺灣史地理方面的註解，有若干訛誤之處；如果我們考慮到此書出版是距本文撰寫時（二〇〇六）二十五年前的事情，當時在臺灣學術界，臺灣史還不是歷史研究的一個領域，比較深入的研究很少，也就無法苛責註解者了。

本文想從陳碧笙的一個註解出發，來做一個小小考證。這個問題看似很瑣碎，但它所關連到的大圖景，或許並非那麼細小不足道。

中央研究院歷史語言研究所景印《延平王戶官楊英從征實錄》永曆十五年辛丑（一六六一）四月初六條云：[1]

……各近社土番頭目俱來迎附如新善開感等里 藩令厚宴并賜正副土官袍冒靴帶繇是南北路土社聞風歸附者接踵而至各焂例宴賜之土社悉平懷服

這裡記載的是，鄭成功攻打赤崁城，赤崁城（普羅文西亞城）夷長貓難實叮（Jacobus Valentijn）投降後第二天的事情。根據楊英的記載，鄭成功大軍於四月一日經由鹿耳門進入臺江內海，初四貓難實叮投降，鄭成功遣貓難實叮前往臺灣城（熱蘭遮城）招降揆一。初六這一天，鄭成功很忙，先是和揆一談和平條件（談判破裂），其次接見來歸附的土著，並遣水師將停泊在幾個港口

1 楊英，《延平王戶官楊英從征實錄》（北平：中央研究院歷史語言研究所，一九三一初版／臺北：原單位，一九九六景印一版），頁一五一b。

的荷蘭船擊潰，致使荷蘭船只好全部集結到臺灣城下。這段引文就是講土著歸附的事情。我們先不加新式標點，是有用意的，因為標點如何標，有時不是中文文法的問題，而是牽涉到我們對內容的理解。

在進一步說明之前，我們必須先指出，楊英《先王實錄》遇「藩」（鄭成功）字有挪抬和平抬等寫法；上引原文挪抬（上空一格）照舊。其次，此書頗多避諱字，有避明皇室，也有避鄭氏三代之諱，在這段引文中「繇」是「由」的代字，避明思宗朱由檢等人之諱。又，楊英習慣把「照」寫成「炤」，這倒很像後來臺灣漢人契約中的用法。讓我們先看看陳碧笙如何斷句，[2]〔　〕中之字乃是筆者所加：

> 各近社土番頭目俱來迎附，如新善、開感等里，藩令厚宴并賜正副土官袍冒〔帽〕靴帶。繇〔由〕是南北路土社聞風歸附者接踵而至，各炤〔照〕例宴賜之，土社悉平懷服。

這條史料短短數十句卻透露若干珍貴訊息。首先，此時土著已經有了「正副土官」，其次，土著各社已經有南北路之分；這大抵承襲自荷蘭的統治。在這裡，為免旁支過多，我們對此不予深論。讓我們看看第一句。這裡的「如」不是「例如」，而當作「如同」解，意思是：各個附近的土番頭目都來歡迎〔王師〕，並且歸附，就如同新善開感等里。陳碧笙把「新善開感」理解成兩個「里」的名字，加新式標點作「新善、開感等里」。果真如此嗎？是否有其他可能？

我們先且不管「新善開感」何所指，在這裡至關緊要的是，「里」是漢人聚落，更小者稱「庄」；熱鬧的市街，則稱為「坊」或「街」。對稍稍熟悉清代臺灣文獻的人士而言，漢「里」番「社」（或漢庄番社），是毫無疑義的。臺灣土著聚落稱「社」，目前我們看到的文獻應該以陳第〈東番記〉為最早，該文曰：「東番夷人……種類甚蕃，別為社。」[3]至於何以土著聚落稱「社」，非關本文題旨，茲不論，不過，有個線索順便提出供讀者參考。福建鄉村里以下的社群單位有稱「社」的情況，例如高雄縣湖內鄉（清初為文賢里，屬臺灣縣），又名葉厝村，該村之葉氏開臺祖葉世映祖籍是福建泉州同安縣白礁鄉十九都積善里充龍社。是否最初到臺灣的漢人，假借他們熟悉的小聚落名稱「社」來稱呼土著聚落呢？充龍居民到大員很早，〈東番記〉也提到「漳、泉之惠民，充龍、烈嶼諸澳，往往譯其語，與貿易」。[4]姑捻出，待高明教之。讓我們回到問題本身，「新善開感」既然是漢人聚落，那麼「新善開感」當作何解？讓我們看看以下兩條史料：

2　楊英著、陳碧笙校注，《先王實錄校注》（福州：福建人民出版社，一九八一），頁二五〇。
3　陳第〈東番記〉刻本原文，見方豪，《方豪六十自定稿》（臺北：方豪自印，一九六九），頁八三五；引文見本書第三章文末所附筆者重新標點的〈東番記〉，頁二〇五。
4　引文見本書第三章文末所附陳第〈東番記〉，頁二〇七。

蔣毓英《臺灣府志》卷一（原文之分行注文略）載：[5]

諸羅縣轄里四、社三十四

里：善化里、新化里、安定里、開化里

社：蕭壠社、麻荳社、新港社、大武壠社、目嘉溜灣社、倒咯嘓社、打貓社……（下略）

沈光文〈平臺灣序〉云：[6]

里有文賢、仁和、永寧、新昌、仁德、依仁、崇德、長治、維新、嘉祥、仁壽、武定、廣儲、保大、新豐、歸仁、長興、永康、永豐、新化、永定、善化、感化、開化諸里。坊有東安、西定、寧南、鎮北四坊。

（上二條史料之旁線為筆者所加）

根據以上兩條史料，「新善開感等里」就不落空了，也就是指「新化、善化、開化、感化」等漢人聚落。

細心的讀者或要問：蔣毓英《臺灣府志》（以下簡稱蔣志）可並沒提到「感化里」。確實如此。蔣毓英是臺灣府第一任知府，康熙二十三年（一六八四）由泉州知府移任臺灣知府，二十六年任滿，被挽留一年，於二十八年遷江右觀察使，離開臺灣。蔣志是第一本臺灣府志，撰修於康熙二十四年至二十六年之間（一六八五—一六八七），當時距離明鄭滅亡才二、三年之隔，所記明鄭事情可信度相當高。不過，此志留在臺灣的文本推斷只是「草稿」，並未付梓。我們目前看到的版本，大概是蔣毓英調任後，由其家屬在中國大陸刊行的。蔣志未見於臺灣，中國似乎也只有上海圖書館入藏，算是海內外孤本了。[7]蔣志所記皆為臺灣甫入清之情況，彌足珍貴。清廷將臺灣收入版圖後，設一府三縣，即臺灣府，臺灣縣、鳳山縣、諸羅縣。根據蔣志，臺灣府統轄坊四、里二十六、庄二、社四十六、鎮一、澎湖嶼三十六。以上是整個臺灣府的規模，若以縣來說，則臺灣縣轄四坊、十五里，加上澎湖三十六嶼；鳳山縣轄七里、二庄、十二社、一鎮（按即安平鎮）；諸羅縣則如引文所示，轄四里、三十四社。這是當時臺灣「坊里庄社鎮」的清單。蔣志分行注云：「各名號皆偽時所遺，今因之以從俗也」，[8]也就是說，這些名稱都是根據鄭氏統治時的用法。在臺灣府所轄二十六里中，我們的確找不到名為「感化」的里。那麼，我們如何理解沈光文〈平臺灣序〉的訊息？

5　蔣毓英修，《臺灣府志》，《臺灣府志三種》（北京：中華書局，一九八五景印），卷一，頁一一b／二六。本文所標頁碼分別為刻本與景印本總頁碼。

6　范咸等修，《重修臺灣府志》，《臺灣府志三種》，卷二三「藝文四」，頁五a／一六五五。

7　蔣毓英撰、陳碧笙校注，《臺灣府志校注》（廈門：廈門大學出版社，一九八五），「前言」，頁一—三。

8　蔣毓英修，《臺灣府志》，卷一，頁一〇a／二三。

沈光文的經歷很特別，如果說在臺灣史上絕無僅有，大概說得過去。沈光文，字文開，一字斯菴，浙江鄞縣人。明末官至太常寺少卿，奉差廣東監軍。順治八年（一六五一），從肇慶至潮州，由海道抵金門，拒絕閩督李率泰之招。翌年擬至泉州，船過圍頭洋時遇颶風，漂至臺灣，因此滯留臺灣。當時臺灣還在荷蘭東印度公司的治理之下。鄭成功攻克臺灣後，頗受禮遇，但鄭經繼位後，「頗改父之臣與父之政，軍亦日削」，[9]沈光文作賦有所諷刺，得罪鄭經，幾遭不測，於是變服為僧，逃居羅漢門山，後於目加溜灣社教讀為生，並且行醫。臺灣收入清版圖之後，沈光文和福建總督姚啓聖有舊，姚啓聖原擬資助沈光文返回故鄉，但後來姚啓聖過世，此事不了了之，沈光文遂永居臺灣；去世後葬在善化里東保。如果我們以「朝代」來表示不同的政權，那麼沈光文居臺三十餘年，可以說歷經三朝（荷、鄭、清）統治，親睹三世（成功、經、克塽）盛衰，洵為少見。

由於沈光文有這樣特殊的經歷，又曾在目加溜灣社教授生徒，他在臺灣入清之後，撰寫〈平臺灣序〉，是歌頌清朝「平定」臺灣的文章，內容翔實，記載了許多聞見所及之事，史料價值極高。他在〈平臺灣序〉中，描寫鄭成功攻克臺灣，除了提及土著諸社臣服之外，列舉明鄭時期的里、坊。如前面的引文所示，他提及里時，從文賢、仁和、永寧等里開始列舉，最後以新化、永定、善化、感化、開化作結。目加溜灣社故址一般認為在今天的善化，這是沈光文教讀和死後下葬的地方，對於這一帶的地理人文，我們有理由相信他是很熟悉的。

沈光文〈平臺灣序〉所舉里名共二十四個。讓我們看看《臺灣府志》二十六里的名稱吧。它們分別是：武定、永康、廣儲東、廣儲西、長興、新豐、歸仁南、歸仁北、永豐、保大東、保大西、仁德、仁和、文賢、崇德（以上臺灣縣）、依仁、永寧、新昌、長治、嘉祥、維新、仁壽（以上鳳山縣）、善化、新化、安定、開化（以上諸羅縣）。[10]相對照之下，我們發現沈文的里名和蔣志幾乎全部重疊，不同的是，沈文多出「永定」與「感化」兩里，蔣志則多出「安定」一里。何以出現無法對應的里名？有個可能是，「永定」與「感化」兩里入清之後（或在此之前）併為一里，改名「安定」。此外，鄭克塽投降至清國領有臺灣之際，由於鄭氏文武官員將帥兵卒全遭遣送回大陸，臺灣人口銳減，作為徵稅人口的成年男子數目約減少四成（臺灣府漢人丁口由二一、三二〇減為一二、七二四，不含新招徠者）。[11]原先存在的漢人聚落因而消失，也是很有可能的。

記載於明鄭文獻的里名，如「新化」、「善化」、「開化」、「感化」云云，這些命名方式，帶有新王朝濃厚的「教化」與「儒家化」意味。我們無法確知這四個聚落何時命名；楊英《先王實錄》最後的編成很可能在永曆三十五年（一六八一）五月鄭經病歿之前，「新善開感」

9 引自全祖望，〈沈太僕傳〉，《鮚埼亭集》（臺北：華世出版社，一九七七），頁三三九。本文有關沈光文之生平，參考沈光文，〈東吟社序〉，收於范咸等修，《重修臺灣府志》卷二三「藝文三」，頁三 a—五 a／二五七五—二五七九，以及全祖望，〈沈太僕傳〉，《鮚埼亭集》，頁三三八—三四〇。

10 蔣毓英修，《臺灣府志》，卷一，頁一〇 a—一一 b／二三—二六。

11 蔣毓英修，《臺灣府志》，卷七，頁一 a—二 b／一三九—一四二。

四里的名稱未必是歸附鄭成功時的舊稱，有可能是采用後來重新命名的名稱。

綜合以上的例證，我們得知鄭成功率大軍從鹿耳門水道登陸臺灣本島之後，漢人聚落，如新化、善化、開化、感化等里，馬上來歸附，不久之後，各里附近的土著也來歸附。因此，楊英在《先王實錄》中記載：「各近社土番頭目俱來迎附，如新、善、開、感等里」。

關於鄭成功攻打臺灣的經過，近年來最引人注目的史料是江樹生翻譯的《梅氏日記》，記載的具體與翔實程度，超乎想像。關於這一天，亦即永曆十五年四月初六，也就是西曆一六六一年五月五日，荷蘭土地測量師梅氏（Philippus Daniel Meij van Meijensteen）為了談和的事來見鄭成功，碰巧遇上了楊英筆下的歷史場景。梅氏寫道：「我們看見國姓爺帳幕前面的外邊，有十六個重要的原住民列成兩行，身上穿著用各色絲線和黃金刺繡的藍色官袍，腰圍著滾有金邊的藍色絲帶，頭上戴著如上所述〔按，該日記前面仔細描述過〕的帽子，也有一片狀如皇冠的金葉，但無白色羽毛，卻有像他〔國姓爺〕所有士兵常戴的紅毛；在我們的時代，他們是新港、蕭壠、麻豆、哆囉嘓和目加溜灣各社的長老。」[12]這真是再精彩不過的史料了，好像就是要替楊英的「賜正副土官袍冒（帽）靴帶」提供詳細的註解，而且我們也知道「各近社土番」包括新港、蕭壠、麻豆、哆囉嘓和目加溜灣等社。梅氏在臺灣住了十九年之久，熟悉土著，是不會弄錯的。

最後在文章結束前，我想提出一個「雙子星聚落」的概念來和讀者切磋。我們在推斷土著社址時，如果不區分「庄／里」、「社」，可能會掉進一個陷阱，將後來居上的漢人聚落（庄或里）直接等同於比鄰而居的土著社址，尤其當名稱一樣時，更容易產生誤會，例如，以為打貓庄的地理位置就在原來的打貓社上，其實早先是同時並存的，若有所併合（或吞併），則是後來的事情了。蔣志所記諸羅縣善化、新化、安定、開化等漢人聚落應該大抵緊挨著番社而出現；但由於土著聚落（社）有遷移的現象，我們很難回到歷史現場一一指明某庄／里和某社在不同時間的相對位置，尤其是漢人較早開發的地區，從後來編修的地方志地圖已很難看到原初情況。雖然如此，一七一七年編纂的《諸羅縣志》「山川總圖」讓我們很清楚「里」、「社」在空間上是同時並存的，其中善化里緊挨著目加溜灣社，有如「雙子星」，仍是個典型的例子（見圖一）。這種漢人聚落和原住民聚落毗鄰共存的現象，在清朝統治初期，隨著漢人從諸羅縣往北開發，頗為明顯，有助於我們了解欠缺資料的明鄭時期。

高拱乾編纂而於康熙三十五年（一六九六）刊刻的《臺灣府志》在卷二「規制志・坊里」羅列漢番聚落，當時諸羅縣同時有：[13]

諸羅山社、諸羅山庄

打貓社、打貓庄

他里霧社、他里霧庄

12 江樹生譯註，《梅氏日記——荷蘭土地測量師看鄭成功》（臺北：漢聲雜誌社，二〇〇三），頁三九。

13 高拱乾等修，《臺灣府志》，《臺灣府志三種》，卷二，頁一四b—一六b／四八〇—四八四。

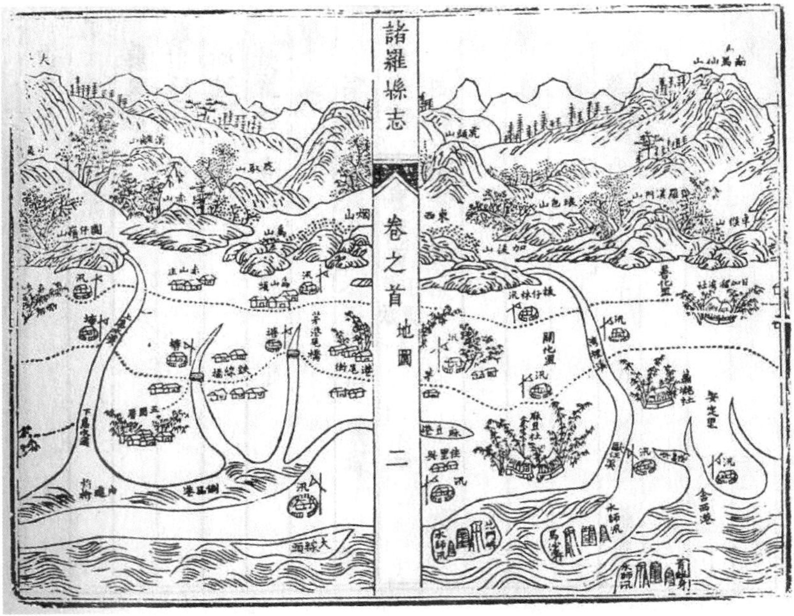

圖一

諸羅縣的里社空間分布（局部）；目加溜灣社在圖之右緣靠中一帶，善化里在其左上方。輯自周鍾瑄主修，《諸羅縣志》（1717）卷之首地圖。

半線大肚社、半線庄

如果我們比對這些同名的社、庄距離府治的里數，我們將發現兩者是一樣的，例如打貓社「離府治一百九十里」，打貓庄也是「離府治一百九十里」，由此可見，這些同名社庄比鄰並存，聯袂出現。

康熙五十六年（一七一七）周鍾瑄修纂的《諸羅縣志》，再度證實我們的看法，當時在諸羅縣同時有：[14]

諸羅山社、諸羅山庄
大龜佛社、龜佛山庄
打貓社、打貓庄
他里霧社、他里霧庄
半線社、半線庄

14 周鍾瑄主修、陳夢林總纂，《諸羅縣誌》（臺北：成文出版公司，據清康熙五十六年序刊本影印，一九八三），卷二，頁八 a—九 b／一四七—一五〇。

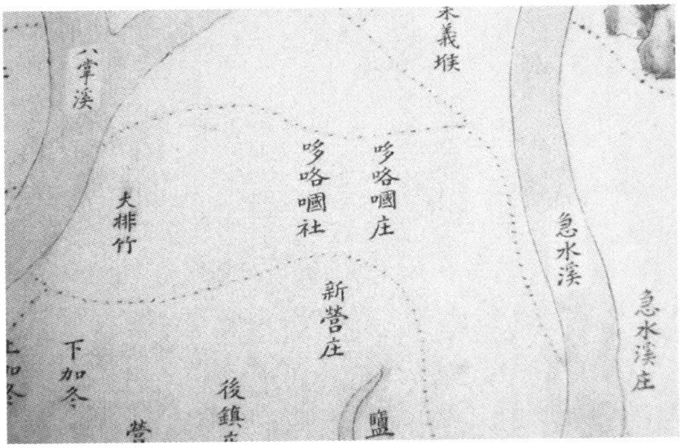

圖二之一

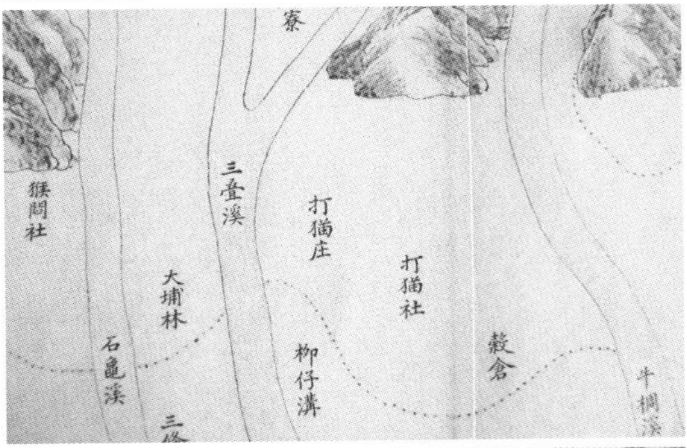

圖二之二

圖二之三

相毗鄰的同名原漢「雙子星」聚落。

輯自《清雍正朝臺灣圖附澎湖群島圖》（約繪製於1723-1727）

如果文字敘述不夠具象，那麼讓我們看看地圖吧。約繪製於雍正元年至五年（一七二三—一七二七）間的《清雍正朝臺灣圖附澎湖群島圖》，[15]在圖面上我們可以看到成雙出現的「哆咯嘓庄、哆咯嘓社」，「打貓社、打貓庄」，以及「竹塹社、竹塹庄」等，其比翼連理的意象再鮮明不過的了。（見圖二之一、二之二、二之三）

如所周知，在漢人開發臺灣的過程中，漢番之間的權力關係是不平等的，「雙子星聚落」的社或遷移、或消失、或併入漢庄，最後只剩漢人聚落一枝獨秀，連名稱也獨占專享了。以此，我們在考訂土著社的原址時，不能被同名之漢庄所誤導，兩者雖近，空間則有所區隔。於是在歷史的最初場景，善化里非目加溜灣社所在地，其道理也就很清楚了。

楊英筆下的「新善開感」，無疑替我們揭開臺灣漢番聚落雙子星物語的第一頁。

本文原刊於《歷史月刊》第二三九期（二〇〇七年一月），頁七五—七九。
發表時未附腳註，二〇一〇年八月略加修訂，並恢復注釋格式。

15 國立故宮博物院藏／印製發行，《清雍正朝臺灣圖附澎湖群島圖》，圖面上也有「貓霧捒社、貓霧捒庄」與「中港庄、中港社」，但兩地的距離比正文所舉三例稍微遠些。

索引

一、人名（含人格神）
二、地理名稱（含原住民聚落、洋面、島嶼、河流、地域、行政區劃、名勝古蹟等）
三、事物（含事件、史事、機構、國名、國際組織等）
四、人群及相關概念
五、作品（含文獻、著作、音樂、繪畫、電影等）

人名（含人格神）

羅馬拼音、西文、日文假名在前；X〕XX 表在本書正文只以名字出現。

一劃

二劃

三劃

四劃

五劃

六劃

七劃

八劃

九劃

十劃

十一劃

十二劃

十三劃

十四劃

十五劃

十六劃

十七劃

十八劃

十九劃

二十劃

二十一劃

地理名稱（含原住民聚落、洋面、島嶼、河流、地域、行政區劃、名勝古蹟等）

二劃

三劃

四劃

五劃

六劃

七劃

八劃

九劃

十劃

十一劃

十二劃

十三劃

十四劃

十五劃

十六劃

十七劃

十八劃

十九劃

二十劃

二十二劃

事物（含事件、史事、機構、國名、國際組織等）

一劃

二劃

三劃

五劃

六劃

七劃

八劃

九劃

十劃

十一劃

十二劃

十三劃

十四劃

十五劃

十六劃

十七劃

十八劃

十九劃

二十劃

二十一劃

二十二劃

二十三劃

二十四劃

二十五劃

人群及相關概念

三劃

四劃

五劃

六劃

八劃

十劃

十一劃

十二劃

十三劃

十四劃

十五劃

十七劃

十八劃

十九劃

作品（含文獻、著作、音樂、繪畫、電影等）

一劃

二劃

三劃

四劃

五劃

六劃

七劃

八劃

九劃

十劃

十三劃

十四劃

十五劃

十六劃

十七劃

十八劃

十九劃

二十劃

二十一劃

二十二劃

二十三劃

二十四劃

二十五劃

臺灣研究叢刊
臺灣史論集一：山、海、平原的歷史

2024年6月初版 定價：新臺幣950元

有著作權・翻印必究
Printed in Taiwan.

校對：
林文正、許妝莊、廖希正、劉基安、鍾友全、羅貫倫
索引製作：
林文正、許妝莊、陳哲維、羅貫倫

著者 周婉窈
叢書主編 沙淑芬
內文排版 菩薩蠻
封面設計 兒日

出版者 聯經出版事業股份有限公司
地址 新北市汐止區大同路一段369號1樓
叢書主編電話 (02)86925588轉5310
台北聯經書房 台北市新生南路三段94號
電話 (02)23620308
郵政劃撥帳戶第0100559-3號
郵撥電話 (02)23620308
印刷者 文聯彩色製版印刷有限公司
總經銷 聯合發行股份有限公司
發行所 新北市新店區寶橋路235巷6弄6號2樓
電話 (02)29178022

副總編輯 陳逸華
總編輯 涂豐恩
總經理 陳芝宇
社長 羅國俊
發行人 林載爵

行政院新聞局出版事業登記證局版臺業字第0130號

本書如有缺頁，破損，倒裝請寄回台北聯經書房更換。
ISBN 978-957-08-7108-1 (精裝)
聯經網址：www.linkingbooks.com.tw
電子信箱：linking@udngroup.com

國家圖書館出版品預行編目資料

臺灣史論集一：山、海、平原的歷史/周婉窈著．初版．新北市．
聯經．2024年6月．836面．14.8×21公分（臺灣研究叢刊）
ISBN 978-957-08-7108-1（精裝）

1.CST：臺灣史 2.CST：文集

733.2107 112014113